ज्ञान गरिमा के
68 वर्ष

णाणं
पयासयं
भारतीय ज्ञानपीठ

भारतीय
ज्ञानपीठ

णाणं
पयासयं
वीर नि.सं.
2470
ई.सन्
1944
भारतीय ज्ञानपीठ

रामायण का आचार-दर्शन

रामायण का आचार-दर्शन

अम्बा प्रसाद श्रीवास्तव

भारतीय ज्ञानपीठ

लोकोदय ग्रन्थमाला : ग्रन्थांक 626

ग्रन्थमाला सम्पादक

रवीन्द्र कालिया

सह-सम्पादक

गुलाबचन्द्र जैन

ISBN 978 - 81 - 263 - 4017 - 0

प्रकाशक :

भारतीय ज्ञानपीठ

18, इन्स्टीट्यूशनल एरिया, लोदी रोड

नयी दिल्ली-110 003

मुद्रक : विकास कम्प्यूटर ऐण्ड प्रिंटर्स, शाहदरा, दिल्ली-32

तीसरा संस्करण : 2012

मूल्य : 300 रुपये

RAMAYAN KA AACHAAR-DARSHAN
(A commentary on 'Ramayan')
By Amba Prasad Srivastava

Published by
Bharatiya Jnanpith
18, Institutional Area, Lodi Road
New Delhi-110 003

Website : www.jnanpith.net
e-mail : Jnanpith@satyam.net.in, sales@jnanpith.net

Third Edition : 2012
Price : Rs. 300

आधारभूमि

वाल्मीकीय रामायण को अनेक बार पढ़ने के पश्चात् भी कुछ दिनों पूर्व प्रसंग-वशात् पुनः उसके पृष्ठ पलटने की आवश्यकता हुई। युद्ध-काण्ड में रावण और विभीषण की चर्चा के प्रसंग में निम्नलिखित श्लोकों ने मन और मस्तिष्क को कुछ क्षणों के लिए अपने में बाँध लिया :

यथा पुष्करपत्रेषु पतितास्तोयबिन्दवः।
न श्लेषमभिगच्छन्ति तथा नार्येषु सौहृदमूब ॥
यथा शरदि मेघानां सिंचतामपि गर्जताम्
न भवत्यम्बु-संक्लेदस्तथा नार्येषु सौहृदम् ॥
यथा मधुकरस्तर्षाद् रसं विन्दन्न तिष्ठति।
तथा त्वमपि तत्रैव तथा नार्येषु सौहृदम् ॥
यथा मधुकरस्तर्षाद् काशपुष्पं पिवन्नपि।
रस-मात्र न विन्देत तथा नार्येषु सौहृदम् ॥
यथा पूर्वं गजः स्नात्वागृह्य हस्तेन वै रजः।
दूषयत्यात्मनो देहं तथा नार्येषु सौहृदम् ॥—वा.रा. 6.16.11-15

रावण को अनार्यों के हृदय में सहृदयता के अभाव की बात इतनी अधिक खटकती थी कि वह अपने भाई को भी इस स्थिति में देखना सहन नहीं कर सका। अनार्यों की गुणहीनता का रावण ने कभी आदर नहीं किया। उसके पश्चात् युद्ध- काण्ड में ही कतिपय अन्य प्रसंगों पर भी दृष्टि पड़ी। रावण-वध के अवसर पर राक्षस-स्त्रियाँ 'हा! आर्यपुत्र' कहकर विलखती रही थीं। तथा विभीषण ने कहा था :

गतः सेतुः सुनीतानां गतो धर्मस्य विग्रहः।
गतः सत्त्वस्य संक्षेपः सुहस्तानां गतिर्गता ॥
आदित्यः पतितो भूमौ मग्नस्तमसि चन्द्रमा।
चित्रभानुः प्रशान्तार्चि र्व्यवसायो निरुद्यमः ॥
अस्मिन् निपतिते वीरे भूमौ शस्त्रभृतां वरे। —वा.रा. 6.109.6-7

शस्त्रधारियों में श्रेष्ठ रावण के धराशायी होने पर नीति पर चलनेवालों की मर्यादा टूट गयी, धर्म का मूर्तिमान विग्रह चला गया, सत्त्व-संग्रह का स्थान नष्ट हो गया, शस्त्र-संचालन में कुशल वीरों का सहारा चला गया, सूर्य पृथ्वी पर गिर पड़ा, चन्द्रमा अँधेरे में डूब गया, प्रज्वलित आग बुझ गयी और सारा उत्साह निरर्थक हो गया।

उपर्युक्त प्रसंग इस तथ्य के प्रति संकेत करने के लिए पर्याप्त थे कि रावण निश्चित रूप से आर्य-परम्परा का था और राम-रावण-युद्ध के विषय में सामान्यतया जो विचार प्रकट किया जाता है कि वह देवताओं और राक्षसों के बीच का युद्ध था भ्रान्तिपूर्ण और निर्मूल है। रावण के पितामह पुलस्त्य को ब्रह्मा का पुत्र लिखा गया है और उसके पिता विश्रवा को सर्वत्र ही मुनि के रूप में ही स्वीकार किया गया है। इस प्रकार ब्रह्मा के वंश में उत्पन्न एक मुनि के पुत्र को राक्षस मानने का कोई औचित्य भी नहीं। इन्हीं विचारों के परिणामस्वरूप पूरी 'रामायण' के समक्ष एक प्रश्नचिह्न लग गया।

इन समस्त प्रसंगों ने रामायण को पुनः पढ़ने के लिए प्रेरित किया। न तो मैंने वाल्मीकीय रामायण की ऐतिहासिकता अथवा काल्पनिकता में ही उलझना आवश्यक समझा और न उसके प्रक्षिप्त अंशों की छानबीन करने की ही आवश्यकता समझी। उसके काल्पनिक काव्य होने अथवा उसमें प्रक्षिप्त अंशों के जोड़े जाने पर भी यह तो स्वीकार करना ही पड़ेगा कि रचनाकार ने किसी विशिष्ट उद्देश्य से ही उसकी रचना की होगी तथा प्रक्षिप्त अंशों के रचयिताओं ने भी उन्हीं आस्थाओं को सुदृढ़ करने अथवा पूर्व प्रतिपत्तियों को और अधिक प्रेरणास्पद बनाने के उद्देश्य से ही अपने प्रयास किये होंगे।

वर्तमान में रामायण जिस रूप में उपलब्ध है निस्सन्देह उसकी रचना राम के प्रति आस्था उत्पन्न करने एवं रावण तथा उसके सहयोगियों, अनुयायियों, वंशधरों आदि के प्रति घृणा की भावना उत्पन्न करने के उद्देश्य से ही की गयी थी। इस उद्देश्य की पूर्ति के लिए चरित्र, आचरण एवं धर्म-मर्यादाओं को ही आधार-भूमि के रूप में ग्रहण किया गया है। यह तो निश्चित ही है कि किसी भी व्यक्ति को लगातार देवता अथवा राक्षस कहे जाने मात्र से उसकी उस रूप में मान्यता सम्भव नहीं होती। समाज की दृष्टि सदैव उसके आचरण एवं क्रिया-व्यापारों पर केन्द्रित रहती है। आचार्यों को निराकार निर्गुण ब्रह्म के भी गुणधर्मों का सम्यक् विवेचन करने के लिए विवश होना पड़ा है अन्यथा उसकी प्रतिष्ठापना भी सम्भव नहीं होती। इस दशा में स्वभावतः यह प्रश्न उपस्थित होता है कि राम, रावण तथा रामायण के अन्य पात्रों के धर्म, आचरण और क्रिया-व्यापार का स्वरूप क्या रहा था। रामायणकार ने अपने पात्रों में ऐसे कौन से गुणधर्मों का आरोप किया है जो एक के प्रति श्रद्धा और दूसरे के प्रति घृणा उत्पन्न करने में सहायक हुए हैं। यही विचार प्रस्तुत पुस्तक का आधार है।

मैंने स्वयं को रामायण-पात्रों के आचार-धर्म के अध्ययन तक ही सीमित रखा है। यहाँ यह भी स्पष्ट कर देना आवश्यक है कि इस अध्ययन में मैंने वाल्मीकीय रामायण की ऐतिहासिकता अथवा प्रक्षिप्त अंशों के झमेले में न उलझकर उसे यथावत् प्रमाण के रूप में स्वीकार किया है। रामकथा-पात्रों के चरित्र एवं आचार का अध्ययन करते समय प्रायः रामचरितमानस, योगवासिष्ठ, अध्यात्म रामायण तथा अन्य रामकाव्यों के सन्दर्भ भी प्रमाणरूप में प्रस्तुत किये जाते हैं किन्तु वाल्मीकि और तुलसीदास के विचारों, मान्यताओं और विश्वासों में इतना जबरदस्त अन्तर रहा है कि एक ही सन्दर्भ में दोनों को समान रूप से प्रमाण मानना संगत नहीं। वाल्मीकीय रामायण और रामचरितमानस के कथा-प्रसंगों में भले ही थोड़ा अन्तर रहा हो किन्तु वाल्मीकि और तुलसीदास ने राम-कथा के पात्रों में अपनी आस्थाओं के अनुरूप जिस प्रकार आचार और गुणधर्मों का आरोप किया है इससे उन पात्रों के रूप पूर्णतया परिवर्तित और भिन्न हो गये हैं। स्मार्त धर्म, वर्णाश्रम धर्मव्यवस्था, ब्राह्मणों की वरिष्ठता तथा अवतारवाद में तुलसीदासजी की इतनी जबरदस्त आस्था थी कि उन्होंने रामचरितमानस के पात्रों को निःशेषतया अपने विश्वासों के अनुरूप नये साँचे में ढाल दिया। रामचरितमानस के पात्र वाल्मीकीय रामायण के पात्रों से आचार-धर्म की दृष्टि से सर्वथा भिन्न हैं। यह अन्तर केवल राम, लक्ष्मण और हनुमान जैसे पात्रों के चरित्रों में ही नहीं प्रत्युत रावण आदि विपक्ष के पात्रों में भी उत्पन्न कर दिया गया है। इसी प्रकार यदि जैनाचार्य द्वारा लिखित 'पउमचरित' अथवा बौद्ध परम्परा के 'दशरथ जातक' को लिया जाय तो इन पात्रों के आचार-धर्म कुछ दूसरे ही प्रकार के दिखाई देते हैं। तात्पर्य यह कि समस्त रचनाकारों ने पात्रों को अपनी आस्थाओं और विश्वासों के अनुरूप ही चित्रित किया है और इस प्रकार वास्तविक तथ्यों तक पहुँचना सरल नहीं। रामकथा की दृष्टि से वाल्मीकीय रामायण ही प्राचीनतम ग्रन्थ है। अतएव उसी को प्रमाण मानना अधिक तर्कसंगत प्रतीत होता है। इसी कारण (वाल्मीकीय) रामायण-पात्रों का आचार-धर्म ही अध्ययन की दृष्टि से युक्तिसंगत विषय प्रतीत हुआ। रामकथा-विषयक अन्य ग्रन्थों को सन्दर्भ रूप में ग्रहण न करने से एक लाभ यह भी हुआ कि कम-से-कम रामायण-पात्रों का आचार-दर्शन स्पष्ट हो सका है।

यहाँ यह भी स्पष्ट कर देना आवश्यक है कि मैं स्वयं राम के प्रति पूर्णरीत्या आस्थावान हूँ। यह आस्था रामचरितमानस के राम अथवा योगवासिष्ठ के राम के प्रति ही हो सकती है। अन्य किसी राम-काव्य के राम को ऐसा रूप प्राप्त ही नहीं हो सका जिसके प्रति लोगों के मन में श्रद्धा की भावना उत्पन्न हो सके। जन-मानस में राम तथा रामकथा के पात्रों के प्रति सामान्यतया जो धारणा विद्यमान है उसे किंचित् भी आघात पहुँचाना मेरे लिए अभीष्ट नहीं; तथापि मेरे अध्ययन से श्रद्धान्वित सहृदय व्यक्तियों के हृदय को ठेस लग सकती है। उनसे मेरा विनम्र

निवेदन है कि वह मेरी दृष्टि में कलुष की आशंका न करें। मेरा प्रयास केवल इस विषय के अध्ययन तक ही सीमित है कि रामायण के अनुसार ही वाल्मीकीय रामायण के पात्र किस प्रकार के आचार-धर्म का अनुसरण करते रहे हैं और उनके आचार का स्वरूप क्या रहा है। प्रस्तुत अध्ययन में मैंने पात्रों को अपनी आस्था के अनुरूप चित्रित करने की लेशमात्र भी चेष्टा नहीं की और उनकी आचार-मान्यताओं को ठीक उसी रूप में लिखा गया है जैसा रामायण में मिलता है। इस कारण यद्यपि उद्धरणों की संख्या अधिक हो गयी किन्तु प्रामाणिकता की दृष्टि से यह आवश्यक था।

अध्ययन के लिए गीता प्रेस गोरखपुर से प्रकाशित 'श्रीमद् वाल्मीकीय रामायण' प्रथम भाग, द्वितीय संस्करण, सं. 2024 और द्वितीय भाग, द्वितीय संस्करण, सं. 2025 को लिया गया है। अतएव सन्दर्भ के लिए पाठक कृपया इन्हीं संस्करणों को देखने का कष्ट करें।

—अम्बा प्रसाद श्रीवास्तव

भोपाल
वसन्त पंचमी
वि.सं. 2054

अनुक्रम

सुर, असुर, राक्षस, दैत्य, दानव आदि जातियों का वास्तविक स्वरूप

रामायण-पात्रों के आचार-धर्म का सम्यक् अध्ययन करते समय सर्वप्रथम देवता, अवतार, राक्षस, निशाचर, दैत्य, वानर, ऋक्ष आदि शब्द मस्तिष्क में उभरकर ऊपर आ जाते हैं। राम को विष्णु का अवतार मान लिया गया है। इसी प्रकार लक्ष्मण को शेषावतार, हनुमान को वायुपुत्र, सीता को अयोनिजा लक्ष्मीस्वरूपा मानकर इन सबको देवताओं की श्रेणी में सम्मिलित कर दिया गया है। राम के सहयोगी ऋक्षों और वानरों को यद्यपि देवत्व प्राप्त नहीं हो सका तथापि उनकी भी गणना श्रेष्ठ वर्गों में ही की जाती है। हनुमान को तो अब देवत्व भी प्राप्त हो चुका है और उनके मन्त्रों, स्तोत्रों की भी रचना की जा चुकी है। इसके विपरीत रावण, कुम्भकर्ण, मेघनाद, ताटका, शूर्पणखा आदि को भयावह नरभक्षी राक्षसों की श्रेणी में डाल दिया गया है। इन स्थापनाओं का परिणाम यह हुआ कि राम-रावण-युद्ध को देवताओं और राक्षसों के बीच का युद्ध माना जाता है। आधुनिक विचारशील चिन्तकों की मान्यता में कुछ अन्तर उत्पन्न हुआ और उन्होंने इसे आर्यों और अनार्यों के बीच का युद्ध निरूपित किया। इस दृष्टि से सर्वप्रथम इस प्रश्न पर विचार करने की आवश्यकता है कि इन जातियों तथा पात्रों की वास्तविक स्थिति क्या रही है।

अवतारवाद की कल्पना का प्रारम्भ मुख्यतया मार्कण्डेय पुराणान्तर्गत 'दुर्गा सप्तशती' तथा 'श्रीमद्भगवद्गीता' के उन अंशों से होता है जिनमें कहा गया है कि जब दानवों-राक्षसों के द्वारा सत्पुरुषों को पीड़ा पहुँचायी जाती है, धर्म का ह्रास होता है और अधर्म तथा अनाचार की वृद्धि होती है उस समय देवतारि राक्षसों का संहार करने तथा धर्म की स्थापना के लिए मैं अवतार ग्रहण करता हूँ।[1] विभिन्न

---

1. इत्थं यदा यदा बाधा दानवोत्था भविष्यति।
   तदा तदावतीर्याहं करिष्याम्यरिसंक्षयम् ॥
   —दुर्गा सप्तशती

   यदा यदा हि धर्मस्य ग्लानिर्भवति भारत।
   अभ्युत्थानमधर्मस्य तदात्मानं सृजाम्यहम् ॥
   —श्रीमद्भगवद्गीता

अवतारों की कल्पना के साथ ही उनका गीता की अभ्युक्ति 'सम्भवामि युगे युगे' के आधार पर कृतयुग, त्रेता, द्वापर आदि युगों के साथ सम्बद्ध कर दिया गया। गीता की अभ्युक्तियाँ 'सृजाम्यहम्' तथा 'सम्भवामि' स्वयं श्रीकृष्ण द्वारा कही गयी हैं। अतएव स्वाभाविक रूप से इस बात को स्वीकार करना ही पड़ेगा कि सर्वप्रथम श्रीकृष्ण को ही अवतार के रूप में मान्य किया गया है। इसके पश्चात् ही पुराणकारों तथा धार्मिक वाङ्मय के प्रणेताओं ने अन्य अवतारों की कल्पना की। अवतार-निर्धारण की परम्परा जब आगे बढ़ी तब राम को भी अवतारों में मान लिया गया। इसके मूल में राम के प्रति लोगों की आस्था तो रही ही है, कृष्ण का वाक्य 'रामः शस्त्रभृतामहम्' ने भी पर्याप्त सहारा दिया।

यह भी उल्लेखनीय है कि अवतारत्व की धारणा का विष्णु के साथ सम्बद्ध होने की स्थिति में ही समादर किया गया है। किसी भी अन्य शक्ति अथवा देवता के अवतार ग्रहण करने को कोई विशेष महत्त्व नहीं दिया गया। युधिष्ठिर को धर्म का अवतार मानने पर भी विष्णु के अवतारों के समान प्रतिष्ठा प्राप्त नहीं हो सकी। रामायण में दशरथ के पुत्रेष्टि यज्ञ के अवसर पर समस्त देवताओं की उपस्थिति तथा उनके द्वारा विष्णु से दशरथ के पुत्र रूप में अवतरित होने की प्रार्थना का उल्लेख है। विष्णु द्वारा देवताओं की प्रार्थना स्वीकार की गयी। इसी प्रसंग में प्राजापत्य पुरुष के प्रकट होने और दशरथ को खीर-पात्र देने का उल्लेख किया गया है। इस प्रकार राम को विष्णु के अवतार के रूप में ही प्रतिष्ठापित किया गया है। वानरों और ऋक्षों ने युद्ध में राम की सहायता की थी। रामायण के अनुसार, ब्रह्मा की प्रेरणा से देवताओं ने ही ऋक्षों और वानर यूथपतियों को राम की सहायता के लिए उत्पन्न किया था। इस प्रकार राम को विष्णु का अवतार मानकर रामपक्ष के प्रायः समस्त पात्रों को देवता-वर्ग के साथ सम्बद्ध कर दिया गया है।

रामपक्ष विषयक उपर्युक्त वर्णन के विपरीत रावणादि की उत्पत्ति का उल्लेख करते समय उनको राक्षस निरूपित किया गया है। सुमाली-कन्या कैकसी को 'मुनिवर-श्रेष्ठ प्रजापति-कुलोद्भव' विश्रवा ने पत्नी रूप में स्वीकार किया था। कैकसी विश्रवा के पास उस समय पहुँची जब वह सायंकाल का अग्निहोत्र कर रहे थे। अतएव गर्भाधान करते समय भी उन्होंने कैकसी से कहा कि तुम इस दारुण वेला में मेरे पास आयी हो इसलिए तुम्हारे पुत्र क्रूर स्वभाव और भयंकर शरीरधारी होंगे। विश्रवा के शब्दों में ही यह भी स्पष्ट कहा गया है कि तुम क्रूर कर्म करनेवाले राक्षसों को उत्पन्न करोगी।[1] रामजन्म के समय देवताओं द्वारा आकाश से पुष्पों की वर्षा, गन्धर्वों-अप्सराओं के नृत्य आदि का उल्लेख है और रावणजन्म के अवसर पर

1. वाल्मीकि रामायण 7.9.22-23 (सप्तमकाण्ड, नवम अध्याय, श्लोक 22-23)

गीदड़ियों के चीखने, रुधिर की वर्षा होने, भयंकर आँधी चलने और अन्य अमांगलिक संकेतों का वर्णन किया गया है।

उपर्युक्त सन्दर्भों से स्पष्ट है कि राम-रावण दोनों पक्षों के पात्रों के जन्म आदि का वर्णन इस रूप में ही किया गया है कि एक पक्ष देव-वर्ग के रूप में और दूसरा पक्ष राक्षस-वर्ग के रूप में उभरकर सामने आता है और इस प्रकार राम-रावण-युद्ध को देवताओं और राक्षसों के बीच लड़े गये युद्ध के रूप में ही प्रस्तुत किया गया है। रामायण की यह मान्यता समाज में लगातार पोषित होती रही और लोगों की आस्था सुदृढ़ होती गयी। गोस्वामी तुलसीदास ने 'रामचरितमानस' के द्वारा इस आस्था को चरम उत्कर्ष तक पहुँचा दिया। रामचरितमानस में एक ओर राम को पूर्ण परात्पर ब्रह्म के रूप में इस प्रकार चित्रित किया गया है कि ब्रह्मा, विष्णु, महेश सभी उनके समक्ष श्रद्धानवत होकर शीश झुकाते हैं और दूसरी ओर रावण, कुम्भकर्ण आदि का ऐसा भयावह चित्र प्रस्तुत किया गया कि उनकी कल्पना से भी डर लगने लगता है।

उपर्युक्त मान्यताएँ सहज ही इस प्रश्न को जन्म देती हैं कि क्या राम-रावण-युद्ध सचमुच ही देवताओं और राक्षसों के बीच का संघर्ष था और देवता तथा राक्षस कौन थे? इस विषय पर विभिन्न विद्वानों द्वारा पर्याप्त लिखा जा चुका है अतएव यहाँ पर मात्र उतना लिखना ही समीचीन होगा जो रामायण-पात्रों के आचार-धर्म के अध्ययन में सहायक हो।

संस्कृत कोशकारों ने देव, सुर, आदितेय, अदितिनन्दन, आदित्य, दैवत और देव शब्द को समानार्थी अर्थात् देवता का पर्याय माना है। इसी प्रकार असुर, दैत्य, दैतेय, दनुज, दानव, दितिसुत को एक ही वर्ग का पर्याय माना गया है। रक्षस् (रक्षांसि) की विद्याधरादिकों के साथ देवयोनि में गणना की गयी है और राक्षस, क्रव्याद, रात्रिचर, यातुधान को अलग एक वर्ग में रखा गया है। इससे प्रतीत होता है कि असुर, दैत्य, दानवों की एक अलग जाति रही है जो रक्षस् तथा राक्षसों की जाति-परम्परा से सर्वथा भिन्न थी। कालान्तर में रक्षस् और राक्षस का भेद समाप्त हुआ और धीरे-धीरे असुर, दैत्य, दानव, रक्षस् और राक्षस सब को एक ही जाति का मान लिया गया। देवताओं के लिए 'दानवारि' और असुरों के लिए 'सुरद्विष' शब्द का भी प्रयोग किया गया है।

इससे यह स्पष्ट होता है कि देवताओं और असुरों-दानवों के बीच परस्पर विरोध तथा विद्वेष की भावना बहुत पहले से विद्यमान रही है। यह भी उल्लेखनीय है कि राक्षसों के लिए 'पुण्यजन' शब्द का भी प्रयोग किया जाता रहा है। अब राक्षसों के लिए इस शब्द का प्रयोग प्रायः समाप्त हो चुका है तथा उनको 'पुण्य जन' के रूप में मानने का विश्वास भी जाता रहा। 'इन्द्रारि' शब्द राक्षसों के लिए नहीं वरन् असुरों

के लिए प्रयुक्त किया गया है और असुरों को ही शुक्रशिष्य कहा गया है। इस आधार पर यह माना जाता है कि असुर वर्ग के लोग इन्द्र और इन्द्र की परम्परा के विरोधी रहे हैं तथा वे शुक्र के नेतृत्व में लगातार इन्द्र के विरुद्ध विद्रोह करते रहे।

यद्यपि विगत अनेक वर्षों से साहित्य और इतिहास ग्रन्थों में 'आर्य' शब्द का इसी रूप में प्रयोग किया जा रहा है, मानो वह मानवों की कोई विशेष जाति रही हो किन्तु प्रामाणिक रूप से इसे एक तथ्य के रूप में स्वीकार करना सरल नहीं। इसी प्रकार इस बात के तो थोड़े-बहुत प्रमाण उपलब्ध होते हैं कि आर्यों का संघर्ष दस्यु और असुरों से हुआ था किन्तु ये दस्यु और असुर कौन थे, इसके भी सुनिश्चित प्रमाण प्राप्त नहीं होते। आर्य जाति के सम्बन्ध में डॉ. सम्पूर्णानन्द ने लिखा है :

'वे लोग किसी पृथक् और विशेष उपजाति के थे, इसका कोई प्रमाण नहीं है। परन्तु निश्चय ही वे ऐसे लोग थे जिनको भौगोलिक कारणों ने एक साथ डाल दिया था। इस प्रकार उनमें कुछ विशेष विश्वासों का, रहन-सहन के प्रकारों का उदय हुआ था। सभी आर्यों की संस्कृति एक समान थी ऐसा नहीं माना जा सकता है।'[1]

मानवों का जो समुदाय अपने को आर्य मानता था उसकी सर्वप्रथम उल्लेखनीय विशेषता यह थी कि वह 'इन्द्र' की संस्था के प्रति अटूट आस्थावान था। ऐसा प्रतीत होता है कि 'दस्यु' जाति के लोग 'इन्द्र' पद के विरुद्ध थे और आर्यों के इन्द्र को किंचित् भी महत्त्व देने के लिए तैयार नहीं थे। ऋग्वेद में अगणित मन्त्र ऐसे मिलते हैं जिनमें इन्द्र को दस्युओं का विध्वंस करने के लिए प्रार्थनाओं के द्वारा प्रसन्न करने का प्रयास किया गया है। इस समय तक 'असुरों' की कोई अलग जाति अथवा वर्ग स्थापित नहीं हुआ था तथा देव और असुर समानार्थक थे। ऋग्वेद के तीसरे मण्डल के पचपनवें सूक्त में देवताओं के असुरत्व का वर्णन किया गया है। देवों के लिए 'असुर' शब्द का अनेक स्थलों पर प्रयोग किया गया है तथा इन्द्र के असुरत्व की महिमा का वर्णन भी प्राप्त होता है। वरुण को भी असुर कहा गया है। हरिवंशपुराण की कथा के अनुसार श्रीकृष्ण का असुरराज़ वरुण से युद्ध हुआ था।

वैदिक आर्य इन्द्र को तो सर्वोपरि मानते ही थे इसके अतिरिक्त सूर्य, मित्र, अग्नि, वरुण, यम आदि को भी वे देवता के रूप में स्वीकार करते थे। धीरे-धीरे कालान्तर में आर्यों में ही एक ऐसा वर्ग भी उत्पन्न हो गया जिसने 'दस्युओं' के समान इन्द्र के पद को और उसकी महत्ता को स्वीकार करने से इनकार कर दिया। इन्हीं लोगों को प्रारम्भ में 'इन्द्रारि' के नाम से कहा गया है। इन्द्र को इन लोगों के साथ अनेक बार भयंकर युद्ध करने पड़े थे। इन संघर्षों और विरोधों के होते हुए भी दोनों वर्गों का पूर्णतया सम्बन्ध-विच्छेद नहीं हुआ था। यह तथ्य उन कथाओं

---

1. हिन्दू देव परिवार का विकास।

से प्रमाणित होता है जिनके अनुसार देवराज इन्द्र की कन्या जयन्ती का विवाह असुर-गुरु शुक्राचार्य के साथ हुआ था अथवा स्वयं इन्द्र ने ही पुलोम दैत्य की कन्या शची के साथ विवाह किया था। स्वयं रावण के पिता विश्रवा की दो पत्नियों का उल्लेख है। विश्रवा की एक पत्नी रामायण के ही पात्र भरद्वाज ऋषि की कन्या थी और दूसरी पत्नी कैकसी सुमाली राक्षस की कन्या थी। अर्थात् विश्रवा का विवाह एक ऋषि-कन्या और एक राक्षस-कन्या के साथ हुआ था। उपर्युक्त दो-चार वैवाहिक सम्बन्ध दोनों वर्गों के बीच बढ़ती हुई दरार को पाटने में किंचित् भी सहायक नहीं हुए। इन्द्र पद के विरुद्ध संघर्ष लगातार बढ़ता ही चला गया।

ऋग्वेद में स्पष्टतया दो प्रकार की प्रार्थनाएँ मिलती हैं। एक प्रकार उन प्रार्थनाओं का है जिनमें आर्यों के निःशेष वर्ग को अलग मानकर केवल दस्युओं के प्रति आक्रोश प्रकट करते हुए उनके विनाश की कामना की गयी है। धीरे-धीरे जब आर्यों के एक वर्ग ने भी अपनी पूरी शक्ति के साथ इन्द्र के विरुद्ध संघर्ष छेड़ दिया, तब इन्द्र के पक्षधर आर्यों ने उनको भी अपना शत्रु घोषित कर दिया। दोनों पक्षों में अनेक बार भयंकर युद्ध भी हुए और अनेक युद्धों में इन्द्र के पक्षधर आर्यों को विपक्षियों से पराजित भी होना पड़ा। इस संघर्ष का सबसे पहला परिणाम यह हुआ कि दस्युओं और विरोधी आर्यों को एक श्रेणी में मान लिया गया। ऋग्वेद में ही दूसरे इस प्रकार के मन्त्र उपलब्ध हैं जिनमें इन्द्र से दस्युओं और शत्रु आर्यों—दोनों के विनाश की प्रार्थना की गयी है। दूसरे वर्ग के कुछ मन्त्र यहाँ उद्धृत किये जा रहे हैं :

1. अयम् एमि विचाकशद विचिन्वन दासम् आर्यम्।
   (दास और आर्य के बीच विभेद करता हुआ मैं आ रहा हूँ।)
   —10.86.19
2. त्वम् तान इन्द्र उभयान् अमित्रान् दासा वृत्राणि आर्या च शूर वधीर।
   (हे इन्द्र, तुम हमारे इन दास और आर्य शत्रुओं को नष्ट कर दो।)
   —6.33.3
3. हतो वृत्राणि आर्या हतो दासानि सत्पती हतो विश्वाः अपद्विषः।
   (सत्पुरुषों के अधिपति हे इन्द्र, हमारे आर्य शत्रुओं का संहार करो। हमारे दास शत्रुओं का संहार करो। उन सबको नष्ट कर दो जो हमसे घृणा करते हैं।) —6.60.6
4. दासा च वृत्रा हतम् आर्याणि।
   (हमारे आर्य और दास शत्रुओं का वध करो।) —7.83.1
5. यो नो दासः आर्यो वा पुरुष्टुत अदेवः इन्द्र युधये चिकेतति।
   (जो भी अदेव दास या आर्य हमसे युद्ध करने के लिए आएँ, उनको हम पराजित करें।) —10.38.3

उपर्युक्त उद्धरणों को आर्यों के वर्ग-संघर्ष का प्रमाण ही माना जाएगा। परस्पर विरोध की भावना धीरे-धीरे उग्रतर होती ही चली गयी और लोगों को 'दाशराज्ञ' युद्ध जैसी विनाशकारी स्थितियों का सामना करना पड़ा। उल्लेखनीय है कि वेदों में जिन युद्धों का वर्णन है वे प्रायः सभी आर्यों के पारस्परिक संघर्षों के ही वर्णन हैं। आपसी विरोध के कारण दोनों वर्ग एक-दूसरे की निन्दा करने लगे थे। जब यह स्थिति असह्य हो गयी तब परस्पर सम्बन्ध-विच्छेद कर एक-दूसरे से अलग हो जाने के प्रयास किये गये थे। इसी स्थिति में इन्द्र के पक्षधर आर्यों ने पूर्व की ओर चले आने का निर्णय लिया और वे सप्तसिन्धु प्रदेश से होते हुए पूर्वी भारत की ओर बढ़ते चले आये। इस तथ्य की पुष्टि इस बात से होती है कि यद्यपि पारसियों और भारतीय आर्यों में धार्मिक दृष्टि से सूर्य, अग्नि, यम समान रूप से पूज्य हैं किन्तु पारसियों में और उनके धार्मिक ग्रन्थ अवेस्ता में इन्द्र का कोई स्थान नहीं। उस समाज में इन्द्र की उपासना को मान्यता प्राप्त नहीं। दूसरी ओर वेदों में उन लोगों की निन्दा की गयी है जो इन्द्र की उपासना के विरुद्ध थे। इस प्रकार के लोगों की अनिन्द्र कहकर भर्त्सना की गयी है।

संकेत किया जा चुका है कि प्रारम्भिक काल में असुरत्व गौरव और प्रतिष्ठा का प्रतीक माना जाता था। पारसी समाज में यह बोध पूर्ववत् ही बना रहा जिसकी प्रतिक्रियास्वरूप पूर्व के आर्यों ने उसे गर्हित समझना प्रारम्भ किया था। इसके विपरीत सप्तसिन्धु के आर्यों ने जब देवत्व को गौरवास्पद रूप में स्वीकार किया तो उनके विरोधी पश्चिम के आर्यों ने उसे निन्दनीय समझा था। यहाँ यह भी उल्लेख कर देना आवश्यक है कि वर्तमान में वेद जिस रूप में उपलब्ध हैं वह रूप उनको सप्तसिन्धु प्रदेश में बसे हुए आर्यों द्वारा उस समय दिया गया था जब वे अपने शत्रु आर्यों से लड़-झगड़कर पूर्व की ओर चले आये थे। यही कारण है कि देव शब्द वेदों में जितना सम्मानपूर्ण है, अवेस्ता में वह उतना ही बुरे अर्थ का बोधक है। इसी प्रकार 'असुर' और 'दानव' वेदों के अनुसार जितने बुरे हैं, अवेस्ता में उनको उतना ही अच्छा माना गया है। कदाचित् यही कारण है कि परवर्तीकाल में भारतीय आर्यों ने जब कभी अपने जिस किसी भी विरोधी को अपशब्द कहना चाहा तो उसे 'असुर' घोषित कर दिया। इस प्रकार उन वर्गों और व्यक्तियों को भी असुर घोषित किया जाता रहा है जो मूलतः आर्य थे और किसी कारण विद्रोही बन गये थे। डॉ. सम्पूर्णानन्द ने इसी विचार का समर्थन करते हुए लिखा है :

"इस सम्बन्ध में एक और बात ध्यान देने योग्य है कि असुर किन्हीं अवैदिक देवों के उपासक नहीं थे। उनके किन्हीं ऐसे उपास्यों के नाम नहीं मिलते जो वैदिक आर्यों के उपास्यों से भिन्न रहे हों। असुर परिवार निश्चय ही बलशाली और सभ्य समुदाय था, भले ही कुछ बातों में उनसे आर्यों का वैमत्य रहा हो। आर्यों और असुरों

का सम्बन्ध कितना घनिष्ठ था, वह इसी कथा से सिद्ध होता है कि देवराज इन्द्र की कन्या जयन्ती से असुर-गुरु शुक्राचार्य का विवाह हुआ।"[1]

पुराणों में ऐसी अनेक कथाएँ उपलब्ध हैं जिनके अनुसार अच्छे-भले व्यक्तियों को ऋषियों ने जरा-सी बात पर नाराज होकर असुर, दैत्य अथवा राक्षस होने का शाप दे दिया। वाल्मीकि रामायण के अनुसार ही ताटका सुकेतु नामक यक्ष की कन्या थी। सुकेतु ने महान् तपस्या करने के पश्चात् इस कन्या-रत्न को प्राप्त किया था। मारीच इसी ताटका का पुत्र था। महर्षि अगस्त्य ने इस यक्ष-कन्या और उसके पुत्र को नाराज होकर राक्षस होने का शाप दे दिया। विराध 'जव' नामक गन्धर्व का पुत्र था तथा वह तुम्बुरु गन्धर्व के नाम से ही प्रख्यात रहा है, किन्तु कुबेर ने न जाने क्यों उस बेचारे को राक्षस होने का शाप दे दिया। इसी प्रकार कबन्ध ने भी जब स्थूलशिरा नामक महर्षि को नाराज कर दिया तो उसे उनके शाप के परिणामस्वरूप राक्षस बन जाना पड़ा था। भरत ने ननिहाल से लौटने पर जब कैकेयी के द्वारा राम को वनवास भेजने की घटना सुनी तब उन्होंने भी अपनी माता कैकेयी को राक्षसी कहा था।[2] इन सन्दर्भों के आधार पर सहज ही इस निष्कर्ष पर पहुँचा जा सकता है कि रामायण अथवा अन्य ग्रन्थों में जिन लोगों का राक्षस के रूप में वर्णन किया गया है वह न तो आर्यों के वर्ग से किसी भिन्न वर्ग के ही थे और न उनका किसी आर्येतर जाति में जन्म ही हुआ था। ऋषियों ने नाराज होकर जिस किसी को राक्षस कह दिया उसी को राक्षस के रूप में माना जाने लगा।

यह भी उल्लेखनीय है कि वेदों में जहाँ कहीं भी संघर्ष और प्रतिद्वन्द्विता के वर्णन आये हैं वहाँ विरोधियों और विपक्षियों को अधिकांशतः 'दस्यु' शब्द से ही अभिहित किया गया है। इसके पश्चात् 'शत्रु आर्य' अर्थबोधक शब्दों का प्रयोग किया जाने लगा था। वेदों के रचयिता आर्यों ने जहाँ इन्द्रादि के लिए देव शब्द का प्रयोग किया है वहाँ शत्रुओं के लिए प्रायः 'असुर' शब्द का ही प्रयोग मिलता है। सुर और राक्षस शब्दों का प्रयोग अपेक्षाकृत बहुत ही कम स्थलों पर किया गया है। इससे कुछ ऐसा आभास होता है कि 'असुर' शब्द का प्रयोग साहित्य में पहले हुआ है और उसके पश्चात् ही 'सुर' शब्द का प्रयोग अपनाया गया। 'सुरासुर-संग्राम' के स्थान पर 'देवासुर-संग्राम' जैसी शब्दावली का प्रयोग ही अधिक किया गया है। इसी प्रकार राक्षस शब्द भी बहुत समय पश्चात् ही प्रयोग में लिया गया।

---

1. हिन्दू देव परिवार का विकास।

2. न त्वमश्वपतेः कन्या धर्मराजस्य धीमतः।
राक्षसी तत्र जातासि कुल-प्रध्वंसिनी पितुः ॥ –वा.रा. 2.74.9

वेदों में 'आदित्य' शब्द का प्रयोग अनेक बार किया गया है। इसका प्रयोग अधिकांशतः विष्णु और इन्द्र के लिए ही किया जाता था। कालान्तर में देव, देवता, सुर, आदित्य, आदितेय शब्द कब और किस प्रकार समानार्थी बन गये, यह कहना सरल नहीं। इसी प्रकार असुर, दानव, राक्षस, निशाचर, दैत्य आदि शब्द एक ही अर्थ के बोधक कब और कैसे बने, यह भी विचारणीय है। संकेत किया जा चुका है कि राक्षसों के लिए पूर्वकाल में प्रयुक्त 'पुण्यजन' शब्द का धीरे-धीरे लोप हो गया और पुण्यजन शब्द दूसरे अर्थों में प्रयुक्त होने लगा। इसके साथ ही कुछ मान्य और नये शब्द इस क्रम में जुड़ते चले गये। उदाहरण के लिए, 'वैप्रचित्त' शब्द का प्रयोग दानवों के अर्थ में किया जाने लगा जबकि 'विप्रचित्त' महर्षि कश्यप का पुत्र था।

यह भी ध्यान देने योग्य बात है कि पौराणिक तथा उसके पूर्व के साहित्य में प्रायः सर्वत्र ही देवता, दानव, राक्षस, पिशाच सभी को एक ही पंक्ति में जाना जाता रहा है। जब भी अवसर आया अथवा आवश्यकता पड़ी तब ब्रह्मा, विष्णु के समक्ष देवताओं, दानवों, राक्षसों, पिशाचों ने एक पंक्ति में खड़े होकर सहायता की प्रार्थना की है।[1]

संकेत किया जा चुका है कि इन्द्र और उसकी सत्ता के विरोध को ही आर्यों के वर्ग-संघर्ष का सबसे पहला और मूल कारण माना जा सकता है। समुद्र-मन्थन की घटना ने दबी हुई धधकती आग को पूरी तरह से प्रज्वलित कर दिया और दोनों वर्गों का वैमनस्य विनाशकारी शत्रुता में परिणत हो गया।

ब्रह्मापुत्र दक्ष प्रजापति की तेरह कन्याओं—1. अदिति, 2. दिति, 3. दनु, 4. अरिष्टा, 5. सुरसा, 6. खसा, 7. सुरभि, 8. विनता, 9. ताम्रा, 10. क्रोधवशा, 11. इरा, 12. कद्रू, 13. मुनि, का विवाह मरीचिनन्दन महर्षि कश्यप के साथ हुआ था।

दक्ष की कन्याओं के नामों में अन्तर भी मिलता है। अदिति के गर्भ से ही विष्णु, इन्द्र, अर्यमा आदि आदित्यों की उत्पत्ति हुई। दिति से हिरण्यकशिपु और हिरण्याक्ष नामक दो पुत्र और सिंहिका नामक कन्या उत्पन्न हुई। हिरण्यकशिपु के पुत्रों को दैत्यवंश में वृद्धि करनेवाला कहा गया है। प्रह्लाद भी हिरण्यकशिपु का पुत्र अर्थात् दैत्य था। दनु के गर्भ से शम्बर, अयोमुख, विप्रचित्त आदि ने जन्म लिया जो दनु के पुत्र होने के कारण दानव कहलाये। विनता के गरुड़ और अरुण दो पुत्र उत्पन्न

---

1. ततो देवा सगन्धर्वाः सासुराः सहपन्नगाः।
सम्भ्रान्तमनसः सर्वे पितामहमुपागमन् ॥ —वा.रा. 1.39.23
देव-दानव-रक्षोभिः पिशाच-पतंगोरगैः।
पूज्यमानं महातेजा दिशा-गजमपश्यत ॥ —वा.रा. 1.41.7
देवा सार्षिगणाः सर्वे दैत्य-दानव-राक्षसाः।
गन्धर्व-यक्ष-प्रवराः सकिन्नर-महोरगाः ॥ —वा.रा. 1.43.32

हुए थे। सुरसा और कद्रू के पुत्र नाग कहे जाते हैं। राक्षसों को खसा और पिशाचों को क्रोधवशा का पुत्र कहा जाता है। कश्यप और उनकी पत्नियों को प्रतीक मानकर यद्यपि उनका दार्शनिक विवेचन भी प्राप्त होता है तथापि प्रसंगवश पौराणिक अर्थ ही यहाँ ग्रहण किया गया है। कश्यप की पत्नियाँ सगी बहिनें थीं किन्तु उनके मन में सौतियाडाह की इतनी जबर्दस्त भावना विद्यमान थी कि उन्होंने अपने पुत्रों अर्थात् सौतेले भाइयों में शत्रुता की ऐसी भावना उत्पन्न कर दी कि वह जन्म-जन्मान्तर और युग-युगों तक भी समाप्त नहीं हो सकी। विनता और कद्रू ने निहायत ही बेवकूफी की शर्त को लेकर अपने पुत्रों को एक-दूसरे का प्राणान्तक शत्रु बना दिया था। पश्चात्काल में विनता-पुत्रों ने अदिति-पुत्रों का साथ दिया और कद्रू के पुत्र दिति-पुत्रों के साथ हो गये। समुद्र-मन्थन के अवसर पर अदिति के पुत्रों ने दिति और दनु के पुत्रों को लगातार धोखा दिया। यद्यपि दोनों पूर्ण सहयोग की भावना के साथ इस महत् कार्य में प्रवृत्त हुए थे और दिति-पुत्रों ने वासुकि की ज्वालोपम फूत्कारों को सहते हुए पूरी शक्ति और ईमानदारी के साथ सहयोग किया, फिर भी मन्थन के परिणामस्वरूप उत्पन्न रत्नों में से एक भी रत्न उन बेचारों के हाथ नहीं लग सका। चन्द्रमा, ऐरावत, उच्चैश्रवा, सुरभि, सुरा, लक्ष्मी—सभी को अदिति-पुत्रों ने हथिया लिया। धन्वन्तरि जब अमृतकलश लेकर प्रकट हुए तो उसकी एक भी बूँद दिति-पुत्रों को नहीं दी गयी। इस स्थिति में दिति-पुत्रों का क्रोध भड़कना स्वाभाविक ही था।

वाल्मीकि रामायण के अनुसार भी देवताओं और दैत्यों ने पूर्ण सद्भावना के साथ ही समुद्र-मन्थन का निर्णय लिया था। रामायण के अनुसार ही दैत्यों ने वरुण-कन्या 'सुरा' को ग्रहण करना अस्वीकार किया था और अदिति-पुत्रों ने ही उसे ग्रहण किया। सुरा को ग्रहण न करने के कारण ही दिति-पुत्रों को असुर कहा गया और देवताओं ने सुरा ग्रहण की थी इसलिए उनकी 'सुर' संज्ञा हुई।[1]

वाल्मीकि रामायण के उत्तरकाण्ड में एक अन्य कथा का भी उल्लेख किया गया है। पूर्वकाल में ब्रह्मा ने समुद्रगत जल की सृष्टि करके उसकी रक्षा के लिए अनेक जन्तुओं को उत्पन्न किया। जन्तुओं ने उत्पन्न होकर स्रष्टा ब्रह्माजी के समक्ष निवेदन किया कि हम क्या करें। ब्रह्माजी ने उनको यत्नपूर्वक जल की रक्षा करने का आदेश दिया। उनमें से कुछ ने 'हम इसकी रक्षा करेंगे' इस प्रकार का वचन दिया। अन्य जन्तुओं ने उसका यजन (पूजन) करने का वचन दिया था। रक्षा करने का वचन

---

1. दितेः पुत्रा न तां राम जगृहुर्वरुणात्मजाम्।
अदितेस्तु सुता वीर जगृहुस्तामनन्दिताम् ॥
असुरास्तेन दैतेयाः सुरास्तेनादितेः सुताः।
हृष्टाः प्रमुदिता आसन् वारुणी-गृहणात् सुराः ॥—वा.रा. 1.45.36-38

देनेवाले जन्तु 'राक्षस' और यजन (पूजा) करने का वचन देनेवाले यक्षों के नाम से प्रसिद्ध हुए।[1]

इस प्रकार की और भी अनेक कथाएँ महाभारत, पुराण आदि प्राचीन साहित्य में उपलब्ध हैं। इन सबसे एक निष्कर्ष निश्चय ही निकलता है कि प्राचीनकाल में देवताओं, असुरों, दैत्यों अथवा राक्षसों में और उनके पूर्वजों में भ्रातृवत् सहज स्नेह की भावना विद्यमान थी।

समय-समय पर होनेवाली समुद्र-मन्थन अथवा विनता और कद्रू के बीच की शर्त जैसी घटनाओं ने ही दोनों के बीच विद्वेष की भावना उत्पन्न कर दी थी। राक्षसों, दैत्यों, दानवों और असुर माने जानेवाले सभी पात्रों के पूर्वज अतर्क्य रूप से विशुद्ध आर्य-परम्परा के महर्षि रहे हैं। अदिति, दिति और दनु के पति अर्थात् देव, दैत्य और दानवों के पिता कश्यप आर्य-परम्परा के महर्षि और साक्षात् ब्रह्मा के ही वंशज रहे हैं। रावण के पितामह महर्षि पुलस्त्य और पिता मुनि विश्रवा को दैत्य, दानव अथवा राक्षस मानने का प्रश्न उपस्थित ही नहीं होता। वेदों तथा अन्य ग्रन्थों में उपलब्ध सन्दर्भों के अनुसार दस्युओं को विश्वामित्र की सन्तान कहा गया।[2] किन्तु विश्वामित्र को दस्यु अथवा आर्येतर मानने की कल्पना भी नहीं की जा सकती। देवों और असुरों अथवा दैत्य, दानवों, राक्षसों के बीच संघर्ष की कथाओं को इस बात का प्रमाण मानना किसी भी दशा में संगत नहीं कि इनमें से किसी की भी आर्येतर कोई अलग जाति रही होगी। दैत्यों और राक्षसों के भयंकर आकार या शरीर की कल्पनाएँ पुराणों और महाकाव्यों के रचयिताओं ने बाद में जबर्दस्ती अपनी रचनाओं में काव्य-सौष्ठव उत्पन्न करने के लिए जोड़ दी थीं।

अब वाल्मीकि रामायण के सन्दर्भों को ही प्रमाण मानकर इस बात की पुष्टि की जाएगी कि रामायण का कोई भी पात्र अनार्य परम्परा का नहीं रहा है। पुस्तक के प्रारम्भ में ही रावण के विषय में कुछ सन्दर्भ उद्धृत किये जा चुके हैं। वह निश्चय ही इस प्रकार चौंकानेवाले हैं कि एक क्षण के लिए रावण का राक्षसत्व विस्मृत हो जाता है। रावण के लिए आर्य, आर्यपुत्र जैसे शब्दों का प्रयोग तो अनेक स्थलों पर हुआ ही है, स्वयं विभीषण उसको मूर्तिमान धर्म के रूप में स्वीकार करता था।[3] उल्लेखनीय है कि 'रामो विग्रहवान् धर्मः' की उक्ति सर्वत्र प्रसिद्ध है और इस स्थिति

---

1. प्रजापतिस्तु तान् सर्वान् प्रत्याह प्रहसन्निव। आभाष्य वाचा यत्नेन रक्षध्वमिति मानदः॥
रक्षाम इति तत्रान्यैर्यक्षाम इति चा परैः। भुङ्क्षिताभुङ्क्षितैरुक्तस्ततस्तानाह भूतकृत॥
रक्षाम इति च यैरुक्तं राक्षसास्ते भवन्तु वः। यक्षाम इति यैरुक्तं यक्षा एव भवन्तु वः॥
—वा.रा. 7.4.11-13

2. वैश्वामित्राः दस्यूनाम् भूयिष्ठाः —ऐतरेय ब्राह्मण

3. गतः सेतुः सुनीतानां गतो धर्मस्य विग्रहः।
गतः सत्त्वस्य संक्षेपः सुहस्तानां गतिर्गता॥ —वा.रा. 6.109.6

में रावण के लिए, वह भी विभीषण के शब्दों में, 'धर्मस्य विग्रहः' कहा जाना कम आश्चर्यजनक नहीं। पता नहीं कि लोग इस प्रकार की पंक्तियों का उल्टा-सीधा अर्थ लगाने की चूक कैसे कर गये।

रामायण-पात्रों का धर्म और आचरण सम्बन्धी विवेचन आगे के अध्यायों में किया गया है। यहाँ केवल विभिन्न पात्रों के आर्य अथवा अनार्य होने के प्रति संकेत किया जा रहा है। युद्ध में राम के बाणों से घायल रावण अचेत होकर गिर पड़ा था। रावण का हितकामी सारथी उसको इस अवस्था में देखकर उसका रथ रणभूमि से दूर लंका के किसी सुरक्षित स्थल पर लौटा ले गया। चेतना लौटने पर जब रावण को ज्ञान हुआ कि उसका रथ संग्रामभूमि में नहीं है तो उसने अपने सारथी को फटकारकर कहा था—"अरे अनार्य, तूने आज मेरे चिरकाल से उपार्जित यश, पराक्रम आदि पर पानी फेर दिया।"[1] रावण के द्वारा इस प्रकार अनार्य कहे जाने पर सारथी का क्रोध भड़क उठा था। उसने उत्तर में कहा था—न तो मैं डरा हुआ हूँ और न मेरा विवेक ही नष्ट हुआ है। मेरा आपके प्रति स्नेह भी कम नहीं हुआ और मैं कृतघ्न भी नहीं हूँ। आपके हित की इच्छा से ही मैंने यह किया है। इस पर भी आप ओछे और अनार्य पुरुषों की भाँति मुझ पर दोषारोपण कर रहे हैं यह किसी भी दशा में उचित नहीं।[2] युद्ध-भूमि से भाग आना रावण की दृष्टि में अनार्यों की परम्परा थी जिसे वह पसन्द नहीं करता था। सारथी में भी आर्यों के गुण, स्नेह, सद्भाव, कृतज्ञता, स्वामी-हित-कामना आदि विद्यमान थे। इसीलिए उसे रावण द्वारा अनार्य कहा जाना सह्य नहीं हुआ। स्पष्ट ही रावण ही नहीं, रावण का सारथी भी आर्य-परम्परा का था।

विभीषण का आचार-व्यवहार रावण को अच्छा नहीं लगा था। भ्रातृस्नेह तथा सौहार्द का अभाव रावण अनार्यों का लक्षण मानता था और इसी आधार पर उसने विभीषण की भर्त्सना भी की थी। मेघनाद भी विभीषण को आर्य नहीं मानता था। युद्ध-भूमि में वानरों को सम्बोधित करते हुए मेघनाद ने कहा था कि सुग्रीव, वैदेही, राम-लक्ष्मण आदि सबका तो मैं वध कर ही डालूँगा, उस अनार्य विभीषण को भी

---

1. त्वयाद्य हि ममानार्य चिरकालमुपार्जितम्।
यशो वीर्यं च तेजश्च प्रत्ययश्च विनाशितः॥ —वा.रा. 6.104.5

2. न भीतोऽस्मि न मूढोऽस्मि नोपजप्तोऽस्मि शत्रुभिः।
न प्रमत्तो न निःस्नेहो विस्मृता न च सत्क्रिया॥
मया तु हितकामेन यशश्च परिरक्षिता।
स्नेह-प्रसन्न-मनसा हितमित्यप्रियं कृतम्॥
नास्मिन्नर्थे महाराज त्वं मां प्रिय हिते रतम्।
कश्चिल्लघुरिवानार्यो दोषतो गन्तुमर्हसि॥ —वा.रा. 6.104.11-13

मार डालूँगा।[1] भाइयों से विरोध करते हुए विभीषण ने कुल के विनाश का जो मार्ग अपनाया था, रावणादि की दृष्टि में वह आर्यों की परम्परा के अनुकूल नहीं था।

राम-वनवास की घटना से क्षुब्ध होकर भरत तथा अन्य पात्रों ने कैकेयी को बार-बार अनार्या कहकर सम्बोधित किया है।[2] राम-मारीच संघर्ष में राम की सहायता करने के लिए सीता ने जब लक्ष्मण को जाने के लिए प्रेरित किया और लक्ष्मण ने उसे छल कहते हुए जाने की अनिच्छा प्रकट की, तब सीता ने भी लक्ष्मण को अनार्य कहा था।[3]

अशोक वाटिका में रावण द्वारा नियुक्त राक्षसियों ने सीता को भी डराते-धमकाते हुए अनार्या कहा था।[4] यह सब देखकर त्रिजटा ने उन राक्षसियों को अनार्या कहकर फटकारा था।[5]

उपुर्यक्त प्रसंग प्रथमतः इस बात के प्रति इंगित करते हैं कि आर्यों और अनार्यों के विषय में गोरे-काले वर्ण, ऊँची-चपटी नाक, पतले मोटे बाल, बड़ी छोटी आँखें, लम्बे-ठिगने कद विषयक जो धारणाएँ प्रचलित की गयी हैं वह निराधार और भ्रान्तिमूलक हैं। दूसरी बात यह कि प्राचीनकाल में लोग गाली-गलौज के अर्थ में प्रायः अनार्य शब्द का ही प्रयोग करते रहे हैं। कैकेयी को 'अनार्यामार्यरूपिणी' कहा

---

1. सुग्रीवस्त्वं च रामश्च यन्निमित्तमिहागताः।
तां बधिष्यामि वैदेहीमद्यैव तव पश्यतः ॥
इमां हत्वा ततो रामं लक्ष्मणं त्वां च वानर।
सुग्रीवं च बधिस्यामि तं चानार्यं विभीषणम् ॥ –वा.रा. 6.81.26-27
2. तदप्रियं अनार्याया वचनं दारुणोदयम्।
श्रुत्वा गतव्यथो रामः कैकेयीं वाक्यमब्रवीत् ॥ –वा.रा. 2.19.19
वहन्तं किं तुदसि मां नियुज्य धुरि माहिते।
अनार्ये कृत्यमारब्धं किं न पूर्वमुपारुधः॥ –वा.रा. 2.36.14
वन्दित्वा चरणौ राज्ञो विसंज्ञस्य पितुस्तदा।
कैकेय्याश्चाप्यनार्याया निष्पपात महाद्युतिः ॥ –वा.रा. 2.19.28
क्रोधनामकृतप्रज्ञां दृप्तां सुभगमानिनीम्।
ऐश्वर्यकामां कैकेयीमनार्यामार्यरूपिणीम् ॥ –वा.रा. 2.92.26
3. अनार्याकरुणारम्भ नृशंस कुलपांसन।
अहं तव प्रियं मन्ये रामस्य व्यसनं महत् ॥ –वा.रा. 3.45.22
4. अद्येदानीं तवानार्ये सीते पापविनिश्चये। –वा.रा. 5.27.3
5. सीतां ताभिरनार्याभिर्दृष्ट्वा संतर्जितां तदा।
राक्षसी त्रिजटा वृद्धा प्रबुद्धा वाक्यमब्रवीत् ॥
आत्मानं खादतामार्या न सीतां भक्षयिष्यथ।
जनकस्य सुतामिष्टां स्नुषां दशरथस्य च ॥ –वा.रा. 5.27.4-5

गया है। इसका तात्पर्य यही है कि आर्यत्व का सम्बन्ध न तो जाति या वर्ण विशेष से रहा है और न शरीर के बाह्य आकार-प्रकार से ही उसका कोई सम्बन्ध है अपितु उसका सीधा सम्बन्ध अन्तःप्रवृत्तियों से ही रहा। रामायण में ही कुछ ऐसे प्रसंग उपलब्ध हो जाते हैं जिनके आधार पर आर्य-धर्म लक्षणों की झलक देखी जा सकती है।

वाली को ऋक्षरजस का क्षेत्रज पुत्र—इन्द्र का पुत्र कहा गया तथा उसको और उसकी पत्नी तारा—दोनों को ही आर्य कहा गया।[1] ज्ञातव्य है कि इन्द्र आर्यों के सबसे बड़े देवता के रूप में प्रतिष्ठित रहे हैं। उसके पुत्र को अनार्य मानने की कोई संगति नहीं, भले ही स्वयं राम ने किसी कारणवश उसका वध किया हो। जिस प्रकार विभीषण ने रावण के लिए 'गतो धर्मस्य विग्रहः' कहकर पश्चात्ताप किया था, उसी प्रकार वालि-वध के पश्चात् सुग्रीव ने विलाप करते हुए कहा था कि वाली ने अपने जीवनभर भ्रातृभाव और आर्यभाव का पूर्णरीत्या निर्वाह करते हुए धर्म की रक्षा की थी। तारा राम की सहायता करनेवाले और अपने उपचार के द्वारा लक्ष्मण की जीवन-रक्षा करनेवाले सुषेण की पुत्री थी। यह भी संकेत दिया जा चुका है कि रामायण के अनुसार ऋक्षों और वानरों को स्वयं देवताओं ने ही उत्पन्न किया था। इस प्रकार इन सबको किसी आर्येतर परम्परा का मानने का कोई आधार नहीं।

कुम्भकर्ण के साथ युद्ध करते हुए वानरों के होश उड़ गये थे। अत्यन्त भयभीत होकर अपनी जान बचाने के लिए वे सुरक्षित स्थानों पर भागकर छिपने लगे थे। यह देखकर अंगद बेहद परेशानी में उलझ गये। उन्होंने वानरों को सम्बोधित करते हुए कहा था कि ऊँचे और महान् कुलों में उत्पन्न होने पर भी इस प्रकार भयभीत होकर भागना उचित नहीं। यदि तुम भय के कारण पराक्रम छोड़कर युद्धभूमि से भाग जाओगे तो निश्चय ही अनार्य समझे जाओगे।[2] तात्पर्य यह कि इनमें से कोई भी अनार्य नहीं था।

इन्द्रजित् के द्वारा लक्ष्मण के घायल किये जाने पर राम को अत्यन्त दुःख हुआ था। उन्होंने उस समय यह अनुभव किया कि उनके स्वयं के कारण ही लक्ष्मण को

---

1. सुप्तेति पुनरुत्थाय आर्यपुत्रेति वादिनी।
   रुरोद सा पतिं दृष्ट्वा संवीतं मृत्युदामिभिः ॥ —वा.रा. 4.19.27
   भ्रार्तृत्वमार्यभावश्च धर्मश्चानेन रक्षितः।
   मया क्रोधश्च कामश्च कपित्वं च प्रदर्शितम् ॥ —वा.रा. 4.24.12
   तस्येन्द्र कल्पस्य दुरासदस्य महानुभावस्य समीपमार्या।
   आर्तातितूर्णं व्यसनं प्रपन्ना जगाम तारा परिविह्वलन्ती। —वा.रा. 4.24.29
2. कुलेषु जाताः सर्वेऽस्मिन् विस्तीर्णेषु महत्सु च।
   क्व गच्छत भयत्रस्ताः प्राकृता हरयो यथा।
   अनार्या खलु यद् भीतास्त्यक्त्वा वीर्यं प्रधावत। —वा.रा. 6.66.21

इस प्रकार की विपत्तियों में उलझ जाना पड़ा था। स्वयं अपने कृत्यों पर परिताप करते हुए राम ने भी अपने-आपको अनार्य कहकर स्वयं की भर्त्सना की थी।[1] ये सभी प्रकरण इसी तथ्य के प्रमाण हैं कि रामायण के पात्रों को भले ही प्रसंगवश एक-दूसरे ने अनार्य कहा हो किन्तु यह सभी पात्र आर्यपरम्परा के ही अनुयायी थे।

राम को अयोध्या लौटा लाने के लिए भरत के साथ ब्राह्मण-शिरोमणि महर्षि जाबालि भी चित्रकूट पहुँचे थे। राम को उन्होंने ऐसे धर्म सिद्धान्तों का उपदेश दिया था जो वैदिक परम्परा के सर्वथा विपरीत थे। धैर्य और पूरी सहानुभूति के साथ सुनने के पश्चात् राम ने उनको उत्तर देते हुए कहा था कि उनके विचार यद्यपि कर्तव्य-जैसे दिखाई देते हैं किन्तु वास्तव में वह अनुसरणीय नहीं। इसी स्थल पर अनार्य के लक्षणों के प्रति इंगित करते हुए राम ने कहा है कि बाहर से पवित्र दिखाई देने पर भी भीतर से अपवित्र, उत्तम लक्षणों से युक्त प्रतीत होने पर भी शुभ गुणों से रहित तथा शीलवान दिखाई देने पर भी वास्तव में दुःशील व्यक्ति ही आर्य रूप में अनार्य होता है।[2] कैकेयी के लिए प्रयुक्त शब्द 'अनार्यामार्यरूपिणी' भी कैकेयी की जाति, वंश-परम्परा आदि के प्रति नहीं प्रत्युत उसके आचरण व्यवहार को दृष्टिगत रखते हुए ही लिखा गया है। युद्धभूमि से भागना आर्य-परम्परा के विपरीत रहा है। इस सिद्धान्त को राम, रावण, अंगद सभी स्वीकारते हैं।

उपर्युक्त सन्दर्भ उसी बात की पुष्टि करते हैं कि राम-रावण-युद्ध अथवा रामायण में वर्णित युद्ध आर्यों और अनार्यों अथवा देवता और राक्षसों के बीच नहीं लड़े गये थे वरन् वे सभी युद्ध आर्य-नरेशों के बीच हुए संघर्ष रहे हैं।

---

1. धिङ् मां दुष्कृतकर्माणमनार्यं यत्कृते ह्यसौ।
लक्ष्मणः पतितः शेते शरतल्पे गतायुवत्। —वा.रा. 6.49.12
इष्टबन्धुजनो नित्यं मां च नित्यमनुव्रतः।
इमामद्यगतोऽवस्थां ममानार्यस्य दुर्नयैः। —वा.रा. 6.49.18
2. अनार्यस्त्वार्यसंस्थानः शौचाद्धीनस्तथाशुचिः।
लक्षण्यवदलक्षण्यो दुःशीलः शीलवान् इव। —वा.रा. 2.109.5

विभिन्न जातियों की आचार-मान्यताएँ

प्रथम अध्याय में संकेत किया जा चुका है कि यद्यपि वर्तमान में राक्षस और दानवों को एक ही वर्ग में मान लिया जाता है किन्तु यह दोनों अलग-अलग वर्ग के रहे हैं। पूरे साहित्य में इन दोनों का इस प्रकार सम्मिश्रण कर दिया गया है कि आज यह कहना भी सरल नहीं कि दानव अथवा दैत्य संस्कृति की प्रमुख विशेषताएँ क्या रही थीं। रामायण के अनुसार कबन्ध मूलतः दितिपुत्र अर्थात् दैत्य-परम्परा का था[1] किन्तु स्थूलशिरा महर्षि के शाप के कारण उसे राक्षस बन जाना पड़ा था। कबन्ध ने ही राम को सुग्रीव से मैत्री स्थापित करने का परामर्श दिया था। किसी दैत्य का शापवश राक्षस बन जाने का तात्पर्य यही हो सकता है कि दैत्य और राक्षसों के दो भिन्न वर्ग रहे हैं। युद्धभूमि में रावण-पुत्र अतिकाय का परिचय देते हुए विभीषण ने भी कहा था कि "अतिकाय ने देवता और दानवों को सैकड़ों बार पराजित किया है। यक्षों को भी मार भगाया है किन्तु उसने राक्षसों की सदैव रक्षा की है।"[2] युद्ध में मेघनाद के मारे जाने पर देवता और दानवों ने एक साथ मिल-जुलकर हर्ष मनाया था।[3]

पहले कुछ ऐसे उद्धरण दिये जा चुके हैं जिनके अनुसार देवता, दानव, राक्षस सभी एक पंक्ति में दिखाई देते हैं किन्तु उपर्युक्त सन्दर्भों से कुछ ऐसा आभास होता है कि परवर्तीकाल में राक्षसों और दानवों में शत्रुता की भावना उत्पन्न हो गयी थी। मेघनाद-वध पर देवता और दानवों का मिल-जुलकर हर्ष मनाना इस बात के प्रति इंगित करता है कि राक्षसों से शत्रुता हो जाने की स्थिति में दानवों का देवताओं के साथ मैत्री सम्बन्ध स्थापित हो गया था।

---

1. दनुर्नाम दितेः पुत्रः शापाद् राक्षसतां गतः।
आख्यातस्तेन सुग्रीवः समर्थो वानराधिपः ॥ —वा.रा. 4.4.15

2. एतेन शतशो देवाः दानवाश्च पराजिताः।
रक्षितानि च रक्षांसि यक्षाश्चापि निषूदिताः ॥ —वा.रा. 6.71.33

3. शुद्धा आपो नयश्चैव जहषुर्देव-दानवाः।
आजग्मुः पतिते तस्मिन् सर्वलोकभयावहे ॥
ऊचुश्च सहितास्तुष्टा देव-गन्धर्व-दानवाः।
विज्वराः शान्तकलुषा ब्राह्मणाः विचरन्त्विति ॥ —वा.रा. 6.90.87-88

रामायणकाल तक आते-आते पूर्व प्रतिष्ठित वैदिक धर्म-स्थापनाओं में पर्याप्त परिवर्तन हो चुका था। यहाँ रामायणकाल से मेरा तात्पर्य उसके रचनाकाल से नहीं वरन् वास्तविक घटनाकाल से ही समझा जाना चाहिए। वस्तुतः यह एक ऐसा सन्धिकाल रहा है जब प्राचीन वैदिक मान्यताओं के प्रति लोगों की आस्था शिथिल पड़ने लगी थी और दूसरी ओर परवर्तीकाल में पौराणिक और स्मार्त धर्म का जो रूप दिखाई देता है, वह इस रूप में प्रतिष्ठापित नहीं हो सका था। देवासुर-संग्राम में दशरथ द्वारा देवराज इन्द्र की सहायता के उल्लेख से यह ज्ञात होता है कि इन्द्र की थोड़ी-सी महत्ता इस काल में भी बची हुई थी किन्तु इन्द्र का उल्लेख इतने नाममात्र को हुआ है कि उसकी सत्ता समाप्तप्राय दिखाई देती है। रावण का पूरा पक्ष इन्द्र की सत्ता को पूरी तरह उखाड़ देने के लिए प्रयत्नशील रहा है। रावण ने स्वयं इन्द्र पर आक्रमण कर उस पर विजय पायी थी और उसे बन्दी बनाकर लंका में कारागार में डाल दिया था। रावण-पुत्र मेघनाद स्वयं इन्द्रजित के नाम से विख्यात है। असुरों द्वारा इन्द्र की पराजय के उल्लेख यद्यपि अनेक स्थलों पर प्राप्त हैं किन्तु इन्द्र को बन्दी बनाकर ले जाने की कदाचित् यह एकमात्र घटना है। देवताओं ने भी इन्द्र को बचाने के लिए रावण के विरुद्ध खुलकर संघर्ष नहीं किया वरन् वे इधर-उधर तोड़-फोड़ करने अथवा विष्णु को अवतार ग्रहण करने के लिए मनाने में लगे रहे। बेचारा देवराज इन्द्र रावण के यहाँ बन्दी बना रहा और अन्त में ब्रह्मा द्वारा बड़ी मुश्किल से छुड़ाया जा सका। ब्रह्मा ने इन्द्र को छुड़ाने के लिए कोई युद्ध नहीं किया वरन् रावण को वरदान रूप विनिमय देकर ही वह उसे बचा सके थे। रावण की दूसरी पत्नी धान्यमालिनी से उत्पन्न पुत्र अतिकाय भी शक्रारि के नाम से प्रख्यात रहा है। तात्पर्य यह कि इन्द्र का विरोध लगातार बढ़ता चला गया और देवताओं की ओर से इन्द्र को प्राप्त समर्थन में भी शिथिलता आने लगी थी। भृगु की पतिव्रता पत्नी—शुक्राचार्य की माता ने भी त्रिभुवन को इन्द्रशून्य कर देने के लिए विद्रोह किया था और इसी कारण उसकी हत्या कर दी गयी थी। रामायणकाल में इन्द्र के शत्रुओं को राक्षस कहा जाता रहा किन्तु महाभारतकाल में जब स्वयं श्रीकृष्ण ने इन्द्र की पूजा का विरोध किया तो उसका पहला परिणाम यह हुआ कि इन्द्र की सत्ता ही समाप्त हो गयी और दूसरा यह कि इन्द्र के शत्रुओं को राक्षस मानने की परम्परा का भी लोप हो गया और यहाँ तक कि उनको देवताओं की श्रेणी में माना जाने लगा।

जाति, वर्ण और आश्रम-व्यवस्था के सन्दर्भ यद्यपि रामायण में प्राप्त हो जाते है किन्तु उन गिने-चुने सन्दर्भों को दृष्टिगत रखते हुए यही कहना अधिक समीचीन होगा कि रामायणकाल में जाति, वर्ण और आश्रम-विषयक मूल्य पूर्णरूप से स्थापित नहीं हुए थे। वर्ण धर्म की स्थापना के प्रमाण रूप में प्रस्तुत शम्बूक-वध की कथा का वास्तविक रहस्य समझना मेरे लिए आज भी कठिन है। स्मृतियों द्वारा परवर्तीकाल

में ब्रह्मचर्य, गृहस्थ, वानप्रस्थ और संन्यास आश्रम के जिन धर्मनियमों और विधानों की स्थापना की गयी है, उनके संकेत रामायण में उपलब्ध नहीं होते।

गोस्वामी तुलसीदासजी ने 'गुरु गृह पढ़न गये रघुराई' कहकर ब्रह्मचर्य आश्रम धर्म के प्रति संकेत किया है किन्तु रामायण में महर्षि विश्वामित्र के आगमन तथा उनके द्वारा राम-लक्ष्मण को अपने साथ ले जाने के पूर्व राम-लक्ष्मण के विद्याध्ययन आदि का कोई भी सन्दर्भ उपलब्ध नहीं होता। उल्लेखनीय है कि महर्षि विश्वामित्र जब दशरथ के पास राम को माँगने के लिए पहुँचे थे, उस समय राम की अवस्था पन्द्रह वर्ष की हो चुकी थी।[1]

दशरथ ने पन्द्रह वर्ष की आयु प्राप्त करने पर ही अपने चारों पुत्रों के विवाह करने का विचार भी प्रारम्भ कर दिया था।[2] ऋषियों और महर्षियों की परम्परा भी प्रारम्भ से ही अलग रही है। ऋषि-परम्परा और संन्यास आश्रम को किसी भी रूप में एक नहीं माना जा सकता। इस प्रकार रामायण में मुख्यतः गृहस्थ और वानप्रस्थ दो आश्रमों के सन्दर्भ ही प्राप्त होते हैं।

वर्ण-धर्म को भी रामायणकाल में वह रूप प्राप्त नहीं हुआ था जो उसे स्मार्त-व्यवस्था द्वारा दिया गया है। इन व्यवस्थाओं के बीज डाले जा चुके थे किन्तु समाज द्वारा उसे पूरी तरह मान्य नहीं किया गया था। प्राप्त सन्दर्भों से यह ज्ञात होता है कि आर्यों के ही इन्द्रविरोधी जिस वर्ग को राक्षस कहा जाता था उसने जाति और आश्रम-व्यवस्था का भी विरोध किया था। रावण तथा अन्य राक्षस नाम से अभिहित व्यक्तियों की चर्चा में कहीं भी इस बात के संकेत नहीं मिलते कि रावण आदि राक्षसों ने वर्ण-व्यवस्था के प्रति किंचित् भी उदार दृष्टिकोण अपनाया हो। रावण स्वयं वेदज्ञ था, संस्कृत का प्रकाण्ड पण्डित भी था और उसके राज्य में—लंका में नित्यप्रति वेदपाठ तथा हवन आदि भी होते रहते थे किन्तु वेदपाठ तथा होम आदि का अधिकार किसी वर्ण विशेष के व्यक्तियों को नहीं दिया गया था। मानव समाज को ब्राह्मण, क्षत्रिय आदि वर्णों में विभाजित करने के स्थान पर वह उनको गुण-धर्म और आचरण-व्यवहार के अनुसार उत्तम, मध्यम, अधम वर्णों में विभक्त करने का पक्षधर था। हनुमान द्वारा लंका-विध्वंस के पश्चात् रावण ने अपने सभी सहयोगी राक्षसों को बुलाकर कहा था, "संसार में उत्तम, मध्यम, अधम—तीन प्रकार के पुरुष होते हैं। जो पुरुष मन्त्रनिर्णय में समर्थ, मित्रों, समान उद्देश्य को माननेवाले बान्धवों और उनसे भी अधिक अपने हितैषियों के साथ सलाह करके काम करता है तथा देव के प्रति आस्थावान होता है उसे उत्तम पुरुष कहते हैं। जो अकेला ही अपने

1. ऊन षोडश वर्षो मे रामो राजीवलोचनः।
न युद्ध-योग्यतामस्य पश्यामि सह राक्षसैः ॥ —वा.रा. 1.20.2

2. अथ राजा दशरथस्तेषां दारक्रियां प्रति।
चिन्तयामास धर्मात्मा सोपाध्यायः सबान्धवः ॥ —वा.रा. 1.18.38

कर्तव्य का विचार करता है, अकेला ही धर्म में मन लगाता है और अकेला ही सब काम करता है, उसे मध्यम श्रेणी का पुरुष कहा जाता है। जो गुण-दोष का विचार न करते हुए, देव को न मानते हुए, केवल हठपूर्वक कार्य करता है, उसे अधम पुरुष माना जाता है।"[1] इस प्रकार वह वर्ण-धर्म की अपेक्षा आचरण को ही अधिक महत्त्व देता था। पूरी रामायण में केवल एक स्थल पर ही इस आशय का उल्लेख प्राप्त होता है कि राक्षस 'ब्राह्मणों' का भी समादर करते थे। जब प्रहस्त रावण की आज्ञा से राक्षसों की विशाल सेना को लेकर युद्धभूमि के लिए चला था तो उसकी सेना के राक्षसों ने ब्राह्मणों को नमस्कार किया था।[2] मात्र इस सन्दर्भ के आधार पर यह मानना किसी भी प्रकार उचित नहीं होगा कि राक्षस वर्ण-धर्म को स्वीकार करते थे अथवा ब्राह्मणों के प्रति उनमें श्रद्धा थी और उनको वे समाज के श्रेष्ठ वर्ग के रूप में मानते थे।

ब्राह्मणों की श्रेष्ठता अथवा उनके पूजनीय होने का प्रतिपादन केवल राम-चरित्र से जुड़े हुए सन्दर्भों के आधार पर ही किया जा सकता है। अन्यथा ऋत्विजों, ऋषियों, याज्ञिकों का अनेक स्थलों पर उल्लेख किये जाने पर भी यह प्रमाणित नहीं होता कि 'ब्राह्मण' के रूप में समाज का कोई वर्ग प्रतिष्ठित हो चुका था। राम अवश्य ही प्रायः ब्राह्मणों के समक्ष नत-मस्तक, उनके आशीष के अभिलाषी दिखाई देते हैं। लक्ष्मण के पूरे चरित्र में कहीं भी इस बात का संकेत नहीं मिलता कि वह भी राम के समान ब्राह्मणों के प्रति आस्थावान रहे हों। अगले अध्यायों में लक्ष्मण के आचार-धर्म की जो समीक्षा प्रस्तुत की गयी है, उससे यह भी स्पष्ट है कि वे ब्राह्मण धर्म के जबर्दस्त विरोधी थे। दशरथ के सन्दर्भ में केवल एक स्थान पर यह प्रसंग प्राप्त होता है कि उन्होंने यज्ञ करने के उद्देश्य से 'ब्राह्मणों' को बुलाया था। अश्वमेध की तैयारी के समय उन्होंने सुमन्त्र को आदेश दिया था कि वेदज्ञ ब्राह्मणों को बुलाया जाए। किन्तु

---

1. त्रिविधा पुरुषा लोके उत्तमाधम-मध्यमाः।
तेषां तु समवेतानां गुणदोषौ वदाम्यहम् ॥
मन्त्रस्त्रिभिर्हि संयुक्तः समर्थैर्मन्त्रनिर्णये।
मित्रैर्वापि समानार्थैर्बान्धवैरपि वाधिकैः ॥
सहितो मन्त्रयित्वा यः कर्मारम्भान् प्रवर्तयेत्।
दैवे च कुरुते यत्नं तमाहुः पुरुषोत्तमम् ॥
एकोऽर्थं विमृशेदेको धर्मे प्रकुरुते मनः।
एकः कार्याणि कुरुते तमाहुर्मध्यमं नरम् ॥
गुणदोषौ न निश्चित्य त्यक्त्वा दैव-व्यपाश्रयम्।
करिष्यामीति यः कार्यमुपेक्षेत् स नराधमः ॥ —वा.रा. 6.6.6-10
2. हुताशनं तर्पयतां ब्राह्मणांश्च नमस्यताम्।
आज्य गन्धप्रतिवहः सुरभिर्मारुतो ववौ ॥ —वा.रा. 6.57.22

यहाँ यह विशेष रूप से द्रष्टव्य है कि 'ब्राह्मण' शब्द का प्रयोग 'वेद-पारगान्' 'ब्रह्मवादिनः' जैसे विशेषणों के साथ ही किया गया है। इसका तात्पर्य यही हो सकता है कि उस समय तक वेदज्ञ पुरुष ही ब्राह्मण कहे जाते रहे होंगे। यदि शम्बूक-वध की कथा को छोड़ दिया जाय तो रामायण में ब्राह्मणों के अतिरिक्त क्षत्रिय, वैश्य और शूद्र वर्णों का स्पष्टतया कोई उल्लेख उपलब्ध नहीं होता।

रामायण-काल में वर्ण-व्यवस्था के बीज पड़ चुके थे और राम उसके समर्थक भी दिखाई देते हैं किन्तु रावण को यदि राक्षसों का प्रतिनिधि मान लिया जाय तो यह सहज ही कहा जा सकता है कि राक्षसों ने जाति-व्यवस्था का प्रारम्भ से ही विरोध किया था। कुम्भकर्ण, मेघनाद अथवा किसी भी राक्षस के चरित्र में जाति-व्यवस्था के प्रति आस्था का प्रमाण नहीं मिलता। इसके विपरीत रावण ने स्पष्ट शब्दों में जाति-व्यवस्था की कड़ी आलोचना की है। विभीषण द्वारा विरोध किये जाने की अवस्था में रावण द्वारा जाति-व्यवस्था की निन्दा को यद्यपि दूसरे अर्थों में लिया जा सकता है किन्तु 'ज्ञाति' शब्द का प्रयोग इसी तथ्य को व्यंजित करता है कि रावण के शब्दों में जाति-व्यवस्था का विरोध ही प्रकट किया गया है। रावण के अनुसार, सजातीय पुरुषों में परस्पर एक-दूसरे के प्रति सहिष्णुता की भावना नहीं रहती और ईर्ष्या-द्वेष की भावना उत्पन्न हो जाती है। किसी के विपत्तियों में उलझ जाने की अवस्था में सजातीय पुरुषों को सबसे अधिक प्रसन्नता होती है। सजातीय बन्धुओं को जातिगत समस्त रहस्यों और क्रिया-व्यापारों का पूरा-पूरा बोध होता है अतएव विश्वासघात भी उन्हीं के द्वारा किया जाता है।[1]

यह संकेत किया जा चुका है कि आश्रमधर्म की स्थिति भी रामायणकाल में अस्पष्ट ही थी। ब्रह्मचर्य और संन्यास आश्रम का कहीं कोई उल्लेख नहीं मिलता। परवर्तीकाल में स्मार्त धर्म के द्वारा गृहस्थों के लिए जो व्यवस्थाएँ दी गयी हैं उनका प्रायः सर्वत्र ही उल्लेख किया गया है। इन व्यवस्थाओं का पालन एवं अनुसरण सभी

---

1. जानामि शीलं ज्ञातीनां सर्वलोकेषु राक्षस।
हृष्यन्ति व्यसनेष्वेते ज्ञातीनां ज्ञातयः सदा ॥
प्रधानं साधकं वैद्यं धर्मशीलं च राक्षस।
ज्ञातयोऽप्यवमन्यन्ते शूरं परिभवन्ति च ॥
नित्यमन्योन्य-संहृष्टा व्यसनेष्वाततायिनः।
प्रच्छन्नहृदया घोरा ज्ञातयस्तु भयावहाः ॥
नाग्निर्नान्यानि शस्त्राणि न नः पाशाः भयावहाः।
घोराः स्वार्थप्रयुक्तास्तु ज्ञातयो नो भयावहाः ॥
उपायमेते वक्ष्यन्ति ग्रहणे नात्र संशयः।
कृत्स्नाद् भयाज्ज्ञातिभयं कुकष्टं विहितं च नः ॥
विद्यते गोषु सम्पन्नं विद्यते ज्ञातितो भयम्।
विद्यते स्त्रीषु चापल्यं विद्यते ब्राह्मणे तपः ॥ —वा.रा. 6.16.3-5, 7-10

पक्षों द्वारा समान रूप से किया जाता रहा है। रावण के यहाँ पूजा, जाप, होम, यज्ञ आदि नियमानुसार किये जाते थे। उसके भवन में नित्य ही पूजा, होम और शंखनाद होता रहता था किन्तु सभी राक्षस वानप्रस्थ आश्रम-व्यवस्था के जबर्दस्त विरोधी रहे है। रावण आदि राक्षसों द्वारा दीर्घकाल तक उग्र एवं अत्यन्त कष्टकर तपस्या किये जाने के अगणित उल्लेख प्राप्त होते हैं किन्तु एक भी उल्लेख ऐसा प्राप्त नहीं होता जहाँ किसी भी राक्षस के द्वारा अपनी पत्नी के साथ तापसी का जीवन व्यतीत करने का वर्णन किया गया हो। दूसरी ओर ऋषि और मुनियों के वर्णन प्रायः ही उनकी पत्नियों के साथ किये गये हैं। ऐसा प्रतीत होता है मानो राक्षसों को या तो गृहस्थ-जीवन की व्यवस्था स्वीकार थी अथवा वे पत्नी परित्याग कर निःशेषतया तापस जीवन बिताने के पक्षधर थे। वन में विराध ने जब राम-लक्ष्मण को जटा-चीर धारण किये हुए सीता के साथ देखा तो उसके आश्चर्य का ठिकाना नहीं रहा था। उसे राम-लक्ष्मण के धर्माचरण पर सन्देह हुआ था और उसने सीता को अपनी गोद में उठाकर यही कहा था कि "तुम दोनों एक ओर तो जटा और चीर धारण किये हो और दूसरी ओर धनुष-बाण तथा तलवार भी धारण किये हो। तपस्वियों का वेश धारण करने पर भी स्त्री के साथ रह रहे हो। यह परस्पर विरोधी जीवन किस प्रकार बिताया जा रहा है?"[1] विराध के अनुसार या तो जटा-चीर धारण कर पूर्णतया तापस जीवन ही धर्मानुकूल है अथवा शस्त्र धारण करते हुए गृहस्थ जीवन-यापन ही विहित है। राम को इसी विरोधपूर्ण जीवन अपनाने के कारण उसने पाखण्डी समझा था और उनपर आक्रमण किया था। उसने राम-लक्ष्मण को ऋषियों और मुनियों की धर्म-परम्परा को कलंकित करनेवाला कहा था।

वाली राम के प्रति पूर्ण आस्थावान रहा है। तारा ने जब उसे युद्ध करने से रोका था तब उसने यही उत्तर दिया था कि धर्म के अनुसार आचरणशील राम किसी भी दशा में प्रतिकूल आचरण नहीं करेंगे। किन्तु राम द्वारा छलपूर्वक वध किये जाने पर उसने कहा था कि जब तक मैंने आपको नहीं देखा था तब तक मैं मानता था कि तुम इस प्रकार कपटपूर्ण व्यवहार नहीं करोगे किन्तु आज मुझे मालूम हुआ कि तुम केवल दिखाने के लिए धार्मिक पुरुषों जैसा वेश बनाये हुए हो। तुमने साधु पुरुषों का वेष बना रखा है किन्तु वास्तव में पापी और अधर्मी हो। तुमने धर्म के साधन-भूत चिह्न जटा-वल्कल आदि धारण कर रखे हैं किन्तु तुम्हारे कर्म अत्यन्त क्रूर हैं।

---

1. अङ्केनादाय वैदेहीमपक्रम्य तदाब्रवीत्।
युवां जटाचीरधरौ सभार्यौ क्षीणजीवितौ।
प्रविष्टौ दण्डकारण्यं शरचापासिपाणिनौ ॥
कथं तापसयोर्वां च वासः प्रमदया सह।
अधर्मचारिणौ पापौ कौ युवां मुनिदूषकौ ॥ —वा.रा. 3.2.10-12

शरभंग मुनि के आश्रम में एकत्र ऋषि-मुनियों ने राम से राक्षसों के अत्याचार की शिकायत की थी। इस अवसर पर भी मुनियों ने यही कहा था कि राक्षसों द्वारा वानप्रस्थ महात्माओं के समुदाय का संहार किया जा रहा है।[1] लक्ष्मण के द्वारा विरूपित किये जाने के पश्चात् शूर्पणखा ने अपने भाई खर के समीप जाकर उसे राम-लक्ष्मण का जो परिचय दिया था, वह विशेष रूप से द्रष्टव्य है। उसने खर को बताया था कि वन में अत्यन्त सुकुमार रूपवान और बलशाली दो तरुण आये हुए हैं। ये दोनों वल्कल वस्त्र और मृगचर्म धारण किये हुए हैं, जितेन्द्रिय हैं और फलफूल ही उनका भोजन है। यद्यपि वे इस प्रकार का तापस जीवन व्यतीत करते हैं किन्तु उनके साथ एक रूपवती तरुणी भी है। इस विचित्र और विरोधी स्थिति को देखकर तथा राम-लक्ष्मण के द्वारा उसके प्रति किये गये व्यवहार को ध्यान में रखकर शूर्पणखा ने कहा था—मैं इस बात को समझने में असमर्थ हूँ कि वे दोनों देवता हैं अथवा दानव हैं।[2] शूर्पणखा की इन बातों को सुनकर खर को राम-लक्ष्मण और सीता तीनों के आचरण पर सन्देह हुआ था और उसने अपने सहयोगी चौदह राक्षसों को आदेश दिया था कि दण्डकारण्य में दो ऐसे व्यक्ति घुस आये हैं जो एक ओर चीर और मृगचर्म धारण करते हैं और दूसरी ओर शस्त्रधारी हैं तथा एक युवती को भी साथ लिये हैं, उनको मार डाला जाय।[3] मेघनाद ने भी कदाचित् ऐसे ही कारणों को लक्ष्य करके कहा था, "राम-लक्ष्मण व्यर्थ ही मिथ्याचारी की भाँति तपस्वी वेश धारण किये घूम रहे हैं।"[4] उपर्युक्त उद्धरण इसी बात के प्रति संकेत करते हैं कि राक्षस के रूप में माना जानेवाला वर्ण वानप्रस्थ-व्यवस्था का विरोधी था।

उपलब्ध वर्णनों से यह स्पष्ट है कि राजधर्म का रूप स्थिर हो चुका था और

---

1. सोऽयं ब्राह्मणभूयिष्ठो वानप्रस्थगणो महान्।
त्वन्नाथोऽनाथवद् राम राक्षसैर्हन्यते भृशम् ॥ —वा.रा. 3.6.15

2. तरुणौ रूपसम्पन्नौ सुकुमारौ महाबलौ।
पुण्डरीक-विशालाक्षौ चीर-कृष्णाजिनाम्बरौ ॥
फल-मूलाशनौ दान्तौ तापसौ ब्रह्मचारिणौ।
पुत्रौ दशरथस्यास्तां भ्रातरौ राम-लक्ष्मणौ ॥
गन्धर्वराजप्रतिमौ पार्थिव-व्यञ्जनान्वितौ।
देवौ वा दानवावेतौ न तर्कयितुमुत्सहे ॥
तरुणी रूपसम्पन्ना सर्वाभरणभूषिता।
दृष्टा तत्र मया नारी तयोर्मध्ये सुमध्यमा ॥ —वा.रा. 3.19.14-17

3. मानुषौ शस्त्रसम्पन्नौ चीरकृष्णाजिनाम्बरौ।
प्रविष्टौ दण्डकारण्यं घोरं प्रमदया सह ॥
तौ हत्वा तां च दुर्वृत्तामुपावर्तितुमर्हथ। —वा.रा. 3.19.22-23

4. अद्य हत्वा रणे यौ तौ मिथ्याप्रव्रजितौ वने।
जयं पित्रे प्रदास्यामि रावणाय रणेधिकम् ॥ —वा.रा. 6.8.17

सभी पक्ष उस परम्परा के अनुवर्ती थे। राम, भरत, वाली, रावण, खर, शूर्पणखा सभी पात्र एक समान स्थापित मान्यताओं को ही स्वीकार करते है। रावण ने अपने राज्य में गुप्तचरों की नियुक्ति नहीं की थी इस कारण शूर्पणखा और मारीच दोनों के द्वारा उसकी कड़ी आलोचना की गयी है। राम, रावण और वाली के संवाद-स्थलों पर एक के द्वारा दूसरे की आलोचना की गयी है और जिस प्रकार राम का आरोप रहा है कि रावण और वाली धर्म को नहीं जानते उसी प्रकार वाली और रावण ने भी राम पर खुले रूप से आरोप लगाया है कि वह धर्म की मर्यादाओं से अनभिज्ञ थे अथवा उनका पालन नहीं करते थे।

इन स्थलों पर विरोधी धार्मिक मान्यताओं अथवा राजधर्म सिद्धान्तों का कोई संकेत नहीं। तात्पर्य यह कि राजधर्म विषयक मान्यताएँ सभी पक्षों की प्रायः एक ही थीं।

राम की राजधर्म विषयक मान्यताएँ अलग से प्रस्तुत की जा रही हैं। लक्ष्मण अपने जीवन में यद्यपि राम के अनन्य श्रद्धा के साथ अनुयायी रहे किन्तु यह निर्विवाद है कि राम के आचार, व्यवहार और सिद्धान्तों का उन्होंने कभी समर्थन नहीं किया। लक्ष्मण के आचार सिद्धान्तों को भी अलग से ही लिखा गया है।

राक्षसों की परम्परा में शूर्पणखा तक को राजधर्म का अच्छा ज्ञान था। जन-स्थान में खर के साथ वह ऐसे ही आवारागर्दी के लिए नहीं रही थी। प्रभावसम्पन्ना के रूप में वह पूरे दण्डकारण्य क्षेत्र में विचरण करती थी। लक्ष्मण द्वारा विरूपित किये जाने तथा खर-दूषण आदि के परास्त होने के पश्चात् रावण के समीप जाकर उसने राजधर्म की पूरी समीक्षा की है। दण्डकारण्य में राम और लक्ष्मण ने अपना निवास बना लिया था, इसकी रावण को खबर तक नहीं लगी थी। इसी प्रकार रावण तक इस बात की भी खबर नहीं पहुँच सकी थी कि खर, दूषण, त्रिशिरा तथा जन-स्थान में नियुक्त राक्षस राम के विरुद्ध युद्ध में मारे जा चुके थे। इसका कारण यही था कि रावण ने अपने राज्य में, राज्य की सीमाओं पर कहीं भी गुप्तचर नियुक्त नहीं किये थे। शूर्पणखा ने रावण की इस विषय में आलोचना की है और कहा था कि जो राजा राज्य की देखभाल के लिए गुप्तचरों को नियुक्त नहीं करता, उसका राजा बना रहना सम्भव नहीं होता। उस राज्य की प्रजा स्वयं ही राजा को असावधान समझ कर हटा देती है। गुप्तचर नियुक्त न करने के कारण रावण की तीव्र भर्त्सना करने के साथ ही शूर्पणखा ने कहा था कि जो राजा निम्नश्रेणी के भोगों में आसक्त हो स्वेच्छाचारी और लोभी हो जाता है, समय पर अपने कार्यों का सम्पादन नहीं करता है, प्रजा को जिसका दर्शन दुर्लभ हो जाता है, अभिमानी और क्रोधी होता है वह शीघ्र ही नष्ट हो जाता है। शूर्पणखा के अनुसार, कामिनी आदि भोगों के प्रति अनासक्ति, सीमा-सुरक्षा के प्रति सतर्कता, राज्य-विषयक आवश्यक बातों की पूर्ण जानकारी, गुप्तचर-कोष और नीति की सुरक्षा, लोभ और प्रमादहीनता, विनम्रता,

सेवकों-अनुचरों को समुचित वेतन प्रदान करना, निरभिमान, कर्तव्याकर्तव्य का विवेक, कृतज्ञता, इन्द्रियजय, देशकाल का यथार्थ ज्ञान राजाओं के विशेष गुण हैं। शूर्पणखा यह मानती थी कि रावण में उपर्युक्त राजोचित गुणों का अभाव रहा है अतएव उसने पूरे आक्रोश के साथ कहा था कि रावण, तुम्हारी बुद्धि दूषित है, तुम राजोचित गुणों से वंचित हो, इसलिए तुम्हारा राज्य शीघ्र ही नष्ट हो जाएगा।

रावण का मानना था कि राजा अग्नि, इन्द्र, सोम, यम और वरुण का स्वरूप होता है और उनके गुण—प्रताप, पराक्रम, सौम्यता, दण्ड और प्रसाद—राजा में स्वाभाविक रूप से विद्यमान रहते हैं। वह केवल अपने स्वार्थ को नहीं प्रत्युत पुर और सैन्यहित का भी पूरा ध्यान रखता था। रावण इतना अधिक जनवादी था कि जरा-जरा-सी बात पर मन्त्रियों से परामर्श लेने के लिए बैठ जाता था। उसमें यह दोष अवश्य दिखाई देता है कि मन्त्रियों के सत्परामर्श को अपनी हठवादिता के कारण उसने कभी स्वीकार नहीं किया किन्तु सैद्धान्तिक रूप से मन्त्रियों के साथ विचार-विमर्श उसका मानो स्वभाव रहा। आचार्य, गुरु और वृद्धों की सेवा को राजनीति की शिक्षा का सबसे महत्त्वपूर्ण माध्यम मानता था। शुक और सारण ने राम की सैन्य-शक्ति का अनुमान लगाकर जब रावण को उसका परिचय दिया तो उसने उन दोनों को फटकारते हुए कहा था कि तुम लोगों ने आचार्य, गुरु और वृद्धों की सेवा का कोई लाभ अर्जित नहीं किया क्योंकि तुम लोग राजनीति के सार को प्राप्त नहीं कर सके।

कुम्भकर्ण ने भी राजोचित गुणों का सदैव समादर किया है। रावण द्वारा जब उसको सीताहरण की बात बताई गयी तो उसका उसने अनुमोदन नहीं किया था। उसने कहा था, "तुमको इस विषय में पहले ही परामर्श लेना चाहिए था। जो राजा सब राजकार्य न्यायपूर्वक करता है उसे अपने कृत्यों पर कभी पश्चात्ताप नहीं करना पड़ता।" उसने यह भी कहा कि लोक-मर्यादा और शास्त्रनीति के प्रतिकूल कर्मों के परिणाम अपवित्र अभिचारिक यज्ञों में होमे गये हविष्य की भाँति अवांछनीय परिणामों के जनक होते हैं। जो व्यक्ति पहले करने योग्य कार्य को पीछे और पीछे करनेवाले कार्य को पहले करता है वह नीति-अनीति को नहीं जानता। जो राजा सचिवों के साथ विचार करके क्षय, वृद्धि और स्थान रूप से उपलक्षित साम, दान और दण्ड के पाँच प्रकार—कार्य को प्रारम्भ करने का उपाय, पुरुष और द्रव्य रूप सम्पत्ति, देशकाल, विपत्ति को टालने का उपाय, कार्यसिद्धि का उपाय—प्रयोग में लाता है वही उत्तम नीतिमार्ग पर विद्यमान है।[1] कुम्भकर्ण धर्म, अर्थ और काम तीनों में धर्म को ही श्रेयस्कर मानता था और राजा द्वारा धर्म के अनुसरण का ही पक्षधर था।[2] महोदर ने जब रावण का समर्थन किया था तब भी कुम्भकर्ण ने यही कहा था, तुम जैसे

1. वा.रा. 0.63.78; **2.** वा.रा. 6.63.9-10

चापलूसों ने राजा की हाँ में हाँ मिलाकर सब काम चौपट कर दिया है। रावण का पुत्र अतिकाय पराक्रम में किसी प्रकार कम नहीं था तथापि उसने कभी किसी ऐसे योद्धा को नहीं मारा जो उसके साथ युद्ध न कर रहा हो।

वाली ने जिन राजोचित गुणों एवं राजधर्म के प्रति संकेत किया है उनको विस्तार से लिखे जाने की आवश्यकता स्वीकार करते हुए उनको आगे लिखा गया है। यहाँ इतना संकेत करना आवश्यक है कि वाली के अनुसार इन्द्रिय-निग्रह, संयम, क्षमा, धर्म, सत्य, पराक्रम और अपराधियों को दण्ड देना राजा के गुण होते हैं। निरपराध को दण्ड देना राजधर्म का उल्लंघन है। राजा के लिए आवश्यक है कि वह नीति, विनय, दण्ड और अनुग्रह का पूर्ण विवेक के साथ उपयोग करे।

दुन्दुभि जैसा दैत्य भी इस बात को मानता था कि मधुपान से मत्त, युद्ध से भागे हुए, अस्त्ररहित, दुर्बल, स्त्रियों से घिरे हुए पुरुष का वध करना भ्रूण-हत्या के समान पापाचार है।

रामायण में नारी की स्थिति निश्चय ही ऐसी दिखाई देती है मानो उस काल तक नारी की प्रतिष्ठा और मर्यादा को सभी पक्षों ने एक मत से स्वीकार नहीं किया था। रावण द्वारा नारी के प्रति जिस प्रकार का व्यवहार किया जाता रहा है, उसे वह धर्म के अनुकूल ही मानता था। ऐसा प्रतीत होता है कि नारी को समाज में प्रतिष्ठा रामायणकाल के बहुत समय पश्चात् ही कभी प्राप्त हुई होगी।

ताटका-वध के लिए राम को प्रेरित करते हुए विश्वामित्र ने कहा था कि यदि राजपुत्र को चारों वर्णों के हित के लिए स्त्री-हत्या करना पड़े तो उससे मुँह नहीं मोड़ना चाहिए।[1] भरत की मान्यता इसके विपरीत दिखाई देती है। शत्रुघ्न ने आवेश में आकर जब मन्थरा को बुरी तरह से निर्दयतापूर्वक घसीटकर मार डालने का उपक्रम किया। तब भरत ने उन्हें मना करते हुए कहा था कि स्त्रियाँ सभी के लिए अवध्य होती हैं।[2] राम ने यद्यपि विश्वामित्र के निर्देश से ताटका का वध किया था किन्तु वह स्त्री-वध के कदाचित् समर्थक नहीं थे। शूर्पणखा ने राम के सम्बन्ध में रावण को यही बतलाया था कि स्त्री-वध के भय के कारण ही राम ने उसे केवल अपमानित करके भगा दिया है।[3]

रामायण में सुमित्रा, माण्डवी, श्रुतिकीर्ति का मात्र नामोल्लेख ही किया गया है। दशरथ, भरत अथवा शत्रुघ्न के जीवन में इनका कोई महत्त्व दिखाई नहीं देता। दशरथ की कौसल्या, सुमित्रा और कैकेयी के अतिरिक्त साढ़े तीन सौ रानियों का उल्लेख प्राप्त होता है। रावण के राजमहलों में भी स्त्रियों की कमी नहीं थी। राम के पश्चात् ही कदाचित् बहुविवाह की प्रथा समाप्त हुई होगी। नारी के साथ बलात्कार को निन्दनीय समझा जाने लगा था किन्तु उसे वह सम्मान प्राप्त नहीं हुआ था जो

---

1. वा.रा. 1.25.17; **2.** वा.रा. 2.78.21; **3.** वा.रा. 3.34.12

पश्चात् काल में स्मार्त धर्म-व्यवस्था के द्वारा दिया गया है। दशरथ ने राम को युवराज बनाने के पूर्व अपनी किसी भी रानी से परामर्श तक लेना उचित नहीं समझा। वाली ने तारा के और रावण ने मन्दोदरी के परामर्श को व्यर्थ की बकवास मानकर अनसुना कर दिया था। नारी को किसी प्रकार का अधिकार प्राप्त नहीं था। स्वयं राम इसी नीति के समर्थक रहे हैं कि गुरुजनों का पुत्रों और स्त्रियों पर पूरा अधिकार होता है और वे उनको चाहे जैसी आज्ञा दे सकते हैं।[1] सन्तति पर भी उसका अधिकार नहीं होता था। वाली की पत्नी तारा पूर्णतया आर्यों द्वारा प्रतिपादित धर्म को ही मानती थी किन्तु वालि-वध के पश्चात् जब अंगद का प्रश्न उपस्थित हुआ तब उसने यही कहा था कि न तो मैं वानरों के राज्य की स्वामिनी हूँ और न मुझे अंगद के लिए ही कुछ करने का अधिकार है। पुत्र का वास्तविक अभिभावक पिता ही होता है, माता नहीं होती।[2] वसिष्ठ ने अवश्य कैकेयी को फटकारते हुए कहा था कि राम के वन-गमन पर सीता राज्य-सिंहासन पर बैठकर राज्य का पालन करेगी किन्तु उनकी यह बात सभी प्रकार से अनसुनी ही रह गयी थी।

रावण के सम्बन्ध में परस्त्री-हरण के आरोप बार-बार दुहराये गये हैं और वेदवती से लेकर सीता-हरण तक की घटनाएँ उसके साथ जुड़ी हुई हैं। कुम्भकर्ण के जीवन की किसी ऐसी घटना का उल्लेख रामायण में प्राप्त नहीं होता जो उसके द्वारा परस्त्री-हरण की पुष्टि कर सके। इसके पश्चात् भी राम को कुम्भकर्ण का परिचय देते हुए विभीषण ने उस पर परस्त्री-हरण का आरोप लगाया है। मारीच द्वारा रावण की सीता-हरण के लिए निन्दा की गयी है और किसी राक्षस के द्वारा इसका समर्थन नहीं किया गया। हनुमान लंका में चारों ओर घूमते फिरे थे और वहाँ के प्रासादों में उनको अनेक स्त्रियाँ भी दिखाई दी थीं। उनको न कोई स्त्री अपहृता के रूप में रोती-चीखती ही मिली थी और न ऐसी दिखाई दी जिसका आचरण धर्म-प्रतिकूल प्रतीत हुआ हो। वे सदाचारिणी की भाँति अपने पतियों के साथ ही सोती मिलीं।[3] उनके स्वभाव और मनोवृत्तियों में किसी प्रकार की विकृति नहीं थीं।[4] प्रायः सभी धर्मपरायण और पति-सेवा में तत्पर थी।[5] प्रहस्त ने रावण को परामर्श दिया था कि सीता को लौटा देना ही श्रेयस्कर है। इसी प्रकार रावण के मन्त्री सुपार्श्व ने रावण को सीता का वध करने से इस कारण रोका था कि नारी का वध करना अधर्म है।

रावण के ऊपर प्रायः सभी के द्वारा परस्त्री-हरण का दोष लगाया गया है और प्राप्त सन्दर्भों के अनुसार उसके राजप्रासाद में स्त्रियों की संख्या सीमित नहीं दिखाई

---

1. वा.रा. 2.101.18; **2.** वा.रा. 4.21.14-15

3. स्वपन्ति नार्यः पतिभिः सुवृताः। —वा.रा. 5.5.9

4. ततो वरार्हा सुविशुद्धभावास्तेषां स्त्रियस्तत्र महानुभावाः —वा.रा. 5.5.17

5. अन्याः पुनर्हर्म्यतलोपविष्टास्तत्र प्रियाङ्केषु सुखोपविष्टाः।
भर्तुः परा धर्मपरा निविष्टा ददर्श धीमान् मदनोपविष्टाः। —वा.रा. 5.5.19

देती। यह सब कुछ होते हुए भी हनुमान ने जो कुछ वहाँ देखा उसकी उपेक्षा करना भी न्यायसंगत नहीं होगा। यद्यपि वहाँ राजर्षियों, ब्राह्मणों, दैत्यों, गन्धर्वों और राक्षसों की अनेक स्त्रियाँ रतिश्रम से थकी हुई सो रही थीं, किन्तु हनुमान ने स्वयं उस बात का अनुभव किया था कि वे सभी काम के वश होकर स्वेच्छापूर्वक रावण की पत्नियाँ बन गयी थीं। रावण के राजमहल में हनुमान ने ऐसी एक भी स्त्री नहीं देखी जिसे रावण बल-पराक्रमसम्पन्न होकर उसकी इच्छा के विरुद्ध बलपूर्वक हर लाया था। वे सब रावण के अलौकिक गुणों पर मुग्ध होकर ही उसकी ओर मानो खिंची चली आयी थीं और उनके मन में रावण के अतिरिक्त किसी भी अन्य पुरुष के प्रति लेशमात्र भी अनुराग नहीं था।[1]

पूरी रामायण में दो सन्दर्भ ऐसे उपलब्ध होते हैं जिनमें से एक के अनुसार नारियों का बलपूर्वक अपहरण राक्षसों का धर्मविहित आचरण रहा है। यह बात अशोक वाटिका में रावण द्वारा सीता से कही गयी है।[2] इसी प्रकार सीता को अशोक वाटिका में पहुँचाने से पूर्व रावण द्वारा उनको अनेक प्रकार से फुसलाने का प्रयास किया गया है। इस अवसर पर भी रावण ने सीता से कहा था कि धर्म-लोप की तुम्हारी आशंका व्यर्थ है क्योंकि इस प्रकार स्थापित सम्बन्ध आर्यधर्म के अनुकूल ही है।[3] इन दो सन्दर्भों के अतिरिक्त किसी भी अवसर पर किसी राक्षस अथवा रामायण के अन्य पात्र के द्वारा परस्त्री-गमन अथवा नारी के अपहरण का धर्म के नाम पर समर्थन नहीं किया गया।

रामायण में इस आशय के सन्दर्भ उपलब्ध नहीं होते जिनके आधार पर यह माना जा सके कि नारी को पूजनीया अथवा समादरणीया माना जाता था। नारी के प्रति किसी भी पात्र के हृदय में सम्मान की भावना दिखाई नहीं देती। राम-वनगमन के समय कौसल्या ने प्रयास किया था कि राम दशरथ और कैकेयी के आदेश की अवमानना कर अयोध्या में कौसल्या की सेवा करते रहें। वह नारी को पुरुष के समकक्ष ही मानती थीं और इसी मान्यता के बल पर उन्होंने राम से कहा था कि जैसे गौरव के कारण राजा दशरथ तुम्हारे लिए पूज्य हैं, उसी प्रकार मैं भी तुम्हारी पूजनीया हूँ। मैं तुमको वन जाने की आज्ञा नहीं देती।[4] किन्तु कौसल्या की मान्यताओं के विपरीत राम माता की अपेक्षा पिता को ही अधिक महत्त्व देते थे। उन्होंने कण्हु मुनि और सगरपुत्रों का उदाहरण दिया और अन्त में परशुराम का प्रमाण प्रस्तुत किया और कहा कि पिता की आज्ञा का पालन करते हुए परशुराम ने अपनी माता रेणुका की हत्या कर डाली थी। राम ने माता की आज्ञा की अवहेलना कर पिता की आज्ञा के पालन को धर्म माना था।[5] रावण तो किसी नारी के सामने

---

1. वा.रा. 5.9.68-70; **2.** वा.रा. 5.20.5; **3.** वा.रा. 3.55.34; **4.** वा.रा. 2.21.25; **5.** वा.रा. 2.21.30, 35, 37

नत-मस्तक होकर प्रणाम करना भी अपमानजनक मानता था। उसने सीता से स्पष्ट शब्दों में कहा था कि वह किसी स्त्री के समक्ष सिर झुकाकर प्रणाम करने के लिए भी तैयार नहीं। नारी की नियति पति-सेवा में अपना जीवन होम देने तक सीमित रही है और रामायण के सभी नारी पात्रों का यही जीवन रहा है।

पतिव्रत धर्म की महत्ता को प्रायः सभी पात्रों द्वारा स्वीकार किया गया है। अनसूया, कौसल्या और सीता ने पातिव्रत धर्म को नारी के लिए सबसे अधिक महत्त्वपूर्ण माना है। अन्य पात्रों ने भी उसका पूरी निष्ठा के साथ समर्थन किया है। पति की तुलना में पुत्र की महत्ता को सर्वथा अस्वीकार ही किया गया है। कौसल्या ने जब सीता को पति-सेवा का उपदेश दिया तो सीता ने कहा था कि वे पति के महत्त्व को पहले से जानती हैं। जिस प्रकार बिना तार के वीणा नहीं बजती, बिना पहिये का रथ नहीं चल सकता उसी प्रकार स्त्री सौ बेटों की माँ होने पर भी पति के बिना सुखी नहीं रह सकती।[1]

रामायण में नारी को रक्षणीया ही अधिक माना गया है। चित्रकूट में भरत से राम ने प्रश्न किया था कि तुम्हारे द्वारा तुम्हारी स्त्रियाँ सुरक्षित रहती हैं अथवा नहीं।[2] जटायु ने रावण से यही कहा था कि जिस प्रकार पराये पुरुष से अपनी स्त्री की रक्षा की जाती है, उसी प्रकार दूसरों की स्त्रियों की भी रक्षा की जानी चाहिए।

स्मार्त धर्म के व्यवस्थापकों द्वारा नारी में जिन प्रकृत दोषों की परिकल्पना की गयी है उन्हें रामायण के पात्र पहले ही स्वीकार करते हैं। कौसल्या साध्वी और दुष्ट स्वभाव की स्त्रियों को अलग-अलग मानती हैं। सीता को उपदेश देते समय उन्होंने दुष्ट स्त्रियों के स्वभाव की विवेचना करते हुए कहा था कि जो स्त्रियाँ अपने पति के द्वारा सम्मानित होकर भी संकट में पड़ने पर उसका आदर नहीं करतीं 'असती' कहलाती हैं। असती स्त्रियों का यह स्वभाव होता है कि वे पहले तो पति के द्वारा यथेष्ट सुख भोगती हैं परतु जब वह थोड़ी-सी भी विपत्ति में पड़ जाता है तब उस पर दोषारोपण कर उसका साथ छोड़ देती हैं। असती स्त्रियाँ सदैव झूठ बोलनेवाली, विकृत चेष्टा करनेवाली, दुष्ट पुरुषों से संसर्ग रखनेवाली, पापपूर्ण विचारोंवाली और छोटी-सी बात पर पति के प्रतिकूल आचरण करनेवाली होती हैं। दुष्टा स्त्रियों का स्वभाव इतना अधिक कलुषित होता है कि उत्तम कुल, उपकार, विद्या, आभूषण, कुछ भी उनको वश में नहीं कर सकता। कौसल्या के प्रसंग में सती और असती के रूप में वर्गभेद करके नारी की गरिमा की रक्षा करने का कुछ प्रयास किया गया है किन्तु अन्य पात्रों ने उसके प्रकृतिगत दोषों को स्पष्ट शब्दों में स्वीकार किया है। महर्षि अगस्त्य ने राम से सीता का विशेष ध्यान रखने के विषय में उपदेश देते हुए कहा था कि सृष्टि के आदिकाल से ही नारियों का प्रायः यही स्वभाव रहा है

---

1. वा.रा. 2.39.29; **2.** वा.रा. 2.100.49

कि यदि पति धनसम्पन्न, स्वस्थ एवं सुखी है तभी तक वे उसके प्रति प्रेम-भाव रखती हैं, किन्तु अन्यथा अवस्था में उसका परित्याग कर देती हैं। महर्षि अगस्त्य नारियों में विद्युत्-सी चपलता तथा शस्त्रों-सी तीक्ष्णता को स्वीकार करते थे। मारीच-वध के अवसर पर जब सीता के अनुरोध को अस्वीकार करते हुए लक्ष्मण ने राम के पास जाने की अनिच्छा प्रकट की थी और जब सीता ने लक्ष्मण से कुछ कटु वाक्य कहे थे तो लक्ष्मण ने भी यही कहा था कि इस प्रकार की अनुचित और प्रतिकूल बातें कहना स्त्रियों के लिए आश्चर्यजनक नहीं क्योंकि नारी का स्वभाव ही इस प्रकार का होता है। लक्ष्मण के अनुसार, स्त्रियाँ विनय आदि गुणों से रहित, चंचल, कठोर स्वभाव तथा परिवार में कलह उत्पन्न करनेवाली होती हैं। राम स्वयं स्त्रियों पर विश्वास करने के समर्थक नहीं रहे। उन्होंने भरत से प्रश्न किया था कि तुम अपनी स्त्रियों पर अधिक विश्वास करते हुए उनको गोपनीय बातें बताने की भूल तो नहीं कर बैठते हो?

पर-पुरुष का स्पर्श नारी के लिए अधर्म माना जाता था। सीता इस सिद्धान्त के प्रति इतनी अधिक निष्ठावान थीं कि उन्होंने रावण के यहाँ वन्दिनी रहकर सभी प्रकार की यातनाओं को सहन करना स्वीकार किया था किन्तु हनुमान के कन्धे पर बैठकर राम के पास लौटना स्वीकार नहीं किया। हनुमान भी इस धर्म-व्यवस्था के समर्थक थे अतएव उन्होंने भी सीता की बात को सहज ही मान लिया था। दूसरे की स्त्री को देखना भी धर्म-प्रतिकूल माना जाता था। लक्ष्मण ने सीता के साथ इतनी लम्बी अवधि व्यतीत करने पर भी उनका मुख नहीं देखा था। इसी प्रकार लक्ष्मण जब सुग्रीव के पास उसे समझाने के लिए उसके राजमहल में गये तो परस्त्री-दर्शन के अधर्म से बचने के लिए वह बाहर ही खड़े रहे। जब तारा ने उनको आकर समझाया तभी उन्होंने महल के भीतर प्रवेश किया था। इसी प्रकार हनुमान को भी रावण के महलों में स्त्रियों को देखकर धर्म नष्ट हो जाने का भय हुआ था।

सुर और असुर अथवा राक्षस नाम से अभिहित वर्गों में एक उल्लेखनीय अन्तर उपास्य का दिखाई देता है। असुर इन्द्र के विरोधी रहे परन्तु उनका उपास्य कौन था, इसका स्पष्ट संकेत करना कठिन है। राक्षस वर्ग के प्रायः सभी व्यक्ति ब्रह्मा को ही अपना उपास्य मानते रहे हैं। उस वर्ग में विष्णु को किंचित् भी महत्त्व प्राप्त नहीं। यद्यपि पुराणों में ब्रह्मा के पूजाच्युत होने के अनेक सन्दर्भ प्राप्त होते हैं तथापि इस विषय में अभी गम्भीर शोध की पर्याप्त गुंजायश है कि राक्षसों ने ब्रह्मा को अपना उपास्य किन कारणों से बनाया था और वह कौन-से कारण हैं जिनको आधार मानकर ब्रह्मा को उस पद से च्युत कर दिया गया। कैलाश पर्वत से दब जाने पर रावण ने यद्यपि शिव को ही प्रसन्न किया था किन्तु विभिन्न प्रमाणों के आधार पर उसे ब्रह्मा का भक्त ही माना जाएगा। ताटका के पिता सुकेतु ने ब्रह्मा की तपस्या करके ही पुत्री ताटका को प्राप्त किया था। विराध भी ब्रह्मा का ही उपासक था।

मेघनाद ने इन्द्र को ब्रह्मा के समझाने पर ही मुक्त किया था। मेघनाद को 'निकुम्भिला' का उपासक भी कहा जाता है किन्तु रामायण के सन्दर्भों से 'निकुम्भिला' का अर्थ स्पष्ट नहीं होता।[1] वस्तुतः उपासना और धर्म राक्षसों के आचार का एक विशिष्ट अंग रहा है।

कालान्तर में आर्यों के सुर पक्ष ने वैदिक मार्ग से किंचित् हटकर स्मार्त-व्यवस्था को अपना लिया था तथा वर्णाश्रम-व्यवस्था के अनुरूप अपने नित्य कर्मों में भी संशोधन कर लिया था किन्तु रामायणकाल तक राक्षसों ने वैदिक मार्ग से हटना स्वीकार नहीं किया। रामायण में वसिष्ठ को यज्ञकर्ताओं में नहीं अपितु जप करनेवालों में श्रेष्ठ माना गया है। कौसल्या प्रायः ही देवता के समक्ष हाथ जोड़कर बैठी दिखाई देती है। राम का जीवन भी वैदिक कर्मकाण्ड तथा यज्ञ-यागादि से इतना अधिक नहीं जुड़ा रहा जितना स्मार्त धर्म और वर्णाश्रम धर्म-व्यवस्था से दिखाई देता है। इसके विपरीत रावणादि राक्षस पूरी तरह वैदिक यज्ञ-याग आदि का ही अनुसरण करते रहे।

रावण के भवन में नित्य शंखनाद 'पूजा' होम होते रहते थे। अशोक वाटिका में निवास करनेवाले सभी राक्षसों के घरों में प्रतिदिन प्रातःकाल वेदज्ञ याज्ञिकों द्वारा वेद-पाठ करने का अपरिहार्य नियम था। श्राद्धादिक प्रेत कार्यों में भी रावण की आस्था कम नहीं थी। इन्द्रजित् के मारे जाने पर उसने शोक प्रकट करते हुए कहा था कि धर्म-व्यवस्था के अनुसार मेरी मृत्यु पहले होनी चाहिए थी ताकि मेरा पुत्र मेरे प्रेत कार्य सम्पन्न कर सकता किन्तु यह धर्मविरुद्ध कार्य हो रहा है कि अब पिता पुत्र के प्रेत कार्यों को सम्पन्न करेगा। उग्र तपस्या के सम्बन्ध में भी रावण स्वयं को राम की अपेक्षा आगे मानता था। अशोक वाटिका में सीता से उसने स्पष्ट शब्दों में कहा था कि राम धन, पराक्रम और यश में ही नहीं वरन् तपस्या की दृष्टि से भी उसकी समानता नहीं कर सकते। स्वयं हनुमान ने यह स्वीकार किया है कि रावण ने केवल धर्म और तपस्या के द्वारा ही ऐश्वर्य अर्जित किया था। विभीषण ने रावण को धर्मज्ञ तो कहा ही है, वे उसको धर्म का विग्रह ही मानते रहे। विभीषण के ही शब्दों में रावण ने अपने जीवनभर याचकों को भरपूर दान दिया, भृत्यों का भरण-पोषण किया और मित्रों की आर्थिक सहायता की। वह पूरी तरह निष्ठा के साथ अग्निहोत्री, महातपस्वी, वेदान्तवेत्ता तथा यज्ञ-यागादि कर्मों में ही लगा रहा था।

कुम्भकर्ण भी यज्ञ-यागादि के प्रति पूर्ण आस्थावान था। वह यज्ञ की पवित्रता के प्रति सावधान था और मानता था कि यज्ञ कार्य पूरी पवित्रता के साथ सम्पन्न किया जाना चाहिए। अपवित्र आभिचारिक यज्ञों में डाला गया हविष्य निरर्थक होता है। मेघनाद का तो पूरा जीवन ही यज्ञ-यागादि करते हुए व्यतीत हुआ था। उसने

---

1. निकुम्भिला शब्द का प्रयोग किसी स्थान-विशेष के लिए किया गया है।

कृष्णाजिन के अतिरिक्त दूसरा वस्त्र पहना ही नहीं और शिखाधारी बनकर सदैव हाथ में कमण्डल लिये घूमता रहा। अपने छोटे से जीवन में उसने अग्निस्टोम अश्वमेध आदि सात यज्ञ कर डाले थे। वर-प्राप्ति के लिए उसने माहेश्वर यज्ञ किया था। यज्ञ-विज्ञान का वह प्रकाण्ड पण्डित था और राक्षसों के अभ्युदय के लिए भी उसने मात्र विधिपूर्वक यज्ञ करने का मार्ग अपनाया था। निकुम्भिला में उसके द्वारा किये गये यज्ञ कर्म को देखकर सभी लोग काँप गये थे। प्रतिदिन भूत-वलि उसका नियम था और इसको पूरा किये बिना वह कभी युद्धभूमि में नहीं उतरा। मेघनाद के हवन और अग्निपूजा के रामायण में इतने अधिक सन्दर्भ उपलब्ध होते हैं मानो इसके अतिरिक्त उसको कोई काम ही न रहा हो। रामायण में उसे महात्मा और समाहितात्मा कहा गया है। कदाचित् अपने इन्हीं गुणों के कारण उसने विभीषण से कहा था कि तुम धर्म को कलंकित करते हो और राम-लक्ष्मण के सम्बन्ध में भी कहा था कि वे व्यर्थ ही मिथ्याचारी की भाँति तपस्वी का वेष धारण किये घूमते रहते हैं। रावण का दूसरा पुत्र अतिकाय भी वेद शास्त्रों का प्रकाण्ड पण्डित था और रावण का मातामह माल्यवान सिद्धान्त और व्यवहार दोनों दृष्टियों से यह मानता था कि धर्म ही शक्ति-वृद्धि का मूल है, अधर्म से शक्ति का ह्रास हो जाता है। माल्यवान के अनुसार, देवताओं ने धर्म का आश्रय लेकर अपनी शक्ति में वृद्धि की थी और रावण ने अधर्म के द्वारा अपनी शक्ति क्षीण कर ली थी।

रावण आदि के वेदशास्त्रविद् होने तथा यज्ञ-यागादि के प्रति श्रद्धावान होने पर भी विश्वामित्र तथा अन्य ऋषियों के द्वारा उनको यज्ञ-विध्वंस का अपराधी कहा गया है। अतएव यह प्रश्न भी विचारणीय है कि इस प्रकार के परस्पर विरोधी विचारों का आधार क्या रहा है। रावण, कुम्भकर्ण, मेघनाद आदि को एक ओर वैदिक कर्मकाण्ड तथा यज्ञविधान के प्रति इतना अधिक श्रद्धावान बताया गया कि वह उनके जीवन का अभिन्न अंग जैसा रहा और दूसरी ओर उनको यज्ञ-विध्वंसक, ऋषिहन्ता, धर्मनाशक कहा जाकर मरवा डाला गया। यह एक ऐसा प्रश्न है जिसका उत्तर खोजने की दिशा में अभी तक प्रयास किया ही नहीं गया। ऋषियों ने राक्षसों के विरुद्ध यज्ञ-विध्वंस की शिकायतों के ढेर लगा दिये किन्तु इसका प्रमाण खोजना सरल नहीं कि किस राक्षस द्वारा कब, कहाँ अथवा किस ऋषि के यज्ञ में विघ्न उपस्थित किया गया। राम और लक्ष्मण यज्ञ-यागादि के प्रति अधिक आस्थवान दिखाई नहीं देते और वह वनवास की पूरी अवधि में केवल नैमित्तिक नियमों का ही पालन करते रहे। न उनके द्वारा कोई यज्ञ-विधि सम्पन्न ही की गयी और न राक्षसों को उसमें बाधा डालने का अवसर ही मिला। इसके विपरीत राम और विभीषण ने लक्ष्मण के द्वारा ही इन्द्रजित् के हवन और पूजा कार्य में बाधा उपस्थित कर दी थी।

ऋषियों द्वारा राक्षसों के विरुद्ध लगातार शिकायतें की जाती रही हैं और राम ने भी उन शिकायतों को यथावत् दुहराया है। रावण के लिए 'उच्छेतारं च धर्माणां',

यज्ञ-विघ्नकर, त्रिदशारि, मुनीन्द्रघ्न जैसे अनेक शब्दों का प्रयोग किया गया है। खर-दूषण के सम्बन्ध में यह शिकायत की गयी है कि यज्ञ के समय वे ऋषियों की यज्ञ-वेदी पर रुधिर और मांस की वर्षा कर दिया करते थे। इन सब बातों को इतने जोर से प्रचारित किया गया है कि दूसरा पक्ष हमारे विचार और चिन्तन की परिधि से पूर्णतया बाहर हो गया। इस स्थिति में विस्मृत और अछूते सन्दर्भों की ओर विचारकों का ध्यान आकृष्ट करना असमीचीन नहीं।

रामायण में सर्वप्रथम दशरथ द्वारा किये गये अश्वमेध यज्ञ के समय देवताओं द्वारा विष्णु से अवतार ग्रहण करने का अनुरोध करते हुए रावण के विरुद्ध शिकायतों का उल्लेख किया गया है। इस स्थल पर देवताओं ने कहा है कि रावण ने तीनों लोकों के प्राणियों को परेशान कर रखा है। वह दुष्टात्मा ऊँची स्थिति में पहुँचे हुए व्यक्तियों से द्वेष करने लगता है और इन्द्र को परास्त करने का अभिलाषी है। वह ऋषियों, यक्षों, गन्धर्वों, ब्राह्मणों और असुरों को कष्ट देता है और उनका अपमान करता है। इन्हीं शिकायतों के आधार पर देवताओं ने रावण का वध करने के लिए विष्णु से अनुरोध किया था। विश्वामित्र ने दशरथ से राम को माँगते हुए कहा था कि मारीच और सुबाहु ने उनकी यज्ञ-वेदी पर रुधिर और मांस की वर्षा कर दी थी। यहाँ विश्वामित्र के द्वारा मारीच और सुबाहु दोनों को बलवान और सुशिक्षित कहा गया है। लक्ष्मण के अनुसार भी मारीच ने कपटवेष धारण कर अनेक राजाओं को मार डाला था। उल्लेखनीय है कि मारीच किसी राक्षस का नहीं, ताटका यक्षिणी का पुत्र था। उसे 'महात्मा मारीच' और 'वाक्यविशारद' कहा गया है। मारीच कृष्ण मृगचर्म को धारण कर, जटा-जूटधारी, नियताहार होकर एक तपस्वी की भाँति आश्रम में रहा करता था। उग्र तपस्या करके ही उसने वरदान प्राप्त किया था। रावण द्वारा राम का विरोध किये जाने का उसने विरोध किया था और रावण से कहा था कि तुम विभीषण आदि सभी धर्मात्मा मन्त्रियों के साथ सलाह करके अपने कर्तव्य का निश्चय करो। अपने और श्रीराम के गुण-दोषों पर सम्यक् रीति से विचार करके दोनों की शक्तियों को समझो और उसके पश्चात् ही कर्तव्याकर्तव्य का निर्णय करना हितकर होगा। जो लोग आचार-विचार से शुद्ध हैं और निष्पाप हैं, वे भी पापियों के सम्पर्क में आने से नष्ट हो जाते हैं। परस्त्री-संसर्ग को मारीच सबसे बड़ा पाप मानता था। मारीच ने स्वयं को ऋषि-मांसभक्षी कहा है। उसने यह तो स्वीकार किया है कि वह विश्वामित्र की वेदी की तरफ दौड़ा था किन्तु विश्वामित्र का आरोप है कि उसने यज्ञ-वेदी पर रक्त और मांस भी फेंका था।

रावण के सम्बन्ध में संकेत किया जा चुका है कि वह वेद और वैदिक कर्मकाण्ड के प्रति पूरी तरह निष्ठावान था। वह विधिपूर्वक ब्रह्मचर्य व्रत का पालन करते हुए वेदों का अध्ययन कर गुरुकुल से स्नातक होकर निकला था। जब वह सीता का

वध करने के लिए उद्यत हुआ तो उसके शुद्ध आचारवाले बुद्धिमान् मन्त्री सुपार्श्व ने उससे कहा था कि वेदविद् और गुरुकुल के स्नातक होकर भी तुम एक स्त्री का वध जैसा धर्म-विरुद्ध कार्य किस प्रकार करना चाहते हो? सुपार्श्व की बात सुनकर ही रावण सीता-वध के विचार को त्यागकर अपने महल में लौट आया था। रावण, विभीषण और कुम्भकर्ण तीनों भाइयों ने अपने जीवन के प्रारम्भ में ही जो वर्ण-आश्रम में उग्र तपस्या की थी, रावण ने उस आश्रम में दस सहस्र वर्ष तक निरन्तर उपवास किया था और प्रत्येक सहस्र वर्ष के पूर्ण होने पर अपना एक मस्तक काटकर होम देता था। इसी प्रकार कुम्भकर्ण ने भी इन्द्रियजयी होकर दस सहस्र वर्ष तक पंचाग्नि और भयंकर जाड़े के दिनों में भी जल के भीतर वीरासनबद्ध रहकर तपस्या की थी। जिस रावण में स्वयं अपना मस्तक काटकर होम कर देने की सीमा तक निष्ठा विद्यमान थी, उसी को यज्ञविघ्नकर कहना कुछ अटपटा-सा प्रतीत होता है। शिव को प्रसन्न करने के लिए भी रावण ने एक सहस्र वर्ष तक सामवेद के मन्त्रों से स्तवन किया था। रावण के इस आचार और कर्मविधि को दृष्टिगत रखकर ही विश्वामित्र ने दशरथ से कहा था कि रावण स्वयं यज्ञ में किसी प्रकार का विघ्न उपस्थित नहीं करता वरन् उसकी प्रेरणा से मारीच और सुबाहु विघ्न उपस्थित करते हैं। ऋषियों के प्रति रावण को इतनी अधिक श्रद्धा थी कि उनके वचनों को वह कभी मिथ्या नहीं मानता था। ऋषियों को रावण के विरुद्ध केवल एक ही शिकायत रही थी। वह शिकायत यह थी कि उसने नन्दन वन में क्रीडा करते हुए ऋषियों, गन्धर्वों और अप्सराओं को जमीन पर लाकर खड़ा कर दिया था। यह सब होते हुए भी राम के अनुसार रावण न तो धर्म को जानता था, न सदाचार को समझता था, और न कुल-मर्यादा का ही ध्यान रखता था। यहाँ यह भी उल्लेखनीय है कि जिस प्रकार राम ने रावण को धर्माचरण से अनभिज्ञ कहा है, उसी प्रकार रावण भी राम को धर्म-त्यागी, अधर्मात्मा मानता था। उसने मारीच से कहा था कि दशरथ ने क्रुद्ध होकर राम को पत्नी सहित घर से निकाल दिया है। राम शीलरहित, क्रूर स्वभाव, मूर्ख, लोभी, अजितेन्द्रिय, त्यक्तधर्मा, अधर्मात्मा और समस्त प्राणियों का अहित करने में लगे हुए हैं। उन्होंने बिना किसी वैर-विरोध के केवल अपने बल का आश्रय लेकर मेरी बहिन शूर्पणखा को विरूपित कर दिया है अतएव मैं भी उनकी पत्नी का बलपूर्वक अपहरण करूँगा। रावण-पुत्र अक्षयकुमार के सम्बन्ध में स्वयं हनुमान ने यह स्वीकार किया है कि वह अपने गुण-कर्मों के कारण नागों, यक्षों और मुनियों के द्वारा भी पूजित रहा था।

रावण द्वारा नन्दन वन में क्रीडारत ऋषियों को जमीन पर लाये जाने का सन्दर्भ उद्धृत किया जा चुका है। यह भी संकेत किया जा चुका है कि राक्षस वानप्रस्थ आश्रम-व्यवस्था अर्थात् स्त्री के साथ अरण्य निवास के विरोधी थे। चित्रकूट में राम

के सीता सहित निवास करने पर वहाँ के ऋषि-मुनि अपने वृद्ध कुलपति के साथ चित्रकूट छोड़कर चले गये थे। राम के द्वारा जिज्ञासा प्रकट करने पर उन्होंने कहा था कि जब से तुम सीता के साथ यहाँ रहने लगे हो, तब से राक्षसों के उपद्रव में वृद्धि हुई है। इसी प्रसंग में उन ऋषियों ने यह भी कहा था कि राक्षस अज्ञात रूप से आश्रमों में आ जाते हैं और 'अल्पज्ञ तथा असावधान' तापसों का विनाश करते हुए सानन्द विचरण करते हैं। अत्रि के आश्रम में एकत्र ऋषि-मुनियों ने भी राम से यही कहा था कि इस महारण्य में राक्षस तथा हिंस्र जन्तु उन तपस्वियों और ब्रह्मचारियों को खा जाते हैं, जो उनको अपवित्र तथा असावधान अवस्था में मिलते हैं।

उपर्युक्त आधारों पर निम्नलिखित निष्कर्ष उभरकर ऊपर आ जाते हैं—

राक्षस स्वयं वेदविद् और यज्ञ-यागादि तथा वैदिक कर्मकाण्ड को स्वीकार करते हुए उसका अनुसरण करते थे। वर्णाश्रम, विशेषतया वानप्रस्थ आश्रम-व्यवस्था के विरोधी थे। केवल उन्हीं ऋषि-मुनियों को परेशान करते थे जो अल्पज्ञ अपवित्र रहकर यज्ञ आदि करते अथवा निष्ठाविहीन होते हुए भी असावधानीपूर्वक यज्ञ करने का प्रदर्शन करते थे।

रामायणकाल तक आते-आते धर्म-व्यवस्था का रूप प्रायः बदल चुका था। वैदिक धर्म के स्थान पर स्मार्त धर्म-व्यवस्था को अधिक प्रतिष्ठा दी जाने लगी थी। इन्द्र वैदिक देव परिवार के वरिष्ठतम देवता रहे हैं किन्तु कालान्तर में इन्द्र की सत्ता का मूलोच्छेद करने का किस प्रकार प्रयत्न किया जाता रहा, उसका संकेत किया जा चुका है। अनेक ऋषियों ने भी इन्द्र को क्रुद्ध होकर शाप देने और उसे नीचे गिराने में कभी संकोच नहीं किया। विश्वामित्र भी कदाचित् इन्द्र की सत्ता और उसके अधिकारों में परिवर्तन के समर्थक थे। इसी कारण उन्होंने अपने विचारों के अनुरूप दूसरे इन्द्र की प्रतिष्ठापना का संकल्प लिया था। महर्षि गौतम ने भी इन्द्र को अण्डकोषविहीन कर नपुंसक बना दिया था। इन्द्र के अतिरिक्त अन्य वैदिक देवताओं की प्रतिष्ठा भी समाप्तप्राय हो चुकी थी। अग्नि को देवता के रूप में जो प्रतिष्ठा वैदिक धर्म में प्राप्त है, वह रामायणकाल में नहीं रही थी। उसे प्रायः साक्षी के रूप में ही स्वीकार किया जाता रहा है। विष्णु को केवल एक पक्ष द्वारा मान्यता प्राप्त थी। असुर अथवा राक्षस विष्णु के स्थान पर प्रजापति ब्रह्मा को ही सर्वोपरि मानते रहे थे। मरुत्, वरुण, कुबेर, यम, नासत्य आदि अन्य वैदिक देवताओं का रामायणकाल में पता तक नहीं चलता। रावण को तो इन सबका इतना बड़ा विरोधी चित्रित किया गया है कि उसने इनको जीतकर कारागृह में डाल दिया था। यदि रावण अथवा राक्षस वर्ग को छोड़ भी दिया जाय तो भी राम, लक्ष्मण, सुग्रीव, हनुमान, विभीषण, कौसल्या, सीता, जनक, वसिष्ठ आदि किसी के द्वारा भी उपर्युक्त वैदिक देवताओं को कोई महत्त्व नहीं दिया गया। विश्वामित्र, भरद्वाज और हनुमान में

अवश्य ही वैदिक देवताओं के प्रति कुछ श्रद्धा शेष रही थी। चित्रकूट की यात्रा करते समय भरत भरद्वाज मुनि के आश्रम पर पहुँचे थे और भरद्वाज ने उनके आतिथ्य के लिए वैदिक परम्पराओं का ही अनुसरण किया था। उन्होंने वैदिक देवताओं का आह्वान किया और कहा—"मैं विश्वकर्मा त्वष्टा देवता का आह्वान करता हूँ, तीनों लोकपालों और उनके नेता इन्द्र तथा यम, वरुण और कुबेर का आह्वान करता हूँ।" सभी नदियों का, विश्वावसु आदि गन्धर्वों का, सोम का उन्होंने आह्वान किया था और भरत के आतिथ्य के लिए सभी प्रबन्ध-व्यवस्था करने की उनसे प्रार्थना की थी। इसी प्रकार हनुमान ने भी सीता-दर्शन के लिए अशोक वाटिका में प्रवेश करने के पूर्व वसु, रुद्र, आदित्य, अश्विनीकुमार, मरुद्‌गण, इन्द्र, यम, वायु, सोम, अग्नि, वरुण, ब्रह्मा आदि देवताओं का स्मरण कर उनको नमस्कार किया था। सुमन्त्र ने भी दशरथ की मंगल कामना करते हुए चन्द्रमा, सूर्य, शिव, कुबेर, वरुण, अग्नि और इन्द्र का स्मरण किया था।

रामायणकाल में परलोक और स्वर्ग को प्रतिष्ठा प्राप्त होने लगी थी। राम स्वयं अत्यधिक परलोकभीरु थे। परलोक बिगड़ जाने के भय से ही उन्होंने अयोध्या के राज्य पर लक्ष्मण आदि के कहने पर भी अपना अभिषेक कराना उचित नहीं समझा। दशरथ की परलोकभीरुता को भी राम जानते थे इसलिए उन्हें यह चिन्ता भी रही थी कि ऐसा कोई कार्य न किया जाए जिससे दशरथ का पारलौकिक भय दूर हो जाय। राम स्वर्गफल-प्राप्ति को सबसे अधिक महत्त्व देते थे। लक्ष्मण ने अवश्य ही परलोक अथवा स्वर्गलोक को कभी कोई महत्त्व नहीं दिया। वह वीरलोक को स्वर्ग की अपेक्षा कहीं अधिक श्रेयस्कर मानते थे। रावण को स्वर्गलोक में आस्था थी। इन्द्रजित् की मृत्यु का समाचार सुनकर उसने कहा था कि समस्त देवताओं में भी अच्छे देवताओं का यही मार्ग है। जो अपने स्वामी के लिए युद्ध में मारा जाता है, उसे स्वर्गलोक की प्राप्ति होती है। अशोक वाटिका में सीता की रक्षा के लिए नियुक्त त्रिजटा राक्षसी की धारणा थी कि पाप कर्म करनेवाले पुरुष स्वर्ग प्राप्ति के अधिकारी नहीं होते।

मनुस्मृति के वर्तमान उपलब्ध संस्करण की रचना पुष्यमित्र शुंग के शासनकाल अर्थात् ईसा पूर्व प्रथम शताब्दी में की गयी थी। स्मार्त धर्म के प्रति आस्थावान विद्वानों का अभिमत है कि मनु ने समाज को जो व्यवस्थाएँ दी हैं, उनको बहुत पहले ही मान्यता प्राप्त हो चुकी थी और पुष्यमित्र के समय में केवल उनका संकलन, सम्पादन किया गया था। रामायण में वाली के प्रश्नों का उत्तर देते हुए राम ने मनु के श्लोकों को ही प्रमाण रूप में प्रस्तुत किया था। इसी प्रकार वनगमन के पूर्व कौसल्या को समझाते हुए राम ने श्रुति और स्मृति धर्म का प्रमाण दिया था। सुमन्त्र को पुराणों का ज्ञाता कहा गया है। इन प्रमाणों से यह स्पष्ट है कि रामायणकाल में स्मार्त धर्म की प्रतिष्ठा हो चुकी थी और राम उसको वैदिक धर्म की अपेक्षा अधिक

श्रेयस्कर मानते थे। अन्य पात्रों ने भी वैदिक धर्म के स्थान पर स्मार्त धर्म को ही प्रमाण मानकर उसका अनुसरण करना प्रारम्भ कर दिया था।

यह संकेत किया जा चुका है कि वर्णाश्रम धर्म-व्यवस्था की यद्यपि स्थापना हो चुकी थी तथापि रावणादि राक्षस उसके समर्थक नहीं थे। गौ और ब्राह्मणों की भक्ति के बीज भी पड़ चुके थे तथा गंगा को महत्ता दी जाने लगी थी। यहाँ यह भी उल्लेखनीय है कि यद्यपि राम ने प्रारम्भ में विश्वामित्र से भी उपदेश तथा शस्त्रशिक्षा ग्रहण की थी तथापि उन पर वसिष्ठ का प्रभाव ही अधिक दिखाई देता है। महर्षि वसिष्ठ इक्ष्वाकु कुल के वरिष्ठ पुरोहित थे। सत्य, सद्व्यवहार, जप-तप, अग्निहोत्र, सन्ध्योपासना, गौ और ब्राह्मण में ही उनका विश्वास अधिक रहा था। ये सभी गुण राम के चरित्र में भी दिखाई देते हैं। वसिष्ठ की गौ-भक्ति सर्वत्र प्रख्यात है और राम ने भी गौ के प्रति अपनी आस्था प्रकट की है। वाली भी ब्राह्मणघाती और गौ-हत्यारे को नरक का भागी मानता था। राक्षस वर्ग में इनके प्रति कोई आस्था दिखाई नहीं देती। सभी पात्रों की मान्यताएँ अगले अध्यायों में दी गयी हैं।

तत्त्ववाद और दार्शनिक सिद्धान्तों का विवेचन रामायण में अत्यल्प मात्रा में ही किया गया है। सभी पात्रों का ध्यान केवल आचार-धर्म पर ही केन्द्रित रहा है। सन्ध्योपासना, स्नान-अभिषेक, अतिथि-सम्मान, सत्य, गुरुपूजा, ब्रह्मचर्य, कृतज्ञता आदि गुणों के प्रति ही अधिक आग्रह रहा है। नास्तिकता को निन्दनीय समझा जाता था। देशकाल के अनुरूप लोकरीति के अनुसार आचरण-व्यवहार का भी ध्यान रखा जाता रहा। लोकरीति अथवा लोकधर्म को सभी पात्रों के द्वारा महत्त्व दिया जाता रहा। यहाँ विशेष रूप से यह भी उल्लेखनीय है कि यद्यपि रामायण में 'सनातन धर्म' शब्द का एकाधिक स्थल पर प्रयोग किया गया है तथापि क्षात्रधर्म अथवा राजधर्म को कम महत्त्व नहीं दिया गया। महर्षि वसिष्ठ जप करनेवालों में श्रेष्ठ होते हुए भी राजधर्म के विशेषज्ञ थे। विश्वामित्र को जब ब्राह्मणत्व प्राप्त हो गया, तब भी उन्होंने देवताओं से अनुरोध किया था कि क्षत्रवेद और ब्रह्मवेद दोनों के श्रेष्ठ ज्ञाता ब्रह्मपुत्र वसिष्ठ स्वयं आकर इस बात को स्वीकार करें। क्षत्रवेद का तात्पर्य धनुर्वेद अथवा शस्त्रज्ञान नहीं अपितु स्पष्टतया राजधर्म से रहा है।

धर्म के प्रति रामायण के प्रायः सभी पात्रों द्वारा संकेत किये जाने पर भी सनातन धर्म का उल्लेख विशेष रूप से राम के द्वारा ही किया गया है। सर्वप्रथम वनगमन के पूर्व कैकेयी से बात करते हुए राम ने दो बातों के प्रति संकेत किया था। प्रथमतः यह कि भरत को राज्य का समुचित रूप से पालन करते रहना चाहिए और दूसरे उनको पिता की निष्ठापूर्वक सेवा करना चाहिए। राम के शब्दों में यह सनातन धर्म है। इसके पश्चात् दूसरे स्थल पर पुनः उन्होंने पिता की आज्ञा-पालन का महत्त्व प्रतिपादित करते हुए कौसल्या से कहा था कि तुमको, मुझको, सीता को, लक्ष्मण को और सुमित्रा को भी सदैव पिता की आज्ञा का पालन करते हुए उनकी सेवा

करनी चाहिए। यही सनातन धर्म है। सीता को भी उन्होंने गुरुजनों की सेवा का उपदेश दिया था। उन्होंने कहा था, "पिता की सेवा करना कल्याण-प्राप्ति का जैसा प्रबल साधन है वैसा न सत्य है, न दान है, न मान है, न पर्याप्त दक्षिणावाले यज्ञ ही हैं। गुरुजनों की सेवा का अनुसरण करने से स्वर्ग, धन, धान्य, विद्या, पुत्र और सुख कुछ भी दुर्लभ नहीं है। माता-पिता की सेवा में लगे रहनेवाले महात्मा पुरुष देवलोक, गन्धर्वलोक, ब्रह्मलोक, गोलोक तथा अन्य लोकों को सहज ही प्राप्त कर लेते हैं। इसलिए मैं पिता की आज्ञा का पालन करना चाहता हूँ क्योंकि यही सनातन धर्म है।" विश्वामित्र भी पिता की आज्ञा-पालन को सबसे बड़ा धर्म मानते थे। शुनःशेप की रक्षा करने के लिए जब विश्वामित्र के पुत्रों ने उनकी आज्ञा मानने से इनकार किया तो उसे अधर्म मानकर उन्होंने अपने पुत्रों को ही शाप दे दिया था। यह भी उल्लेखनीय है कि राम एक ओर पिता की आज्ञा-पालन को धर्म का सबसे महत्त्वपूर्ण अंग मानते हैं और दूसरी ओर उन्होंने दशरथ के द्वारा महर्षि जाबालि को अपना याजक नियुक्त किये जाने की निन्दा भी की है। जाबालि की मान्यताओं से राम यद्यपि सहमत नहीं थे किन्तु जाबालि की नियुक्ति दशरथ के द्वारा की गयी थी और राम को इस प्रसंग में दशरथ की निन्दा करने में तनिक भी संकोच नहीं हुआ। वाली के प्रश्नों का उत्तर देते हुए राम ने उस पर आरोप लगाया था कि उसने सुग्रीव की पत्नी रुमा का, जो उसकी पुत्रवधू के समान है, कामवश उपयोग किया और इस प्रकार उसने सनातन धर्म का परित्याग किया। उपर्युक्त उद्धरणों के अनुसार माता-पिता अथवा गुरुजनों की सेवा, उनकी आज्ञापालन तथा छोटे भाई की पत्नी और पुत्रवधू के साथ-साथ काम-भावना से रहित सद्व्यवहार 'सनातन धर्म' के प्रमुख स्तम्भ हैं। हनुमान के समुद्र पार करने के अवसर पर मैनाक ने समुद्र के प्रतिनिधि रूप में उनको रोककर उनका स्वागत करना चाहा था। उस समय मैनाक ने भी सनातन धर्म की दुहाई देते हुए कहा था कि यदि किसी व्यक्ति ने अपना उपकार किया हो तो उसका प्रत्युपकार करना सनातन धर्म है। महर्षि विश्वामित्र ने राम को ताटका-वध के लिए प्रेरित करते हुए भी सनातन धर्म की दुहाई दी थी। उन्होंने कहा था कि तुम गौ-ब्राह्मण का हित करने के लिए उसका वध कर डालो। स्त्री-हत्या का विचार करके इस कार्य से घृणा नहीं करना चाहिए क्योंकि चारों वर्णों के हित के लिए यदि किसी राजपुत्र को स्त्री की हत्या भी करनी पड़े तो वह धर्मानुकूल ही है। यही सनातन धर्म है। भरत कदाचित् विश्वामित्र की इस मान्यता से सहमत नहीं रहे। कैकेयी को पापकारिणी मानते हुए भी उसको मार डालना उन्होंने इसी कारण उचित नहीं समझा क्योंकि वे धर्मबन्धन में बँधे हुए थे। धर्म और अधर्म को जानते हुए उन्होंने मातृवध रूपी लोकनिन्दित कर्म को करना धर्मानुकूल नहीं माना। इसी सन्दर्भ में विराध का उल्लेख भी आवश्यक है। मृत्यु के पूर्व विराध ने राम से अनुरोध किया था कि आप मेरे शरीर को इस जंगल में दफना कर (गड्ढे में गाढ़कर)

कुशलतापूर्वक शरभंग ऋषि के आश्रम में चले जाइए। राक्षसों के शवों को गाड़ना ही सनातन धर्म है। अधिकांश स्थलों पर केवल धर्म शब्द का प्रयोग किया गया है। इसके अतिरिक्त पुण्य-पाप, उचित-अनुचित कहकर तथा स्वर्ग-नरक का सन्दर्भ देकर भी सत् और असत् कर्मों अथवा धर्म-अधर्म के प्रति संकेत किया गया है। रावण आदि राक्षस अथवा विरोधी पात्रों ने भी धर्म की दुहाई देकर अथवा उचित-अनुचित कहकर धर्म-व्यवस्थाओं को प्रकट किया है। सुमित्रा ने लक्ष्मण को राम के साथ वन जाने की अनुमति देते हुए कहा था कि ज्येष्ठ का अनुगमन करना ही धर्म है। कैकेयी सत्य को सबसे अधिक महत्त्व देती थी। राम को वन जाने के लिए आज्ञा देने हेतु दशरथ को प्रेरित करते हुए उसने लगातार यही कहा कि तुमको सत्य की रक्षा करने के लिए सदैव तत्पर रहना चाहिए। राम से भी उसने यही कहा था कि ऐसा कार्य किया जाना चाहिए जिससे राजा दशरथ के सत्य की रक्षा हो सके क्योंकि सत्य का पालन ही धर्म है। दशरथ के मन्त्री सिद्धार्थ ने राम के निष्कासन को धर्मविरुद्ध माना था और कहा था कि राम के समान सदाचारी पुत्र का निष्कासन धर्म के प्रतिकूल है। रावण की मान्यता थी कि निष्कारण किसी को कष्ट देना धर्म का उल्लंघन है। अतिथि के प्रति सम्मानपूर्ण व्यवहार को भी रावण ने धर्म कहा है। राम ने जब रावण को त्यक्तधर्मा और अधर्मात्मा कहा तो उसने राम को शीलरहित, कर्कश, तीक्ष्ण, मूर्ख, लोभी, अजितेन्द्रिय और प्राणियों के अहित में तत्पर बताया। इसी स्थल पर रावण ने यह भी कहा कि राम ने बिना किसी पूर्व द्वेष के ही केवल बल का आश्रय लेकर मेरी बहिन को विरूपित कर दिया है। तात्पर्य यह कि शील, सौम्यता, सरलता, विवेक, निर्लोभ इन्द्रियजय और सर्वप्राणी-हित को रावण धर्म मानता रहा है। कुशनाभ क्षमा को सबसे अधिक महत्त्व देते थे। वायु ने कुशनाभ की पुत्रियों के साथ अभद्र व्यवहार किया था किन्तु पुत्रियों ने वायु को क्षमादान दिया। इस पर प्रसन्नता व्यक्त करते हुए कुशनाभ ने कहा था कि स्त्री-पुरुष सभी के लिए क्षमा ही आभूषण है। क्षमा ही दान है, क्षमा ही सत्य है, क्षमा ही यज्ञ है, क्षमा ही यश है और क्षमा ही धर्म है। यह समस्त विश्व क्षमा पर ही टिका हुआ है। कुशनाभ की पुत्रियाँ पिता की आज्ञा के बिना स्वयं अपने लिए किसी को पति के रूप में वरण करना अधर्म मानती थीं। जटायु के अनुसार परस्त्री-हरण और हनुमान के अनुसार सोती हुई स्त्रियों को देखना भी अधर्म है। विराध तपस्वी का स्त्री के साथ रहना अधर्म मानता था।

उपर्युक्त थोड़े से सन्दर्भ मात्र इसी उद्देश्य से प्रस्तुत किये गये हैं जिससे रामायणकालीन धर्म-व्यवस्था का स्वरूप स्पष्ट हो सके। राम से लेकर रावण तक छोटे-बड़े सभी पात्र उपर्युक्त धार्मिक मान्यताओं को समान रूप से स्वीकार करते रहे हैं। यदि विरोधी मान्यताओं पर दृष्टि डाली जाय तो स्थूल रूप में केवल दो ही प्रसंग ऐसे दिखाई देते हैं। प्रथमतः रावण परस्त्री-अपहरण और परायी स्त्री से सम्बन्ध

स्थापित करना आर्य धर्म और राक्षस धर्म के अनुकूल मानता था। इस मान्यता को रामायण का कोई भी दूसरा पात्र स्वीकार करता दिखाई नहीं देता। वरन् इसके विपरीत मारीच, विभीषण, कुम्भकर्ण, प्रहस्त, सुपार्श्व आदि राक्षसों ने और मन्दोदरी ने रावण के इस कृत्य को धर्म के प्रतिकूल ही कहा। तात्पर्य यह कि राक्षसों की धार्मिक मान्यताओं के अनुसार भी परस्त्री-हरण धर्मविहित नहीं माना गया। अतएव यह स्पष्ट नहीं होता कि रावण की मान्यता का आधार क्या रहा है। इसी प्रकार विराध के अतिरिक्त किसी भी राक्षस-पात्र के द्वारा शव गाड़ने की परम्परा का संकेत नहीं किया गया किन्तु विराध ने इसे सनातन धर्म का अंग माना। प्रायः सभी पात्र स्थापित धार्मिक मान्यताओं का समान रूप से अनुसरण करते रहे हैं। मन्दोदरी और तारा सीता और अनसूया के समान ही पातिव्रत धर्म की महत्ता को स्वीकार करती थीं। कुम्भकर्ण, मेघनाद, अक्षयकुमार और अतिकाय ने कभी रावण की आज्ञा का उल्लंघन नहीं किया।

नारी धर्म, सुहृदय धर्म, गृहस्थ धर्म, वानप्रस्थ धर्म आदि का भी रामायण में उल्लेख किया गया है तथापि यह सब सनातन धर्म के ही अंग माने गये। इससे सर्वथा अलग क्षात्रधर्म का जिस रूप में उल्लेख किया गया है, उससे ऐसा प्रतीत होता है कि उस काल में सनातन धर्म और क्षात्रधर्म की अलग-अलग समानान्तर मान्यताएँ रही हैं। राम ने धर्म अथवा सनातन धर्म-व्यवस्था को मान्य करते हुए क्षात्रधर्म की स्पष्ट शब्दों में भर्त्सना की है। सबसे पहले जब लक्ष्मण ने राम के वनगमन का विरोध करते हुए दशरथ के प्रति आक्रोश प्रकट किया था और कहा था कि दशरथ और कैकेयी को कैद कर राज्य पर अधिकार कर लेना चाहिए, तब राम ने इसे क्षात्रधर्म बताकर इसे स्वीकार करने से इनकार किया था। राम ने लक्ष्मण को समझाते हुए कहा था कि संसार में धर्म ही सबसे श्रेष्ठ है अतएव तुम केवल क्षात्रधर्म का अवलम्बन करनेवाली बुद्धि का परित्याग कर धर्म का आश्रय ग्रहण करो। राम के अनुसार राजा लोग केवल इसीलिए राज्य का पालन करते हैं कि किसी भी कार्य में उनके मन की इच्छा पूर्ति में बाधा उपस्थित न की जा सके। महर्षि जाबालि को उत्तर देते हुए राम ने और भी स्पष्ट शब्दों में कहा था कि क्षात्रधर्म बाह्य रूप से धर्मयुक्त दिखाई देने पर भी वस्तुतः अधर्म रूप होता है और केवल नीच, क्रूर, लोभी तथा पापाचारी पुरुष ही इसका अनुसरण करते हैं। इस प्रकार भर्त्सना करते हुए राम ने क्षात्रधर्म का परित्याग करने की भी प्रतिज्ञा की थी।

राम विशेष रूप से धर्म-प्रचार के लिए ही निकले थे और उन्होंने यह भी संकेत किया है कि भरत ने ही राजा के रूप में उनको धर्म का प्रचार करने की आज्ञा दी थी। राम के अतिरिक्त दूसरे अनेक राजाओं को भी भरत की ओर से धर्म-प्रचार की आज्ञा दी गयी थी। इससे यह भी स्पष्ट है कि रामायणकाल तक सनातन धर्म अथवा स्मार्त धर्म पूरी तरह प्रतिष्ठित नहीं हो सका था और क्षात्रधर्म की महत्ता

अपेक्षाकृत अधिक बनी हुई थी। क्षात्रधर्म के स्थान पर सनातन धर्म को प्रतिष्ठापित करना ही राम का उद्देश्य रहा है। परवर्तीकाल में स्मार्त धर्म के आचार्यों ने क्षात्रधर्म अथवा राजधर्म को भी स्मार्त धर्म का अंग बना लिया। यही कारण है कि स्मृति-ग्रन्थों में समाज के अन्य वर्गों और राजधर्मों की समान रूप से व्याख्या की गयी है।

महर्षि वसिष्ठ का ब्रह्मवेद और क्षात्रवेद दोनों पर समान अधिकार था। विश्वामित्र ने क्षात्रधर्म के अनुसार ही दीर्घकाल तक राज्य किया था। अन्त में वसिष्ठ से पराभूत होने पर तपस्या के लिए प्रस्थान करने के पूर्व अपने पुत्र को राज्याधिकार सौंपते समय भी उन्होंने उसको धर्म के अनुसार नहीं वरन् क्षात्रधर्म के अनुसार राज्य करने का निर्देश दिया था। मिथिलानरेश जनक धर्म के ज्ञाता होने पर भी क्षत्रियोचित कर्म में तत्पर रहते हुए न्यायपूर्वक राज्य का शासन करते थे।

क्षात्रधर्म अथवा राजधर्म का रामायण में विस्तारपूर्वक उल्लेख किया गया है। राम, रावण, वाली, मारीच, शूर्पणखा, भरत, लक्ष्मण, सीता सभी ने राजधर्म के सिद्धान्तों की समीक्षा की है। राम के राजधर्म विषयक सिद्धान्त विशेष रूप से भरत को राजनीति का उपदेश देने के प्रसंग में द्रष्टव्य हैं। इसके अनुसार राजा को शस्त्र-ज्ञानसम्पन्न आचार्यों का समादर करते हुए शूरवीर, शास्त्रज्ञ, जितेन्द्रिय, कुलीन ऐसे व्यक्तियों को ही मन्त्री पद पर नियुक्त करना चाहिए, जो राजा की मन्त्रणा को सर्वथा गुप्त बनाये रहें। राजा को किसी गूढ़ विषय पर न तो अकेले ही निर्णय लेना चाहिए और न इतने अधिक व्यक्तियों से परामर्श लेना चाहिए कि उसकी खबर शत्रु तक पहुँच जाय। सनातन धर्म के अनुसार रात्रि के अन्तिम प्रहर में धर्म-चिन्तन तथा सन्ध्या-वन्दन की व्यवस्था रही है किन्तु राजधर्म के अनुसार राजा को इस समय अर्थसिद्धि के विषय में विचार करना चाहिए। राजा के भावी कार्यक्रमों का ज्ञान यदि लोगों को पहले से हो जाता है तो उसमें अनेक अवरोध उत्पन्न हो जाते हैं। सैकड़ों, सहस्रों मूर्खों को अपने पास रखने के बजाय एक विद्वान् पण्डित को पास रखना ही श्रेयस्कर है क्योंकि अर्थसंकट के समय वही सहायक होता है। सभी लोगों को उनकी योग्यता के अनुसार ही कार्य पर नियुक्त किया जाना चाहिए। कठोर दण्ड अथवा अधिक कराधान से भी प्रजा राजा और मन्त्रियों की विरोधी बन जाती है। ऐसे राजनीतिक व्यक्ति को, जो विश्वासी भृत्यों को फोड़ने में लगा रहता है, मरवा डालना ही राजा के लिए न्यायोचित है।

सदा सन्तुष्ट रहनेवाले शूरवीर, धीर, बुद्धिमान्, कुलीन, अपने प्रति अनुराग रखनेवाले व्यक्ति को ही सेनापति बनाया जाना चाहिए और प्रमुख योद्धाओं के शौर्य की परीक्षा कर उनको सम्मान के द्वारा सदा सन्तुष्ट रखना राजा का कर्तव्य है। सैनिकों को वेतन तथा भत्ता यदि समय पर नहीं दिया जाता है तो वे अपने स्वामी के प्रति कुपित हो जाते हैं। अपने ही देश के निवासी, विद्वान्, कुशल प्रतिभावान व्यक्ति

को राजदूत बनाना श्रेयस्कर है तथा शत्रुपक्ष के मन्त्री, पुरोहित, सेनापति आदि अठारह तीर्थों एवं अपने पक्ष के पन्द्रह तीर्थों की गुप्तचरों द्वारा जाँच-पड़ताल की जाती रहनी चाहिए। जिन शत्रुओं को राज्य से निष्कासित कर दिया जाय, उनको दुर्बल समझ लेना कभी भी खतरा उत्पन्न कर सकता है। कृषि और पशुपालन से जीविका अर्जित करनेवालों पर देश की उन्नति निर्भर होती है अतएव उनको राजा का प्रीतिपात्र होना चाहिए। राजा को अपनी स्त्रियों पर विश्वास करते हुए कभी भी उनको गुप्त बात नहीं बतलानी चाहिए। राजा को इस प्रकार का व्यवहार अपनाना चाहिए जिससे उसके कर्मचारी निर्भय होकर उसके सामने भी न आ सकें और भय के मारे सदा दूर रहने का भी प्रयास न करें। आय अधिक और व्यय कम होना चाहिए। झूठी शिकायत पर किसी को दण्डित करना अथवा दण्डनीय अपराधी को धन के लोभ से निर्दोष छोड़ देना राजा के लिए हितकर नहीं। निरपराध होने पर भी जिन्हें मिथ्या दोष लगाकर दण्ड दिया जाता है, उनके आँसू राजा का नाश कर देते हैं। नास्तिकता, असत्य, क्रोध, प्रमाद, दीर्घसूत्रता, अज्ञानियों का संग, आलस्य, इन्द्रियविकार, राजकार्यों के सम्बन्ध में अकेले विचार करना, मूर्खों से परामर्श, निश्चित कार्य को शीघ्र प्रारम्भ न करना, गुप्त मन्त्रणा को प्रकट कर देना, मांगलिक कार्यों की उपेक्षा तथा शत्रुओं पर एक साथ आक्रमण कर देना राजा के चौदह दोष हैं। राजा को इन दोषों का परित्याग कर राजोचित गुणों को ही अपनाना चाहिए।

राजाज्ञा पालन के प्रति भी राम सदा सावधान थे। उनके अनुसार राजा की अवस्था (आयु) महत्त्वहीन होती है और राजा यदि आयु में छोटा भी हो तो भी उसकी आज्ञा का सावधानीपूर्वक पालन किया जाना चाहिए। सुमन्त्र के द्वारा कौसल्या को सन्देश भेजते हुए उन्होंने कहलाया था कि भरत के प्रति ठीक वैसा ही व्यवहार करती रहना जैसा राजा के प्रति किया जाता है। राजा यदि छोटी आयु का भी हो तो भी वह आदरणीय होता है।

भरत धर्म के प्रति अधिक आस्थावान थे। उनके अनुसार राज्य के अधिकारी क्षत्रिय को ही क्षात्रधर्म का अनुसरण न्यायोचित है तथा जिसे धर्मतः राज्याधिकार प्राप्त नहीं, उसे क्षात्रधर्म के अनुसरण का भी अधिकार नहीं होता। धर्म को भविष्य में फल देनेवाला अनिश्चित परिणामी मानकर क्षत्रिय के लिए प्रत्यक्ष सुख के साधनभूत प्रजापालन रूप धर्म को ही उन्होंने अधिक कल्याणकर कहा।

वाली राजधर्म के पालन के प्रति विशेष सावधान था। इन्द्रिय निग्रह, संयम, क्षमा, धर्म, धैर्य, पराक्रम तथा अपराधियों को दण्ड देना वह राजा के गुण मानता था। किसी निरपराध को दण्डित करना वाली के अनुसार राजा के लिए उचित नहीं। यदि एक राजा किसी दूसरे के साथ युद्ध में उलझा हुआ है तो अन्य राजा को उस पर आक्रमण करना क्षात्रधर्म के विरुद्ध है। राजाओं को केवल भूमि, सोना, चाँदी की प्राप्ति के लिए युद्ध करना चाहिए।

लक्ष्मण क्षात्रधर्म के प्रति इतने अधिक आस्थावान थे कि वे प्रत्येक अवस्था में मात्र उसी का अनुसरण श्रेयस्कर मानते रहे। उन्होंने अपनी मान्यताओं के प्रति अडिग रहते हुए राम के द्वारा प्रतिपादित धर्म का विरोध करने में कभी संकोच नहीं किया। देवऋण, पितृऋण, ऋषिऋण को ढोंग और ढकोसला मानते हुए वे केवल बाण और तूणीर के ऋण को स्वीकार करते थे। इसी प्रकार देवलोक, विष्णुलोक आदि को व्यर्थ मानकर उन्होंने सदैव वीरलोक-प्राप्ति की परवाह की। लक्ष्मण के आचार-विचार भी क्षात्रधर्म के ही अनुकूल थे अतएव इनका सम्यक् विवेचन अलग ही किया गया है।

शूर्पणखा भी राजधर्म से पूर्णतया अनभिज्ञ थी, यद्यपि उसकी मान्यताएँ विस्तार के साथ व्यक्त नहीं हो सकी हैं तथापि रावण के पास जाकर उसने रावण को सीमा-प्रान्त पर गुप्तचर नियुक्त न करने के कारण जो खरी-खोटी सुनायी है वह उसके राजधर्मविद् होने का प्रमाण है। इसके साथ ही उसने रावण को फटकारते हुए कहा है कि जो राजा निम्न श्रेणी के भोगों में आसक्त हो, स्वेच्छाचारी और लोभी हो जाता है, उसे मरघट की आग के समान हेय मानकर प्रजा उसका सम्मान करना छोड़ देती है। जो राजा ठीक समय पर अपने कार्यों का सम्पादन नहीं करता है, वह राज्य के साथ ही नष्ट हो जाता है। राजा का कर्तव्य है कि वह पूर्ण सावधानी के साथ अपने सीमा-प्रान्तों की रक्षा करे। गुप्तचरों, कोष और नीति पर राजा का पूर्ण नियन्त्रण होना चाहिए। जो राजा कठोरतापूर्ण बर्ताव करता अथवा अपने तीखे स्वभाव का परिचय देता है, सेवकों को बहुत कम वेतन देता है, प्रमाद और गर्व से भरा रहता है, उसके संकट में पड़ने पर भी प्रजा उसका साथ नहीं देती। अभिमानी और क्रोधी राजा को अवसर पाकर उसके आत्मीय जन ही मार डालते हैं। शूर्पणखा के अनुसार प्रजा केवल उसी राजा का समादर करती है, जो सदा सावधान रहते हुए, कृतज्ञ, इन्द्रियजयी और धर्मपरायण रहकर राजकार्यों की जानकारी रखता और उनको पूरा करता है। शूर्पणखा का राजधर्म सदाचार सिद्धान्तों से विरहित नहीं रहा।

रावण यद्यपि राजधर्म का पण्डित रहा है तथापि उसके मन में राजोचित गुणों के प्रति आग्रह कम ही दिखाई देता है। उसकी दृष्टि राजा के कर्तव्यों पर नहीं, प्रत्युत अधिकारों पर ही अधिक केन्द्रित रही है। प्रत्येक क्षण उसे इस बात की रह-रहकर याद आती रही है कि वह अपने युग का सबसे अधिक पराक्रमी और प्रतिभाशाली राजा है। छोटी-छोटी-सी बात पर उसने अपने मन्त्रियों और सेनापतियों से परामर्श अवश्य लिया किन्तु यदि किसी ने भी उसकी बात का जरा भी विरोध किया तो उसे वह कभी बर्दाश्त नहीं कर सका। उस समय उसका राजोचित गर्व उभरकर ऊपर आ जाता था और अपनी राजप्रभुता तथा पराक्रम का भय दिखाकर उसको समर्थन देने के लिए मजबूर कर देता था। स्थूल रूप में उसका व्यावहारिक सिद्धान्त यही रहा है कि प्रजा के प्रत्येक व्यक्ति को, मन्त्रियों को, सेनापतियों को अथवा राजा

के हितैषियों को भी प्रत्येक दशा में राजा की बात बिना किसी तर्क-वितर्क के माननी ही चाहिए। मारीच ने जब राम के विरुद्ध रावण की सहायता करने का विरोध किया, तब रावण ने यही कहा था कि प्रत्येक अवस्था में राजा का सम्मान और पूजन ही करना चाहिए। राजा के प्रतिकूल चलनेवाला पुरुष कभी सुखी नहीं रह सकता। मेघनाद को युद्ध के लिए भेजते समय भी उसने कहा था कि यद्यपि स्नेह की दृष्टि से तुमको युद्ध में भेजना उचित नहीं है किन्तु मेरा यह विचार राजनीति और क्षात्र-धर्म के अनुकूल है।

स्वर्ग-नरक, पाप-पुण्य, कर्म-परिणाम और जन्मान्तर ही सनातन धर्म के आधारभूत सत्य हैं। कर्मवाद और जन्मान्तर के सिद्धान्त को यदि अलग रख दिया जाय तो भारतीय सनातन धर्म का विशाल भवन बालू की दीवार की भाँति ढह जाता है। रामायण के सभी पात्र कर्म-परिणाम के प्रति अविचलित रूप से आस्थावान हैं। दैव के प्रति भी किसी की आस्था कम नहीं रही।

राम ही रामायण काव्य के नायक हैं। अतएव उनके द्वारा समर्थित धर्म—सनातन धर्म अथवा स्मृति धर्म का ही विस्तारपूर्वक उल्लेख किया गया है। स्मार्त धर्म के आचार्यों ने जो व्यवस्थाएँ दी हैं उनका विरोध केवल लक्ष्मण के द्वारा किया गया है। कुछ पात्र धर्म-व्यवस्थाओं के प्रति निरपेक्ष और तटस्थ भी दिखाई देते हैं। इनका सम्यक् विवेचन अगले अध्यायों में किया गया है।

सिद्धान्तहीन दशरथ की बहानेबाजी

इक्ष्वाकु वंश में उत्पन्न अज के पुत्र महाराजा दशरथ के बाल्यकाल के सम्बन्ध में सामग्री का सर्वथा अभाव ही है। उनके द्वारा अनजाने मुनिकुमार की हत्या हो जाने के प्रसंग में यह उल्लेख अवश्य मिलता है कि अज के जीवनकाल में जब दशरथ केवल राजकुमार थे, उसी समय उनकी ख्याति एक कुशल धनुर्धर के रूप में फैल गयी थी। उनको शस्त्रशिक्षा किस गुरु से प्राप्त हुई थी, इसका कोई उल्लेख न होने पर भी यह लिखा गया है कि सभी लोग उनको शब्दवेधी बाण चलाने में कुशल मानते थे। उस समय दशरथ अविवाहित थे और ऋतुओं के उद्दीपन से उनके मन में विकार उत्पन्न हो जाते थे। उन्होंने स्वयं स्वीकार किया है कि इस स्थिति में वह 'अजितेन्द्रिय' के समान व्यवहार करते थे। शिकार खेलने का कदाचित् उनको शौक था इसलिए वर्षा के प्रभावों से मस्त होकर वे सरयू के तट पर शिकार खेलने के लिए निकल पड़ते थे। हाथी के शिकार के धोखे में उन्होंने एक मुनिकुमार की हत्या कर दी थी।

उपर्युक्त घटना के अतिरिक्त दशरथ के युवराजकाल का कोई वर्णन रामायण में नहीं किया गया। अज के पश्चात् अयोध्या का राज्यभार ग्रहण करने पर उन्होंने राज्य-व्यवस्था में उल्लेखनीय सुधार किये थे। इस समय अयोध्या बारह योजन लम्बाई और तीन योजन चौड़ाई के विस्तार में बसी हुई थी। राजमार्ग पर प्रतिदिन छिड़काव के साथ फूल बिखेर दिये जाते थे। पुरी की सुरक्षा के लिए प्राचीर, बड़े-बड़े फाटक और विशेष यन्त्रों एवं अस्त्र-शस्त्रों की भी व्यवस्था की गयी थी। नगरी के चारों ओर उद्यान और बगीचे लगाये गये थे तथा नागरिकों के आमोद-प्रमोद के लिए नाट्य संस्थाओं की भी स्थापना की गयी थी। गगनचुम्बी प्रासादों एवं विविध कूटागारों से युक्त उस समय की अयोध्या की तुलना अमरावती से की गयी है। दशरथ के राज्य में ऐसा एक भी परिवार नहीं था जिसके पास पर्याप्त मात्रा में उत्कृष्ट वस्तुओं का संग्रह न हो, जिसके धर्म, अर्थ और काममय पुरुषार्थ सिद्ध न हो गये हों अथवा जिसके पास गाय, भैंस, घोड़े और धन-धान्य का अभाव हो। दशरथ ने काम्बोज और बाह्लीक देश में उत्पन्न घोड़े, सिन्धु नदी के निकट उत्पन्न दरियाई घोड़े, विन्ध्य और हिमालय प्रदेश में उत्पन्न हाथियों तथा अनेक अन्य देशों में उत्पन्न पशुओं को अपने यहाँ एकत्र कर 'अयोध्या' नाम सार्थक किया था।

दशरथ ने राज्य-संचालन में परामर्श और सहयोग देने के लिए धृष्टि, जयन्त, विजय, सुराष्ट्र, राष्ट्रवर्द्धन, अकोप, धर्मपाल और सुमन्त्र को मन्त्री पद पर नियुक्त कर मन्त्रि-परिषद् का गठन किया था। इनमें से सुमन्त्र अर्थशास्त्र और पुराणों के विशेषज्ञ थे। इसके अतिरिक्त वसिष्ठपुत्र सुयज्ञ, जाबालिक, कश्यप, गौतम, दीर्घायु, मार्कण्डेय और कात्यायन को भी मन्त्रि-परिषद् में सम्मिलित किया गया था। यह मन्त्री राजा के याज्ञिक के रूप में भी कार्य करते थे। वसिष्ठ और वामदेव राजा के वरिष्ठ पुरोहित थे। पुरोहित और मन्त्रियों के परामर्श से ही राज्य का संचालन होता था और ये सभी धर्म-व्यवस्था एवं न्याय-नियमों का पूरा ध्यान रखते थे।

पास-पड़ोस तथा अनेक दूरवर्ती राजाओं से दशरथ के अच्छे मैत्री सम्बन्ध थे। अंग देश के राजा और काशीनरेश से दशरथ की घनिष्ठ मित्रता थी। मिथिलानरेश जनक के साथ भी दशरथ का पुराना सम्बन्ध बताया गया है किन्तु राम-विवाह के पूर्व यह सम्बन्ध कब और किस रूप में स्थापित हुआ, इसका कोई संकेत नहीं। कैकयनरेश से दशरथ का सीधा सम्बन्ध था। कोसलनरेश, मगधनरेश, सिन्धु-सौवीर और सुराष्ट्र तथा दक्षिण के अनेक राजाओं से भी दशरथ के अच्छे सम्बन्ध थे। इन सब राजाओं को दशरथ ने अपने यज्ञ में सम्मिलित होने के लिए आमन्त्रित किया था। पंचवटी के मार्ग में जब राम की भेंट जटायु से हुई थी तब जटायु ने भी स्वयं को दशरथ का पुराना मित्र बताया था। दशरथ के शत्रु-राजाओं का कोई उल्लेख नहीं है किन्तु राम को माँगने के लिए जब विश्वामित्र दशरथ के पास पहुँचे थे, तो उन्होंने अवश्य यह प्रश्न किया था कि आपके राज्य की सीमा के निकट रहनेवाले शत्रु-राजा आपके समक्ष नतमस्तक होते हैं अथवा नहीं? यहाँ स्पष्ट नहीं कि शत्रु-राजा कहकर किसके प्रति संकेत किया गया है। सम्भव है यह प्रश्न औपचारिकतावश ही किया गया हो। रावण के बल-पराक्रम से दशरथ पहले से ही भली-भाँति परिचित थे। विश्वामित्र से चर्चा करते हुए उन्होंने स्वयं स्पष्ट शब्दों में यह स्वीकार किया है कि मैं रावण के समक्ष युद्ध में नहीं ठहर सकता। उन्होंने यह भी कहा कि देवता, दानव, गन्धर्व, यक्ष, गरुड़ और नाग कोई भी रावण का वेग सहने में समर्थ नहीं है। मैं अपनी सेना और पुत्रों के साथ रहकर भी उससे तथा उसके सैनिकों से युद्ध करने में असमर्थ हूँ।

दशरथ के मित्र और शत्रु राजाओं के प्रति संकेत होने पर भी न तो दशरथ द्वारा किसी शत्रु-राज्य पर आक्रमण कर उसे जीतने का ही कोई उल्लेख है और न उनके समय में उनके तथा किसी राजा के बीच संघर्ष का ही वर्णन है। कैकेयी और मन्थरा की बातचीत के प्रसंग में दशरथ द्वारा देवासुर-संग्राम में भाग लेने की घटना का उल्लेख किया गया है। दण्डकारण्य में ही वैजयन्तनरेश शम्बर ने युद्ध में सभी देवताओं को परास्त कर दिया था और इन्द्र के विरुद्ध भी युद्ध छेड़ दिया था। दशरथ ने भी उस युद्ध में देवताओं के पक्ष में युद्ध किया था। इस युद्ध के संक्षिप्त वर्णन

में दशरथ के पराक्रमी होने का कोई पता नहीं लगता। विचित्रता यह है कि इतने बड़े देवासुर-संग्राम में भी वह कैकेयी को अपना सारथी बनाकर अपने साथ लिवा ले गये थे। युद्ध में उनके द्वारा किसी विपक्षी के पराजित होने का कोई उल्लेख नहीं वरन् शम्बर के सैनिकों ने अस्त्र-प्रहार के द्वारा उनके शरीर को क्षत-विक्षत 'शकलीवृतः' करके छोड़ दिया था। घायल और बेहोशी की हालत में कैकेयी उनको युद्ध-स्थल से दूर सुरक्षित स्थान पर लिवा ले गयी थी और इस प्रकार उनके प्राणों की रक्षा की थी। दशरथ की दूसरी मुठभेड़ राम-विवाह के पश्चात् मिथिला से अयोध्या लौटते समय मार्ग में परशुराम से हुई थी। परशुराम को देखते ही दशरथ के होश उड़ गये थे। उनके मुख पर विषाद छा गया था और हाथ जोड़कर बड़े ही आर्तभाव से उन्होंने परशुराम से अपने पुत्रों को अभय-दान देने की याचना की थी। इनके अतिरिक्त रामायण में ऐसी किसी भी घटना का उल्लेख नहीं जो दशरथ को पराक्रमी सिद्ध कर सके।

कौसल्या, सुमित्रा और कैकेयी के अतिरिक्त दशरथ के साढ़े तीन सौ रानियाँ होने का उल्लेख है। यह उल्लेख मुख्य रूप से दो स्थलों पर किया गया है। दशरथ ने राम के वनगमन के पूर्व सुमन्त्र को आज्ञा दी थी कि राजमहल में मेरी जो भी स्त्रियाँ हैं उन सबको बुला लाओ। मैं उन सबके साथ राम को देखना चाहता हूँ। सुमन्त्र के द्वारा दशरथ का सन्देश पाकर साढ़े तीन सौ स्त्रियाँ उनके पास भवन में पहुँची थीं। यहाँ दशरथ द्वारा 'मामकाः दारान्' शब्द का प्रयोग किया गया है। इसके पश्चात् राम ने जब कौसल्या से विदा माँगी थी, तब उन्होंने अन्य साढ़े तीन सौ माताओं से भी क्षमा माँगते हुए वनगमन की अनुमति ली थी। इनके सम्बन्ध में इससे अधिक और कोई भी उल्लेख प्राप्त नहीं।

कैकेयी के साथ विवाह के विषय में अनुबन्ध का उल्लेख रामायण में स्पष्ट है। सबसे पहले मन्थरा ने ही कैकेयी को उस अनुबन्ध का स्मरण कराते हुए कहा था कि दशरथ अनुबन्ध की उपेक्षा कर झूठी सान्त्वना देते हुए तुमको सुखों से वंचित कर रहे हैं। राम को भी इस अनुबन्ध की तथा देवासुर-संग्राम के अवसर पर दशरथ द्वारा कैकेयी को वरदान दिये जाने की जानकारी थी। भरत ने जब राम से अयोध्या लौट चलने के लिए विशेष आग्रह किया था तो राम ने उत्तर देते हुए बताया था कि पिताजी का जब तुम्हारी माता के साथ विवाह हुआ था, उसी समय उन्होंने तुम्हारे मातामह से राज्य-शुल्क देने की शर्त स्वीकार की थी। मन्थरा और राम के अतिरिक्त इस अनुबन्ध का ज्ञान अन्य किसी को था अथवा नहीं, इसका कोई संकेत नहीं। अनुबन्ध को देखते हुए यह तो मानना ही पड़ेगा कि कैकेयी के साथ दशरथ का विवाह सबसे अन्त में हुआ था किन्तु इस प्रकार की शर्त को स्वीकार करने की उनकी विवशता स्पष्ट नहीं। यदि कौसल्या, सुमित्रा और अन्य साढ़े तीन सौ रानियों के होते हुए भी दशरथ सन्तानहीन थे, तो इस अनुबन्ध की आवश्यकता ही नहीं

थी अन्यथा कैकेयी के रूप के प्रति उनकी आसक्ति को असम्भावित मानना कठिन होगा।

दशरथ को प्रायः ही सत्यव्रती, सत्यसन्धः, सत्यप्रतिज्ञ आदि विशेषणों के साथ लिखा गया है और यह कहा जाता है कि सत्य की रक्षा के लिए ही उन्होंने अपने प्राणों की आहुति दी थी। रामायण के प्रसंगों से कहीं भी इस तथ्य की पुष्टि नहीं होती कि वह सत्य के प्रति किंचित् भी आग्रहशील रहे थे। वे सहज ही वचनबद्ध अवश्य होते रहे हैं किन्तु जब भी प्रतिज्ञा-पूर्ति का समय उपस्थित हुआ, वे सदैव उससे विचलित होते रहे। सर्वथा विवश होकर ही उन्होंने अपनी प्रतिज्ञाओं का पालन किया है। विश्वामित्र के पहुँचने पर पहले उन्होंने उनका हृदय से सत्कार किया और उनके आगमन का उद्देश्य पूछते हुए कहा था कि कार्यसिद्धि के विषय में सन्देह नहीं करना चाहिए। आप जो भी आज्ञा देंगे, उसका पालन किया जाएगा। इस प्रकार प्रतिज्ञाबद्ध होने के पश्चात् जब विश्वामित्र ने राम को भेज देने का अनुरोध किया तो शोक और मोह से अभिभूत होकर उन्होंने अपना विवेक खो दिया था। पहले तो उन्होंने राम को न भेजने के लिए पचास बहाने किये और फिर स्पष्ट शब्दों में उत्तर दे दिया कि राम को नहीं दूँगा। वसिष्ठ ने ही उनको समझाते हुए कहा था कि आपको धर्म का परित्याग नहीं करना चाहिए। प्रतिज्ञा करके भी जो वचन का पालन नहीं करता, उसके यज्ञ-यागादि सभी इष्ट फलों का नाश हो जाता है। इस प्रकार वसिष्ठ द्वारा समझाने पर ही उन्होंने विश्वामित्र के साथ राम को भेजना स्वीकार किया था।

दशरथ के सत्यव्रती होने का दूसरा परीक्षाकाल कैकेयी को वरदान देने के समय उपस्थित हुआ था। कैकेयी के साथ वैवाहिक अनुबन्ध का उल्लेख किया जा चुका है। यद्यपि दशरथ ने कैकेयी के साथ पूर्ण वैदिक पद्धति से विवाह किया था किन्तु राम को युवराज बनाने का निर्णय लेने और उसे कार्यान्वित करते समय उन्होंने उस अनुबन्ध की जरा भी परवाह नहीं की। भरत-शत्रुघ्न को मिथिला से विवाहोपरान्त लौटने के तुरन्त पश्चात् ही मामा के यहाँ भेज दिया गया था। यह भी विचारणीय है कि विवाह के तुरन्त पश्चात् भरत-शत्रुघ्न को भेजते हुए दशरथ ने माण्डवी और श्रुतिकीर्ति के विषय में कुछ भी सोचने-विचारने की आवश्यकता नहीं समझी। बेचारी इन नव-विवाहिता बहुओं को अपने पतियों से अलग रहते हुए पूरे बारह वर्ष का समय बिता देना पड़ा था। बारह वर्ष तक दशरथ को न भरत-शत्रुघ्न का ही स्मरण आया और न उनको निष्कारण ही पति-वियोग का दण्ड सहते हुए अपनी बहुओं पर ही कुछ दया आयी। मन्त्रियों को अपने अभीष्ट से अवगत कराते हुए दूसरे दिन प्रातःकाल ही उन्होंने राम को युवराज बनाने का निश्चय किया था। दशरथ के मन में कदाचित् इस बात का भय बना हुआ था कि राम के पक्ष का समर्थन करनेवाले सभासद अनुबन्ध-विषयक जानकारी होने पर कहीं अपने समर्थन को वापस न ले

लें। उन्होंने 'प्राणियों की बुद्धि चंचल होती है' कहकर अपने भय को व्यक्त भी किया है। राम से उन्होंने यह भी स्पष्ट शब्दों में कहा था कि जब तक भरत इस नगर से बाहर अपने मामा के यहाँ हैं, तब तक ही तुम्हारा अभिषेक हो जाना मुझे उचित प्रतीत होता है। अनुबन्ध का इस प्रकार उल्लंघन करना दशरथ के सत्यव्रती होने को असिद्ध कर देता है।

शम्बर के विरुद्ध युद्ध में प्राण-रक्षा के पुरस्कार स्वरूप दशरथ द्वारा कैकेयी को दो वरदान दिये जाने की घटना का उल्लेख वाल्मीकि ने किया है। इसका ज्ञान दशरथ और कैकेयी को तो था ही, कैकेयी ने अपनी विश्वासपात्र दासी मन्थरा को भी इस घटना से अवगत करा दिया था। राम को भी इस विषय की पूरी जानकरी थी, यह उनकी भरत के साथ हुई बातचीत से स्पष्ट है। इसके पश्चात् कैकेयी के कोप-भवन में उसको प्रसन्न करने के उद्देश्य से दशरथ ने पुनः बार-बार सौगन्ध खाते हुए, राम की भी शपथ लेते हुए वचन दिया था कि जो कुछ भी उसे अभीष्ट होगा, वह निश्चय ही पूरा किया जाएगा। इस अवसर पर दशरथ ने अपनी प्रतिज्ञा पूरी करने की बात बार-बार दुहराने में कोई कमी नहीं की। कैकेयी सम्भवतः दशरथ के स्वभाव और उनके चरित्र से भली-भाँति अवगत थी और इसी कारण उसे दशरथ की सौगन्धों और प्रतिज्ञाओं पर कोई विश्वास नहीं हुआ था। इसके लिए उसने देवताओं को साक्षी बनाया था। यह अंश विशेषतः उद्धरणीय है—

यथा क्रमेण शपसे वरं मम ददासि च।
तच्छृण्वन्तु त्रयस्त्रिंशद् देवाः सेन्द्रपुरोगमाः॥
चन्द्रादित्यौ नभश्चैव ग्रहाः रात्र्यहनी दिशः।
जगश्च पृथिवी चेयं सगन्धर्वाः सराक्षसाः॥
निशाचराणि भूतानि गृहेषु गृहदेवताः।
यानि चान्यानि भूतानि जानीयुर्भाषितं तव॥
सत्यसन्धो महातेजा धर्मज्ञः सत्यवाक्शुचिः।
वरं मम ददात्येष सर्वे शृण्वन्तु दैवताः॥ —वा.रा. 2.11.13-16

—राजन्! आप जिस प्रकार क्रमशः शपथ खाकर मुझे वर देने को उद्यत हुए हैं, उसे इन्द्र आदि तैंतीस देवता सुन लें। चन्द्रमा, सूर्य, आकाश, ग्रह, रात-दिन, दिशाएँ, जगत्, पृथ्वी, गन्धर्व, राक्षस, निशाचर, गृहदेवता तथा अन्य सभी प्राणी आपके कथन को जान लें। सत्यसन्ध, महातेज, धर्मज्ञ, सत्यवादी मुझे वर दे रहे हैं—सब देवता भी इसे सुन लें।

इसके पश्चात् ही कैकेयी ने भरत का राज्याभिषेक और राम का निष्कासन वर के रूप में माँगा था। अपनी अभीष्ट वंशाभिलाषा को प्रकट करने के साथ ही उसने बार-बार दशरथ से कहा था कि आपको सत्यप्रतिज्ञ बनकर सत्य के द्वारा ही अपने

कुल-शील की रक्षा करना चाहिए। दशरथ के कैकेयी की बात सुनते ही होश उड़ गये थे और उन्होंने जब राम के निष्कासन के स्थान पर कुछ और माँगने के लिए कैकेयी से अनुरोध किया था, तब भी कैकेयी ने सत्य की ओर ही उनका ध्यान आकृष्ट करते हुए कहा था–

यदि दत्वा वरौ राजन् पुनः प्रत्यनुतप्यसे।
धार्मिकत्वं कथं वीर पृथिव्यां कथयिष्यसि ॥
यदा समेता बहवस्त्वया राजर्षयः सह।
कथयिष्यन्ति धर्मज्ञ तत्र किं प्रतिवक्ष्यसि ॥
यस्याः प्रसादे जीवामि या च मामभ्यपालयत्।
तस्याः कृता मया मिथ्या कैकेय्या इति वक्ष्यसि ॥ –वा.रा. 2.12.39-41

–राजन्! यदि दो वरदान देकर आप फिर उनके लिए पश्चात्ताप करते हैं, तो इस पृथिवी पर आप अपनी धार्मिकता का ढिंढोरा किस प्रकार पीट सकेंगे। हे धर्मज्ञ, जब अनेक राजर्षियों के एकत्र होने पर उनसे आप इस विषय की चर्चा करेंगे तो उन्हें क्या उत्तर देंगे? क्या आप यह कहेंगे कि जिस कैकेयी के प्रसाद से मैं जीवित बचा हुआ हूँ तथा जिसने मेरी रक्षा की है, उसी के प्रति अपनी प्रतिज्ञा को मैंने झूठा कर दिया है?

कैकेयी को उत्तर देते हुए दशरथ ने सैकड़ों प्रकार के तर्क उपस्थित किये थे। उनकी बातों में राम के प्रति स्नेह प्रकट हुआ, उन्होंने राम की और उनके गुणों की लगातार प्रशंसा भी की तथा राम जैसे धर्मज्ञ, सच्चरित्र एवं प्रजाप्रिय राजकुमार को वनगमन के लिए निष्कासित करने के परिणामस्वरूप प्रजा द्वारा की जानेवाली विगर्हणा के प्रति भी संकेत किया किन्तु इसके सम्बन्ध में कुछ कहा ही नहीं कि अनुबन्ध का उल्लंघन करते हुए पूर्वप्रदत्त वचनों के पालन से वे विमुख क्यों हो रहे थे? वे कैकेयी के समक्ष हाथ जोड़कर पैरों पर पड़कर गिड़गिड़ाते रहे। किन्तु कैकेयी ने उनको बराबर सत्य का पालन करने के लिए प्रेरित किया। कैकेयी के अनुसार, सत्य में ही धर्म प्रतिष्ठित है। यदि आपकी बुद्धि धर्म में स्थित है तो सत्य का ही अनुसरण कीजिए। यह सबकुछ सुनने के बाद भी दशरथ ने स्पष्ट शब्दों में 'न ते करिष्यामि वचः' कहकर कैकेयी की बात मानने से इनकार कर दिया था। सुमन्त्र के द्वारा बुलाये जाने पर जब राम कैकेयी के सामने पहुँचे तो उसने राम से भी दशरथ के सम्बन्ध में कहा था कि इन्होंने पहले तो मेरा सत्कार करते हुए मुझे मुँहमाँगा वरदान दे दिया और अब गँवारों की भाँति उसी पर पश्चात्ताप कर रहे हैं।[1] दशरथ कैकेयी की सब बातों को सुनते रहे किन्तु न तो उन्होंने किसी प्रकार से प्रतिकार

1. वा.रा. 2.18.22

ही किया और न स्वयं के सत्यनिष्ठ होने के पक्ष में ही कोई तर्क प्रस्तुत किया। अचेत होकर गिर पड़ना ही उनका पुरुषार्थ था। उन्होंने राम से यह भी कहा था कि कैकेयी को दिये हुए वर के कारण मुझ मोहग्रस्त को तुम कैद करके स्वयं अयोध्या के राजा बन जाओ।[1] स्थिति का भली-भाँति अध्ययन कर जब राम ने वन जाना स्वीकार किया तो अवश्य दशरथ ने कहा था—तुम मुझे सत्यवादी 'अपानृत कथं' बनाने के लिए, वन जाने के लिए जो उद्यत हुए हो, यह आश्चर्य का विषय नहीं। यह भी विशेषतः उल्लेखनीय है कि जिस कैकेयी के साथ दशरथ ने अग्नि को साक्षी बनाकर वैदिक मन्त्रों का उच्चारण करते हुए विवाह किया था, उसी को भरत के सहित त्यागने के लिए वे तैयार हो गये थे।

दशरथ के विषय में प्रायः कहा जाता है कि उन्होंने सत्य की रक्षा के लिए प्राणों की आहुति दी थी किन्तु उनको सत्यवादी बनाने का पूरा श्रेय कैकेयी और राम को ही रहा है। वे स्वयं अपनी प्रतिज्ञाओं को सदैव झुठलाते रहे। अनुबन्धपूर्वक वैदिक मन्त्रों के द्वारा कैकेयी के साथ विवाह करने पर भी पहले तो उन्होंने अनुबन्ध तोड़ा और फिर कैकेयी का भी परित्याग कर दिया। इसके अतिरिक्त जब कैकेयी को वर देने का अवसर उपस्थित हुआ, तब उन्होंने स्पष्टतया न तो अपने पूर्व वचनों को स्वीकार ही किया और न उनके निर्वाह के प्रति ही उनके मन में कोई उत्साह रहा था। वे लगातार कैकेयी को ही दूसरी दिशा में मोड़ने का उपक्रम करते रहे थे। किसी भी विषय में प्रतिज्ञा कर बैठना और उससे मुकर जाना उनका सामान्य आचार रहा है। रामायण में कोई ऐसा प्रसंग मिलता ही नहीं है जो उन्हें अतर्क्य रूप से सत्यनिष्ठ प्रमाणित कर सके।

दशरथ आचार-धर्म की अपेक्षा यज्ञ-क्रियाओं के प्रति ही अधिक निष्ठावान रहे। पुत्र की अभिलाषापूर्ति के लिए उन्होंने अश्वमेध यज्ञ करना ही सर्वश्रेष्ठ उपाय समझा था और ऋषि शृंग ने अथर्वशिरस् मन्त्रों के अनुसार पुत्रेष्टि यज्ञ सम्पन्न कराया था। भरत ने चित्रकूट पहुँचकर जब राम से भेंट की थी, तब राम ने दशरथ के विषय में प्रश्न करते हुए कहा था कि धर्म पर अटल रहनेवाले सत्यप्रतिज्ञ महाराज दशरथ, जिन्होंने राजसूय और अश्वमेध यज्ञों का अनुष्ठान किया है, कुशल तो हैं? भरत ने भी अपने उत्तर में दशरथ के यज्ञकर्ता होने की पुष्टि की है और कहा है कि यज्ञों के कर्ता महाराज दशरथ का स्वर्गवास हो चुका है। राम को युवराज बनाने के पूर्व उनसे मन्त्रणा करते हुए दशरथ ने अपने द्वारा सैकड़ों यज्ञ करने का संकेत किया है। उन्होंने कहा है कि मैंने यथेष्ट सुखों का उपभोग करते हुए अन्नदान तथा दक्षिणाओं से युक्त सैकड़ों यज्ञ कर डाले हैं।[2]

---

1. वा.रा. 2.34.26; **2.** वा.रा. 2.4.12

यज्ञ का अनुष्ठान करते समय शास्त्रविधि के अनुसरण के प्रति दशरथ पूर्ण सतर्क और सावधान थे। अश्वमेध को सम्पन्न करने के लिए उन्होंने अपने मन्त्रियों को आज्ञा दी थी कि शान्ति कर्म के लिए शास्त्रविधि के अनुसार ही–यथाकल्प यथाविधि कार्य किया जाए।[1] विधिहीन यज्ञ का अनुष्ठान करनेवाला शीघ्र ही नष्ट हो जाता है अतएव वह सभी प्रयत्न किये जाने चाहिए जिससे मेरा यज्ञ विधिपूर्वक सम्पन्न हो सके। इसके पश्चात् ही उन्होंने अपनी रानियों को भी यज्ञ-दीक्षा ग्रहण के लिए कहा था।[2] मुहूर्त के प्रति दशरथ की अविचल आस्था थी। अनुष्ठान के पूर्व उन्होंने शुभ नक्षत्रवाले दिन का निश्चय किया था। राम को युवराज बनाने के पहले भी उन्होंने पुष्य नक्षत्र के शुभ मुहूर्त पर गम्भीरतापूर्वक विचार किया था। अश्वमेध यज्ञ सरयू के तट पर किया गया था। सभी याजक पूर्ण वेदज्ञ थे और उन्होंने शास्त्र द्वारा निर्दिष्ट विधि के अनुसार ही पूरा कार्य सम्पन्न किया था। यज्ञानुष्ठान के वर्णन में विधिवत्, यथाविधि, यथान्याय, शास्त्रतः, यथाक्रम आदि शब्दों का बार-बार उल्लेख किया गया है। इससे प्रतीत होता है कि दशरथ शास्त्रविधि का पूरा ध्यान रखते थे। साधन सामग्री का एकत्रीकरण, यज्ञ-यूपों का निर्माण आदि सभी कार्यों में शास्त्रविधि का अनुसरण किया गया था। यज्ञ-वेदी के लिए इष्टकाओं की रचना भी निर्दिष्ट विधि से की गयी थी। यज्ञ सम्पन्न होने के पश्चात् उन्होंने दस लाख गायें, दस करोड़ स्वर्ण-मुद्रा, चालीस करोड़ रजत-मुद्रा तथा अभ्यागत ब्राह्मणों को एक करोड़ जाम्बूनद स्वर्ण की मुद्राएँ दक्षिणा के रूप में दान कर दी थीं।

यज्ञ कर्म के अतिरिक्त अन्य शास्त्र-मर्यादाओं के पालन का भी दशरथ सदैव ध्यान रखते थे। पुत्रों के जन्म के पश्चात् ग्यारह दिवस बीत जाने पर अर्थात् बारहवें दिन ही उन्होंने उनका नामकरण संस्कार किया था।[3] मनु की व्यवस्था के अनुसार दसवें अथवा बारहवें दिन ही नामकरण का विधान है। इसके अतिरिक्त भी वसिष्ठ के द्वारा अन्य सभी शास्त्रविहित संस्कार सम्पन्न कराये गये थे।[4] अन्य शास्त्रोक्त नित्य-नैमित्तिक कर्मों का भी दशरथ नियमतः पालन करते रहे थे। पुत्रों के विवाह के अवसर पर मिथिला में भी इन नियमों की उनके द्वारा अवहेलना नहीं की गयी। उचित समय पर ही उन्होंने जनक से कहा था कि अब हम लोग अपने विश्राम-स्थान को जाएँगे और वहाँ विधिवत् श्राद्ध कार्य (नान्दीमुख श्राद्ध) सम्पन्न करेंगे। विश्राम-स्थल पर पहुँचकर उन्होंने विधानपूर्वक श्राद्धादि कर्म किये भी थे और प्रातःकाल गोदान कर्म किया था।[5] युवराज पद पर अभिषेक के पहले उन्होंने राम को भी कुश की शैया पर सोने तथा सीता के साथ संयमपूर्वक उपवास का निर्देश दिया था।[6] और वसिष्ठ से भी अनुरोध किया था कि राम को सीता सहित उपवास व्रत का पालन कराया जाए।[7]

---

1. वा.रा. 1.8.16; **2.** वा.रा. 1.8.18-23; **3.** वा.रा. 1.18.21; **4.** वा.रा. 1.18.24; **5.** वा.रा. 1.72.19-21; **6.** वा.रा. 2.4.23; **7.** वा.रा. 2.5.2

कैकेयी के साथ बातचीत करने के प्रसंग में दशरथ ने स्वयं अपने विषय में 'धर्मबन्धेन बद्धोस्मि' 'मैं धर्म के बन्धन में बँधा हुआ हूँ' कहा है किन्तु यह स्पष्ट नहीं किया कि किस व्यवस्था को स्वीकार करते हुए उन्होंने क्या करने का निश्चय किया था। उपर्युक्त वाक्य कहने के साथ ही उनका कथन है—मेरी चेतना विलुप्त होती जा रही है। धर्म की किसी भी व्यवस्था के प्रति प्रतिबद्ध होने की अवस्था में उसका पालन करते हुए जो प्रसन्नता और उत्साह होना चाहिए उसका दशरथ में सर्वथा अभाव रहा है। कैकेयी ने शैव्य और अलर्क का उदाहरण देते हुए दशरथ से कहा था कि इनको अपनी प्रतिज्ञा का निर्वाह करने में शरीर की आहुति और अपनी आँखें निकालकर दे देनी पड़ी थीं। धर्मपालन, सत्यपालन और प्रतिज्ञापालन में इस प्रकार की गहन यातना को सहते हुए भी उनको किंचित् भी ग्लानि नहीं हुई थी। यह सब सुनकर भी दशरथ में किसी प्रकार की उत्साह भावना जाग्रत नहीं हुई थी। इसीलिए कैकेयी को कहना पड़ा था—

त्वं कत्थसे महाराज सत्यवादी दृढव्रतः।
मम चेदं वरं कस्माद् विधारयितुमिच्छसि। —2.13.3

—राजन्! आप अपने को बड़ा सत्यवादी और सत्यप्रतिज्ञ कहा करते हैं, फिर मेरा वरदान देने से क्यों मुकर रहे हैं?

राम के शब्दों में दशरथ परलोकभीरु भी थे।[1] ऐसा प्रतीत होता है कि एक ओर दशरथ स्वयं को धर्मवान, सत्यव्रती, पराक्रमी कहते रहे और दूसरी ओर राम और कुछ अन्य पात्र भी उनमें इन गुणों की स्थिति का प्रचार करते रहे किन्तु दशरथ के स्वयं के जीवन तथा उनके आचार-व्यवहार से उनमें इन गुणों का होना सिद्ध नहीं होता।

होनहार और कर्म-परिणाम में दशरथ की आस्था थी। राम का वनगमन निश्चित हो जाने पर उन्होंने विषादपूर्वक कहा था—कदाचित् पूर्वकाल में मैंने अनेक व्यक्तियों को उनके पुत्रों से अलग कराया होगा अथवा प्राणियों की हिंसा की होगी इसीलिए आज यह संकट उपस्थित हुआ है। कौसल्या से भी कर्म-परिणाम की बात कहकर ही उन्होंने अपने दुःख को कम करने की चेष्टा की थी।—

यदाचरति कल्याणि शुभं वा यदि वाशुभम्।
तदेव लभते भद्रे कर्ता कर्मजमात्मनः॥ —वा.रा. 2.63.6

—भद्रे! मनुष्य शुभ या अशुभ जो भी कर्म करता है, उसे अपने कर्म के अनुसार ही परिणाम भोगने पड़ते हैं।

अकाल-मृत्यु में दशरथ की आस्था नहीं थी। राम के वनगमन के समय उन्होंने कहा था कि समय पूरा किये बिना किसी के शरीर से प्राण नहीं निकलते तभी तो

1. वा.रा. 2.22.9; **2.** वा.रा. 2.39.4

कैकेयी द्वारा इतना कष्ट दिये जाने पर भी मेरी मृत्यु नहीं हो रही है—

नत्वेवानागते काले देहा च्यवति जीवितम्।
कैकेय्या क्लिश्यमानस्य मृत्युर्मम न विद्यते॥ —2.39.5

जहाँ तक धर्म-व्यवस्थाओं का सम्बन्ध है, दशरथ के जीवन की अन्य कोई ऐसी घटना नहीं लिखी गयी जिसके आधार पर उनकी धर्म अथवा आचार-विषयक आस्थाओं का अध्ययन किया जा सके। कैकेयी से बातचीत के प्रसंग में दशरथ को 'राजधर्मवित्' लिखा गया है। यह तो असन्दिग्ध रूप से कहा जा सकता है कि रामायण-काल में क्षात्रधर्म के जो सिद्धान्त प्रचलित थे, उसका दशरथ द्वारा अनुसरण किये जाने के विषय में अधिक कुछ लिखा ही नहीं गया। उनके नगर की प्रबन्ध-व्यवस्था जिस प्रकार की थी, उसका उल्लेख पहले किया जा चुका है। उनके पराक्रम के सम्बन्ध में भी लिखा जा चुका है। उस काल में ज्येष्ठ पुत्र को राज्याधिकार सौंपने की क्षात्रधर्म के अनुसार व्यवस्था रही है। दशरथ ने राम को युवराज बनाने का जो निर्णय लिया था वह इस व्यवस्था के अनुकूल था। किन्तु रामायण में जिस प्रकार इस घटना का वर्णन किया गया है, उससे स्पष्ट है कि दशरथ ने राम के गुणों पर मुग्ध होकर तथा उनके प्रति मन में अत्यधिक स्नेह-भावना होने के कारण ही यह निर्णय लिया था। अयोध्याकाण्ड के प्रथम सर्ग में सबसे पहले राम के गुणों का वर्णन किया गया है। उसके पश्चात् दूसरे तथा अन्य सर्गों में जहाँ भी दशरथ के निर्णय तथा उनके द्वारा मन्त्रियों आदि के साथ परामर्श किये जाने का वर्णन है, एक भी स्थल पर इसका संकेत नहीं है कि दशरथ ने राम को सबसे बड़ा होने के कारण युवराज बनाने का निश्चय किया था। राम से भी उन्होंने यही कहा था कि तुम्हारे गुणों के कारण ही तुमको युवराज बनाना चाहता हूँ। कैकेयी के सामने अपने निर्णय का औचित्य प्रतिपादित करते समय भी दशरथ ने राम के गुणों की प्रशंसा की थी। एक बार भी उन्होंने यह नहीं कहा कि ज्येष्ठ पुत्र को राज्याधिकारी बनाने विषयक धर्म-व्यवस्था को ध्यान में रखकर ही यह निर्णय लिया गया है।

अश्वमेध यज्ञ का प्रस्ताव करते समय दशरथ ने दो स्थलों पर यह बात कही है कि यदि इसमें किसी प्रकार का अपराध हो जाने का भय न हो तो इस यज्ञ का अनुष्ठान किया जाए।[1] इस कथन से आभास होता है कि वह अपराध करने से डरते थे किन्तु उनका कथन स्वयं उनके ही दूसरे कथनों से खण्डित हो जाता है। कैकेयी को कोप-भवन में क्रोधाविष्ट देखकर उसे मनाने और प्रसन्न करने के लिए स्वयं दशरथ ने ही कहा था—देवि! तुम रोओ नहीं और न अपने शरीर को सुखाओ। तुम्हीं बताओ, आज किस अवध्य का वध कर दिया जाए अथवा किस प्राणदण्ड पाने योग्य

1. वा.रा. 1.8.17; 1.12.17

अपराधी को मुक्त कर दिया जाए? किस दरिद्र को धनवान बना दिया जाए और किस धनवान को अकिंचन कंगाल बना दिया जाए?

मा रौत्सीर्मा च कार्षीस्त्वं देवि सम्परिशोषणम्।
अवध्यो वध्यतां को वा वध्यः को वा विमुच्यताम्।
दरिद्रः को भवेदाढ्यो द्रव्यवान् वाप्यकिंचनः। —वा.रा. 2.10.32-33

दशरथ के उपर्युक्त वाक्य प्रमाणित करते हैं कि उन्हें राजधर्म के नियमों की कोई परवाह नहीं थी। वह अकारण ही किसी भी अवध्य को मार डालने अथवा किसी के धन का अपहरण करने में संकोच नहीं करते थे। राम-वनगमन के समय ग्रामवासियों ने भी दशरथ के प्रति इसी प्रकार की आशंका व्यक्त करते हुए कहा था कि उन्होंने निरपराध राम का परित्याग कर दिया है।[1].

राम ने दशरथ के सम्मान की पूरी रक्षा की है किन्तु दशरथ की चरित्रगत दुर्बलताएँ मन्थरा और लक्ष्मण के वाक्यों से उद्घाटित होकर ऊपर आ जाती हैं। दशरथ की आसक्ति कैकेयी के प्रति सबसे अधिक थी और इस कारण कौसल्या तथा सुमित्रा को अनेक कष्ट भोगने पड़े थे। इस प्रेम-व्यवहार के कारण कैकेयी की दृष्टि उनके दोषों पर पड़ी ही नहीं थी किन्तु मन्थरा इन सब बातों का बड़ी सूक्ष्मता से अध्ययन करती रही। दासी होते हुए भी वह मूर्ख नहीं थी। सबसे पहले उसने कैकेयी पर आरोप लगाते हुए कहा था कि राजकुल में जन्म लेकर और एक नरेश की महारानी होकर राजधर्मों की उग्रता को वह क्यों नहीं समझ रही। इसके पश्चात् ही उसने दशरथ के सम्बन्ध में कहा कि वह धर्म की बातें तो करते हैं किन्तु पूरे शठ हैं, ऊपर से मीठी बातें करते हुए भी हृदय से क्रूर हैं। तुम उन्हें शुद्ध हृदयवाला मानती हो इसीलिए ठगी जा रही हो। मन्थरा ने इस प्रसंग में दशरथ को दुष्टात्मा, शत्रु, साँप, पापी, अनृतवादी सब-कुछ कहा। उसने स्पष्ट कहा कि तुमने अज्ञानवश एक साँप को अपने अंक में स्थान दे दिया है—

धर्मवादी शठो भर्ता श्लक्ष्णवादी च दारुणः।
शुद्धभावेन जानीषे तेनैवमतिसन्धिता॥
अपवाह्य तु दुष्टात्मा भरतं तव बन्धुषु।
बाल्ये स्थापयिता रामं राज्ये निहतकण्टके॥
शत्रुः पतिप्रवादेन मात्रेव हितकाम्यया।
आशीविष इवाङ्गेन बाले परिधृतस्त्वया॥
यथा हि कुर्याच्छत्रुर्वा सर्पो वा प्रत्युपेक्षितः।
राज्ञा दशरथेनाद्य सपुत्रा त्वं तथा कृता॥ *—वा.रा. 2.7.24, 26-28*

---

1. वा.रा. 2.49.8

लक्ष्मण दशरथ को पूरी तरह से कामी, वृद्धावस्था के कारण विवेक नष्ट कैकेयी के वशीभूत और राजोचित गुणों से शून्य मानते थे। उन्होंने स्पष्ट कहा कि दशरथ प्रथमतः बूढ़े हो चुके हैं और इस पर भी काम-विषयों के वशीभूत हैं।[1] विवेकहीन राजा की इस प्रकार (वन जाने की) आज्ञा का कौन राजनीतिज्ञ पुत्र पालन करेगा।[2] लक्ष्मण ने दशरथ को वृद्ध, कैकेयी में आसक्त, कृपण, विवेकहीन और गर्हणीय मानकर मार डालने तक का इरादा किया था।[3] मन्थरा की भाँति लक्ष्मण भी दशरथ को पापी, शठ, मिथ्याचारी और कामी मानते थे। उन्होंने राम से खुले शब्दों में कहा था कि आपको उन दोनों पापियों (दशरथ और कैकेयी) पर सन्देह क्यों नहीं हो रहा। संसार में ऐसे अनेक व्यक्ति होते हैं, जो दूसरों को ठगने के लिए धर्म का ढोंग रचते हैं। वे दोनों स्वार्थवश शठतापूर्वक आपका परित्याग करना चाह रहे हैं।[4]

सुमन्त्र जब राम-लक्ष्मण को वन में विदा कर अयोध्या लौटे थे तब उनके माध्यम से भी लक्ष्मण ने बड़े तीखे शब्दों में सन्देश भेजा था। लक्ष्मण के अनुसार, कैकेयी का आदेश मानकर दशरथ ने वनगमन की आज्ञा देकर उनको बड़ा कष्ट दिया है। लक्ष्मण ने यह भी कहा था कि इस प्रकार का शास्त्रविरुद्ध कार्य कर दशरथ किस प्रकार लोकप्रिय राजा बने रह सकेंगे।[5]

दशरथ की विवेकहीनता उनके आचरण में लगातार परिलक्षित है। पुत्रेष्टि यज्ञ के पश्चात् हविष्य अथवा पुत्रप्रदा खीर का वितरण उन्होंने अपनी तीन रानियों में जिस प्रकार किया, उसका कुछ भी आधार समझ में नहीं आता। कौसल्या को आधा भाग, सुमित्रा को पहले चतुर्थांश, कैकेयी को अष्टमांश और फिर शेष बचा भाग सुमित्रा को देने की आखिर कौन-सी तुक थी। विवाह के तुरन्त बाद भरत-शत्रुघ्न को ननिहाल भेजकर माण्डवी और श्रुतिकीर्ति को लगातार बारह वर्ष तक उन्होंने पति-वियोग का व्यर्थ ही कष्ट दिया था। राम के लिए वे कौसल्या और सुमित्रा का परित्याग करने के लिए तैयार हो गये थे[6] और कैकेयी के पैरों पर गिरकर पचास तरह से मनुहारें करते रहे।[7] कैकेयी से वह इतने अधिक डरते थे कि जब सुमन्त्र लौटकर आये तो कैकेयी के भय से उन्होंने राम के सम्बन्ध में पूछने बतलाने का भी साहस नहीं किया। जब कौसल्या ने उनसे कहा कि जिस कैकेयी के भय से आप सुमन्त्र से राम का समाचार नहीं पूछ रहे हैं, वह कैकेयी यहाँ नहीं है। तभी वे कुछ कहने-सुनने का साहस कर सके थे।[8] बिना सोच-विचार के कुछ भी कर डालना और फिर पश्चात्ताप करना दशरथ का स्वभाव रहा है। कैकेयी की बातों में आकर राम को वनवास देकर भी वह पश्चात्ताप करते रहे थे। उन्होंने सुमन्त्र से कहा था कि सुहृदों और मन्त्रियों से परामर्श किये बिना एक स्त्री की इच्छा पूर्ण करने के लिए ही मैंने यह अनर्थ कर डाला है।[9]

---

1. वा.रा. 2.21.3; **2.** वा.रा. 2.21.7; **3.** वा.रा. 2.21.19; **4.** वा.रा. 2.23.8-9; **5.** वा.रा. 2.58. 27,33; **6.** वा.रा. 2.12.11; **7.** वा.रा. 2.12.15;111; **8.** वा.रा. 2.57.31; **9.** वा.रा. 2.59.19

कैकेयी का दशरथ पर पूर्ण अधिकार था। इस कारण बेचारी कौसल्या तक को पचासों मुसीबतें झेलना पड़ी थीं। कौसल्या और सुमित्रा अपने नारी-स्वभाव के कारण भले ही कुछ अधिक न बोल सकी हैं किन्तु प्रायः सभी पात्र दशरथ को काम के अधीन ही मानते थे। राम पिता की मर्यादा का इतना अधिक सम्मान करते थे कि उनके मन में दशरथ के प्रति किसी प्रकार की दुर्भावना परिलक्षित नहीं होती। किन्तु उनके मन में भी यह सन्देह रहा था कि उनके वनगमन के पश्चात् कौसल्या और सुमित्रा की पूरी दुर्दशा कर दी जाएगी। उन्होंने लक्ष्मण को साथ चलने से रोकते हुए कहा था कि जो दशरथ मेघवर्षण के समान सभी की कामनाओं को पूरी करते थे, वही अब 'कामपाश' से आबद्ध हैं।[1]

दशरथ ने वृद्धावस्था में नवयौवना कैकेयी से विवाह किया था। अतएव कैकेयी उनको प्राणों से भी अधिक प्रिय थी।[2] वे प्रायः ही कैकेयी के महलों में जाते थे और वह आकुलतापूर्वक उनकी प्रतीक्षा करती थी। राम को युवराज बनाने का निश्चय करने के पश्चात् भी दशरथ कैकेयी को तद्विषयक समाचार सुनाने के बहाने 'कामवल संयुक्त' होकर रति के उद्देश्य से गये थे।[3] उन्होंने उसके अंगों पर हाथ फेरते हुए एक 'कामी' के रूप में ही उससे बात की थी। उस समय वह पूर्णतया कामबाणों से बिंधे हुए, कामवेग से सन्तप्त, कामेच्छा का अनुसरण कर रहे थे।[4] कैकेयी के साथ वार्ता के प्रसंग में उनको लगातार 'कामी' 'काममोहित' ही लिखा गया है। लक्ष्मण ने उनको स्पष्ट शब्दों में काम के वशीभूत ही कहा है। कौसल्या से उन्होंने कहा था कि महाराज स्त्री की बातों में आ गये हैं इसलिए उनकी प्रकृति विपरीत हो गयी है। एक तो वह वृद्ध हैं और इस पर भी विषयों ने उनको अपने वश में कर लिया है। मन्मथ के आवेश में आकर वे इस समय क्या नहीं कह सकते।[5] दशरथ की काम-वृत्ति की चर्चा अयोध्या के बाहर भी होती रहती थी। ग्रामवासियों ने राम को वन जाते हुए देखकर कहा था कि काम के वश में पड़े हुए राजा दशरथ को धिक्कार है कि उन्होंने इस प्रकार का गर्हणीय कार्य किया है।[6]

दशरथ ने स्वयं स्वीकार किया है कि वह कैकेयी की आज्ञा के अधीन थे। और उसके किसी भी अभिप्राय को भंग करने का उनमें साहस ही नहीं था।[7] जिस प्रकार वह कैकेयी के सामने गिड़गिड़ाते, मनुहार करते, पैर पड़ते और हाथ जोड़ते रहे, उससे यही प्रकट होता है कि न तो वह इन्द्रियजयी थे और न उनमें पुरुषार्थ बल ही था। भक्ति-भावना से प्रेरित होकर उनको राम का पिता होने के नाते कितना भी सम्मान दिया जाय किन्तु धर्म, आचरण और व्यवहार की दृष्टि से रामायण का सबसे कमजोर पात्र दशरथ को ही माना जाएगा।

---

1. वा.रा. 2.31.12; **2.** वा.रा. 2.10.23; **3.** वा.रा. 2.10.17; **4.** वा.रा. 2.11.1; **5.** वा.रा. 2.21.2-3; **6.** वा.रा. 2.49.4; **7.** वा.रा. 2.10.34

कौसल्या को राम की माता के रूप में सर्वाधिक सम्माननीय माना जाता है। दशरथ ने राम के प्रति जो अनुराग प्रकट किया है उसे देखते हुए सहज ही यह विश्वास किया जा सकता है कि दशरथ कौसल्या का यथोचित ध्यान रखते होंगे। किन्तु कौसल्या को निरन्तर कष्टमय जीवन ही बिताना पड़ा था। दशरथ ने उसकी कभी कोई परवाह नहीं की और ऐसा प्रतीत होता है मानो उसे पति-सुख की कोई अनुभूति हो ही नहीं सकी थी। जब राम ने कौसल्या को दशरथ और कैकेयी द्वारा दिये गये वन जाने के निर्देश की सूचना दी थी तो वह दशरथ को कोसती हुई रो पड़ी थी। उसने कहा था—पति के प्रभुत्व काल में जो सुख प्राप्त होना चाहिए, वह मुझे कभी देखने को नहीं मिला और ज्येष्ठ होकर भी मुझे सौतों की अप्रिय बातें ही सुनना पड़ी हैं—

न दृष्टपूर्वं कल्याणं सुखं वा पतिपौरुषे।
अपि पुत्रे विपश्येयमिति रामास्थितं मया॥
सा बहून्यमनोज्ञानि वाक्यानि हृदयच्छिदाम्।
अहं श्रोष्ये सपत्नीनामवराणां परा सती॥ —*वा.रा. 2.20.38-39*

कौसल्या के विषय में अलग से ही लिखा गया है। यहाँ मात्र इतना ही संकेत करना अभीष्ट है कि कौसल्या-जैसी सीधी, सरल-स्वभाव नारी को दशरथ ने कैकेयी के प्रति आसक्त रहने के कारण लगातार कष्ट सहने के लिए मजबूर किया था। यह सभी तथ्य दशरथ की कमजोरियों को ही पुष्ट करते हैं। कौसल्या ने दशरथ से सीधा प्रश्न किया था कि राम को वनवास देकर आपने पुत्र के प्रति ठीक वैसा ही व्यवहार किया है जैसा बड़ी मछली छोटी मछली के साथ करती है। सनातन ऋषियों ने शास्त्र में जिसका साक्षात्कार किया है तथा श्रेष्ठ द्विज जिसका आचरण करते हैं वह धर्म आपकी दृष्टि में सत्य है अथवा नहीं।[1] दशरथ ने कौसल्या के प्रश्न का कोई उत्तर नहीं दिया और अपने स्वभाव के अनुसार अचेत होकर रह गये थे।

यह कहा जा सकता है कि दशरथ के मन में किसी आचार-व्यवस्था के प्रति कोई निष्ठा नहीं थी। उनके सभी निर्णय तथा कार्य राजद्वेष एवं इन्द्रिय विकारों से प्रभावित रहे।

---

1. वा.रा. 2.61.22-23

कौसल्या का देवार्चन और मनौतियाँ

कौसल्या, सुमित्रा और कैकेयी को प्रायः दशरथ की बड़ी, मँझली और छोटी रानी लिखा गया है। कौसल्या यद्यपि सबसे बड़ी थी किन्तु यह ज्ञात नहीं होता कि दशरथ का उसके साथ विवाह किस अवस्था में हुआ था। नाम की संगति के आधार पर ही कौसल्या को कोसलनरेश की कन्या माना जाता है किन्तु इसका कोई सीधा प्रमाण उपलब्ध नहीं। रामायणकाल में कोसल एक बड़ा जनपद था जो सरयू के तट पर बसा हुआ था। अयोध्या इसी जनपद की नगरी थी। पुत्रेष्टि यज्ञ के समय अन्य राजाओं के साथ कोसलनरेश भानुमान को भी सम्मानपूर्वक आमन्त्रित किया गया था तथापि यह उल्लेख्य है कि जिस प्रकार कैकयनरेश को स्पष्ट शब्दों में दशरथ का श्वशुर लिखा गया है, उसी प्रकार कोसलनरेश के भी श्वशुर होने का कोई संकेत नहीं। यह होते हुए भी कौसल्या को कोसलनरेश की पुत्री मानने में कोई आपत्ति नहीं हो सकती। अश्वमेध यज्ञ के अवसर पर कौसल्या ने ही सब ओर से अश्व की परिचर्या करके प्रसन्न होकर तीन तलवारों से उसका स्पर्श किया था। यज्ञ पूरा होने पर पायस का आधा भाग दशरथ ने कौसल्या को दिया था जिसके फलस्वरूप उसने राम को जन्म दिया। बालकाण्ड में इससे अधिक कौसल्या के सम्बन्ध में कोई उल्लेख नहीं।

राम के राज्याभिषेक और वनगमन की घटना से ही कौसल्या के जीवन पर वास्तविक प्रकाश पड़ता है। इस प्रसंग में प्राप्त सन्दर्भ इस तथ्य को प्रमाणित करते हैं कि ज्येष्ठ रानी होने के पश्चात् भी उस बेचारी को इतना कष्टमय जीवन बिताने के लिए विवश होना पड़ा था मानो सुख की उसे कोई अनुभूति हुई ही न हो। दशरथ से लेशमात्र भी उसे पति-सुख प्राप्त नहीं हो सका था। कौसल्या के विवाह के कितने समय पश्चात् सुमित्रा भी महारानी बनकर आ गयी थी, यह कहना सम्भव नहीं किन्तु यह अनुमान सहज ही लगाया जा सकता है कि कौसल्या के प्रति अधिक अनुराग न होने के कारण ही दशरथ ने सुमित्रा से विवाह किया होगा। इसके पश्चात् वृद्धावस्था में जब उन्होंने नवयौवना सुन्दरी कैकेयी से विवाह किया तो उनकी प्रेमासक्ति एकान्ततः कैकेयी में ही केन्द्रित होकर रह गयी थी। सपत्नियों के बीच में कौसल्या को किस प्रकार उपेक्षित और तिरस्कृत जीवन बिताना पड़ा, यह स्वयं

उसी के वाक्यों से स्पष्ट हो जाता है। दशरथ ने कदाचित् उसे एक सहस्र गाँवों की जागीर देकर अलग बैठा दिया था।

यह सब-कुछ होते हुए भी पातिव्रत धर्म के प्रति कौसल्या की आस्था लगातार सुदृढ़ बनी रही। सीता को भी उसी प्रकार पातिव्रत धर्म का उसने उपदेश दिया था। कौसल्या नारियों की सती और असती दो श्रेणियाँ मानती थी और असती स्त्रियों के प्रति उसके मन में असीम घृणा की भावना विद्यमान थी। वनमगन के पूर्व उसने सीता को उपदेश देते हुए कहा था—

"जो स्त्रियाँ अपने प्रियतम पति के द्वारा सदा सम्मानित होकर भी संकट में पड़ने पर उसका आदर नहीं करती हैं वे सम्पूर्ण जगत् में असती (कुलटा) के नाम से पुकारी जाती हैं। नारियों का यह स्वभाव ही होता है कि पहले तो वे पति के द्वारा यथेष्ट सुख भोगती हैं परन्तु जब वह थोड़ी-सी भी विपत्ति में पड़ता है तो उस पर दोषारोपण करती हुई उसका परित्याग कर देती हैं। जो असत्यशील, विकृत चेष्टावाली, दुष्ट पुरुषों से संसर्ग रखनेवाली कुलटा, पापपूर्ण विचारयुक्त, जरा-सी बात पर पति से विमुख हो जानेवाली स्त्रियाँ हैं, वे सब 'असती' कुलटा कही जाती हैं। उत्तम कुल, किया हुआ उपकार, विद्या, भूषण आदि का दान और संग्रह यह सब कुछ कुलटा स्त्रियों को वश में नहीं कर पाता है क्योंकि उनका हृदय अव्यवस्थित रहता है। इसके विपरीत जो सत्य, सदाचार, शास्त्र-मर्यादा और कुलोचित मर्यादाओं में स्थित रहती हैं, उन साध्वी स्त्रियों के लिए पति ही एकमात्र परम पवित्र और श्रेष्ठ देवता है। इसलिए तुम राम का कभी अनादर न करना। ये निर्धन हों अथवा धनी तुम्हारे लिए देवता के ही समान हैं।"

दशरथ के प्रति किंचित् आक्रोश प्रकट करने के पश्चात् वह स्वयं रो पड़ी थी। पति को पत्नी से कुछ याचना करनी पड़े, इस प्रकार की स्थिति को वह नारीधर्म के विरुद्ध मानती थी। दशरथ से क्षमा माँगते हुए उसने कहा था—"पति अपनी स्त्री के लिए इहलोक और परलोक में भी स्पृहणीय है। इस जगत् में जो स्त्री अपने बुद्धिमान् पति द्वारा मनायी जाती है, वह कुलस्त्री कहलाने के योग्य नहीं है।"

दशरथ की मृत्यु के पश्चात् कौसल्या ने सती होने की कामना व्यक्त की थी। पहले कैकेयी की भर्त्सना करते हुए उसने कहा था—नारी-धर्म को त्याग देनेवाली कैकेयी के सिवा संसार में दूसरी कौन ऐसी स्त्री होगी जो अपने लिए आराध्य देव स्वरूप पति का परित्याग कर जीना चाहेगी। मैं आज ही मृत्यु का वरण करूँगी, एक पतिव्रता की भाँति पति के शरीर का आलिंगन करके चिता की आग में प्रवेश कर जाऊँगी।

पातिव्रत धर्म के प्रति निःशेषतया आस्थावान होते हुए और पति को देवोपम मानते हुए भी कौसल्या ने राम को वनवास दिये जाने विषयक दशरथ के निर्णय को उचित नहीं माना। राम को वन में विदा करने के पश्चात् सुमन्त्र के लौटने पर

जब दशरथ ने कैकेयी के भय से उनसे बात करने का भी साहस नहीं किया तो कौसल्या ने व्यंजनापूर्ण तीखे शब्दों में कहा था–"पहले तो आपने अनीतिपूर्वक पुत्र को वनवास दे दिया और अब इस प्रकार लज्जित हो रहे हैं! उठिए, और अपने सुकृतों का सुख भोगिए।" इसके पश्चात् फिर उसने दशरथ को उलाहना देते हुए कहा था–"नारी के लिए पति, पुत्र और बन्धु-बान्धव ही सहारा होते हैं। आप तो मेरे हो ही नहीं, राम को भी वनवास दे दिया है। इस प्रकार आपके द्वारा मैं सभी प्रकार से मारी गयी।" कौसल्या दशरथ के निर्णय को मात्र अपने लिए ही अहितकर नहीं वरन् पूरे राष्ट्र, राज्य, मन्त्री, प्रजा सभी के लिए विनाशकारी मानती थी। उसने बड़े ही व्यंग्यपूर्ण शब्दों में कहा था–अब राष्ट्र और प्रजा का नाश करके आप कैकेयी और भरत के साथ सुखपूर्वक रहिए–

हतं त्वया राष्ट्रमिदं सराज्यं हताः स्म सर्वाः सह मन्त्रिभिश्च।
हता सपुत्रास्मि हताश्च पौराः सुतश्च भार्या च तव प्रहृष्टौ।

–वा.रा. 2.61.26

कैकेयी के साथ विवाह करने के पश्चात् दशरथ ने कौसल्या और सुमित्रा को पूर्णरीत्या तिरस्कृत और उपेक्षित अवस्था में छोड़ दिया था। विश्वामित्र के साथ राम को वन भेजा गया, धनुर्भंग का समाचार पाकर दशरथ मिथिला गये और राम को युवराज बनाने का निर्णय लिया गया किन्तु इनमें से किसी की खबर कौसल्या के कानों तक पहुँची थी, इसका कोई उल्लेख नहीं। राम के राज्याभिषेक के दिन भी दशरथ ने कौसल्या अथवा सुमित्रा–किसी के महल में जाने की आवश्यकता नहीं समझी और वे सीधे कैकेयी के पास ही पहुँचे थे। दशरथ ने इस तथ्य को स्वयं स्वीकार किया है। वे यह तो मानते हैं कि प्रियंवदा कौसल्या उनके प्रति सदैव दासी, सखी, भार्या, भगिनी और माता के समान व्यवहार करती हुई उनकी हितैषिणी थी किन्तु कैकेयी की सेवा खुशामद में ही लगे रहने के कारण उन्होंने कभी कौसल्या को सम्मान नहीं दिया–

यदा यदा च कौसल्या दासीवच्च सखीव च।
भार्यावद् भगिनीवच्च मातृवच्चोपतिष्ठति ॥
सततं प्रियदामा मे प्रियपुत्रा प्रियंवदा।
न मया सत्कृता देवी सत्कारार्हा कृते तव ॥

–वा.रा. 2.12.68-69

कौसल्या ने दुःखी होकर दशरथ से सीधे शब्दों में 'तत्र त्वं मम नैवासि' अर्थात् 'तुम तो मेरे हो ही नहीं' कहा था और राम से अपना दुःख रोते हुए वह बुरी तरह फूट पड़ी थी। उसके वचनों में इतनी अधिक व्यथा भरी हुई है कि पढ़ते हुए और उद्धृत करते हुए भी आँखें भर आती हैं। राम से उसने कहा था–

अत्यन्तं निगृहीतास्मि भर्तुर्नित्यमसम्मता।
परिवारेण कैकेय्याः समा वाप्यथवावरा। –वा.रा. 2.20.42

–पति की ओर से मुझे सदा अत्यन्त तिरस्कार और कड़ी डाँट-फटकार ही मिलती रही है, कभी प्यार और सम्मान प्राप्त नहीं हुआ। मैं सदैव कैकेयी की दासियों के समान अथवा उनसे भी गयी-बीती समझी जाती रही हूँ।

राम को दशरथ के कौसल्या के प्रति इस प्रकार के अनुदार व्यवहार का ज्ञान रहा था। अतएव वनगमन के पूर्व उनके मन में अनेक प्रकार की शंकाएँ उत्पन्न हुई थीं। उनका हल उन्होंने अलग-अलग रीति से ही सोचा था। कैकेयी से तो वे कुछ कह ही नहीं सकते थे अतएव कौसल्या और दशरथ से ही कहना उन्होंने उचित समझा था। कौसल्या उस समय वृद्ध हो चुकी थी। अतएव दशरथ से उनके विषय में कहते हुए राम ने कहा था–

"मेरी यशस्विनी माता कौसल्या वृद्ध हो चुकी हैं। इनका स्वभाव उदार है तथा ये धर्मनिष्ठ हैं। यह कभी आपकी निन्दा नहीं करतीं। मेरे चले जाने पर इनको इतना कष्ट होगा, जितना इन्होंने कभी नहीं भोगा। अतएव आप कृपया इनका सम्मान करते रहिए। कहीं ऐसा न हो कि मेरे चले जाने पर यह शोक में पड़कर अपने प्राण त्याग दें।"

कौसल्या का पूरा जीवन सौतों से प्राप्त कष्ट भोगते ही व्यतीत हुआ था। सबसे पहले सुमित्रा उसकी सौत बनकर आयी थी, उसके बाद जब कैकेयी ने महलों में प्रवेश किया तब कदाचित् कौसल्या और सुमित्रा दोनों को तिरस्कृता के रूप में छोड़ दिया गया था। दशरथ की परम प्रेयसी होने के नाते कैकेयी इतनी अधिक अभिमान से भर गयी थी कि उसने प्रारम्भ से ही कौसल्या का अनादर करना शुरू कर दिया था। इसीलिए मन्थरा ने कैकेयी से कहा था–"तुम पति का अत्यन्त प्रेम प्राप्त होने के कारण अभिमान में आकर पहले जिनका निरादर करती रही हो, वे ही तुम्हारी सौत कौसल्या अपने पुत्र के राजा बनने पर तुमसे अपने वैर का प्रतिशोध लेंगी।" कैकेयी भी कौसल्या के प्रति इतनी अधिक ईर्ष्यालु थी कि वह किसी भी अवस्था में उसको सम्मानपूर्ण स्थिति में देखना बर्दाश्त नहीं करती थी। उसने दशरथ से स्पष्ट शब्दों में कहा था कि राम माता कौसल्या को राजमाता के रूप में दूसरे लोगों द्वारा सम्मानित होते देखने की अपेक्षा वह मर जाना श्रेयस्कर मानती है।

वस्तुतः कौसल्या और कैकेयी के बीच इतना अधिक सौतियाडाह रहा है जिसकी राम-परिवार में कल्पना करना भी कठिन है। जब राम ने कौसल्या को यह सूचना दी थी कि दशरथ ने उनका अभिषेक करने का निश्चय किया है तो कौसल्या ने आशीष देते हुए स्वयं अपने और सुमित्रा के बन्धु-बान्धवों को आनन्दित करने की ही कामना व्यक्त की थी। कैकेयी के बन्धु-बान्धवों के प्रति कोई शुभकामना व्यक्त

नहीं की गयी। इसी प्रकार उन्होंने राम से कहा था–तुमको मेरी सौत की कही हुई अधर्मयुक्त बात मानकर वन जाना उचित नहीं। कौसल्या की कैकेयी के प्रति यही धारणा थी कि नरश्रेष्ठ राम पर अपना विष उड़ेलकर वक्रगति से चलनेवाली कैकेयी केंचुल छोड़कर सर्पिणी की भाँति स्वच्छन्द विचरेगी और जिस प्रकार घर में रहनेवाला दुष्ट सर्प बार-बार कष्ट देता रहता है, उसी प्रकार राम को वन भेजकर सफलमनोरथ कैकेयी उसे कष्ट देती रहेगी।

राम जब सबसे पहली बार कौसल्या को दशरथ द्वारा वनवास दिये जाने विषयक निर्णय की सूचना देते हैं तो कौसल्या की व्यथा का बाँध ऐसा फूट पड़ता है कि पाठकों को भी वह अपने साथ बहा ले जाता है। सौतों और विशेषकर कैकेयी द्वारा दिये गये कष्टों को व्यक्त करने से वह अपने को रोक नहीं सकी। उसकी सहिष्णुता धुएँ के समान विलीन हो गयी और अतीत के कष्टों का स्मरण करती हुई भयावह भविष्य की कल्पना से वह काँप गयी थी। पति का सुख उसे प्राप्त था ही नहीं, पुत्र-वियोग को सामने देखकर उसने वन्ध्या रहना ही श्रेयस्कर समझा था। राम के अतिरिक्त कोई ऐसा था भी नहीं जिसके समक्ष वह अपना हृदय खोलकर रख सकती। सभी उसके लिए पराये थे। इसलिए राम से ही उसने कहा था–

"बेटा, वन्ध्या को एक मानसिक शोक होता है। उसके मन में यह सन्ताप बना रहता है कि मुझे कोई सन्तान नहीं है। इसके सिवा दूसरा कोई दुःख उसे नहीं होता। पति के प्रभुत्वकाल में एक ज्येष्ठ पत्नी को जो सुख प्राप्त होना चाहिए, वह मुझे पहले कभी देखने को नहीं मिला। मैं सोचती थी कि पुत्र के राज्य में सब-सुख देख लूँगी और इसी आशा से मैं अब तक जीती रही। बड़ी रानी होकर भी मुझे अपनी बातों से हृदय को विदीर्ण कर देनेवाली छोटी सौतों के कटु वचन सुनने पड़ेंगे। स्त्रियों के लिए इससे बढ़कर महान् दुःख और क्या हो सकता है। अतः मेरे दुःख का कोई अन्त नहीं दिखाई देता। बेटा, तुम्हारे निकट रहने पर भी मैं इस प्रकार सौतों से तिरस्कृत रही हूँ फिर तुम्हारे परदेस चले जाने पर मेरी क्या दशा होगी। उस दशा में तो मेरा मरण ही निश्चित है। पति की ओर से मुझे सदा तिरस्कार और कड़ी डाँट-फटकार ही मिलती रही है। कभी प्यार और सम्मान प्राप्त नहीं हुआ। मैं कैकेयी की दासियों के बराबर अथवा उनसे भी गयी-बीती समझी जाती रही हूँ। जो कोई मेरी सेवा में रहता या मेरा अनुसरण करता है वह भी कैकेयी-पुत्र भरत को देखकर चुप होकर रह जाता है। तुम्हारे जाने पर इस दुर्दशा में पड़कर सदा क्रोधी स्वभाव के कारण कटु वचन बोलनेवाली कैकेयी की तरफ कैसे देख सकूँगी। तुम्हारी उम्र सत्ताईस वर्ष की हो चुकी है। मैं यही आशा लगाये बैठी थी कि अब मेरा दुःख दूर हो जाएगा। इस बुढ़ापे में इस तरह सौतों द्वारा किया गया तिरस्कार और उससे होनेवाले दुःख को मैं अधिक नहीं सह सकूँगी। मुझसे अब इन सौतों के बीच नहीं रहा जाएगा।"

राम को भी कैकेयी द्वारा कौसल्या को दिये जानेवाले कष्टों की पूरी जानकारी थी। वनवास की पूरी अवधि में यह चिन्ता उनको लगातार सालती रही कि कौसल्या पर न जाने क्या बीत रही होगी। गंगा पारकर भरद्वाज आश्रम के समीप पहुँचते-पहुँचते भी उन्होंने लक्ष्मण को समझा-बुझाकर लौट जाने का आग्रह किया था। उनकी इच्छा थी कि लक्ष्मण लौटकर कौसल्या और सुमित्रा की सेवा-शुश्रूषा कर सकेंगे। लक्ष्मण से उन्होंने कहा था कि सौभाग्य के मद में कैकेयी कौसल्या और सुमित्रा को कष्ट दे सकती है। वह दशरथ को भी मार डाल सकती है। कैकेयी द्वेषवश अन्याय कर सकती है और कौसल्या-सुमित्रा दोनों को विष देकर मार सकती है।

राम के अतिरिक्त रामायण के अन्य पात्रों में केवल सुमित्रा को ही कौसल्या के प्रति कुछ सहानुभूति रही थी। कौसल्या के होते हुए भी जब सुमित्रा का विवाह हुआ था और वह रानी बनकर आयी थी उस समय कौसल्या के प्रति कैसा व्यवहार था, इसका कोई उल्लेख नहीं किया गया किन्तु कौसल्या ने अपना दुःख रोते हुए केवल कैकेयी को ही नहीं बल्कि सौतों को बुरा कहा है। सुमित्रा के प्रति कौसल्या ने कहीं कोई सद्भावना भी प्रदर्शित नहीं की। सम्भव है कैकेयी के आने के पश्चात् जब सुमित्रा को भी उपेक्षिता बनाकर छोड़ दिया गया होगा, तभी सुमित्रा के मन में कौसल्या के प्रति सद्भावना का उदय हुआ होगा। सुमित्रा ने राम के गुणों की प्रशंसा करते हुए ही कौसल्या को धैर्यपूर्वक दुःख सहन करने का परामर्श दिया था।

दशरथ और कैकेयी के कारण कौसल्या को जो कष्ट भोगने पड़े थे, उनके कारण उसकी सभी आशाएँ राम में ही केन्द्रित हो गयी थीं। व्रत और उपवास के साथ राम के उज्ज्वल भविष्य की कामना करते हुए ही उसे अपना जीवन बिता देना पड़ा था। आराध्य देवता की पूजा-स्तुति करते हुए उसने स्वयं के लिए कभी कोई कामना नहीं की। इसीलिए राम-वनगमन के पूर्व बड़े विषादपूर्वक उसने कहा था—"मेरे द्वारा किये गये व्रत-उपवास सब निरर्थक ही सिद्ध हुए।" राम के लिए समस्त देवी-देवताओं का स्मरण करते हुए उसने जो मंगल कामनाएँ की थीं, उनसे यह स्पष्ट है कि राम के अतिरिक्त उसे अपने जीवन का कोई सहारा दिखाई नहीं दिया।

जिस प्रकार वृद्धा और पति की ओर से उपेक्षिता एवं तिरस्कृता सती-साध्वी नारियां देवाभिमुख हो जाती हैं, उसी प्रकार सभी ओर से निराश कौसल्या ने अपना जीवन, व्रत-उपवास और देवताओं की पूजा-आराधना के लिए समर्पित कर दिया था। स्वयं राम ने कौसल्या के लिए 'तपस्विनी' शब्द का प्रयोग किया है। उसे सदैव देव-प्रतिमा के समक्ष ही बैठा देखा गया है। राम अपने युवराज पद पर अभिषेक का समाचार जब उनको सुनाने के लिए गये थे, तब भी वह अपने नेत्र बन्द किये ध्यानावस्थित अवस्था में ही बैठी थी। पुत्र का अभिषेक विषयक समाचार सुनने के

पश्चात् भी वह प्राणायाम करती हुई देवताओं से मंगल कामना करने लगी। राम के अभ्युदय के लिए न तो उसने किसी प्रकार का षड्यन्त्र रचा और न दशरथ को समझाने-बुझाने अथवा फुसलाने का ही प्रयास किया वरन् मात्र व्रत-उपवास के माध्यम से देवताओं की प्रार्थना करती रही थी।

पुत्र के अभिषेक का समाचार सुनकर भी कौसल्या के दैनिक जीवन में कोई परिवर्तन नहीं हुआ। न तो किसी प्रकार के मान-गुमान की भावना ही उसके मन में जाग्रत हुई और न पूजा-आराधना को छोड़कर प्रत्याशित सुखोपभोगों की ओर ही उसका ध्यान गया। वह पहले की भाँति फिर अपने आराध्य के सामने हाथ जोड़कर बैठ गयी थी। राजा दशरथ द्वारा दिये गये वनमगन के निर्देश का समाचार लेकर जब राम फिर उसके पास पहुँचे तब भी वह पूर्व की भाँति रातभर जागकर विष्णु की पूजा करती हुई पुत्र की मंगल कामना करती रही थी। वह नित्य-व्रत-परायणा थी और प्रातःकाल मन्त्रोच्चारणपूर्वक अग्नि में आहुति देती थी। उसके चारों ओर केवल पूजन-सामग्री—दही, अक्षत, घी, प्रसाद सामग्री, हविष्य, धान का लावा, सफेद फूलों की माला, खीर, समिधा और भरे हुए कलश ही रहा करते थे। नित्य प्रति इष्टदेवता के लिए तर्पण करना भी उसके पूजा-विधान का अंग था। पूजा करने के समय वह नियमतः रेशमी या सन के बने हुए सफेद वस्त्र ही धारण करती थी।

राम को वन के लिए विदा करते समय स्वस्तिवाचन करते हुए भी उसने देवताओं के प्रति अपनी आस्था का सम्बल ही ग्रहण किया था। वह पहले आचमन करके ही स्वस्तिवाचन के लिए तैयार हुई। इसके बाद अनेक मंगल कामनाएँ करते हुए पुष्पमाला, गन्ध आदि उपचारों और स्तुतियों द्वारा देवताओं का पूजन किया। राम के कल्याण के लिए किसी महात्मा ब्राह्मण को बुलाकर विधिपूर्वक होम कराया था। इसके लिए उसने प्रयत्नपूर्वक घी, श्वेत पुष्प, माला, समिधा आदि वस्तुएँ ब्राह्मण के समीप रखवा दी थीं। ब्राह्मण द्वारा विधिपूर्वक होम करने और स्वस्तिवाचक मन्त्रों का पाठ करने पर कौसल्या ने उसे यथेष्ट दक्षिणा दी थी। ब्राह्मण द्वारा पूजा-विधि सम्पन्न होने पर कौसल्या ने स्वयं भी राम के मस्तक पर चन्दन रोली आदि का तिलक करने के साथ ही मन्त्रोच्चारणपूर्वक सिद्धिदा विशल्यकारिणी नामक औषधि को उनकी रक्षा के लिए बाँध दिया था। और शिव आदि देवता, महर्षि भूतगण, नाग आदि सबसे प्रार्थना की थी कि वे चिरकाल तक राम का हित-साधन करते रहें। व्रत और उपवासों के द्वारा कौसल्या ने अपने शरीर को पूरी तरह सुखा डाला था। राम के शब्दों में तो इस तथ्य के संकेत मिलते ही हैं, भरत ने भी भरद्वाज आश्रम में उनका परिचय देते हुए कहा था—"भगवन्! आप जिन्हें शोक और अनशन के कारण अत्यन्त दीन और कृशकाय देख रहे हैं, वही दशरथ की बड़ी महारानी राम की माता कौसल्या हैं।"

धर्म के रूप में कौसल्या नारियों के लिए केवल पातिव्रत धर्म को ही सर्वोपरि मानती थी और व्रत-उपवास देवपूजा ही उसका नित्य-नैमित्तिक आधार था। देवताओं

में विष्णु और शिव के प्रति तो उसके मन में आस्था थी ही, विश्वेदेव, मरुद्‌गण, धाता, विधाता, पूषा, भग, अर्यमा, इन्द्र, लोकपाल, स्कन्द, सोम, बृहस्पति, सप्तर्षि, नारद, शुक्र, सूर्य, कुबेर, यम, अग्नि, वायु—सभी के प्रति वह श्रद्धावती रही। राम-वनगमन के पूर्व इन समस्त देवताओं से कल्याण के लिए उसने कामना की थी। ऐसा प्रतीत होता है कि किसी विशिष्ट देवता को उपास्य मानकर ही उसने यह चर्या नहीं अपनायी थी वरन् एक सरल नारीस्वभाव के परिणामस्वरूप और निराशा से अभिभूत होकर ही वह सभी देवताओं के सामने हाथ जोड़ती रही। शान्ति, सुख और संरक्षण की आशा से उसे यह सब करना पड़ा। घने अन्धकार से घिरे हुए व्यक्ति के द्वारा किरण की खोज के प्रयास के समान ही कौसल्या में बेचैनी और छटपटाहट दिखाई देती है। राम के लिए उसने उपर्युक्त देवताओं से ही नहीं अपितु समिधा कुश, पवित्री, वेदी, मन्दिर, पर्वत, वृक्ष, जलाशय, ऋषि, ऋतुएँ, मास, संवत्सर, रात, दिन, श्रुति, स्मृति, आकाश, पाताल, नक्षत्र, ग्रह, कला, काष्ठा, साँप, बिच्छू सभी के सामने हाथ जोड़े थे और पुत्र का कल्याण करने की कामना की थी। उसका यह आचरण ही पुष्टि करता है कि वह कितनी निराश और अपने को असहाय मानती थी।

कौसल्या को कभी यह विश्वास ही नहीं रहा कि दशरथ राम के प्रति सद्‌भावना रखते हुए उनके हित की बात भी सोचेंगे। वह स्वयं राजमहल की व्यवस्था में अपने को असहाय पाती थी। इसलिए अपने पुत्र के हित के लिए ही उसने व्रत और उपवास आदि का सहारा लिया था। राम के सद्‌गुणों के प्रति भी वह पूर्णतया आश्वस्त थी। राम ने जब सबसे पहले उसे दशरथ द्वारा युवराज पद पर अभिषेक किये जाने के निर्णय की सूचना दी तो उसने प्रसन्नता में केवल दो बातें ही कही थीं। प्रथमतः यह कि तुम्हारे लिए किये गये व्रत-उपवास और देवाराधना का फल आज प्राप्त हो गया है और दूसरी यह कि राम ने अपने सद्‌गुणों से दशरथ को प्रसन्न कर लिया है। अपने स्वभाव और प्रकृति के अनुसार राम को भी उसने धर्मनिष्ठ बनाने का पूरा प्रयास किया था। उसका विश्वास था कि विपत्तिकाल में केवल धर्माचरण ही व्यक्ति की रक्षा करता है। राम को प्रतिदिन मन्दिरों में जाकर देवताओं को प्रणाम करने की उसने प्रेरणा दी थी। इसलिए राम के वनगमन के समय उसने आशीष देते हुए कहा था—"तुम नियमपूर्वक जिस धर्म का पालन करते हो वह धर्म ही तुम्हारी रक्षा करेगा। देवस्थानों और मन्दिरों में जाकर तुम जिनको प्रणाम करते हो वे देवता और महर्षि वन में तुम्हारी रक्षा करें।" इसके पहले भी राम के प्रति शुभकामना व्यक्त करते हुए उसने कहा था—"बेटा, तुम धर्मशील वृद्ध एवं महात्मा राजर्षियों के समान आयु, कीर्ति और कुलोचित धर्म प्राप्त करो।"

कर्म-परिणाम और दैव के प्रति कौसल्या की आस्था कम नहीं थी। दशरथ द्वारा राम को वन भेजने विषयक निर्णय सुनकर उसने यद्यपि कैकेयी और दशरथ को बुरा अवश्य कहा किन्तु उसे उसने दैव का ही योग माना था। उसकी मान्यता थी कि

इस जगत् में दैव ही सबसे बलवान है। उसकी आज्ञा सबके ऊपर चलती है और उसी के प्रभाव के कारण राम को वनवास जाना पड़ रहा है। काल की आज्ञा का उल्लंघन करना असम्भवप्राय है और उसकी गति को समझना भी सरल नहीं। किसी दूसरे पर दोषारोपण करने के स्थान पर उसने यही माना था कि पूर्वजन्म के कर्मों के परिणामस्वरूप ही उसको यह पुत्र-वियोग की विपत्ति सहन करनी पड़ रही है। कर्म-परिणामों को भोगना प्राणी के लिए अनिवार्य है। यदि असह्य दुःख-भार से बचने के लिए कोई अपने जीवन का अन्त करने का भी प्रयास करे तो भी यह सम्भव नहीं। यदि यह सम्भव होता तो वह यमलोक को प्रस्थान कर जाने के लिए आकुल थी। किन्तु कौसल्या के अनुसार निश्चय ही अकाल मृत्यु जैसी कोई स्थिति होती ही नहीं।

कोई शस्त्र स्वयं कष्टप्रद नहीं होता और न कोई निष्क्रिय शत्रु ही हानिकर हो सकता है। इनकी क्रियाएँ और उनके परिणाम ही व्यक्ति को पीड़ा देते हैं। शस्त्र प्रहार के पश्चात् हुए आघात से ही कष्ट होता है, स्वयं शस्त्र से नहीं। शस्त्र अथवा शत्रु मात्र निमित्त ही होते हैं। काम क्रोधादि शत्रु भी उसी स्थिति में शत्रु होते हैं जब उनके आघातों के परिणामों से व्यक्ति अपने को पराभूत पाता है। इन सबका एकान्ततः परिणाम प्रायः शोक ही होता है। अतएव कौसल्या ने कामादि विकारों को नहीं अपितु शोक को ही सबसे बड़ा विकार माना है। यदि काम-लोभ आदि के वशीभूत होकर व्यक्ति उनके परिणामों के प्रति उपेक्षा भाव रखते हुए शोकाभिभूत नहीं होता तो निश्चय ही उन शत्रुओं अथवा विकारों को उसने जीत लिया है। शोक भी ऐसा शत्रु है जो धैर्य को ही नहीं, अपितु व्यक्ति के शास्त्रज्ञान तथा उसके विवेक को भी नष्ट कर देता है—

शोको नाशयते धैर्यः शोको नाशयते श्रुतम्।
शोको नाशयते सर्वं नास्ति शोकसमो रिपुः। —वा.रा. 2.62.15

वस्तुतः कौसल्या को वैदिक धर्मपद्धति, स्मार्त धर्म, क्षात्रधर्म अथवा राजनीति किसी की भी सम्यक् जानकारी नहीं थी। वह सती-साध्वी, अत्यन्त सरल स्वभाव सीधी-सादी सामान्य नारी थी। सौतों के दुर्व्यवहार और पति की उपेक्षा ने उसे निराशा के इतने गहरे गर्त में धकेल दिया था जहाँ गहन अन्धकार के अतिरिक्त कुछ भी नहीं था। उसके सामने आँखें बन्द कर, देवताओं को हाथ जोड़कर मंगल कामना करने के अलावा कोई मार्ग था ही नहीं। अपने जीवन में तो वह सर्वथा निराश थी ही अतएव उसकी आशा केवल राम पर टिककर रह गयी थी। बड़ी रानी होने का उसे अपने जीवन में कोई सुख नहीं मिला बल्कि इसके विपरीत भूले-भटके जब उसको इस बात का स्मरण हो जाता था कि दशरथ की सबसे बड़ी महारानी और राम सदृश पुत्र की माता होने पर भी उसे यह सभी कष्ट झेलना पड़ रहे हैं

तो उसकी मनोव्यथा असंख्य गुनी बढ़ जाती थी। राम-वनगमन के पश्चात् भरत ने उसके साथ किस प्रकार का व्यवहार किया, इसका रामायण में विशेष उल्लेख नहीं किया गया। कौसल्या और सीता दो पात्र रामायण के ऐसे हैं जिनको अपना जीवन ही दुःखों की ज्वाला में होम देना पड़ा था।

सामाजिक और पारिवारिक व्यवस्था के सम्बन्ध में कौसल्या के विचार निश्चित रूप से स्वतन्त्र रहे हैं। पितृसत्तात्मक व्यवस्था को स्वीकार करते हुए माता का गौरव वह किसी भी प्रकार कम नहीं मानती। धर्म की दृष्टि से माता की सेवा को पिता की आज्ञा-पालन की अपेक्षा वह अधिक श्रेयस्कर मानती थी। धर्म-व्यवस्था का प्रमाण देते हुए उसने राम से कहा था–"राम, तुम स्वयं धर्म को जानते हो। इसलिए यदि तुम धर्म का पालन करना चाहो तो यही कहकर मेरी सेवा करो और इस प्रकार उत्तम धर्म का आचरण करो। कश्यप ने अपने घर में रहकर ही नियमपूर्वक अपनी माता की सेवा की थी, इस प्रकार उत्तम तपस्या करते हुए उन्होंने स्वर्ग प्राप्त किया था।" राम को मातृ-सेवा का उपदेश देते हुए उसे मातृ-गौरव का भी पूरा ध्यान रहा। उसके जीवन में केवल यही एक क्षण ऐसा दिखाई देता है जब उसने मातृत्व के अधिकार की भावना से कोई बात कही थी अन्यथा उसकी वाणी में दीनता के अतिरिक्त कुछ रहा ही नहीं। उसने अधिकारपूर्वक राम से कहा था, "जिस प्रकार राजा अथवा पिता तुम्हारे लिए गौरवास्पद और पूज्य हैं उसी प्रकार माता के रूप में मैं भी समान रूप से तुम्हारे लिए पूजनीया हूँ। पिता ने तुमको कुछ भी आज्ञा दी हो किन्तु मैं तुम्हें वन जाने की आज्ञा नहीं देती अतएव तुम्हें वन के लिए नहीं जाना चाहिए। मेरी आज्ञा की अवहेलना करते हुए यदि तुम वन चले जाओगे तो मैं जीवित नहीं रहूँगी और तुमको ब्रह्महत्या के समान नरकगामी कष्ट भोगना पड़ेगा।" कौसल्या के उपर्युक्त वाक्य प्रमाणित करते हैं कि वह माता का स्थान पिता की अपेक्षा अधिक गौरवपूर्ण मानती थी। किन्तु राम पिता को माँ की अपेक्षा वरेण्य मानते थे अतएव इस सम्बन्ध में उस बेचारी की पुत्र के द्वारा भी अवहेलना ही की गयी थी।

मन्थरा द्वारा लगातार प्रेरित किये जाने और युक्तियाँ सुझाने के परिणामस्वरूप ही कैकेयी राम को वनवास भेजने के लिए तैयार हुई थी। अन्यथा राम के युवराज पद पर अभिषेक के समाचार से उसको इतनी अधिक प्रसन्नता हुई थी कि उसने मन्थरा को पुरस्कारस्वरूप अपना आभूषण उतारकर दे दिया था। चाहे दशरथ की प्रेयसी होने के कारण अथवा प्रभुतासम्पन्न होने के कारण अथवा जो भी कारण रहा हो किन्तु जैसा कि दशरथ ने स्वयं स्वीकार किया है कि राम भरत की अपेक्षा कैकेयी की अधिक सेवा-शुश्रूषा किया करते थे। सम्भव है इसी कारण अथवा अपने सहज स्वभाव के कारण कैकेयी ने राम और भरत में कभी कोई भेद नहीं माना, वरन् वह राम को अपना ही ज्येष्ठ पुत्र समझती थी। इसके विपरीत कौसल्या के हृदय में भरत

के प्रति कोई सद्भावना दिखाई नहीं देती। यह विशेष रूप से उल्लेखनीय है कि कैकेयी ने राम, कौसल्या, दशरथ, सीता अथवा किसी भी अन्य पात्र की निन्दा करते हुए किसी भी अवसर पर एक शब्द का भी उच्चारण नहीं किया। राम को वनवास भेजने के लिए उसने दशरथ से वरदान अवश्य माँगा किन्तु राम के प्रति किसी प्रकार की दुर्भावना व्यक्त नहीं की। इसके विपरीत कौसल्या दशरथ के प्रति तो अपना आक्रोश प्रकट करती ही है, कैकेयी और भरत के प्रति भी उसके मन में कोई सद्भावना नहीं रही। कैकेयी तथा सुमित्रा आदि अन्य रानियों को कौसल्या कभी सहन नहीं कर सकी और बार-बार यही कहती रही कि मैं इन सौतों के बीच नहीं रह सकूँगी।

कैकेयी ने राम के अभिषेक के समाचार से जिस प्रकार प्रसन्नता व्यक्त की थी, भरत के अभिषेक से कौसल्या को किंचित् भी प्रसन्नता नहीं हुई थी। उसके मन में लगातार यही लालसा पनपती रही कि किसी भी प्रकार राम को राज्याधिकार प्राप्त हो। राम ने जब वनवास की अवधि व्यतीत कर लौटने और तब राज्याधिकार प्राप्त करने की बात कही थी, तब भी कौसल्या के मन में यह सन्देह बना रहा था कि इतनी लम्बी अवधि के पश्चात् राम को राज्याधिकार मिलना सम्भव हो सकेगा या नहीं। प्रथमतः उसे सन्देह था कि चौदह वर्ष की अवधि तक राज्यसुख का उपभोग करने के पश्चात् भरत राम के लिए राज्य का त्याग करेंगे। दूसरे, वह यह भी सोचती रही कि कदाचित् राम स्वयं भी भरत के द्वारा भोगे हुए राज्य को ग्रहण नहीं करेंगे। प्रत्येक दशा में राम को राज्य-च्युत रहने की व्यथा उसके मन में बनी रही थी।

संक्षेप में कौसल्या का आचार एक शोकसन्तप्ता, पति के द्वारा तिरस्कृता, सौतों के कष्ट से दुःखी और सभी प्रकार से उपेक्षिता सरल स्वभाव सती-साध्वी नारी का देवताओं के सामने हाथ जोड़कर प्रार्थना करने तक ही सीमित रहा है। दशरथ और सौतों के व्यवहार ने उस बेचारी को ऐसे अँधेरे में धकेल दिया था, जहाँ उसे देवताओं को मनाने के अतिरिक्त कोई रास्ता सूझता ही नहीं था। वन से लौटने और राज्य पर अभिषिक्त होने के बाद राम ने उसकी कितनी परवाह की थी, इसका भी कुछ उल्लेख नहीं किया गया।

धर्म-निरपेक्ष कैकेयी की आग्रहशीलता

दशरथ की तीनों रानियों में से कैकेयी ने जिस भूमिका का निर्वाह किया है, वस्तुतः उसी को राम-कथा का केन्द्र माना जा सकता है। यदि केवल कैकेयी पात्र को रामायण से अलग कर दिया जाय तो समस्त विश्व को अपने प्रभाव से अभिभूत कर देनेवाला काव्य एक अत्यन्त सामान्य महत्त्वहीन पुस्तक के रूप में रह जाएगा। राम का पूरा चरित्र और व्यक्तित्व कैकेयी के कारण ही उभरकर ऊपर आ सका है। रावण, वाली आदि पर विजय पाने की घटनाओं से जहाँ राम के अजेय पौरुष को सिद्ध किया गया है वहीं कैकेयी के व्याज से उनके सत्यनिष्ठ, धर्मनिष्ठ, मर्यादा-पुरुषोत्तम आदि रूप को उभारा गया है। यहाँ यह संकेत करना अप्रासंगिक नहीं होगा कि यदि दशरथ को सत्यनिष्ठ सिद्ध किया जाता है तो उसके लिए भी कैकेयी को वरदान देने विषयक घटना का सहारा लेना पड़ता है अन्यथा उनका सत्यप्रतिज्ञ होना सम्भव नहीं।

कौसल्या के सम्बन्ध में संकेत किया जा चुका है कि नाम की संगति के कारण ही उसे कोसलनरेश की कन्या मान लिया गया है। सुमित्रा के सम्बन्ध में इतना संकेत भी रामायण में नहीं मिलता जिसके आधार पर यह अनुमान किया जा सके कि वह किस राजा की अथवा किस जनपद की कन्या थी अथवा उसके माता-पिता कौन थे। रामायण में इस आशय के स्पष्ट उल्लेख केवल कैकेयी के सम्बन्ध में किये गये हैं।

वनगमन के पूर्व राम ने कैकेयी के सम्बन्ध में लक्ष्मण से चर्चा करते हुए उसे अश्वपति नृपति की सुता कहा है। अश्वमेध यज्ञ में सम्मिलित होने के लिए वसिष्ठ ने सुमन्त्र को आदेश दिया था कि सभी राजाओं को आमन्त्रित किया जाए। इस स्थल पर कैकयनरेश को परम धार्मिक और महाराज दशरथ का श्वशुर लिखा गया है। मिथिला से लौटने के पश्चात् दशरथ ने जब भरत को अपने मामा के यहाँ जाने के लिए कहा था तब भी कैकय राजकुमार युधाजित् को भरत का मामा कहा गया है। इसके अतिरिक्त अन्य स्थलों पर भी कैकयराज-पुत्री कहकर ही उसका उल्लेख किया गया है।

राम का युवराज पद पर अभिषेक किये जाने के रहस्य को जब कैकेयी ने नहीं समझा अथवा समझकर भी उसके मन में किसी प्रकार की दुर्भावना उत्पन्न नहीं

हुई तो मन्थरा को आश्चर्य हुआ था। मन्थरा के आश्चर्य का मूल कारण यही था कि एक नराधिप कुल में उत्पन्न होकर और एक नरेश की महारानी होकर भी कैकेयी राजधर्मों की उग्रता को क्यों नहीं समझ सकी थी। तात्पर्य यह कि रामायण के सन्दर्भ दशरथ की तीनों रानियों में से केवल कैकेयी के सम्बन्ध में ही स्पष्ट इंगित करते हैं कि वह एक राजकन्या थी। विवाह के पूर्व कैकेयी का जीवन कैकयनरेश के राजमहलों में ही बीता था।

कैकेयी के साथ विवाह करने के लिए दशरथ ने उसकी सन्तान को राज्याधिकार देने का अनुबन्ध स्वीकार किया था। इस प्रकार का अनुबन्ध स्वीकार करने के लिए दशरथ की विवशता के प्रति कोई संकेत नहीं किया गया। दशरथ को जिस रूप में कामी कहा गया है, सम्भव है अनुबन्ध के मूल में भी उनकी यही दुर्बलता रही होगी। यह भी प्रतीत होता है कि दशरथ ने अनुबन्ध विषयक घटना को पूर्णरीत्या गुप्त ही रखा था। उन्होंने स्वयं अनुबन्ध के सम्बन्ध में कहीं कुछ भी नहीं कहा। मन्थरा को तो इसका ज्ञान था ही, राम को भी इसकी जानकारी थी। कैकेयी को भी या तो इसकी जानकारी नहीं थी अथवा राम के प्रति पुत्र-स्नेह की भावना में उसने इसकी कभी कोई परवाह नहीं की। मन्थरा के द्वारा ही उसको अनुबन्ध का स्मरण कराया गया था।

कौसल्या और सुमित्रा भले ही दशरथ की महारानी रही हों किन्तु उनको राजमहलों का सुख और राजमहिषी के समान जीवन-यापन का अवसर कभी सुलभ ही नहीं हुआ। इसके विपरीत कैकेयी पूरी महारानी के रूप में ही मिलती है। कौसल्या और सुमित्रा की किसी दासी का उल्लेख नहीं, किन्तु कैकेयी की दासी मन्थरा रामायण की एक प्रमुख पात्र है। राजमहलों में भी कैकेयी का प्रभाव और प्रभुत्व कम नहीं रहा। कौसल्या बेचारी एक सामान्य नारी की भाँति अपनी सौतों के कारण जीवनभर रोती रही, सुमित्रा की स्थिति भी सर्वथा नगण्य ही रही। किन्तु कैकेयी को न तो सौतों के कारण कोई कष्ट भोगना पड़ा और न किसी प्रकार की उपेक्षा ही सहनी पड़ी। दशरथ उसकी प्रसन्नता के लिए नियम-व्यवस्था के अनुकूल अथवा प्रतिकूल कुछ भी करने के लिए सदैव तैयार रहते थे। राजमहल के दास-दासियों और अनुचरों पर कैकेयी का इतना जबर्दस्त प्रभाव था कि उसके पुत्र भरत को देखते ही वे कौसल्या की परिचर्या छोड़कर भाग जाते थे। सुमन्त्र जैसे महामन्त्री कैकेयी के डर से कुछ बोलने का साहस भी नहीं करते थे। स्वयं दशरथ और सभी सेवक कैकेयी की आज्ञा के ही अधीन थे।

रामायण में सुमित्रा के भवन का कोई वर्णन नहीं किया गया। कौसल्या के महल में देव-प्रतिमाओं के अतिरिक्त कदाचित् कुछ था ही नहीं। किन्तु कैकेयी का महल समस्त सुख-सुविधाओं और साज-सामग्री से भरा-पूरा था। उसके महल में तोते, मोर, क्रौंच, हंस आदि पक्षी कलरव करते रहते और वाद्यों का मधुर घोष गूँजता रहता

था। दास-दासियों की कमी नहीं थी और चम्पा, अशोक आदि से युक्त लता-भवन और चित्रशालाएँ उसके महलों का भाग थीं। उसके महलों में अनेक ऐसी बावड़ियाँ बनी हुई थीं जिनमें हाथीदाँत, सोने और चाँदी का काम किया गया था। सोने-चाँदी के सिहासनों, बहुमूल्य आभूषणों एवं खान-पान की सामग्री से वह महल भरा रहता था। दशरथ प्रायः प्रतिदिन ही उसके महलों में पहुँचते थे। दशरथ की तीन अथवा साढ़े तीन सौ, जितनी भी रानियाँ रही हों, किन्तु राजमहिषी की प्रतिष्ठा केवल कैकेयी को ही प्राप्त थी। वह सदैव मोतियों के हार और अन्य आभूषणों से सजी रहती थी, जिनको उसने कोप-भवन में उतारकर फेंक दिया था।

कैकेयी नवयौवना तो थी ही, रूप-सौन्दर्य की दृष्टि से भी वह सभी रानियों की अपेक्षा अधिक सुन्दर थी। कौसल्या को वृद्धा कहा गया है, सुमित्रा के रूप सौन्दर्य के विषय में कोई संकेत नहीं किन्तु दशरथ द्वारा प्रयुक्त शब्दों से ज्ञात होता है कि कैकेयी असन्दिग्ध रूप से अनिन्द्य सुन्दरी थी। कोप-भवन में जब उसने अपने आभूषणों, पुष्पहारों को उतारकर फेंक दिया और एक मलिन वस्त्र धारण कर लेट गयी तब वह स्वर्गभ्रष्ट किन्नरी, देवलोक से च्युत अप्सरा, परिभ्रष्ट माया अथवा बँधी हुई हरिणी के समान ही दिखाई दी थी। उसके नेत्र कमल-दल के समान सुन्दर थे। दशरथ के ही शब्दों को यदि प्रमाण मान लिया जाय तो कैकेयी सुन्दर कटि प्रदेशवाली (सुश्रोणि) और सहृदया थी। उसके नेत्र-प्रान्त प्रकृतितः कजरारे थे तथा उसका नितम्ब भाग इतना पृथुल था कि उसे 'गुरु श्रोणि' भी कहा गया है। शुभ शैया पर लेटी हुई अवस्था में वह वेदी पर प्रज्वलित अग्निशिखा के समान दिखाई देती थी। राम को वन भेजने का वरदान माँगने के कारण भले ही उसे कटुभाषी कहा गया हो किन्तु इसके पहले दशरथ स्वयं उसको प्रियंवदा ही मानते थे। वह दशरथ से बात करती हुई गीत माधुर्य से युक्त इस प्रकार की सरस भाषा का प्रयोग करती थी कि दशरथ मन्त्रमुग्ध होकर रह जाते थे। किसी अन्य रानी में इस प्रकार के गुणों के अस्तित्व के प्रति कहीं कोई उल्लेख नहीं मिलता।

यौवन, रूप-सौन्दर्य, वाणी, माधुर्य, राजकन्या होने का गौरव अथवा दशरथ की कामवृत्ति अथवा जो भी अन्य आधार रहे हों किन्तु इस तथ्य को अस्वीकार नहीं किया जा सकता कि विवाह के थोड़े समय पश्चात् ही कैकेयी ने दशरथ को पूरी तरह अपने वश में कर लिया था। वह दशरथ का लाड़-प्यार पाकर अपने को परम सौभाग्यवती मानती थी। वे उसे प्रायः अपनी स्नेह वाणी से प्रसन्न करने की चेष्टा किया करते थे। मन्थरा को दशरथ की कैकेयी के प्रति इस अनुराग भावना का ज्ञान था। उसने जब कैकेयी को कोप करने के लिए प्रेरित किया, तब कहा था कि तुम अपने पति की बड़ी प्यारी रही हो। तुम्हारे लिए दशरथ आग में भी प्रवेश कर सकते हैं। उनमें न तो तुमको कुपित करने का साहस ही है और न तुमको कुपित अवस्था में देखना ही उनके लिए सह्य है। तुम्हारा प्रिय करने के लिए वह अपने प्राणों का

भी त्याग कर सकते हैं। तुम अपने सौभाग्य-बल का स्मरण करो। दशरथ में तुम्हारी किसी बात को टाल जाने की सामर्थ्य ही नहीं है। दशरथ कैकेयी को मणि, मोती, सोना और विविध रत्नों के उपहार देकर प्रसन्न किया करते थे।

रामाभिषेक के पूर्व जब दशरथ कैकेयी के अन्तःपुर में गये और उन्होंने उसको सदैव की भाँति शैया पर नहीं देखा तो वे बेहद परेशान हो गये थे[1] और जब प्रतिहारी ने कैकेयी के कोप-भवन की ओर जाने की सूचना दी तब तो उनका मन बुरी प्रकार सन्तप्त और व्याकुल हो उठा था।[2] दशरथ ने उसकी प्रसन्नता प्राप्त करने के लिए सब-कुछ करने का आश्वासन देते हुए कहा था—"देवि! तुम्हारा क्रोध मुझ पर है, ऐसा तो विश्वास नहीं होता। किसने तुम्हारा तिरस्कार अथवा अपमान किया है? मेरा मन सदैव तुम्हारे कल्याण में ही लगा रहता है फिर भी मुझे क्लेश देने के लिए तुम इस प्रकार भूमि पर क्यों लोट रही हो। ऐसा प्रतीत होता है कि किसी प्रेतशक्ति ने तुम्हारे चित्त को प्रभावित किया है। मेरे पास अनेक कुशल वैद्य हैं, तुम्हारी व्याधि को दूर कर तुम्हें सुखी कर देंगे। तुम्हीं बताओ, आज किसका प्रिय करना है अथवा किसने तुम्हारा अप्रिय किया है। किसको लाभ पहुँचाया जाए अथवा किसे कठोर दण्ड दिया जाए। देवि! तुम रोओ नहीं और न अपनी देह को सुखाओ। तुम्हीं बतलाओ आज किस अवध्य का वध कर डाला जाए या किस प्राण-दण्ड पाने योग्य अपराधी को मुक्त कर दिया जाए। किस दरिद्र को धनवान बना दिया जाए अथवा किस धनी के धन को छीन लिया जाए। मैं और मेरे सभी अनुचर तुम्हारी आज्ञा के अधीन हैं और किसी भी दशा में तुम्हारे मनोरथ को मैं भंग नहीं कर सकता। अपने प्राण देकर भी मैं तुम्हारी अभिलाषा पूरी करूँगा।"[3]

उपर्युक्त उद्धरण इस तथ्य को प्रमाणित करता है कि दशरथ पर कैकेयी का इतना जबर्दस्त अधिकार था कि उसको किंचित् भी अप्रसन्न देखने की उनमें सामर्थ्य शेष नहीं थी। दशरथ के प्रसंग में भी इस बात के प्रति संकेत किया जा चुका है कि कैकेयी के समक्ष वे एक ऐसे क्रीत दास के समान दिखायी देते हैं, जो अपने स्वामी के लिए कुछ भी करने को तैयार रहता है। कैकेयी की प्रसन्नता के लिए वे राजधर्म और न्याय की भी हत्या करने को तैयार रहे। अवध्य का वध करने, प्राणदण्ड पाने योग्य अपराधी को मुक्त करने अथवा किसी निर्दोष धनवान का धन छीन लेने के लिए भी वे सहर्ष तैयार हो गये थे। इसके पश्चात् भूमि पर लेटी हुई कैकेयी के सिर को उठाकर उन्होंने उसे अपनी गोदी में लिटा लिया था और सभी प्रकार की सौगन्ध खाकर उसकी अभिलाषा-पूर्ति का वचन दिया था। वे उसे प्रसन्न करने के लिए उसके पैर तक छूते रहे थे और उसकी दया के लिए गिड़गिड़ाते रहे।[4]

---

1. वा.रा. 2.10.17; **2.** वा.रा. 2.9.21; **3.** वा.रा. 2.10.28-35; **4.** वा.रा. 2.12.15, 36

उसके सामने उनका पौरुष धुएँ के समान विलीन हो जाता था।[1] लक्ष्मण ने इस बात को अनेक बार दुहराया है कि कैकेयी के वश में होने के कारण ही दशरथ राम को वन भेजने जैसा न्याय-विरुद्ध कार्य करने के लिए तैयार हुए थे।

राजमहलों में असीमित प्रभुत्व प्राप्त होने तथा दशरथ पर एकाधिकार होने के कारण ही कदाचित् कैकेयी को अपने सौभाग्य पर कुछ अभिमान भी रहा करता था। यद्यपि कैकेयी के आचरण और व्यवहार में कहीं भी उसके अभिमान की भावना का प्रतिबिम्ब नहीं मिलता किन्तु अन्य पात्रों ने उसे प्रायः ही सौभाग्यबलगर्विता कहा है। मन्थरा के अनुसार, पति की अनन्य प्रेयसी होने के कारण कैकेयी ने दर्प की भावना से कौसल्या का तिरस्कार किया था और परिणामस्वरूप कौसल्या के मन में प्रतिशोध की भावना उत्पन्न हो गयी थी।[2] कौसल्या के प्रसंग में लिखा जा चुका है कि वह सौतों द्वारा दिये गये कष्टों के कारण जीवनभर रोती-बिलखती रही। उसे यह कष्ट कैकेयी के कारण ही भोगने पड़े थे। राम को भी सन्देह था कि राज्याधिकार प्राप्त होने पर कैकेयी अपनी सौतों के साथ अच्छा व्यवहार नहीं करेगी।[3] कौसल्या ने स्वयं राम से उनके वनगमन के पूर्व कहा था कि कैकेयी क्रोधी स्वभाव के कारण सदैव कटु वचन बोलती रहती है। तुम्हारे चले जाने के बाद इस दुर्गति में पड़कर मैं उसका मुँह भी कैसे देख सकूँगी।[4] कैकेयी के मन में भी यह सन्देह उत्पन्न हो गया था कि दशरथ राम को राज्य पर अभिषिक्त करके कौसल्या के साथ मौज उड़ाना चाहते हैं।[5] इस स्थिति को सहन करने के लिए वह किसी भी प्रकार तैयार नहीं थी। उसने स्पष्ट शब्दों में कहा था कि यदि मैं एक दिन भी राममाता कौसल्या को राजमाता होने के नाते दूसरे लोगों से हाथ जुड़वाते देख लूँगी तो उस समय मैं मर जाना ही श्रेयस्कर समझूँगी।[6] राम भी कैकेयी की इस असहिष्णुता से परिचित थे। इसलिए उन्होंने वनवास की अवधि में लक्ष्मण से कहा था कि सौभाग्य के मद से मोहित हुई कैकेयी कौसल्या और सुमित्रा को कष्ट पहुँचा सकती है और सुमित्रा को बड़े दुःख के साथ रहना पड़ेगा।[7] राम को इस सीमा तक सन्देह था कि कैकेयी द्वेषवश अन्याय करती हुई कौसल्या और सुमित्रा को जहर भी दे सकती है।[8] दशरथ के मरण पर विलाप करती हुई रानियों ने भी कहा था कि अब हम सब विधवाएँ इस दुष्ट विचारवाली कैकेयी के पास कैसे रहेंगी।[9]

कैकेयी के स्वभावगत गुण-दोषों का जहाँ तक प्रश्न है, यह उल्लेखनीय है कि उसे केवल अन्य पात्रों की अभ्युक्तियों के आधार पर ही नहीं आँका जाना चाहिए। राम को वन भेजने के कारण उसे जितनी गालियाँ दी गयी हैं, उनका उसके आचरण

---

1. वा.रा. 2.12.34; **2.** वा.रा. 2.8.37; **3.** वा.रा. 2.31.13; **4.** वा.रा. 2.20.44; **5.** वा.रा. 2.12.42; **6.** वा.रा. 2.12.48; **7.** वा.रा. 2.53.15-16; **8.** वा.रा. 2.53.18; **9.** वा.रा. 2.66.19।

और चरित्र से मेल नहीं खाता। दशरथ, वसिष्ठ, सुमन्त्र आदि ने उसे पापिनी, कुल-कलंकिनी, क्रूरहृदया, कुलघातिनी, पति-हत्यारी, दुराचारिणी, निर्दया, पापनिश्चया, दुष्टा, अनार्या आदि कहकर अनगिनत गालियाँ दी हैं। स्मरणीय है कि वनगमन के समय राम की अवस्था सत्ताईस वर्ष की हो चुकी थी। भरत, लक्ष्मण आदि के जन्म का उल्लेख एक साथ ही किया गया है जिससे यही प्रतीत होता है कि भरत की आयु भी उतनी ही रही होगी। विवाह के कितने वर्ष पश्चात् भरत का जन्म हुआ था इसका कोई संकेत नहीं। तात्पर्य यह कि राम-वनगमन के पूर्व कैकेयी अयोध्या के राजमहलों में सत्ताईस वर्ष से भी अधिक समय से रानी बनकर रह रही थी। किन्तु उस पर इस प्रकार के दोष तभी आरोपित किये गये जब उसने राम को वन भेजने का आग्रह किया। यह विशेषतः ध्यान देने योग्य है कि लक्ष्मण ने कैकेयी के प्रति न तो किसी कटु शब्द का ही प्रयोग किया और न उसे दोषी माना। इसके विपरीत लक्ष्मण के अनुसार राम-वनवास का पूरा दायित्व दशरथ पर था जिन्होंने अपनी कामगत दुर्बलता के कारण एक स्त्री की बात मानकर यह अन्याय किया था। इसी प्रकार शत्रुघ्न ने भी दशरथ को ही पूरी तरह से दोषी माना था।[1] मन्थरा उसे विलासिनी मानती थी।[2] उसको 'परं परमदर्शना'—अत्यन्त बुद्धिमती, मन्त्रज्ञा-विवेकशीला भी कहा गया है।[3] दशरथ स्वयं उसे प्रियंवदा मानते ही थे। राम ने उसे 'हितकामानुवर्तिनी'[4] अर्थात् कल्याण चाहनेवाली कहा है।

राम की धारणा यह भी थी कि राजकुल में जन्म लेनेवाली, राजोचित गुणों से सम्पन्न और प्रकृति-सम्पन्ना कैकेयी के मन में ऐसी कोई बात उत्पन्न हो ही नहीं सकती जो उनके लिए कष्टकर हो।[5]

कैकेयी को क्रोधी स्वभाव और लोभिन कहा गया है। कौसल्या के अनुसार वह सदा क्रोध करनेवाली और कटु वचन बोलनेवाली थी।[6] अयोध्या से भेजे गये दूत जब कैकय देश में भरत को बुलाने के लिए पहुँचे थे तब उन्होंने भी अपनी माता कैकेयी के विषय में जिज्ञासा करते हुए उसे क्रोधी कहा है। इतना ही नहीं, उन्होंने उसके लिए अपने ही स्वार्थ में लीन, चण्डी के समान सदा कोपशीला जैसे शब्दों का भी प्रयोग किया है।[7] सुमन्त्र के अनुसार, कैकेयी में दुराग्रह की जबर्दस्त भावना थी और यह दोष उसे अपनी माता से ही मिला था। कैकेयी को समझाते हुए उन्होंने उसकी माता का पूर्व इतिहास सुनाते हुए कहा था कि उसने अपने पति कैकयनरेश के जीवन-मरण की चिन्ता न करते हुए दुराग्रह को त्यागना उचित नहीं समझा और अन्ततः कैकयनरेश ने उसे घर से निकाल दिया था। सम्भव है सुमन्त्र इस बहाने यह कहना चाहते थे कि यदि कैकेयी अपने दुराग्रह को नहीं छोड़ती तो उसे भी

---

1. वा.रा. 2.78.3-4; **2.** वा.रा. 2.9.7; **3.** वा.रा. 2.14.61; **4.** वा.रा. 2.16.17; **5.** वा.रा. 2.16.17; **2**.22.19; **6.** वा.रा. 2.20.44; **7.** वा.रा. 2.70.10

निष्कासित किया जा सकेगा। किन्तु कैकेयी ने सुमन्त्र की बातों की कोई परवाह नहीं की थी।

क्रोध के अतिरिक्त कैकेयी के स्वभाव का दूसरा बड़ा दोष लोभ कहा गया। दशरथ के अनुसार उसके मन में धन के प्रति इतनी अधिक आसक्ति थी कि धन-लोभ के कारण वह धर्म का भी परित्याग कर सकती थी।[1] कौसल्या भी यही मानती थी कि जिस प्रकार धन का लोभी दूसरों को विष खिला देता है, उसी प्रकार कैकेयी ने भी धन-लोभ के कारण रघुकुल का विनाश कर डाला है।[2] भरत जब मामा के यहाँ से लौटकर अयोध्या पहुँचे थे और कैकेयी के पास जाकर उन्होंने दशरथ के विषय में प्रश्न किया था, उस समय भी उसे 'राज्य लोभेन मोहिता' लिखा गया है।[3] भरत ने उसे फटकारते हुए स्पष्ट शब्दों में 'लुब्धा' कहा और यह भी कहा कि राज्य के लोभ में पड़कर ही उसने यह क्रूरतापूर्ण कर्म कर डाला।[4]

कैकेयी पर लगाये गये आरोप यदि उसके आचरण और व्यवहार के परिप्रेक्ष्य में देखे जाएँ तो इनकी संगति बैठती ही नहीं। उसने दशरथ से कौसल्या के सम्बन्ध में जो कहा था कि मैं उसको राजमाता के रूप में देखना सहन नहीं कर सकती, उसके अतिरिक्त एक भी ऐसा उदाहरण नहीं जिसके आधार पर उसे क्रोधी, लोभी, दुराग्रही, दुराचारिणी, पापिनी सिद्ध किया जा सके। इसके विपरीत उसकी सहृदयता एवं आभिजात्य गुण उसके प्रत्येक आचरण में प्रतिबिम्बित हैं।

विवाह के समय कैकयनरेश ने दशरथ से जो अनुबन्ध किया था, उसकी कैकेयी ने कभी परवाह नहीं की। नवयौवना होकर भी उसने वृद्ध दशरथ की कभी अवमानना नहीं की वरन् उनकी हितकामना में अन्य रानियों की अपेक्षा अधिक तत्पर रही थी। पुत्रेष्टि यज्ञ के पश्चात् दशरथ ने पायस का अष्टमांश ही उसे दिया था किन्तु उसको इस सम्बन्ध में कोई शिकायत नहीं हुई। अनिन्द्य सुन्दरी और गुणवती होने के साथ ही वह एक वीरांगना भी थी। सारथी के दायित्व-निर्वाह में कैकेयी इतनी कुशल थी कि देवासुर-संग्राम में उसने अपने पति के रथ की बागडोर सँभाली थी। इससे उसका साहस, युद्ध-कौशल, शौर्य और दशरथ की हितकामना स्पष्ट परिलक्षित है। रणभूमि में प्राण-रक्षा के विनिमय स्वरूप दशरथ द्वारा दिये गये वरदानों को भी वह भूल गयी थी। मन्थरा ने ही अनुबन्ध की भाँति इन वरदानों का भी उसे स्मरण कराया था। पुत्र को राज्याधिकार दिये जाने विषयक अनुबन्ध और राजा द्वारा दिये गये वरदानों का विस्मरण किसी सामान्य व्यक्ति का गुण होना सम्भव नहीं। मन्थरा द्वारा 'सानुबन्धा हता ह्यसि' कहने अर्थात् अनुबन्ध का स्मरण कराये जाने के पश्चात् भी कैकेयी ने राम के अभिषेक से प्रसन्नता व्यक्त करते हुए मन्थरा की भर्त्सना की थी। इससे अधिक सहिष्णुता, सहृदयता और उदारता रामायण के किसी अन्य पात्र में दिखाई नहीं देती।

---

1. वा.रा. 2.42.7; **2.** वा.रा. 2.66.6; **3.** वा.रा. 2.72.14; **4.** वा.रा. 2.74.7

मिथिला से राम आदि के विवाह के बाद अयोध्या लौटने के तुरन्त पश्चात् दशरथ ने भरत-शत्रुघ्न को युधाजित के साथ मामा के यहाँ भेज दिया था। इस अवसर पर बेचारी माण्डवी के विषय में सोचने-विचारने की उन्होंने कोई आवश्यकता ही नहीं समझी। इसके बारह वर्ष पश्चात् राम को युवराज पद पर अभिषिक्त करने का निर्णय लिया गया था। भरत को इस अवसर पर भी बुलाने का विचार नहीं किया गया। यह अनुमान करना भी सहज नहीं कि दशरथ भरत को आखिर कितने वर्षों तक अयोध्या से बाहर रखना चाहते थे। कैकेयी एक ओर बारह वर्ष तक पुत्र का वियोग सहती रही और दूसरी ओर अपनी नवविवाहिता बहू माण्डवी को पति के वियोग में तड़पती देखती रही। इस पर भी उसने दशरथ से किसी प्रकार की शिकायत नहीं की। पति को प्रसन्न रखने के लिए कैकेयी ने जिस सहिष्णुता, उदारता का परिचय दिया, जिस साहस और शौर्य से काम लिया तथा जो यातनाएँ सहीं, उनको दृष्टि से ओझल करना उसके प्रति अन्याय ही है।

कैकेयी राजकुल की कन्या होने के कारण राज्य के नियमों से पूर्णतया परिचित थी। उसे इस बात का ज्ञान था कि ज्येष्ठ पुत्र ही नियमानुसार राज्य का अधिकारी होता है। अतएव मन्थरा द्वारा अनुबन्ध का स्मरण कराये जाने पर भी उसने कहा था कि राम महाराज के ज्येष्ठ पुत्र हैं अतएव वही युवराज पद पर अभिषिक्त होने के अधिकारी हैं।[1] उसके हृदय में सद्गुणों के प्रति अपरिमित सम्मान की भावना विद्यमान थी। राम के अभिषेक के समाचार से उसे इस कारण भी प्रसन्नता हुई थी कि अयोध्या का राज्यभार राम के समान सद्गुण-सम्पन्न राजकुमार को सौंपा जा रहा है। उसने मन्थरा से कहा था कि राम धर्म के ज्ञाता, गुणवान्, जितेन्द्रिय, कृतज्ञ, सत्यनिष्ठ और सदाचारी हैं।[2] वे दीर्घजीवी होकर पिता के समान ही अपने भाइयों और भृत्यों का पालन करेंगे। इससे मुझे तो कल्याण ही दिखाई दे रहा है।[3] मामा के यहाँ से लौटने पर और दशरथ के देहावसान को सुनकर भरत ने जब राम के वनगमन के विषय में सुना था तो उन्हें आश्चर्य हुआ था। उन्होंने कैकेयी से ही पूछा था कि क्या राम ने किसी ब्राह्मण के धन का अपहरण तो नहीं किया अथवा किसी व्यक्ति की हत्या तो नहीं कर दी थी अथवा किसी परस्त्री की ओर उनका मन तो नहीं चला गया था जिसके कारण उनको राज्य से निष्कासित किया गया है? इस अवसर पर भी कैकेयी ने राम के सद्गुणों की प्रशंसा में कमी नहीं की। उसने बड़े शान्त भाव से ही कहा था कि राम ने किंचित् मात्र भी किसी ब्राह्मण के धन का अपहरण नहीं किया है। किसी निरपराध धनी या दरिद्र व्यक्ति की हत्या भी उन्होंने नहीं की है और राम किसी परायी स्त्री पर दृष्टि डालते ही नहीं।[4] कैकेयी की सहिष्णुता का अनुमान इसी से लगाया जा सकता है कि दशरथ, कौसल्या,

---

1. वा.रा. 2.8.14; **2.** वा.रा. 2.8.14; **3.** वा.रा. 2.8.17; **4.** वा.रा. 2.72.48

वसिष्ठ, भरत, सुमन्त्र और सभी पुरवासियों की अनगिनत और अत्यन्त कटु गालियाँ सुनते हुए भी उसने किसी के प्रति लेशमात्र भी न तो आक्रोश प्रकट किया, न एक भी अपशब्द का उच्चारण किया और न राम के सद्गुणों की प्रशंसा में कोई संकोच ही किया।

निर्भीकता और स्पष्टवादिता कैकेयी के स्वभाव की विशेषता थी। वह न तो किसी अप्रिय सत्य को छिपाकर पचाना ही जानती थी और न उस पर सुन्दर शब्दों का आवरण ही डालती थी। उसने जो कुछ भी कहना चाहा साफ शब्दों में दो-टूक कहा और जो कुछ किया निर्भीकतापूर्वक खुलकर किया। मन्थरा और भरत से राम के गुणों की प्रशंसा उसने खुलकर की थी। वर माँगने के पूर्व दशरथ के प्रश्नों का उत्तर देते हुए उसने कहा था कि न तो किसी के द्वारा मैं अपमानित या निन्दित ही हुई हूँ और न किसी ने मेरा कोई अपकार ही किया है। इसके पश्चात् दशरथ के प्रतिज्ञाबद्ध होने पर, देवताओं को साक्षी बनाकर उसने दोनों अभिप्राय स्पष्ट शब्दों में बता दिये थे। दशरथ ने उसे पचास तरह से फुसलाकर अपनी बात बदल देने के लिए उसके हाथ-पैर जोड़े, अधर्म होने का भय दिखाया और यह भी कहा कि राम को युवराज बनाने का उनका वचन असत्य हो जाएगा[1] किन्तु कैकेयी ने सभी अनुनय-विनय और मनुहारों का केवल एक ही उत्तर दिया था। अब धर्म हो अथवा अधर्म, झूठ हो या सच, जिस बात के लिए आपने मुझसे प्रतिज्ञा कर ली है, उसमें कोई परिवर्तन नहीं हो सकता।[2] राम को निष्कासित किये जाने के अतिरिक्त किसी दूसरे वर से मुझे सन्तोष नहीं होगा।[3] इसके बाद भी जब दशरथ रोते-बिलखते रहे, स्वयं अपने मरण का भय दिखाते रहे, कुल पर कलंक लगने से डरते-डराते रहे और भरत के द्वारा राज्य ग्रहण न किये जाने की आशंका भी प्रकट करते रहे[4] तब भी कैकेयी ने यही कहा था कि धर्म के अभीष्ट फल के लिए और मेरी प्रेरणा से आप राम को घर से निकाल दीजिए—मैं अपने इस कथन को तीन बार दुहराती हूँ।[5]

राम ने कैकेयी के महल में पहुँचकर जब दशरथ को अचेतावस्था में देखा और कैकेयी से ही उसका कारण जानना चाहा, तब भी उसने न किसी की निन्दा की, न सत्य पर आवरण डालने का प्रयास किया और न किसी प्रकार की आलंकारिक भाषा के माध्यम से कटु सत्य को प्रकारान्तर से कहने की शैली ही अपनायी। उसने कहा था—"राम, दशरथ कुपित नहीं हैं और न इनको कोई कष्ट ही हुआ है। इनके विषाद का कारण केवल यह है कि तुम्हारे भय के कारण अपने मन की बात कहने का साहस नहीं कर पा रहे हैं। तुम इनके प्रिय हो इसलिए तुमसे कोई अप्रिय बात कहने के लिए इनकी जुबान ही नहीं खुलती रही है।"[6] इसके पश्चात् राम के भी

---

1. वा.रा. 2.12.67; **2.** वा.रा. 2.12.46; **3.** वा.रा. 2.12.49; **4.** वा.रा. 2.12.61; **5.** वा.रा. 2.14.9; **6.** वा.रा. 2.18.20-21

प्रतिज्ञाबद्ध होने पर उसने दोनों वरदान एक ही संक्षिप्त वाक्य में सुना दिये थे।[1] भरत के मामा के यहाँ से लौटने पर भी उसने उनको दशरथ के देहावासन, राम के निष्कासन और स्वयं भरत को राज्याधिकार प्राप्त होने की बात भी अत्यन्त संक्षेप में साफ शब्दों में सुना दी थी। इन घटना-वर्णनों में न तो उसके मन में नारी-प्रकृति की दुर्बलता दिखाई देती है, न पति-प्रेम का लोभ रहा और न उसने भरत को राज्याधिकार प्राप्त होने के प्रति कोई प्रसन्नता ही व्यक्त की।

समय और कैकेयी का स्वभाव प्रायः एक-सा ही रहा है जो अपने कदमों को आगे बढ़ाकर पीछे मुँह कर देखना जानते ही नहीं। राम को निर्वासित किये जाने का वर माँगने के पश्चात् कैकेयी के समक्ष अनेक ऐसी स्थितियाँ उत्पन्न की गयीं जिनमें बड़े से बड़ा दृढ़निश्चयी व्यक्ति भी अपना विवेक और निर्णय-शक्ति खो सकता था। दशरथ का सबसे अधिक स्नेह उसी को प्राप्त था किन्तु उनकी मनुहारें उसे प्रभावित न कर सकीं। तरुणी होकर भी वैधव्य की आशंका ने उसे विचलित नहीं किया। कौसल्या की आहें और कराहें उसे छू नहीं सकीं। वसिष्ठ, सुमन्त्र, दशरथ और पुरवासियों की गालियाँ व्यर्थ की बकवास सिद्ध हुईं और लक्ष्मण का आक्रोश उसके मन को किंचित् भी भयभीत नहीं कर सका। वैसे वह इतनी सरल हृदया थी कि छल-कपट और प्रपंच उसे छू तक नहीं सके थे। मन्थरा ने उसकी सरलता पर आश्चर्य प्रकट किया ही था;[2] उसने स्वयं भी यह स्वीकार किया था कि यदि मन्थरा उसे न बतलाती तो दशरथ का मन्तव्य उसकी समझ में नहीं आ सकता था।[3] हाथ जोड़ने और पैर पड़ने के साथ ही दशरथ ने भरत का अभिषेक करने की बात स्वीकार की थी।[4] राम के गुणों का स्मरण दिलाते हुए उन्होंने यह विश्वास दिलाने की भी चेष्टा की थी कि राम के अयोध्या में रहने से कैकेयी को कुछ भी हानि नहीं होगी। राम के निष्कासन से इक्ष्वाकुवंश पर कलंक लगने की बात भी उन्होंने की किन्तु यह सब बातें और दशरथ की मरणोन्मुख अचेतनावस्था उसके लिए प्रभावहीन सिद्ध हुई। इस अवसर पर लक्ष्मण ने जो आक्रोश प्रकट किया था उसे सुनकर बड़े पहाड़ ढह सकते थे। उनका क्रोध भयंकर भूचाल की घरघराहट जैसा था जो यह आभास देता था मानो समस्त भू-मण्डल को ही निगल जाएगा। दशरथ और उनके समर्थकों को बन्दी बना लेने अथवा मार डालने की बात लक्ष्मण ने स्पष्ट शब्दों में दुहरा दी थी और घोषणा कर दी थी कि राम के निष्कासित किये जाने पर अयोध्या को निर्जन खण्डहरों के रूप में बना दिया जाएगा। यदि लक्ष्मण का आक्रोश कार्य रूप में परिणत हो जाता तो पूरी अयोध्या लाशों से पट जाती और सरयू में खून की बाढ़ आ गयी होती। कैकेयी इन सब बातों को चुपचाप सुनती रही। नदी की धारा की भाँति पीछे मुड़कर देखना भी उसकी प्रकृति के विरुद्ध था।

1. वा.रा. 2.18.33; **2.** वा.रा. 2.7.23; **3.** वा.रा. 2.9.40; **4.** वा.रा. 2.12.16

राजकुल के अनुरूप सम्भ्रान्त व्यक्तियों और अशिक्षित गँवारों के बीच का अन्तर उसे साफ दिखाई देता था। उसके अनुसार अभिजात वर्गीय सत्पुरुष अपने पूर्वनिर्णय से कभी विचलित नहीं होते और न कभी पश्चात्ताप ही करते हैं। इसीलिए राम से भी दशरथ के विषय में उसने साफ कह दिया था–"इन्होंने पहले तो मेरा सत्कार करते हुए मुझे मुँहमाँगा वरदान दे दिया और अब यह गँवारों की भाँति उस पर पश्चात्ताप करते हैं। वर देने की प्रतिज्ञा करके भी उसके निवारण के लिए यह उसी प्रकार प्रयत्नशील हैं जिस प्रकार अज्ञानी पुरुष पानी निकल जाने पर उसे रोकने के लिए बाँध बनाने की निरर्थक चेष्टा करते हैं।"[1] तर्कसंगत बात को मानने से कैकेयी ने कभी इनकार नहीं किया। राम ने ही कैकेयी के हाथ से दो चीर ले लिये थे। एक को स्वयं पहनकर दूसरा चीर उन्होंने सीता को दे दिया था। वसिष्ठ और दशरथ ने इस पर कैकेयी को ही फटकारते हुए कहा था कि केवल राम को वनवास दिया गया है और सीता को चीर पहनने के लिए बाध्य नहीं किया जा सकता। वसिष्ठ ने यह भी कहा था कि कैकेयी ने वर के रूप में सीता-वनवास माँगा ही नहीं इसलिए सीता को वनगमन के लिए वह नहीं कह सकती। कैकेयी ने इन दोनों बातों का किंचित् भी विरोध नहीं किया था। उसे अपनी क्षमता और शक्ति पर इतना अधिक भरोसा था जो उसे निरन्तर आश्वस्त किये रहा कि किसी भी स्थिति पर वह नियन्त्रण पा सकेगी। उल्लेखनीय है कि भरत भी उस समय अयोध्या में नहीं थे जिनके सहयोग का उसे विश्वास रहा होता। दशरथ के समान स्नेही पति, वसिष्ठ-जैसे वेदज्ञ पुरोहित, सुमन्त्र-जैसे मन्त्री और लक्ष्मण-जैसे पराक्रममूर्ति तथा पूरे जनपद के विरोध की उसने रत्ती भर भी परवाह नहीं की और दशरथ से दो-टूक कह दिया था, "जो कुछ निश्चय किया जा चुका है, उसमें कोई परिवर्तन नहीं हो सकता।"[2]

कैकेयी के मन में सत्य के प्रति इतनी निष्ठा थी कि वह उससे श्रेष्ठ किसी तत्त्व को मानती ही नहीं। स्वयं उसी के शब्दों में–

सत्यमेक पदं ब्रह्म सत्ये धर्मः प्रतिष्ठितः।
सत्यमेवाक्षया वेदाः सत्येनावाप्यते परम्। –वा.रा. 2.14.7

–सत्य ही प्रणव रूप शब्दब्रह्म है, सत्य में ही धर्म प्रतिष्ठित है, सत्य ही अविनाशी वेद है और सत्य से ही परमतत्त्व की प्राप्ति होती है।

वह अपने इसी सिद्धान्त पर ध्रुव की भाँति अटल रही। जब दशरथ ने राम-वनवास का वर देने में अनाकानी की तो कैकेयी ने कहा था–"महाराज, आपने मुझे दो वर देने की प्रतिज्ञा की थी और जब मैंने उन्हें माँगा, तब आप इस प्रकार अचेत होकर पृथ्वी पर गिर पड़े मानो कोई पाप करके पछता रहे हों। आपको तो

---

1. वा.रा. 2.18.22-23; **2.** वा.रा. 2.12.46

सत्पुरुषों की मर्यादा में स्थिर रहना चाहिए। धर्मज्ञ पुरुष सत्य को ही सबसे श्रेष्ठ धर्म बतलाते हैं। उस सत्य का सहारा लेकर ही मैंने आपको धर्मपालन के लिए प्रेरित किया है।"[1] उसने महाराज शैव्य, अलर्क और समुद्र का उदाहरण देते हुए दशरथ से कहा था कि शैव्य ने बाज पक्षी को अपना शरीर देने की प्रतिज्ञा करके उसे पूरा किया था और वेदज्ञ ब्राह्मण को अपनी दोनों आँखें निकालकर देने में महाराजा अलर्क ने भी कोई अनाकानी नहीं की थी। जड़ होते हुए भी समुद्र सत्य का ही अनुसरण करने के कारण अपने सीमा-तट का कभी उल्लंघन नहीं करता।[2]

सत्य और प्रतिज्ञा-पालन से विचलित हो जाने के कारण उसने दशरथ की कड़ी भर्त्सना करते हुए कहा था–"राजन्! यदि दो वरदान देकर आप फिर उनके लिए पश्चात्ताप करते हैं तो वीर नरेश्वर, इस भू-मण्डल में, आप अपनी धार्मिकता का ढिंढोरा कैसे पीट सकेंगे? जब बहुत से राजर्षि एकत्र होकर आप से मुझे दिये हुए वरदानों के विषय में बातचीत करेंगे, तब उन्हें आप क्या उत्तर देंगे? क्या आप उनसे यह कहेंगे कि जिस कैकेयी के प्रसाद से मैं जीवित हूँ, जिसने संकटकाल में मेरे प्राणों की रक्षा की थी, उसको वर देने के लिए की गयी अपनी प्रतिज्ञा मैंने झूठी कर दी? यदि वर देने की प्रतिज्ञा करके भी आप उससे विपरीत बात कहेंगे तो राजाओं के माथे पर कलंक का टीका लगायेंगे।"[3] कैकेयी से बात करते हुए दशरथ प्रायः अपने सत्यवादी होने का दम्भ भरते रहे थे। इस पर भी कैकेयी ने आक्षेप करते हुए कहा था–"महाराज, आप तो सदैव डींग मारा करते थे कि मैं बड़ा सत्यवादी और दृढ़प्रतिज्ञ हूँ फिर आप प्रतिज्ञाबद्ध होकर भी मेरे वरदानों से क्यों मुकर रहे हैं।"[4] "यदि आपकी बुद्धि धर्म में स्थित है तो सत्य का अनुसरण कीजिए। मेरा अभिलषित वर पूरा होना चाहिए क्योंकि उसके लिए आप पहले से वचनबद्ध हैं।"[5] दशरथ यह सब सुनते रहे, राम के गुणों की प्रशंसा करते हुए मोहग्रस्त होकर बिलखते रहे, कैकेयी को गालियाँ भी देते रहे और फिर भी स्वयं को धर्म-बन्धन में बँधा हुआ मानते रहे।[6]

सुमन्त्र द्वारा बुलाये जाने पर जब राम कैकेयी के महल में पहुँचे थे और दशरथ के विषय में चिन्ता प्रकट की थी, तब भी कैकेयी ने सत्य के अनुसरण के प्रति अपना आग्रह प्रकट किया था। दशरथ को सत्य से विमुख हो जाने की चिन्ता भले ही न रही हो किन्तु कैकेयी को इस बात की चिन्ता परेशान करती रही थी कि कहीं ऐसा न हो कि दशरथ की सत्यनिष्ठा झूठ सिद्ध हो। उसने राम से भी सत्य की महत्ता प्रतिपादित करते हुए कहा था–"सत्य ही धर्म का मूल है और यही सत्पुरुषों का सिद्धान्त है। कहीं ऐसा न हो कि महाराज दशरथ तुम्हारे कारण उस सत्य को ही छोड़ बैठें।"[7]

---

1. वा.रा. 2.14.2-3; **2.** वा.रा. 2.14.4-6; **3.** वा.रा. 2.12.39-42; **4.** वा.रा. 2.13.3; **5.** वा.रा. 2.14.8; **6.** वा.रा. 2.14.24; **7.** वा.रा. 2.18.24

राम के निर्वासन एवं भरत को युवराज पद पर अभिषिक्त किये जाने हेतु वर-याचना के कारण ही कैकेयी को दशरथ, कौसल्या और राम के प्रति क्रूर तथा भरत के प्रति ममतामयी कहा जाता है। उसके आचरण से यह दोनों ही धारणाएँ असिद्ध ठहरती हैं। जन्म से लेकर वरदान विषयक घटना तक की सत्ताईस-अट्ठाईस वर्ष की लम्बी अवधि में भरत का केवल विवाह एवं मिथिला से लौटने पर मामा के घर चले जाने का संक्षिप्ततम उल्लेख रामायण में किया गया है। भरत के प्रति कैकेयी के वात्सल्य भाव अथवा ममत्व के प्रति इंगित करता हुआ एक भी शब्द खोजा नहीं जा सकता। भरत को मामा के घर भेजने के पहले न तो दशरथ ने कैकेयी से परामर्श ही लिया और न कैकेयी को ही दशरथ के इस व्यवहार के प्रति कोई शिकायत रही। उल्लेखनीय है कि वन को प्रस्थान करने के पूर्व राम दशरथ, कौसल्या, कैकेयी, सुमित्रा, सीता, लक्ष्मण, वसिष्ठ-पुत्र सुयज्ञ आदि सबसे जी भरकर मिलते रहे थे तथा राम के साथ सबने अनेक प्रकार से विचार कर अपने दुःख-भार को हलका करने का प्रयास किया था। भरत को भी मामा के यहाँ बारह वर्ष से भी अधिक समय के लिए भेजा गया था किन्तु इस अवसर पर भरत ने कैकेयी अथवा माण्डवी किसी से भी भेंट नहीं की। कैकेयी के मन में भी भरत को प्रस्थान-पूर्व देखने की इच्छा नहीं हुई। कौसल्या के मन में राम के प्रति इतना अधिक ममत्व था कि उन्होंने राम को वन जाने से रोकने की कोशिश की, उनके साथ वन जाने की इच्छा प्रकट की और पुत्र-वियोग की कल्पना से अचेत होकर गिर पड़ी थी। सीता के विषय में भी उन्होंने कहा था कि राजमहलों के सुखों की अधिकारिणी वनवास के कष्टों को किस प्रकार सहन करेगी। इसके विपरीत कैकेयी ने भरत अथवा माण्डवी के प्रति कहीं कोई भी विचार प्रकट नहीं किये।

राम के सद्‌गुणों की कैकेयी सदैव प्रशंसक रही है। इसका उल्लेख किया जा चुका है। राम और भरत में उसने कभी कोई अन्तर माना ही नहीं था[1] और राम के अभिषेक के समाचार से उसका हृदय हर्ष से इतना अधिक भर गया था कि मन्थरा को आभूषण देकर भी उसे सन्तोष नहीं हुआ तथा उसका और भी यथेष्ट उपकार करने के लिए उसके मन में बेचैनी उत्पन्न हो गयी थी।[2] उसने मन्थरा से यह भी स्पष्ट कह दिया था—"मेरे लिए जैसे भरत आदर के पात्र हैं वैसे ही बल्कि उससे भी बढ़कर राम हैं क्योंकि वे कौसल्या से भी अधिक मेरी सेवा किया करते हैं। यदि श्री राम को राज्य मिल रहा है तो उसे भरत को ही मिला हुआ समझो क्योंकि राम सभी भाइयों को अपने ही समान समझते हैं।"[3]

कैकेयी और राम के बीच वात्सल्य भाव को दशरथ ने भी स्वीकार किया है। उनके अनुसार राम कैकेयी के प्रति सगी माता के समान व्यवहार करते थे[4] और उसकी इतनी अधिक सेवा किया करते थे, जितनी सेवा करते हुए भरत को कभी

---

1. वा.रा. 2.7.35; **2.** वा.रा. 2.7.34; **3.** वा.रा. 2.8.18-19; **4.** वा.रा. 2.12.8

नहीं देखा गया।[1] राम के प्रति कैकेयी के मन में इतना अधिक स्नेह था कि वह उनको ही अपना ज्येष्ठ पुत्र मानती थी और यह भी मानती थी कि वे धर्माचरण में सबसे आगे हैं।[2] कैकेयी ने इस प्रकार के विचार भरत के प्रति कहीं भी प्रकट नहीं किये। भरत के ननिहाल से लौटने के पश्चात् कैकेयी ने उनको अपने अंक में बैठाकर मस्तक सूँघकर निर्विकार रूप से दशरथ के मरण और राम के वनगमन का समाचार सुना दिया था। उसने यह अवश्य कहा कि यह सब-कुछ मैंने तुम्हारे लिए ही किया है। मात्र इतना कहकर उसने भरत को राज्य भार सँभालने के लिए ठीक उसी प्रकार कह दिया जिस प्रकार माता-पिता अथवा गुरु पुत्र अथवा शिष्य को कर्तव्य-पालन का निर्देश देते हैं। न तो उसने राज्य-प्राप्ति पर कोई प्रसन्नता ही व्यक्त की और न भरत के प्रति कोई ऐसा विचार ही प्रकट किया जिससे यह प्रमाणित हो सके कि वह ममत्वाकृष्टमानसा थी।

दशरथ, कौसल्या और राम कैकेयी को ममत्वहीन, क्रूर हृदय मानते रहे हैं। दशरथ ने उसे नृशंस, दुष्टचरित्रा आदि कहकर अनेक भद्दी गालियाँ तो दी ही हैं यह भी आशंका प्रकट की है कि राम के वन चले जाने और स्वयं दशरथ के मरण के पश्चात् कैकेयी कौसल्या, सुमित्रा और अन्य परिजनों पर अत्याचार करेगी।[3] कौसल्या तो कैकेयी के नाम से जिन्दगी भर रोती ही रही। राम के मन में भी कैकेयी के प्रति असीमित भय विद्यमान था। वन में उन्होंने लक्ष्मण से कहा था कि मैं समझता हूँ कि दशरथ के प्राणों का अन्त करने, मुझे निष्कासित करने और भरत को राज्य दिलाने के लिए ही कैकेयी इस राजभवन में आयी है। वह सौभाग्य मद में आकर कौसल्या और सुमित्रा को कष्ट पहुँचा सकती है। इन लोगों को बड़े कष्ट के साथ अपना जीवन बिताना पड़ेगा। कैकेयी कौसल्या और सुमित्रा को जहर दे सकती है।[4] इस प्रकार अपने विचार प्रकट करते हुए राम ने लक्ष्मण को अयोध्या लौट जाने का परामर्श दिया था।[5] राम के विचार से कैकेयी इतनी अधिक दुष्ट थी कि सीता-हरण का समाचार सुनकर वह सफल-मनोरथ हो जाएगी।[6]

उपर्युक्त उद्धरण कैकेयी के आचरण और व्यवहार को ही विशेष रूप से उद्घाटित करते हैं। जहाँ तक धर्म का प्रश्न है, कैकेयी को निःसंकोच रूप से धर्म के प्रति पूर्णतया तटस्थ और निरपेक्ष माना जा सकता है। सत्य के प्रति जिस रूप में वह आग्रहशील रही है, उसका उल्लेख किया जा चुका है। देवताओं का उसने केवल एक बार उसी समय स्मरण किया जब उनको दशरथ द्वारा दिये गये वरदान का साक्षी बनाया था। इसके अतिरिक्त कैकेयी के पूरे जीवन में धर्म का नाम भी नहीं लिया गया। न तो उसने कौसल्या की भाँति किसी देवता के सामने हाथ जोड़

---

1. वा.रा. 2.12.25; **2.** वा.रा. 2.12.17; **3.** वा.रा. 2.12.88; **4.** वा.रा. 2.53.14, 15, 18; **5.** वा.रा. 2.53.16; **6.** वा.रा. 3.62.9

कर प्रार्थना की, न व्रत-उपवास के द्वारा अपने शरीर को कष्ट ही दिया। न अपने महल में किसी देव-प्रतिमा को स्थापित किया और न वैदिक यज्ञ-यागादि के प्रति ही कोई आस्था प्रकट की। धर्म के नाम पर किया गया उसका कोई भी क्रिया-व्यापार देखा ही नहीं गया। सन्ध्या-वन्दनादि का कदाचित् उसे नाम भी ज्ञात नहीं रहा होगा। पातिव्रत धर्म के विषय में उसके विचार महाभारत की जरत्कारु के अधिक समीप हैं। जरत्कारु को इस बात की चिन्ता रही थी कि उसके पति के सन्ध्या-वन्दनादि नित्य धर्म का लोप न हो और इसलिए उसने पति की निद्रा भंग कर दी और उनके भयंकर क्रोध तथा परित्याग को भी स्वीकार किया था। कैकेयी की भी सबसे बड़ी चिन्ता यही रही कि दशरथ सत्य के अनुसरण से कहीं विचलित न हो जाएँ। सत्य से विचलित होने को वह इक्ष्वाकुवंश पर सबसे बड़ा कलंक मानती थी इसीलिए उसने दशरथ से कहा था कि प्रतिज्ञा-पालन से विमुख होकर राजर्षियों की सभा में वह किस प्रकार अपना मुँह दिखाएँगे। कैकेयी को लक्ष्मण के समान धर्म का विरोधी मानना भी न्यायसंगत नहीं। उसने यदि धर्म के प्रति कोई आस्था प्रकट नहीं की तो अनास्था और विगर्हणा सूचक शब्द भी उसकी जुबान से नहीं निकला।

ज्येष्ठ पुत्र को राज्याधिकार प्राप्त होने विषयक इक्ष्वाकुवंश की धर्म-मर्यादा को मानने, राम के सद्‌गुणों को स्वीकारने, दशरथ, कौसल्या आदि किसी के प्रति द्वेष भाव न होने और भरत के प्रति विशेष ममत्व भावना के न होते हुए भी कैकेयी ने राम को अयोध्या से निर्वासित कर दिया था। इसके कारणों और रहस्य को समझने-समझाने के लिए विद्वानों द्वारा लगातार प्रयास किये जाते रहे हैं। इसे कभी राजनीतिक षड्‌यन्त्र की संज्ञा दी जाती है और कभी लोकहित के उद्देश्य से दैवी विधान मान लिया जाता है। यह भी कहा गया है कि देवताओं के अनुरोध पर सरस्वती ने ही कैकेयी को इस प्रकार वर माँगने के लिए प्रेरित किया था। कभी उसके मनं में भरत के प्रति अपरिमित वात्सल्य भाव और कभी राम के प्रति विद्वेष भावना को मान लिया जाता है। रामायण के सन्दर्भों के आधार पर इनमें से एक भी तथ्य की पुष्टि करना सम्भव नहीं।

मन्थरा द्वारा राम के युवराज पद पर अभिषेक की प्रथम सूचना दिये जाने के पूर्व तक कैकेयी के हृदय में इस प्रकार की वर-याचना की कल्पना का प्रस्फुटन ही नहीं हुआ था। मन्थरा ने पहली सूचना में मात्र इतना ही कहा था कि दशरथ ने अनुबन्ध के होते हुए भी और झूठी सान्त्वना देते रहने पर भी धोखा दिया है। अनुबन्ध के झुठलाये जाने पर उसके मन में कोई परिताप नहीं हुआ था और न राम के अधिकार-प्राप्ति से ही उसके हृदय को ठेस पहुँची थी। इसके पश्चात् ही मन्थरा ने अपनी भूमिका बदल दी थी। उसने भावी राजमाता कौसल्या का सौत के रूप में और राम का सौत-पुत्र के रूप में स्मरण कराया था। सौत और सौत-पुत्र के सम्भावित कटु व्यवहार का चित्र भी उसने प्रस्तुत किया और यह भी स्मरण

कराया था कि कौसल्या तिरस्कृता होने के कारण अवसर पाकर पूरा बदला लेगी।[1] मन्थरा ने कहा था—तुमको अपनी सौत कौसल्या की सेवा में दासी की भाँति हाथ जोड़कर खड़ा रहना पड़ेगा और भरत को भी राम की गुलामी करनी पड़ेगी। राम-पक्ष की स्त्रियाँ—सीता, उर्मिला आदि प्रसन्न होंगी और तुम्हारी बहुएँ माण्डवी और श्रुतिकीर्ति शोकमग्न हो जाएँगी।[2] कैकेयी राम के प्रति पूर्ण आश्वस्त थी किन्तु मन्थरा ने उसके उस विश्वास को ही हिला दिया था। राम के सम्बन्ध में उसने कहा था—राम क्षत्रिय धर्म और राजनीति के विशेषज्ञ हैं। वे समयोचित कार्य-व्यवहार में निपुण हैं अतएव भरत के प्रति उनके व्यवहार की कल्पना से भी मैं काँप जाती हूँ।[3] राम अकण्टक राज्याधिकार प्राप्त होने पर भरत को देश से निष्कासित कर देंगे अथवा वे उनको मार ही डाल सकते हैं।[4] भरत के ननिहाल में और राम के अयोध्या में रहने के कारण पुरवासियों के मन में राम के प्रति ही आदर-भाव है। लक्ष्मण भी राम के अनन्य सहयोगी हैं इसलिए राम भरत का अनिष्ट किये बिना नहीं रहेंगे। मन्थरा ने राम और भरत को सौत-पुत्र होने के कारण परस्पर सहजशत्रु कहा और कहा कि राज्य और धन से वंचित होकर, समृद्ध राम के वशीभूत होकर भरत किस प्रकार जीवित रह सकेगा।[5] राम के राजा बन जाने पर भरत को और तुम्हारी भावी सन्तति को सदा के लिए राज्याधिकार से वंचित रह जाना पड़ेगा[6] और तुमको भरत के साथ दीनहीन तिरस्कृत जीवन बिताना पड़ेगा।[7]

स्पष्टतया मन्थरा ने कैकेयी के नारी स्वभावगत सौतिया द्वेष को उभार दिया था। एक ओर उसने कौसल्या को प्रतिष्ठा प्राप्त होने का संकेत किया और दूसरी ओर कौसल्या के राजमाता बन जाने पर कैकेयी की दीनहीन अवस्था को चित्रित किया था। तमसावृत भविष्य के प्रति भी कैकेयी का ध्यान उसने आकृष्ट किया था। यह लिखा ही जा चुका है कि अयोध्या के महलों में महारानी बनकर आते ही कैकेयी को ही सबसे अधिक प्रभुत्व प्राप्त था। दशरथ और राज्य के सभी सेवक कैकेयी की आज्ञा के अधीन थे। प्रभुत्व और प्रतिष्ठा के उच्चतम पद का सुख भोगकर कैकेयी कभी यह बरदाश्त नहीं कर सकती थी कि उसकी प्रतिष्ठा को कोई आघात लगे। इसीलिए उसने दशरथ से कहा था कि यदि एक दिन भी मैं कौसल्या को राजमाता के रूप में लोगों को हाथ जुड़वाते देख लूँगी, उस दिन मैं मर जाना ही श्रेयस्कर समझूँगी। कैकेयी के इस वाक्य में अपनी प्रतिष्ठा की रक्षा करने के लिए जितनी बेचैनी है, उतनी कौसल्या के प्रति विद्वेष भावना नहीं। राम के अभिषेक के परिणामस्वरूप कैकेयी की आँखों में स्वयं अपनी, भरत की, माण्डवी की और भावी सन्तति की दुर्दशा का चित्र उभरकर आ गया था। इससे बचने-बचाने के लिए ही

---

1. वा.रा. 2.8.37; **2.** वा.रा. 2.8.10-12; **3.** वा.रा. 2.8.8; **4.** वा.रा. 2.8.27; **5.** वा.रा. 2.8.35; **6.** वा.रा. 2.8.22; **7.** वा.रा. 2.8.38

उसने अनुबन्ध और दशरथ द्वारा दिये गये वरदानों का सहारा लिया था। प्रभुत्व और प्रतिष्ठा की रक्षा के अतिरिक्त कोई भी ऐसा दूसरा कारण माना ही नहीं जा सकता जिसने कैकेयी को राम के निर्वासन के लिए प्रेरित किया हो।

दशरथ की राजमहिषी के रूप में अयोध्या की राज्य-व्यवस्था में कैकेयी का महत्त्वपूर्ण योग रहा। स्वयं दशरथ और सभी अधिकारी एवं कर्मचारी कैकेयी की आज्ञा के अधीन थे। लक्ष्मण ने भी दशरथ को कैकेयी का ही वशवर्ती कहा है।[1] कैकेयी द्वारा निर्देश दिये जाने पर दशरथ उस विषय में मन्त्रियों आदि से परामर्श लेने का साहस भी नहीं कर सकते थे।[2] पूरी अयोध्या कैकेयी के नाम से काँप जाती थी। राजकुल के पुरोहित वसिष्ठ को भी कैकेयी ने कभी पूछा तक नहीं। छोटे-बड़े सभी कार्यों में वह स्वयं निर्णय लेती रही और दशरथ के समान वसिष्ठ अथवा अन्य मन्त्रियों से परामर्श लेने की उसने कोई आवश्यकता नहीं समझी। राम के अभिषेक के पहले दशरथ ने वसिष्ठ, सुमन्त्र, कामदेव सबसे परामर्श किया था तथा वसिष्ठ के निर्देशानुसार ही अभिषेक की तैयार की गयी थी। किन्तु भरत के ननिहाल से लौटने पर कैकेयी ने उनको सीधे राज्य-भार ग्रहण करने को कह दिया था। राम की भाँति भरत को भी अभिषेक पूर्व व्रत करने के लिए उसने कहा ही नहीं और वसिष्ठ आदि पुरोहित तथा सुमन्त्र आदि मन्त्री ताकते रह गये थे।

दशरथ राजा होकर भी कैकेयी की इच्छा के अनुसार ही कोई आदेश देते थे। राम को निष्कासित करने के लिए कैकेयी ने वरों की याचना अवश्य की थी किन्तु जब दशरथ ने उनको स्वीकार करने में कुछ हीला-हवाली की तो कैकेयी ने उन्हें सीधा निर्देश दे दिया था। उसने अपने कथन की तीन बार आवृत्ति की थी। स्मरणीय है कि तत्कालीन व्यवस्था के अनुसार याचना अथवा अनुरोध का नहीं अपितु आज्ञा को तीन बार दुहराने का नियम रहा है। इस प्रसंग में 'कैकेय्या प्रचोदितः' शब्द का ही प्रयोग किया गया। जिसका अर्थ कैकेयी द्वारा प्रार्थना किया जाना हो ही नहीं सकता। इसके पश्यात् कैकेयी ने दशरथ से साफ कहा था कि यदि आप मेरी इस आज्ञा का पालन नहीं करेंगे तो मैं प्राण त्याग दूँगी।[3] राम को बुलाने के लिए सुमन्त्र को भी उसने सीधी आज्ञा देते हुए कह दिया था कि तुम शीघ्र ही राम को बुला लाओ और इस सम्बन्ध में तुमको कुछ सोचने विचारने की जरूरत नहीं।[4] सुमन्त्र राम को विदा करने के पश्चात् जब लौटने लगे तब राम ने भी उनको सावधान कर दिया था कि कैकेयी का प्रिय करने की इच्छा से दशरथ जो कुछ भी आज्ञा दें, उसका तुमको आदरपूर्वक पालन करना चाहिए।[5] सामान्यतया सुमन्त्र प्रत्येक अवसर पर बोलते रहे किन्तु जब वह कैकेयी के महल में जाते थे तो वहाँ उसकी उपस्थिति

---

1. वा.रा. 2.23.12; **2.** वा.रा. 2.59.18-19; **3.** वा.रा. 2.14.10; **4.** वा.रा. 2.14.63; **5.** वा.रा. 2.52.24

में दशरथ से बात करने में भी वह काँप जाते थे।[1] कैकेयी के डर से उनकी स्मृति भी गायब हो जाती थी।[2] स्वयं दशरथ उससे इतने अधिक आतंकित थे कि वह राम के सम्बन्ध में बात करते हुए बगलें झाँकने लगते थे। सुमन्त्र जब वन से लौटे तो राम के विषय में दशरथ ने उनसे प्रश्न करने का भी साहस नहीं किया। कौसल्या ने जब उन्हें बताया था कि जिस कैकेयी के भय से वह बात नहीं कर रहे हैं, वह अभी यहाँ नहीं है तभी उन्होंने कुछ कहने-सुनने की हिम्मत की थी।[3]

राम के वनगमन के साथ ही अयोध्या की राज्यसत्ता का पूरा भार कैकेयी ने अपने हाथों में ले लिया था। दशरथ ने पहले ही इसका संकेत करते हुए कहा है कि राम के वन चले जाने और मेरी मृत्यु के पश्चात् तू अपने बेटे के साथ अयोध्या का राज्य करेगी।[4] दशरथ के इस कथन में भरत द्वारा नहीं वरन् कैकेयी द्वारा राज्य करने की बात कही गयी है। कौसल्या ने भी विलाप करते हुए कहा था, "क्रूर दुष्टाचरिणी, कैकेयी! तेरी कामना सफल हो गयी है। अब राजा को भी त्याग कर तू अकेली ही अकण्टक राज्य का सुख भोगती रह।[5] पुरवासियों द्वारा भी इसी आशय के विचार प्रकट किये गये हैं। उन्होंने कहा था कि हम सब लोग राम के साथ ही चले जाएँगे फिर भले ही कैकेयी पुत्र और बन्धु-बान्धवों सहित अयोध्या को अपने अधिकार में कर ले।[6] सभी पुरवासी कैकेयी की कठोर राज्य-व्यवस्था से डर गये थे। उन्होंने अपने भय को प्रकट करते हुए कहा था कि यदि कैकेयी का इस राज्य पर अधिकार हो गया तो यह अनाथवत् हो जाएगा और इसमें धर्म की मर्यादा नहीं रह जाएगी।[7] राम ने जब पुरवासियों से लौट जाने के लिए अनुरोध किया तब भी यही कहा था कि आप सबको लौटा देने का मेरा उद्देश्य यही है कि कैकेयी भरत द्वारा सुरक्षित विशाल राज्य को हस्तगत कर ले।[8]

उपर्युक्त सन्दर्भ इसी बात के प्रति संकेत करते हैं कि राज्य सत्ता पर कैकेयी का ही अधिकार हो गया था। राजसेवकों ने दशरथ की आज्ञा का पालन करना कदाचित् बन्द कर दिया था। यही कारण है कि जब दशरथ ने राम को वन से लौटा लाने की इच्छा प्रकट की तब सुमन्त्र से कहा था कि यदि आज भी इस राज्य में मेरी आज्ञा मानी जाती हो तो तुम राम को वन से लौटा ले आओ।[9] यदि दशरथ को राजा के अधिकार प्राप्त रहे होते तो उनके द्वारा इस प्रकार के शब्दों का प्रयोग न किया गया होता। दशरथ को कैकेयी का महल छोड़कर कौसल्या के भवन में आ जाना पड़ा था। दशरथ का अन्तिम समय एक ऐसी समस्या उत्पन्न कर देता है जिसका उत्तर देना सरल नहीं। कौसल्या से बात करते-करते ही दशरथ का प्राणान्त हुआ था। सुमित्रा को भी उस समय उनके निकट बैठी हुई लिखा गया है। दोनों

---

1. वा.रा. 2.34.5; **2.** वा.रा. 2.60.14; **3.** वा.रा. 2.57.31; **4.** वा.रा. 2.12.93; **5.** वा.रा. 2.66.3; **6.** वा.रा. 2.33.25; **7.** वा.रा. 2.48.21; **8.** वा.रा. 2.52.63; **9.** वा.रा. 2.59.22

रानियों के उपस्थित रहते हुए भी दशरथ का मरण रातभर एक अज्ञात घटना के रूप में ही बना रहा और दूसरे दिन प्रातःकाल सूत, मागध और वन्दीजन सदैव की भाँति संगीत तथा गाजे-बाजे के साथ राजद्वार पर उपस्थित हुए थे। बहुत समय तक दशरथ के बाहर न आने पर कुछ स्त्रियों ने जब शैया के समीप जाकर देखा तो उन्हें आश्चर्य हुआ था। उन्होंने देखा था कि दशरथ का प्राणान्त हो चुका था तथा कौसल्या एवं सुमित्रा की नींद नहीं खुली थी। वे अन्य स्त्रियों का रोना-चिल्लाना सुनकर ही जागी थीं। यदि श्रद्धापूर्वक कौसल्या और सुमित्रा के शोकग्रस्त हो अचेत होने की बात न मानी जाय तो इस स्थिति का समाधान होता ही नहीं।

दशरथ के मरण के पश्चात् संक्रमण काल की जो स्थिति उत्पन्न हुई थी उस पर नियन्त्रण पाने के लिए कैकेयी को बड़े कठोर कदम उठाने पड़े थे। राम के वन के लिए प्रस्थान के समय से ही उसने कठोर नियन्त्रण-नीति को राज्य में लागू कर दिया था। अयोध्या की जनता उसकी कठोरता का अनुभव कर रही थी। पुरवासियों ने स्वयं कहा है कि क्रूर कैकेयी अब निष्ठुर कर्म में ही लगी रहती है। राम की याद करते हुए उन्होंने कहा था कि अब हम लोग पापिनी कैकेयी के वश में रहते हुए दुःख भोगते रहेंगे। नयी व्यवस्था में अयोध्या का नक्शा पूरी तरह बदल गया था। यद्यपि इसके पीछे पुरवासियों का राम के विरह में शोक-सन्तप्त होना लिखा गया है किन्तु कैकेयी के विषय में जो सन्दर्भ ऊपर दिये गये हैं, उनसे यह भी अनुमान होता है कि यह सब कैकेयी की नयी नीतियों का परिणाम ही रहा होगा। सुमन्त्र जब राम को विदा करके अयोध्या लौटे थे तो उनको प्रत्येक घर का बाहरी चबूतरा और भीतरी भाग सूना दिखाई दिया था, बाजार बन्द मिले थे और सड़कों पर कोई चहल-पहल नहीं दिखाई दी। इसके पश्चात् भी व्यापारियों की दुकानें बन्द रही थीं, खेल-कूद बन्द हो गये थे और यदि कुछ दुकानें खुलती भी थीं तो वहाँ खरीददार नहीं पहुँचते थे। यज्ञ बन्द हो चुके थे और लोग अपने को अनाथ जैसा मानने लगे थे। अग्निहोत्र, स्वाध्याय, कथावार्ता, उत्सव सभी कुछ बन्द था। भरत जब मामा के घर से लौटे थे तो उनको भी अयोध्या में पहले की भाँति चहल-पहल नहीं दिखाई दी। कैकेयी को ही लोग इसका कारण मानते थे और कहीं ऐसी जगह जाने के लिए आकुल हो उठते थे जहाँ वे कैकेयी का नाम भी न सुन सकें। यह स्थिति ठीक वैसी ही थी मानो पूरे राज्य में सख्त कर्फ्यू लगा दिया गया हो।

यह भी उल्लेखनीय है कि राम को वन भेजने के नौ दिन पश्चात् सुमन्त्र अयोध्या वापस लौटे थे। उसके बाद दशरथ का शरीरान्त होने पर ही भरत को ननिहाल से बुलाने के लिए दूत भेजे गये थे। भरत के आने पर कैकेयी के प्रश्न का उत्तर देते हुए उन्होंने बताया था कि राजगृह से अयोध्या तक आने में उनको

सात रात्रियाँ मार्ग में बितानी पड़ी थीं।[1] अर्थात् दूतों के राजगृह जाने और भरत को लेकर लौटने में सोलह दिन का समय लग गया था। दशरथ की अन्त्येष्टि में भी तेरह दिन का समय लग गया था और इसके पश्चात् ही भरत का राज्याभिषेक हुआ था। इस प्रकार कम-से-कम चालीस दिन तक अयोध्या की राज्य-व्यवस्था कैकेयी के हाथों में ही रही थी। भरत के मामा के यहाँ से लौटने पर उनका राज्याभिषेक कर उसने राज्य की पूरी व्यवस्था भरत के हाथों में सौंप दी थी।

कैकेयी के जीवन पर गम्भीर दृष्टि से विचार करने पर यही निष्कर्ष निकलता है कि वह धर्म और आचार की सभी व्यवस्थाओं के प्रति पूर्णतया निरपेक्ष थी। सत्य के प्रति उसका इतना जबरदस्त आग्रह था कि स्वयं उससे कभी विचलित नहीं हुई और किसी को विचलित होते देखना उसके लिए सह्य भी नहीं था। आडम्बर, मिथ्याचरण अथवा छल-प्रपंच के द्वारा यश, प्रतिष्ठा और सुख प्राप्त करना उसको कभी प्रिय नहीं रहा। दशरथ को सत्य का पालन करने के लिए उसने लगातार जोर दिया और उसके पीछे उसकी यही कामना रही कि इक्ष्वाकुवंश पर सत्य से विचलित होने का कलंक न लगे।

वस्तुतः कैकेयी का चरित्र इतना गम्भीर है कि उसकी गुत्थियों को सुलझाना सरल नहीं। राम को वन भेजने की एक घटना को लेकर उसकी सभी चारित्रिक विशेषताओं की ओर से आँखें फेर लेने का तात्पर्य उसके प्रति अन्याय तो है ही, एक गम्भीर और निर्दोष व्यक्तित्व को समझने में भी भूल होती रहेगी।

---

1. वा.रा. 2.72.8

भरत का समन्वयवाद

रामायण में छोटे-बड़े सब मिलाकर शताधिक पात्रों का समावेश किया गया है। कथावस्तु तथा घटना-वर्णन की दृष्टि से इनमें से राम, सीता, लक्ष्मण का पूर्ण विस्तार के साथ, कुछ पात्रों का सन्दर्भ के अनुरूप संक्षेप में वर्णन और शेष का मात्र नामोल्लेख किया गया है। इनमें से भरत को द्वितीय वर्ग में रखा जा सकता है तथापि रामायण के सर्वथा निर्दोष और आदर्श पात्रों की यदि समीक्षा की जाय तो भरत और हनुमान ही अग्रगण्य सिद्ध होते हैं। लक्ष्मण भी निष्कपट रूप से अपने सिद्धान्तों के प्रति समर्पित रहे किन्तु वे सनातन धर्म के विद्वेषी और उग्रवादी थे। राम के सम्बन्ध में भी ताटका-वध, शूर्पणखा का अपमान, वाली-वध, सीता-परित्याग आदि अनेक प्रश्न ऐसे हैं जो उनके आचरण और व्यवहार के समक्ष खड़े रहते हैं। भरत का चरित्र इस प्रकार के दोषों से सर्वथा अछूता रहा। रामायण के किसी भी पात्र ने भरत पर किसी प्रकार का आरोप नहीं लगाया और यदि आशंकावश कोई विचार व्यक्त भी किया गया तो वह आशंका निर्मूल ही सिद्ध हुई। उदाहरणार्थ, लक्ष्मण को भरत पर सन्देह हुआ किन्तु उनका वह सन्देह निराधार ही सिद्ध हुआ।

दशरथ-परिवार में उत्पन्न राम, भरत आदि चारों पुत्रों में से माता-पिता का सबसे अधिक स्नेह केवल राम को ही प्राप्त हो सका। दशरथ उनको कभी दृष्टि से ओझल होने ही नहीं देना चाहते थे और कौसल्या का मन भी राम में ही लगा रहता था। उसकी पूजा, उपासना, प्रार्थना भी राम के लिए ही हुआ करती थी। महर्षि विश्वामित्र जब राम को लेने के लिए आये थे, तब दशरथ ने स्नेहवश उनको भेजने से इनकार किया था। राम के वनगमन पर तो उनको प्राण ही त्याग देने पड़े। विश्वामित्र ने लक्ष्मण को भी भेजने के लिए दशरथ से अनुरोध किया ही नहीं था और जब लक्ष्मण भी जाने के लिए उद्यत हुए तो दशरथ अथवा सुमित्रा ने उनको रोकने के लिए एक शब्द भी नहीं कहा। राम के साथ वन के लिए भी लक्ष्मण अपने आप चले गये थे। राम के अतिरिक्त भरत, लक्ष्मण और शत्रुघ्न के प्रति दशरथ, कैकेयी अथवा सुमित्रा के मन में ममत्व की कोई भावना नहीं रही। भरत के सत्ताईस वर्ष के जीवन की केवल जन्म, विवाह और मामा के यहाँ जाने की घटनाओं का संक्षिप्ततम उल्लेख मात्र किया गया है। यह भी उल्लेखनीय है कि जो दशरथ राम

के दूर होने की कल्पना मात्र से तड़प जाते थे, उन्हीं ने भरत को ननिहाल चले जाने का निर्देश दिया था।[1]

स्नेह और ममत्व विरहित व्यवहार का ही यह परिणाम था कि भरत के मन में भी दशरथ, कैकेयी अथवा किसी के भी प्रति ममत्व की भावना उत्पन्न ही नहीं हुई थी। मामा के यहाँ जाने के पहले उन्होंने राम, दशरथ और माताओं से पूछा था यह उल्लेख अवश्य किया गया है[2] किन्तु यह इस प्रकार किया गया है कि औपचारिकता की परछाईं के समीप भी नहीं पहुँचता। सीता, माण्डवी, लक्ष्मण, उर्मिला आदि को उनके जाने की खबर भी लगी थी या नहीं, इसका संकेत भी रामायण में नहीं किया गया। बारह वर्ष तक अलग रहने पर भी न तो भरत को ही दशरथ, कैकेयी अथवा माण्डवी की कभी याद आयी और न इन्होंने ही भरत का कभी स्मरण किया। तात्पर्य यह कि भरत को जन्म से ही अपना जीवन सबसे अलग-थलग रहकर बिताना पड़ा था और इस कारण उनके मन में माता-पिता अथवा किसी व्यक्ति के प्रति ममत्व की नहीं वरन निर्विकार और वीतराग होकर कर्तव्य-निर्वहण की भावना ही सुदृढ़ हुई थी।

भरत की बाल्यावस्था के विषय में रामायण में कहीं कुछ लिखा ही नहीं गया। किस गुरु से उनको शस्त्र और शास्त्र-शिक्षा प्राप्त हुई थी, इसका भी कोई संकेत नहीं किया गया। राक्षसों और शत्रुओं के साथ युद्ध में भी उनको कभी उलझना नहीं पड़ा। लंका-विजय के पश्चात् अयोध्या लौटने पर और बहुत समय तक राज्य शासन करने के पश्चात् राम ने जब अपने और भाइयों के पुत्रों के लिए राज्य-प्राप्ति की व्यवस्था की और कैकयनरेश युधाजित की ओर से गन्धर्वों के देश पर आक्रमण करने के लिए उनको आमन्त्रित किया गया, तब राम के द्वारा भरत को ही भेजा गया था। भरत ने अपने दोनों पुत्र तक्ष और पुष्कल के साथ केकय-नरेश की सहायता से गन्धर्वों के देश पर आक्रमण किया था। इस युद्ध में उनके द्वारा काल-देवता के दारुण अस्त्र—संवर्तास्त्र का भी प्रयोग किया गया था और उन्होंने भयानक युद्ध करते हुए गन्धर्वों को पराजित किया था। विजित देश का राज्यभार तक्ष और पुष्कल को सौंपकर वह फिर अयोध्या वापस लौट आये थे। इसके पश्चात् पुनः जब लक्ष्मण के पुत्रों—अंगद और चन्द्रकेतु—का प्रश्न उपस्थित हुआ तब भरत के परामर्श से ही उनके लिए कारूपथ और चन्द्रकान्ता नगरी के राज्य की व्यवस्था की गयी थी। चन्द्रकेतु के साथ भरत को ही भेजा गया था और वे वहाँ एक वर्ष से कुछ अधिक समय तक रुके थे। जब चन्द्रकेतु का राज्य सुदृढ़ हो गया, तब भरत फिर अयोध्या लौट आये थे।

उपर्युक्त उदाहरण इस तथ्य को प्रमाणित करते हैं कि युद्ध-कौशल, शौर्य और

1. वा.रा. 2.77.16-17; 2. वा.रा. 2.77.17-18

साहस की भरत में कमी नहीं थी। वे राज्य-व्यवस्था को नियन्त्रण में रखना तथा नये राज्य में भी व्यवस्था बनाये रखने की कला में निष्णात थे।

भरत के सक्रिय एवं व्यावहारिक जीवन का प्रारम्भ राम के वन चले जाने और उनके मामा के घर से लौटने पर ही होता है। ननिहाल से लौटने पर अयोध्या की जो राजनीतिक और परिवार की कलहपूर्ण स्थिति भरत को मिली थी, उसमें बड़े से बड़ा विचारशील और धैर्यवान् व्यक्ति भी अपना विवेक खो सकता था। पूरी अयोध्या में सन्नाटा छाया हुआ था और महलों में दशरथ के मरण पर सभी रानियाँ रो रही थीं। वसिष्ठ और सुमन्त्र सभी की आँखों के सामने अँधेरा था। वसिष्ठ को यह विश्वास था कि उस अराजकता की स्थिति पर नियन्त्रण पाने की क्षमता केवल भरत में ही है। यही कारण है कि मार्कण्डेय आदि ऋषियों एवं अन्य मन्त्रियों द्वारा यद्यपि भरत को बुलाने का परामर्श नहीं दिया गया और इक्ष्वाकुवंश के किसी भी राजकुमार अथवा किसी अन्य को राजा बनाने की सलाह दी गयी थी[1] तथापि वसिष्ठ ने भरत को बुलवाकर उन्हीं को राज्य-भार सौंपने का निर्णय लिया था।

भरत को भी यद्यपि शक्ति, उपाय और बुद्धिबल के द्वारा राज्य-भार सँभालने की अपनी सामर्थ्य पर विश्वास था[2] किन्तु प्रथमतः कुल-परम्परा तथा राजधर्म के नियमों का उल्लंघन उनको सह्य नहीं था और दूसरे, कैकेयी ने जिस रीति से उनके लिए राज्य-प्राप्ति का योग जुटाया था, उसे भी उन्होंने उचित नहीं माना। राजधर्म के नियमों के प्रति उनके मन में इतनी जबर्दस्त आस्था थी कि उनके सम्यक् निर्वहण के लिए वे सब-कुछ बरदाश्त कर सकते थे। कैकेयी द्वारा राम के निष्कासन का समाचार सुनकर उन्होंने प्रश्न किये थे–"क्या राम ने किसी ब्राह्मण के धन का हरण किया है? क्या उन्होंने किसी निष्पाप व्यक्ति की हत्या कर दी है? क्या राम किसी परस्त्री के प्रति आसक्त हो गये हैं? किस अपराध के कारण राम को निष्कासित किया गया है?" इन प्रश्नों में स्पष्टतया यह ध्वनि सन्निहित है कि यदि राम इनमें से किसी अपराध के दोषी होते तो उनका निष्कासन भरत की दृष्टि में अनुचित न होता। भरत का आक्रोश वस्तुतः उसी समय भड़का जब उनको ज्ञात हुआ कि राम को निरपराध होते हुए भी निष्कासित किया गया है। कैकेयी ने जब यह बताया कि उसकी यह युक्ति केवल भरत को राज्याधिकार प्राप्त कराने के लिए थी, तब उन्होंने उसको भी कटु वचन कहने में संकोच नहीं किया।

उपर्युक्त घटना-सन्दर्भ में भरत का आग्रह मुख्यतया दो बातों के प्रति रहा :

1. किसी निर्दोष व्यक्ति को दण्डित किया जाना उचित नहीं, भले ही उससे अपरिमित लाभ की आशा हो;
2. राजधर्म नियमों तथा इक्ष्वाकुवंश-परम्परा के अनुसार ज्येष्ठ पुत्र ही राज्य

---

1. वा.रा. 2.67.38; **2.** वा.रा. 2.73.17

का अधिकारी होता है अतएव राम के अतिरिक्त किसी को भी राजा बनने का अधिकार नहीं।

जहाँ तक पहले सिद्धान्त का प्रश्न है, उल्लेखनीय है कि धर्म-पालन के नाम पर अनेक पूर्ववर्ती राजाओं द्वारा धर्म-विरुद्ध कृत्य भी किये जाते रहे हैं। हरिश्चन्द्र ने यज्ञ-यूप से बाँधने के लिए बेचारे शुनःशेप को खरीद लिया था और एक लाख गायें देकर उसके पिता को ही अपने पुत्र का वध करने के लिए राजी कर लिया। अम्बरीष ने अपने धर्म की रक्षा के लिए अपने ही निरीह पुत्र को अपनी आँखों के सामने चिरवा डाला था। परशुराम ने पिता की आज्ञा-पालन को धर्म मान कर अपनी माता का ही सिर काट लिया था। इस प्रकार के धर्म-पालन में इन महापुरुषों के दिमाग में यह बात क्यों नहीं आयी कि शुनःशेप जैसे निरीह बालकों का आखिर क्या अपराध था जिसके लिए उन्हें दण्डित किया गया? धर्म-व्यवस्था और उसके पालन की तभी सराहना की जा सकती है जब उसके द्वारा कोई दूसरा अधर्म न हो। यदि दशरथ सत्यप्रतिज्ञ ही रहना चाहते थे तो भी निर्दोष राम को दण्ड देना किस धर्म-व्यवस्था के अनुकूल था? इस प्रकार का दोष भरत के चरित्र को छू तक नहीं सका। न तो उन्होंने किसी निरपराध को दण्डित किया और न किसी अपराधी को मुक्त ही किया। इसी आस्था से प्रेरित होकर उन्होंने बार-बार और विविध रूप से कैकेयी से प्रश्न किये थे कि राम को अकारण ही निष्कासित क्यों किया गया?[1] शूरवीर, कृतात्मा, यशस्वी राम पाप की ओर देखते तक नहीं फिर भी उनको चीर पहनाकर घर से निकल जाने के लिए क्यों कहा गया?[2] भरत ने यह भी समझ लिया था कि कैकेयी द्वारा यह सब-कुछ राज्यलोभ के वश किया गया है। इस प्रकार राज्यलोभ से सत्य और धर्म-पालन के नाम पर किये गये पापकृत्यों में भरत ने सहभागी बनने से भी इनकार कर दिया। उन्होंने कैकेयी से स्पष्ट शब्दों में कह दिया था कि चूँकि यह सब-कुछ लोभ, मोह और पाप भावना से किया गया है अतएव राज्यभोग की तुम्हारी इच्छा को मैं पूर्ण होने ही नहीं दूँगा।[3]

राज्याधिकार की व्यवस्था के विषय में भी भरत अविचलित रूप से राजधर्म नियमों के प्रति आस्थावान् थे। अनायास ही अयोध्या का राज्याधिकार प्राप्त होने पर भी उन्होंने स्वयं को नियमानुसार उसका अधिकारी नहीं माना। राजधर्म का उल्लंघन करने के कारण ही उन्होंने कैकेयी की भर्त्सना करते हुए कहा था कि इस कुल में जो सबसे बड़ा होता है उसी का राज्याभिषेक होता है। दूसरे भाई सावधानीपूर्वक बड़े भाई के अधीन रहकर ही कार्य करते हैं। मेरे विचार में राजधर्म पर तेरी दृष्टि नहीं है अथवा तू उसे बिलकुल जानती ही नहीं। राजाओं के व्यवहार की जो शाश्वत परम्परा है, उसका भी तुझको ज्ञान नहीं। राजकुमारों में जो ज्येष्ठ

---

1. वा.रा. 2.73.7; **2.** वा.रा. 2.73.12,2.74.3; **3.** वा.रा. 2.73.17,25

होता है उसी का राजा के पद पर अभिषेक किया जाता है। सभी राजाओं के यहाँ समान रूप से इस नियम का पालन होता है और इक्ष्वाकुवंश में इस नियम का विशेष आदर है।[1] इसके पश्चात् जब मन्त्रियों ने भरत से राज्य-भार ग्रहण करने का अनुरोध किया और यह भी कहा कि स्वयं दशरथ द्वारा प्रदत्त राज्य को अधिकार में लेना न्याय-संगत है[2] तब भी भरत ने उनको यही उत्तर दिया था कि नीतिविद् होकर भी आप सबको इस प्रकार की बात कहना उचित नहीं। हमारे कुल में सदा ज्येष्ठ पुत्र ही राज्य का अधिकारी होता रहा है। राम हम सबसे ज्येष्ठ हैं। अतः वही इस राज्य के अधिकारी हैं।[3] इन्हीं नियमों और धर्म-व्यवस्थाओं के प्रति दृढ़ आस्था व्यक्त करते हुए उन्होंने राम को वन से लौटा लाने का निर्णय लिया था। चित्रकूट पहुँचकर भरत ने राम से अयोध्या लौटने का अनुरोध करते हुए भी यही कहा था कि, "कुल-परम्परा के अनुसार ज्येष्ठ पुत्र के होते हुए छोटा पुत्र राजा हो ही नहीं सकता। ज्येष्ठ होने के नाते आप ही राज्य के अधिकारी हैं। अतः आप धर्मानुसार राज्य-भार ग्रहण करें।"[4] इस व्यवस्था के प्रति भरत इतने अधिक निष्ठावान् थे कि राम के अयोध्या न लौटने की स्थिति में वह उनकी पादुकाएँ लेकर लौटे थे और इस रीति से उन्होंने अपनी कुल-परम्परा का निर्वाह किया था।

राम की अनुपस्थिति में भरत ने पूरे चौदह वर्ष तक नन्दिग्राम में रहकर राज्य का संचालन किया था। यह एक विडम्बना ही है कि भरत की चौदह वर्ष की राज्य-व्यवस्था को एकदम उपेक्षित छोड़ दिया गया है। उसके सम्बन्ध में गिने-चुने संकेत ही रामायण में प्राप्त होते हैं और पूरी कथावस्तु अयोध्या से हटकर राम के पीछे चली जाती है। कैकेयी ने राम के निष्कासन के साथ ही भरत के अभिषेक का भी वर प्राप्त किया था। अयोध्या के नागरिकों ने राम के निर्वासन पर गहरा दुःख व्यक्त किया था किन्तु यह विशेष रूप से उल्लेखनीय है कि भरत को राज्याधिकार प्राप्त होने के समाचार पर किसी के भी द्वारा भूलकर भी हर्ष व्यक्त नहीं किया गया। लोगों ने जिस प्रकार राम के विषय में लिये गये निर्णय की कटु आलोचना की थी, उसी प्रकार भरत को राज्य देने विषयक निर्णय को भी स्वागत योग्य नहीं माना था। ऐसा प्रतीत होता है कि राज्य-व्यवस्था की दृष्टि से भरत राम के समान उदारवादी नहीं थे। कैकेयी और भरत की राज्य-व्यवस्था की कल्पना से भी लोग काँप जाते थे। उनको कसाई के घर में बँधे हुए पशु के समान स्थिति का ही अनुभव होता था। नगरवासियों ने दुःख प्रकट करते हुए कहा था–"यदि इस राज्य पर कैकेयी का अधिकार हो गया तो यह अनाथ हो जाएगा। धर्म की मर्यादा नहीं रहेगी। ऐसे राज्य में जीवित रहना भी व्यर्थ है, फिर धन और पुत्रों से भी क्या

---

1. वा.रा. 2.73.20-22; **2.** वा.रा. 2.79.3; **3.** वा.रा. 2.79.7-8; **4.** वा.रा. 2.101.10, 2.102.2

प्रयोजन है। अब हमारे पुण्य समाप्त हो गये हैं इसलिए या तो हम लोगों को विष खाकर मर जाना चाहिए या किसी ऐसे देश में चले जाना चाहिए, जहाँ इसकी चर्चा भी न सुनाई दे। दशरथ ने राम को निर्वासित कर दिया और हम लोगों को भरत के साथ उसी प्रकार बाँध दिया गया है, जैसे कसाई के घर में पशु को बाँध दिया जाता है।"[1] इसी भय के कारण पुरवासियों ने अपनी गड़ी हुई धन-सम्पत्ति लेकर अयोध्या से चले जाने का भी विचार किया था।[2]

दशरथ की अन्त्येष्टि के पश्चात् भरत ने राम को लौटा लाने के लिए प्रस्थान-पूर्व मार्ग-निर्माण की जो व्यवस्था की थी, उससे यह प्रकट होता है कि वह अपने आदेशों के पालन में विलम्ब को बरदाश्त नहीं करते थे। उन्होंने आदेश दिया था कि शिल्पी ऊँची-नीची भूमि को समतल कर अच्छी सड़कों का निर्माण करें।[3] निर्माण का यह कार्य अयोध्या से लेकर गंगा के तटवर्ती प्रदेश तक किया गया था। इसमें कितना समय लगा था इसका उल्लेख यद्यपि रामायण में नहीं है तथापि कार्य-विस्तार को देखते हुए कहा जा सकता है कि उसमें कम समय नहीं लगा होगा। मार्ग में पड़े पत्थरों को हटाया गया, झाड़-झंखाड़ काटे गये, सड़क के किनारे नये वृक्ष लगाये गये, भूमि को समतल किया गया, स्थान-स्थान पर पुल बाँधे गये, जगह-जगह तालाबों का निर्माण किया गया, कुओं का निर्माण किया गया, छावनियों और विश्राम-स्थलों का निर्माण किया गया तथा नगर-सुधार के अन्य सभी कार्य किये गये थे। इतने अधिक और विस्तृत निर्माण-कार्य निश्चय ही योजनाबद्ध रीति से विशेषज्ञों द्वारा पूर्ण विचार के पश्चात् ही पूरे कराये गये होंगे। चित्रकूट-यात्रा के उद्देश्य से ही यह सब किया गया था अतएव युद्धस्तर पर ही यह कार्य किया गया होगा।

वन-यात्रा के अवसर पर गंगातट तक पहुँचते हुए भरत ने अपनी राज्य-व्यवस्था का अध्ययन भी किया था। कोई बाहरी शत्रु अयोध्या राज्य की ओर आँख उठाकर देखने का भी साहस नहीं कर सकता था। निषादराज से राम-सीता के विषय में सुनकर भरत को जब मानसिक क्लेश हुआ, उस समय उनका मन अनेक प्रकार के सोच-विचारों में उलझ गया था। वे एक ओर राम और सीता के विषय में सोचते रहे और दूसरी ओर राज्य की सुरक्षा के विषय में भी उनके मन में विचार उत्पन्न हुए थे। इस अवसर पर उन्होंने अनुभव किया था :

न च प्रार्थयते कश्चिन्मसापि वसुन्धराम् ।
वने निवसतस्तस्य बाहुवीर्याभिरक्षिताम् ॥
शून्यसंवरणारक्षामयन्त्रितहयद्विपाम् ।
अनावृतपुरद्वारां राजधानीमरक्षिताम् ॥

---

1. वा.रा. 2.48.21,27,28; **2.** वा.रा. 2.33.18-21; **3.** वा.रा. 2.79.13

अप्रहृष्टबलां शून्यां विषमस्थामनावृताम्।
शत्रवो नाभिमन्यन्ते भक्ष्यान् विषकृतानिव। –वा. रा. 2.88.23-25

राम के वन में निवास करने पर भी उनके ही बाहुबल से रक्षित पृथ्वी को कोई शत्रु मन से भी लेने की बात नहीं सोचता। इस समय यद्यपि अयोध्या की रक्षा के लिए चहारदीवारी नहीं बनाई गयी, हाथी-घोड़े बँधे हुए नहीं रहते, नगर-द्वार का फाटक खुला रहता है, राजधानी अरक्षित है, सैनिकों में जोश नहीं है और पूरा नगर सूना है फिर भी शत्रु विषमिश्रित भोजन की भाँति अयोध्या की ओर देख भी नहीं सकते।

उपर्युक्त उद्धरण में यद्यपि पृथ्वी को राम के बाहुबल से रक्षित कहा गया है किन्तु अयोध्या में जब राम का शासन था ही नहीं तब भरत का यह कथन उनकी सदाशयता और ऋजुता का ही परिचायक है। इतना स्पष्ट है कि राजधानी अयोध्या की ओर शत्रु दृष्टि नहीं डालते थे और यह बाहुबल, पराक्रम तथा सुदृढ़ शासन-व्यवस्था का ही परिणाम था।

भरत के समय में सुमन्त्र आदि को भी दशरथ के समय के अनुरूप प्रतिष्ठा प्राप्त नहीं थी। उन्होंने मन्त्रियों अथवा पुरोहित वसिष्ठ से कभी परामर्श नहीं लिया अपितु वे राजा की भाँति आदेश ही दिया करते थे। नगर-सुधार और मार्ग-निर्माण का कार्य पूर्ण होने पर भरत ने सुमन्त्र को राजोचित भाषा में आदेश दिया था। इस अवसर पर भरत द्वारा प्रयुक्त शब्द 'मम शासनात्' विशेष रूप से विचारणीय है।

यह भी उल्लेखनीय है कि महर्षि भरद्वाज ने राम-लक्ष्मण का औपचारिक रीति से स्वागत कर दूसरे ही दिन चित्रकूट पर रहने के लिए विदा कर दिया था किन्तु भरत का स्वागत-सत्कार करने के लिए उन्होंने अपनी पूरी शक्ति लगा दी थी। स्वागत-सामग्री जुटाने के लिए उन्होंने पहले सभी देवताओं का आवाहन किया और फिर विविध भोजन सामग्री के द्वारा सेना सहित भरत का राजोचित सत्कार किया था। निषादराज गुह द्वारा किये गये सत्कार में राम के प्रति अगाध श्रद्धा दिखाई देती है और भरत का स्वागत करते समय राजोचित मर्यादा का ही अधिक ध्यान रखा गया था। भरत ने अपनी विशाल वाहिनी के साथ शिविका में बैठकर ही एक राजा की भाँति चित्रकूट की यात्रा की थी।[1] उनके साथ इतने अधिक हाथी-घोड़े चित्रकूट पहुँचे थे कि उनकी लीद से चित्रकूट की पूरी जमीन ढक गयी थी।[2]

चौदह वर्ष के शासनकाल में भरत केवल राम की पादुकाओं की पूजा नहीं करते रहे थे वरन् राज्य-व्यवस्था पर पूरा ध्यान दिया गया था। चारों वर्णों की प्रजा की सभी प्रकार के भयों से सुरक्षा-व्यवस्था की गयी। मन्त्री, पुरोहित और सेनापति सभी को प्रजा की सुरक्षा का दायित्व सौंपा गया था। राज्याधिकार सम्पन्न होकर भी स्वयं

1. वा.रा. 2.92.37; **2.** वा.रा. 2.117.3

भरत तथा मन्त्री आदि सभी काषाय वस्त्र धारण कर त्यागमय जीवन व्यतीत करते थे।[1] वाली से चर्चा करते हुए श्री राम ने किष्किन्धा आदि प्रदेशों पर इक्ष्वाकुवंश के राजाओं का ही आधिपत्य माना है। इस अवसर पर राम ने भरत की राज्य-व्यवस्था पर भी चर्चा की है और कहा है कि धर्मनिष्ठ भरत ही इस पूरे भू-भाग के अधिपति हैं। राजाओं में कठोर नियन्त्रण और अनुग्रह के जो गुण होने चाहिए, भरत में विद्यमान हैं।[2] भरत को नीति, विनय, सत्य, पराक्रम और देशकाल के ज्ञान से सम्पन्न कहा गया है।[3]

राम के कथनानुसार यह भी ज्ञातव्य है कि भरत ने केवल अपने राज्य में ही धर्म और व्यवस्था बनाये रखने का प्रयास नहीं किया वरन् उन्होंने बाहर के प्रदेशों में भी धर्म-प्रचार के प्रयत्न किये थे। इस उद्देश्य की पूर्ति के लिए उन्होंने राजाओं को आदेश दिये थे कि सभी जगह धर्म-पालन की ओर लोगों का ध्यान आकृष्ट किया जाए। भरत के आदेशानुसार धर्म-प्रचार के लिए निकले हुए इन राजाओं को यह भी निर्देश दिये गये कि धर्म के प्रतिकूल आचरण करनेवाले व्यक्तियों को दण्डित किया जाए। भरत की आज्ञा से ही अनेक राजा धर्म का प्रचार करते हुए चारों ओर घूमते रहे थे। राम के अनुसार उनको स्वयं भी भरत की ओर से वनवास की अवधि में धर्म-प्रचार के आदेश प्राप्त हुए थे।[4] राम ने स्वयं कहा है कि राजा भरत धर्म से भ्रष्ट पुरुषों को दण्डित करते हैं और धर्मात्मा पुरुष का धर्मपूर्वक पालन करते हुए कामासक्त स्वेच्छाचारी पुरुषों पर नियन्त्रण रखने में तत्पर रहते हैं। हम भरत की आज्ञा को ही प्रमाण मानकर मर्यादा का उल्लंघन करनेवाले लोगों को दण्ड देने के लिए सदैव उद्यत रहते हैं।[5] यद्यपि रामायण में अथवा किसी अन्य ग्रन्थ में इस बात का उल्लेख नहीं मिलता कि भरत ने और किन राजाओं को धर्म-प्रचार के लिए बाहर भेजा था किन्तु राम के उपर्युक्त कथन से यह प्रमाणित है कि भरत के द्वारा अयोध्या के बाहर भी धर्म-प्रचार के सघन प्रयास किये गये थे।

भरत ने अपनी शक्ति केवल धर्म-प्रचार पर ही केन्द्रित नहीं रखी थी, एक कुशल राजा की भाँति राज्य के अन्य अंगों पर भी पूरा ध्यान दिया गया था। विविध उपायों से कोष और कोष्ठागार की वृद्धि की गयी थी। राज्य की आन्तरिक व्यवस्था पर तो उनका पूर्ण नियन्त्रण था ही, सीमा-सुरक्षा तथा युद्ध की दृष्टि से सेना का भी विस्तार किया गया था। राम के वनगमन के पश्चात् मामा के यहाँ से लौटकर राज्य-भार सँभालने के समय से चौदह वर्ष की अवधि में खजाना, भण्डार, राज्य सम्पत्ति और सेना—सब की दस गुनी वृद्धि हो गयी थी। राम को राज्य-भार सौंपते समय उन्होंने स्वयं बताया था—

---

1. वा.रा. 6.125.33-34; **2.** वा.रा. 4.18.7; **3.** वा.रा. 4.18.8; **4.** वा.रा. 4.18.9,11; **5.** वा.रा. 4.18.23-25

अवेक्षतां भवान् कोशं कोष्ठागारं गृहं बलम्।
भवतस्तेजसा सर्वं कृतं दश गुणं मया। —वा.रा. 6.127.57

—आप स्वयं राज्य का खजाना, कोष्ठागार, घर और सेना सब-कुछ देख लीजिए। आपके प्रताप से यह सब वस्तुएँ पहले की अपेक्षा दस गुनी हो गयी हैं।

भरत के व्यक्तित्व का अध्ययन उनके आचरण और व्यवहार के द्वारा ही किया जाना चाहिए। कैकेयी का मातृ-स्नेह उनको कदाचित् प्राप्त हुआ ही नहीं था। शत्रुघ्न के अतिरिक्त अन्य किसी भाई के सान्निध्य में उनका रहना भी प्रमाणित नहीं। विश्वामित्र के साथ राम और लक्ष्मण के चले जाने पर भरत केवल शत्रुघ्न के साथ अयोध्या में रहे थे। और जब विवाह के पश्चात् सभी भाई अयोध्या लौटे तब फिर भरत और शत्रुघ्न को मामा के यहाँ चला जाना पड़ा था। मामा के यहाँ से उनके लौटने का योग भी राम के वन चले जाने पर ही उपस्थित हुआ था। इस प्रकार भरत का अधिकांश जीवन सबसे अलग रहकर ही व्यतीत हुआ था। इस अवस्था में उनके विचारों और मनोभावों का वास्तविक ज्ञान किसी को हो ही नहीं सका और वे प्रायः सभी पात्रों की समझ से परे रहे। कैकेयी, कौसल्या, लक्ष्मण, निषादराज गुह और राम को भी भरत के विषय में गलतफहमी बनी ही रही। अवसर उपस्थित होने पर यह गलतफहमियाँ दूर हुईं और सभी पात्र उनको आँखें मल कर देखते ही रह गये।

भरत की उदारता और सदाशयता को दशरथ ही सबसे अधिक समझ सके थे। यद्यपि मन्थरा भरत को राम का सहज शत्रु मानती थी किन्तु दशरथ ने यह सोचा भी नहीं कि भरत के मन में राम के प्रति विद्वेष भावना हो सकती है। वह भरत को 'महात्मा' शब्द से अभिहित करते हैं।[1] उन्होंने स्पष्ट शब्दों में यह भी कहा था कि धर्म-पालन की दृष्टि से भरत श्रीराम से भी बढ़े-चढ़े थे।[2] यदि राम को निष्कासित कर दिया जाय तो भरत किसी भी दशा में राज्य को स्वीकार ही नहीं करेंगे।[3] भरत के विषय में दशरथ की यह धारणा असत्य नहीं रही। कैकेयी भरत के विषय में प्रायः मौन ही रही। यद्यपि उसने भरत को युवराज पद पर अभिषिक्त करने के लिए दशरथ को बाध्य अवश्य किया किन्तु संकेत किया जा चुका है कि इसके मूल में न तो उसकी ममत्व भावना ही थी और न भरत के चरित्र गुणों के प्रति उसका विशेष झुकाव ही था। ऐसा प्रतीत होता है मानो भरत का लालन-पालन मन्थरा के द्वारा किया गया हो क्योंकि मन्थरा के मन में भरत के प्रति अनुराग की जो विशिष्ट भावनाएँ थीं वह कैकेयी के मन में दिखाई नहीं देतीं। कैकेयी द्वारा भरत के विषय में कोई विचार व्यक्त किया ही नहीं गया जिसे उद्धृत किया जा सके।

कौसल्या के मन में भरत के प्रति किंचित् भी स्नेह भावना विद्यमान नहीं रही। कैकेयी भले ही भरत की अपेक्षा राम को अधिक अच्छा और अपना मानती रही

---

1. वा.रा. 2.12.21; **2.** वा.रा. 2.12.62; **3.** वा.रा. 2.12.61

हो किन्तु कौसल्या सदैव भरत को सौत-पुत्र के रूप में देखती रही! उसे एक ओर अपने प्रिय पुत्र राम के निर्वासन तथा राज्यच्युत होने का दुःख हुआ और दूसरी ओर यह स्मरण कर मानो उसके प्राण निकले जाते थे कि राम के चले जाने पर उसे भरत और कैकेयी के अनुशासन में रहना पड़ेगा। राम से उसने कहा ही था कि भरत को देखते ही सभी नौकर-चाकर उससे बात करना भी बन्द कर देते हैं।[1] वह लगातार कैकेयी और भरत के नाम पर रोती रही और राम की वनवास की अवधि समाप्त होने तथा उस दिन की प्रतीक्षा करती रही, जब वनवास की अवधि पूर्ण कर राम राजा बनेंगे।

सबसे अधिक आश्चर्य इस बात पर होता है कि राम जैसे मनस्वी, उदारचेता महापुरुष के मन में भी भरत के प्रति गलत धारणाएँ जन्म लेती रही हैं। विचार और आचरण की दृष्टि से सोलह वर्ष की अवस्था के पश्चात् ही व्यक्ति प्रौढ़ होता है तथा विकास की यह कालावधि सामान्यतया सोलह वर्ष से तीस वर्ष के बीच मानी जाती है। राम और भरत सोलह वर्ष की आयु के पश्चात् परस्पर एक-दूसरे के सम्पर्क में रहे ही नहीं। सम्भवतः इसी कारण राम भरत की वैचारिक भूमि से अपरिचित रहे होंगे। कभी तो राम भरत के प्रति पूर्ण आस्थावान् दिखाई देते हैं और कभी उनके मन में अनेक शंकाएँ उत्पन्न हो जाती हैं। कौसल्या को आश्वस्त करते हुए राम ने कहा था—"भरत बड़े धर्मात्मा हैं। वे समस्त प्राणियों के प्रति प्रियभाषी और सदा धर्मशील हैं। अतः वे तुम्हारी सेवा करेंगे।"[2] वन में बहुत दूर तक साथ चलते हुए पुरवासियों से लौट जाने का अनुरोध करते समय भी राम ने कहा था—"भरत का चरित्र बड़ा ही सुन्दर और सबका कल्याण करनेवाला है। कैकेयी का आनन्द बढ़ाने वाले भरत आप लोगों का भी प्रिय और हित करते रहेंगे। वे अवस्था में छोटे होने पर भी ज्ञान में बड़े हैं। पराक्रमोचित गुणों से सम्पन्न होने पर भी स्वभाव से कोमल हैं। राजा के रूप में वे निश्चय ही प्रजा के भय का निवारण करेंगे। वे मुझसे भी अधिक राजोचित गुणों से युक्त हैं अतः आप सबको भरत की आज्ञा का पालन करना चाहिए"।[3] तमसा के तट पर लक्ष्मण से चर्चा करते हुए भी राम ने कहा था—"धर्मात्मा भरत धर्म, अर्थ, काम—तीनों के अनुकूल वचनों द्वारा पिताजी को और माता कौसल्या को सान्त्वना देंगे। जब मैं भरत के कोमल स्वभाव का स्मरण करता हूँ तो मुझे माता-पिता की अधिक चिन्ता नहीं होती।"[4] इसी प्रकार चित्रकूट में भरत की सेवा को देखकर जब लक्ष्मण ने अपना आक्रोश प्रकट किया, उस समय भी लक्ष्मण को समझाते हुए राम ने कहा था—"भरत कुलधर्म का स्मरण करते हुए ही हम लोगों से मिलने के लिए आ रहे हैं। उनके मन में कभी हम लोगों का अहित

1. वा.रा. 2.20.43; **2.** वा.रा. 2.24.22; **3.** वा.रा. 2.45.7-9; **4.** वा.रा. 2.46.7-8

करने का विचार उत्पन्न ही नहीं हो सकता।"[1] इस स्थान पर राम ने यह भी कहा—"भरत किसी भी प्रकार अहित नहीं कर सकते तथा यदि उनसे कहा जाय कि अयोध्या का राज्य लक्ष्मण को दे दो, तो वे सहर्ष राज्य छोड़ देंगे।"[2]

उपर्युक्त विचारों के विपरीत स्वयं राम ने ही अनेक अवसरों पर ऐसे विचार भी प्रकट किये हैं जो भरत के प्रति उनकी आशंकाओं को व्यक्त करते हैं। दशरथ से वनगमन के लिए विदा माँगते समय जिस स्वर में उन्होंने बार-बार दुहराया था कि आप यह समस्त पृथ्वी भरत को दे दीजिए और सत्यवादी बनिए[3] उससे स्पष्ट ध्वनित है कि भरत को राज्य देने विषयक दशरथ के निर्णय को वे विष के घूँट के समान पीकर रह गये थे। लक्ष्मण से भी राम ने अयोध्या में ही रहकर कौसल्या और सुमित्रा की सेवा करते रहने का अनुरोध किया था। इस अवसर पर राम ने कैकेयी के प्रति आशंका व्यक्त की और भरत के विषय में भी स्पष्ट कहा था कि भरत राज्याधिकार प्राप्त कर कैकेयी का ही अनुसरण करेंगे और दुखिया कौसल्या तथा सुमित्रा का भरण-पोषण नहीं करेंगे। अतः तुम प्रयत्नपूर्वक राजा का अनुग्रह प्राप्त कर कौसल्या का पालन करते रहो।[4] राम ने सीता को भी अयोध्या में ही रहने के लिए समझाया था। सीता को उन्होंने जिन शब्दों में समझाया है, वह विशेष रूप से द्रष्टव्य है। उन्होंने कहा था—

सोऽहं त्वामागतो द्रष्टुं प्रस्थितो विजनं वनम्।
भरतस्य समीपे तु नाहं कथ्यः कदाचन॥
ऋद्धियुक्ता हि पुरुषा न सहन्ते परस्तवम्।
तस्मान्न ते गुणाः कथ्या भरतस्याग्रतो मम॥
अहं ते नानुवक्तव्यो विशेषेण कदाचन।
अनुकूलतया शक्यं समीपे तस्य वर्तितुम्॥
तस्मै दत्तं नृपतिना यौवराज्यं सनातनम्।
स प्रसाद्यस्त्वया सीते नृपतिश्च विशेषतः। —वा.रा. 2.26.24-27

विप्रियं च न कर्त्तव्यं भरतस्य कदाचन।
स हि राजा च वैदेहि देशस्य च कुलस्य च॥
आराधिता हि शीलेन प्रयत्नैश्चोपसेविताः।
राजानः सम्प्रसीदन्ति प्रकुप्यन्ति विपर्यये॥
औरस्यानपि पुत्रान् हि त्यजन्त्यहितकारिणः।
समर्थान् सम्प्रगृह्णन्ति जनानपि नराधिपाः॥

---

1. वा.रा. 2.97.9-13; **2.** वा.रा. 2.97.16-17; **3.** वा.रा. 2.34.41-44; **4.** वा.रा. 2.31. 14-15

सा त्वं वसेह कल्याणि राज्ञः समनुवर्तिनी।
भरतस्य रता धर्मे सत्यव्रतपरायणा ॥ —वा.रा. 2.26.34-37

—वन को प्रस्थान करने के पूर्व मैं तुमको देखने के लिए आया हूँ। मेरे वन चले जाने पर तुम भरत के समीप कभी मेरी प्रशंसा न करना क्योंकि समृद्धिशाली पुरुष दूसरों की प्रशंसा सहन नहीं कर पाते हैं। इसलिए पुनः तुमसे कहता हूँ कि भरत के सामने कभी मेरे गुणों की प्रशंसा न करना। तुम्हें विशेषतः भरत के समक्ष किसी भी प्रकार मेरी चर्चा नहीं करनी चाहिए। उनके मनोनुकूल व्यवहार करके ही तुम उनके निकट रह सकती हो। दशरथ ने उनको सदा के लिए युवराज पद दे दिया है इसलिए तुम्हें प्रयत्नपूर्वक उनको प्रसन्न रखना होगा। ऐसा करना इसलिए भी आवश्यक है कि वे ही अब राजा होंगे। तुम्हें भरत की इच्छा के विरुद्ध कोई भी काम नहीं करना है, क्योंकि इस समय वे ही देश और कुल के राजा हैं। अनुकूल आचरण के द्वारा आराधना और प्रयत्नपूर्वक सेवा करने पर ही राजा प्रसन्न होते हैं तथा विपरीत बर्ताव करने पर वे कुपित हो जाते हैं। जो अहित करनेवाले हैं वे अपने औरस पुत्र ही क्यों न हों, राजा उन्हें त्याग देते हैं और आत्मीय न होने पर भी जो सामर्थ्यवान् होते हैं, उन्हें वे अपना बना लेते हैं। अतएव तुम राजा भरत के अनुकूल बर्ताव करती हुई धर्म एवं सत्यव्रत में तत्पर रहकर यहीं निवास करो।

उपर्युक्त उद्धरण इस बात के प्रमाण माने जा सकते हैं कि राम भरत को किंचित् भी सहिष्णु और उदार नहीं मानते थे। उनकी धारणा यही रही कि भरत कौसल्या, सुमित्रा और सीता के प्रति कभी भी सहिष्णु रहकर अच्छा व्यवहार नहीं करेंगे। राम का विश्वास था कि सामान्य राजाओं की भाँति भरत भी राज्याधिकार प्राप्त होते ही पूरी तरह से बदल जाएँगे और कौसल्या तथा सीता आदि सभी के प्रति पूर्ण राजोचित व्यवहार किया जाएगा। राम की स्वयं की आस्था भी यही थी कि राजा को आत्मीय सम्बन्धों की पूर्णतया उपेक्षा कर निःशेषतया राजधर्म के अनुसार ही आचरण करना चाहिए। इसी कारण उन्होंने सीता की पवित्रता को जानते हुए भी उनको निर्वासित कर दिया था। राम ने कभी यह कल्पना भी नहीं की कि भरत ने एक ऐसे मार्ग का अनुसरण किया था जिसके द्वारा वे सनातन धर्म और राजधर्म दोनों का ही निर्बाध रूप से पालन करते रहे। राम और भरत के चरित्र में यह अन्तर विशेष रूप से द्रष्टव्य है कि राम ने आवश्यकतानुसार जब जैसा भी उचित समझा वही किया और उसे धर्मानुकूल सिद्ध करने के लिए तर्क उपस्थित किये और भरत ने राजधर्म, सनातन धर्म तथा कुलधर्म सभी की मर्यादाओं को किंचित् भी आघात पहुँचाये बिना उनका पालन किया। राम ने भरत के प्रति जो आशंकाएँ व्यक्त की हैं वह सर्वथा निराधार ही थीं। पूरी रामायण में एक भी पंक्ति ऐसी नहीं खोजी जा सकती जो दशरथ, कौसल्या, राम, सीता, लक्ष्मण किसी के भी प्रति भरत के

मन की दुर्भावना की ओर इंगित कर सके। सुमन्त्र जब राम को विदा करके लौटने लगे थे तब भी राम ने उनके द्वारा भरत को सन्देश भेजा था—"तुम्हारी दृष्टि में कैकेयी का जो स्थान है, वही कौसल्या और सुमित्रा का भी होना चाहिए।"[1] यहाँ पर भी राम के मन की आशंका ही प्रकट हुई है, जब कि भरत कौसल्या को कैकेयी की अपेक्षा अधिक आदर देते रहे हैं।

भरत को युवराज पद पर अभिषिक्त देखकर राम के मन में किसी प्रकार की प्रसन्नता दिखाई नहीं देती। उनके मन को यह बात लगातार सालती रही कि उनको राज्यच्युत होना पड़ा और भरत को राज्याधिकार प्राप्त हो गया। अपनी वेदना को लक्ष्मण के सामने अभिव्यक्त करते हुए उन्होंने कहा था—"कैकेयीकुमार भरत ही सुखी और सौभाग्यवती स्त्री के पति हैं जो अकेले ही हृष्ट-पुष्ट मनुष्यों से भरे हुए कोसल देश के राजा की भाँति भोग करेंगे। पिताजी वृद्ध हो गये हैं और मैं वन में चला आया हूँ, ऐसी दशा में केवल भरत ही समस्त राज्य के श्रेष्ठ सुखों का उपभोग करेंगे।"[2]

सुमन्त्र ने लौटकर दशरथ से राम का जो सन्देश सुनाया था, वह भी राम के मन में भरत के प्रति व्याप्त आशंकाओं को ही व्यक्त करता है। राम ने कौसल्या को सन्देश भेजते हुए कहा था—"तुमको कुमार भरत के प्रति राजोचित बर्ताव करना है। राजा छोटी आयु के भी हों तो भी वे आदरणीय होते हैं। इस राजधर्म को याद रखना।" भरत को भी उन्होंने यही कहलाया था—"सभी माताओं के प्रति न्यायोचित व्यवहार करते रहना।"[3]

राम के ये सन्देश भी यही ध्वनित करते हैं कि प्रथमतः वे राजधर्म को सर्वोपरि मानते थे और दूसरे यह कि भरत के विषय में उनके मन में सदैव यह आशंका बनी ही रही कि वह राजा बनने पर कौसल्या के प्रति सहिष्णु और उदार नहीं रहेंगे।

कौसल्या और राम की भाँति सीता के मन में भी भरत के प्रति किसी प्रकार की सद्भावना नहीं रही। राम के वन-गमन के निर्णय से सीता को दुहरा आघात लगा था। प्रथमतः अपने पति के निर्वासित किये जाने का और दूसरे, भरत के हाथों में राज्य चले जाने पर उन्हें दुःख हुआ था। राम ने जब उनसे अयोध्या में ही रह कर दशरथ-कौसल्या की सेवा करते रहने का आग्रह किया था, तब सीता ने स्पष्ट शब्दों में कहा था कि मुझे वनवास के कष्टों से कोई परेशानी नहीं। यदि आप मुझे अपने साथ वन में नहीं ले चलेंगे तो मैं आज ही विष पी लूँगी। किन्तु शत्रुओं के अधीन होकर नहीं रहूँगी।[4] तात्पर्य यह कि सीता के मन में भरत के प्रति इतनी अधिक कटुता विद्यमान थी कि वे उनको अपना शत्रु मानती थीं।

लक्ष्मण ने भरत के प्रति आक्रोश प्रकट करते हुए उनको मार डालने तक का

---

1. वा.रा. 2.52.35; **2.** वा.रा. 2.53.11-12; **3.** वा.रा. 2.58.20-21; **4.** वा.रा. 2.30.19

इरादा प्रकट किया है किन्तु यह कहना असंगत नहीं होगा कि लक्ष्मण के विचार किसी गलतफहमी से नहीं वरन् उनके उग्रवादी स्वभाव की प्रतिक्रिया रहे हैं। उन्होंने कभी भरत के किसी दोष के प्रति इशारा नहीं किया। अपने सहज स्वभाव के कारण ही उनकी भुजाएँ फड़क उठती थीं। भरद्वाज और निषादराज गुह के मन में भी भरत के प्रति सन्देह हुआ था और भरत के सामने आते ही उनका वह सन्देह विलीन हो गया। इस प्रकार भरत के सम्बन्ध में कैकेयी, कौसल्या, राम, सीता, भरद्वाज, निषादराज–सभी के मन में गलत धारणाएँ पनपती रहीं और अवसर उपस्थित होने पर भरत उन गलत धारणाओं के सर्वथा प्रतिकूल एक ऐसे विलक्षण धर्मावलम्बी सिद्ध होते गये जिसका उदाहरण दूसरा नहीं।

जहाँ तक भरत की धर्माचरण विषयक आस्थाओं का प्रश्न है, उन्होंने सनातन धर्म, राजधर्म और कुलधर्म की सभी व्यवस्थाओं का पूरी निष्ठा के साथ पालन किया। राम ने दशरथ द्वारा निष्कासित किये जाने पर दुःख भी प्रकट किया है और उसे न्यायोचित भी नहीं माना। किन्तु भरत को जब दशरथ ने मामा के घर जाने का आदेश दिया था तब वे अपनी नव विवाहिता पत्नी माण्डवी से बिना भेंट किये चुपचाप चले गये थे। बारह वर्ष तक दशरथ ने उनको अयोध्या से बाहर रखा फिर भी उनके मन में दशरथ, कौसल्या अथवा राम किसी के प्रति विकृत भावना जन्म नहीं ले सकी। इस प्रकार राम और भरत दोनों ने ही यद्यपि पिता की आज्ञा से ही अयोध्या से बाहर रहना स्वीकार किया था किन्तु भरत ने जिस निष्ठा के साथ उस आज्ञा का पालन किया, वह उदाहरणीय है। उन्होंने चौदह वर्ष तक राज्य शासन का संचालन किया किन्तु राम की पादुकाओं को सिंहासनासीन कर ज्येष्ठ पुत्र के राज्याधिकारी होने के कुलधर्म को आघात नहीं पहुँचने दिया। चौदह वर्ष के उनके शासनकाल की एक भी ऐसी घटना नहीं जो धर्म-व्यवस्था के प्रतिकूल हो। राम और भरत का तुलनात्मक अध्ययन प्रस्तुत प्रबन्ध का विषय नहीं है तथा राम के अध्ययन से अन्य सन्दर्भ स्वयमेव उद्घाटित हो जाते है, अतएव यहाँ उनकी विवेचना करना भी समीचीन नहीं। कौसल्या को सन्देह था कि चौदह वर्ष तक राज्य करने के पश्चात् भरत राम को राज्य नहीं लौटाएँगे[1], किन्तु भरत ने उस पर कभी अपना अधिकार माना ही नहीं।

मामा के यहाँ से लौटने पर भरत ने कौसल्या के सामने अपने को निर्दोष बतलाते हुए जो कहा है, उसमें उनकी धार्मिक आस्थाओं का स्पष्ट प्रतिबिम्ब है। उन्होंने कहा था–राम को जिस प्रकार निष्कासित किया गया है, उसकी मुझे कोई जानकारी नहीं। इसके साथ ही उन्होंने कहा था कि जिसकी अनुमति से राम को वन जाना पड़ा, उसकी बुद्धि गुरु से सीखे शास्त्रों में निर्दिष्ट मार्ग का अनुसरण करने

---

1. वा.रा. 2.61. 11

वाली न हो, वह हीन जातियों का सेवक हो, सूर्य की ओर मुँह करके मलमूत्र का त्याग करे, सोयी हुई गायों को लात मारे, उसको वही पाप लगे जो सेवक से भारी काम करा कर समुचित वेतन न देनेवाले स्वामी को लगता है, जो राजा से द्रोह करनेवाले को लगता है, जो प्रजा से उसकी आय का छठा भाग लेकर भी प्रजा की रक्षा न करनेवाले राजा को लगता है, जो यज्ञ में कष्ट सहनेवाले ऋत्विजों को दक्षिणा देने की प्रतिज्ञा कर इनकार करनेवाले को लगता है, जो संग्राम में सत्पुरुषों के धर्म का पालन न करनेवाले को लगता है, जो गायों को लात मारनेवाले, गुरु-निन्दक और मित्रद्रोही को लगता है, जो विश्वासघाती को लगता है, जो पुत्रों, सेवकों और भृत्यों को छोड़कर अकेले भोजन करनेवाले को लगता है, जो राजा, स्त्री, बालक और वृद्धों के हत्यारे को लगता है। इसी प्रसंग में भरत ने मांस, मधु, विष के व्यापार से जीविका अर्जित करनेवाले, युद्धस्थल से भागनेवाले, मद्यपी, परस्त्री-गामी, गुरुपत्नी-गामी, छली, कपटी, ऋतुस्नाता की उपेक्षा करनेवाले, प्यासे को पानी न पिलानेवाले, कलहप्रिय आदि व्यक्तियों को सबसे बड़ा पापी कहा है। भरत के ये शपथ-वाक्य सर्वथा स्मार्त धर्म की व्यवस्थाओं के ही अनुरूप हैं तथा इस तथ्य के प्रमाण हैं कि स्मार्त धर्म में भरत की सुदृढ़ आस्था थी।

कर्म-परिणाम तथा परलोक में भरत की आस्था कम नहीं थी। कैकेयी ने राम को निर्वासित कर कौसल्या को पुत्र-वियोग का जो कष्ट दिया था, उसके प्रति इंगित करते हुए उन्होंने कहा था कि तुमने भ्रूण-हत्या का पाप अपने सिर पर लिया है इसलिए तू नरक में जा और पिताजी का लोक तुझे न मिले।[1] अपनी इसी आस्था के परिणामस्वरूप श्राद्ध-अग्निहोत्र तथा प्रेत-कार्यों की उन्होंने कभी अवहेलना नहीं की। वसिष्ठ के निर्देशन में उन्होंने दशरथ के प्रेत-कर्म की विधिवत् व्यवस्था की थी।[2] ऋत्विजों ने वेदोक्त मन्त्रों का उच्चारण करते हुए अग्नि में आहुति दी थी तथा सामगान करनेवाले विद्वानों ने शास्त्रीय पद्धति के अनुसार साम श्रुतियों का गायन किया था।[3] दशाह व्यतीत हो जाने पर ग्यारहवें दिन ही भरत ने आत्मशुद्धि के लिए स्नान और एकादशाह श्राद्ध का अनुष्ठान किया था और बारहवें दिन अन्य श्राद्धादि कर्म किये गये थे। इस अवसर पर ब्राह्मणों को धन, रत्न, अन्न, वस्त्र और गायें दान में दी थीं। राजा के अनुसार व्यवहार करते हुए भरत ने ब्राह्मणों को दास-दासियाँ, सवारियाँ तथा आवास-गृह भी दान दिये थे।[4] राम को लौटा लाने के लिए भरत ने जब चित्रकूट की यात्रा की तो मार्ग में शृंगवेरपुर में गंगातट पर वे विश्राम करने के लिए रुके थे। इस अवसर पर उन्होंने अपने सचिवों से कहा था—"यहाँ ठहरने का मेरा एक विशेष प्रयोजन भी है। मैं चाहता हूँ कि गंगाजी में

---

1. वा.रा. 2.74.4, 29; **2.** वा.रा. 2.76.3; **3.** वा.रा. 2.76.18; **4.** वा.रा. 2.77.1-3

उतरकर स्वर्गीय महाराजा दशरथ के पारलौकिक कल्याण के लिए जलांजलि दे दूँ।[1] जलांजलि देने के लिए भरत ने राम को भी प्रेरित किया था।[2]

भरत ने न तो वैदिक देवताओं के प्रति कहीं कोई आस्था व्यक्त की और न उनके द्वारा कोई यज्ञ ही किया गया। उनका पूरा जीवन स्मार्तधर्म-व्यवस्था, राजधर्म, कुलधर्म तथा लोकरीति का अनुसरण करते ही व्यतीत हुआ था। वे किसी विशिष्ट सिद्धान्त के प्रति आग्रहशील दिखाई नहीं देते तथापि किसी धर्म-व्यवस्था का उल्लंघन उन्होंने कभी नहीं किया। ज्येष्ठ की उन्होंने यद्यपि कभी अवमानना नहीं की किन्तु किसी अनुचित कर्म के वे कभी समर्थक नहीं रहे। दशरथ के प्रति उनके मन में असीम श्रद्धा विद्यमान भी तथापि कैकेयी के मोह में पड़कर उन्होंने जिस प्रकार राम को निर्वासित कर दिया था, उसे भरत ने अनुचित और निन्दनीय कहने में संकोच नहीं किया। राम से अयोध्या लौट चलने के लिए आग्रह करते हुए उन्होंने कहा था–"महाराज मेरे गुरु, बड़े-बूढ़े, राजा, पिता और देवता रहे हैं। वे परलोकवासी हो चुके हैं अतएव इस सभा में उनकी निन्दा नहीं करता हूँ। कौन ऐसा मनुष्य है जो धर्म को जानते हुए भी स्त्री का प्रिय करने की इच्छा से ऐसा धर्म और अर्थ से हीन कुत्सित कर्म कर सकता है! पिताजी ने क्रोध, मोह और साहस के कारण ठीक समझकर धर्म का जो उल्लंघन किया है, उसे आप पलटकर उसका संशोधन कर दें। जो पुत्र पिता की भूल को ठीक कर देता है वही लोक में उत्तम सन्तान माना जाता है। जो इसके विपरीत बर्ताव करता है वह श्रेष्ठ सन्तति नहीं है। अतः आप पिताजी की श्रेष्ठ सन्तान ही बने रहें और उनके अनुचित कर्मों का समर्थन न करें। उन्होंने जो कुछ भी किया है वह धर्म की सीमा से बाहर है। संसार में धीर पुरुष उसकी निन्दा करते हैं।"[3]

भरत की सबसे बड़ी विशेषता यह है कि एक ओर उन्होंने अपने व्यवहार और आचरण में धर्म-नियमों का पूर्ण निष्ठा के साथ अनुसरण किया और दूसरी ओर स्थूल क्रिया-व्यापार से भी परे उन दार्शनिक सिद्धान्तों को अपनाया था जिनका उपनिषदों और गीता ने समर्थन किया है। राम ने जीवन की नश्वरता का प्रतिपादन करते हुए ही दशरथ के परलोक-गमन को सहनीय कहा था किन्तु भरत ने उससे भी आगे जीवन के प्रति विरक्ति और अनासक्ति पर जोर दिया था। आत्मा शरीर से परे शुद्ध चित्-स्वरूप है और शरीरी होने पर भी शरीर से उसका कोई सम्बन्ध नहीं रहता। भरत के ही शब्दों में–"जैसे मृत्यु हो जाने के पश्चात् आत्मा का शरीर से कोई सम्बन्ध नहीं रहता, उसी प्रकार प्राणी के जीवनकाल में उसका किसी से कोई सम्बन्ध नहीं रहता। जीवनकाल में अथवा शरीरान्त की अवस्था में आत्मा की स्थिति में किसी प्रकार का विकार उत्पन्न नहीं होता। जिस प्रकार वस्तु के अभाव में उसके प्रति

1. वा.रा. 2.83.24; **2.** वा.रा. 2.102.8; **3.** वा.रा. 2.106.11-16

व्यक्ति को रागद्वेष नहीं होता उसी प्रकार वस्तु के रहने पर भी मनुष्य को रागद्वेष से मुक्त रहना चाहिए। जिसे इस प्रकार की विवेक-बुद्धि प्राप्त है उसे परिताप होने का प्रश्न ही उपस्थित नहीं होता। जिस मनुष्य को आत्म और अनात्मतत्त्व का बोध है, संकट पड़ने पर भी उसे विषाद नहीं होता।[1]

भरत ने कहीं भी किसी देवता का नाम नहीं लिया और किसी के प्रति अपनी आस्था व्यक्त नहीं की। निषादराज गुह से मिलने के पश्चात् जब उन्होंने इंगुदी वृक्ष की जड़ के समीप राम की भूमि-शैया को देखा तब काल की महत्ता को अवश्य स्वीकार किया था। उन्होंने कहा था कि निश्चय ही काल से अधिक बलवान् कोई दूसरा देवता नहीं जिसके प्रभाव से दशरथनन्दन राम को भी इस प्रकार भूमि पर सोना पड़ा।[2] व्यवहार की दृष्टि से लौकिक जीवन में वे राजा को ही देवोपम मानते थे। राम को लौटने के लिए आग्रह करते हुए उन्होंने कहा था कि यद्यपि सब लोग राजा को मनुष्य कहते हैं तथापि मेरे मत से वह देवत्व पर प्रतिष्ठित है क्योंकि उसके धर्म और अर्थयुक्त आचार को साधारण मनुष्य के लिए असम्भावित बताया गया है।[3] राजा को इतनी अधिक महत्ता देने पर भी भरत उसे स्वेच्छाचारी बनाने के समर्थक नहीं थे। वे राजा के लिए आवश्यक मानते थे कि वह विहित धर्म-नियमों के अनुसार प्रजा के सभी वर्गों का सम्यक् रीति से पालन करे। भरद्वाज के आश्रम पर पहुँचकर उन्होंने अपनी सेना को आश्रम से दूर रोक दिया था। भरद्वाज के पूछने पर उन्होंने बताया था कि राजा और राजपुत्र को चाहिए कि वे सभी देशों में प्रयत्नपूर्वक तपस्वीजनों को दूर छोड़कर रहें।[4]

भरत की मान्यता थी कि प्रजा का समुचित रूप से पालन करना ही क्षत्रिय का धर्म होता है। क्षत्रिय होकर भी प्रजा-पालन से विरत होना अथवा संसार त्याग कर वनवासी का जीवन व्यतीत करना धर्म का उल्लंघन है। क्षत्रिय के लिए प्रजा-पालन को वे प्रत्यक्ष सुख का साधनभूत धर्म और इसकी तुलना में अन्य धर्माचरण को भविष्य में फल देनेवाला अनिश्चित धर्म मानते थे। इसी प्रकार गृहस्थ आश्रम भरत की दृष्टि में सबसे श्रेष्ठ है क्योंकि शेष आश्रम के व्यक्तियों का जीवन भी गृहस्थों पर ही निर्भर है। अपनी इन्हीं आस्थाओं के आधार पर उन्होंने राम से कहा था—कहाँ वनवास और कहाँ क्षात्र धर्म! कहाँ जटा-धारण और कहाँ प्रजा का पालन! ऐसे परस्पर विरोधी कर्म आपको नहीं करने चाहिए।[5] भला कौन ऐसा क्षत्रिय होगा जो प्रत्यक्ष सुख के साधनभूत प्रजापालन रूप धर्म का परित्याग करके संशय में स्थित सुख के लक्षण से रहित भविष्य में फल देनेवाले अनिश्चित धर्म का आचरण

---

1. वा.रा. 2.106.4-5; **2.** वा.रा. 2.88.11; **3.** वा.रा. 2.102.4; **4.** वा.रा. 2.91.7; **5.** वा.रा. 2.106.18

करेगा? धर्म के ज्ञाता पुरुष चारों आश्रमों में गार्हस्थ्य को ही श्रेष्ठ बतलाते हैं फिर आप उसका परित्याग क्यों करना चाहते हैं?[1]

भरत का जीवन-दर्शन संक्षेप में उन्हीं के शब्दों में निम्नलिखित रहा है—

सुजीवं नित्यशस्तस्य यः परैरुपजीव्यते।
राम तेन तु दुर्जीवं यः परानुपजीवति। —वा.रा. 2.105.7

जिसका आश्रय प्राप्त कर दूसरे लोग जीवन-निर्वाह करते हैं उसी का जीवन उत्तम है और जो दूसरों का आश्रय लेकर जीवन-निर्वाह करता है उसका जीवन दुःखमय है।

1. वा.रा. 2.106.20-22

लक्ष्मण का पुरुषार्थवाद

जीवन-दर्शन, आचार-व्यवहार एवं धार्मिक आस्थाओं की दृष्टि से लक्ष्मण रामायण महाकाव्य के सबसे अधिक विलक्षण पात्र हैं। रामायण की रचना वेद के उपबृंहण तथा धर्म की प्रतिष्ठापना के उद्देश्य से की गयी थी और यह आश्चर्यजनक है कि इस स्थिति में भी वाल्मीकि ने लक्ष्मण-जैसे पात्र को अपनाया तथा कथावस्तु को किसी प्रकार का आघात नहीं लगने दिया।

पुत्रेष्टि यज्ञ के पश्चात् पायस का दशरथ ने जिस प्रकार बँटवारा किया था उसके अनुसार सुमित्रा को दो बार उसका भाग दिया गया था। दशरथ का प्रेम सुमित्रा के प्रति विशेष नहीं रहा फिर भी उन्होंने ऐसा क्यों किया, यह स्पष्ट नहीं। सुमित्रा के गर्भ से लक्ष्मण और शत्रुघ्न का जन्म हुआ था। जैसाकि अन्यत्र संकेत किया गया है, राम, लक्ष्मण आदि चारों भाइयों की जन्मगत ज्येष्ठता अथवा कनिष्ठता का स्पष्ट ज्ञान सम्भव नहीं। लक्ष्मण को राम से कनिष्ठ कहा गया है। संयोगवशात् बाल्यकाल से ही लक्ष्मण राम के साथ और शत्रुघ्न भरत के साथ रहने लगे थे। दशरथ अथवा सुमित्रा के मन में लक्ष्मण के प्रति कितना स्नेह था, इसका भी रामायण में कोई संकेत नहीं किया गया। इस प्रकार मात्र इतना ही कहा जा सकता है कि लक्ष्मण का पूरा बाल्यकाल राम के साथ ही व्यतीत हुआ था। इसके पश्चात् भी उनका पूरा जीवन राम के साथ ही बीता। विश्वामित्र जब राम को ले गये थे तब भी लक्ष्मण बिना किसी आज्ञा के अथवा बिना माता-पिता की अनुमति प्राप्त किये राम के साथ चले गये थे। राम के वनगमन के समय भी लक्ष्मण ने स्वयं ही उनके साथ वन जाने का निर्णय लिया था। इस प्रकार राम के अनवरत निकट सम्पर्क में रहने का सबसे अधिक अवसर केवल लक्ष्मण को ही मिला था। यद्यपि राम और लक्ष्मण दोनों की आस्थाओं और मान्यताओं में जबरदस्त अन्तर रहा है, दोनों ही परस्पर एक-दूसरे के सिद्धान्तों से कभी सहमत भी नहीं हो सके फिर भी इनका स्नेह, सहयोग और साहचर्य उदाहरणीय बन कर रहा।

सैद्धान्तिक दृष्टि से लक्ष्मण की रामायण के किसी भी अन्य पात्र से कभी पटी ही नहीं। प्रस्तुत अध्ययन में उल्लिखित प्रसंगों से यह स्पष्ट हो जाता है कि राम के साथ जीवन पर्यन्त छाया के समान रहने पर भी लक्ष्मण उनकी नीतियों और सिद्धान्तों से कभी सहमत नहीं हुए, अपितु स्पष्ट शब्दों में विरोध ही प्रकट करते

रहे हैं। इसी प्रकार लक्ष्मण के सिद्धान्तों के प्रति राम ने कभी सहानुभूति नहीं दिखलायी और उनको मानने से सदैव इनकार किया। सुग्रीव से मित्रता हो जाने और वालि-वध के पश्चात् सीता के वियोग से व्यथित राम से जब लक्ष्मण ने पराक्रम करने का परामर्श दिया था, तब उन्होंने उत्तर दिया था कि यद्यपि तुम्हारे विचार हितकर हैं तथापि सदैव पराक्रम पर विश्वास लेकर चलना उचित नहीं।[1]

वनवास की अवधि में राम को कौसल्या का लगातार स्मरण होता रहा और वे उसके कष्टमय जीवन की कल्पना कर दुःख का अनुभव भी करते रहे थे किन्तु लक्ष्मण को सुमित्रा की याद ने कभी परेशान नहीं किया। उनको कौसल्या की ही अधिक चिन्ता रही थी। निषादराज गुह से चर्चा करते हुए उन्होंने अयोध्या के राज महलों की जब याद की थी तब दशरथ और कौसल्या का ही पहले स्मरण किया और उसके पश्चात् ही सुमित्रा की उनको याद आयी थी। इस अवसर पर भी माता के प्रति उन्होंने अधिक ममता व्यक्त नहीं की। इसी प्रकार वन के लिए जब सुमित्रा ने लक्ष्मण को विदा किया था तब भी इन दोनों के बीच मातृ-स्नेह और ममत्व की कोई झलक दिखाई नहीं देती। संक्षेप में सुमित्रा ने लक्ष्मण को प्रमाद न करने तथा बड़े भाई राम की आज्ञा के अधीन रहने का ही निर्देश दिया था। दशरथ के प्रति भी लक्ष्मण के मन में किंचित् भी स्नेह, सम्मान अथवा ममत्व की भावना दिखाई नहीं देती। दशरथ की कड़े-से-कड़े शब्दों में निन्दा करने में उन्होंने किसी प्रकार का संकोच नहीं किया। उन्हें स्पष्ट शब्दों में विपरीत अर्थात् उलटी बुद्धि, बूढ़े, विषयों के वशीभूत तथा कामी कहा।[2] दशरथ ने राम को निष्कासित करने का जो निर्णय लिया था उसे लक्ष्मण ने विवेकभ्रष्ट, राजनीति ज्ञान से शून्य, विषयाविष्ट, कामी पुरुष का निर्णय कहा। दशरथ को शत्रु मानकर उनको कैद कर लेने अथवा मार डालने के लिए भी वे उद्यत हो गये थे।[3] राम ने लक्ष्मण के आवेश को शान्त करने के लिए जब पिता की आज्ञा-पालन को धर्म निरूपित किया तब भी लक्ष्मण ने स्पष्ट कहा था कि आपको इन दोनों पापियों दशरथ और कैकेयी—पर सन्देह क्यों नहीं हो रहा? संसार के अनेक पापासक्त व्यक्तियों की भाँति दूसरों को ठगने के लिए ही इन दोनों ने धर्म का पाखण्ड रचा है। दशरथ के अधर्मपूर्ण और निन्दित वचनों का पालन करना उचित नहीं।[4] दशरथ की प्रभुता मिटाने के लिए लक्ष्मण की भुजाएँ बुरी तरह फड़क उठती थीं।[5] वनवास की अवधि में लक्ष्मण के मन में लगातार यह बात बनी रही थी कि यह सभी कष्ट उनको केवल दशरथ के अविवेकपूर्ण निर्णय के कारण ही भोगने पड़े थे। सुमन्त्र के द्वारा उन्होंने बिना किसी संकोच के दशरथ को सन्देश भेज दिया था कि बुद्धि की कमी के कारण उचित-अनुचित का विचार

---

1. वा.रा. 4.30.19-20; **2.** वा.रा. 4.21.3; **3.** वा.रा. 4.21.12,19; **4.** वा.रा. 4.23.8,12; **5.** वा.रा. 4.23.37

किये बिना ही उन्होंने जो निर्णय लिया है, वह निश्चय ही निन्दा और दुःख का जनक होगा।[1] लक्ष्मण दशरथ में राजोचित गुणों का सर्वथा अभाव मानते थे और यह भी मानते थे कि इस प्रकार लोक-प्रतिकूल कार्य करते हुए दशरथ का राजा बना रहना सम्भव नहीं होगा।[2] उनको दशरथ में पिता का भाव दिखाई ही नहीं दिया।[3]

अवस्था क्रम की दृष्टि से भरत और लक्ष्मण की ज्येष्ठता और कनिष्ठता के विषय में सप्रमाण कुछ भी कहना सरल नहीं किन्तु सामान्यतया भरत को लक्ष्मण से ज्येष्ठ ही माना जाता है। यह होते हुए भी लक्ष्मण के मन में भरत के प्रति भी लेशमात्र सम्मान अथवा भ्रातृ-स्नेह की भावना विद्यमान नहीं रही। भरत के गुणों की लक्ष्मण ने कभी प्रशंसा नहीं की और न उनकी सदाशयता के प्रति वे आश्वस्त रहे थे। भरत को राज्य का अधिकारी तो वे मानते ही नहीं थे, उनको दशरथ के द्वारा राज्य दिये जाने पर लक्ष्मण को असीम क्रोध हुआ था। राम ने जब भरत के प्रति सन्देह व्यक्त करते हुए कहा था कि भरत राज्यमद से मोहित होने पर कौसल्या और सुमित्रा का भरण-पोषण नहीं करेंगे तब लक्ष्मण ने यही कहा था कि राम के प्रभाव से भरत को यह सब करना ही पड़ेगा। इतना कहकर भी उनको सन्तोष नहीं हुआ और उन्होंने स्पष्ट कहा था कि यदि भरत गलत रास्ते पर चलेंगे और अभिमान में आकर माताओं की रक्षा नहीं करेंगे तो मैं दुर्बुद्धि और क्रूर भरत को उनके सभी सहयोगियों के साथ मार डालूँगा।[4] भरत के कारण ही राम को राज्यच्युत किया गया था अतएव लक्ष्मण भरत को अपना शत्रु मानते थे। उनको अपकारी के रूप में देखते हुए मार डालने के लिए लक्ष्मण की बेचैनी उभरकर ऊपर आ जाती थी। जब भरत चित्रकूट पहुँचे तब लक्ष्मण ने उनको देखकर राम से कहा था—"यह भरत हमारा शत्रु है और सामने आ गया है। भरत का वध करने में मुझे कोई दोष दिखाई नहीं देता।"[5]

लक्ष्मण के मन में राम के प्रति एकनिष्ठ श्रद्धा को देखते हुए सहज ही यह धारणा बन जाती है कि सीता के प्रति भी वे उसी प्रकार श्रद्धावान् रहे होंगे। रामायण के सन्दर्भ इस धारणा को खण्डित कर देते हैं। सीता और लक्ष्मण दोनों के हृदय में एक-दूसरे के प्रति लेशमात्र भी सद्भावना विद्यमान नहीं थी। न तो लक्ष्मण ने ही किसी स्थान पर सीता के प्रति स्नेह अथवा सम्मान की भावना प्रकट की और न सीता ने ही लक्ष्मण के प्रति उदारमना होने का परिचय दिया। राम की सहधर्मिणी होने के नाते ही लक्ष्मण सीता को सम्मान देते रहे अन्यथा वे उनको सामान्य नारी से अधिक नहीं मानते। सीता में नारी के सहज दोषों को भी लक्ष्मण स्वीकार करते थे। इन दोनों के विचार मारीच के प्रसंग में ही अभिव्यक्त हुए हैं। जब मारीच ने

---

1. वा.रा. 2.58.30; **2.** वा.रा. 2.58.33; **3.** वा.रा. 2.58.31; **4.** वा.रा. 4.31.20-21; **5.** वा.रा. 4.96.23-24

प्राण-त्याग के समय 'हा सीते! हा लक्ष्मण' कहते हुए आर्तनाद किया और उसे सुनकर भी लक्ष्मण अविचलित खड़े रह गये तब सीता के मनोभाव सहज ही शब्दों में फूट पड़े। उन्होंने लक्ष्मण से कहा था–"सौमित्र! तुम मित्र रूप में अपने भाई के शत्रु जान पड़ते हो। मैं जानती हूँ, तुम मुझ पर अधिकार करने के लिए राम का विनाश चाहते हो। मेरे लिए तुम्हारे मन में लोभ हो गया है इसीलिए राम के पास नहीं जा रहे। राम का संकट में पड़ना ही तुम्हें प्रिय है। तुम्हारे मन में अपने भाई के प्रति स्नेह नहीं।"[1] लक्ष्मण ने जब उनकी भ्रान्ति और राक्षसों की छल क्रिया के प्रति संकेत किया तब पुनः सीता ने लक्ष्मण को अनार्य, निर्दयी, क्रूरकर्मा, कुलांगार जैसे अपशब्दों से सम्बोधित करते हुए कहा था–"लक्ष्मण, राम किसी भारी विपत्ति में पड़ जायँ, यही तेरा अभीष्ट है। तेरे जैसे क्रूर एवं छिपे हुए शत्रुओं के मन में इस प्रकार का पाप-पूर्ण विचार आश्चर्य की बात नहीं है। श्री राम को अकेले वन में आते देख मुझे प्राप्त करने के लिए ही तू उनके साथ चला आया है। यह भी सम्भव है कि तुझे भरत ने भेजा हो।"[2]

सीता ने यद्यपि उपर्युक्त विचार क्रोध के आवेश में व्यक्त किये थे किन्तु इनसे यह संकेत अवश्य मिलता है कि सीता को लक्ष्मण के चरित्र पर विश्वास नहीं था। राम के प्रति लक्ष्मण के समर्पण को वे समझ ही नहीं सकी थीं। लक्ष्मण ने राम के स्थान पर भरत को राज्याधिकार दिये जाने का जबरदस्त विरोध किया था और वे दशरथ को मार डालने तक के लिए उद्यत हो गये थे। राम की किसी आज्ञा की उन्होंने अवहेलना नहीं की। सीता ने जब राम के साथ वन जाने का निर्णय लिया था, उसके पहले ही लक्ष्मण उनके साथ चलने को तैयार हो चुके थे। यह सब-कुछ देखते हुए भी सीता ने लक्ष्मण को न तो राम के प्रति निष्ठावान् माना और न अपने प्रति ही। वे उन्हें छिपा हुआ शत्रु मानती रहीं और उनके चरित्र पर भी इतना बड़ा आरोप लगा दिया। जिस लक्ष्मण ने सीता के नित्य पादाभिवन्दनरत रहते हुए उनके मुख की ओर कभी इतनी भी दृष्टि नहीं डाली थी कि उनके केयूर और कुण्डलों को पहचान सकें, उनके प्रति सीता के मन में इस प्रकार के विचारों का होना निश्चय ही आश्चर्यजनक है।

लक्ष्मण के मन में सीता के प्रति मात्र इसी कारण सम्मान की भावना रही थी कि वे राम की सहधर्मिणी थीं। पूरी रामायण में लक्ष्मण ने सीता के किसी गुण के प्रति सम्मान की भावना व्यक्त नहीं की। सीता को उत्तर देते हुए उन्होंने कहा था–"मैथिलि! ऐसी अनुचित और प्रतिकूल बातें मुँह से निकालना स्त्रियों के लिए आश्चर्य की बात नहीं है। निश्चय ही आपकी बुद्धि मारी गयी है। आप केवल नारी होने के कारण साधारण स्त्रियों के दुष्ट स्वभाव को अपना कर मेरे प्रति ऐसी आशंका

---

1. वा.रा. 3.45.5-7; **2.** वा.रा. 3.45.21-24

करती हैं।[1] लक्ष्मण ने राम से भी सीता के कठोर वचनों की शिकायत करते हुए कहा था कि उनके असहनीय वचनों के कारण ही मुझे उनको छोड़कर चला आना पड़ा।

लक्ष्मण के उपर्युक्त विचार इसी तथ्य को प्रमाणित करते हैं कि वे सीता को नारी के सहज दोषों से युक्त साधारण स्त्री से अधिक समादरणीया नहीं मानते थे। सीता के इतने कठोर वचनों को वे बरदाश्त कर गये, यह कम नहीं।

आयु अथवा ज्येष्ठता की मर्यादा को लक्ष्मण ने कभी स्वीकार नहीं किया। राम ने वनगमन का निर्णय केवल इसीलिए स्वीकार किया था कि वह आदेश उनको पिता दशरथ और माँ कैकेयी द्वारा दिया गया था। कौसल्या के रोकने पर भी उन्होंने पिता की आज्ञा का उल्लंघन धर्म-मर्यादा के प्रतिकूल माना और वन जाने के लिए तैयार हो गये। इसके विपरीत लक्ष्मण ने स्पष्ट कह दिया कि राजवृत्त का ध्यान रखनेवाला कोई भी पुत्र विवेकशून्य राजा (पिता) की आज्ञा-पालन के लिए तैयार नहीं हो सकता।[2] उन्होंने यह भी कहा कि यदि कैकेयी के प्रोत्साहन देने पर पिताजी हमारे शत्रु बन रहे हैं तो हमें मोह-ममता छोड़कर उन्हें कैद कर लेना चाहिए या मार डालना चाहिए। उसी स्थल पर लक्ष्मण ने अपने सिद्धान्त और मान्यता को भी स्पष्ट कर दिया। उन्होंने स्पष्ट कहा कि यदि गुरु भी अभिमान में आकर कर्तव्याकर्तव्य का विवेक खो बैठे और कुमार्ग पर चलने लगे तो उसे दण्ड देना आवश्यक हो जाता है।[3] राम के आयु में बड़े होने के कारण ही लक्ष्मण उनके अनुयायी नहीं बन गये थे। वरन् उन्होंने राम में कुछ ऐसी विशेषताएँ देखी थीं जिनसे वह प्रभावित थे। हनुमान को लक्ष्मण ने राम का परिचय देते हुए उनके गुणों की प्रशंसा की थी और इसी के साथ यह भी कहा था कि मैं अपने कृतज्ञ और बहुज्ञ भाई के गुणों से आकृष्ट होकर ही इनका दास बन गया हूँ।[4] इसके अतिरिक्त लक्ष्मण ने दशरथ, वसिष्ठ, सुमन्त्र, कौसल्या, कैकेयी, सुमित्रा आदि किसी के प्रति आयु-मर्यादा की दृष्टि से सम्मान प्रकट नहीं किया वरन् वे सैद्धान्तिक दृष्टि से ज्येष्ठता की मर्यादा को स्वीकार करते ही नहीं थे।

पूरी रामायण में दो-चार स्थलों पर ही ये संकेत मिलते हैं कि लक्ष्मण भी सन्ध्योपासनादि नित्यकर्मों का पालन करते थे। महर्षि विश्वामित्र के साथ सरयूतट पर रात्रि-विश्राम के पश्चात् प्रातःकाल राम के साथ लक्ष्मण ने भी स्नान करके देवताओं का तर्पण किया और परम मन्त्र (गायत्री) का जप किया था।[5] राक्षसों का संहार होने और यज्ञ की समाप्ति के पश्चात् भी दोनों भाई विश्वामित्र के साथ सन्ध्योपासना में सम्मिलित हुए थे।[6] विश्वामित्र के निर्देश से लक्ष्मण ने यह सब

---

1. वा.रा. 3.45.29-33; **2.** वा.रा. 2.21.7; **3.** वा.रा. 2.21. 12-13; **4.** वा.रा. 4.4.12; **5.** वा.रा. 1.23.3; **6.** वा.रा. 1.30.26

किया अवश्य किन्तु इस प्रकार के सन्ध्या-वन्दनादि नित्यकर्मों में उनकी आस्था प्रमाणित नहीं होती। उनकी आस्था धार्मिक आचारों के प्रति नहीं रही वरन् वे लोकरीति और राजर्षियों की परम्परा के प्रति आस्थावान् थे। राम के स्थान पर दशरथ ने भरत को राज्याधिकार सौंपा था, लक्ष्मण ने इसका विरोध मुख्यतया इसी कारण किया था कि दशरथ का निर्णय ज्येष्ठ पुत्र को राज्याधिकार सौंपने की लोकरीति और राजर्षि परम्परा के विरुद्ध है।[1] लक्ष्मण के मतानुसार दशरथ को राजर्षियों की आचार-परम्परा का अनुसरण करते हुए ज्येष्ठ पुत्र राम को राज्य सौंप कर वानप्रस्थ आश्रम ग्रहण करना ही विहित था और राम से भी उन्होंने इसी परम्परा के निर्वाह के प्रति संकेत किया था।[2]

वैयक्तिक जीवन में लक्ष्मण मद्यपान के विरोधी थे। वे यह मानते थे कि मद्यपान से धर्म, अर्थ और काम—तीनों पुरुषार्थ नष्ट हो जाते हैं। सुग्रीव को मदिरापान से उन्मत्त देखकर उन्होंने तारा से कहा था कि तुम्हारा पति विषय-भोगों में आसक्त रहकर धर्म और अर्थ का लोप कर रहा है। धर्म और अर्थ की सिद्धि के निमित्त प्रयत्नशील पुरुष के लिए मद्यपान उचित नहीं, क्योंकि इससे धर्म, अर्थ और काम—तीनों का नाश को जाता है।[3]

सैद्धान्तिक दृष्टि से लक्ष्मण राजनीति और न्याय के अनुसर्ता, पौरुष और पराक्रम के प्रति निःशेषतया आस्थावान् विशुद्ध रूप से कर्मवादी थे। शत्रु का अस्तित्व उनको किसी भी रूप में सह्य नहीं था और उनकी उँगलियाँ तुरन्त ही तूणीर और तलवार पर जा टिकती थीं। पिता दशरथ, माता कैकेयी और भाई भरत किसी को भी मार डालने के प्रति उनकी भुजाएँ फड़क उठती थीं। अपनी बाहुओं को वे केवल शोभा के लिए नहीं मानते थे, धनुष उनके लिए शृंगार की सामग्री नहीं था और न बाण खम्भा बनाने के लिए थे। उन्होंने दशरथ, भरत आदि को इंगित करते हुए साफ कहा था कि जिसे मैं अपना शत्रु समझता हूँ, उसे कदापि जीवित नहीं रहने देना चाहता।[4] शत्रुओं के दमन के लिए वे समस्त पृथ्वी को खून से लथ-पथ कर देने में संकोच नहीं करते। शत्रु और शत्रु-सेना के हाथी-घोड़ों को देखना भी उन्हें बरदाश्त नहीं। इस अवस्था में यदि देवराज इन्द्र भी उनके सामने क्यों न आ जाए तो उसे मारने में भी उनके हाथ शिथिल नहीं पड़ते। उन्होंने कहा था जिस समय तलवार को हाथ में लेता हूँ वह बिजली की भाँति चमक उठती है। इसके द्वारा मैं अपने किसी भी शत्रु को, वह वज्रधारी इन्द्र ही क्यों न हो, कुछ नहीं समझता। आज मेरी तलवार के प्रहार से पीस डाले गये हाथी, घोड़े और रथियों के हाथों, जाँघों और मस्तकों से पटी हुई यह पृथ्वी ऐसी हो जाएगी कि इस पर

---

1. वा.रा. 2.23.10; **2.** वा.रा. 2.23.25-26; **3.** वा.रा. 4.33.46; **4.** वा.रा. 2.23.31

चलना-फिरना भी कठिन हो जाएगा। शत्रुओं के संहार के लिए पूरी धरती को खून से रँग डालने के लिए वे सदैव उद्यत रहे।

पराक्रम और पौरुष के प्रति लक्ष्मण की इतनी जबरदस्त आस्था थी कि सभी प्रकार के दुःखों के नाश का उपाय वे केवल पौरुष को ही मानते थे। कौसल्या को आश्वस्त करते हुए उन्होंने कहा था कि मैं अपनी शक्ति से ही तुम्हारे दुःख दूर कर दूँगा। वे पौरुष में प्रारब्ध को बदलने तक की सामर्थ्य मानते थे इसीलिए देव की सत्ता का उन्होंनें समर्थन नहीं किया। उन्होंने राम से भी कह दिया था—"यद्यपि आप सब-कुछ दैव अथवा प्रारब्ध का परिणाम मानते हैं किन्तु मुझे यह अच्छा नहीं लगता। आपको भी उसकी उपेक्षा कर देनी चाहिए। जो वीर्यहीन है, कायर है, वही प्रारब्ध पर भरोसा करता है। शक्तिशाली वीर पुरुष दैव की उपासना नहीं करते। उपनिषद् के ऋषि ने कहा था कि एकत्व का अनुभव करनेवाले को शोक-मोह नहीं होता। अन्य दर्शनों ने इसी प्रकार अपनी आस्थाएँ व्यक्त की हैं। किन्तु लक्ष्मण का सिद्धान्त इन सबसे अलग रहा। उनके मतानुसार पुरुषार्थ के द्वारा ही समस्त दुःखों पर विजय प्राप्त की जा सकती है। उन्होंने कहा है कि जो व्यक्ति अपने पुरुषार्थ से दैव को भी दबाने में समर्थ है, उसे दैव के द्वारा कार्य में बाधा उत्पन्न होने पर अवसाद नहीं होता। लक्ष्मण का यह सिद्धान्त पूर्व प्रतिष्ठापित नहीं रहा और न किसी ऋषि के द्वारा उसका प्रतिपादन ही किया गया था। कदाचित् इसी कारण लक्ष्मण को कहना पड़ा था कि आज सभी लोग देखेंगे कि दैव की शक्ति बड़ी है अथवा पुरुष का पुरुषार्थ। दैव और पुरुषार्थ में कौन बलवान है और कौन दुर्बल, आज इसका स्पष्ट निर्णय हो जाएगा। जिन लोगों ने दैव के बल से आपके राज्याभिषेक को नष्ट हुआ देखा है, वे ही आज मेरे पुरुषार्थ से दैव का विनाश भी देखेंगे।

लक्ष्मण के उपर्युक्त वाक्य राम के राज्याभिषेक का समर्थन तो करते ही हैं किन्तु प्रत्यक्ष रूप से उनके द्वारा पुरुषार्थ का समर्थन और दैव की सत्ता का विरोध ही किया गया है। वे पुरुषार्थ से परे किसी अन्य सत्ता को स्वीकार नहीं करते। अन्य दर्शन कर्म को जिस रूप में स्वयं परिणामी मानते हैं, लक्ष्मण को वह भी स्वीकार नहीं। गीता कर्म की महत्ता को स्वीकार तो करता है किन्तु उसके अनुसार मनुष्य कर्म करने के विषय में स्वतन्त्र नहीं। सारा मनुष्य समुदाय प्रकृतिजनित गुणों द्वारा ही कर्म करने के लिए बाध्य किया जाता है। सभी कर्म प्रकृति के गुणों द्वारा ही किये जाते हैं तथापि अहंकार से मोहित व्यक्ति अज्ञानवश स्वयं को कर्ता मान बैठता है। तात्पर्य यह कि गीता के अनुसार मनुष्य कर्म करने के लिए विवश होते हुए भी अपनी इच्छा के अनुसार कर्म करने के लिए भी स्वतन्त्र नहीं। पुरुषार्थ भी प्रकृत गुणों के द्वारा ही उन्हीं के अनुरूप कर्म करने के लिए प्रेरित होता है। पुरुषार्थ स्वयं में जड़ है। लक्ष्मण को गीता का यह सिद्धान्त स्वीकार नहीं। उनके अनुसार पुरुषार्थ प्रकृति, प्रकृतिजनित गुण तथा दैव सबसे परे ऐसी परम शक्ति है जो सबको

नियन्त्रित करती है। उन्होंने कहा था कि जो किसी अंकुश की परवाह नहीं करता, मद की धारा बहानेवाले मत्त गजराज की भाँति स्वच्छन्द रूप से दौड़नेवाले दैव को भी मैं अपने पुरुषार्थ से आज पीछे लौटा दूँगा।[1] जो मेरे विरोध में खड़ा होगा उसे मेरा पुरुषार्थ जैसा दुःख देने में समर्थ होगा, वैसा दैवबल उसे सुख नहीं पहुँचा सकेगा।[2]

पुरुषार्थ अथवा उत्साह को दुःखनाश के साधन रूप में प्रतिष्ठापित करने के लिए लक्ष्मण को उन महर्षियों और आचार्यों की कोटि में रखा जा सकता है, जिन्होंने दुःख नाश के लिए अपने अलग और नवीन सिद्धान्तों को प्रतिष्ठापित किया है। सीता के वियोग में जब राम उन्मत्त की भाँति प्रलाप करते थे तब भी लक्ष्मण ने उनसे कहा था कि आपको धैर्य धारण कर सीता की खोज के लिए मन में उत्साह रखना चाहिए। उत्साही मनुष्य अत्यन्त दुष्कर कार्य आ पड़ने पर भी कभी दुःखी नहीं होते।[3] यदि आपको मेरी बात ठीक लगे तो आप शोक छोड़ दीजिए।[4] जिस प्रकार विष्णु ने बलि को बाँधकर पृथ्वी प्राप्त कर ली थी, उसी प्रकार आप भी सीता को प्राप्त कर लेंगे।[5]

राम को यद्यपि परम विवेकशील एवं धैर्यवान् कहा जाता है किन्तु आपत्ति के समय उनका धैर्य विचलित हो जाता था। सीता के वियोग में वे अज्ञानियों की भाँति रोते रहे, सुग्रीव द्वारा सीता की खोज में विलम्ब होने पर तथा समुद्र द्वारा मार्ग न दिये जाने पर उनका क्रोध भड़क उठा और युद्ध में लक्ष्मण के अचेत हो जाने पर उनका उत्साह भंग हो गया। लक्ष्मण को उनका यह क्रिया-व्यापार कभी अच्छा नहीं लगा। राम को अत्यधिक रोते और विलाप करते हुए देखकर लक्ष्मण ने एक स्थल पर तो स्पष्ट कह दिया था कि वैदेही सीता यदि मर जायँ अथवा नष्ट हो जायँ तब भी आपको दूसरे साधारण गँवार मनुष्यों की भाँति शोक नहीं करना चाहिए।[6] पम्पा सरोवर पर पहुँचकर वहाँ के उद्दीपन से अभिभूत होकर राम का वियोगजनित दुःख पुनः जाग उठा। वे विवेकहीन की भाँति फूट-फूट कर रो पड़े थे। इस समय भी लक्ष्मण ने उनसे कहा था कि आप स्वयं पर संयम रखिए और शोक न कीजिए। आपके समान अकंलुष पुरुषों की बुद्धि उत्साहशून्य नहीं होती।[7] आप दीनतापूर्ण विचारों का परित्याग कर धैर्य का आश्रय लें। जिन व्यक्तियों का प्रयत्न और धन नष्ट हो गया है वे भी यदि उत्साहपूर्वक उद्योग न करें तो उन्हें अभीष्ट अर्थ की प्राप्ति नहीं हो सकती। उत्साह ही बलवान् होता है। उत्साह से बढ़कर दूसरी कोई शक्ति नहीं। उत्साही पुरुष के लिए संसार में कोई भी वस्तु दुर्लभ नहीं।[8] इस स्थल

---

1. वा.रा. 2.23.21; **2.** वा.रा. 2.23.24; **3.** वा.रा. 3.63.19; **4.** वा.रा. 3.61.18; **5.** वा.रा. 3.26.24; **6.** वा.रा. 3.66.14; **7.** वा.रा. 4.1.115; **8.** वा.रा. 4.1.120-121

पर राम ने लक्ष्मण के सिद्धान्त को स्वीकार किया था तथा शोक-मोह से मुक्त होकर वे स्वस्थ चित्त हुए थे।[1]

लक्ष्मण का पुरुषार्थवाद मात्र शरीरबल का प्रतिपादन नहीं, वरन् एक सुविचारित और विवेचनापूर्ण दर्शन के रूप में ही सामने आया है। वह यद्यपि अनीश्वरवादी अथवा अनात्मवादी दर्शन नहीं है तथापि ईश्वर और आत्मा की सत्ता को उस रूप में स्वीकार नहीं करता जिस रूप में सांख्य, योग, वेदान्त आदि दर्शनों में स्वीकार किया गया है। उनका कहीं विरोध नहीं किया गया किन्तु इतना गौण मान लिया गया है कि उनकी चर्चा भी आवश्यक नहीं समझी गयी। प्रकृति अथवा माया जैसे तत्त्व का भी पुरुषार्थवाद में कोई स्थान नहीं। इसके अतिरिक्त एक अन्य वैशिष्ट्य जो इसमें दिखाई देता है, वह यह है कि सृष्टि, सृष्टि-व्यापार, चराचर जगत् और समस्त प्राणिजगत् से वह अपना सम्बन्ध स्थापित नहीं करता वरन् मनुष्य-जीवन तक ही उसकी परिधि का विस्तार है। आचार के स्थान पर व्यवहार को इसमें अधिक महत्त्व दिया गया है।

पुरुषार्थ ही सर्वोपरि परम तत्त्व है तथा उसी के द्वारा मानव-जीवन के समस्त क्रिया-व्यापार का संचालन एवं नियन्त्रण होता है। सृष्टि की उत्पत्ति और विकास आदि के विषय में कदाचित् इस कारण इसमें अधिक विचार करने की आवश्यकता नहीं समझी गयी कि किसी भी दार्शनिक मान्यता के अनुसार सृष्टि-विकास के सिद्धान्त को स्वीकार करने पर भी जीवन की स्थिति यही रहती है। मनुष्य के समस्त क्रिया-व्यापार उसके जीवन में ही सम्भव हैं तथा कर्म-परिणामों का भोग भी जीवन का ही एक अंग है। लक्ष्मण द्वारा प्रतिपादित पुरुषार्थ के द्वारा सभी प्रकार के क्लेशादि से मुक्त हुआ जा सकता है। उत्साह और कर्म ही पुरुषार्थवाद के विशिष्ट तत्त्व हैं। जिस प्रकार वेदान्त आदि अन्य दर्शन अपने द्वारा प्रतिपादित सिद्धान्तों के अनुसरण से दुःख, शोक आदि का नाश मानते हैं, ठीक उसी प्रकार लक्ष्मण लगातार इस बात पर बल देते रहे कि दुःखनाश का एकमात्र उपाय पुरुषार्थ ही है।

लक्ष्मण धर्म और अधर्म की सत्ता का स्पष्ट शब्दों में लगातार विरोध करते रहे हैं। धर्माचरण के मात्र बाह्य क्रिया-विधानों को ही नहीं वरन् धर्म-भावना, सुकृत-दुष्कृत तथा अन्य लक्षणों को भी उन्होंने व्यर्थ का पाखण्ड ही कहा। जब सीता की मृत्यु का समाचार सुनकर राम शोक से अचेत हो गये, तब लक्ष्मण ने उनको समझाते हुए जो कुछ कहा, उसमें लक्ष्मण के धर्म-विषयक विचार पूरी तरह उभर कर ऊपर आ गये। उन्होंने राम से कहा था :

"आर्य, आप सदा शुभ मार्ग पर ही स्थिर हैं और जितेन्द्रिय हैं तथापि धर्म आपको अनर्थों से बचाने में समर्थ नहीं हो रहा। इसलिए धर्म सर्वथा निरर्थक है।

---

1. वा.रा. 4.1.124

स्थावर तथा पशु आदि जंगम प्राणियों को भी सुख का अनुभव होता है किन्तु उनके सुख में धर्म कारण नहीं होता, क्योंकि उनमें न तो धर्माचरण की शक्ति ही है और न धर्म में उनका अधिकार ही है। अतएव मेरी मान्यता यही है कि धर्म जैसे तत्त्व की कोई सत्ता ही नहीं है। स्थावरों और जंगम प्राणियों को सुखी देखने पर भी यदि कहा जाय कि जहाँ धर्म है वहाँ सुख अवश्य है, तो यह बात भी युक्तियुक्त नहीं है क्योंकि उस दशा में आप जैसे धर्मात्मा पुरुष को विपत्ति में पड़ना ही नहीं चाहिए। यदि अधर्म की भी सत्ता होती और अधर्म दुःख का कारण होता, तो रावण को सदा नरक में ही पड़ा रहना चाहिए था और आप-जैसे धर्मात्मा पुरुष पर संकट आना ही नहीं चाहिए। रावण पर कोई संकट नहीं है और आप निरन्तर विपत्तियों में उलझे हुए हैं, इससे धर्म और अधर्म के परस्पर विरोधी परिणाम (शास्त्रप्रतिपादित परिणामों के विपरीत) ही दिखाई देते हैं। जिनमें अधर्म प्रतिष्ठित है वे निरन्तर समृद्ध होते जाते हैं और धर्मशील व्यक्ति क्लेश में पड़े रहते हैं। इससे भी धर्म और अधर्म की निरर्थकता ही सिद्ध होती है। जो धर्म अव्यक्त है और जड़ होने के कारण प्रतिकार ज्ञान से रहित है, असत् के समान विद्यमान है, उस धर्म के द्वारा दूसरे पापात्मा को वध्य रूप से प्राप्त करना कैसे सम्भव हो सकता है। यदि सत्कर्मों का परिणामभूत अदृष्ट शुभ ही होता तो आपको किसी प्रकार का क्लेश नहीं होना चाहिए था। किन्तु आप भी इस विपत्ति में फँसे हुए हैं। अतएव धर्म और सुकृत के शुभ-परिणामी होने की पुष्टि नहीं होती। यदि धर्म दुर्बल और स्वतः कार्य-साधन में असमर्थ होने के कारण कार्य-सिद्धि के लिए पुरुषार्थ का सहारा लेता है, तो ऐसे दुर्बल और सामर्थ्यहीन धर्म का सेवन करना ही व्यर्थ है। यदि धर्म बल अथवा पुरुषार्थ का अंग होकर केवल उसी के सहारे चलता है, तो धर्म का परित्याग कर सीधे पुरुषार्थ अथवा पराक्रम का सहारा लेना ही श्रेयस्कर है।[1]

धर्म की सत्ता और उसकी उपयोगिता का खण्डन करने के पश्चात् लक्ष्मण ने कहा था कि अब इन्द्रजित द्वारा दिये गये दुःख को (जिसे आपका धर्म दूर नहीं कर सका) मैं अपने कर्म और पराक्रम से दूर करूँगा।[2]

वनगमन के पूर्व भी लक्ष्मण ने दशरथ और कैकेयी के प्रति आक्षेप करते हुए कहा था कि सत्य और धर्म का पाखण्ड रचनेवाले वे दोनों ही पापात्मा हैं। संसार में ऐसे अनेक लोग हैं जो स्वार्थ-साधन के लिए धर्म का बहाना करते हैं।[3] दशरथ और कैकेयी के इस कपटपूर्ण षड्यन्त्र को जानबूझकर भी धर्म का नाम लेकर आप उसे स्वीकार करते हैं। धर्म में इस प्रकार की आसक्ति सर्वथा निन्दित है।[4] आपकी धर्म में इस प्रकार की आसक्ति केवल मेरी दृष्टि में ही नहीं, समस्त समाज की दृष्टि

---

1. वा.रा. 6.83.14-27; **2.** वा.रा. 6.83.42; **3.** वा.रा. 2.23.8; **4.** वा.रा. 2.23.13

में भी निन्दित है।[1] लक्ष्मण के मतानुसार धर्म व्यक्ति में निर्णयात्मिका बुद्धि नहीं वरन् विचिकित्सा की भावना ही उत्पन्न करता है। उनके विचार से धर्म बुद्धि को मोह से ग्रस्त कर देता है इसीलिए उन्होंने कहा था कि जिस धर्म के संसर्ग से व्यक्ति मोहग्रस्त हो जाता है, उस धर्म का मैं घोर विरोधी हूँ :

येनैवमागता द्वैधं तव बुद्धिर्महामते।
सोऽपि धर्मो मम द्वेष्यो यत्प्रसंगात् विमुह्यसि। –वा.रा. 2.23.11

धर्म का विरोध करने के साथ ही लक्ष्मण ने अर्थ की महत्ता का पूरी शक्ति के साथ समर्थन किया है। वे 'धर्मादर्थः प्रभवति' अथवा 'धर्मादर्थश्च कामश्च' जैसे सिद्धान्त-वाक्यों के समर्थक नहीं वरन् इसके विपरीत अर्थ को ही धर्म का आधार मानते हैं। राम से उन्होंने कहा था कि आपने राज्य का परित्याग कर धर्म के मूल अर्थात् अर्थ का उच्छेद कर डाला है–

धर्ममूलं त्वयाच्छिन्नं राज्यमुत्सृजता तदा। –वा.रा. 6.83.31

इसके साथ ही लक्ष्मण ने अपने विचारों को और भी अधिक स्पष्ट करते हुए कहा कि जिस प्रकार पर्वतों से नदियाँ निकलती हैं उसी प्रकार जहाँ-तहाँ से संगृहीत और बढ़े हुए अर्थ से ही जीवन की समस्त क्रियाएँ सफल होती हैं। जो मन्दबुद्धि मनुष्य अर्थ से वंचित है, उसकी सभी क्रियाएँ उसी प्रकार छिन्न-भिन्न हो जाती हैं जिस प्रकार ग्रीष्म ऋतु में छोटी-छोटी नदियाँ सूख जाती हैं। अर्थ का परित्याग करके भी जो पुरुष सुख की कामना करता है, वह निश्चय ही पापाचार में प्रवृत्त हो जाता है। अर्थात् धर्म में प्रवृत्ति के लिए भी अर्थ ही आधार है। जिसके पास धन है उसी के अधिक मित्र होते हैं, जिसके पास धन-सम्पत्ति है सभी लोग उसी के भाई-बन्धु बनते हैं, धनी पुरुष ही लोक में श्रेष्ठ पुरुष कहलाता है और वही विद्वान् माना जाता है। धनवान् पुरुष ही पराक्रमी, बुद्धिमान्, भाग्यशाली और गुणवान् समझा जाता है। जिसके पास धन है उसके धर्म और कामरूप सभी प्रयोजन सिद्ध होते हैं और निर्धन पुरुष अनवरत प्रयत्न करने पर भी उनको प्राप्त नहीं कर सकता। हर्ष, काम, दर्प, धर्म, क्रोध, शम और दम–यह सभी केवल अर्थ के अधीन हैं। अर्थ के द्वारा ही इनकी प्राप्ति सम्भव है। आप पिता की आज्ञा-पालन को सत्य धर्म का पालन मानकर वन में चले आये और राक्षसों ने आपकी प्रियतमा का हरण कर लिया। लक्ष्मण का स्पष्ट संकेत रहा है कि धर्म-पालन के नाम पर जो कुछ आपने किया है उसी के कारण यह सब कष्ट भोगने पड़ रहे हैं और धर्माचरण विपत्तियों से छुटकारा दिलाने में असमर्थ है। इसके साथ ही लक्ष्मण ने स्पष्ट कहा कि धर्म आपके जिन कष्टों

---

1. वा.रा. 2.23.14

को दूर नहीं कर सका, उनको मैं अपने कर्म और पराक्रम से दूर कर दूँगा।[1]

लक्ष्मण व्यक्ति के सुख-दुःख का कारण धर्म अथवा अधर्म को नहीं प्रत्युत समाज और व्यक्तियों की व्यवहार-नीतियों को मानते हैं। राम को जिन विपत्तियों का सामना करना पड़ा, उनके लिए वे धर्म, अधर्म, देव अथवा किसी अज्ञात-शक्ति को दोष नहीं देते बल्कि सारा दोष दशरथ की काम-प्रवृत्तियों, उनके द्वारा कैकेयी के वश में आकर गलत निर्णय लेने और उनके अविवेकपूर्ण नीति-विरुद्ध व्यवहार को ही दोषी मानते हैं। उन्होंने प्रत्यक्ष और अप्रत्यक्ष रूप से राम को भी इसके लिए दोषी ठहराया है कि उन्होंने दशरथ की आज्ञा को धर्म के रूप में स्वीकार करते हुए उनके नीति-विरुद्ध निर्णय को स्वीकार किया था। नीति और परम्परागत नियमों के अनुसार ज्येष्ठ पुत्र होने के नाते राम को ही राज्याधिकार सौंपना दशरथ का कर्तव्य था किन्तु उन्होंने उसके विपरीत आचरण किया जिसके कारण राम, लक्ष्मण, सीता, पूरे इक्ष्वाकुवंश और अयोध्या की सारी प्रजा को कष्ट भोगना पड़ा। इन सबके लिए किसी का धर्म-अधर्म नहीं बल्कि दशरथ का अनीतिपूर्ण व्यवहार ही दोषी है। इसी प्रकार राजा यदि नीति के विरुद्ध कोई निर्णय लेता है तो प्रजा को कष्ट होना स्वाभाविक ही है। व्यक्ति के जीवन में भी यही बात देखी जाती है। इस प्रकार लक्ष्मण के मतानुसार व्यक्ति अथवा समाज के सुख-दुःख के लिए धर्म-अधर्म नहीं प्रत्युत स्वयं व्यक्ति और समाज की व्यवहार-नीतियाँ ही उत्तरदायी होती हैं।

शक्रादिष्वपि देवेषु वर्तमानौ नयानयौ।
श्रूयते नर शार्दूल त्वं न शोचितुमर्हसि ॥ —वा.रा. 3.66.13

वैदिक यज्ञ-यागादि में निरपराध प्राणियों की बलि के रूप में हत्या की जाती रही है। यद्यपि यज्ञ-विधान उसे हत्या मानने अथवा याज्ञिक को हत्या के अपराध का दोषी मानने को तैयार नहीं किन्तु लक्ष्मण इस तर्क से सहमत नहीं। इस प्रकार किये गये यज्ञों में जिन प्राणियों की हत्या कर दी जाती है उनके विषय में यह कहने का कोई आधार नहीं कि उनको किन्हीं पाप कर्मों के परिणामस्वरूप ही मृत्युदंड भोगना पड़ रहा है। चूँकि इस प्रकार के क्रिया-विधानों को ऋषियों द्वारा धार्मिक मान्यता प्रदान की गयी है इसलिए यज्ञ-कर्ताओं को भी सर्वथा दोषी मानना संगत नहीं। इस स्थिति में लक्ष्मण ने उन क्रिया-विधानों और परम्पराओं की आलोचना की है जो इस प्रकार की प्राणि-हिंसा के लिए अनुमति देते हैं। उन्होंने कहा था—“यदि विधिपूर्वक किये गये कर्म विशेष के द्वारा कोई जीव मारा जाता है या विहित कर्म करता हुआ कोई किसी को मारता है तो उस विधि को ही हत्या के दोष से लिप्त

1. वा.रा. 6.83.32-42

मानना चाहिए, कर्ता को नहीं।"[1] लक्ष्मण ने इस प्रकार एक ओर धर्म अथवा अधर्म के सुख-दुःख में परिणमन का विरोध किया है और दूसरी ओर इस तथ्य का प्रतिपादन भी किया है कि समाज अथवा व्यक्ति के सुख-दुःख के लिए वैयक्तिक और सामाजिक व्यवस्थाएँ मूलतः दोषी हैं। यदि इस प्रकार की व्यवस्थाएँ धर्म के नाम पर भी की गयी हैं तो भी वैयक्तिक और सामाजिक हित की दृष्टि से उनको स्वीकार करना उचित नहीं। इस रूप में लक्ष्मण वैदिक यज्ञ-यागादि और कर्म-काण्डों का विरोध करते दिखाई देते हैं।

दार्शनिक दृष्टि से व्यक्ति की राग-द्वेषादि प्रवृत्तियों और सत्त्व-रज-तम गुणों की स्थिति को इन सबके मूल में माना जाता है किन्तु लक्ष्मण इतनी दूर तक इस सम्बन्ध में विचार करने के लिए कदाचित् तैयार नहीं। रागद्वेष की प्रवृत्तियों और गुणों के अस्तित्व की समाप्ति की कभी कल्पना ही नहीं की जा सकती। सृष्टि और प्राणि-जगत् के विद्यमान रहते हुए गुण-दोषों की निःशेष समाप्ति किसी भी दशा में सम्भव नहीं। यही कारण है कि दर्शन वैयक्तिक जीवन में ही इन पर विजय पाने का परामर्श देता है। इस पर भी ऐसी स्थिति की कभी भी कल्पना नहीं की जा सकती जब समाज का प्रत्येक व्यक्ति समान रूप से एक ही समय में गुण-दोषों पर विजयी हो सके। कदाचित् इसी कारण लक्ष्मण का विचार रहा है कि जीवन में दुःख और आपत्तियों का आना एक अनिवार्य स्थिति है। जीवन के समस्त क्रिया-व्यापार सत्त्वादि गुणों और राग-द्वेषादि प्रवृत्तियों द्वारा ही नियन्त्रित होते हैं और किसी भी दूसरे के व्यवहार से प्रभावित व्यक्ति के मन में अनुकूल अथवा प्रतिकूल प्रतिक्रिया का उत्पन्न होना भी स्वाभाविक ही है। इस चक्र की गति को रोकना सम्भव नहीं और इस कारण जीवन में सुख-दुःख की स्थिति भी अनिवार्य ही है।

लक्ष्मण ने अनेक प्रमाण प्रस्तुत करते हुए राम से कहा था कि यह लोक का स्वभाव ही है कि यहाँ सब पर दुःख आता-जाता रहता है। नहुष के पुत्र ययाति को इन्द्रत्व प्राप्त होने पर भी दुःख भोगना पड़ा। हमारे पिता महाराज दशरथ के पुरोहित महर्षि वसिष्ठ को एक ही दिन में सौ पुत्र प्राप्त हुए किन्तु वे सभी एक ही दिन में मार डाले गये। विश्ववन्दिता जगन्माता पृथ्वी भी हिलती-डुलती देखी जाती है और धर्म के प्रवर्तक, संसार के नेत्र, समस्त विश्व के आधार सूर्य-चन्द्र को भी राहु द्वारा ग्रस्त होना पड़ता हैं। जब बड़े-बड़े देवता भी इस स्थिति से मुक्त नहीं हो सकते तब सामान्य प्राणियों की स्थिति ही क्या है?[2] इस विचार के साथ ही लक्ष्मण की मान्यता यह भी है कि जिस प्रकार दुःख-शोक का आना अनिवार्य है, उसी प्रकार उनका अन्त भी एक स्वाभाविक प्रक्रिया ही है। वह अग्नि-ज्वाला की भाँति एक क्षण में प्रज्वलित होकर दूसरे ही क्षण दूर हो जाती है :

---

1. वा.रा. 6.83.14-27; **2.** वा.रा. 3.66.8-12

आश्वसिह नरश्रेष्ठ प्राणिनः कस्य नापदः।
संस्पृशन्त्यग्निवद् राजन् क्षणेन व्यपयान्ति ॥ –वा.रा. 3.66.6

दुःख और सुख के आने और जाने की स्थिति को अपरिहार्य मानने की दशा में स्वाभाविक रूप से इनसे विचलित न होने का ही उपदेश दिया जा सकता है। श्रीमद्भगवद्गीता में भी इसी का प्रतिपादन किया गया है :

जातस्य हि ध्रुवो मृत्युर्ध्रुवं जन्म मृतस्य च।
तस्मादपरिहार्येऽर्थे त्वं न शोचितुमर्हसि ॥ –गीता 2.27

अपरिहार्य स्थिति को उत्साहपूर्वक सहन करना और पराक्रम के द्वारा उसके निवारण का प्रयत्न ही एक मात्र मार्ग है। लक्ष्मण के द्वारा इसी का प्रतिपादन किया गया है। जब भी अवसर मिला, वे राम से लगातार यही कहते रहे कि विपत्ति में शोक नहीं करना चाहिए। उन्होंने कहा था–"आर्य! आप शोक का परित्याग कर धैर्य धारण करें। सीता की खोज के लिए मन में उत्साह रखें क्योंकि उत्साही मनुष्य जगत् में अत्यन्त दुष्कर कार्य आ पड़ने पर भी कभी दुःखी नहीं होते।[1] यदि विदेहराज कुमारी सीता मर जायँ या नष्ट हो जायँ तो भी आपको दूसरे गँवार मनुष्यों की भाँति शोक नहीं करना चाहिए।[2] आप जैसे सर्वज्ञ पुरुष बड़ी से बड़ी विपत्ति आने पर भी शोक नहीं करते; वे खेदरहित होकर अपनी विचार-शक्ति को नष्ट नहीं होते देते।"[3] प्रस्रवण गिरि पर राम के पुनः शोक से दुःखी होने पर लक्ष्मण ने कहा था–"वीर, इस प्रकार व्यथित होने से कोई लाभ नहीं है। आपको शोक नहीं करना चाहिए क्योंकि शोक करनेवाले पुरुष के सभी मनोरथ नष्ट हो जाते हैं। आप एक कर्मठ वीर तथा देवताओं से भी समादृत हैं। आस्तिक धर्मात्मा और उद्योगी हैं। यदि आप भी शोक-वश उद्यम छोड़ बैठते हैं तो पराक्रम के स्थान स्वरूप युद्धभूमि में आप अपने शत्रु का वध करने में समर्थ नहीं हो सकेंगे। आप अपने शोक को जड़ से उखाड़ फेंकिए और उद्योग के विचार को दृढ़ कीजिए, तभी आप परिवार सहित उस राक्षस का वध करने में समर्थ हो सकेंगे।"[4]

पम्पा सरोवर पहुँचने पर उसके प्राकृतिक सौन्दर्य से राम की विरह-व्यथा उद्दीप्त हो उठी थी। सीता के वियोग में उनका धैर्य भी समाप्तप्राय हो रहा था और उन्होंने दुःखी हृदय से लक्ष्मण को अयोध्या लौट जाने का परामर्श दिया। उस समय भी लक्ष्मण ने उनसे कहा था कि आप जैसे अकलुष पुरुषों को उत्साह नहीं खोना चाहिए। स्वजनों के वियोग का दुःख सभी को सहना ही पड़ता है। इस बात को स्मरण करके अपने प्रियजनों के प्रति मोह और आसक्ति को त्याग दीजिए। जल

---

1. वा.रा. 3.63.19; **2.** वा.रा. 3.66.14; **3.** वा.रा. 3.66.15; **4.** वा.रा. 4.27.34-37

आदि से भीगी हुई बत्ती भी अधिक स्नेह में भिगो देने पर जलने लगती है।[1]

राम की आज्ञा से सीता को वाल्मीकि के आश्रम में छोड़कर अयोध्या लौटने पर लक्ष्मण ने शोक-सन्तप्त राम को देखकर जो विचार व्यक्त किये, वह उनके दार्शनिक विचारों का सार है। उन्होंने कहा था–"पुरुषसिंह, आप शोक न करें। काल की ऐसी ही गति है। आप जैसे बुद्धिमान् और मनस्वी पुरुष शोक नहीं करते। संसार में जितने संचय हैं, उन सबका अन्त विनाश है, उत्थान का अन्त पतन है, संयोग का अन्त वियोग और जीवन का अन्त मरण है। अतः स्त्री-पुरुष, मित्र और धन में आसक्ति नहीं करनी चाहिए क्योंकि उनसे वियोग होना निश्चित है। आप आत्मा से आत्मा को, मन से मन को तथा सम्पूर्ण लोकों को भी संयत रखने में समर्थ हैं। फिर अपने शोक पर काबू रखना कौन बड़ी बात है! आप-जैसे श्रेष्ठ पुरुष इस तरह के प्रसंग आने पर मोहित नहीं होते। यदि आप दुःखी होंगे तो यह अपवाद आप पर फिर आ जाएगा। लोग कहेंगे कि स्त्री का परित्याग करके उसी की चिन्ता से दुःखी रहते हैं। धैर्य से चित्त को एकाग्र करके दुर्बल शोक-बुद्धि का परित्याग करें।"[2] लक्ष्मण इस विषय में इतने अधिक दृढ़निश्चयी थे कि अन्त में राम के निर्देश पर जब वे शरीर-त्याग के लिए चलने लगे तब उन्होंने स्वयं के प्राणों के प्रति तो कोई मोह प्रकट किया ही नहीं, राम को चिन्तित देखकर उनको समझाते हुए उन्होंने कहा था कि आपको मेरे लिए सन्ताप नहीं करना चाहिए। पूर्व जन्म के कर्मों से बँधी हुई काल की गति ऐसी ही है। आप निश्चिन्त होकर मेरा वध कर डालें और अपनी प्रतिज्ञा का पालन करें।[3]

दैव, प्रारब्ध अथवा कर्म-परिणाम को लक्ष्मण के दर्शन में कोई स्थान प्राप्त नहीं। दैव की सत्ता के वे इतने जबरदस्त विरोधी हैं कि उसके समर्थन में एक भी शब्द उनकी जुबान से नहीं निकला। राम ने जब कभी दैव के पक्ष में विचार प्रकट किये तो लक्ष्मण ने राम के विचारों का खुले रूप में विरोध किया। दैव की शक्ति को स्वीकार करने की बात तो अलग, वे उसकी सत्ता को ही स्वीकार नहीं करते। लक्ष्मण के अनुसार कायर, अकर्मण्य और पुरुषार्थहीन व्यक्ति ही दैव का नाम लेकर पराक्रम से विरत हो जाते हैं। राम से उन्होंने कहा था कि असमर्थ पुरुषों द्वारा अपनाये जाने योग्य और पौरुष के सामने कुछ भी करने में असमर्थ दैव की आप साधारण मनुष्य के समान इतनी प्रशंसा क्यों कर रहे हैं :

यथाह्येवमशौण्डीरं शौण्डीरः क्षत्रियर्षभः।
किं नाम कृपणं दैवमशक्तमभिशंसति। –वा.रा. 2.23.7

इसके पश्चात् लक्ष्मण ने और भी कहा कि यदि आप राज्याभिषेक में उत्पन्न

---

1. वा.रा. 4.1.115-116; **2.** वा.रा. 7.52.10-16; **3.** वा.रा. 7.106.2-4

व्यवधान को दैव की प्रेरणा का परिणाम मानते हैं तो आपका यह विचार मुझे कतई पसन्द नहीं। आप ऐसे विचारों का परित्याग करें। जो कायर है, जिनमें पराक्रम का नाम नहीं है, वही दैव का भरोसा करते हैं। सारा संसार जिन्हें आदर की दृष्टि से देखता है, वे शक्तिशाली वीर पुरुष कभी दैव की उपासना नहीं करते।

यद्यपि प्रतिपत्तिस्ते दैवी चापि तयोर्मतम्।
तथाप्युपेक्षणीयं ते न मे तदपि रोचते॥
विक्लवो वीर्यहीनो यः स दैवमनुवर्तते।
वीराः सम्भावितात्मानो न दैवं पर्युपासते॥ —वा.रा. 2.23.15-16

इसी के साथ उन्होंने घोषणा की थी कि जिन लोगों ने दैव के बल से आज आपके राज्याभिषेक को नष्ट हुआ देखा है, वे ही आज मेरे पुरुषार्थ से दैव का विनाश भी देख लेंगे।[1]

व्यक्ति और समाज की व्यवहार-नीतियों के कारण सुख-दुःख की अपरिहार्य स्थिति, धर्म की निष्फल जड़ता, दुःख-नाश के लिए उत्साहपूर्वक पराक्रम और दैव की दुर्बलता आदि सिद्धान्तों के प्रति लक्ष्मण इतने अधिक निष्ठावान् थे कि इनसे कभी वह विचलित होते दिखाई नहीं दिये। राम और लक्ष्मण का जीवन सर्वथा समान परिस्थितियों में ही व्यतीत हुआ था। दोनों ही प्रारम्भ में विश्वामित्र के साथ रहे, एक ही समय दोनों का विवाह हुआ, एक साथ राजमहलों से निष्कासित होकर वनवास के लिए निकले, राक्षसों के साथ समान रूप से संघर्ष किया। राम को सीता का वियोग केवल एक वर्ष के लिए भोगना पड़ा किन्तु लक्ष्मण पूरे चौदह वर्ष तक उर्मिला से अलग रहे। इस सबके होते हुए भी पूरे जीवन में कभी एक क्षण के लिए भी लक्ष्मण के चेहरे पर विषाद की रेखा दिखाई नहीं दी। राम को दशरथ के निर्णय से गहरा आघात लगा था और वे वनवास की पूरी अवधि में राज्याधिकार से वंचित किये जाने के दुःख को भुला नहीं सके। सीता-हरण, युद्ध में लक्ष्मण के घायल हो जाने, इन्द्रजित द्वारा प्रपंचपूर्वक सीता की मृत्यु का दृश्य उपस्थित करने जैसे अवसरों पर वह रो देते थे और मृत्यु का वरण करने तक को तैयार हो जाते थे। यदि तुलसीदास जैसा महाकवि राम की इस करुणाजनक विषादपूर्ण स्थिति पर 'नर लीला' का पर्दा न डालता तो राम के देवत्व के सामने एक प्रश्नचिह्न लगा ही रहता। इसके विपरीत लक्ष्मण के पौरुष और दुःखों पर उनकी विजय पर सन्देह करने की कोई गुंजायश नहीं। लक्ष्मण के सिद्धान्तों का परिणमन निस्सन्देह 'तत्र कः मोहः कः शोकः' की स्थिति में ही होता है।

उपर्युक्त आस्थाओं के अतिरिक्त यह तथ्य भी विशेष रूप से उल्लेख्य है कि

---

1. वा.रा. 2.23.19

लक्ष्मण ने अपने जीवन में भूलकर भी देवलोक, स्वर्गलोक, नरकलोक आदि का नाम तक नहीं लिया। ऐसा प्रतीत होता है मानो पुनर्जन्म में भी उनकी कोई आस्था नहीं थी। दशरथ, भरत, राक्षस तथा अपने शत्रुओं के संहार की चर्चा करते समय उन्होंने प्रायः वधिष्यामि जैसे शब्द का ही प्रयोग किया है और कहीं भी 'स्वर्ग पहुँचा दूँगा' अथवा 'नरक भेज दूँगा' जैसी शब्दावली का प्रयोग उनके द्वारा नहीं किया गया। एक स्थान पर अवश्य ही उनके द्वारा 'वीरलोक' शब्द का प्रयोग किया गया है। उन्होंने राम से वन न जाने का आग्रह करते हुए कहा था–"जिस प्रकार तट-भूमि समुद्र को रोके रहती है, उसी प्रकार मैं आपकी और आपके राज्य की रक्षा करूँगा। यदि ऐसा न करूँ तो वीरलोक का भागी न होऊँ।"[1] मात्र इस प्रयोग के आधार पर लक्ष्मण की पुनर्जन्म अथवा पाप-पुण्य के परिणामस्वरूप मरणोपरान्त नरक अथवा स्वर्गलोक की प्राप्ति में आस्था मानना किसी भी प्रकार संगत नहीं।

सन्ध्या-वन्दनादि में लक्ष्मण की किस सीमा तक आस्था थी, इसका उल्लेख किया जा चुका है। देवऋण, ऋषिऋण, पितृऋण को भी लक्ष्मण स्वीकार नहीं करते थे। उन्होंने कहीं भी इनसे उऋण होने के लिए तर्पण आदि विधि को सम्पन्न नहीं किया और न कहीं इनका उल्लेख ही किया। जीवन की उपलब्धियों और असफलताओं को वह केवल पौरुष का अथवा पराक्रमहीनता का परिणाम मानते थे। इस स्थिति में स्वाभाविक रूप से उनके द्वारा धनुष और बाण का ऋण ही स्वीकार किया गया है। चित्रकूट में जब वह भरत को मार डालने के लिए उद्यत हुए, तब उन्होंने यही कहा था कि इस महान् वन में सेना सहित भरत का वध करके मैं धनुष और बाण के ऋण से उऋण हो जाऊँगा।[2]

वस्तुतः युद्ध ही लक्ष्मण के लिए यज्ञ था, परम्परासम्मत नीतिवाक्य ही वेद मन्त्र थे, शत्रु ही हविष्य थे, उत्साहपूर्वक पराक्रम करते रहना ही कर्म था और जिस प्रकार समस्त दर्शनों, साधना-पद्धतियों, क्रिया-विधानों का एक मात्र उद्देश्य दुःखों से मुक्ति है, उसी प्रकार लक्ष्मण के आधार विधान का उद्देश्य भी दुःखों से छुटकारा और सुख की प्राप्ति है। इसी सन्दर्भ में लक्ष्मण द्वारा की गयी योग की परिभाषा और उसके लक्षण भी विशेष रूप से उल्लेखनीय हैं। वे न तो अष्टांग योग को योग मानते हैं और न हठयोग, मन्त्रयोग, लययोग आदि के प्रति ही संकेत करते हैं। व्यक्ति को अपने लक्ष्य की प्राप्ति के लिए योग का सहारा लेने का लक्ष्मण ने प्रतिपादन किया है। यह लक्ष्य केवल निःश्रेयस की प्राप्ति ही नहीं है। यदि योग के द्वारा केवल निःश्रेयस की ही प्राप्ति होती है, तो लक्ष्मण उसका समर्थन नहीं करते। परिस्थिति और आवश्यकतावशात् कुछ भी लक्ष्य हो सकता है। लक्ष्मण के अनुसार स्वस्थ चित्त से विषादरहित होकर कामादि का परित्याग कर एकाग्रचित्त से अपने लक्ष्य की प्राप्ति

---

1. वा.रा. 2.23.28; **2.** वा.रा. 2.96.30

के लिए पराक्रम करना ही योग है। लक्ष्य के प्रति अविचलित एकाग्रता ही समाधि है। शरद् ऋतु की उद्दीपक सौन्दर्य सुषमा को देखकर राम जब सीता के वियोग में दुःखी हुए, तब उनकी व्याकुलता और उद्विग्नता को देखकर लक्ष्मण ने कहा था :

"आर्य! इस प्रकार काम के अधीन होकर अपने पौरुष का तिरस्कार करने से, पराक्रम को भूल जाने से क्या लाभ होगा? इस लज्जाजनक शोक के कारण आपके चित्त की एकाग्रता नष्ट हो रही है। क्या इस समय योग का सहारा लेने से, मन को लक्ष्य के प्रति एकाग्र करने से यह सारी चिन्ता दूर नहीं हो सकती? आप आवश्यक कर्मों के अनुष्ठान में पूर्ण रूप से लग जाइए, मन को प्रसन्न कीजिए और हर समय चित्त की एकाग्रता बनाये रहिए। साथ ही अन्तःकरण में दीनता को स्थान न देते हुए अपने पराक्रम की वृद्धि के लिए शक्ति बढ़ाने का प्रयत्न कीजिए।[1]

बौद्ध दर्शन के चार आर्यसत्य—दुःख, दुःख के उदय का कारण और दुःख-निरोध के प्रयत्नों पर ही केन्द्रित हैं। वहाँ तृष्णा को ही दुःख का मूल कारण और तृष्णा पर विजय प्राप्त करना ही दुःख-निरोध का प्रमुख उपाय माना गया है। उपर्युक्त विवेचन के अनुसार लक्ष्मण की मान्यताएँ इससे भिन्न हैं। इसी प्रकार योग की जो विभिन्न परिभाषाएँ दी गयी हैं, लक्ष्मण का योग भी उनसे अलग दिखाई देता है। यह मतभेद होते हुए भी लक्ष्मण का पूरा दर्शन दुःखनाश के प्रति ही उद्दिष्ट है। यहाँ लक्ष्मण की पराक्रम विषयक मान्यताओं के सम्बन्ध में भी कुछ लिखना अनिवार्य है। लक्ष्मण के पराक्रम में क्रोध और आवेश को कोई स्थान नहीं। शारीरिक बल अथवा पशु-बल का भी पराक्रम से कोई सम्बन्ध नहीं। लक्ष्मण ने अनेक स्थलों पर अपने विचारों को स्पष्ट किया है। शारीरिक बल की दृष्टि से राम सम्भवतः लक्ष्मण की अपेक्षा अधिक शक्तिशाली थे किन्तु पौरुष और पराक्रम पर लक्ष्मण की आस्था ही अधिक रही। राम का क्रोध जरा-जरा-सी बातों पर भड़क उठता था। आवेश में उनको यह भी ध्यान नहीं रहता था कि जिसके प्रति वे अपना क्रोध प्रकट कर रहे हैं, वह वास्तव में दोषी है भी अथवा नहीं। इसके अतिरिक्त वे क्रोध में आकर इस सीमा तक उत्तेजित हो उठते थे कि निरीह और निरपराध को भी दण्डित करने के लिए तैयार हो जाते थे। प्रस्रवण गिरि पर पहुँचते हुए उन्होंने शोक-विह्वल होकर गोदावरी नदी तथा वन के मृगों से सीता के विषय में जानने के लिए प्रश्न किये थे और जब इनसे उनको उत्तर न मिला तो राम क्रोध की आग में जल उठे थे। उन्होंने पर्वत के प्रति क्रोध प्रकट करते हुए कहा था कि तू मेरे बाणों से जलकर भस्म हो जाएगा और तेरे तृण, वृक्ष और पल्लव नष्ट हो जाएँगे। इसी प्रकार गोदावरी को सुखा डालने की बात उन्होंने कही थी। इसी के साथ राम ने कहा था कि अब यक्ष, गन्धर्व, पिशाच, राक्षस, किन्नर अथवा मनुष्य कोई भी चैन से नहीं रह सकेगा।

---

1. वा.रा. 4.30.17

मैं नदी, सरोवर, समुद्र, वृक्ष, लता, गुल्म सबको नष्ट कर दूँगा और तीनों लोकों में काल की विनाशलीला आरम्भ कर दूँगा।[1] समुद्र के प्रति भी राम ने इसी प्रकार क्रोध व्यक्त किया था। समुद्र से मार्ग प्राप्त करने के लिए पहले उन्होंने तीन रात तक कुशासन पर धरना दिया था। इस पर भी जब समुद्र प्रकट नहीं हुआ तो राम ने समस्त जलचरों के सहित समुद्र को सुखा डालने के लिए बाण का सन्धान किया था। राम के क्रोध की यह अभिव्यक्ति पराक्रम नहीं माना जा सकता। इसी कारण क्रोध के ऐसे क्षणों में लक्ष्मण ने उनको शान्त किया। प्रस्रवण गिरि के प्रति क्रुद्ध होने पर लक्ष्मण ने राम को समझाते हुए कहा था—आर्य, आप पहले कोमल स्वभाव से युक्त, जितेन्द्रिय और समस्त प्राणियों के हित में तत्पर रहे हैं। अब क्रोध के वशीभूत होकर अपने स्वभाव का परित्याग न करें।[2] किसी एक के अपराध से समस्त लोकों का संहार न करें[3] अपने देवोचित तथा मानवोचित पराक्रम को देखकर उसका अवसर के अनुरूप उपयोग करते हुए शत्रुओं के वध का प्रयत्न कीजिए।[4] समुद्र के प्रति कुपित राम के बाण को भी लक्ष्मण ने पकड़ लिया था। इस अवसर पर उन्होंने कहा था कि समुद्र को नष्ट किये बिना ही आपका कार्य सम्पन्न हो जाएगा। आप जैसे महापुरुष क्रोध के अधीन नहीं होते।[5]

इन्द्रियजयी पुरुष के पराक्रम और पौरुष के विनाशोन्मुख अथवा समाज के लिए हानिकर होने की सम्भावना भी नहीं हो सकती। लक्ष्मण की आस्था धर्म के प्रति भले ही न रही हो किन्तु नीति और परम्परागत आचार-व्यवहार में उनका जबरदस्त विश्वास रहा। उनकी मान्यता यही थी कि सैकड़ों और हजारों वर्ष की जीवन-यात्रा में समाज में केवल वही परम्पराएँ स्थापित होती हैं और उन्हीं को सार्वजनिक स्वीकृति भी मिलती है जो निस्सन्देह समाज के लिए लाभदायक सिद्ध हों। अतएव उन परम्पराओं का उच्छेद व्यक्ति अथवा समाज किसी के लिए भी हितकर नहीं। कर्तव्य को विस्मृत कर शराब के नशे में मस्त सुन्दरियों के साथ क्रीड़ा में रत सुग्रीव को समझाते हुए उन्होंने जो कुछ कहा था, उससे भी सिद्ध होता है कि लक्ष्मण इन्द्रिय-निग्रह, सत्य और न्याय के समर्थक थे। उन्होंने सुग्रीव से कहा था—"वानरराज! धैर्यवान्, कुलीन, दयालु, जितेन्द्रिय और सत्यनिष्ठ राजा का ही संसार में आदर होता है। जो राजा अधर्म में स्थित होकर उपकारी मित्रों के प्रति की गयी अपनी प्रतिज्ञाओं को झूठी कर देता है उससे बढ़कर नृशंस कौन हो सकता है! जो पहले मित्रों के द्वारा अपना कार्य सिद्ध करके बदले में उन मित्रों का कोई उपकार नहीं करता, वह कृतघ्न सभी प्राणियों के लिए वध्य है। गो-हत्यारे, शराबी, चोर और व्रतभंग करनेवाले

---

1. वा.रा. 3.64.58-71; **2.** वा.रा. 3.65.4; **3.** वा.रा. 3.65.6,9; **4.** वा.रा. 3.66.20; **5.** वा.रा. 6.21.34

पुरुष के लिए सत्पुरुषों ने प्रायश्चित्त का विधान किया है किन्तु कृतघ्न के उद्धार का कोई उपाय नहीं है।[1]

यह संकेत किया जा चुका है कि क्रोध अथवा आवेश के वशीभूत होकर भी निरपराध को दण्डित करने के वे घोर विरोधी थे। राम को निर्वासित करने के विषय में दशरथ के निर्णय की तीखी आलोचना करते हुए उन्होंने कहा था–"मैं रामचन्द्र का कोई ऐसा अपराध या दोष नहीं देखता हूँ जिस कारण इनको राज्य से निकाला जाकर वन में रहने के लिए विवश किया जाय। अत्यन्त शत्रुता की भावना से तिरस्कृत होने पर भी कोई पुरुष परोक्ष में भी राम को दोषी माननेवाला दिखाई नहीं देता। धर्म पर दृष्टि रखनेवाला कौन ऐसा राजा होगा जो देवता के समान शुद्ध, सरल, जितेन्द्रिय, शत्रुओं पर भी स्नेह रखनेवाले पुत्र का अकारण परित्याग करेगा।[2] नीति के विरुद्ध कार्य करने पर लक्ष्मण ने दशरथ और सुग्रीव की ही आलोचना नहीं की बल्कि जब कभी उन्होंने राम को भी नीति के प्रतिकूल कार्य करते देखा, तब उनको भी रोकने में उन्होंने संकोच नहीं किया। प्रस्रवण गिरि पर राम को क्रुद्ध देखकर लक्ष्मण ने उनको राजोचित कर्तव्यों का स्मरण कराते हुए कहा था कि राजा लोग अपराध के अनुसार ही उचित दण्ड देनेवाले, कोमल स्वभाववाले और शान्त होते हैं।[3] दण्ड देते समय अपराध को लक्ष्मण इतनी बारीकी से देखने के अभ्यस्त थे कि अपेक्षा से अधिक दण्ड देने की भूल न हो। कबन्ध ने जब राम और लक्ष्मण दोनों को अपनी भुजाओं में बाँध लिया और उनको खा जाने की चेष्टा की, तब भी लक्ष्मण को उस पर क्रोध नहीं हुआ बल्कि उस समय भी उन्होंने क्रोध से विरहित पराक्रम का ही सहारा लिया था।[4]

उन्होंने भली-भाँति समझ लिया था कि कबन्ध की केवल भुजाओं में ही शक्ति थी इसलिए उन्होंने उसको मार डालना उचित नहीं समझा। राम से उन्होंने कहा था कि इसकी भुजाओं में ही इसका सारा बल और पराक्रम निहित है। चूँकि राजाओं के लिए यज्ञ में लाये गये पशुओं के समान निश्चेष्ट प्राणियों का वध निन्दित बताया गया है इसलिए इसका वध न करते हुए केवल इसकी भुजाओं का उच्छेद कर डालना चाहिए।[5]

जिस प्रकार लक्ष्मण कृतघ्न के उद्धार का कोई उपाय नहीं मानते थे, उसी प्रकार अपकारी को मार डालना वह एक पुनीत कर्तव्य मानते रहे हैं। दशरथ को मार डालने के लिए उन्होंने जो कुछ कहा था, वह रोष के कारण नहीं बल्कि कर्तव्य समझ कर ही कहा था। उन्होंने कहा था कि यदि गुरु भी घमण्ड में आकर कर्तव्याकर्तव्य का ज्ञान खो बैठे और कुमार्ग पर चलने लगे तो उसे भी दण्ड देना आवश्यक हो जाता

---

1. वा.रा. 4.34.7,8,10,12; **2.** वा.रा. 2.21.4-6; **3.** वा.रा. 3.65.10; **4.** वा.रा. 3.70.3; **5.** वा.रा. 3.70.5-6

है। इस समय दशरथ कैकेयी में आसक्तचित्त होकर दीन बन गये हैं, वे अपना विवेक खो बैठे हैं और अधिक वृद्ध होने के कारण समाज में निन्दित हो रहे हैं अतएव वृद्ध पिता को मैं अवश्य मार डालूँगा।[1]

अपकारी को मार डालने में लक्ष्मण किसी प्रकार का दोष नहीं मानते बल्कि सामने आ जाने पर उसको जीवित छोड़ देने को अधर्म मानते हैं। चित्रकूट में शाल वृक्ष पर चढ़कर जब उन्होंने भरत को आते हुए देखा था, तब राम से कहा था–"आज यह कोविदार के चिह्न से युक्त ध्वजवाला रथ रणभूमि में हम दोनों के अधिकार में आ जाएगा और आज मैं अपनी इच्छा के अनुसार उस भरत को भी सामने देखूँगा जिसके कारण आपको, सीता को और मुझे भी संकट का सामना करना पड़ा है तथा जिसके कारण आप अपने सनातन राज्याधिकार से वंचित किये गये हैं। यह भरत हमारा शत्रु है और सामने आ गया है अतः वध के ही योग्य है। भरत का वध करने में मुझे कोई दोष दिखाई नहीं देता। जो पहले का अपकारी रहा हो, उसको मारकर कोई अधर्म का भागी नहीं होता। भरत ने पहले हम लोगों का अपकार किया है इसलिए उसको मार डालने में नहीं बल्कि जीवित छोड़ देने में अधर्म है। मैं कैकेयी को भी उसके सगे-सम्बन्धियों और बन्धु-बान्धवों सहित मार डालूँगा, ताकि यह पृथ्वी कैकेयी रूप महान् पाप से मुक्त हो जाए।[2]

अपकारी को मार डालने के प्रति लक्ष्मण जितने सतर्क दिखाई देते हैं, कृतज्ञता और उपकार का बदला चुकाने के प्रति भी वे उतनी ही सावधानी बरतने के समर्थक रहे। सीता की खोज के लिए प्रतिज्ञाबद्ध सुग्रीव जब अपने कर्त्तव्यों को भूल बैठा था, तब लक्ष्मण ने तारा के माध्यम से सुग्रीव से कहलाया था कि मित्र के किये हुए उपकार का यदि अवसर आने पर भी बदला न चुकाया जाए तो धर्म की हानि तो होती ही है, गुणवान् मित्र के साथ मैत्री सम्बन्ध टूट जाने पर बहुत अधिक आर्थिक हानि भी उठानी पड़ती है। मित्र दो प्रकार के होते हैं–एक तो अपने मित्र के अर्थ-साधन में तत्पर होता है और दूसरा सत्य और धर्म के ही आश्रित रहता है। तुम्हारे स्वामी ने मित्र के दोनों ही गुणों का परित्याग कर दिया है। वह न तो मित्र का कार्य सिद्ध करता है और न स्वयं ही धर्म में स्थित है।[3]

लक्ष्मण के समग्र व्यक्तित्व को जानने के लिए उनके नारी के प्रति विचारों को जानना भी आवश्यक है। रामायण के अन्य सभी पात्र नारी के प्रति सम्बन्ध सापेक्ष विचार ही प्रकट करते रहे हैं। राम ने कौसल्या, कैकेयी, सीता आदि के प्रति जो भी विचार प्रकट किये, वह स्नेह सम्बन्धों की पृष्ठभूमि पर ही व्यक्त किये गये हैं। इसी प्रकार रावण-मन्दोदरी, सुग्रीव-तारा, दशरथ-कैकेयी, दशरथ-कौसल्या आदि की परस्पर बातचीत सम्बन्ध-निरपेक्ष नहीं रही। पूरी रामायण में केवल लक्ष्मण ही एक

---

1. वा.रा. 2.21.13,19; **2.** वा.रा. 2.96.21-24,26; **3.** वा.रा. 4.33.47-48

ऐसा पात्र है जिसके विचार पूर्णतया सम्बन्ध निरपेक्ष रहे। माता-पिता, भाई-बहन, पत्नी आदि के रिश्ते लक्ष्मण के विचारों में किसी प्रकार का परिवर्तन नहीं ला सके वरन् वह इन सबके प्रति अपना वैसा ही कर्तव्य मानते हैं जैसा एक व्यक्ति का दूसरे के प्रति होना चाहिए। राग-द्वेष लक्ष्मण को कभी लेश मात्र भी प्रभावित नहीं कर सका और न इन्द्रियार्थ ही उनको कर्तव्य-पथ से विचलित कर सके।

लक्ष्मण के मन में नारी के रूप-सौन्दर्य के प्रति थोड़ी भी आसक्ति नहीं रही। सुमित्रा के साथ उनके ममत्वहीन सम्बन्धों के विषय में लिखा जा चुका है। विवाह के पश्चात् वे उर्मिला के साथ सोलह वर्ष का समय बिता चुके थे। इसके पश्चात् भी वनगमन के समय न तो वे उर्मिला से मिले ही और न कभी उर्मिला के प्रेम-सम्बन्धों और क्रीड़ा-व्यापारों की उनको याद ही आयी। सीता-हरण के पश्चात् राम उनके वियोग में रो देते थे और उन्होंने वियोग से व्यथित होकर इस प्रकार के विचार व्यक्त किये हैं, जिनमें उनकी कर्तव्य-भावना नहीं वरन् काम-भावना ही अधिक व्यक्त हुई। इसी कारण लक्ष्मण को बार-बार यह कहने के लिए विवश होना पड़ता था कि काम के वशीभूत होकर कर्तव्य को विस्मृत कर देना उचित नहीं। लक्ष्मण कर्तव्यों के प्रति इतने अधिक समर्पित निष्ठावान् थे कि उर्मिला का विरह उनके मार्ग में कभी व्यवधान नहीं बन सका। नारी के प्रति लक्ष्मण के मन में कोई आकर्षण तो था ही नहीं, सिद्धान्ततः वे परस्त्री को देखना भी पाप मानते रहे हैं। सीता के केयूर-कुण्डलों को पहचानने में भी उन्होंने इसी कारण असमर्थता व्यक्त की थी कि सीता के चरणों से ऊपर उनके मुख-भाग की ओर उन्होंने कभी देखा भी नहीं।[1]

वन में सीता को छोड़कर लक्ष्मण जब लौटने लगे थे, तब सीता ने उनसे अपनी ओर देखने के लिए इस कारण आग्रह किया था जिससे उनको यह ज्ञात हो सके कि वे गर्भवती हैं। उनके अनुरोध को अस्वीकार करते हुए लक्ष्मण ने उत्तर दिया था—"शोभने! आप मुझसे यह क्या कह रही हैं। मैंने इसके पहले भी आपका सम्पूर्ण रूप कभी नहीं देखा। केवल आपके चरणों के ही दर्शन किये हैं। फिर आज यहाँ वन के भीतर रामचन्द्र की अनुपस्थिति में आपकी ओर कैसे देख सकता हूँ?" सुग्रीव के राजमहलों में जब तारा उनके सामने आकर खड़ी हो गई थी तब भी उनकी नजरें नीची हो गयी थीं।

लक्ष्मण नारी को प्रकृतितः सामान्य, बुद्धिफूहड़, विवेकहीन और अन्य अनेक दोषों से युक्त मानते थे। मृगरूपधारी मारीच ने मरते समय 'हा लक्ष्मण' का जिस प्रकार आर्तनाद किया था, उसके रहस्य को सीता समझ ही नहीं सकीं। लक्ष्मण भी उसके छल से विचलित हो सकते थे। राम की सहधर्मिणी होते हुए भी सीता को राम

---

1. वा.रा. 4.6.22-23

के स्वर का केवल सामान्य बोध ही था और वे मारीच के मायाजनित स्वर को पहचान नहीं सकीं। इसके विपरीत लक्ष्मण को एक ओर राम के अपराजेय पराक्रम पर विश्वास था और दूसरी ओर राक्षसों की कृत्रिम आवाज करने की शक्ति को भी वे समझ गये थे। अतएव सीता द्वारा प्रेरित किये जाने पर भी वे उनको अकेली छोड़कर आश्रम से जाने के लिए तैयार नहीं हुए। इस पर सीता ने जब फिर से अनेक अनुचित बातें कहीं, तो लक्ष्मण उनको सहन न कर सके। उन्होंने सीता को उत्तर देते हुए कहा था कि–"ऐसी अनुचित और प्रतिकूल बातें मुँह से निकालना स्त्रियों के लिए आश्चर्य की बात नहीं। इस संसार में नारियों का ऐसा स्वभाव ही देखा जाता है। स्त्रियाँ प्रायः विनय आदि धर्मों से रहित, चंचल, कठोर तथा घर में फूट डालनेवाली होती हैं। इसके पश्चात् उन्होंने वनचारियों को साक्षी बनाकर फिर कहा था कि मैंने न्याययुक्त बात कही है फिर भी आपने मेरे प्रति ऐसी कठोर बात मुँह से निकाली है। निश्चय ही आज आपकी बुद्धि मारी गयी है। धिक्कार है आपको, जो मुझ पर ऐसा सन्देह करती हैं। मैं बड़े भाई की आज्ञा-पालन में तत्पर हूँ और आप केवल नारी होने के कारण साधारण स्त्रियों के दुष्ट स्वभाव को अपनाकर मेरे प्रति ऐसी आशंका करती हैं।" राम से भी सीता की शिकायत करते हुए उन्होंने कहा था कि वह नीच श्रेणी की स्त्रियों के समान ही अपने मन में व्यथा को स्थान देती हैं।

क्रौंचारण्य में मतंग मुनि के आश्रम के समीप अयोमुखी ने स्वयं को लक्ष्मण के सामने भार्या के रूप में समर्पित कर दिया था। अयोमुखी का व्यवहार किसी भी प्रकार से राक्षसोचित नहीं था वरन् लक्ष्मण को अपनी भुजाओं में बाँधकर उसने प्रेमपूर्वक रमण करने का अनुरोध किया था। लक्ष्मण का हाथ पकड़कर उसने कहा था–"मेरा नाम अयोमुखी है। मैं तुम्हें भार्या रूप से मिल गयी तो समझ लो कि तुमको बहुत बड़ा लाभ हुआ। तुम मेरे प्यारे पति हो। प्राणनाथ, तुम पर्वत की दुर्गम कन्दराओं में और नदियों के तटों पर चिरकाल तक मेरे साथ रमण करते रहोगे।" अयोमुखी के इस प्रकार प्रणय-निवेदन पर नारी के प्रति दुर्बल स्वभाव व्यक्ति पथ से विचलित हो सकता था किन्तु लक्ष्मण ने उसके नाक, कान और स्तन काटकर उसे भगा दिया था।[1] इसका तात्पर्य यह नहीं कि नारी को देखकर वे सहज ही क्रुद्ध हो उठते थे, वरन् नारी को वे कदाचित् इतना दुर्बल मानते रहे कि उसके सामने पराक्रम, पौरुष अथवा क्रोध प्रकट करना भी वे उचित नहीं समझते। सुग्रीव के पास जाते समय उनके मन में क्रोध की भावना विद्यमान थी किन्तु उसके राजभवन में पहुँचने पर जब तारा ने आकर उनका स्वागत किया तो लक्ष्मण का सभी क्रोध शान्त हो गया था। लक्ष्मण के स्वभाव की ही यह विशेषता बन गयी थी कि स्त्री के समीप होने से उनका क्रोध शान्त हो जाता था।[2]

---

1. वा.रा. 3.69.14-18; **2.** वा.रा. 4.43.39

सीता के सन्दर्भ में नारी के विषय में लक्ष्मण के जो विचार व्यक्त हुए हैं उनसे स्पष्ट है कि वे नारी को प्रकृति-चंचल, कठोर, सामान्य, बुद्धि-विनय आदि गुणों से रहित, घर में फूट डालने वाली, उचित-अनुचित के विवेक से शून्य, जैसे दोषों से युक्त मानते थे। वे नारी के प्रति अपने कर्तव्यों का उसी प्रकार निर्धारण करते रहे हैं जिस प्रकार किसी भी अन्य व्यक्ति के प्रति किया जा सकता है।

व्यक्तित्व की महानता के लिए लक्ष्मण वाणी को अधिक महत्त्व नहीं देते। उनकी स्पष्ट मान्यता है कि कोई भी व्यक्ति केवल बातों के आधार पर न तो महान् ही बनता है और न उसके सत्पुरुष होने का विश्वास ही किया जा सकता है। यद्यपि वे रामायण के सर्वप्रमुख पात्रों में से हैं तथापि सर्वत्र ही मितभाषी दिखाई देते हैं। जब पराक्रम का अवसर उपस्थित होता है तभी वे बोलते दिखाई देते हैं अन्यथा चुपचाप अपने कर्म, कर्तव्य का निर्वाह करते हैं। वनगमन के पूर्व का अवसर, सीता के साथ विवाद, शोकग्रस्त राम को समझाने, सुग्रीव को समझाने आदि के गिने-चुने ही ऐसे प्रसंग हैं जहाँ लक्ष्मण की वाग्मिता प्रकट होती है। उनको वस्तुतः उनकी कर्मठता और पुरुषार्थ से ही समझा जा सकता है। पुरुषार्थ, पराक्रम, धर्म, नारी-स्वभाव, राजधर्म, नीति, सुहृद्धर्म आदि विषयों के सन्दर्भ में वे संक्षेप में ही अपने विचार प्रकट करके कर्म करने में लग जाते हैं। आज की भाषा में विचारों के प्रचार को वे कदाचित् आवश्यक नहीं मानते।

प्रहस्त के मारे जाने पर जब रावण युद्ध करने के लिए स्वयं रणभूमि में उपस्थित हुआ और उसने सुग्रीव और नील को अपने बाणों के प्रहार से अचेत कर दिया, तब लक्ष्मण भी उससे युद्ध करने के लिए पहुँच गये। उन्होंने रावण से केवल एक ही वाक्य कहा था—"राक्षसराज, मैं आ गया हूँ, अब तुम्हें वानरों के साथ युद्ध नहीं करना चाहिए।"[1] इस पर रावण ने जब लक्ष्मण को ललकारते हुए कहा—"लक्ष्मण, तुम्हारा शीघ्र ही अन्त होनेवाला है इसलिए तुम्हारी बुद्धि विपरीत हो गयी है। अब तुम मेरे बाण से आहत होकर इसी क्षण यमलोक की यात्रा करोगे।" रावण की इस गर्वोक्ति को सुनकर भी लक्ष्मण न तो उसी के समान क्रोध में बड़बड़ाये और न किसी प्रकार का दम्भ ही प्रकट किया। शान्त और गम्भीर भाव से उन्होंने रावण से केवल यही कहा था कि महान् प्रभावशाली पुरुष तुम्हारी तरह गर्जना नहीं करते। तुम व्यर्थ ही डींग हाँक रहे हो।[2] इसी प्रकार रावणपुत्र अतिकाय ने भी लक्ष्मण को सामने देखकर अपने पराक्रम की डींग भरते हुए अनेक बातें की थीं। उसको भी उत्तर देते हुए लक्ष्मण ने कहा था कि केवल बातें बनाने से तुम बड़े नहीं हो सकते और न मात्र डींग हाँकने से कोई पुरुष श्रेष्ठ हो सकता है। तुमको पराक्रम के द्वारा ही अपना परिचय देना चाहिए। शूर वही माना गया है जिसमें पुरुषार्थ हो। तुम्हारे

---

1. वा.रा. 6.59.94; **2.** वा.रा. 6.59.97;

पास सभी प्रकार के अस्त्र-शस्त्र मौजूद हैं अतएव बाणों अथवा अन्य अस्त्र-शस्त्रों के द्वारा ही अपने पराक्रम का परिचय देना चाहिए।[1]

इन्द्रजित ने भी लक्ष्मण से गर्वोक्तिपूर्ण अनेक बातें कही थीं। इन्द्रजित और लक्ष्मण के बीच एक बार युद्ध हो भी चुका था और उसने उसमें लक्ष्मण को बेहोश कर दिया था। कदाचित् उसी अनुभव का स्मरण करते हुए उसने लक्ष्मण के सामने दम्भ से भरे हुए अनेक वाक्य कहे। यद्यपि लक्ष्मण भी उसके पराक्रम को भूले नहीं थे तथापि उनके मुख पर भय का कोई चिह्न भी नहीं दिखाई दिया। इन्द्रजित की गर्वोक्तियों का उत्तर देते हुए निर्भीक लक्ष्मण ने कहा था कि तुमने केवल वाणी के द्वारा अपने शत्रुवध आदि कार्यों की पूर्ति के लिए घोषणा कर दी है परन्तु उन कार्यों को पूरा करना तुम्हारे लिए बहुत कठिन है। जो व्यक्ति क्रिया द्वारा कर्तव्य के पार पहुँचता है, अर्थात् जो कहता नहीं, काम पूरा करके दिखाता है, वही वास्तव में बुद्धिमान् है। जो कार्य किसी के द्वारा भी सिद्ध होना कठिन है उसे केवल वाणी के द्वारा कहकर तुम अपने को कृतार्थ मान रहे हो। तुमने पहले स्वयं अपने को छिपाकर जिसका आश्रय लिया था, वह चोरों का मार्ग है। वीर पुरुष उसका सेवन नहीं करते। इस समय मैं तुम्हारे बाणों के मार्ग में आकर खड़ा हुआ हूँ। इसलिए तुम अपना पराक्रम दिखाओ, केवल बातों से कोई लाभ नहीं होता।[2]

उल्लेखनीय है कि लक्ष्मण अपने इन विचारों को केवल इन्द्रजित, अतिकाय आदि विरोधियों के सामने ही नहीं प्रत्युत् राम के सामने भी खुलकर प्रकट करते रहे हैं। रावण द्वारा मूर्च्छित होने और सुषेण की चिकित्सा के पश्चात् लक्ष्मण के सचेत होने पर राम की आँखों में आँसू भर आये थे। उन्होंने लक्ष्मण को हृदय से लगाते हुए कहा था कि तुम्हारे बिना मुझे जीवन की रक्षा से, सीता से अथवा विजय से भी कोई मतलब नहीं है। जब तुम्हीं नहीं रहोगे, तब मुझे जीवन से क्या प्रयोजन है! राम के इन विचारों में कुछ इस प्रकार की ध्वनि निहित रही कि युद्ध का खतरा छोड़कर लंका पर विजय प्राप्त किये और सीता को मुक्त किये बिना ही अयोध्या वापस लौट जाना चाहिए। राम के इन विचारों से भी लक्ष्मण के हृदय को आघात लगा था। खिन्न होकर उन्होंने राम से कहा था कि आप सत्य-पराक्रम हैं और आपने पहले रावण का वध करके विभीषण को लंका का राज्य देने की प्रतिज्ञा की थी। उस प्रकार की प्रतिज्ञा करके अब आपको ओछे और निर्बल मनुष्य की भाँति ऐसी बातें नहीं कहनी चाहिए। सत्यवादी पुरुष झूठी प्रतिज्ञा नहीं करते। प्रतिज्ञा का पालन ही महानता का लक्षण है।[3]

न्यायपूर्वक प्रजा का पालन करना क्षत्रियों का नैतिक दायित्व है। यदि कोई राजा अथवा राजकुमार किसी कारणवश प्रजा-पालन के अपने कर्तव्य से विरत होता है

---

1. वा.रा. 6.71.58-60; **2.** वा.रा. 6.88.13-16; **3.** वा.रा. 6.101.51-52

तो लक्ष्मण की दृष्टि से यह उचित नहीं। राजा को शौर्य-पराक्रम आदि गुणों से सम्पन्न होकर भी प्रजा के प्रति किसी भी दशा में क्रूरता-पूर्ण व्यवहार करना न्याय नहीं। लक्ष्मण की दृष्टि में लोकप्रियता अर्जित करने के लिए राजा को न्यायपूर्वक प्रजा का पालन करना आवश्यक है और जब तक राजा लोकप्रिय रहता है तभी तक वह राजा रह सकता है। लोक द्वारा निन्दित व्यक्ति किसी भी दशा में अधिक काल तक राजा नहीं बना रह सकता। यदि राजा काम अथवा लोभवश शास्त्रविरुद्ध आचरण करता है तो प्रजा के विरोध का सामना करने के लिए उसे मजबूर होना ही पड़ेगा। सुमन्त्र जब वन से लौटने लगे थे तो लक्ष्मण ने अपने विचार प्रकट करते हुए कहा था कि दशरथ ने कैकेयी का आदेश मानकर दिये हुए वरदान को पूरा करने के लिए ईश्वर की प्रेरणा से अथवा स्वेच्छाचारिता के कारण अथवा जिस किसी भी अन्य कारण उचित-अनुचित का विचार किये बिना ही राम को वनवास भेजने का जो शास्त्रविरुद्ध कार्य किया है, वह निश्चय ही दुःख और निन्दा का जनक होगा। इस क्रूरतापूर्ण कृत्य के कारण दशरथ की लोकप्रियता समाप्त हो जाएगी और प्रजा के विरोध के कारण अब उनका राजा बने रहना भी सरल नहीं होगा।[1]

सुग्रीव जैसे गुणहीन वानर को लक्ष्मण राज्याधिकार का पात्र नहीं मानते थे। उन्होंने राम से कहा था कि सुग्रीव वानर होने के कारण श्रेष्ठ पुरुषों के सदाचार पर स्थिर नहीं रह सकेगा। वह वानरों की राजलक्ष्मी का पालन और उसकी सुरक्षा में असमर्थ है। वह विषय-भोगों में आसक्त है। ऐसे गुणहीन पुरुष को राज्य नहीं देना चाहिए।[2] जब सुग्रीव लक्ष्मण के समक्ष उपस्थित हुए तब भी लक्ष्मण ने यही कहा था कि धैर्यवान्, कुलीन, दयालु, जितेन्द्रिय और सत्यवादी राजा का ही संसार में आदर होता है।[3]

वनवास की अवधि में कष्टमय जीवन को सहते हुए और अनेक अप्रत्याशित आपत्तियों के उपस्थित होने पर राम अनेक स्थलों पर धैर्य और साहस खोते हुए दिखाई देते हैं। विजय के क्षणों में उनका उत्साह अविचलित रहा किन्तु सीता-हरण, इन्द्रजित और रावण के शक्तिप्रयोग से लक्ष्मण के आहत होकर अचेत होने पर, इन्द्रजित द्वारा छलपूर्वक सीता की मृत्यु का दृश्य उपस्थित किये जाने पर तथा अन्य ऐसे ही अवसरों पर वे इतने अधिक निराश दिखायी देते हैं कि जीवन त्यागकर मृत्यु का वरण करने तक के लिए उद्यत हो जाते हैं। ऐसे अवसरों पर लक्ष्मण ने ही उनके धैर्य और साहस की रक्षा की। वस्तुतः राम के गरिमामय व्यक्तित्व की रक्षा करने, उसे और भी ऊँचा उठाने तथा उनकी सफलताओं का अधिकांश श्रेय लक्ष्मण को ही है। लक्ष्मण अपने अदम्य साहस, अपराजेय पौरुष और पराक्रम के बल पर स्वयं

---

1. वा.रा. 2.58.27-33; **2.** वा.रा. 4.31.2-3; **3.** वा.रा. 4.34.7

अयोध्या के राज्य पर अधिकार कर सकते थे किन्तु न तो इसको वे नीति-संगत ही मानते थे और न उनके मन में राज्य के सुखोपभोगों के प्रति किंचित् भी लिप्सा विद्यमान थी। राम ही राज्य के अधिकारी थे इसलिए उन्होंने राम के हाथों में ही राज्य-सत्ता सौंपने के लिए अपने समस्त सुखों की आहुति दे दी। लंका-विजय के पश्चात् अयोध्या का राज्यभार सँभालने पर राम ने उनको युवराज पद पर अभिषिक्त करने का प्रस्ताव किया था किन्तु इसे भी लक्ष्मण ने अस्वीकार कर दिया।[1] अन्ततः भरत को युवराज बनाया गया था। लक्ष्मण केवल राजर्षियों की परम्परा के अनुकूल कर्तव्य-निर्वाह के प्रति समर्पित रहे।

शरीर-त्याग के समय भी लक्ष्मण को मोह और ममता ने परेशान नहीं किया। दुर्वासा के क्रोध के कारण ही राम लक्ष्मण को प्राणदण्ड देने के लिए विवश हुए थे। राम के मन में विचिकित्सा की भावना देखकर ही लक्ष्मण ने कहा था कि आप निश्चिन्त होकर मेरा वध कर डालें। राम का निर्णय सुनकर वे चुपचाप वहाँ से चल दिये थे। इस अवसर पर भी उन्होंने उर्मिला अथवा अपने पुत्रों से मिलने की अभिलाषा प्रकट नहीं की। सरयू के तट पर जाकर आचमन कर उन्होंने प्राणवायु को रोककर अपने प्राणों का सहज ही परित्याग कर दिया था।

चारित्रिक दृष्टि से लक्ष्मण के समान त्यागी, कर्तव्यनिष्ठ, पुरुषार्थवादी, कर्मयोगी और अपने सिद्धान्तों के प्रति अविचल रूप से आस्थावान् पात्र पूरी रामायण में कोई दूसरा नहीं। राम के अनन्यतम सहयोगी और सबसे अधिक विश्वासपात्र होते हुए भी उन्होंने राज्यशक्ति का कभी कोई लाभ नहीं उठाया। कर्तव्य-पालन में वे इस निष्ठा के साथ तत्पर रहे कि सुखभोग के लिए एक क्षण भी उन्हें सुलभ नहीं हो सका।

जब हम लक्ष्मण के समग्र जीवन-दर्शन पर दृष्टि डालते हैं तो निम्नलिखित तथ्य उभरकर सामने आ जाते हैं–

1. ईश्वर और आत्मा की सत्ता का यद्यपि लक्ष्मण ने कहीं विरोध नहीं किया किन्तु वे उनका समर्थन नहीं करते।
2. धर्म-अधर्म को निष्फल निरर्थक और जड़ मानते हैं।
3. व्यक्ति के सुख-दुःख पाप-पुण्यों के परिणाम नहीं वरन् नीति अथवा अनीति के परिणाम हैं।
4. धर्म की अपेक्षा अर्थ अधिक महत्त्वपूर्ण है।
5. दुःखों की निवृत्ति अथवा जीवन की सफलता धर्माचरण पर नहीं बल्कि पुरुषार्थ पर निर्भर है।
6. पुरुषार्थ के द्वारा दैव अथवा प्रारब्ध को भी बदला जा सकता है।
7. प्रारब्ध अथवा दैव जैसी कोई शक्ति नहीं।

---

1. वा.रा. 6.128.92-93

8. काम, क्रोधादि, राग-द्वेष और इन्द्रियार्थ जीवन में सबसे बड़े बाधक तत्त्व हैं।
9. लोकरीति के अनुसार आचरण करना व्यक्ति का नैतिक दायित्व है।
10. रागद्वेष से रहित विवेक के द्वारा लोकरीति के अनुसार ही व्यक्ति को अपना कर्तव्य निर्धारित करना चाहिए।

उपर्युक्त सिद्धान्तों एवं लक्ष्मण के जीवन को देखते हुए यह निस्संकोच रूप से कहा जा सकता है कि लक्ष्मण विशुद्ध रूप से पुरुषार्थवादी थे। समाज में किसी प्रकार की अव्यवस्था उत्पन्न न होने देने के लिए वे उन लोकरीतियों का पालन आवश्यक मानते थे, जिनको दीर्घकालीन परीक्षण के पश्चात् समाज द्वारा स्वीकार किया जा चुका है। उस काल में दो परम्पराएँ स्थापित हो चुकी थीं। एक ब्राह्मणों द्वारा स्थापित परम्परा थी और दूसरी राजर्षियों द्वारा। लक्ष्मण ने इनमें से राजर्षियों की परम्परा का ही समर्थन किया है। लोकरीतियों के प्रति आस्थावान् होने के कारण उनके परम्परावादी होने की धारणा अवश्य बलवती होती है। किन्तु यह भी स्पष्ट है कि उन्होंने वैदिक और ब्राह्मण परम्परा की उन रूढ़ियों के खिलाफ विद्रोह किया है जो या तो सड़-गल चुकी थीं, अथवा नीति, तर्क और विज्ञान की कसौटी पर खरी नहीं उतरीं। व्यक्ति के अभ्युत्थान में सहायक होते हुए भी जो नीति समाज के लिए हितकर रही, लक्ष्मण ने उसी का अनुसरण करना श्रेयस्कर समझा। व्यक्ति और समाज दोनों के साथ खिलवाड़ करनेवाले बड़े-से-बड़े धार्मिक सिद्धान्त लक्ष्मण की दृष्टि में व्यर्थ की बकवास ही हैं।

आचारहीन सुग्रीव की निर्ममता और राज्य-लोभ

किष्किन्धा के अधिपति ऋक्षरजा की पत्नी के गर्भ से इन्द्र और सूर्य के संयोग से वाली और सुग्रीव का जन्म हुआ था। इसी कारण वाली और सुग्रीव को क्रमशः इन्द्रपुत्र और सूर्यपुत्र भी कहा गया है।[1] रामायण के ही एक अन्य सन्दर्भ के अनुसार जाम्बवान् और उनके बड़े भाई धूम्र का जन्म भी ऋक्षरजा की पत्नी के गर्भ से ही गद्गद के संयोग से हुआ था।[2] यह गद्गद कौन थे, इसका स्पष्ट संकेत नहीं किया गया। सूर्यपुत्र होने के कारण ही सुग्रीव को सूर्य के समान प्रभावान् कहा गया है।[3] वाली, सुग्रीव, धूम्र और जाम्बवान् को अलग-अलग पिताओं के संयोग से एक ही माता के गर्भ से उत्पन्न सहोदर कहना तर्कसंगत ही होगा।

इक्ष्वाकुवंश की परम्परा के अनुसार ऋक्षरजा के कुल में भी ज्येष्ठ पुत्र को ही राज्याधिकार दिये जाने की प्रथा मान्य थी। सुग्रीव ने ही राम को वाली का परिचय देते हुए कहा था कि पिता की मृत्यु हो जाने पर मन्त्रियों ने ही वाली को ज्येष्ठ समझकर राजा के पद पर प्रतिष्ठित किया था।[4] न तो सुग्रीव की बाल्यावस्था के विषय में ही रामायण में कुछ लिखा गया है और न इस बात का ही संकेत है कि उसकी पत्नी रुमा किसकी पुत्री थी अथवा इन दोनों का विवाह कब और किस प्रकार हुआ था।

वाली को ज्येष्ठ पुत्र होने के कारण राज्याधिकार की प्राप्ति यद्यपि राजधर्म परम्परा के अनुसार सर्वथा नीति-विहित थी किन्तु सुग्रीव के मन में राज्य-प्राप्ति का लोभ इतना प्रबल था कि इसे वह विष के घूँट के समान ही पी गया था। सुग्रीव प्रकृतितः कामी, विलासी और राज्य-लोभी था। एक ओर उसकी दृष्टि सदैव राज्य-प्राप्ति पर टिकी रही और दूसरी ओर रुमा के साथ विवाह होने के पश्चात् भी बड़े भाई वाली की पत्नी तारा पर भी उसकी दृष्टि केन्द्रित रही थी। वालि-वध के पश्चात् जब सुग्रीव विलास-क्रीड़ाओं में सब-कुछ भूल गये थे तब स्वयं हनुमान ने ही यह अनुभव किया था कि अपनी पत्नी रुमा और मनोवांछित तारा को प्राप्त कर सुग्रीव अपने कर्तव्य को भूल बैठे हैं।[5] सुग्रीव का राज्य-लोभ अनेक प्रसंगों से

---

1. वा.रा. 3.72.20; 3.75.26; 4.57.5-6; **2.** वा.रा. 6.27.10-11; 6.30.20-21; **3.** वा.रा. 4.38.8; **4.** वा.रा. 4.9.1-2; **5.** वा.रा. 4.29.4

प्रमाणित होता है। राम को सुग्रीव का सबसे पहला परिचय कबन्ध के द्वारा दिया गया था। कबन्ध ने कहा था कि जिस प्रकार आप राज्य और पत्नी से वंचित होने के कारण दुःखी हैं उसी प्रकार सुग्रीव भी इन्हीं कारणों से दुःखी होकर रह रहे हैं। वे स्वयं अपनी सहायता के लिए किसी सहायक को खोज रहे हैं अतएव वे अवश्य अपने अभीष्ट की सिद्धि के लिए आपकी सहायता करेंगे।[1] राम से भेंट होने पर अपनी करुण गाथा सुनाते हुए सुग्रीव ने भी कहा था—"हे पुरुष सिंह! आप कृपया ऐसा प्रयत्न कीजिए जिससे मैं अपनी प्रिय पत्नी और राज्य को प्राप्त कर सकूँ।"[2] बाणों से आहत वाली के आक्षेपों का उत्तर देते हुए राम ने भी स्पष्ट कहा था कि सुग्रीव पत्नी और राज्य की प्राप्ति के लिए मेरी भलाई करने के लिए वचनबद्ध है। मैंने भी वानरों के समक्ष इनको स्त्री और राज्य दिलाने की प्रतिज्ञा की है।[3] वाली के मारे जाने पर सुग्रीव को राज्य, तारा और रुमा के मिल जाने पर अपार हर्ष हुआ था और वह पूर्णतया निश्चिन्त होकर रहने लगा था।[4] सुग्रीव ने बड़े भाई के प्रति गुरुभाव होने की बात अवश्य कही है।[5] किन्तु राज्य के प्रति उसका लोभ इतना प्रबल था कि राम से उसने कहा था कि इस समय जो मेरा दुःख है वह वाली के नाश होने पर ही मिट सकता है। मेरा सुख और जीवन उसके विनाश पर ही निर्भर है।[6] इसके बाद ही राम के सामने हाथ जोड़कर उसने कहा था कि मेरा प्रिय करने के लिए आप आज ही उस वाली का, जो भाई के रूप में मेरा शत्रु है, वध कर डालिए।[7] वालि-वध का समाचार सुनकर जब सभी वानर यूथपति भयभीत होकर भागने लगे तब तारा ने उनको सम्बोधित करते हुए कहा था कि यद्यपि क्रूर भाई सुग्रीव ने राज्य के लोभ से राम को प्रेरित करके उनके द्वारा दूर से चलाये हुए और दूर तक जानेवाले बाणों के द्वारा अपने बड़े भाई वाली को मरवा डाला है, तो तुम लोग इस प्रकार भयभीत होकर क्यों भाग रहे हो।[8] सुग्रीव को भी सम्बोधित कर तारा ने कहा था—"सुग्रीव तुम्हारा मनोरथ सफल हो। तुम्हारे भाई, जिन्हें तुम अपना शत्रु समझते थे, मारे गये। अब तुम बेखटके राज्य भोगो। रुमा को भी प्राप्त कर लोगे।[9]

सुग्रीव का राज्य-लोभ तथा गुणहीनता वाली के मायावी राक्षस के साथ हुए युद्ध की घटना से और भी अधिक प्रमाणित होती है। वाली और मायावी के बीच एक वर्ष तक दीर्घकालीन युद्ध के पश्चात् गुहा-द्वार से फेनयुक्त रक्त की धारा बहती हुई देखकर सुग्रीव के होश उड़ गये थे। उसमें इतना भी साहस न हुआ कि वह अपने बड़े भाई के हत्यारे राक्षस से बदला लेने के लिए उसे ललकारता। एक कायर चोर की भाँति वह वहाँ से भाग खड़ा हुआ और किष्किन्धा में आकर राज्य को अपने

---

1. वा.रा. 3.72.11,15, 19; **2.** वा.रा. 4.5.30; **3.** वा.रा. 4.18.26, 27; **4.** वा.रा. 4.46.9; 4.27.28; **5.** वा.रा. 4.9.24; **6.** वा.रा. 4.8.39; **7.** वा.रा. 4.12.11; **8.** वा.रा. 4.19.9; **9.** वा.रा. 4.20.21

अधिकार में कर लिया। इस स्थल पर वाली के मारे जाने की कल्पना से उसे लेश मात्र भी दुःख हुआ हो, ऐसा प्रतीत ही नहीं होता। वाली ने भी लौटने पर इसका अनुभव किया था और मन्त्रियों तथा पुरवासियों से कहा था कि यह सुग्रीव ऐसा क्रूर और निर्दयी है कि इसने भ्रातृ-प्रेम को भुला दिया और सारा राज्य अपने अधिकार में लेने के लिए ही मुझे उस गुफा के अन्दर बन्द करके लौट आया।[1] यद्यपि सुग्रीव ने उत्तर में कहा था कि मैंने स्वेच्छा से राज्य को ग्रहण नहीं किया है और पुरवासियों तथा मन्त्रियों ने ही राज्य पर मेरा अभिषेक कर दिया है, तथापि उसका यह कथन अधिक विश्वसनीय प्रतीत नहीं होता। प्रथमतः कुल-परम्परा के अनुसार वाली के पश्चात् अंगद ही राज्य का अधिकारी था और फिर सुग्रीव अपने मन्त्रियों और प्रजा में कभी इतना अधिक लोकप्रिय नहीं रहा कि अंगद की उपेक्षा कर उसे राजा बनाने पर विचार किया जाता।

सुग्रीव के उपर्युक्त व्यवहार से रुष्ट होकर ही वाली ने उसे घर से निकाल दिया था। पूरी रामायण में इसका कोई संकेत भी उपलब्ध नहीं है जिसके आधार पर यह प्रमाणित हो सके कि वाली के मन में सुग्रीव की पत्नी रुमा के प्रति भी कोई आकर्षण था अथवा उसके प्रति वह मर्यादा के विपरीत व्यवहार करता था। वाली ने केवल सुग्रीव को ही निष्कासित किया था। उसने रुमा को बलपूर्वक रोक लेने का कभी कोई प्रयास नहीं किया। वाली के रहते हुए सुग्रीव का राज्य पर भी कोई अधिकार नहीं था। इसके पश्चात् भी वह व्यर्थ ही राम से लगातार यह कहता रहा कि वाली ने उसे राज्य से वंचित कर दिया और उसकी पत्नी रुमा को भी छीन लिया है।[2] वाली द्वारा सुग्रीव के घर से निकाले जाने की बात यद्यपि कबन्ध[3] और हनुमान ने भी कही[4] किन्तु राज्य और पत्नी से वंचित किये जाने का मिथ्या प्रचार स्वयं सुग्रीव ने ही किया था। सुग्रीव के इस आचरण के लिए कबन्ध ने उसको अपराधी मानते हुए 'कृत किल्विष' शब्द का प्रयोग किया है।[5] किन्तु यह उल्लेखनीय है कि सुग्रीव बराबर यही कहता रहा कि वाली ने बिना किसी अपराध के होते हुए भी उसे दण्डित किया है। राम से उसने कहा था कि बिना अपराध के ही मुझे यह सब संकट भोगना पड़ रहा है।[6]

वाली द्वारा निष्कासित किये जाने और उसके द्वारा पीछा किये जाने पर अपने प्राण बचाने के लिए सुग्रीव चारों दिशाओं में भागता फिरा था। उसने विभिन्न नदियाँ, वनों और नगरों को देखते हुए सारी पृथ्वी को गाय की खुरी की भाँति मानकर उसकी परिक्रमा कर डाली थी।[7] आत्मरक्षा के लिए हिमालय, मेरु, विन्ध्य पर्वत और समुद्र सबको छान डाला था। इस भाग-दौड़ में ही उसको पृथ्वी के भूगोल का ऐसा चाक्षुष

---

1. वा.रा. 4.10.25; **2.** वा.रा. 4.10.27; **3.** वा.रा. 3.72.11; **4.** वा.रा. 4.3.20; **5.** वा.रा. 3.72.21; **6.** वा.रा. 4.10.29; **7.** वा.रा. 4.46.12-13

ज्ञान हो गया था कि राम को भी आश्चर्य हुआ था। सीता की खोज के लिए वानरों को निर्देश देते समय जब सुग्रीव ने विभिन्न दिशाओं में अवस्थित स्थलों का परिचय दिया और मार्गों का संकेत किया तो राम ने मानो आश्चर्य में पड़कर उससे प्रश्न किया था कि तुम समस्त भू-मण्डल के स्थानों का परिचय कैसे जानते हो।[1] हनुमान ने इस भाग-दौड़ में सम्भवतः सुग्रीव का साथ दिया था। अन्त में हनुमान ने ही उनको मतंग मुनि के आश्रम में शरण लेने का परामर्श दिया था।[2] हनुमान के परामर्श से ही सुग्रीव ने ऋष्यमूक पर्वत की मलय चोटी पर आश्रय लिया था। यह स्थान मतंग ऋषि के आश्रम की सीमा में था और शापवश वाली के लिए वहाँ प्रवेश करना सम्भव नहीं था। यहाँ यह कहना असमीचीन नहीं होगा कि सुग्रीव ने न तो राम की भाँति ज्येष्ठ की आज्ञा-पालन रूप मर्यादा का पालन करते हुए निष्कासन को सहर्ष स्वीकार किया और न लक्ष्मण की भाँति बड़े भाई द्वारा दिये गये दण्ड को सहने का ही साहस दिखाया। वाली के विरुद्ध युद्ध करने का भी साहस उसमें नहीं था। वह केवल कहीं से सहायता प्राप्त होने के संयोग की बाट जोहता रहा।

ऋष्यमूक पर्वत पर सुग्रीव के साथ चार और भी वानर थे।[3] इनमें से हनुमान को ही उसने अपना मन्त्री बनाया था। हनुमान ने राम-लक्ष्मण को अपना परिचय देते हुए स्वयं को सुग्रीव का मन्त्री बताया था।[4] राम ने भी उनको सुग्रीव का सचिव कहा है।[5]

सुग्रीव किसी भी प्रकार से किष्किन्धा राज्य का अधिकारी तो था ही नहीं, उसमें स्वभावतया राजोचित गुणों का सर्वथा अभाव था। वाली के अन्त्येष्टि संस्कार सम्पन्न होने के पश्चात् हनुमान ने राम से कहा था कि सुग्रीव को वानरों का यह विशाल साम्राज्य प्राप्त होना सरल नहीं था किन्तु आपकी कृपा से ही इनको यह सुलभ हो गया है।[6] सुग्रीव के दो अन्य मन्त्री प्लक्ष और प्रभाव ने भी राम की ओर इंगित करते हुए सुग्रीव से कहा था कि ये दोनों भाई ही आपके राज्यदाता हैं।[7] तारा ने भी लक्ष्मण से कहा था कि रामचन्द्रजी की कृपा से ही सुग्रीव ने वानरों के अक्षय राज्य को, रुमा को तथा मुझको भी प्राप्त किया है।[8] अशोक वाटिका में सीता को देखकर राम के पराक्रम का स्मरण करते हुए भी हनुमान के मन में फिर यह विचार आया था कि वानरों का दुर्लभ ऐश्वर्य जो वाली द्वारा सुरक्षित था, राम के कारण ही सुग्रीव को प्राप्त हो सका है।[9] तात्पर्य यह कि राम यदि सुग्रीव की सहायता न करते तो सुग्रीव में राज्य प्राप्त करने की सामर्थ्य ही नहीं थी।

आचरण और स्वभाव की दृष्टि से सुग्रीव अत्यन्त कामी और विलासी प्रकृति का था। कर्तव्य के प्रति वह पूर्णतः असावधान था और राज्यमद में सब-कुछ भूल

---

1. वा.रा. 4.46.1; **2.** वा.रा. 4.46.20-21; **3.** वा.रा. 3.72.12; **4.** वा.रा. 4.3.22; **5.** वा.रा. 4.3.26-27; **6.** वा.रा. 4.26.4-5; **7.** वा.रा. 4.31.45; **8.** वा.रा. 4.35.5; **9.** वा.रा. 5.16.11

बैठता था। राज्याभिषेक के पश्चात् वे शराब पीकर रुमा और अन्य सुन्दरियों के साथ विलास-क्रीड़ा में मग्न हो गये थे। उनकी यह दशा देखकर स्वयं हनुमान को चिन्ता हुई थी और वे सोचने लगे थे कि प्रयोजन सिद्ध हो जाने के कारण अब सुग्रीव धर्म और अर्थ के संग्रह में शिथिलता दिखाने लगे हैं। वे असाधु पुरुषों के मार्ग का आश्रय ले रहे हैं और एकान्त में ही उनका मन लगता है। उनको अपना अभीष्ट प्राप्त हो चुका है अतएव अब वे युवती स्त्रियों के साथ क्रीड़ा-विलास में ही लगे रहते हैं। अपने अभिलषित मनोरथों, पत्नी रुमा और अभीष्ट सुन्दरी तारा को प्राप्त कर अब वे निश्चिन्त होकर दिन-रात भोग-विलास में ही रत रहते हैं। जिस प्रकार इन्द्र गन्धर्वों और अप्सराओं के क्रीड़ा-विहार में लगा रहता है उसी प्रकार सुग्रीव भी मन्त्रियों पर राज्य भार सौंपकर विलास-क्रीड़ाओं में ही मग्न रहते हैं। वे मन्त्रियों के कार्य की देखभाल भी नहीं करते और पूर्णतया स्वेच्छाचारी बन गये हैं।[1] राम भी सुग्रीव की कामुक प्रवृत्ति को जानते थे इसलिए उन्होंने उसे 'कामवृत्तं च सुग्रीव' (काम में आसक्त) कहा।[2] राम के द्वारा निर्देश पाकर जब लक्ष्मण सुग्रीव को समझाने उसके महलों में पहुँचे थे तब भी वह काम के अधीन होकर तारा के साथ भोगरत था।[3] उन्होंने सुग्रीव के महलों में अनेक सुन्दरी स्त्रियाँ देखीं जो रूप-यौवन के गर्व से भरी हुई थीं और पूरा महल नूपुरों और करधनियों की झंकार से गूँज रहा था।[4] सुग्रीव इतना अधिक भीरु था कि लक्ष्मण के आने का समाचार सुनकर ही उसके होश उड़ गये और उसने तारा को ही उनसे मिलने के लिए भेज दिया था। लक्ष्मण ने तारा से भी कहा था कि तुम्हारा पति सुग्रीव विषय-भोगों में आसक्त होकर धर्म और अर्थ के संग्रह का लोप कर रहा है। सुग्रीव द्वारा निर्धारित चार महीने की अवधि बीत चुकी है किन्तु अभी भी वह मधुपान के मद से उन्मत्त होकर स्त्रियों के साथ विहार-क्रीड़ा में लगा हुआ है।[5] तारा ने भी इस बात को स्वीकार किया था और कहा था कि कामासक्ति के कारण ही इन दिनों सुग्रीव का मन किसी दूसरे काम में नहीं लगता।[6] लक्ष्मण ने जब अन्तःपुर में प्रवेश किया था तब सुग्रीव ने रुमा को गाढ़ आलिंगन-पाश में बाँधे हुए ही उनका स्वागत किया था।[7]

राज्याभिषेक के पश्चात् सुग्रीव के राजमहलों में इस जोर-शोर से आनन्दोत्सव मनाया गया था कि वाद्यों की ध्वनि दूर पर्वत शिखर पर राम को भी सुनाई दी थी। इसका संकेत करते हुए उन्होंने लक्ष्मण से कहा था कि निश्चय ही कपिश्रेष्ठ सुग्रीव अपनी पत्नी को पाकर, राज्य को हस्तगत करके बड़ी भारी लक्ष्मी पर अधिकार कर आनन्दोत्सव मना रहे हैं।[8] तारा ने सुग्रीव की इन दुर्बलताओं पर आवरण डालने

1. वा.रा. 4.29.1-9; **2.** वा.रा. 4.30.3; **3.** वा.रा. 4.31.22,38; **4.** वा.रा. 4.33.22-25; **5.** वा.रा. 4.33.43-45; **6.** वा.रा. 4.33.54; **7.** वा.रा. 4.33.66; **8.** वा.रा. 4.27.27-28, 4.28.57

का प्रयास किया था और उसने लक्ष्मण के क्रोध को शान्त करने का प्रयास करते हुए कहा था कि सुग्रीव ने पहले बहुत दुःख भोगा है, इसी कारण सुख के समय में यह ऐसे रम गये हैं कि इनको समय का भी ध्यान नहीं रहा।[1] किन्तु सुग्रीव की विलास-क्रीड़ाओं को देखकर लक्ष्मण ने स्पष्ट कहा था कि रामचन्द्र परम महात्मा और दया से द्रवित हो जानेवाले हैं इसीलिए उन्होंने तुम्हारे समान पापी और दुरात्मा को वानरों के राज्य पर बैठा दिया है।[2] भोगों में आसक्त होने पर जब सुग्रीव अपने कर्तव्य को भूल बैठा था तब भी लक्ष्मण ने कहा था कि उपकार का बदला चुकाने की उसकी नीयत नहीं है। ऐसे गुणहीन पुरुष को राज्य नहीं दिया जाना चाहिए।[3]

हनुमान जानते थे कि सुग्रीव के स्वभाव में वानरोचित चपलता प्रकृतितः विद्यमान है। ऋष्यमूक पर राम-लक्ष्मण को आते देखकर सुग्रीव भयभीत होकर काँप उठा था और उसे वाली के आने का सन्देह हुआ था। उस समय हनुमान ने कहा था कि आप अपनी वानरोचित चपलता को ही प्रकट कर रहे हैं। चपलतावश आप अपने को विचारमार्ग पर स्थिर रख ही नहीं पाते हैं। जो राजा बुद्धिबल का आश्रय नहीं लेता वह सम्पूर्ण प्रजा पर शासन कर ही नहीं सकता।[4]

उपर्युक्त दोषों के अतिरिक्त सुग्रीव अत्यन्त क्रोधी स्वभाव का था। मायावी को परास्त कर किष्किन्धा पुरी में लौटने पर वाली ने प्रजाजनों और मन्त्रियों से सुग्रीव की शिकायत की थी। इस अवसर पर सुग्रीव के लिए उसने सुदारुणः[5] क्रूरदर्शनः[6] जैसे शब्दों का प्रयोग करते हुए कहा था कि यह सुग्रीव ऐसा क्रूर और निर्दयी है कि इसने भ्रातृप्रेम को भुला दिया और सारा राज्य अपने हाथ में कर लेने के लिए मुझे उस गुफा के भीतर बन्द कर दिया था।[7] क्रोध के वश में सुग्रीव उचित-अनुचित का विवेक भी खो देता था। वालि-वध के पश्चात् विलाप करते हुए उसने स्वयं राम से कहा था कि वाली ने मेरा बहुत अधिक तिरस्कार किया था इसलिए क्रोध और अमर्ष के कारण मैंने उनके वध के लिए अनुमति दे दी थी।[8] सुग्रीव वस्तुतः क्रोध को क्षत्रियों के लिए एक आवश्यक गुण के रूप में ही स्वीकार करता था। समुद्र पार करने के लिए चिन्ताकुल राम को आश्वस्त करते हुए उसने कहा था कि अपने हृदय में शोक को स्थान देना व्यर्थ है। इस समय तो आपको शत्रुओं के प्रति क्रोध धारण करना चाहिए। जो क्षत्रिय मन्द अर्थात् क्रोधशून्य होते हैं उनसे कोई चेष्टा नहीं बन पाती परन्तु जो शत्रु के प्रति आवश्यक क्रोध से भरा होता है उससे सब डरते हैं।[9]

सुग्रीव के क्रोधी स्वभाव का विशेष प्रमाण उसके उन निर्देश-वाक्यों से मिलता है जिनके अनुसार वह निश्चित अवधि में सीता की खोज में असफल वानरों को मरवा डालने की पूर्व घोषणा करता है। अनेक सन्दर्भों में उसे कठोर दण्ड-नीति का

---

1. वा.रा. 4.35.6; **2.** वा.रा. 4.34.16; **3.** वा.रा. 4.31.3; **4.** वा.रा. 4.2.17,18; **5.** वा.रा. 4.10.14; **6.** वा.रा. 4.10.17; **7.** वा.रा. 4.10.25; **8.** वा.रा. 4.24.6; **9.** वा.रा. 6.2.19

अनुसर्वा भी कहा गया है किन्तु मरवा डालने से कम किसी अन्य दण्ड को वह शायद जानता ही नहीं। हनुमान द्वारा समझाये जाने पर वह वानरों को सीता की खोज के लिए भेजने को तैयार हुआ था और नील को निर्देश दिया था कि समस्त यूथपतियों को वानर-सेना सहित अविलम्ब किष्किन्धा में उपस्थित होने के लिए सूचित कर दिया जाए। इसी के साथ यह भी कहा गया था कि पन्द्रह दिन के पश्चात् पहुँचनेवाले वानर को प्राण-दण्ड दिया जाएगा।[1] ऐसा प्रतीत होता है कि वानर यूथपति सुग्रीव की आज्ञा का अधिक सम्मान नहीं करते थे। इसलिए दूसरी बार सुग्रीव ने हनुमान से कहा था कि साम, दाम आदि उपायों का प्रयोग करके वानरों को बुलाया जाए।[2] इसी के साथ उसका क्रोध पुनः जाग्रत हो गया और उसने कहा कि जो वानर दस दिन के भीतर नहीं आते, राजाज्ञा को कलंकित करनेवाले उन दुरात्मा वानरों को मार डालना चाहिए।[3] मृत्यु और काल के समान भयानक दण्ड देनेवाले सुग्रीव का आदेश सुनकर सभी वानर भय से काँपते हुए ही किष्किन्धा की ओर प्रस्थित हुए थे।[4] वानरों के एकत्रित होने पर उनको विभिन्न दिशाओं में जाने के लिए निर्देश देते समय सुग्रीव ने फिर कहा था कि सीता का पता लगाकर एक मास पूरा होते तक लौट आना होगा। एक मास से अधिक ठहरनेवाला वानर मार डाला जाएगा।[5]

दक्षिण दिशा में भेजे गये वानरों को बहुत परिश्रम करने पर भी जब सीता का पता नहीं लगा और वे निराश थककर बैठ गये तब अंगद ने उनसे कहा था कि सुग्रीव क्रोधी राजा हैं, उनका दण्ड भी बड़ा कठोर होता है। इसलिए उनसे और राम से आप सबको डरते रहना चाहिए।[6] तापसी स्वयंप्रभा के आश्रम में घूमते हुए जब सुग्रीव द्वारा दिया गया समय भी बीत गया तब वानरों के प्राण सूख गये थे। सुग्रीव के क्रोध का स्मरण करते हुए स्वयं हनुमान ने कहा था कि हम लोग सुग्रीव के द्वारा दी गई समय-सीमा को लाँघ चुके हैं और इसलिए अब हमारी आयु पूरी हो चुकी है।[7] इस अवसर पर अंगद के मन में सबसे अधिक भय व्याप्त हो गया था। उन्होंने बड़ी कातर वाणी में कहा था कि हम लोग जिस काम के लिए निकले थे, उसे पूरा नहीं कर सके इसलिए निश्चय ही हम लोगों को प्राणों से हाथ धोना पड़ेगा।[8] अंगद ने सुग्रीव के भय से यहीं पर उपवास करते हुए प्राण त्याग करने का निश्चय किया था। वे जानते थे कि सुग्रीव स्वभाव से ही कठोर है। राजा के पद पर प्रतिष्ठित होते हुए वह कभी क्षमा नहीं करेगा।[9] अन्य वानरों ने भी प्राण-दण्ड के भय से उसी आश्रम में बने रहने का विचार किया था।[10]

'मार डालना' सुग्रीव का मानो 'तकिया कलाम' रहा है। वह बात-बात में मार

---

1. वा.रा. 4.29.32; **2.** वा.रा. 4.37.9; **3.** वा.रा. 4.37.12; **4.** वा.रा. 4.37.19; **5.** वा.रा. 4.40 70, 4.42.53; **6.** वा.रा. 4.49.9; **7.** वा.रा. 4.52.23; **8.** वा.रा. 4.53.12; **9.** वा.रा. 4.53.14-16; **10.** वा.रा. 4.53.21-22

डालने की बात कहता है। हनुमान, अंगद तथा अन्य सभी वानर उसे अत्यन्त क्रूर-स्वभाव, निर्मम, निर्दयी और शठ मानते रहे हैं।[1]

सुग्रीव किसी भी व्यक्ति के साथ मैत्री सम्बन्ध स्थापित करने के पूर्व उस व्यक्ति का भली-भाँति परीक्षण कर लेने के प्रति सतर्कता बरतने का समर्थक है। वह किसी भी व्यक्ति पर सहज ही विश्वास कर लेने के लिए तैयार नहीं था। ऋष्यमूक पर्वत पर राम-लक्ष्मण को आते हुए देखकर उसके मन में सन्देह हुआ था कि वे वाली के द्वारा भेजे गये हैं। जब हनुमान ने सुग्रीव की शंका का समाधान किया तब भी सुग्रीव ने कहा था कि प्राणी मात्र को छद्मवेष में विचरनेवाले शत्रुओं को विशेष रूप से पहचानने की चेष्टा करना चाहिए, क्योंकि वे दूसरों पर अपना विश्वास जमा लेते हैं और स्वयं किसी का विश्वास नहीं करते और अवसर पाते ही उन विश्वासी पुरुषों पर प्रहार कर बैठते हैं।[2] इसी विचार के साथ उन्होंने हनुमान को एक साधारण पुरुष की भाँति राम-लक्ष्मण के पास जाने और विभिन्न चेष्टाओं द्वारा उनका यथार्थ परिचय प्राप्त करने के लिए कहा था। तारा भी सुग्रीव की इस विशेषता से परिचित थी। उसने अपने पति वाली से कहा था कि सुग्रीव स्वभाव से ही कार्यकुशल और बुद्धिमान हैं। वे किसी ऐसे पुरुष के साथ मैत्री नहीं करेंगे जिसके बल और पराक्रम को उन्होंने अच्छी तरह परख न लिया हो।[3] प्रतीत होता है कि सुग्रीव शंकालु स्वभाव का था। यह भी सम्भव है कि वाली के भय के कारण ही उसमें यह दोष उत्पन्न हो गया हो।

मैत्री धर्म के निर्वाह पर सुग्रीव बहुत अधिक जोर देता था। राम से मित्रता हो जाने के बाद उसने बार-बार मित्रों के कर्तव्य की चर्चा की। मैत्री धर्म के सम्बन्ध में सुग्रीव यही मानता था कि अच्छे स्वभाववाले मित्र अपने घर के सोने, चाँदी अथवा आभूषणों को अपने मित्रों के लिए अविभक्त ही मानते हैं। अतएव मित्र धनी हो अथवा दरिद्र, सुखी हो या दुःखी, निर्दोष हो अथवा सदोष वह मित्र के लिए सबसे बड़ा सहायक होता है। सत्पुरुष अपने मित्र का उत्कृष्ट प्रेम देखकर आवश्यकता पड़ने पर उसके लिए धन, सुख और देश का भी परित्याग कर देते हैं।[4] सुग्रीव ने जब राम को धैर्य धारण करने की सलाह दी तब सुग्रीव के मैत्री भाव की प्रशंसा करते हुए राम ने कहा था कि एक स्नेही और हितैषी मित्र को जो कुछ करना चाहिए, तुमने वही किया है। तुम्हारा कार्य सर्वथा उचित और योग्य है।[5]

यद्यपि मैत्री धर्म के प्रति उपर्युक्त प्रकार से सुग्रीव की आस्था व्यक्त की गयी है किन्तु व्यावहारिक दृष्टि से वह इनके निर्वाह के प्रति अधिक निष्ठावान और सतर्क दिखाई नहीं देता। राम सुग्रीव की सहायता-प्राप्ति के लिए शरत् काल के आने तक

---

1. वा.रा. 4.55.10; **2.** वा.रा. 4.2.22; **3.** वा.रा. 4.15.14; **4.** वा.रा. 4.8.7-9; **5.** वा.रा. 4.7.17

प्रतीक्षा करते रहे थे।[1] और उन्हें विश्वास था कि उपयुक्त समय आने पर सुग्रीव स्वयं ही कृतज्ञ की भाँति अपना कार्य करेंगे। किन्तु सुग्रीव रुमा और तारा के साथ विलास-क्रीड़ाओं में सब-कुछ भूल गये थे। यदि हनुमान उसको स्मरण न कराते तो कदाचित् उसको स्वयं अपने कर्तव्य का स्मरण ही न होता। हनुमान ने ही सुग्रीव को मैत्री धर्म के निर्वाह के प्रति प्रेरित किया था। राम को भी सुग्रीव की इस अनवधानता का अनुभव हुआ था। उन्होंने लक्ष्मण से कहा था–"सुग्रीव यह समझता है कि राम मेरी शरण में आये हैं इसीलिए वह मेरा तिरस्कार कर रहा है।[2] उसने सीता की खोज के लिए समय निश्चित किया था किन्तु अपना काम निकल जाने पर वह दुर्बद्धि वानर प्रतिज्ञा करके भी उसका स्मरण नहीं कर रहा।"[3] इसी विचार के साथ राम ने लक्ष्मण के माध्यम से सुग्रीव को सन्देश भेजा था और कहला भेजा था कि यदि तुमने पूर्व-निश्चय के अनुसार अपनी प्रतिज्ञा पूरी नहीं की तो तुमको बन्धु-बान्धओं सहित मार डाला जाएगा।

लक्ष्मण भी इस बात को स्वीकार करते थे कि सुग्रीव के मन में कृतज्ञता और प्रत्युपकार की भावना ही नहीं थी। पहले तो सुग्रीव की लापरवाही को देखते हुए उन्होंने राम से कहा था कि सुग्रीव की बुद्धि मारी गयी है इसलिए वह विषय-भोगों में आसक्त हो गया है। आपकी कृपा से उसे राज्य आदि का लाभ हुआ है, इस उपकार का बदला चुकाने की उसकी नीयत ही नहीं है।[4] तारा से भी सुग्रीव के विषय में बतलाते हुए लक्ष्मण ने कहा था कि सुग्रीव ने चार महीने की अवधि निश्चित की थी। वे कभी के बीत गये किन्तु सुग्रीव मधुपान के मद से अत्यन्त उन्मत्त होकर स्त्रियों के साथ क्रीड़ा-विहार कर रहा है। उसे बीते हुए समय का पता ही नहीं है।[5] सुग्रीव को भी अत्यन्त तीखी भाषा में फटकारते हुए लक्ष्मण ने कहा था कि तुम अनार्य, कृतघ्न और मिथ्यावादी हो। रामचन्द्रजी की सहायता से तुमने पहले अपना काम पूरा कर लिया किन्तु जब उनकी सहायता करने का अवसर आया तब तुम कुछ नहीं करते।[6] लक्ष्मण का क्रोध इतना बढ़ा हुआ था कि उन्होंने स्पष्ट कहा था कि जो पहले मित्रों की सहायता से अपना काम सिद्ध करके बदले में उन मित्रों का कोई उपकार नहीं करता, उस कृतघ्न को मार डालना चाहिए।[7]

सुग्रीव को राम की सदाशयता के प्रति विश्वास नहीं था। वह राम को स्वयं अपने समान इतना दुर्बल चरित्र मानता था जैसे वह कर्तव्याकर्तव्य, उचित-अनुचित आदि का विचार किये बिना ही मैत्री सिद्धान्तों की उपेक्षा करते हुए जरा-सी शिकायत अथवा चुगली-चपाटी के आधार पर ही अपने मित्रों के प्रति दुर्भावनापूर्वक सोचने-विचारने के अभ्यस्त हों। लक्ष्मण के क्रोध का समाचार सुनकर उसने कहा

---

1. वा.रा. 4.27.44; **2.** वा.रा. 4.30.67-68; **3.** वा.रा. 4.30.69; **4.** वा.रा. 4.31.3; **5.** वा.रा. 4.33.45; **6.** वा.रा. 4.34.13; **7.** वा.रा. 4.34.10

था कि यद्यपि मुझे राम और लक्ष्मण से कोई भय नहीं है किन्तु बिना अपराध के कुपित हुआ मित्र हृदय में घबराहट उत्पन्न कर देता है। किसी को मित्र बना लेना सर्वथा सुकर है परन्तु उस मैत्री को पालना और निभाना बहुत ही कठिन होता है क्योंकि मन का घाव सदा एक-सा नहीं रहता। किसी के द्वारा थोड़ी-सी भी चुगली कर दी जाने पर मित्रों के स्नेह-सम्बन्ध में अन्तर आ जाता है।[1]

सुग्रीव के उपर्युक्त विचार इस बात के द्योतक हैं कि वह राम को सामान्य मनुष्यों की उसी श्रेणी में मानता था जो मैत्री धर्म के निर्वाह को जानते ही नहीं। इसके अतिरिक्त सीता की खोज के अपने दायित्व को भुला देने को भी वह दोष नहीं मानता अपितु उसकी धारणा यही रही कि किसी के द्वारा झूठी चुगली किये जाने पर भी राम उसे सच मान सकते हैं। वाली और मायावी के युद्ध के सन्दर्भ में उसने कहा ही था कि निरपराध होते हुए भी उसे दण्ड भोगना पड़ रहा था। कहा जा सकता है कि सुग्रीव अपने दोषों को न तो देखता ही था और न उनको मानने के लिए ही तैयार था। वह सदैव उन पर आवरण डालने के बहाने ही खोजता रहा।

यहाँ इस बात के प्रति संकेत करना अप्रासंगिक नहीं होगा कि राम और सुग्रीव की मैत्री दो व्यक्तियों के बीच के स्नेह सम्बन्ध के रूप में नहीं थी। राम और सुग्रीव दोनों ही राज्याधिकार से वंचित किये गये थे और दोनों की पत्नियों का अपहरण किया जा चुका था। कबन्ध ने जिस प्रकार सुग्रीव का परिचय राम को दिया था, उसके अनुसार सीता की खोज सुग्रीव के द्वारा ही सम्भव थी। इसलिए ऋष्यमूक पर्वत पर हनुमान को अपना और राम का परिचय देते हुए लक्ष्मण ने बार-बार कहा था कि राम सुग्रीव की शरण में आये हैं। हनुमान ने जब सुग्रीव का परिचय देते हुए उसके राज्य से निष्कासित किये जाने की बात कही थी, तब लक्ष्मण को यह सोचकर प्रसन्नता हुई थी कि राम ही को सुग्रीव से काम नहीं बल्कि सुग्रीव को भी राम की सहायता की आवश्यकता है। इन सभी स्थितियों को ध्यान में रखकर ही दोनों ने मैत्री सम्बन्ध स्थापित किया था। इसीलिए रामायण में इस अवसर पर 'वयस्य' (समान अवस्थावाले मित्र) शब्द का प्रयोग किया गया है। यह कहना भी असंगत नहीं होगा कि राम और सुग्रीव के बीच विशिष्ट उद्देश्यों और शर्तों को निश्चित करते हुए एक समझौता हुआ था। राम ने यह शर्त स्वीकार की थी कि वह वाली को मारकर सुग्रीव को किष्किन्धा का राज्य, तारा और रुमा को हस्तगत कराने में पूरी सहायता देंगे। इसके बदले में सुग्रीव ने भी किष्किन्धा का राजा बनने के चार महीने के बाद सीता का पता लगाने और रावण पर आक्रमण करने में राम की सहायता करने की शर्त स्वीकार की थी। अग्नि को साक्षी बनाकर ही यह समझौता किया गया था। इसे अधिक से अधिक सहेतुक मैत्री ही कहा जा सकता है।

---

1. वा.रा. 4.32.6-7

वालि-वध के पश्चात् सुग्रीव के राज्याभिषेक के सम्बन्ध में आवश्यक निर्देश देते हुए राम ने कहा था कि वर्षा ऋतु की समाप्ति पर कार्तिक आने पर तुम रावण-वध के लिए प्रयत्न करना, यही हम लोगों की शर्त रहेगी।[1] सुग्रीव के साथ इस प्रकार की शर्त निश्चित करने के पश्चात् ही राम आश्रम को लौटे थे।[2] इन दोनों ही स्थलों पर मैत्री अथवा सख्य जैसे शब्दों का नहीं वरन् 'समय' शब्द का प्रयोग ही यह प्रमाणित करता है कि राम-सुग्रीव के बीच मित्रता नहीं बल्कि एक समझौता हुआ था। हनुमान ने लंका में पहुँचकर रावण को राम का परिचय देते समय यही कहा था कि सुग्रीव ने राम से सीता को खोज निकालने की प्रतिज्ञा की है और श्रीराम ने सुग्रीव को वानरों का राज्य दिलाने का वचन दिया था।[3] इस प्रकार की शर्त और समझौते के बाद भी और राम के द्वारा अपनी शर्त पूरी किये जाने पर भी भोग-विलास में रत सुग्रीव के द्वारा अपनी शर्त पूरी करने में असावधानी उसकी चारित्रिक दुर्बलता का ही प्रमाण माना जाएगा। यदि हनुमान मैत्री धर्म के बहाने उसे इस समझौते को याद न दिलाते, राम के आक्रोश की उसे खबर न लगती और लक्ष्मण द्वारा डाँट-फटकार न लगायी जाती तो सुग्रीव का ध्यान समझौते के पालन की ओर शायद कभी जाता ही नहीं।

सुग्रीव के चरित्र में ऐसी कुछ विशेषताएँ दिखाई ही नहीं देतीं जिनके आधार पर उसकी धार्मिक आस्थाओं का विवेचन किया जा सके। राम के साथ समझौता करते समय अग्नि को साक्षी बनाया गया था। यद्यपि यह अग्नि हनुमान द्वारा अपनी प्रेरणा से अरणियों को रगड़कर उत्पन्न की गयी थी। उन्होंने अग्नि को प्रज्वलित कर राम और सुग्रीव के बीच में रख दिया था जिसकी उन दोनों ने प्रदक्षिणा की थी।[4] अग्नि के साक्षी रहने पर मित्रता होने पर सुग्रीव को विश्वास भी हुआ था कि इसका निर्वाह भी अवश्य होगा।[5] इससे प्रतीत होता है कि सुग्रीव की आस्था उन व्यवस्थाओं के प्रति अवश्य रही है जो ब्राह्मणों और स्मृतिकारों द्वारा दी गयी थी। सुग्रीव यद्यपि न तो किसी देवता की पूजा-अर्चना करता ही दिखाई दिया और न उनकी चर्चा ही करता रहा किन्तु वह देवताओं का अनुग्रह स्वीकार करता था। राम से मैत्री सम्बन्ध स्थापित होने पर प्रसन्नता व्यक्त करते हुए उसने कहा था कि देवताओं की मुझ पर विशेष कृपा है इसीलिए आप जैसे गुणवान् महापुरुष मेरे सखा हो गये हैं।[6] ब्राह्मणों के प्रति सुग्रीव के मन में श्रद्धा रही है और वह उनका सम्मान भी करता था। अभिषेक के अवसर पर रत्न, वस्त्र और अनेक अन्य पदार्थों के द्वारा ब्राह्मणों का सम्मान किया गया था।[7] इसी प्रकार ऋषि, मुनियों, आश्रम-स्थलों और उनके समाधि-स्थलों को भी सुग्रीव प्रणम्य मानता था। उसका

---

1. वा.रा. 4.26.17; **2.** वा.रा. 4.27.5; **3.** वा.रा. 5.51.9; **4.** वा.रा. 4.5.13-15; **5.** वा.रा. 4.8.4; **6.** वा.रा. 4.8.2; **7.** वा.रा. 4.26.29

विश्वास था कि इस प्रकार प्रणाम आदि के द्वारा व्यक्ति को दुःखों और क्लेशों से मुक्ति मिलती है। ऋष्यमूक पर्वत से राम और लक्ष्मण के साथ जब सुग्रीव किष्किन्धा की ओर चला था तब मार्ग में उसने सप्तजन ऋषियों की तपस्या आदि का वर्णन करते हुए राम से उन दिवंगत मुनियों को प्रणाम करने के लिए कहा था। उसने कहा था कि आप मन को एकाग्र करके दोनों हाथ जोड़कर लक्ष्मण के साथ उन मुनियों के उद्देश्य से प्रणाम कीजिए, जो उन पवित्र अन्तःकरणवाले मुनियों को प्रणाम करते हैं, उनके शरीर में किंचिन्मात्र भी अशुभ नहीं रह जाता है।[1]

सुग्रीव ने जब राम को सीता की खोज कर ला देने का आश्वासन दिया तब उसने सीता की तुलना वेदश्रुति से की थी।[2] अभिषेक के समय पर भी मन्त्रवेत्ता पुरुषों ने अग्निवेदी को प्रज्वलित कर उसके चारों ओर कुश बिछाये और मनःपूत हविष्य के द्वारा आहुति दी थी। इसके पश्चात् मन्त्रोच्चारण करते हुए पूर्वाभिमुख बैठे हुए सुग्रीव का समस्त तीर्थों और समुद्रों से लाये गये जल से विधिपूर्वक अभिषेक किया गया था।[3] मायावी द्वारा वाली को मृत समझने पर सुग्रीव ने उसे जलांजलि दी थी और राम के द्वारा उसके मारे जाने पर भी सुग्रीव ने शास्त्रानुकूल विधि से ही वाली का और्ध्वदैहिक संस्कार करने की आज्ञा दी थी।[4]

रामायण में उपर्युक्त दो-चार प्रसंग ही सुग्रीव की धार्मिक अथवा आचार-विषयक मान्यताओं के सन्दर्भ में प्राप्त होते हैं। यद्यपि इनके आधार पर दृढ़तापूर्वक नहीं कहा जा सकता तथापि यह माना जा सकता है कि वेदश्रुति और वैदिक विधान के प्रति सुग्रीव के मन में सम्मान की भावना विद्यमान थी।

समझौते के अनुसार प्रतिज्ञाबद्ध होने पर भी सुग्रीव सीता की खोज करने के अपने दायित्व को जिस प्रकार भूल गया था, उसका उल्लेख ऊपर किया जा चुका है। सैद्धान्तिक रूप से सुग्रीव उपकार का बदला चुकाने पर लगातार जोर देता रहा है। लक्ष्मण द्वारा फटकारे जाने पर जब उसको होश आया तब राम से उसने कहा था कि आप और आपके भाई की कृपा से ही मैं वानर राज्य पर प्रतिष्ठित हुआ हूँ। जो किये हुए उपकार का बदला नहीं चुकाता है, वह पुरुषों में धर्म को कलंकित करनेवाला माना गया है।[5] सुग्रीव के इस प्रकार के कथनों पर विश्वास करना सहज नहीं। आरम्भ में उसके द्वारा जो असावधानी और उपेक्षा भाव प्रदर्शित किया गया, उससे स्पष्ट हो जाता है कि सुग्रीव के मन, वाणी और कर्म में एकरूपता नहीं रही। अपने दोषों को छिपाने के लिए बहानेबाजी करने में भी वह चतुर रहा। लक्ष्मण के आक्रोश को शान्त करने के लिए पहले उसने राम के पराक्रम की प्रशंसा करते हुए कहा कि राम स्वयं ही रावण का वध करने में समर्थ हैं और फिर अपनी असावधानी

---

1. वा.रा. 4.13.25-26; **2.** वा.रा. 4.6.5; **3.** वा.रा. 4.26.30-36; **4.** वा.रा. 4.9.20; 4.25.30; **5.** वा.रा. 4.38.26

को क्षम्य सिद्ध करने के लिए कहा कि विश्वास अथवा प्रेम के कारण यदि कोई अपराध बन गया हो तो मेरा वह अपराध क्षमा कर दिया जाना चाहिए क्योंकि ऐसा कोई सेवक नहीं है जिससे कभी कोई अपराध होता ही न हो।[1]

धर्म, राजनीति और राजर्षियों की परम्परा एवं मर्यादा का उल्लंघन करके ही राम ने सुग्रीव को किष्किन्धा के राज्य पर अभिषिक्त किया था। सुग्रीव राम के साथ मैत्री सम्बन्धों और उनके द्वारा किये गये उपकार की याद करके ही सिहर उठता था। राम ने उसके प्रति जो उपकार किया था उससे उऋण होने की कल्पना भी नहीं की जा सकती। इस पर भी वानर यूथपतियों को चारों दिशाओं में सीता की खोज के लिए भेजते समय उसने कहा था कि यदि हम लोगों के द्वारा दशरथनन्दन श्रीराम का यह कार्य सम्पन्न हो जाए तो हम उनके उपकार के ऋण से मुक्त और कृतार्थ हो जाएँगे।[2] सुग्रीव का यह कथन प्रथमतः इसी निष्पत्ति को प्रमाणित करता है कि राम और सुग्रीव के बीच मैत्री सम्बन्ध नहीं वरन् पारस्परिक सहयोग से विशिष्ट उद्देश्यों की पूर्ति के लिए एक निश्चित समझौता हुआ था और दूसरे यह कि सुग्रीव मित्र के द्वारा किये गये बड़े से बड़े उपकार का समझौते के अनुसार बदला चुकाकर अपने को ऋणमुक्त मानने के लिए तैयार था। सुग्रीव के इन मनोभावों को अथवा उसकी बदनीयती को लक्ष्मण ने समझा था और उन्होंने राम से कहा था कि सुग्रीव की बुद्धि मित्र-धर्म के पालन में है ही नहीं तथा उपकार का बदला चुकाने की भी उसकी नीयत नहीं है।[3] लक्ष्मण ने राम से यह भी कहा था कि वानर जाति का होने के कारण सुग्रीव श्रेष्ठ पुरुषों के सदाचार पर स्थिर नहीं रह सकता, वह कर्मफल को भी नहीं मानता और वह वानरों की राज्यलक्ष्मी का पालन और उपभोग भी नहीं कर सकेगा क्योंकि भोग-विलास से आगे उसकी बुद्धि काम ही नहीं करती।[4] बात करते हुए यद्यपि सुग्रीव सैद्धान्तिक रूप से मानता है कि कृतघ्न पुरुष सौहार्द को त्याग देता है किन्तु व्यवहार में स्वयं सौहार्द की परवाह नहीं करता।[5]

वाली और मायावी के युद्ध में वाली के मारे जाने के भ्रम में सुग्रीव ने राज्य पर अधिकार कर लिया था। यद्यपि इस अवधि के उसके शासन के विषय में कोई सन्दर्भ नहीं तथापि उसने राम को अपनी कहानी सुनाते हुए स्वयं कहा था कि मैं न्यायपूर्वक राज्य का संचालन करने लगा हूँ।[6] उसके इस कथन को प्रमाणित करने के लिए रामायण में एक भी प्रमाण उपलब्ध नहीं। सभी वानर उसे कठोर शासक अवश्य मानते रहे हैं। यह भी प्रतीत होता है कि किष्किन्धा की वानर जाति सुग्रीव को राजा बनाने के पक्ष में नहीं थी। इसीलिए वाली की मृत्यु के पश्चात् उन्होंने एक स्वर से तारा से अनुरोध किया था कि आपको स्वयं ही कुमार अंगद का

---

1. वा.रा. 4.36.11; **2.** वा.रा. 4.43.5; **3.** वा.रा. 4.31.3; **4.** वा.रा. 4.31.2; **5.** वा.रा. 6.2.2; **6.** वा.रा. 4.9.21

किष्किन्धा के राज्य पर अभिषेक कर शूरवीरों की सहायता से नगर की रक्षा करनी चाहिए। सभी वानरों ने अंगद की सभी प्रकार से सेवा करने का आश्वासन दिया था।[1] राम ने ही समझौते और शर्त के अनुसार सुग्रीव को राजा बनाया था।

अंगद के प्रति सुग्रीव के व्यवहार का स्मरण करके ही अत्यन्त दुःख होता है। परम्परा के अनुसार अंगद के राज्याधिकारी होने पर भी सुग्रीव की राज्य पर इस प्रकार दृष्टि जमी रही कि उसने भूलकर भी अंगद के अधिकार का कभी ख्याल ही नहीं किया। मायावी के साथ युद्धरत वाली को गुफा में बन्द कर लौटने के पश्चात् उसने अंगद के विषय में सोचे-विचारे बिना ही राज्य पर अधिकार कर लिया था। वाली इस बात को जानता था कि सुग्रीव की किंचित् भी सहानुभूति अंगद को प्राप्त नहीं रहेगी। इसलिए प्राण-त्याग के समय तारा के साथ अंगद को रोता-बिलखता देखकर उसकी आँखें भर आयी थीं। रोते हुए उसने राम से कहा था कि मुझे अपने लिए, तारा के लिए और बन्धु-बान्धवों के लिए उतना शोक नहीं, जितना अंगद के लिए है। उसका पालन-पोषण बड़े प्रेम के साथ किया गया है। यह अभी बालक है। आप सुग्रीव और अंगद दोनों के प्रति समान रूप से सद्भाव बनाये रखें।[2] वाली को तारा के लिए भी राम से कहना ही पड़ा था कि सुग्रीव उसका तिरस्कार न करे। तारा अंगद की ओर देखकर और सुग्रीव के कटु व्यवहार की कल्पना कर बुरी तरह रो पड़ी थी। उसने रोते हुए कहा था कि लाड़-प्यार से पालित सुकुमार अंगद जब क्रोध से पागल हुए चाचा के वश में पड़ जाएगा तब न जाने उस बेचारे की क्या दशा होगी।[3] वाली को प्राण-त्याग के समय सुग्रीव से बार-बार अंगद की रक्षा करने की इच्छा प्रकट करनी पड़ी थी।

अनपत्य होते हुए भी[4] सुग्रीव के मन में अंगद को युवराज बनाने की भी इच्छा नहीं थी। वालि-वध के पहले जब उसने राज्य पर अधिकार कर लिया था तब भी अंगद को युवराज बनाने का विचार तक उसने नहीं किया। अंगद के प्रति उसकी असहिष्णुता से राम कदाचित् परिचित थे इसीलिए उन्होंने सुग्रीव से आग्रहपूर्वक कहा था कि कुमार अंगद सदाचारसम्पन्न तथा पराक्रमी हैं अतः अपने अभिषेक के समय तुम इनको भी युवराज के पद पर अभिषिक्त करो। ये तुम्हारे बड़े भाई के ज्येष्ठ पुत्र हैं। पराक्रम में भी ये उन्हीं के समान हैं अतएव अंगद युवराज पद के सर्वथा अधिकारी हैं।[5] राम की आज्ञा होने के कारण उसका पालन करते हुए ही सुग्रीव ने अंगद को युवराज के पद पर अभिषिक्त किया था।[6]

सीता की खोज करते हुए जब सुग्रीव द्वारा निर्धारित अवधि बीत चुकी थी तब अंगद ने अत्यन्त करुणाजनक स्वर में यूथपतियों से कहा था कि सुग्रीव ने युवराज

---

1. वा.रा. 4.19.14; **2.** वा.रा. 4.18.50-55; **3.** वा.रा. 4.20.17; **4.** वा.रा. 4.54.22; **5.** वा.रा. 4.26.11-13; **6.** वा.रा. 4.26.38

पद पर अपनी इच्छा से मेरा अभिषेक नहीं किया है। महान् कर्म करनेवाले राम ने ही इस पद पर मेरा अभिषेक करा दिया है।[1] इसी अवसर पर अंगद ने इस रहस्य का भी उद्घाटन किया था कि सुग्रीव के मन में पहले से ही अंगद के प्रति विद्वेष की भावना विद्यमान थी। उसने शायद किसी बहाने की तलाश कर अंगद को मरवा डालने का भी निश्चय किया था। इसलिए अंगद के मन में और भी अधिक भय व्याप्त हो गया था कि सीता की खोज में असफल होने और अवधि के भीतर न लौटने के अपराध के बहाने सुग्रीव निश्चय ही उनको मरवा डालेगा।[2]

हनुमान प्रारम्भ से ही सुग्रीव के सहयोगी और हितैषी रहे थे। वाली का वध कराने के लिए राम-सुग्रीव के बीच समझौता कराने में उनका जबर्दस्त हाथ रहा। इस स्थिति में वह भी अंगद के विरोधी ही दिखाई देते हैं। इस कठिन समय में अंगद के प्रति एक अन्य मन्त्री तार की पूरी सहानुभूति रही थी। यह तार कौन थे, इसकी जानकारी रामायण में नहीं होती। नाम साम्य के आधार पर इनके तारा के भाई होने की कल्पना की जा सकती है। अंगद तथा अन्य वानरों ने जब अनशन करते हुए प्राण-त्याग का निश्चय किया था तब तार ने ही स्वयंप्रभा तपस्विनी की गुफा में निवास करने का परामर्श दिया था। इस गुफा में इन्द्र, राम अथवा सुग्रीव के भय की आशंका भी नहीं थी। अंगद आदि वानरों ने तार के परामर्श का समर्थन किया था। इस अवसर पर हनुमान को भय हुआ था कि यदि तारा की बात अंगद तथा अन्य वानरों ने मान ली तो ये सब संगठित होकर सुग्रीव से किष्किन्धा का राज्य छीनने में भी सफल हो जाएँगे।[3] इसीलिए हनुमान ने अंगद को तथा अन्य वानरों को समझा-बुझाकर और भय दिखाकर सुग्रीव के पक्ष में करने का प्रयास किया था। हनुमान ने अंगद से कहा था कि सुग्रीव का विरोध करके कोई भी वानर तुम्हारे प्रति अनुरक्त नहीं होगा और न साम, दाम और दण्ड के भय से ही वानरों को सुग्रीव से अलग किया जा सकता है।[4] हनुमान ने सुग्रीव की अनेक प्रकार से प्रशंसा करते हुए अंगद को प्रलोभन दिया था कि सुग्रीव अपने बाद तुम्हीं को राजा बनाएँगे। हनुमान के द्वारा सुग्रीव की प्रशंसा सुनकर अंगद के मन में आग लग गयी थी। अंगद ने हनुमान को उत्तर देते हुए जो कहा था वह सुग्रीव की अंगद के प्रति दुर्भावनाओं का स्पष्ट प्रतिबिम्ब है।

प्रारम्भ से ही सुग्रीव अंगद को शत्रु का पुत्र मानता रहा और वह हमेशा उसको मरवा डालने के लिए उपाय करता रहा। बिल के भीतर युद्धरत वाली को गुहाद्वार बन्द करके शत्रु द्वारा मरवा डालने का ही सुग्रीव का प्रयास था। वाली को मायावी

---

1. वा.रा. 4.53.17; **2.** वा.रा. 4.53.18; **3.** वा.रा. 4.54.1; **4.** वा.रा. 4.54.10-12

द्वारा मृत समझकर ही उसने तारा को अपने अधिकार में कर लिया था। अंगद को सुग्रीव शत्रुकुल में उत्पन्न हुआ मानता था। सुग्रीव की इस दुर्भावना के कारण अंगद प्रारम्भ से ही सुग्रीव से किसी प्रकार अलग होकर रहने की योजनाएँ बनाता रहा था किन्तु अपने इस आशय को उसने कभी प्रकट नहीं होने दिया था। अंगद के अनुसार सुग्रीव इतना शठ, क्रूर और निर्दयी था कि राज्य के लिए गुप्त रूप से अंगद को दण्ड देने अथवा हमेशा के लिए जेल में बन्द करने का ही विचार करता रहा। अंगद यह सोचकर ही काँप जाता था कि सीता की खोज में असफल होने और निश्चित समयावधि बीत जाने के पश्चात् यदि वह किष्किन्धा लौटता है तो निश्चय ही उसे जेलखाने में मरना पड़ेगा। इसलिए उसने कभी न लौटने और प्रायोपवेशन के द्वारा प्राण-त्याग करने का निश्चय किया था। इस सन्दर्भ में अंगद के विचारों को अविकल रूप से ही उद्धृत करना अधिक समीचीन प्रतीत होता है :

"राजा सुग्रीव में स्थिरता, शरीर और मन की पवित्रता, क्रूरता का अभाव, सरलता, पराक्रम और धैर्य है, यह मान्यता ठीक नहीं जान पड़ती। जिसने अपने बड़े भाई के जीते-जी उनकी प्यारी महारानी, जो धर्मतः उसकी माता के समान थी, कुत्सित भावना से ग्रहण कर लिया था, वह धर्म को जानता है यह कैसे कहा जा सकता है! जिस दुरात्मा ने युद्ध के लिए जाते हुए भाई के द्वारा बिल की रक्षा के कार्य में नियुक्त होने पर भी पत्थर से उसका मुँह बन्द कर दिया वह कैसे धर्मज्ञ माना जा सकता है! जिन्होंने सत्य को साक्षी देकर उसका हाथ पकड़ा और पहले ही उसका कार्य सिद्ध कर दिया उन महायशस्वी श्रीराम को ही जब उसने भुला दिया तब दूसरे किसके उपकार को वह याद रख सकता है! जिसने अधर्म के भय से डरकर नहीं, लक्ष्मण के ही भय से भीत होकर हम दोनों को सीता की खोज के लिए भेजा है, उसमें धर्म की सम्भावना कैसे हो सकती है! उस पापी, कृतघ्न, स्मरण शक्ति से हीन और चंचल चित्त सुग्रीव पर कोई श्रेष्ठ पुरुष, विशेषतः जो उत्तम कुल में उत्पन्न हुआ हो, कभी भी किस तरह विश्वास कर सकता है। अपना पुत्र गुणवान हो या गुणहीन उसी को राज्य पर बिठाना चाहिए, ऐसी धारण रखनेवाला सुग्रीव मुझ शत्रुकुल में उत्पन्न हुए बालक को कैसे जीवित रहने देगा? सुग्रीव से अलग रहने का जो मेरा गूढ़ विचार था वह आज प्रकट हो गया। साथ ही उसकी आज्ञा का पालन न करने के कारण मैं अपराधी भी हूँ। मेरी शक्ति भी क्षीण हो गयी है। मैं अनाथ के समान दुर्बल हूँ। ऐसी दशा में मैं किष्किन्धा में जाकर कैसे जीवित रह सकूँगा! सुग्रीव शठ, क्रूर और निर्दयी है। वह राज्य के लिए मुझे गुप्त रूप से दण्ड देगा अथवा सदा के लिए मुझे बन्धन में डाल देगा। इस प्रकार बन्धनजनित कष्ट भोगने की अपेक्षा उपवास करके प्राण दे देना ही मेरे लिए श्रेयस्कर है। अतः मुझे सब वानर यहीं रहने की आज्ञा दें और अपने-अपने घर को चले जाएँ। मैं आप

लोगों से प्रतिज्ञापूर्वक कहता हूँ कि मैं किष्किन्धा पुरी को नहीं जाऊँगा। यहीं मरणान्त उपवास करूँगा। मेरा मर जाना ही अच्छा है।"[1]

सुग्रीव यद्यपि सिद्धान्ततः यह मानता था कि पुरुष की परीक्षा करके ही उसके साथ मित्रता अथवा शत्रुता का सम्बन्ध बनाया जाना चाहिए किन्तु किसी की परीक्षा करने की योग्यता उसमें थी ही नहीं। ऋष्यमूक पर राम-लक्ष्मण की सदाशयता की परीक्षा हनुमान द्वारा की गयी थी। रावण से विद्रोह करने के पश्चात् जब विभीषण राम की शरण में आया था तब सुग्रीव उसे समझ ही नहीं सका। विभीषण के साथ मित्रता का विरोध करते हुए उसने राम से कहा था—"विभीषण दुष्ट हो अथवा अदुष्ट इससे कोई मतलब नहीं। वह निशाचर ही है। फिर जो पुरुष ऐसे संकट में पड़े हुए अपने भाई को छोड़ सकता है, उसका दूसरा ऐसा कौन सम्बन्धी होगा जिसे वह त्याग न सके।"[2] इस प्रकार का विचार व्यक्त करते समय वह अपने इस दुर्व्यवहार को भूल गया जो उसने अपने बड़े भाई वाली के प्रति किया था।

रावण ने शुक के द्वारा सुग्रीव को सन्देश भेजा था कि हम लोगों में किसी प्रकार का द्वेष नहीं है और न मैंने तुम्हारा कोई अपकार ही किया है। इसलिए तुम किष्किन्धा को लौट जाओ। सुग्रीव ने इसका अत्यन्त फूहड़ उत्तर देते हुए रावण को कहलाया था—"तुम न मेरे मित्र हो, न दया के पात्र हो, न मेरे उपकारी हो, न मेरे प्रिय व्यक्तियों में से हो। तुम राम के शत्रु हो इसलिए मेरे लिए वाली की भाँति ही वध्य हो।"[3] यह ध्यान देने योग्य है कि वाली की राम से कोई शत्रुता थी ही नहीं और इस प्रकार सुग्रीव का उत्तर निहायत ही तर्कहीन था।

राम के द्वारा वाली का वध किये जाने पर सुग्रीव ने विलाप करते हुए राज्य से विरति प्रकट की थी।[4] जिसने राज्य के लोभ में ही अपने भाई को मरवा डाला हो उसके द्वारा इस प्रकार विरति प्रकट करने में कोई सच्चाई मानी नहीं जा सकती। वस्तुतः जब सुग्रीव ने देखा था कि तारा, अंगद और किष्किन्धा के सभी नागरिक वाली के वध से दुःखी होकर चीख रहे थे, तभी उसने इस प्रकार का विचार प्रकट किया था।

पूरी रामायण में दो-चार प्रसंग ही ऐसे मिलते हैं जहाँ सुग्रीव ने कुछ समझदारी की बात की हो। ऋष्यमूक पर्वत पर सुग्रीव के समक्ष राम ने जब अपना दुःख प्रकट किया, तब सुग्रीव ने कहा था—"इस तरह मन में व्याकुलता लाना व्यर्थ है। आपके हृदय में स्वाभाविक रूप से जो धैर्य है उसका स्मरण कीजिए। इस तरह बुद्धि और विचार को हलका बना देना, उसकी सहज गम्भीरता को खो देना आप जैसे महापुरुषों के लिए उचित नहीं है।"[5] शोक में, आर्थिक संकट में अथवा प्राणान्तकारी भय

---

1. वा.रा. 4.55.2-12; **2.** वा.रा. 6.18.5; **3.** वा.रा. 6.20.23; **4.** वा.रा. 4.24.5-7; **5.** वा.रा. 4.7.5

उपस्थित होने पर जो अपनी बुद्धि से दुःख निवारण के उपाय का विचार करते हुए धैर्य धारण करता है वह कष्ट नहीं भोगता है। जो मूढ़ मानव सदा घबराहट में ही पड़ा रहता है वह पानी में भार से दबी हुई नौका के समान शोक में विवश होकर डूब जाता है। जो शोक का अनुसरण करते हैं, उन्हें सुख नहीं मिलता है और उनका तेज भी क्षीण हो जाता है। शोक से आक्रान्त हुए मनुष्य के जीवन में भी संशय उपस्थित हो जाता है।"[1] सीता का पता लग जाने के बाद जब राम ने समुद्र पार करने के लिए चिन्ता व्यक्त की थी तब भी सुग्रीव ने उनसे कहा था–"आप साधारण मनुष्यों की भाँति व्यर्थ ही सन्ताप कर रहे हैं। आप बुद्धिमान्, शास्त्रों के ज्ञाता, विचारवान् और पण्डित हैं। अतः कृतात्मा पुरुष की भाँति अर्थदूषक प्राकृत बुद्धि का त्याग कर देना चाहिए। जो पुरुष उत्साहशून्य, दीन और मन-ही-मन शोक से व्याकुल रहता है उसके सभी काम बिगड़ जाते हैं और वह बड़ी विपत्ति में पड़ जाता है।[2] आप इस व्याकुल बुद्धि का आश्रय न लें क्योंकि यह समस्त कार्यों को बिगाड़ देनेवाली है और शोक इस जगत् में पुरुष के शौर्य को नष्ट कर देता है। शौर्य का अवलम्बन कर्ता को शीघ्र ही अलंकृत कर देता है। शोक सब कामों को बिगाड़ देता है इसलिए शूरवीर महापुरुषों को शोक नहीं करना चाहिए।"[3]

सुग्रीव ने अनेक शत्रुओं से पराक्रमी और शूरवीर की भाँति ही युद्ध किया है किन्तु इससे उसकी धर्म और आचार-विषयक आस्थाओं से कोई सम्बन्ध नहीं। उपर्युक्त विवचेन से यही कहा जा सकता है कि सुग्रीव धर्म, आचार, राजर्षियों की परम्परा आदि किसी से भी अभिज्ञ नहीं था और न इनकी उसके जीवन में कोई महत्ता ही रही। वह केवल एक शूरवीर पराक्रमी था और परिस्थितियों के अनुसार स्वयं अपने लाभ के लिए शास्त्र-मर्यादा के अनुकूल अथवा प्रतिकूल कुछ भी करने के लिए हमेशा तैयार रहता था।

---

1. वा.रा. 4.7.9-10, 12-13; **2.** वा.रा. 6.2.2-6; **3.** वा.रा. 6.2.13-15

वाली की उदारता और आचारनिष्ठा

किष्किन्धा के राजा ऋक्षरजा की पत्नी के गर्भ से इन्द्र के संयोग से वाली का जन्म हुआ था। सुग्रीव भी ऋक्षरजा के क्षेत्रज्ञ पुत्र थे। ऋक्षरजा के कुल में अन्य क्षत्रियों के कुल में मान्य परम्परा के अनुसार ज्येष्ठ पुत्र ही राज्य का अधिकारी होता था इसलिए ऋक्षरज़ा के देहावसान के पश्चात् मन्त्रवेत्ता मन्त्रियों ने वाली को ही किष्किन्धा के राज्य पर अभिषिक्त किया था।[1] ज्येष्ठ पुत्र होने के साथ ही वाली में समस्त राजोचित गुण भी थे और पूरे राज्य में लोकप्रिय थे, इसलिए ऋक्षरजा वाली को अधिक मानते भी थे। वाली को राजा बनाने के साथ ही उसके छोटे भाई सुग्रीव को युवराज बनाया गया था।[2] यह स्पष्ट नहीं है कि सुग्रीव को युवराज के पद पर अंगद के जन्म के पहले अभिषिक्त किया गया था अथवा अंगद के रहते हुए ही ऐसा किया गया। वाली के राजा बनने के बाद भी वाली और सुग्रीव के बीच पूरा सख्यभाव और स्नेह सम्बन्ध बना रहा था।

राज्य पर अभिषिक्त होने के पश्चात् ही वाली ने नीति और नियम के अनुसार राज्य की रक्षा और प्रजा-पालन का कार्य करना प्रारम्भ कर दिया था। समस्त वानर यूथपति वाली और सुग्रीव की सेवा में थे। नल, नील, हनुमान तथा अन्य वानरों के सहयोग से वाली ने पूरी योग्यता के साथ ऋक्ष, गो-पुच्छ और वानर जातियों की रक्षा की थी।[3] वनवासियों की कुशलता और उनके विकास के लिए वाली की चिन्ता उदाहरणीय है। दुन्दुभि को युद्ध में मारकर जब वाली ने उसकी लाश को घुमा कर दूर फेंका तो वह मतंग मुनि के आश्रम में जा गिरी। मतंग ने क्रोधवश समस्त वानरों का आश्रम-प्रवेश निषिद्ध कर दिया और आश्रम में घूमने-फिरनेवाले सभी वानरों को दिनभर का समय देकर वहाँ से चले जाने का निर्देश दिया था। सभी वानरों को आश्रम से निकलते हुए, भागते हुए देखकर वाली को विशेष चिन्ता हुई और उसने स्वयं वानरों से जिज्ञासापूर्वक प्रश्न किया—"आप सब लोग भयभीत होकर इस प्रकार भाग कर मेरे पास क्यों चले आ रहे हो ? वनवासियों की कुशल तो है न ?"[4] वानरों ने जब मतंग ऋषि के क्रोध और उसके कारण के विषय में वाली को जानकारी दी, तब वाली को अनजाने में ही हुई अपनी गलती पर गहरा दुःख हुआ और उसने

---

1. वा.रा. 4.9.2; 7.36.39; **2.** वा.रा. 7.36.39; **3.** वा.रा. 1.17.32-35; **4.** वा.रा. 4.11. 60

वानरों के कल्याण को दृष्टिगत रखकर ही मतंग के सामने उपस्थित होकर माफी माँगी थी।[1]

वाली ने किष्किन्धा पुरी का इस प्रकार योजनाबद्ध रूप से विकास किया था कि वह एक बड़े समृद्ध राज्य की राजधानी जैसी ही दिखाई देती थी। लक्ष्मण ने जब उस पुरी में प्रवेश किया था तब उन्होंने देखा था कि वह अनेक रत्नों से भरी-पूरी होने के कारण दिव्य शोभा से सम्पन्न थी। चारों ओर हर्म्य, प्रासाद, उपवन, उद्यान बने हुए थे और पूरा नगर चन्दन, अगर तथा कमल-पुष्पों की गन्ध से भरा रहता था। पुरी में बड़ी और चौड़ी सड़कों का निर्माण कराया गया था जो मैरेय और मधु से महकती रहती थीं। राजमार्ग पर ही अंगद, मेन्द, द्विविद, हनुमान, नल, तार, सुषेण, जाम्बवान् आदि के बहुमंजिले भवन बने हुए थे। सुग्रीव का राजमहल इन्द्रसदन के समान ही दिखाई देता था और उसका बाहरी फाटक सोने का बना हुआ था।[2] लक्ष्मण किष्किन्धा का सौन्दर्य देखकर ठगे हुए-से रह गये थे। राजमहल के भीतर अन्तःपुर में चाँदी-सोने के पलँग बिछे रहते थे तथा महलों में निरन्तर मधुर संगीत गूँजता रहता था।

वाली यद्यपि अपने समय का सबसे अधिक शक्तिशाली, अपराजेय और अनुपम पराक्रमी योद्धा था और उसने युद्ध के अवसरों पर भी सेनापतियों की सहायता लिये बिना ही शत्रुओं को पराजित किया, किन्तु पराक्रम के अभिमान में आकर उसने कभी किसी का निरादर नहीं किया। वह प्रत्येक कार्य मन्त्रियों के परामर्श से ही किया करता था। मायावी को युद्ध में परास्त कर किष्किन्धा लौटने पर यद्यपि उसके मन में सुग्रीव के प्रति आक्रोश था किन्तु कुछ भी निर्णय लेने के पहले उसने समस्त प्रजाजनों और मन्त्रियों को बुलाकर उनसे परामर्श लिया था। सुग्रीव ने ही यह सब जानकारी राम को देते हुए कहा था कि वाली ने प्रजाजनों और सम्मान्य मन्त्रियों को बुलाया और सभी सुहृदों के बीच में मेरी निन्दा की थी।[3] मन्त्रियों और प्रजाजनों के परामर्श से ही सुग्रीव को युवराज पद से हटाकर राज्य से निष्कासित किये जाने का दण्ड दिया गया था।

शौर्य और पराक्रम की दृष्टि से वाली रामायण के सभी पात्रों में बेजोड़ रहा है। सुग्रीव उसकी तुलना में इतना अशक्त और कमजोर था कि इन दोनों के युद्धों की चर्चा करना भी अर्थहीन है। राम से वाली का युद्ध हुआ ही नहीं था। इस दृष्टि से केवल रावण, मायावी और दुन्दुभि के साथ हुए युद्धों की चर्चा की जा सकती है। इन तीनों ने अपने बल के घमण्ड में आकर स्वयं ही 'युद्धं देहि' की गर्जना करते हुए किष्किन्धा के द्वार पर दस्तक दी थी। रावण यद्यपि अर्जुन के हाथों अपने पराभव को देख चुका था फिर भी उसने वाली की अनुपस्थिति में किष्किन्धा का द्वार

---

1. वा.रा. 4.**11.** 62; **2.** वा.रा. 4.33.-; **3.** वा.रा. 4.10.12-13

खटखटाया था। वाली के मन्त्री तार, सुषेण, अंगद और सुग्रीव ने हड्डियों के विशाल ढेर को दिखाते हुए रावण से कहा था कि ये हड्डियाँ तुम्हारे समान उन आक्रमणकारियों की हैं जो वाली के द्वारा मार डाले गये हैं। तात्पर्य यह कि वाली के शासनकाल में अनेक शत्रुओं ने किष्किन्धा पर आक्रमण किया था किन्तु वे सभी वाली के हाथों मारे गये थे और किष्किन्धा के बाहर हड्डियों का ढेर लग गया था। उनको देखकर और तार, सुषेण आदि के द्वारा समझाये जाने पर भी रावण को वाली के बल का विश्वास नहीं हुआ और वह उससे युद्ध करने के लिए दक्षिण समुद्रतट पर पहुँच ही गया था। वाली ने सहज ही रावण को पकड़कर अपनी काँख में दबा लिया था और चारों दिशाओं के समुद्रतटों पर सन्ध्या-वन्दन करने के बाद किष्किन्धा लौटा। यहाँ उसने उपेक्षापूर्ण हँसी हँसते हुए ही रावण से 'आप कहाँ से आये हैं' जैसा प्रश्न किया था। इस अवसर पर रावण ने वाली के शौर्य की प्रशंसा करते हुए कहा था–"अहो, आप में अद्‌भुत बल है, अद्‌भुत पराक्रम है और आश्चर्यजनक गम्भीरता है। आपने मुझे पशु की तरह पकड़कर चारों समुद्रों पर घुमाया है। तुम्हारे सिवा दूसरा ऐसा शूरवीर कौन होगा जो मुझे इस प्रकार बिना थके-माँदे ढो सके। आपके समान गति तो केवल मन, वायु और गरुड़ की ही सुनी गयी है। इस प्रकार के तीव्र वेगवाले आप ही चौथे हैं।"[1] इसके पश्चात् अग्नि को साक्षी बनाकर रावण ने वाली से मित्रता कर ली थी। एक आक्रमणकारी को क्षमादान देते हुए उसके साथ भाई-चारे के सम्बन्ध स्थापित करना निःसन्देह वाली की गम्भीरता, सहिष्णुता और उदारता का ही परिचायक है।

दुन्दुभि को भी अपने बल का भारी अभिमान रहा था और वरदान के कारण उसे और भी अधिक शक्ति प्राप्त हुई थी।[2] अपने बल के अभिमान में ही वह चारों दिशाओं में सभी को युद्ध के लिए ललकारता रहा। सबसे पहले उसने समुद्र को युद्ध के लिए चुनौती दी थी किन्तु समुद्र ने अपनी असमर्थता व्यक्त करते हुए उसे पर्वतराज हिमवान के साथ युद्ध करने के लिए भेज दिया था। हिमवान ने भी समुद्र की भाँति दीनतापूर्वक हाथ जोड़कर माफी माँग ली और किष्किन्धानरेश वाली का पता बताकर अपना पीछा छुड़ाया था। दुन्दुभि ने बड़े ही विश्वास के साथ किष्किन्धा के द्वार पर गर्जना की। यद्यपि वाली ने उसे बहुत समझाया और अपने प्राणों की रक्षा करने की सलाह दी थी किन्तु दुन्दुभि को वाली के शौर्य का कदाचित् अनुमान भी नहीं रहा था इसलिए वह वाली को लगातार युद्ध के लिए उकसाता रहा। वाली ने सहज ही दुन्दुभि को पकड़कर घुमा-घुमाकर धरती पर गिराकर उसके शरीर को पीस दिया था।

---

1. वा.रा. 7.34.37-39; **2.** वा.रा. 4.11.8

मायावी दुन्दुभि की वंश-परम्परा में ही दुन्दुभि का बड़ा भाई था।[1] यह दोनों मय के पुत्र, हेमा अप्सरा के गर्भ से उत्पन्न सहोदर और मन्दोदरी के सगे भाई थे।[2] दुन्दुभि के पराभव से दुखी होकर ही उसने किष्किन्धा पर आक्रमण किया था। वाली और मायावी के बीच शत्रुता किसी एक स्त्री के कारण भी कही गयी है[3] किन्तु इसका पूरा और स्पष्ट उल्लेख नहीं किया गया। जो कुछ भी कारण हो, मायावी ने वाली को युद्ध के लिए ललकारा अवश्य था। जब वाली अपने अन्तःपुर से बाहर आया तो उसे देखते ही मायावी भाग खड़ा हुआ और अपने विवर में छिप गया था। वाली को इतने पर भी सन्तोष नहीं हुआ और उसने अकेले ही उस विवर में घुसकर एक वर्ष तक निरन्तर युद्ध करते हुए मायावी को मार डाला था।

युद्ध की उपर्युक्त तीनों घटनाओं में वाली का अद्‌भुत पराक्रम, शौर्य, साहस और गम्भीरता दिखाई देती है। सुग्रीव ने वाली के पराक्रम के विषय में राम से कहा था कि वाली सूर्योदय के पहले ही पश्चिम समुद्र से पूर्व समुद्र तक और दक्षिण सागर से उत्तर तक घूम आता है फिर भी वह थकता नहीं। वह पर्वत की चोटियों पर चढ़कर बड़े-बड़े शिखरों को बलपूर्वक उठा लेता है और ऊपर उछालकर फिर उन्हें हाथों से थाम लेता है।[4] इसके बाद सुग्रीव ने सात साल-वृक्षों की ओर इंगित करते हुए कहा था कि अनेक उत्तम शाखाओं से शोभित इन विशाल मोटे साल-वृक्षों को बलपूर्वक हिलाकर पत्रहीन करने में वाली समर्थ है।[5] वाली का शौर्य और पौरुष सर्वत्र विख्यात है। वह बलवान् वानर अभी तक किसी युद्ध में पराजित नहीं हुआ। देवताओं के लिए भी दुष्कर कर्म वाली के लिए सुकर है। वाली को जीतना दूसरों के लिए असम्भव है। उस पर आक्रमण अथवा उसका तिरस्कार भी नहीं किया जा सकता। वह शत्रु की ललकार को नहीं सह सकता।[6] वाली के इस प्रकार के साहस और शौर्य का स्मरण करने के कारण ही सुग्रीव को बड़ी कठिनाई से ही यह विश्वास हो सका था कि राम वाली से युद्ध करने में समर्थ हो सकेंगे।

युद्ध-भूमि में राम ने वाली से युद्ध किया ही नहीं था। उन्होंने सुग्रीव से वाली के पराक्रम के विषय में सब-कुछ सुन लिया था। पहली बार भी वाली और सुग्रीव के युद्ध को वे छिपकर ही देखते रहे थे और सुग्रीव के प्राण बचाकर भाग जाने तक उन्होंने बाण नहीं चलाया। यह कहा जा सकता है कि वाली के विषय में सब-कुछ सुनकर भी वे उसके युद्ध-कौशल को अपनी आँखों से देखने के बाद ही उसके साथ युद्ध का खतरा मोल लेने की बात सोचते रहे और जब उन्होंने देखा तब शायद वे यह भी समझ गये थे कि वाली के सामने पहुँचकर युद्ध करने में वे सर्वथा असमर्थ हैं। वाली ने भी यही कहा था कि यदि आप युद्ध-स्थल में मेरी दृष्टि

---

1. वा.रा. 4.9.4; **2.** वा.रा. 7.12.12; **3.** वा.रा. 4.9.4; **4.** वा.रा. 4.11.4-5; **5.** वा.रा. 4.11.67; **6.** वा.रा. 4.11.74-76

के सामने आकर मेरे साथ युद्ध करते तो आज मेरे द्वारा मारे जाकर कभी के सूर्यपुत्र यम देवता का दर्शन करते होते।[1] यह एक विचारणीय प्रश्न है कि राम वाली को वध्य मानते थे और दुन्दुभि की अस्थियों को अनायास ही दूर फेंककर तथा सात साल-वृक्षों को एक बाण से भेदकर उन्होंने स्वयं को वाली की अपेक्षा अधिक पराक्रमी सिद्ध करने का अभिनय भी किया था। इसके पश्चात् भी उन्होंने वाली को छिपकर मारने का रास्ता अख्तियार क्यों किया था ? इस प्रश्न के समाधान के लिए कोई बहाना खोजना भी सरल नहीं। इस स्थिति में यह मानना असंगत नहीं होगा कि वाली के सामने उपस्थित होकर उसके साथ युद्ध करने से वे कतराते थे।

वाली के मन में सुग्रीव के प्रति भ्रातृत्व के सहज स्नेह की भावना विद्यमान थी। केवल सुग्रीव के दोषों के प्रति ही उसके मन में आक्रोश रहा था। यह लिखा ही जा चुका है कि अभिषेक के साथ उसने सुग्रीव को ही युवराज बनाया था। राज्य के प्रति सुग्रीव के मन में व्याप्त लोभ को देखते हुए भी उसने सुग्रीव को मारने का कभी विचार नहीं किया। विवरद्वार बन्द कर किष्किन्धा लौटकर सुग्रीव ने जब अपने आपको राजा घोषित कर दिया था तब भी वाली ने उसे केवल घर से ही निष्कासित किया था। वाली कभी यह नहीं चाहता था कि सुग्रीव उसके साथ युद्ध करता हुआ मारा जाय। सुग्रीव ने स्वयं राम से कहा था—"बुद्धिमान् महात्मा वाली ने युद्ध के समय मुझसे कहा था कि तुम चले जाओ, मैं तुम्हारे प्राण नहीं लेना चाहता।"[2] वाली के मन में मेरे वध का विचार नहीं था क्योंकि इससे उनको अपनी प्रतिष्ठा को आघात पहुँचने का भय था।[3] जब कभी सुग्रीव की किसी गलती पर वाली को क्रोध आता था तब वह बड़े भाई के समान उसे डाँटता-फटकारता और आवश्यकता पड़ने पर पीट भी दिया करता था। इसके साथ ही वह सुग्रीव को बड़े प्यार से सान्त्वना देकर समझा दिया करता था। सुग्रीव ने ही कहा है कि जब वाली ने मुझे एक वृक्ष की शाखा से पीटा था और मैं दो घड़ी तक रोता रहा, तब उन्होंने मुझे सान्त्वना देकर कहा था—"जाओ अब फिर कभी ऐसी गलती नहीं करना।" उन्होंने भ्रातृभाव, आर्यभाव और धर्म की भी रक्षा की है परन्तु मैंने केवल वानरोचित चपलता का ही परिचय दिया है।[4] सुग्रीव के प्रति वाली का क्रोध वस्तुतः उसी समय उभरा जब सुग्रीव उसको विवर में बन्द कर स्वयं किष्किन्धा का राजा बन बैठा था। इसके पहले सुग्रीव की रक्षा के प्रति वह इतना सावधान रहा कि दुन्दुभि अथवा मायावी किसी से युद्ध करने तक के लिए उसने सुग्रीव को नहीं भेजा और सभी खतरों को स्वयं ही झेलता रहा। अन्तिम बार युद्ध के लिए चलते समय भी उसने तारा को आश्वासन दिया था कि वह केवल सुग्रीव के घमण्ड को दूर करेगा, उसके जीवन को समाप्त नहीं करेगा।[5]

---

1. वा.रा. 4.17.47; **2.** वा.रा. 4.24.8; **3.** वा.रा. 4.24.10; **4.** वा.रा. 4.24.11-12; **5.** वा.रा. 4.16.7

वाली के मन में तारा और अंगद के प्रति भी मानव-स्वभाव के अनुरूप सहज स्नेह की भावना रही थी। यह होते हुए भी अतिशय प्रेम अथवा वात्सल्य के प्रभाव में आकर उसने कभी मर्यादा को भंग नहीं किया। सुग्रीव की भाँति वह हमेशा तारा को अपने आलिंगन-पाश में बाँधे नहीं रहा और अंगद के होते हुए भी उसने सुग्रीव को ही युवराज पद पर बने रहने दिया था। तारा को वह केवल अपनी वासना-तृप्ति का साधन नहीं अपितु हितैषिणी मानता था। मृत्यु-शैया पर लेटे हुए उसने राम से कहा था—"मेरी स्त्री तारा सर्वज्ञ है। उसने मुझसे सत्य और हित की बात कही थी किन्तु मोहवश उसका उल्लंघन करके ही मैं काल के अधीन हो गया।"[1] वाली को यह भी सन्देह था कि उसकी मृत्यु के पश्चात् सुग्रीव का तारा के प्रति अच्छा व्यवहार नहीं होगा। इस आशंकावश भी उसने राम से अनुरोध करते हुए कहा था—"बेचारी तारा की बड़ी शोचनीय अवस्था हो गयी है। मेरे ही अपराध से उसे अपराधिनी समझकर सुग्रीव उसका तिरस्कार न करे, उसकी व्यवस्था कर दीजिएगा।[2]

अंगद के प्रति वाली के मन में जितना ममत्व था, उसका अनुमान भी उसी के शब्दों से लगाया जा सकता है। वाली की मृत्यु के समय अंगद की अवस्था अधिक नहीं थी। उसकी याद करके ही वाली की आँखों में आँसू छलक आये थे। अवरुद्ध कण्ठ से उसने राम से कहा था—"मुझे अपने लिए, तारा के लिए तथा बन्धु-बान्धवों के लिए उतना शोक नहीं है जितना श्रेष्ठ गुणसम्पन्न अंगद के लिए हो रहा है। मैंने उसको बचपन से ही बड़ा दुलार किया है। मुझे देखकर वह बहुत अधिक दुःखी होगा और जिसका जल पी लिया गया है उस तालाब की तरह सूख जाएगा। वह अभी बालक है। उसकी बुद्धि परिपक्व नहीं है। मेरा इकलौता बेटा होने के कारण वह मुझे बहुत अधिक प्रिय है। आप मेरे उस महाबली पुत्र की रक्षा कीजिएगा। सुग्रीव और अंगद दोनों के प्रति आप सद्भाव बनाये रखें।[3] सुग्रीव से भी उसने बड़ी कातर वाणी में कहा था—"मेरा बेटा अंगद धरती पर पड़ा है। उसका मुँह आँसुओं से भीग गया है। वह सुख में पला है और सुख भोगने योग्य है। बालक होने पर भी वह मूढ़ नहीं है। अंगद मुझे प्राणों से बढ़कर भी प्रिय है। मेरे न रहने पर तुम इसे अपने पुत्र की भाँति ही समझना। इसके लिए किसी सुख-सुविधा की कमी न होने देना और सदा सब जगह इसकी रक्षा करते रहना। मेरे ही समान तुम इसके पिता, दाता, सब प्रकार से रक्षक और अभय देनेवाले हो। यह तुम्हारे समान ही पराक्रमी है। राक्षसों के वध के समय यह सदा तुम्हारे आगे रहेगा।"[4] इसी के साथ अंगद से भी उसने बड़ी ही दर्दभरी वाणी में कहा था—"बेटा, अब देश-काल को समझकर, कब, कहाँ, कैसा बर्ताव करना चाहिए, इसका निश्चय करके तुम वैसा ही आचरण करते रहना। समयानुसार प्रिय-अप्रिय, सुख-दुःख जो कुछ आ पड़े,

---

1. वा.रा. 4.17.41; **2.** वा.रा. 4.18.55; **3.** वा.रा. 4.18.50-53; **4.** वा.रा. 4.22.8-11

उसको धैर्यपूर्वक सहना। अपने हृदय में क्षमा भाव रखते हुए सुग्रीव की आज्ञा के अधीन रहना। मेरा दुलार पाकर तुम जिस तरह रहते आये हो, यदि तुम वैसा ही बर्ताव करोगे तो सुग्रीव तुम्हारा आदर नहीं करेंगे। तुम सुग्रीव के शत्रुओं का साथ मत देना। जो इनके मित्र न हों उनसे भी न मिलना और अपनी इन्द्रियों को वश में रखकर सुग्रीव की आज्ञा के अधीन ही रहना।[1]

वाली के उपर्युक्त शब्दों में अंगद के प्रति ममत्व भावना तो है ही, सुग्रीव के प्रति भ्रातृत्व स्नेह की झलक भी इनमें स्पष्ट है। यद्यपि सुग्रीव ने राज्य-लोभ के कारण उसे मरवा डाला था किन्तु मरते-मरते वाली ने राम को चाहे जितना भला-बुरा कहा हो, सुग्रीव के प्रति किसी प्रकार का आक्रोश उसने व्यक्त ही नहीं किया। एक मर्यादा-शील भाई अपने छोटे भाई से जो कह सकता है, वही वाली ने कहा था। अन्तिम क्षणों में सुग्रीव के प्रति भी उसके मन में भ्रातृ-स्नेह उमड़ पड़ा था। अपनी मृत्यु के लिए सुग्रीव के सभी षड्यन्त्रों को प्रत्यक्ष देखते हुए भी उसने सुग्रीव पर किसी प्रकार का आरोप नहीं लगाया बल्कि सारा दोष पूर्व जन्म के कर्मों और प्रारब्ध के सिर मढ़ दिया था। उसने कहा था—"सुग्रीव, पूर्व जन्म के किसी पाप से बुद्धि-मोह ने मुझे बलपूर्वक आकृष्ट कर लिया था। इस कारण मेरे द्वारा तुम्हारे प्रति जो अपराध हुआ हो, उसके लिए तुम्हें मेरे प्रति दोष-दृष्टि नहीं करना चाहिए। मैं समझता हूँ हम दोनों के लिए एक साथ रहकर सुख भोगना बदा ही नहीं था। इसीलिए दो भाइयों में जो प्रेम होना चाहिए था, वह न होकर हम लोगों में विपरीत भावना पैदा हो गयी।[2] मेरे बाद तारा की सम्मति को तुम संवेदरहित होकर मानते रहना। वह सूक्ष्म विषयों के निर्णय करने में निपुण है तथा उसकी सम्मति का परिणाम कभी अहितकर नहीं होता। रामचन्द्र का काम तुम्हें निःशंक होकर करना चाहिए अन्यथा शर्त-पालन न करने के कारण तुम अधर्म के भागी होगे और राम तुम्हें मार डालेंगे।"[3] सुग्रीव से इस प्रकार कहते हुए ही वाली ने अपनी दिव्य माला भी उसको दे दी थी।

सुग्रीव, तारा और अंगद से वाली के उपर्युक्त कथन उसकी सदाशयता, सहृदयता और स्नेह के परिचायक हैं। मानवीयता का यह आदर्श रामायण के किसी भी अन्य पात्र में दिखाई नहीं देता। प्रेम, घृणा अथवा द्वेष के कारण उसने कभी मर्यादा को भंग नहीं किया। न तो वाली ने किसी के पक्ष में ही कोई अनुचित कार्य किया और न किसी निरपराध को दण्ड ही दिया। उसने सुग्रीव को घर से निष्कासित अवश्य किया था किन्तु रामायण में ऐसा कोई उल्लेख नहीं मिलता जो सुग्रीव की पत्नी रुमा के प्रति उसके अमर्यादित व्यवहार को प्रमाणित कर सके। रुमा को बलपूर्वक रोके जाने का भी कोई प्रमाण नहीं मिलता। कथावस्तु के अनुसार सुग्रीव को जब घर से निकाल दिया गया, तब रुमा ठीक उसी प्रकार किष्किन्धा के

---

1. वा.रा. 4.22.20-22; **2.** वा.रा. 4.22.3-4; **3.** वा.रा. 4.22.13-15

राजमहलों में बनी रही थी जिस प्रकार लक्ष्मण के वनगमन के बाद उर्मिला अयोध्या में रही। सुग्रीव व्यर्थ ही वाली को बदनाम करता रहा था और यह भी आश्चर्य ही है कि राम ने सुग्रीव पर उसकी प्रवृत्तियों को समझे बिना ही विश्वास कर लिया था। वस्तुतः सीता के वियोग में व्याकुल राम ने धर्म, नीति, मर्यादा आचार सब कुछ भूल कर निरपराध और आदर्श चरित्र वाली की हत्या कर दी थी।

धर्म, नीति और आचार की दृष्टि से वाली ठीक उसी मार्ग का अनुसरण करता रहा है जो स्वयं राम का था। ब्राह्मणों, ऋषियों अथवा राजर्षियों द्वारा दी गयी व्यवस्थाओं के प्रति वाली की आस्था निःसन्देह उदाहरणीय है। मुझे यह कहने में भी कोई संकोच नहीं होता कि वाली ने राम की अपेक्षा अधिक दृढ़तापूर्वक आर्ष व्यवस्थाओं का निर्वाह किया था। राग-द्वेष अथवा इन्द्रिय विषयों की कोई भी ऐसी कमजोरी उसमें दिखाई नहीं देती जिसके आधार पर उसे पथ से विचलित हुआ माना जा सके।

भ्रातृ-स्नेह के होते हुए भी सुग्रीव को जिस कारण से वाली ने घर से निकाल दिया था, उल्लेख किया जा चुका है। राज्य के प्रति लोभ अथवा रुमा के प्रति आसक्ति इसमें कारण नहीं। वाली ने किसी भी निरपराध व्यक्ति को किसी प्रकार का कष्ट नहीं दिया। रावण जैसे भयंकर आक्रमणकारी को उसने कमजोर मानकर उसे क्षमा कर दिया था। वह केवल अपनी प्रजा के हित के लिए चिन्तित रहा और आक्रमणकारियों का साहस के साथ सामना करते हुए अपने राज्य की रक्षा की। राज्य-विस्तार के लिए, दूसरे लोगों को कष्ट देने के लिए अथवा किसी भी अन्य कारण से उसने कभी किसी राज्य पर आक्रमण नहीं किया। दूसरे राज्य में जाकर उपद्रव करने अथवा आक्रमण करने का वाली सख्त विरोधी रहा। वह केवल आक्रमणकारी राज्य में उपद्रव मचानेवाले अथवा ऐसे ही अपराधी को वध्य मानता था। इसीलिए उसने राम से कहा था कि जब मैं आपके राज्य में या नगर में कोई उपद्रव नहीं कर रहा था तथा आपका तिरस्कार भी नहीं करता था, तब आपने मुझे निरपराध होते हुए भी क्यों मारा?[1]

राजधर्म की मर्यादाओं का वाली दृढ़ता के साथ पालन करता रहा था। राजाओं के आचार-विचार, धर्म, नीति और व्यवहार के विषय में उसकी जानकारी कम नहीं थी तथा उन मर्यादाओं का उल्लंघन उसने कभी नहीं किया। मृत्यु-शय्या पर लेटे हुए उसने राम से राजधर्म के विषय में जो कुछ कहा, उससे एक ओर उन व्यवस्थाओं के प्रति उसकी निष्ठा प्रमाणित होती है और दूसरी ओर इस तथ्य का उद्घाटन भी होता है कि वह राम को धर्म और नीति की परम्परा से फिसला हुआ मानता था। राम के विषय में पहले तारा से उसने कहा था कि राम धर्म के ज्ञाता और

---

1. वा.रा. 4.17.24

कर्तव्याकर्तव्य को समझते हैं इसलिए यह सोचना ही नहीं चाहिए कि वह पाप करेंगे।[1] उसकी आशा और विश्वास के विपरीत राजधर्म की मर्यादा को भंग करते हुए राम ने जब उसे बाण से घायल कर दिया तब उसे आश्चर्य हुआ था। उसने राम से कहा था कि इन्द्रिय-निग्रह, मन का संयम, क्षमा, धर्म, धैर्य, सत्य, पराक्रम और अपराधियों को दण्ड देना ही राजा के गुण होते हैं।[2] यदि दो के बीच में युद्ध हो रहा हो, तो तीसरे असम्बद्ध व्यक्ति को छलपूर्वक किसी युद्धरत व्यक्ति पर आक्रमण नहीं करना चाहिए।[3] पृथ्वी, सोना और सुन्दरी स्त्री–ये तीन वस्तुएँ ही दो के बीच में विग्रह का कारण होती हैं और इन्हीं के लिए राजाओं में परस्पर युद्ध हुआ करता है।[4] नीति और विनय, दण्ड और अनुग्रह–ये राजधर्म हैं। राजाओं को विवेकपूर्वक ही अवसर के अनुसार इनका उपयोग करना चाहिए। राजाओं को कभी स्वेच्छाचारी नहीं होना चाहिए।[5]

राजधर्म के अतिरिक्त वाली ने व्यक्ति के आचार-धर्म के विषय में जो विचार व्यक्त किये हैं उनसे वह एक ऋषि तुल्य धर्मनिष्ठ महापुरुष ही दिखाई देता है। ब्राह्मण ऋषियों का वह सबसे अधिक सम्मान करता रहा है। उसने अपने जीवन में कभी किसी ऋषि की तप-साधना में किंचित् भी व्यवधान उपस्थित नहीं किया। भूलवश दुन्दुभि का खून से लथपथ शव जब उसने दूर फेंका और वह मतंग ऋषि के आश्रम में गिरा, तब मतंग के क्रोध के समाचार को सुनकर उसे गहरा पश्चात्ताप हुआ था। यह सोचकर भी उसे दुःख हुआ था कि उसी की गलती के कारण किष्किन्धा के वनवासियों को मतंग का कोप-भाजन बनना पड़ा है। उसने पूरी नम्रता के साथ मतंग से माफी माँगी थी। मतंग जब उसकी ओर से मुँह मोड़कर चले गये थे तब भी उसे उन पर क्रोध नहीं आया बल्कि एक अपराधी की भाँति वह चुपचाप लौट आया था। सुग्रीव जब लड़-झगड़ कर मतंग के आश्रम में छिप गया था तब भी उनके शाप से भयभीत होने के कारण वाली ने उनके आश्रम में प्रवेश नहीं किया। यह घटना इस बात का प्रमाण है कि वाली ऋषियों के प्रति श्रद्धावनत था।

धर्म का प्रसंग उपस्थित होने पर स्मार्त ऋषियों की शैली में ही वाली अपने विचार व्यक्त करता रहा है। पाप-पुण्य, स्वर्ग-नरक, कर्म-परिणाम और जन्मान्तर को वह धर्म-व्यवस्थापकों की भाँति ही स्वीकार करता था। सुग्रीव के प्रति द्वेषभाव को पूर्वजन्मकृत कर्म का परिणाम मानते हुए उसने कहा ही था कि कदाचित् हम दोनों के भाग्य में कुछ ऐसा ही लिखा था जिसके कारण हम दोनों भाई मिल-जुलकर सुखपूर्वक नहीं रह सके।[6] वाली ने यद्यपि वैदिक परम्परा का कहीं भी विरोध नहीं किया किन्तु वह विशुद्ध रूप से स्मार्त परम्परा का ही अनुयायी रहा है। न तो उसने

---

1. वा.रा. 4.16.5; **2.** वा.रा. 4.17.19,29; **3.** वा.रा. 4.17.25; **4.** वा.रा. 4.17.31; **5.** वा.रा. 4.17.32; **6.** वा.रा. 4.22.3-4

इन्द्र, यम, कुबेर आदि वैदिक देवताओं के प्रति श्रद्धा ही व्यक्त की और न यज्ञ-यागादि ही किये थे। यज्ञ की बजाय सूर्योदय से पहले चारों समुद्रों के तट पर जाकर सन्ध्या-वन्दन करना वाली का प्रतिदिन का नियम रहा है। उसने बड़े-से-बड़े कठिन समय में भी सन्ध्या-वन्दन के अपने नियम को भंग नहीं होने दिया। रावण ने युद्ध की इच्छा से जब किष्किन्धा के दरवाजे पर गर्जना की थी तब वाली सन्ध्या-वन्दन के लिए गया हुआ था।[1] रावण जब उसकी खोज करता हुआ दक्षिण समुद्रतट पर पहुँचा, तब वाली वहाँ सन्ध्या-उपासना में ही लीन था।[2] वह वैदिक मन्त्रों का जप करता हुआ अविचल मौन मुद्रा में आसीन था।[3] रावण की युद्ध की अभिलाषा को समझकर वाली ने उसे अनायास ही अपनी कोख में दबा लिया था और पूर्व की भाँति ही सन्ध्या-उपासना करता रहा। रावण यद्यपि वाली को नोचता-काटता रहा किन्तु उसको कांख में दबाये हुए ही वाली ने नित्य नियम के अनुसार चारों समुद्रतटों पर स्नान, सन्ध्या, उपासना, और जप का अनुष्ठान पूरा किया था।[4] नास्तिकता का वह जबरदस्त विरोधी रहा है।

धर्म और आचार-सिद्धान्तों की चर्चा वाली ठीक इस प्रकार करता था मानो स्मृतियाँ और धर्मशास्त्र उसे कण्ठस्थ रहे हों। राम से उसने कहा था कि राजा का वध करनेवाला, ब्राह्मण का हत्यारा, गौ को मारनेवाला, चोर, प्राणि-हिंसक, नास्तिक और परिवेत्ता--यह सभी नरकगामी होते हैं। चुगली करनेवाला, लोभी, मित्रघाती तथा गुरुपत्नीगामी निश्चित ही पापात्माओं के लोक में जाते हैं।[5] इसके साथ ही मांस-भक्षण के विषय में भी उसने स्मृतियों की व्यवस्था को ही प्रमाण मानते हुए कहा था कि सत्पुरुषों के लिए वानरों का चमड़ा, रोम और अस्थियों का उपयोग वर्जित है। धर्माचारियों के लिए इनके मांस का भक्षण भी निषिद्ध है। वैसे पंचनखियों का मांस भक्षण भी वर्जित है किन्तु शल्यक, श्वाविध, गोधा, शश (खरगोश) और कूर्म (कछुआ) का मांस भक्ष्य कहा गया है। मनीषी पुरुषों को वानर के चमड़े और अस्थियों का स्पर्श भी नहीं करना चाहिए। वानर का मांस भी भक्ष्य नहीं होता है।[6]

वाली ने राम की भर्त्सना करते हुए और उनको कड़े शब्दों में फटकारते हुए जो कुछ कहा था, उससे भी उसके धार्मिक विश्वासों और आचार-सिद्धान्तों पर पर्याप्त प्रकाश पड़ता है। उसके कथन से यह भी साफ हो जाता है कि स्मार्त परम्परा का उल्लंघन उसके लिए किसी भी दशा में सह्य नहीं था। मन, वाणी और कर्म की एकरूपता का वह जबरदस्त समर्थक था और यह देखकर उसे गहरा आश्चर्य हुआ था कि राम ने जिस रास्ते को अख्तियार कर उसका वध किया था, वह न केवल राजाओं की युद्धनीति के प्रतिकूल था बल्कि राम की ख्याति और प्रतिष्ठा के भी

---

1. वा.रा. 7.34.6; **2.** वा.रा. 7.34.12; **3.** वा.रा. 7.34.18; **4.** वा.रा. 7.34.27-32; **5.** वा.रा. 4.36-37; **6.** वा.रा. 4.17.38-40

अनुरूप नहीं था। किष्किन्धा तक पहुँचते-पहुँचते राम के धर्मवान्, नीति, मर्यादा और आचार-सम्पन्न होने की ख्याति चारों ओर फैल चुकी थी। इसीलिए तारा ने राम और सुग्रीव की मैत्री के विषय में सुनकर वाली को जब युद्ध के लिए जाने से रोका था, तब वाली ने बड़े ही विश्वासपूर्वक उससे कहा था कि धर्म, नीति और मर्यादा का अनुसरण करनेवाले राम कभी पाप कर्म नहीं करेंगे।[1] राम ने वनवास की अवधि में जटाजूट, वल्कल वस्त्र और मुनिवेष धारण किया था। इस दशा में उनके धर्मनिष्ठ होने का विश्वास करना भी उचित ही था किन्तु वाली को आखिर कहना ही पड़ा कि यह सब उनका पाखण्ड और छलावा था। वाली का कथन उसके आदर्शों का प्रतिबिम्ब है। उसने कहा था :

"आप एक राजा के सुविख्यात पुत्र हैं। आपका दर्शन भी सबको प्रिय है। मैं आपसे युद्ध करने नहीं आया था बल्कि दूसरे के साथ युद्ध में उलझा हुआ था। इस दशा में मेरा वध करके आपने कौन-सा गुण प्राप्त कर लिया है। जब मैं दूसरे के साथ युद्ध कर रहा था, तब आपने बीच में ही मुझे मारा है। इस पृथ्वी पर सभी लोग आपको कुलीन, सत्त्व-गुण-सम्पन्न, तेजस्वी, चरित्रवान्, करुणाशील, प्रजा का हितैषी, दयालु, महान् उत्साही, समयोचित कार्य करनेवाले दृढ़व्रती मानते हैं। इन्द्रिय-निग्रह, मन का संयम, क्षमा, धर्म, धैर्य, सत्य, पराक्रम और अपराधियों को दण्ड देना ही राजा के गुण हैं। आपमें इन गुणों का विश्वास करके ही, तारा के मना करने पर भी मैं सुग्रीव से युद्ध करने चला आया था। जब तक मैंने आपको नहीं देखा था तब तक मेरे मन में यही विश्वास था कि दूसरे के साथ युद्ध करते हुए मेरे ऊपर आप धोखे से प्रहार नहीं करेंगे परन्तु अब मुझे मालूम हुआ कि आपकी बुद्धि मारी गयी है। आप अधर्मी होते हुए भी धर्म का झण्डा लिये फिरते हैं। आपका आचार-व्यवहार पापपूर्ण है। आप घासफूस से ढके हुए कुएँ के समान धोखेबाज हैं। आपने साधु पुरुषों का-सा वेष धारण कर रखा है, परन्तु पापकर्मी हैं। राख से ढकी हुई आग के समान आपका पापकर्मों का असली रूप साधुवेष में छिप गया है। मैं नहीं जानता था कि लोगों को छलने के लिए आपने धर्म का यह ढोंग रचा है। जब मैंने आपके राज्य या नगर में कोई उपद्रव नहीं किया, आपका कभी तिरस्कार भी नहीं किया, तब बिना किसी अपराध के आपने मुझे क्यों मारा? आप एक सम्माननीय नरेश के पुत्र हैं, विश्वास के योग्य हैं और देखने में भी प्रिय हैं। आपने धर्म के साधनभूत चिह्न भी धारण कर लिये हैं। क्षत्रिय कुल में उत्पन्न, शास्त्र का ज्ञाता, संशय रहित और धार्मिक वेशभूषा धारण करके भी कौन मनुष्य तुम्हारे जैसे क्रूर कर्म कर सकता है। रघु के कुल में आपका जन्म हुआ है। आप धर्मात्मा के रूप में प्रसिद्ध हैं। फिर भी ऊपर से विनीत और दयालु, साधु पुरुष, जैसा भव्य

---

1. वा.रा. 4.16.5

रूप धारण करके भी इस प्रकार के क्रूर कर्म करते हुए इधर-उधर क्यों घूम रहे हैं? राजाओं के आचार-सिद्धान्तों के प्रतिकूल आप काम के दास, क्रोधी और मर्यादा को भंग कर व्यवहार करनेवाले हैं। राजाओं के धर्म का विचार किये बिना ही स्वेच्छाचारी की भाँति आप धनुष-बाण का प्रयोग करते फिरते हैं। आप न तो धर्म का ही आदर करते हैं और न अर्थसाधन में ही आपकी बुद्धि स्थिर है। आप स्वेच्छाचारी हैं इसलिए आपकी इन्द्रियाँ जहाँ चाहें आपको खींच ले जाती हैं। मैं सर्वथा निरपराध था तब भी मुझे बाण से मारने का घृणित कर्म करके सत्पुरुषों के बीच में आप क्या कहेंगे? जैसे सुशीला युवती पापात्मा पति से सुरक्षित नहीं हो पाती, उसी प्रकार आप जैसे स्वामी को पाकर यह वसुधा सनाथ नहीं हो सकती। आप शठ, अपकारी, क्षुद्र और झूठे ही शान्तचित्त होने का ढोंग रचते हैं। राजा दशरथ ने आप जैसे पापी को कैसे उत्पन्न किया। जिसने सदाचार का रस्सा तोड़ डाला है, सत्पुरुषों के धर्म एवं मर्यादा का उल्लंघन किया है, धर्मरूपी अंकुश की अवहेलना कर दी है, ऐसे राम रूपी हाथी के द्वारा मैं मारा गया हूँ। हम-जैसे उदासीन प्राणियों पर आप जैसा पराक्रम दिखाते फिरते हैं वैसा पराक्रम आप अपने अपकार करनेवालों पर भी प्रकट करते हों, यह मुझे दिखाई नहीं देता। जैसे किसी सोये हुए पुरुष को साँप आकर डँस ले और वह मर जाय, उसी प्रकार रणभूमि में मुझको आपने छिपकर मारा है और इस प्रकार आप पाप के भागी हुए हैं। मेरे स्वर्गवासी होने पर सुग्रीव जो यह राज्य प्राप्त करेंगे, यह तो उचित ही है किन्तु अनुचित यही है कि आपने मुझे युद्ध में अधर्मपूर्वक मारा है।"[1]

वाली का उपर्युक्त कथन इस तथ्य को प्रमाणित करता है कि वह उन्हीं आचार-सिद्धान्तों का अनुसरण करता था जिनका मनु आदि स्मार्त ऋषियों ने प्रतिपादन किया है। आस्तिकता, इन्द्रिय-निग्रह, शम, दम, दया, धैर्य, धर्म आदि पर उसने सबसे अधिक जोर दिया है। राजकुल में उत्पन्न होने पर भी राम ने ऋषियों द्वारा प्रतिपादित राजधर्म-परम्परा का उल्लंघन किया था, इस पर उसे दुःख हुआ था। आडम्बर का वह सख्त विरोधी था। राम को फटकारते समय उसने अनेक स्मृति-वाक्यों को ही यथावत् उद्धृत किया है। नास्तिक और परिवेत्ता को मनु ने नरकगामी कहा है, वाली ने भी मनु के वाक्य को ही प्रमाण मानकर अपनी बात कही थी। इसी प्रकार वानरों के मांस को अभक्ष्य और शल्यक-श्वाविध आदि पाँच पंचनखियों के मांस को उसने भक्ष्य कहा था। इस विषय में वाली मनु के सिद्धान्तों को ही स्वीकार करता है। स्मार्त परम्परा के अनुसार वाली के कुल में मृतक को जलांजलि देने की प्रथा मान्य थी। स्वयं वाली को उसके पुत्र अंगद के द्वारा जलांजलि दी गयी थी। मद्यपान का भी वाली विरोधी रहा है। जब दुन्दुभि ने उसे मधुमत्त

1. वा.रा. 4.17.16

समझा था तब उसने साफ कहा था कि तुम यह न समझो कि वाली मधु पीकर मतवाला हो गया है बल्कि मेरे पान को तुम युद्ध में उत्साहवर्धक वीरपान ही समझो।[1] तारा को धैर्य बँधाते समय हनुमान ने वाली के धर्माचरण की प्रशंसा करते हुए कहा था कि इन्होंने नीतिशास्त्र के अनुसार अर्थ के साधन राज्यकार्य का संचालन किया है। ये उपयुक्त समय पर साम, दाम और क्षमा का व्यवहार करते आये हैं। अतः धर्मानुसार प्राप्त होनेवाले लोक की ही इन्हें प्राप्ति हुई है। इनके लिए तुम्हें शोक नहीं करना चाहिए।[2] वाली के धर्माचरण को ध्यान में रखकर ही उसकी मृत्यु पर कहा गया है कि वानरों और भालुओं के यूथपति वाली के धराशायी हो जाने पर यह पृथ्वी चन्द्ररहित आकाश के समान शोभाहीन हो गयी है।[3]

वस्तुतः रामायण के रचना-शिल्प, कथावस्तु के रूपांकन, राम के अवतारत्व, राम के हाथों वाली की मृत्यु और अन्ततः तुलसी के प्रभाव ने ही वाली के चरित्र को गौण बना दिया है अन्यथा वाली में वे सभी गुण विद्यमान थे जो रामायण जैसे महाकाव्य के नायक में अपेक्षित होते हैं। वाली के विषय में राम को जो कुछ भी जानकारी मिली थी वह सुग्रीव से ही मिली थी और उन्होंने कबन्ध के इशारे पर सीता की खोज के लोभ में तपाक से सुग्रीव के साथ शर्तपूर्ण समझौता कर लिया था। यदि उनको यह भी ज्ञात हो सका होता कि वाली में रावण को जीते जी सीता समेत पकड़ लाने की शक्ति थी तो कदाचित् उनकी मैत्री सुग्रीव से न होकर वाली से होती। वाली के पराक्रम को देख-सुनकर और सुग्रीव के साथ निश्चित समझौते की शर्त पूरी करने के लिए ही उन्हें उसको छिपकर मारने के लिए मजबूर होना पड़ा। वाली को राम के द्वारा जो उत्तर दिया गया है वह निहायत ही कमजोर और जबरदस्ती की बहानेबाजी रही है। ऐसा प्रतीत होता है कि राम की विवशताओं पर परदा डालने और उनकी प्रतिष्ठा की रक्षा के लिए ही यह पंगु प्रयास किया गया है। आचार और धर्म की दृष्टि से वाली निश्चय ही रामायण का आदर्श पात्र है।

1. वा.रा. 4.11.38; **2.** वा.रा. 4.21.7; **3.** वा.रा. 4.17.3

उदारमना तारा की प्रेम और समर्पण-भावना

रामायण में कौसल्या, कैकेयी, सुमित्रा, सीता, उर्मिला, माण्डवी, श्रुतिकीर्ति, तारा, मन्दोदरी, मन्थरा, अनसूया, शबरी, शूर्पणखा, ताटका, अहल्या आदि अनेक नारी-पात्रों को सम्मिलित किया गया है। इनमें से अनेक का मात्र नामोल्लेख ही किया गया है। तारा यद्यपि वाली के प्रसंग से ही जुड़ी हुई है किन्तु संक्षिप्त और सीमित वर्णन से ही उसका उदात्त चरित्र उभरकर प्रभावशाली बन गया है। जिन कारणों से वाली की प्रतिष्ठा गौण हो गयी है, ठीक वही कारण तारा की महत्ता को कम करने के लिए उत्तरदायी रहे हैं। आचार और धर्म की दृष्टि से वस्तुतः तारा सभी नारी-पात्रों में अग्रणी रही है। स्मार्त ऋषियों ने नारी के लिए आचार और धर्म की जो व्यवस्थाएँ दी थीं, तारा उनसे कभी विचलित नहीं हुई।

तारा वरुण के पुत्र सुषेण[1] की पुत्री थी। वाली ने स्वयं उसे सुषेणदुहिता कहा है।[2] वाली के साथ उसके विवाह का और अंगद के जन्म का कुछ भी वर्णन रामायण में उपलब्ध नहीं। तारा के अंगद ही एकमात्र पुत्र उत्पन्न हुआ था और जब उसकी आयु भी अधिक नहीं थी तभी बेचारी को वैधव्य का सामना करना पड़ा।

धर्म, नीति, आचार और व्यवहार का जितना सम्यक् ज्ञान तारा को रहा है उतना रामायण के किसी अन्य नारी पात्र को दिखाई नहीं देता। अनसूया केवल पातिव्रत धर्म का उपदेश देकर और शबरी भक्ति की चर्चा करके ही शान्त हो जाती है। कौसल्या और कैकेयी के सम्बन्ध में अन्यत्र लिखा ही जा चुका है। सीता में भी व्यवहार के अनेक दोष दिखाई देते हैं। किन्तु तारा के चरित्र और व्यवहार के विषय में उँगली उठाने की भी गुंजायश नहीं। वह परम विदुषी, नीति और धर्मज्ञा थी। वाली उसके रूप सौन्दर्य पर नहीं अपितु गुणों पर मुग्ध था। प्राण-त्याग के पहले उसने सुग्रीव से कहा था कि सुषेण की पुत्री तारा सूक्ष्म विषयों के निर्णय करने में तथा सभी प्रकार के उत्पातों के पूर्व संकेतों को समझने में अत्यन्त निपुण है। वह जिस कार्य को अच्छा बताये उसे संवेदरहित होकर करते रहना। तारा की किसी भी सम्मति का परिणाम कभी उलटा नहीं होता।[3] वाली के मरने का समाचार सुनकर जब तारा फूट-फूट कर रो पड़ी तब हनुमान ने भी उससे कहा था कि तुम स्वयं

---

1. वा.रा. 1.17.15; **2.** वा.रा. 4.22.13; 6.42.26; **3.** वा.रा. 4.22.13-14

विदुषी हो और जानती हो कि प्राणियों के जन्म और मरण का कोई समय निश्चित नहीं है। इसलिए सदैव शुभ कर्म ही करना चाहिए।[1] सुग्रीव भी तारा के वैदुष्य से प्रभावित था। लक्ष्मण ने जब क्रोध में आकर किष्किन्धा के दरवाजे पर धनुष की टंकार की थी तब सुग्रीव का साहस टूट गया था और उसने तारा की सहायता से ही अपनी कठिनाई को हल किया था। लक्ष्मण ने भी मानो उसकी बुद्धि को स्वीकार करते हुए ही उससे पूछा था कि कार्य की सिद्धि के लिए हम लोगों को भविष्य में क्या करना चाहिए। हमारे लिए जो उचित कर्तव्य हो, उसे तुम्हीं बताओ क्योंकि तुम कार्य के तत्त्व को जानती हो।[2] लक्ष्मण के क्रोध को शान्त करते हुए तारा ने उनसे जो कुछ कहा था वह उसके नीति, धर्म और आचारविद् होने का उल्लेखनीय उदाहरण है। क्रोध और काम को जीवन के सबसे बड़े विकार बतलाते हुए उसने कहा था कि यह क्रोध करने का समय नहीं है। आत्मीय जनों पर क्रोध करना भी नहीं चाहिए। सुग्रीव के मन में सदा आपका कार्य करने की इच्छा बनी रहती है। अतः यदि उनसे कोई भूल भी हो जाय तो भी उन्हें आपको क्षमा करना चाहिए। गुणों में श्रेष्ठ पुरुष किसी हीन गुणवाले प्राणी पर क्रोध कैसे कर सकता है ? जो सत्व गुण से अवरुद्ध होने के कारण शास्त्रविपरीत व्यापार में नहीं लग सकता और जो सद्विचार को जन्म देनेवाला है वह पुरुष क्रोध के वश में नहीं होता। मैं राम के क्रोध के कारण को जानती हूँ। उनके कार्य में जो विलम्ब हुआ उससे भी मैं अपरिचित नहीं। आप लोगों ने सुग्रीव का जो कार्य किया है, उसका भी मुझे पता है और इस समय आप लोगों के कार्य और अपने कर्तव्य का भी मुझे ज्ञान है। काम के असह्य बल को और उसमें आसक्त सुग्रीव की स्थिति को भी मैं जानती हूँ। आप जो क्रोध के वशीभूत हो गये हैं उससे जान पड़ता है कि काम के अधीन हुए पुरुष की स्थिति का आपको बिलकुल ज्ञान नहीं है। कामासक्त मनुष्य को देश, काल, अर्थ और धर्म का ज्ञान नहीं रह जाता। जो निरन्तर धर्म और तपस्या में ही लगे रहते हैं, जिन्होंने मोह को अवरुद्ध कर दिया है, अविवेक को दूर भगा दिया है वे महर्षि भी कभी-कभी विषयाभिलाषी हो जाते हैं। फिर भला सुग्रीव काम से किस प्रकार बच सकते हैं।[3]

तारा की सामान्य बातों में भी उसका वैदुष्य प्रतिबिम्बित है। स्नेह और ममता की वह मूर्ति-सी दिखाई देती है तथा किसी भी परिस्थिति में उसने अपना विवेक नहीं खोया। वाली और सुग्रीव के बीच का वैमनस्य तथा अंगद के प्रति सुग्रीव की दुर्भावना इस परिवार को मटियामेट कर सकती थी किन्तु तारा की उदारता और स्नेहपूर्ण व्यवहार ने न केवल उसकी रक्षा की वरन् उसकी प्रतिष्ठा को भी बचा लिया

---

1. वा.रा. 4.21.5; **2.** वा.रा. 4.33.49; **3.** वा.रा. 4.33.51-57

था। तारा के चरित्र की यह विशेषता है कि न तो वाली अथवा अंगद के प्रति प्रेम के अतिरेक ने ही उसे विचलित किया, न राजमहिषी के गौरव ने उसमें अभिमान की भावना उत्पन्न की, न परिवार के कलह ने उसके विवेक को नष्ट किया और न किसी अन्य परिस्थिति ने धर्माचरण से ही अलग किया। राज्य-व्यवस्था के संचालन में उसने कभी हस्तक्षेप नहीं किया बल्कि समय-समय पर वाली को नेक सलाह ही देती रही थी। मायावी और दुन्दुभि-जैसे शत्रुओं के आक्रमण के समय वह अन्तःपुर की अन्य स्त्रियों के साथ वाली को घेरकर खड़ी हो जाती और केवल अपनी गीली आँखों से ही मंगल कामना करती रहती थी।

वाली के प्रति तारा के मन में असीम प्रेम था। राज्य-व्यवस्था में किसी भी प्रकार का हस्तक्षेप न करते हुए भी प्रमुख घटनाओं की उसे पूरी जानकारी रहा करती थी। वाली के पराक्रम पर उसे पूरा विश्वास था और इसीलिए मायावी और दुन्दुभि के साथ युद्ध करने के लिए जाते समय उसने वाली को रोकने की आवश्यकता नहीं समझी। सुग्रीव जब पहली बार युद्ध के लिए आया था तब भी उसने कोई रुकावट नहीं डाली। उस समय तक कदाचित् उसे राम और सुग्रीव की मैत्री के विषय में कोई जानकारी नहीं थी। सुग्रीव ने जब दूसरी बार युद्ध के लिए वाली को ललकारा था तब तारा के मन में शंका उत्पन्न हो गयी थी। उसने सोचा था कि लगातार अनेक बार पिटने के बाद भी सुग्रीव के फिर से युद्ध के लिए आने के पीछे अवश्य कोई रहस्य होना चाहिए। अंगद के द्वारा उसे राम-लक्ष्मण के आने का समाचार मिल चुका था और राम के पराक्रम के विषय में भी उसने सुन लिया था। सुग्रीव के स्वभाव के विषय में वह जानती ही थी कि वह किसी अन्य के साथ बहुत सोच-समझकर ही मैत्री करता है। इन्हीं सब बातों को ध्यान में रखकर उसने वाली को समझाते हुए कहा था कि आप क्रोध को त्याग कर युद्ध में जाने का निर्णय लें। सुग्रीव पहले भी यहाँ आये थे और क्रोधपूर्वक उन्होंने आपको युद्ध के लिए ललकारा था। उस समय आपने नगर से निकलकर उन्हें परास्त किया और वे आपकी मार खाकर सभी दिशाओं की ओर भागते हुए मतंग वन में चले गये थे। इस प्रकार आपके द्वारा पराजित और पीड़ित होने पर भी वे पुनः यहाँ आकर आपको युद्ध के लिए ललकार रहे हैं। यह बात मेरे मन में शंका उत्पन्न कर रही है। इस समय गरजते हुए सुग्रीव का दर्प और उपक्रम जैसा दिखाई देता है तथा उनकी गर्जना में जो उत्तेजना जान पड़ती है, इसका कोई छोटा-मोटा कारण नहीं होना चाहिए। मैं समझती हूँ कि सुग्रीव किसी प्रबल सहायक के बिना इस बार यहाँ नहीं आये हैं। किसी सबल सहायक को साथ लेकर ही आये हैं जिसके बल पर ये इस तरह गरज रहे हैं। सुग्रीव स्वभाव से ही कार्यकुशल और बुद्धिमान् हैं। वे किसी ऐसे पुरुष के साथ मैत्री नहीं करेंगे जिसके बल और पराक्रम को अच्छी तरह परख न लिया

हो।[1] इसके बाद राम के शौर्य की चर्चा करते हुए उसने सलाह दी थी कि आप सुग्रीव का युवराज के पद पर अभिषेक कर दीजिए और राम के साथ भी सौहार्दपूर्ण सम्बन्ध स्थापित कर लीजिए। छोटे भाई होने के कारण सुग्रीव आपका स्नेह पाने के अधिकारी हैं। वे कहीं भी रहें, आपके भाई ही हैं। उनके समान भाई कोई दूसरा मुझे दिखाई नहीं देता। आप दान-मान आदि सत्कारों के द्वारा उन्हें अपना अन्तरंग बना लीजिए जिससे वे इस वैर भाव को छोड़कर आपके पास रह सकें। इस समय भ्रातृ-प्रेम का सहारा लेने के सिवा आपके सामने कोई दूसरा रास्ता नहीं है।[2]

तारा के उपर्युक्त विचार उसके नीतिविद्, व्यवहारविद् और विवेकशील होने के प्रमाण हैं। वाली के प्रति उसका अगाध प्रेम उसके विलाप से प्रकट होता है। वालि-वध का समाचार सुनकर वह अपने बेटे अंगद को साथ लेकर बड़ी ही व्यग्रता के साथ रोती, सिर और छाती पीटती हुई उस स्थल पर पहुँची थी जहाँ वाली का शव पड़ा हुआ था। राम को उसने प्रत्यक्ष काल की संज्ञा देते हुए उनसे कहा था कि दूसरे के साथ युद्ध में लगे हुए वाली को मारकर आपने अत्यन्त निन्दित कर्म किया है और आश्चर्य है कि इस प्रकार का कुत्सित कर्म करके भी आप सन्तप्त या शर्मिन्दा नहीं हो रहे।[3] इसके साथ ही वह वाली को देखकर बुरी तरह से रो पड़ी थी। किष्किन्धा के वानर सुग्रीव से पहले से ही भयभीत थे। इसलिए उन्होंने तारा से कहा था कि राम रूपी यमराज ने वाली के प्राण ले लिये हैं। अब तुम शूरवीरों की सहायता से नगर की रक्षा करो और अंगद का किष्किन्धा के राज्य पर अभिषेक कर दो।[4] सुग्रीव पक्ष के वे वानर, जो पहले राज्यसुख से वंचित कर दिये गये थे, किष्किन्धा में प्रवेश कर महान् भय उपस्थित करेंगे।[5] इसके अतिरिक्त हनुमान, लक्ष्मण और राम ने भी उसे सभी प्रकार से समझाने-बुझाने की कोशिश की थी। यह सब होते हुए भी तारा का दुःख हलका नहीं हुआ। उसने वाली के साथ ही प्राण त्याग करने की कामना की थी। हनुमान से उसने कहा था कि अंगद के समान सौ पुत्र एक ओर और मरे हुए होने पर भी इस वीरवर स्वामी का आलिंगन करके सती होना दूसरी ओर—इन दोनों में से वीर पति के शरीर का आलिंगन मुझे श्रेष्ठ जान पड़ता है। इसके बाद उसने राम से कहा था कि आपने जिस बाण से मेरे प्रियतम पति का वध किया है, उसी बाण से आप मुझे भी मार डालिए। मैं मरकर उनके समीप चली जाऊँगी। मेरे बिना वाली कहीं भी सुखी नहीं रह सकेंगे।[6]

तारा के विलाप से यह भी स्पष्ट हो जाता है कि वाली तारा के अतिरिक्त किसी अन्य स्त्री से प्रेम करता ही नहीं था। उसने राम से कहा था कि वाली स्वर्ग में जाकर भी जब सभी ओर दृष्टि डालकर मुझे नहीं देखेंगे तब उनका मन वहाँ कदापि नहीं

---

1. वा.रा. 4.15.10-14; **2.** वा.रा. 4.15.23-28; **3.** वा.रा. 4.20.15; **4.** वा.रा. 4.19.14; **5.** वा.रा. 4.19.15-16; **6.** वा.रा. 4.24.33, 40

लगेगा। फूलों से विभूषित चोटी धारण करनेवाली तथा विभिन्न साज-शृंगार से सुन्दर प्रतीत होनेवाली अप्सराओं को भी वे स्वीकार नहीं करेंगे। स्वर्ग में वाली मेरे बिना शोक का अनुभव करेंगे और उनकी कान्ति फीकी पड़ जाएगी। वे उसी प्रकार दुःखी रहेंगे जिस तरह आप सीता के बिना दुःखी हैं।[1] यद्यपि तारा ने एक स्थल पर यह अवश्य कहा है कि वाली ने सुग्रीव की पत्नी को छीनकर उसको घर से निकाल दिया था, उसी का यह परिणाम है,[2] किन्तु उसके इस कथन में यह ध्वनि बिलकुल नहीं है कि वाली के मन में रुमा के प्रति किंचित् भी वासनाजनित दुर्भावना रही थी। इसके बाद भी पता नहीं राम ने किस आधार पर वाली पर कामी और विलासी होने का आरोप मढ़ दिया था।

तारा ने वाली के शव के चरणों पर अपना मस्तक रखकर अपनी भूलों के लिए क्षमा माँगी थी। उसने रोते हुए अवरुद्ध कण्ठ से कहा था कि यदि नासमझी के कारण मैंने आपका कोई अपराध किया हो तो आप उसे क्षमा कर दें। मैं आपके चरणों में मस्तक रखकर यह प्रार्थना करती हूँ।[3] वाली की मृत्यु के समय अंगद एक अबोध बालक ही था। वह पिता के शव और माता को रोते-बिलखते हुए देखकर चुपचाप रोता हुआ खड़ा रहा था। तारा ने ही उससे कहा था कि प्रातःकाल के सूर्य की भाँति अरुण और गौर शरीरवाले तुम्हारे पिता राजा वाली अब यमलोक को जा पहुँचे। ये तुम्हें बड़ा आदर देते थे, इनके चरणों में प्रणाम करो।[4] जब अंगद ने 'मैं अंगद हूँ' कहते हुए वाली के चरणों को प्रणाम किया था तब फिर तारा फूटकर रोने लगी थी।

उल्लेखनीय है कि रामायण में दशरथ, जटायु, रावण, कुम्भकर्ण, मेघनाद, कौसल्या, मारीच तथा अनेक पात्रों के मरने का वर्णन किया गया है किन्तु वालि-वध और तारा के विलाप को पढ़कर पत्थर भी पिघल जाते हैं। दशरथ के मरण के अवसर पर उनके शव की सुरक्षा, भरत को बुलाये जाने आदि की तैयारी होती रही किन्तु कौसल्या आदि रानियों अथवा पुरवासियों को कोई दुःख हुआ था, इसका पता ही नहीं चलता। पति-प्रेम, पुत्र के प्रति ममत्व, कुलमर्यादा के प्रति आदर और व्यवहार के प्रति जो निष्ठा वाली और तारा प्रकरण में दिखाई देती है वह अन्यत्र देखने को नहीं मिलती। राम का आदर्श, सीता के प्रति उनका प्रेम और मर्यादा पालन सब-कुछ वाली और तारा के सामने फीके पड़ जाते हैं।

समाज की पुरुष-सत्तात्मक व्यवस्था को ही तारा स्वीकार करती थी। रामायण के अन्य नारी पात्रों ने विविध प्रकार से नारी-अधिकारों के प्रति संकेत किया है। कैकेयी के चरित्र से ज्ञात होता है कि वह पति या पुरुष को नारी की अपेक्षा वरेण्य मानने के लिए तैयार ही नहीं थी। कौसल्या ने पिता दशरथ की आज्ञा की अवहेलना

---

1. वा.रा. 4.24.34-35; **2.** वा.रा. 4.20.11; **3.** वा.रा. 4.20.25; **4.** वा.रा. 4.23.23

कर राम को माँ के रूप में स्वयं अपनी आज्ञा से वन जाने से रोकने का प्रयत्न किया था। सीता ने भी राम के अलावा दशरथ, लक्ष्मण, भरत किसी की कोई परवाह नहीं की। किन्तु तारा की आस्थाएँ इन सबसे अलग रही हैं। वैधव्य को नारी के लिए वह सबसे बड़ा अभिशाप मानती थी। उसके अनुसार सन्तति, वैभव और धन-धान्य की समृद्धि विधवा नारी को न तो सुख ही दे सकते हैं और न समाज में उसकी प्रतिष्ठा की ही रक्षा कर सकते हैं। जब वानरों, लक्ष्मण, हनुमान और राम ने अंगद की ओर इंगित करते हुए शान्त होने की सलाह दी थी तब उसने बड़े ही दर्दभरे स्वर में कहा था कि पतिहीन नारी भले ही पुत्रवती एवं धन-धान्य से समृद्ध हो फिर भी लोग उसे विधवा ही कहते हैं।[1] वानरों को भी उसने उत्तर दिया था कि जब मेरे महाभाग पतिदेव कपिसिंह वाली ही नहीं रहे, तब मुझे पुत्र से, राज्य से तथा अपने इस जीवन से भी क्या प्रयोजन है। मैं तो वाली के चरणों के समीप ही जाऊँगी।[2] वाली को देखकर रोते हुए उसने कहा था कि मैंने कभी दीनतापूर्ण जीवन नहीं बिताया था, कभी ऐसे महान् दुःख का सामना नहीं किया था किन्तु आज आपके बिना मैं दीन हो गयी। अब मुझे अनाथ की भाँति शोक-सन्ताप से पूर्ण वैधव्य जीवन व्यतीत करना पड़ेगा।[3] निश्चय ही बुद्धिमान् को चाहिए कि वह अपनी कन्या कभी किसी शूरवीर के हाथों में न दे। मैं शूरवीर की पत्नी होने के कारण ही तत्काल विधवा बना दी गयी।[4] वैधव्य के इस दुःख की अनुभूति कौसल्या, कैकेयी और सुमित्रा को भी नहीं हुई थी। यद्यपि कौसल्या ने वैधव्य का स्मरण कर दुःख अवश्य प्रकट किया था किन्तु वह कैकेयी को गालियाँ देने में और राम की याद में बदल गया था। प्रत्यनुगामिनी नारियों में तारा का जीवन ही आदर्श रहा है।

तारा के अनुसार, समाज में पुरुष का स्थान ही सर्वोपरि है। वह कदाचित् नारी को किसी भी प्रकार के अधिकार दिये जाने की समर्थक नहीं। परिवार की बूढ़ी पुरानी स्त्री का उसके विचार से कोई महत्त्व नहीं बल्कि आयु में सबसे ज्येष्ठ पुरुष को ही परिवार का मुखिया मानती थी। अन्यत्र लिखा जा चुका है कि वाली के वंश में भी ज्येष्ठ पुत्र को ही राज्य का अधिकारी माना जाता था और इस प्रकार वाली के पश्चात् तारापुत्र अंगद ही राजा बनने का अधिकारी था। वह यह भी जानती थी कि क्रोध से पागल सुग्रीव के वश में पड़कर अंगद की दुर्दशा कर डाली जाएगी।[5] हनुमान ने तारा से कहा था कि तुम्हारे पुत्र अंगद जीवित हैं। अब तुम्हें इन्हीं की ओर देखना चाहिए और इनके लिए भविष्य में जो उन्नति के साधक श्रेष्ठ कार्य हों, उनका विचार करना चाहिए।[6] ये सभी श्रेष्ठ वानर, अंगद और वानर ऋक्षों का

---

1. वा.रा. 4.23.12; **2.** वा.रा. 4.19.18-19; **3.** वा.रा. 4.20.16; **4.** वा.रा. 4.23.8; **5.** वा.रा. 4.20.17; **6.** वा.रा. 4.21.4

यह राज्य तुमसे ही सनाथ है—तुम्हीं इन सबकी स्वामिनी हो।[1] राम और सुग्रीव की सन्धि के विपरीत हनुमान ने अंगद के राज्याभिषेक का सुझाव भी दिया था। उन्होंने कहा था कि शोक-सन्तप्त अंगद और सुग्रीव को भावी कार्य के लिए प्रेरित करो और अंगद ही तुम्हारे अधीन रहकर इस पृथ्वी का शासन करें। वानरराज का अन्त्येष्टि संस्कार और कुमार अंगद का राज्याभिषेक किया जाए। बेटे को राज्य-सिंहासन पर बैठा देखकर तुम्हें शान्ति मिलेगी।[2] तारा ने अपनी मान्यताओं के कारण ही हनुमान के प्रस्ताव को अस्वीकार कर दिया था। उसने उत्तर में कहा था कि मैं न तो वानरों के राज्य की स्वामिनी हूँ और न मुझे अंगद के लिए कुछ करने का अधिकार है। इसके चाचा सुग्रीव को इन सभी बातों का अधिकार प्राप्त है। आपके द्वारा अंगद के विषय में दी गयी सलाह भी मेरे किसी काम की नहीं। आपको यह समझना चाहिए कि पुत्र के वास्तविक बन्धु पिता और चाचा ही होते हैं, माता नहीं।[3] यह स्मरणीय है कि मनु आदि स्मृतिकारों द्वारा भी ठीक यही व्यवस्था दी गयी है जो तारा को मान्य थी। अपने इन्हीं विश्वासों के बल पर उसने सुग्रीव का राज्याभिषेक बरदाश्त किया था।

नारी के प्रति पुरुषों द्वारा किये जाने योग्य व्यवहार के विषय में भी मनु आदि स्मृतिकारों ने अनेक व्यवस्थाएँ दी हैं। इनके अनुसार परस्त्री की ओर देखने तक का निषेध किया गया है। लक्ष्मण जब किष्किन्धा पहुँचकर अन्तःपुर के द्वार पर ठहर गये और तारा ने आकर उनका स्वागत किया था तब इन्हीं स्मार्त व्यवस्थाओं का स्मरण करते हुए उन्होंने अपनी नजरें नीची कर ली थीं। यह देखकर तारा ने उनसे कहा था कि परस्त्री को देखना अनुचित समझकर आप अन्तःपुर के भीतर नहीं आये। इस प्रकार आपने सदाचार की रक्षा की है किन्तु निष्कपट होकर मित्र भाव से स्त्रियों की ओर देखना सत्पुरुषों के लिए निषिद्ध नहीं है।[4] इसके साथ ही वह लक्ष्मण को अन्तःपुर के भीतर लिवा ले गयी थी।

शस्त्र-प्रहार करते हुए स्त्री की हत्या करने का भी स्मृतिकारों ने निषेध किया है। राम ने इस व्यवस्था का अतिक्रमण करते हुए पिता और गुरु की आज्ञा को महत्त्वपूर्ण मानकर ही निरपराध ताटका का वध कर डाला था। वालि-वध से दुःखी होकर तारा ने भी राम से अनुरोध किया था कि वे उसको भी मार डालें ताकि वह पति-वियोग के दुःख से बच सके। तारा की बात सुनकर भी राम मूर्तिवत् खड़े रह गये थे। तारा को भ्रम हुआ था कि कदाचित् राम नारी-हत्या के पाप से बचने के कारण ही उस पर बाण नहीं चला रहे। इस प्रसंग में तारा ने पाप और हत्या की स्मृतियों द्वारा दी गयी व्यवस्थाओं को ही स्पष्ट करते हुए कहा था कि यदि आप चाहते हैं कि आपको स्त्री-हत्या का पाप न लगे तो मुझे वाली की ही आत्मा समझकर

---

1. वा.रा. 4.21.8; **2.** वा.रा. 4.21.8,9,11; **3.** वा.रा. 4.21.14-15; **4.** वा.रा. 4.33.61

मेरा वध कर डालिए। ऐसा करने से आपको स्त्री-हत्या का पाप नहीं लगेगा। शास्त्रोक्त यज्ञ-यागादि कर्मों में पति और पत्नी दोनों का संयुक्त अधिकार होता है। वैदिक श्रुतियाँ भी पत्नी को पति का आधा शरीर ही बतलाती हैं। इस प्रकार यदि धर्म की ओर दृष्टि रखते हुए आप मुझे मेरे प्रियतम वाली को समर्पित कर देंगे तो आप मेरी हत्या करके भी पाप के भागी नहीं होंगे। मैं दुःखिनी और अनाथ हूँ, पति से दूर कर दी गयी हूँ। ऐसी दशा में मुझे जीवित छोड़ना आपके लिए उचित नहीं है।[1]

तारा केवल स्मार्त-व्यवस्थाओं को ही नहीं अपितु वैदिक कर्मकाण्ड, यज्ञ-यागादि, विधि-विधान, पुराण और इतिहास को भी भली-भाँति जानती थी। वैदिक मन्त्रों का भी उसको अच्छा ज्ञान था। उसके द्वारा रोके जाने पर भी वाली जब सुग्रीव से युद्ध के लिए अन्तःपुर से बाहर निकला था तब तारा ने मन्त्रपाठ सहित स्वस्तिवाचन करते हुए उसके लिए मंगल कामना की थी।[2] वह जानती थी कि पत्नी के बिना पुरुष के द्वारा अकेले ही यज्ञ करने का विधान ही नहीं इसलिए उसने वाली के शव के निकट उसको उलाहना देते हुए कहा था कि आपने युद्धरूपी यज्ञ का अनुष्ठान करके राम के बाणरूपी जल से मुझ पत्नी के बिना अकेले ही अवभृथ स्नान कैसे कर लिया।[3] लक्ष्मण से बात करते हुए उसने सहज ही विश्वामित्र और मेनका के प्रणय-प्रसंग को सुना दिया था।[4]

तारा की आचार-विषयक आस्थाओं पर लक्ष्मण और उसकी बातचीत से विशेष प्रकाश पड़ता है। काम और क्रोध के विषय में उसके विचारों को ऊपर उद्धृत किया जा चुका है। असमय और आत्मीयजनों पर क्रोध करने को वह कभी उचित नहीं मानती।[5] राजा की प्रतिष्ठा को मानते हुए उसके प्रति कठोर वचन बोलने का अधिकार स्मृतिकारों ने भी किसी को दिया ही नहीं। लक्ष्मण ने जब सुग्रीव पर क्रोध प्रकट करते हुए उसे बुरा-भला कहा था तब तारा ने भी लक्ष्मण से कहा था कि सुग्रीव वानरों के राजा हैं। अतएव उनके प्रति इस प्रकार कठोर वचन बोलना आपके लिए उचित नहीं। विशेषतः आप जैसे पुरुष से तो कटु वचन सुनने के ये किसी भी दशा में पात्र नहीं हैं।[6] काम और क्रोध के विषय में तारा ने लक्ष्मण को इतना अधिक समझाया था कि लक्ष्मण को चुपचाप सुनते रह जाना पड़ा था। आहार, निद्रा, भय और मैथुन को अन्य नीतिविद् आचार्यों की भाँति ही वह प्राणिमात्र का प्रकृतिगत देहधर्म मानती थी। काम के अधीन पुरुष कर्तव्याकर्तव्य को भूल जाता है और उस पर विजय पाना साधारण व्यक्ति के लिए सरल नहीं। सुग्रीव बहुत समय से रुमा से बिछुड़े हुए थे और बहुत ही परेशानी के बाद उनको रुमा की प्राप्ति हो सकी

---

1. वा.रा. 4.34.37-40; **2.** वा.रा. 4.16.12; **3.** वा.रा. 4.23.27; **4.** वा.रा. 4.35.6-8; **5.** वा.रा. 4.33.51; **6.** वा.रा. 4.35.2

थी। इस दशा में सुग्रीव का विलास-क्रीड़ाओं में मस्त होकर सन्धि के अनुसार सीता की खोज के लिए प्रयास करने के दायित्व का विस्मरण उसकी स्वाभाविक कमजोरी थी। इसी को ध्यान में रखकर तारा ने लक्ष्मण से कहा था कि यदि पहले से बहुत अधिक परिश्रान्त और अतृप्त सुग्रीव देहधर्म के अधीन होकर काम-क्रीड़ाओं में रत हैं तो राम की दृष्टि में यह क्षम्य ही होना चाहिए। आपको भी यथार्थ बात जाने-समझे बिना साधारण मनुष्यों की भाँति सहसा क्रोध के अधीन नहीं होना चाहिए। आप जैसे सत्त्वगुण-सम्पन्न व्यक्ति विचार किये बिना ही रोष के वशीभूत नहीं होते।[1]

तारा ने लक्ष्मण को रावण और लंका के विषय में भी विस्तारपूर्वक जानकारी दी थी। यह जानकारी उसको अपने पति वाली से ही प्राप्त हुई थी। उसने कहा था—वानरराज लंका के राक्षसों और उनकी सेना की संख्या से भली-भाँति परिचित थे। उन्होंने मुझको राक्षसों के विषय में यह सब-कुछ बतलाया था। रावण ने इतनी अधिक सेना का संग्रह कैसे किया, यह तो मुझे नहीं मालूम किन्तु वाली से जो कुछ मैंने सुना, वही मैं बता रही हूँ।[2] इस जानकारी के अनुसार लंका में सौ हजार करोड़, छत्तीस अयुत, छत्तीस हजार और छत्तीस सौ राक्षस रहते थे। वे सभी कामरूपी अजेय थे। सीता का अपहरण करनेवाले रावण का वध करना सरल नहीं था। लक्ष्मण को यह सब जानकारी देते हुए तारा ने उनको सलाह दी थी कि इस काम में विशेष रूप से सुग्रीव की सहायता ही ली जानी चाहिए।[3]

उपर्युक्त विवेचन से स्पष्ट है कि तारा आर्ष धर्म और स्मार्त धर्म की व्यवस्थाओं तथा आचार-व्यवहार से केवल परिचित ही नहीं थी बल्कि उनको स्वीकार भी करती थी। वेद, स्मृति, पुराण, इतिहास की तो उसे जानकारी थी ही, समसामयिक और आधुनिक विषयों का ज्ञान भी उसको कम नहीं था। नये विषयों के प्रति जिज्ञासा उसके मन में बनी ही रहती थी और वाली अंगद किसी से भी उसे जो कुछ भी मिलता था उससे अपनी जानकारी में उसने सदैव वृद्धि की। इसी आधार पर वह किसी भी विषय में वाली को परामर्श देने की स्थिति में रही और लक्ष्मण ने भी उससे कर्तव्य के बारे में रास्ता पूछा था। परिस्थितियों के सभी पहलुओं पर पूर्ण विचार करते हुए ही वह कोई सलाह दिया करती थी इसीलिए वाली ने कहा था कि तारा की सम्मति से किये गये कार्य का परिणाम कभी उलटा नहीं होता।

गीता के अनुसार कर्म-अकर्म की बारीकी को समझने में बड़े-बड़े पण्डितों से भी भूल हो जाती है और महाभारत ने भी धर्म के तत्त्व को गुहा में निहित कहा है। तारा का विवेक इतना अधिक जाग्रत था कि विचिकित्सा की स्थिति में भी वह सही रास्ते को खोज ही लेती थी। राम को नारी का वध करके भी उसके पाप से

---

1. वा.रा. 4.35.9-11; **2.** वा.रा. 4.35.18; **3.** वा.रा. 4.35.15-17

बचने की तरकीब, काम के अधीन व्यक्ति को क्षम्य बताना, असमय और आत्मीय जनों पर क्रोध न करना, मित्र भाव से नारी की ओर देखना, पुरुष सत्तात्मक समाज-व्यवस्था, भ्रातृ-प्रेम, राजा के प्रति व्यवहार, आदि के विषय में तारा के जो विचार सामने आये हैं, उनको देखते हुए वह निःसन्देह परम विदुषी, धर्मज्ञा, नीतिविद्, व्यवहारविद् और विवेकशीला दिखाई देती है। उसने कभी किसी धर्म अथवा नीति-व्यवस्था का न तो उल्लंघन किया और न ऐसा करने के लिए किसी को सलाह दी। यद्यपि रामायण में तारा के चरित्र का अत्यन्त संक्षिप्त वर्णन ही किया गया है किन्तु इतने से ही उसकी महानता, चारित्रिक उदात्तता, आचार-निष्ठा, धर्म-व्यवस्थाओं के प्रति आस्था और वैदुष्य प्रमाणित हो जाता है। अन्य सभी नारी-पात्रों की अपेक्षा निःसन्देह तारा बहुत अधिक आगे रही है।

नैयायिक और विज्ञानवादी हनुमान

वर्तमान में हनुमान की गणना देवताओं में की जाती है किन्तु इस बात की खोज की आवश्यकता आज भी बनी हुई है कि उनको देवत्व की प्राप्ति कब और कैसे हुई। अनुमान है कि आठवीं-नौवीं शताब्दी में ही उनको देवत्व प्राप्त हुआ होगा। उसके पश्चात् जब अनेक स्तोत्र-ग्रन्थों की रचना हुई, उपासना-विधान निर्धारित किया गया और हनुमान के मन्त्रों की भी रचना कर दी गयी तब उनका पहले का रूप उसी प्रकार ओझल-सा हो गया जिस प्रकार श्रीमद्‌भागवत की रचना ने महाभारत के कृष्ण का रूप बदल दिया है। रामायण में भी यद्यपि उनके गुणों पर इतना अधिक लिखा गया है कि वे असाधारण व्यक्ति की कोटि में पहुँच जाते हैं। फिर भी आज के और उस समय के हनुमान का रूप सर्वथा अलग रहा है।

हनुमान केसरी वानर के क्षेत्रज और वायु के औरस पुत्र थे। रामायण के एक सन्दर्भ के अनुसार केसरी सुमेरु पर्वत (जनपद) के राजा थे।[1] एक अन्य स्थल पर सुग्रीव के एक सेनापति का नाम भी केसरी लिखा गया है।[2] जिन वानर यूथपतियों को सीता की खोज के लिए भेजा गया था, केसरी भी उनमें सम्मिलित थे।[3] पुंजिकस्थला अप्सरा ने शापवश वानरराज कुंजर की पुत्री के रूप में जन्म लिया था जिसका नाम अंजना था। इसी के साथ केसरी का विवाह हुआ था। एक समय रूप-यौवन से सम्पन्न सुन्दरी अंजना रेशमी साड़ी पहने विभिन्न साज-शृंगार से सजी-धजी एक पर्वत पर घूम रही थी। उसके सुन्दर शरीर और अंगों को देखकर वायु देव उस पर मोहित हो गये और उसे अपने बाहुपाश में बाँध लिया था। वायु और अंजना से ही हनुमान का जन्म हुआ था।[4] हनुमान ने सीता को अपना परिचय देते हुए केसरी को माल्यवान पर्वत का निवासी और शम्बसादन का उद्धार करनेवाला कहा है।[5] शुक ने जब राम-लक्ष्मण और सुग्रीव के अन्य सेनानायकों का रावण को परिचय दिया था तब उसने हनुमान के शौर्य की प्रशंसा करते हुए उनको केसरी का ज्येष्ठ पुत्र कहा है।[6] इससे ऐसा आभास होता है कि हनुमान के कोई छोटे भाई भी रहे होंगे। रामायण में इनके विषय में अन्य कोई भी सन्दर्भ प्राप्त नहीं होता।

---

1. वा.रा. 7.35.19; **2.** वा.रा. 6.4.33; **3.** वा.रा. 4.39.18; **4.** वा.रा. 4.66.8-20; **5.** वा.रा. 5.35.81-83; **6.** वा.रा. 6.28.10

हनुमान जब एक अबोध बालक ही थे और उनकी माता अंजना फलों की खोज में आश्रम से बाहर निकल गयी थीं तब वह भूख के कारण प्रातःकालीन सूर्य को फल समझकर उसे खाने के लिए आकाश में उड़ चले थे। राहु ने उनको अपना प्रतिपक्षी समझकर इन्द्र से जाकर उनकी शिकायत की थी। ऐरावत पर बैठकर इन्द्र राहु के साथ जब स्थल पर पहुँचे तब हनुमान राहु और ऐरावत को भी फल समझकर उनको खाने के लिए झपट पड़े थे। यह सब देखकर ही इन्द्र ने उन पर वज्र का प्रहार किया था जिससे उनकी ठोढ़ी का बायां भाग टूट गया और वे अचेत होकर गिर पड़े थे। वायु अपने पुत्र की यह दशा देखकर उसे गोदी में उठाकर एक पर्वत की गुफा में चले गये और धरती पर वायु का संचरण अवरुद्ध हो गया। गन्धर्व, देवता, असुरों आदि ने प्रजापति ब्रह्मा से प्रार्थना की और ब्रह्मा उन सबके साथ वायु के पास पहुँचे। अचेतावस्था में पड़े हुए हनुमान की चेतना लौट आयी और इन्द्र, अग्नि, वरुण, कुबेर आदि देवताओं ने उन्हें तरह-तरह के वरदान दिये थे। सूर्य ने इस समय यह वचन भी दिया था कि जब इसमें शास्त्राध्ययन की शक्ति आ जाएगी तब मैं ही इसे शास्त्रों का ज्ञान प्रदान करूँगा।

बचपन में या तो अबोध होने के कारण अथवा जानबूझकर हनुमान बहुत ही उद्दण्ड, उच्छृंखल और उपद्रवी रहे थे। वे निर्भयतापूर्वक ऋषियों के आश्रमों में जा-जाकर उपद्रव किया करते थे। शान्तचित्त महात्माओं के यज्ञोपयोगी पात्र फोड़ डालते, अग्निहोत्र के साधन स्रुक, स्रुवा आदि तोड़ डालते और ऋषियों के वल्कलों को चीर-फाड़कर फेंक देते थे। प्रजापति ब्रह्मा से उनको अवध्य होने का वरदान प्राप्त था अतएव बेचारे ऋषि भी उनके इन सभी उपद्रवों को चुपचाप सहते रहे। वे कभी-कभी वायु और केसरी से इनकी शिकायत करते थे और यह दोनों भी हनुमान को मना करते रहे फिर भी हनुमान ने अपने पिता के अनुशासन की भी परवाह नहीं की। इस पर भृगु और अंगिरा के वंश में उत्पन्न महर्षियों ने इनको अपना ही बल-पराक्रम भूले रहने का शाप दिया और तब कहीं यह एक शान्त और अनुशासित बालक बने।[1] सीता की खोज करने के उद्देश्य से समुद्र लाँघने के पहले उन्होंने अपनी उछल-कूद की शक्ति के विषय में वानरों से बड़े ही विस्तारपूर्वक कहा था।[2]

ऐसा प्रतीत होता है कि बचपन में हनुमान ऋषियों के कर्मकाण्ड और यज्ञ-यागादि के विरोधी रहे थे अथवा बाल्यावस्था के अज्ञान के कारण ही ऋषियों को परेशान करते रहे। जब उनके स्वभाव की उद्दण्डता कुछ कम हुई, उनको विद्याध्ययन के प्रति मोड़ दिया गया था। रामायण के अन्य अनेक पात्र भी यद्यपि धर्म और नीतिशास्त्र के पण्डित रहे हैं किन्तु शास्त्र, भाषा, व्याकरण तथा अन्य

1. वा.रा. 7.36.29-35; **2.** वा.रा. 5.67.10-28

विषयों का जैसा गम्भीर अध्ययन हनुमान ने किया वैसा किसी अन्य ने नहीं किया।

सूर्य ने उनको शास्त्र-शिक्षा का वचन दिया ही था अतएव हनुमान ने प्रारम्भ में सूर्य से ही शास्त्र-शिक्षा ग्रहण की थी। वे अपने ग्रन्थ लिये हुए, उदयाचल से अस्ताचल तक अर्थात् सुबह से शाम तक सूर्य की ओर मुँह किये उनसे व्याकरण का अध्ययन करते रहे और जो समझ में न आया, उसके विषय में प्रश्न करते रहे। उन्होंने पूरी लगन के साथ सूत्र, वृत्ति, वार्तिक, महार्थ और संग्रह का विशेष अध्ययन किया था। छन्दशास्त्र और दूसरे शास्त्रों के ज्ञान में उस समय इनकी समानता करने वाला भी कोई नहीं रहा। नव-व्याकरण पर ब्रह्मा के समान इनका पूरा अधिकार था और विद्या, ज्ञान तथा अनुष्ठानों के विधि-विधान में देवगुरु बृहस्पति की बराबरी करते थे।[1]

व्याकरण, छन्द और शास्त्र-शिक्षा ने हनुमान को ऐसा वाक्यज्ञ और वाक्य-कुशल बना दिया था कि ऋष्यमूक पर्वत पर पहली भेंट में ही, राम उनकी बातों को सुनकर दाँतों तले उँगली दबाकर रह गये थे। हनुमान की बातचीत और वार्ता-शैली से प्रभावित होकर ही राम ने लक्ष्मण से कहा था कि जिसे ऋग्वेद की शिक्षा नहीं मिली, जिसने यजुर्वेद का अभ्यास नहीं किया तथा जो सामवेद का विद्वान् नहीं है, वह इस प्रकार सुन्दर भाषा में बातचीत नहीं कर सकता। निश्चय ही उन्होंने समूचे व्याकरण का कई बार स्वाध्याय किया है क्योंकि बहुत-सी बातें बोल जाने पर भी इनके मुँह से कोई अशुद्धि नहीं निकली। बातचीत के समय इनके मुख, नेत्र, ललाट, भौंह तथा अन्य अंगों से भी कोई दोष प्रकट नहीं हुआ। इन्होंने थोड़े में ही बड़ी स्पष्टता के साथ अपना अभिप्राय प्रकट किया है। उसे समझने में कहीं कोई सन्देह नहीं हुआ। रुक-रुककर अथवा शब्दों या अक्षरों को तोड़-मरोड़कर किसी ऐसे वाक्य का उच्चारण भी इन्होंने नहीं किया है जो सुनने में कर्ण-कटु हो। इनकी वाणी हृदय में मध्यमा-रूप से स्थित है और कण्ठ से वैखरी-रूप से प्रकट होती है। अतः बोलते समय इनकी आवाज न बहुत धीमी रही है न बहुत ऊँची। मध्यम स्वर में ही इन्होंने सब बातें कही हैं। ये संस्कार और कर्म से सम्पन्न, अद्भुत, अविलम्बित तथा हृदय को आनन्द प्रदान करनेवाली वाणी का ही उच्चारण करते हैं। यह कहते हुए ही राम ने लक्ष्मण को हनुमान से मधुर वाणी में बातचीत करने का निर्देश दिया था।[2]

राज्याभिषेक के पश्चात् सुग्रीव जब क्रीड़ाओं में सब-कुछ भूल बैठा था तब हनुमान ने ही उसे अपने दायित्वों का स्मरण कराया था। वे शास्त्र के निश्चित अर्थ को तो जानते ही थे, देश-काल के अनुरूप कर्तव्याकर्तव्य का भी उनको विशेष ज्ञान था। बातचीत की कला के वे विशेष मर्मज्ञ थे। अपनी इस कला और ज्ञान का सहारा

---

1. वा.रा. 7.36.45-47; **2.** वा.रा. 4.3.27-32

लेकर ही उन्होंने सुग्रीव को रास्ता दिखाया।[1] जाम्बवान् ने जब उनको समुद्र लाँघने के लिए प्रोत्साहित किया था तब 'सर्वशास्त्र विदंवर' कहकर ही सम्बोधित किया था।[2] दधिमुख ने जब वानरों द्वारा मधुवन को उजाड़ने की शिकायत सुग्रीव से की थी तब भी सुग्रीव ने सीता का पता लग जाने का अनुमान लगाते हुए यही कहा था कि वानरशिरोमणि हनुमान में कार्यसिद्धि की शक्ति और बुद्धि है। उद्योगी और पराक्रमी तो वे हैं ही, साथ ही उनको शास्त्र का पर्याप्त ज्ञान है।[3] लंकाविजय के पश्चात् जब उन्होंने सीता को राम का सन्देश दिया था तो सीता ने भी उनकी वाणी की प्रशंसा करते हुए उनकी बुद्धि को शुश्रूषा, श्रवण, ग्रहण, धारण, तर्क-वितर्क, विनिश्चय, अर्थविज्ञान और तत्त्वज्ञान—आठ गुणों से युक्त बताया था।[4]

सीता-खोज के प्रसंग से यह भी प्रमाणित होता है कि हनुमान ने न्यायशास्त्र का न केवल गहन अध्ययन किया था बल्कि उसके व्यावहारिक पक्ष का भी उनको अद्भुत ज्ञान था। अपने अध्ययन और ज्ञान का उन्होंने यद्यपि कहीं प्रदर्शन नहीं किया किन्तु जिस प्रकार उनकी बातचीत से ही राम स्वयं उनके शास्त्रज्ञान पर मुग्ध होकर रह गये थे, उसी प्रकार अनुमान-प्रमाण का व्यवहार करते हुए उन्होंने सीता को पहचाना था। हनुमान ने सीता को पहले कभी देखा ही नहीं था। रावण द्वारा अपहरण किये जाते समय वे केवल उन पर एक दृष्टि ही डाल सके थे। राम-सुग्रीव की बातचीत में वे केवल सीता के गुणों के विषय में सुन सके थे। इसके अतिरिक्त सीता द्वारा ऋष्यमूक पर्वत के शिखर पर गिराये गये आभूषणों को उन्होंने देखा था। लंका में मन्दोदरी सहित उनको अनेक नारियाँ दिखाई दी थीं। इस स्थिति में सीता को पहचानना उनके लिए एक समस्या ही थी।

न्याय-दर्शन में अनुमान-प्रमाण की जिस प्रकार विस्तृत व्याख्या की गयी है उसका उल्लेख आवश्यक नहीं। सोलह पदार्थों में संशय की भी गणना की गयी है। न्याय-दर्शन के वात्स्यायन भाष्य में अनुमान प्रमाण की व्याख्या करते हुए कारण से कार्य के अनुमान को 'पूर्ववतः' अनुमान कहा है—'यत्र कारणेन कार्यमनुमीयते यथा मेघोन्नतया भविष्यति वृष्टिरिति' अशोक वाटिका में राक्षसियों से घिरी हुई सीता को देखकर उनको पहचानने के लिए हनुमान ने संशय और अनुमान-प्रमाण का ही सहारा लिया था। सीता को जिस रूप में उन्होंने देखा, उसके कारण उनके मन में सन्देह उत्पन्न हो गया था।[5] इसके पश्चात् राम ने सीता के जिन गुणों की चर्चा की थी और सीता के जो वस्त्राभूषण हनुमान ने देखे थे उनका स्मरण करते हुए ही अनुमान प्रमाण के सहारे वे आगे बढ़े। सभी कारणों द्वारा उपपादन करते हुए उन्होंने राक्षसियों से घिरी सीता को पहचाना था।[6] इस प्रसंग का विस्तारपूर्वक वर्णन भी सम्भवतः

---

1. वा.रा. 4.29.6-7; **2.** वा.रा. 4.66.2; **3.** वा.रा. 5.63.20-21; **5.** 64.33-34; **4.** वा.रा. 6.113.26; **5.** वा.रा. 5.15.38; **6.** वा.रा. 5.15.40

हनुमान के महान् नैयायिक रूप को प्रकट करने के लिए ही किया गया है।

अशोक वाटिका में सीता को पहचानने, उनसे बातचीत करने और उनको रावण की कैद से मुक्त कर लिवा लाने आदि के प्रसंगों में हनुमान के नैयायिक रूप को बार-बार उभारने का प्रयास स्पष्ट दिखाई देता है। प्रत्येक अवसर पर कर्तव्याकर्तव्य का निर्णय लेने के पहले उनके मन में संशय अथवा विचिकित्सा का भाव उत्पन्न होता है और उसके बाद पक्ष-विपक्ष के समस्त तर्क-वितर्कों पर पूरी गम्भीरता के साथ विचार करने के पश्चात् ही उन्होंने निर्णय लिये। संशय की अवस्था उनको किसी भी रूप में पसन्द नहीं थी।[1] और इसीलिए पूरी तरह सोचने-विचारने के बाद उन्होंने हमेशा सही निर्णय लिया। युद्ध और राक्षसों से व्यवहार करते समय भी उनके नैयायिक का रूप प्रकट होता है।

विभीषण अपने चार सहयोगी राक्षसों के साथ रावण से लड़-झगड़कर राम के पास पहुँचा था। उसने पहले समुद्र के उत्तरी तट पर खड़े रहकर ही ऊँची आवाज में राम को अपना परिचय देकर उनकी शरण में आने की बात कही थी। राम और अन्य सभी यूथपति इस उलझन में पड़ गये थे कि विभीषण के साथ किस प्रकार का व्यवहार किया जाना चाहिए। सुग्रीव, अंगद, जाम्बवान् आदि सभी ने अपने अलग-अलग विचार व्यक्त किये। अन्त में हनुमान ने सभी के विचारों का स्पष्ट विरोध करते हुए अपनी सलाह दी थी। अपनी बात कहने के पहले उन्होंने यह भी कहा था कि मैं जो कुछ कहूँगा वह वाद-विवाद या तर्क, स्पर्द्धा, अधिक बुद्धिमत्ता के अभिमान अथवा किसी प्रकार की कामना से नहीं कहूँगा। मैं तो कार्य की गुरुता पर दृष्टि रखकर ही यथार्थ बात कहूँगा। इसके बाद अन्य सभी मन्त्रियों और सलाहकारों के विचारों का खोखलापन बताते हुए बिना किसी सोच-विचार के विभीषण को शरण देने की उन्होंने सलाह दी थी। जिन तर्कों के द्वारा उन्होंने दूसरों के विचारों की निरर्थकता सिद्ध की थी वह हनुमान के विवेकवादी होने को ही प्रमाणित करते हैं।[2]

सुग्रीव को घर से बाहर चारों दिशाओं में भटकते रहने के परिणामस्वरूप ही भूगोल का ज्ञान हुआ था। हनुमान को यद्यपि, किसी ऐसे ही कारण से भटकना-भागना नहीं पड़ा किन्तु रामायण के अन्य पात्रों की अपेक्षा वे भूगोल और वन-विज्ञान के बहुत अच्छे विशेषज्ञ रहे। सीता की खोज करने के लिए वानरों की शक्ति और सामर्थ्य पर विचार करते हुए सुग्रीव की दृष्टि हनुमान पर ही पड़ी थी। अन्य वानर यूथपतियों में भी यद्यपि शारीरिक बल का अभाव नहीं था किन्तु शक्ति, तीव्र गति, भूगोल का ज्ञान, देशकाल के अनुसार कर्तव्याकर्तव्य के निर्णय की क्षमता, नीति के आचरण आदि सभी गुण केवल हनुमान में ही रहे थे। इसलिए सुग्रीव ने

---

1. वा.रा. 5.30.35; **2.** वा.रा. 6.17.52

हनुमान से ही कहा था कि मैं पृथ्वी, अन्तरिक्ष, आकाश, देवलोक अथवा जल में भी तुम्हारी गति का अवरोध नहीं देखता हूँ। असुर, गन्धर्व, नाग, मनुष्य, देवता, समुद्र तथा पर्वतों सहित सम्पूर्ण लोकों का तुम्हें पूरा ज्ञान है। तुममें अपने पिता वायु के समान ही सर्वत्र अबाधित गति, वेग, तेजी और फुर्ती है और इस भू-मण्डल में तुम्हारे तेज की समानता करनेवाला कोई दूसरा नहीं। तुम नीतिशास्त्र के पण्डित हो। एकमात्र तुम्हीं में बल, बुद्धि, पराक्रम, देशकाल का अनुसरण तथा नीतिपूर्ण व्यवहार एक साथ देखे जाते हैं।[1] राम ने जब यह देखा था कि उनके कार्य का भार हनुमान को सौंपा जा रहा है तब उनको भी अपना काम पूरा हो जाने का विश्वास हो गया था।

हनुमान को 'कान्तार-वन-कोविदः' अर्थात् वन-विशेषज्ञ भी कहा गया है।[2] विन्ध्यगिरि की गुफाओं और घने जंगलों में सीता को खोजते हुए सभी वानर, स्वयंप्रभा तापसी की गुफा में पहुँच गये थे। वहाँ के सघन और दुर्गम वन को देखकर उनके होश उड़ गये और प्यास के मारे सभी वानरों का गला सूखने लगा था। उस समय हनुमान का वन-विज्ञान ही काम आया था। उन्होंने पेड़-पौधों और पक्षियों की चहचहाट के सहारे पानी, भोजन और स्वयंप्रभा का आश्रम-स्थल खोज लिया था।

हनुमान ने सामुद्रिक शास्त्र का अच्छा सैद्धान्तिक और व्यावहारिक ज्ञान प्राप्त किया था। सीता ने स्वयं को आश्वस्त करने के लिए जब उनसे राम के रूप-गुण के सम्बन्ध में प्रश्न किया था तब हनुमान ने सामुद्रिक-सिद्धान्तों के अनुसार ही उनका परिचय दिया था। मांस से ढकी हुई जत्रु (Colore bone), लम्बी भौंहें, भुजाएँ और मेढ्र उभरा हुआ नाभितट, लाल नख, तलवे और नेत्रप्रान्त, गम्भीर नाभि, उदर, गले, पैरों की रेखाएँ, मस्तक पर उभरी हुई भँवरें, पैर के अँगूठे के नीचे और ललाट की रेखाओं तथा विभिन्न अंगों के लक्षणों का हनुमान ने इस प्रकार वर्णन किया था कि उनका सामुद्रिक ज्ञान छलक पड़ता है।[3]

व्याकरण, न्याय, भूगोल, वन-विज्ञान, नीति और अन्य शास्त्रों के अतिरिक्त हनुमान का भाषा पर भी जबरदस्त अधिकार था। उन्होंने संस्कृत और साहित्य-भाषाओं के अतिरिक्त अनेक जनपदों की भाषाओं का ज्ञान भी अर्जित किया था। ऐसा प्रतीत होता है कि रामायण-काल (घटना-काल) में वैदिक संस्कृत के अलावा लौकिक संस्कृत भी व्यवहार में आ चुकी थी और उसे 'मानुषी संस्कृत' कहा जाता था। लंका का रावण परिवार तथा वहाँ के सभी नर-नारी मानुषी संस्कृत का ही व्यवहार करते थे। हनुमान का वैदिक और मानुषी दोनों ही संस्कृत-भाषाओं पर पूरा अधिकार था। अशोक वाटिका में सीता से बातचीत करने के पहले उन्होंने सभी प्रकार से इसी समस्या पर विचार किया था कि सीता से किस भाषा में बातचीत की जानी चाहिए।

---

1. वा.रा. 4.44.3-7; **2.** वा.रा. 4.50.13; **3.** वा.रा. 5.35.15-23

उनकी उलझन यह थी कि यदि मानुषी संस्कृत का प्रयोग करते हैं तो सीता भ्रमवश उनको वानर रूपधारी रावण समझ बैठेंगी क्योंकि रावण बातचीत में शुद्ध मानुषी संस्कृत का ही प्रयोग करता रहा होगा। द्विजातियों और अवर जातियों द्वारा व्यवहृत संस्कृत भाषा में भी अन्तर था और हनुमान दोनों से भली-भाँति परिचित थे।[1]

इनके अतिरिक्त अन्य जनपदीय भाषाएँ भी उस काल में अवश्य रही होंगी। हनुमान ने ऐसी भाषाओं को 'मानुषं अर्थवत् वाक्यम्' अर्थात् 'मनुष्य समाज द्वारा बोलचाल में प्रयुक्त अर्थमय भाषा' कहा है। रामायण में 'वाक्य' शब्द का जिस रूप में प्रयोग किया गया है उसे देखते हुए निःसन्देह कहा जा सकता है कि 'वाक्य' शब्द का प्रयोग भाषा के अर्थ में ही किया गया है।[2] पूर्ण विचार के पश्चात् हनुमान ने 'अर्थवत् वाक्य' अर्थात् जनपदीय भाषा में ही सीता से बातचीत की थी।

लक्ष्मण और कैकेयी को छोड़कर रामायण के प्रायः सभी पात्र धर्म-सिद्धान्तों के प्रति आस्थावान रहे किन्तु हनुमान ने एक नैयायिक की भाँति सर्वत्र बुद्धि, और विज्ञान का ही समर्थन किया। उनका पूरा जीवन, क्रिया-व्यापार और सफलताएँ बुद्धि और विज्ञान के प्रयोग से ही जुड़ी रहीं। ऋष्यमूक पर्वत पर राम और लक्ष्मण को आते हुए देखकर सुग्रीव को पसीना आ गया था, और उसने वाली के आ जाने का सन्देह किया था। इस घबराहट में उसे यह ध्यान ही नहीं रहा कि वाली में शापवश उस पर्वत पर पहुँचने की सामर्थ्य ही नहीं थी। सुग्रीव की इस घबराहट को देखकर हनुमान ने मानो उसका मजाक उड़ाते हुए ही कहा था कि इस समय आपने अपनी वानरोचित चपलता को ही प्रकट किया है। चंचल चित्त होने के कारण आप बुद्धिमार्ग पर स्थिर नहीं रह पाते हैं। बुद्धि और विज्ञान से सम्पन्न होकर आपको दूसरों की चेष्टाओं द्वारा ही उनके मनोभावों को समझना और उसी के अनुसार कार्य करना चाहिए। जो राजा बुद्धि का आश्रय नहीं लेता वह प्रजा पर शासन करने में कभी समर्थ नहीं होता।[3]

यद्यपि हनुमान की धर्मविषयक आस्थाओं का उल्लेख आगे किया गया है किन्तु यह निःसंकोच रूप से कहा जा सकता है कि धर्माचार्यों और ऋषियों द्वारा दी गयी व्यवस्थाओं का हनुमान ने अन्धे होकर अनुसरण नहीं किया। वैज्ञानिक आधार पर उनका पर्यालोचन और विश्लेषण करने के पश्चात् ही उन्होंने उनको स्वीकार अथवा अस्वीकार किया। इसीलिए बार-बार उनको देश-काल के अनुसार ही कार्य करनेवाला कहा गया है। सिंहिका को मारने के लिए उनको विचित्र सूझबूझ का सहारा लेना पड़ा था। उसके विशाल और विकराल मुँह में अपने शरीर को संक्षिप्त करके ही उन्होंने प्रवेश किया और उसके हृदय को चीर डाला था। यह देखकर आकाशचारियों ने उनकी प्रशंसा करते हुए कहा था कि जिस पुरुष में तुम्हारे समान धैर्य, सूझबूझ,

---

1. वा.रा. 5.30.17-18; **2.** वा.रा. 5.30.19; **3.** वा.रा. 4.2.17-18

बुद्धि और कौशल—ये चार गुण होते हैं, वह कभी अपने कार्य में असफल नहीं हो सकता।[1]

अशोक वाटिका में सीता से बातचीत करने के पश्चात् हनुमान सरलतापूर्वक लौट सकते थे। सीता की खोज का कार्य एक प्रकार से पूरा हो चुका था किन्तु हनुमान को इस बात का भी ध्यान रहा कि उसके बाद सीता को बन्धनमुक्त कर लिवा जाने का काम फिर भी शेष था। इस उद्देश्य से उन्होंने कुछ और भी कदम उठाने का विचार किया था। उस समय बहुत सोचने-विचारने के बाद भी उन्होंने साम-दाम और भेद नीति का प्रयोग समयानुकूल न समझकर पराक्रम का प्रयोग किया और रावण पक्ष की शक्ति, बल-बुद्धि आदि सबका सहज ही पूरा पता लगाकर वापस लौटे थे।[2] अक्षकुमार को देखकर ही वे उसके युद्ध-कौशल पर मुग्ध हो गये थे और उसे मारने अथवा न मारने की उलझन में पड़ गये। अन्ततः भविष्य के विषय में विचार करते हुए ही उन्होंने उसको मार डाला था। इस प्रसंग में हनुमान को 'कर्म विशेष तत्त्वविद्' कहा गया है।[3]

दूत-कार्य में हनुमान इतने दक्ष थे कि उसका उल्लेख करना अप्रासंगिक नहीं होगा। उन्होंने दूत-कार्य का निर्वाह केवल सन्देश लाने-ले जाने के रूप में ही नहीं किया बल्कि जब भी वे दूत बनकर गये तो निहित उद्देश्य को भी बहुत अधिक सीमा तक पूरा किया। रावण के दूत शुक और सारण केवल राम की सेना को देखकर और उसकी शक्ति का अनुमान लगाकर ही वापस लौट गये थे। हनुमान भी केवल ऐसे ही अपने दायित्वों की इयत्ता मान सकते थे किन्तु इस प्रकार का दूत सामान्य सन्देश वाहक ही माना जाएगा। वह इस बात पर भली-भाँति विचार करते थे कि उनको दूत बनाकर भेजने का क्या उद्देश्य रहा। उसे दूत के रूप में ही वे इस सीमा तक पूरा कर डालते थे कि उद्देश्य की प्राप्ति सहज हो जाती थी। ऋष्यमूक पर्वत पर सुग्रीव ने उनको केवल राम-लक्ष्मण का परिचय प्राप्त कर उनके विषय में सही जानकारी प्राप्त करने के लिए भेजा था। न तो उसने राम-लक्ष्मण को कोई सन्देश ही भेजा था और न किसी प्रकार के उत्तर की अपेक्षा ही की थी। हनुमान चुपके-चुपके भी यह कार्य कर सकते थे किन्तु उन्होंने भिक्षु रूप धारण कर दूत-कार्य तो किया ही, साथ ही सुग्रीव को लक्ष्य-प्राप्ति के समीप ले जाकर खड़ा कर दिया। राम-लक्ष्मण का पूर्ण परिचय और उनके सभी रहस्यों को जानकर उन्होंने राम और सुग्रीव के बीच मैत्री भी स्थापित कर दी थी। सुग्रीव ने यद्यपि राम के पास मैत्री का प्रस्ताव भेजा ही नहीं था और यह हनुमान का स्वयं का निर्णय था किन्तु उनको दूत बनाकर भेजने का उद्देश्य भी यही था और इससे अधिक सफलता भी सुग्रीव को क्या मिल सकती थी।

---

1. वा.रा. 5.1.201; **2.** वा.रा. 5.41.2-3; **3.** वा.रा. 5.47.25

समुद्र लाँघने के पश्चात् लंका में प्रवेश करने पर हनुमान ने अपने दूत-कार्य के सफल निर्वहण की समस्या पर बहुत ही गम्भीरता से विचार किया था। सीता का पता लगाकर राम द्वारा भेजी गयी मुद्रिका उन्हें देकर राम का समाचार उन तक पहुँचाने और सीता का सन्देश राम तक पहुँचाने का दायित्व उन्हें सौंपा गया था। लंका-जैसी नगरी में यह काम भी सरल नहीं था और जरा-सी भूल पूरे उद्देश्य को चौपट कर सकती थी। हनुमान ने स्वयं इस समस्या पर विचार किया था कि किस रीति से सफलतापूर्वक यह कार्य किया जाना चाहिए। उन्होंने इस बात पर भी विचार किया था कि यदि कातर और अविवेकपूर्ण कार्य करनेवाला दूत देश-काल के विपरीत व्यवहार करता है तो बना-बनाया काम भी उसी तरह बिगड़ जाता है जिस प्रकार सूर्योदय होने पर अन्धकार नष्ट हो जाता है। कर्तव्याकर्तव्य के विषय में विचार करने के पश्चात् यदि अविवेकी दूत को कार्य सौंप दिया जाता है तो अपने आपको पण्डित समझनेवाला वह अविवेकी दूत सारा काम चौपट कर डालता है।[1] सीता से बातचीत करते समय भी ठीक यही विचार फिर से हनुमान के मन में उत्पन्न हुआ था।[2]

दूत-कार्य करते समय उपर्युक्त सिद्धान्त-वाक्य हनुमान का आदर्श रहा। सीता का पता लगाने और सन्देशों के आदान-प्रदान का कार्य तो उन्होंने पूरा किया ही था साथ ही लंका को जलाकर, अशोक वन को तहस-नहस कर और अक्षकुमार-जैसे पराक्रमी को मारकर एक ओर रावण पक्ष का साहस भंग कर दिया और दूसरी ओर राम के सामने विजय का पूर्वरूप भी प्रस्तुत कर दिया। हनुमान-जैसा विलक्षण प्रतिभासम्पन्न दूत रामायण में ही नहीं, अन्य साहित्य में कृष्ण के अतिरिक्त कोई दूसरा नहीं मिलता।

अद्भुत साहस, पराक्रम और शारीरिक शक्ति के होते हुए भी हनुमान के कुछ निश्चित सिद्धान्त भी थे। प्रारम्भिक अवस्था में, जैसाकि संकेत किया जा चुका है, उन्होंने अपनी शक्ति का प्रयोग भले ही मनमाने ढंग से किया हो किन्तु शिक्षा-दीक्षा के बाद, उनका रास्ता बिलकुल बदल गया था। शक्ति का दुरुपयोग कर न तो उन्होंने कभी किसी निरपराध को परेशान ही किया और न उसका कोई अनुचित लाभ ही उठाया। उनकी आश्चर्यजनक गति, निर्भीकता, साहस और पराक्रम के विषय में अनगिनत प्रसंग रामायण में उपलब्ध हैं। राम को अपना परिचय देते हुए उन्होंने स्वयं कहा था कि मैं अपनी इच्छा के अनुसार चाहे जहाँ जा सकता हूँ और जैसा चाहूँ रूप धारण कर सकता हूँ।[3] सुग्रीव और जाम्बवान् उनके पराक्रम की प्रशंसा करते कभी थकते नहीं थे और लंका के बड़े-से-बड़े शूरवीर भी उनके बल को देखकर अपना साहस खो बैठे थे। पराक्रम का प्रयोग कब किस रूप में किया जाना चाहिए, इस पर हनुमान बहुत गम्भीरता से विचार किया करते थे। प्रमदा-वन

---

1. वा.रा. 5.2.39-40; **2.** वा.रा. 5.30.37-38; **3.** वा.रा. 4.3.23

(अशोक वाटिका) के विध्वंस के पहले उन्होंने बार-बार इस पर विचार किया था। उनका विश्वास था कि जो पुरुष प्रधान कार्य के सम्पन्न हो जाने पर बहुत से दूसरे आनुषंगिक कार्यों को भी पूरा कर डालता है और पहले के कार्य में बाधा भी नहीं आने देता, वही कार्य को सुचारु रूप से कर सकता है। छोटे-छोटे कर्म की सिद्धि के लिए कोई एक ही साधक हेतु नहीं होता। जो पुरुष किसी कार्य या प्रयोजन को अनेक प्रकार से सिद्ध करने की कला जानता हो, वही कार्य-साधन में समर्थ हो सकता है।[1] इसी को आधार मानकर उन्होंने विचार किया था कि यदि इसी यात्रा में मैं इस बात को भी ठीक-ठीक समझ लूँ कि अपने और शत्रु पक्ष में युद्ध होने पर कौन प्रबल होगा और कौन निर्बल तो भविष्य के कार्य का निश्चय भी सरलता से हो सकेगा और स्वामी की आज्ञा का भी पूर्ण रूप से पालन हुआ समझा जाएगा।[2] यह सब सोच-विचार कर ही हनुमान ने अशोक वाटिका को उजाड़ डाला था और सहज ही रावण के सभी शूरवीरों की शक्ति का अनुमान लगा लिया था।

उत्साह की विशेषता और उपयोगिता को हनुमान सदैव स्वीकार करते रहे हैं। सीता की खोज करते-करते सभी वानर थककर चूर हो गये थे। उनके मन में राम का क्रोध और सुग्रीव द्वारा मारे जाने का भय भी समाया हुआ था। अंगद ने तो अनशन करते हुए प्राण-त्याग तक का निश्चय किया था। इस अवस्था में भी हनुमान का उत्साह कभी भंग नहीं हुआ। समुद्र लाँघकर लंका में पहुँचकर वे इधर-उधर सभी जगह सीता की खोज करते हुए भटकते रहे थे और कहीं उनको सीता दिखाई ही नहीं दीं। इस असफलता में भी उनका उत्साह यथावत् बना रहा था। बुद्धि और विवेक के बिना उन्होंने कभी कुछ किया ही नहीं, अपनी असफलता को छिपाने के लिए पचास बहाने करते हुए भी वे लौट सकते थे। किन्तु उन्होंने विचार किया था कि हताश न होकर उत्साह को बनाये रखना ही सम्पत्ति का मूल कारण है। उत्साह ही परम सुख का हेतु है अतः मैं पुनः उन स्थानों की खोज करूँगा, जहाँ अब तक खोज नहीं की गयी थी। उत्साह ही प्राणियों को सदैव सब प्रकार के कर्मों में प्रवृत्त करता है और उनको अपने-अपने कार्यों में सफलता प्रदान करता है।[3] इसके साथ ही पूरे उत्साह के साथ प्रयत्न करके उन्होंने सीता को खोज लिया था।

अभिजातवर्गीय शूरवीरों के युद्ध से भागने के हनुमान सख्त विरोधी थे। इन्द्रजित द्वारा मायामयी सीता के वध को देखकर सभी वानर युद्ध छोड़कर भागने लगे थे। विषादग्रस्त और भयभीत होकर भागते हुए वानरों को रोकते हुए हनुमान ने कहा था कि तुम इस प्रकार मुख पर विषाद लिये हुए युद्ध विषयक उत्साह को छोड़कर क्यों भागे जा रहे हो? तुम्हारा शौर्य कहाँ चला गया ? इसके साथ ही हनुमान स्वयं युद्ध के लिए आगे बढ़े और सभी वानरों से कहा कि मैं युद्ध में आगे-आगे

---

1. वा.रा. 5.41.5-6; **2.** वा.रा. 5.41.7; **3.** वा.रा. 5.12.10,11

चलता हूँ, तुम सब लोग मेरे पीछे चले आओ। उत्तम कुल में उत्पन्न शूरवीरों के लिए युद्ध में पीठ दिखाकर भागना सर्वथा अनुचित है।[1] किसी दूसरे के साथ युद्ध में व्यस्त शत्रु पर आक्रमण करना भी वे उचित नहीं मानते थे। प्रहस्त के मारे जाने पर रावण स्वयं युद्ध के मैदान में आ गया था और उसने सुग्रीव आदि अनेक वीरों को बेहोश कर दिया था। इसके बाद ही वह नील से भी उलझ गया था। इसी समय हनुमान के मन में भी रावण से लड़ने की इच्छा जाग उठी थी किन्तु रावण की लड़ाई नील से हो रही थी इसलिए हनुमान कुछ समय के लिए खड़े रह गये और रावण से उन्होंने कहा था—"राक्षसराज! इस समय तुम नील के साथ युद्ध कर रहे हो। किसी दूसरे के साथ युद्ध करते समय तुम्हारे ऊपर आक्रमण करना मेरे लिए उचित नहीं होगा।"[2]

अपरिमेय बल-विक्रम होते हुए भी हनुमान व्यावहारिक दृष्टि से यही मानते थे कि किसी से शत्रुता मोल लेने के पहले सावधानीपूर्वक प्रतिपक्ष की शक्ति को भली-भाँति समझ लेना चाहिए। अपनी अपेक्षा अधिक शक्तिमान और समर्थ व्यक्ति को किसी भी प्रकार नाराज करने के लिए वे तैयार नहीं थे। सीता की खोज में विलम्ब होने पर लक्ष्मण ने सुग्रीव के प्रति जब अपना क्रोध प्रकट किया था तब हनुमान ने सुग्रीव को भविष्य के दायित्वों के प्रति सचेत करते हुए कहा था कि जिस पुरुष को बाद में हाथ-पैर जोड़कर मनाना पड़े, ऐसे पुरुष को पहले से नाराज करना कदापि उचित नहीं है। यह बात उस व्यक्ति के विषय में और भी विशेष रूप से ध्यान में रखी जानी चाहिए जो मित्र के किये हुए पहले उपकार को याद रखता है।[3]

सीता की खोज में असफल होने पर स्वयंप्रभा के आश्रम में अंगद ने जब सुग्रीव के अनुशासन की परवाह किये बिना वहीं पर ठहरे रहने, कभी किष्किन्धा न लौटने और मर जाने तक का निश्चय कर लिया था और जब तार आदि कुछ अन्य वानर यूथपति भी अंगद का साथ देने के लिए तैयार हो गये थे, तब हनुमान एक विभिन्न परेशानी में पड़ गये थे। वे जानते थे कि यदि अंगद आदि अपने निश्चय पर दृढ़ रहे तो एक ओर सीता की खोज का कार्य अवरुद्ध हो जाएगा और दूसरी ओर राम, लक्ष्मण और सुग्रीव के क्रोध का भयंकर परिणाम सभी को भुगतना पड़ेगा। वे स्वयं तो सुग्रीव के पक्षधर थे ही, वे यह भी जानते थे कि अन्य वानर यूथपति सुग्रीव के विरोध में अंगद का आखिर तक साथ नहीं दे सकेंगे। अंगद और उनके सहयोगियों को अपने निश्चय से फुसलाने का भी उनका मन्तव्य रहा था। यह सब सोच-विचार कर ही उन्होंने अंगद से कहा था कि तुमको अपने निर्णय के विषय में फिर से सोच लेना चाहिए। मैं तुम्हारे सामने कहता हूँ कि कोई भी वानर सुग्रीव से विरोध करके तुम्हारे प्रति अनुरक्त नहीं हो सकता। जाम्बवान्, नील, महाकपि

---

1. वा.रा. 6.82.3-4; **2.** वा.रा. 6.59.73-74; **3.** वा.रा. 4.32.20

सुहोत्र और स्वयं मैं भी सुग्रीव से अलग नहीं हो सकते। तुम दण्ड के द्वारा भी हम लोगों को सुग्रीव से अलग नहीं कर सकते।[1] यह विचार प्रकट करते हुए हनुमान ने यह स्पष्ट कर दिया था कि सुग्रीव अधिक शक्तिशाली हैं। अतएव अंगद को सलाह देते हुए उन्होंने कहा था कि यह तो सम्भव है कि दुर्बल के साथ विरोध करके बलवान् पुरुष चुपचाप बैठा रहे किन्तु किसी बलवान से विरोध कर कोई दुर्बल पुरुष चैन से नहीं रह सकता। अतः अपनी रक्षा चाहनेवाले दुर्बल पुरुष को बलवान् के साथ कभी विग्रह नहीं करना चाहिए।[2]

शत्रु की शक्ति को बढ़ता हुआ देखकर भी उसकी उपेक्षा करने को हनुमान नासमझी मानते थे। युद्ध में शत्रुओं के पराक्रम को यद्यपि वे बड़ी दिलचस्पी से देखते थे और उनके शौर्य की प्रशंसा भी करते थे किन्तु जब वह यह अनुभव करते थे कि उसे दबा देना चाहिए, उसी समय वे उसको दबा देते थे। अक्षकुमार के युद्ध-कौशल को देखकर वे इस सीमा तक मुग्ध हो गये थे कि उसे मारने से विरत हो बैठे थे।[3] जब युद्ध करते-करते उसका हौसला बढ़ता ही गया, तब हनुमान को चिन्ता हुई थी। उन्होंने विचार किया था कि यदि इसकी इसी प्रकार उपेक्षा की गयी तो यह मुझे परास्त किये बिना नहीं रहेगा। अतः अब इसे मार डालना ही हितकर होगा। बढ़ती हुई आग की उपेक्षा करना कदापि उचित नहीं है।[4] यह सोचकर ही उन्होंने अक्षकुमार को मार डाला था। तात्पर्य यह कि हनुमान वर्तमान और भविष्य दोनों के प्रति पूर्ण सतर्क और सावधान थे।

वाली द्वारा निष्कासित किये जाने पर जब सुग्रीव को ऋष्यमूक पर्वत पर आकर रहना पड़ा था तब हनुमान ने भी सुग्रीव का साथ दिया था। महान् पण्डित, विचारक, बुद्धिवादी और नीतिज्ञ होते हुए भी हनुमान ने वाली की बजाय स्वार्थी, कामी, विलासी और गुणहीन सुग्रीव का साथ क्यों दिया था, इसका कारण स्पष्ट नहीं। वे अंगद के समर्थक भी कभी नहीं रहे। तारा के प्रसंग में लिखा जा चुका है कि उन्होंने वालि-वध से दुखी तारा को सान्त्वना देते हुए अंगद को राजा बनाने का प्रस्ताव भी किया था किन्तु उनका यह प्रस्ताव मात्र एक औपचारिकता का निर्वाह था। वालि-वध और सुग्रीव को राजा बनाने की पूरी योजना हनुमान की ही थी और उन्होंने अंगद की अपेक्षा हमेशा सुग्रीव का ही समर्थन किया। स्वयंप्रभा के आश्रम में उन्होंने अंगद से साफ शब्दों में कह दिया था कि मैं तुम्हारा साथ नहीं दे सकता। इसके अतिरिक्त सुग्रीव की प्रशंसा करते हुए वे अंगद को वापस किष्किन्धा चलने के लिए लगातार फुसलाते रहे थे।

सुग्रीव का साथ देने के लिए हनुमान के पास जो भी आधार रहे हों, सुग्रीव ने ऋष्यमूक पर्वत पर उनको अपना मन्त्री बना लिया था। राम से पहली बार भेंट

---

1. वा.रा. 4.54.10-11; **2.** वा.रा. 4.54.12; **3.** वा.रा. 5.47.26; **4.** वा.रा. 5.47.29

करते समय अपना परिचय देते हुए उन्होंने स्वयं को सुग्रीव का सचिव बतलाया था।[1] अशोक वाटिका में सीता को अपना परिचय देते समय भी उन्होंने कहा था—मैं सुग्रीव का मन्त्री हनुमान नामक वानर हूँ।[2] मन्त्री के रूप में उन्होंने अपने कर्तव्यों का पूरी निष्ठा और ईमानदारी के साथ निर्वाह किया था। वे सैद्धान्तिक और व्यावहारिक दोनों ही रूप में यह मानते थे कि मन्त्रियों को निर्भीकतापूर्वक राजा के हित की बात बतलाना चाहिए। लक्ष्मण ने जब क्रोध में आकर किष्किन्धा के द्वार पर धनुष की टंकार की थी तब अन्य वानरों के साथ सुग्रीव के दो अन्य मन्त्री—प्लक्ष और प्रभाव—भी सकपकाकर रह गये थे। वे केवल सुग्रीव को लक्ष्मण के आने की सूचना देने का साहस कर सके किन्तु हनुमान ने सुग्रीव से साफ कहा था कि प्रमादवश आप अपनी शर्त, मैत्री और कर्तव्य सब-कुछ भूल बैठे हैं। आपसे निश्चय ही अपराध हुआ है और लक्ष्मण के क्रोध को सहन करते हुए, उनके सामने हाथ जोड़कर उन्हें प्रसन्न करने के सिवा अब दूसरा कोई रास्ता नहीं। इसी के साथ हनुमान ने कहा था कि राज्य की भलाई के काम पर नियुक्त किये गये मन्त्रियों का यही कर्तव्य है कि वे राजा को उसके हित की बात अवश्य बताएँ। अतएव मैं निर्भीक होकर अपना विचार प्रकट कर रहा हूँ।[3] इस विचार के साथ ही उन्होंने सुग्रीव को राम का काम करने के प्रति सतर्क किया था।

सुग्रीव के परम हितैषी होने के कारण ही हनुमान को बार-बार 'कपिराज-हितकरः' कहा गया है।[4] राम-लक्ष्मण से बात करते हुए उन्होंने बड़ी चतुराई से इस बात का पूरा पता लगा लिया था कि राम को भी सुग्रीव की सहायता की आवश्यकता है। राम-लक्ष्मण के शौर्य का भी उनको अनुमान हो गया था और इसलिए कुशलतापूर्वक उन्होंने यही कहा था कि सुग्रीव आपसे मित्रता करना चाहते हैं।[5] राम सुग्रीव के साथ मित्रता करने के प्रयास में थे ही इसलिए उन्होंने इस प्रस्ताव को सहर्ष स्वीकार किया। राम और सुग्रीव दोनों के उद्देश्यों और उनकी पूर्ति के विश्वास को लेकर ही हनुमान ने इन दोनों के बीच मित्रता स्थापित की थी। दोनों के सहमत होने पर स्वयं हनुमान ने अरणियों को एकत्र कर अग्नि को साक्षी बनाकर यह मित्रता करायी थी। इसमें हनुमान के मन में सुग्रीव के हित की लालसा ही काम कर रही थी। इस मैत्री के बहाने निर्दोष और निरपराध वाली को मरवा डालने के पीछे हनुमान के मन में क्या था इसका पता नहीं लगता।

हनुमान भले ही सुग्रीव के मन्त्री रहे हों किन्तु उनकी भूमिका एक ऐसे पथ-प्रदर्शक की रही थी जो सुग्रीव की उँगली पकड़कर उसे हमेशा सही रास्ते पर चलाता रहे। अभिषेक के बाद सुग्रीव विलास-क्रीड़ाओं में मस्त रहने के कारण राम

---

1. वा.रा. 4.3.22, 26-27; **2.** वा.रा. 5.34.38; **3.** वा.रा. 4.32.17-18; **4.** वा.रा. 5.4.3,8; **5.** वा.रा. 4.3.22

के साथ हुए समझौते और शर्तों को भूल बैठा था। हनुमान को इस बात का ध्यान था कि राम-लक्ष्मण नाराज होकर पता नहीं क्या कर बैठेंगे और दूसरी ओर वे यह भी चाहते थे कि सुग्रीव को अपने दायित्वों का निर्वाह करना चाहिए। मैत्री धर्म का निर्देश करते हुए उन्होंने सुग्रीव से कहा था कि जो राजा कृतज्ञता की भावना से मित्रों का उचित समय पर प्रत्युपकार करता है उसके राज्य, यश और वैभव की वृद्धि होती है। जिस राजा के कोष, दण्ड, मित्र और अपना शरीर सब-के-सब उसके वश में रहते हैं वही विशाल राज्य का पालन एवं उपभोग कर सकता है। जो अपने कार्यों को छोड़कर मित्र का कार्य सिद्ध करने के लिए उत्साहपूर्वक नहीं लग पाता, उसको अनर्थ का भागी होना पड़ता है। उपयुक्त अवसर बीत जाने के बाद जो मित्र के कार्यों में लगता है वह बड़े-से-बड़े कार्यों को सिद्ध करके भी मित्र के प्रयोजन की सिद्धि करनेवाला नहीं माना जाता।[1] इस प्रकार हनुमान ने राजनीतिक दृष्टि से सुग्रीव को न केवल सही रास्ते पर चलाया बल्कि उसको और उसके राज्य को राम-लक्ष्मण के क्रोध से बचा भी लिया था। मैत्री धर्म के रूप में हनुमान ने विशुद्ध रूप से उन मार्गदर्शी सिद्धान्तों के प्रति ही संकेत किया था जो दो राजाओं के बीच सन्धि-पालन के लिए आवश्यक होते हैं। वस्तुतः हनुमान ने ही सीता की खोज की पूरी योजना बनायी थी और सुग्रीव ने उसी के अनुसार काम किया था। वे सुग्रीव को लगातार प्रेरित करते ही रहे थे कि राम के साथ हुए समझौते की शर्तों को यथासमय पूरा किया जाना चाहिए।

हनुमान के नैयायिक होने का उल्लेख ऊपर किया जा चुका है। उनकी दार्शनिक आस्थाएँ अन्य पात्रों की अपेक्षा सर्वथा अलग रहीं। धर्म-अधर्म के विषय में वे किसी रूढ़ि, परम्परा अथवा धर्माचार्यों द्वारा दी गयी व्यवस्थाओं से सहमत नहीं थे। उन्होंने निःशेषतया बुद्धि और विज्ञान पर आधारित परिभाषा को ही स्वीकार किया था। उनके विचार से कोई भी कर्म अपने आप में धर्म अथवा अधर्म या पाप-पुण्य कुछ भी नहीं होता। कर्ता की मनोगत भावनाएँ और मनोविकार ही किसी कर्म को पाप अथवा पुण्य का रूप दे देते हैं। रागद्वेषादि विकारों से युक्त मन ही क्रिया को पापमूलक बना देता है और यदि स्थिर अथवा निर्विकार मन से कोई कार्य किया जाता है तो उसमें पाप होने का प्रश्न उपस्थित ही नहीं होता। हनुमान स्त्री को देखना अनुचित अथवा धर्म-विरुद्ध मानते थे। इस पर भी सीता की खोज करते समय लंका में रावण के अन्तःपुर में उनको अनेक स्त्रियों को देखने के लिए विवश होना पड़ा था। इस अवस्था में उनके मन में एक उलझन उत्पन्न हुई थी और उनको ऐसा लगा था मानो स्त्रियों को देखने में उनसे अधर्म हुआ हो। अपनी इस परेशानी को दूर करने की दृष्टि से ही उन्होंने विचार किया था कि यद्यपि रावण की स्त्रियाँ निःशंक

---

1. वा.रा. 4.29.10-11, 13-14

होकर सो रही थीं और उसी अवस्था में मैंने उनको देखा है किन्तु उनको देखते समय मेरे मन में किसी प्रकार की कलुषित भावना नहीं रही थी। मन और मनोगत विकार भावनाएँ ही इन्द्रियों को शुभ और अशुभ कर्मों की ओर प्रेरित करती हैं। यदि मन स्थिर हो, उसमें राग-द्वेषादि विकार की भावना न हो तो कर्तव्य की दृष्टि से किया गया कार्य धर्म अथवा अधर्म की कोटि में नहीं आता।[1] सीता को नारियों के बीच में ही खोजा जा सकता था अतएव हनुमान ने निर्विकार दृष्टि से रावण के अन्तःपुर की स्त्रियों को देखते हुए उनको खोजने में किसी प्रकार का अधर्म नहीं माना था।

हनुमान कर्म-परिणाम के सिद्धान्त को स्वीकार करते थे। वालि-वध से दुःखी तारा को समझाते हुए उन्होंने कहा था कि जीव के द्वारा गुणबुद्धि से अथवा दोषबुद्धि से लिये गये जो अपने कर्म हैं वही सुख-दुःखरूप परिणाम के जनक होते हैं। प्रत्येक प्राणी अपने शुभ और अशुभ कर्म-फलों को ही भोगता है।[2] आत्मा के अस्तित्व-अनस्तित्व अथवा उसके नित्यत्व के विषय में हनुमान ने कहीं भी अपने विचारों को स्पष्ट नहीं किया। जन्मान्तर के विषय में भी वे प्रायः मौन ही हैं। वे शरीर को अनित्य और प्राणी का मरणधर्मी होना ही स्वीकार करते हैं और इसलिए लगातार उन्होंने इसी बात पर जोर दिया है कि व्यक्ति को जीवन में न्याय सिद्धान्तों के अनुसार ही आचरण करना चाहिए। शरीर को नश्वर मानते हुए वे उसे शोचनीय नहीं मानते किन्तु गीता के समान आत्मा की नित्यता के विषय में मौन रहते हैं। तारा से उन्होंने कहा था कि तुम स्वयं शोचनीय हो फिर दूसरे किसको शोचनीय समझकर शोक कर रही हो। स्वयं दीन होकर किस दीन पर दया करती हो। पानी के बुल-बुले के समान इस शरीर में रहकर कौन किसके लिए शोचनीय है। तुम विदुषी हो अतः जानती हो कि प्राणियों के जन्म और मृत्यु का कोई समय निश्चित नहीं है इसलिए व्यक्ति को अपने जीवन में शुभ कर्म ही करना चाहिए और दूसरे लौकिक कर्म करना व्यर्थ है। वाली ने न्याय के अनुसार अर्थ का साधन राज्य-कार्य का संचालन किया है। वे साम, दाम और क्षमा का व्यवहार करते रहे हैं। वे धर्मानुसार प्राप्त होनेवाले लोक में गये हैं। अतएव उनके विषय में शोक करना उचित नहीं।[3]

उल्लेखनीय है कि गीता के समान ही हनुमान ने 'नैनं शोचितुमर्हसि' जैसी शब्दावली का प्रयोग करते हुए भी आत्मा की नित्यता का बहाना नहीं किया। शरीर की नश्वरता के प्रति संकेत करके ही वे आगे बढ़ गये। उन्होंने यद्यपि सांकेतिक भाषा में 'लोकों' के प्रति इंगित अवश्य किया है किन्तु मोक्ष, स्वर्ग, नरक जैसे लोकों अथवा शब्दों का कहीं भी उपयोग नहीं किया। उदाहरण के लिए मायामयी सीता के वध को देखकर इन्द्रजित से उन्होंने कहा था :

1. वा.रा. 5.11.41-42; **2.** वा.रा. 4.21.2; **3.** वा.रा. 4.21.3, 5, 7

ये च स्त्रीघातिनां लोका लोकवध्यैश्च कुत्सिताः।
इह जीवितमुत्सृज्य प्रेत्य तान् प्रति लप्स्यसे ॥ –6.81.22

उपर्युक्त उद्धरण में लोकों के प्रति संकेत होते हुए भी यह स्पष्ट नहीं कि किस रूप में लोकों को वे स्वीकार करते थे। आत्मा के विषय में हनुमान के मौन और जन्मान्तर तथा स्वर्ग-नरक आदि के उल्लेख न होने से ऐसा प्रतीत होता है कि हनुमान का विश्वास यही था कि शुभ और अशुभ कर्मों के परिणाम प्राणी को इसी जन्म में भोगना पड़ते हैं।

ईश्वर अथवा परोक्ष सत्ता का भी हनुमान ने कहीं किसी भी रूप में प्रतिपादन नहीं किया। वे केवल 'काल' को ही सर्वोच्च शक्ति के रूप में मानते रहे। व्यक्ति के सुख-दुःख कालजनित संयोग के ही परिणाम हैं। लंका में सीता के कष्टमय जीवन को देखकर, दुःख कारणों पर विचार करते हुए वे एक विचित्र वैचारिक उलझन में पड़ गये थे और अन्ततः इसी निष्कर्ष पर पहुँचे कि यदि गुरुजनों से शिक्षाप्राप्त, विनीत लक्ष्मण के बड़े भाई राम जैसे महापुरुष की पत्नी सीता को भी विपत्तियों में उलझना पड़ता है तो यही मानना पड़ेगा कि काल का उल्लंघन करना अत्यन्त कठिन है।[1] तात्पर्य यह कि व्यक्ति के सुख-दुःखों को हनुमान पाप-पुण्य का प्रतिफल अथवा प्रारब्ध का परिणाम नहीं बल्कि काल का संयोग मानते हैं। हनुमान की दार्शनिक आस्थाएँ अनेक दृष्टि से रामायण के अन्य पात्रों से सर्वथा भिन्न हैं।

हनुमान के पूरे जीवन में यज्ञ-यागादि, हवन, सन्ध्या-वन्दन, तर्पण अथवा अन्य किसी क्रिया-विधान का एक बार भी उल्लेख कहीं मिलता ही नहीं। वैदिक अथवा स्मार्त किसी भी कर्म में उनकी न तो किंचित् आस्था ही रही और न कभी उन्होंने इसका पालन ही किया। वैदिक देवताओं—सूर्य, चन्द्र, वायु, वसु, आदित्य, मरुत्, अश्विनीकुमार, रुद्र, यम, अग्नि—के प्रति उनके मन में यत्किंचित् श्रद्धा अवश्य विद्यमान थी। समुद्र लाँघने के पहले उन्होंने सूर्य, इन्द्र, वायु, ब्रह्मा और समस्त भूतों को हाथ जोड़कर नमस्कार किया था।[2] इसी प्रकार सीता को खोजते हुए जब वे थक गये थे तब भी राम, लक्ष्मण, सीता के साथ रुद्र, इन्द्र, यम, वायु, चन्द्र, अग्नि और मरुद्गणों को नमस्कार कर फिर से उनकी खोज में लग गये थे।[3] अपनी सफलता के लिए भी उन्होंने ब्रह्मा, अग्नि, वायु, वरुण, सोम, आदित्य, अश्विनी कुमार का ही स्मरण किया था।[4] हनुमान की वाह्य क्रिया विधान में कोई आस्था दिखाई ही नहीं देती और न उन्होंने कहीं भी इसका प्रतिपादन ही किया। सीता से बातचीत करते हुए उन्होंने एक स्थल पर यह अवश्य कहा है कि मैं आपको आज ही राम के पास उसी प्रकार पहुँचा दूँगा जिस प्रकार अग्नि हविष्य को इन्द्र के पास

---

1. वा.रा. 5.16.3; **2.** वा.रा. 5.1.8; **3.** वा.रा. 5.13.56, 59; **4.** वा.रा. 5.13, 65-67

पहुँचा देता है[1] किन्तु उन्होंने किसी भी यज्ञ अथवा हवन-क्रिया में भाग लिया हो, इसका कोई भी प्रमाण मिलता ही नहीं।

यह भी एक आश्चर्य का विषय है कि उपर्युक्त वैदिक देवताओं के प्रति आस्था व्यक्त करते हुए और उनको नमन करते हुए भी हनुमान इनके प्रति विशेष श्रद्धावान् नहीं दिखाई देते। कुबेर के प्रति उन्होंने सम्मान की भावना भी प्रकट नहीं की। रावण के दरबार में प्रहस्त ने पूरा परिचय प्राप्त करने के लिए उनसे अनेक प्रश्न किये थे। उनके उत्तर में हनुमान ने स्पष्ट कहा था कि मैं इन्द्र, यम अथवा वरुण का दूत नहीं हूँ। विष्णु की प्रेरणा से भी मैं यहाँ नहीं आया। इसके साथ उन्होंने साफ शब्दों में यह भी कहा था कि कुबेर के साथ मेरी कोई मित्रता नहीं है।[2] तात्पर्य यह कि हनुमान इन्द्र, यम, विष्णु आदि का दूत कहलाने के लिए भी तैयार नहीं थे और कुबेर को वे प्रणम्य तो मानते ही नहीं थे, उनसे दोस्ती का रिश्ता ही हो सकता था, जिसको भी उन्होंने स्वीकार नहीं किया।

कर्मकाण्ड के स्थान पर हनुमान आचार की पवित्रता पर ही जोर देते रहे हैं। निर्विकार मन से किये गये कर्मों के प्रति उनके विचार स्पष्ट किये जा चुके हैं। विभिन्न सन्दर्भों के आधार पर यह निश्चित रूप से कहा जा सकता है कि वे 'आचारः परमो धर्मः' को ही धर्म की सही परिभाषा मानते थे। 'धर्मो रक्षति रक्षितः' सिद्धान्त वाक्य को स्वीकार करते हुए वे इस बात को दृढ़तापूर्वक मानते थे कि आचार की पवित्रता व्यक्ति की इस सीमा तक रक्षा करती है कि अग्नि में भी उसको जलाने की सामर्थ्य नहीं होती। लंका में आग लगा देने और चारों ओर आग की लपटों में सब-कुछ भस्म होते हुए देखकर उन्हें सीता की चिन्ता हुई थी। वे स्वयं अपने कृत्य पर पश्चात्ताप करते हुए विषादग्रस्त होकर सोचते रहे थे कि उस फैलती हुई आग में सीता भी जलकर नष्ट हो जाएँगी और इस प्रकार बना-बनाया काम चौपट हो जाएगा। सोचते-सोचते उनको सीता की आचारगत पवित्रता का भी स्मरण हुआ था। सीता के पातिव्रत और चारित्रिक पवित्रता से वे भली-भाँति परिचित थे और यह भी जानते थे कि तप, सत्य और पति में अनन्य श्रद्धा की दृष्टि से सीता नारियों में अग्रणी हैं। इसी आधार पर वे इस निश्चय पर पहुँचे थे कि स्वयं अपने चरित्र-बल से सुरक्षित सीता को अग्नि छू भी नहीं सकती। बड़ी दृढ़तापूर्वक उन्होंने कहा था कि सत्य के पालन, अखण्ड पातिव्रत और आचार-पालन में सभी कष्टों को सहते रहने अर्थात् तप के कारण सीता में इतनी शक्ति है कि वे स्वयं ही अग्नि को जला सकती हैं और अग्नि में उनको जलाने की सामर्थ्य हो ही नहीं सकती।[3] स्पष्ट है कि हनुमान के अनुसार आचार और व्यक्ति का स्वयं का चरित्र ही विपत्ति के समय उसकी रक्षा करता है।

---

1. वा.रा. 5.37.23; **2.** वा.रा. 5.50.13; **3.** वा.रा. 5.55.23,28

क्रोध को हनुमान सबसे बड़ा विकार मानते थे और उनकी धारणा थी कि अन्य दोषों पर विजय प्राप्त करके भी क्रोध को जीतना सरल नहीं होता। यद्यपि लंका में आग लगाने के पहले उन्होंने इस विषय में गम्भीरतापूर्वक विचार किया था किन्तु राक्षसों के प्रति आक्रोश की भावना भी उनके मन में विद्यमान रही थी। आग लगाने के बाद ही उनको अपनी क्रोध भावना का ज्ञान हुआ था और उसे अपने द्वारा किया गया एक कुत्सित कर्म मानते हुए उन्होंने कहा था कि जो महापुरुष उठते हुए क्रोध को अपनी बुद्धि के द्वारा जल से प्रज्वलित अग्नि की भाँति शान्त कर देते हैं वे ही इस संसार में धन्य हैं। क्रोध में आकर कौन पुरुष पाप नहीं करता ? क्रोध के वश में मनुष्य गुरुजनों की भी हत्या कर डालता है। क्रोधी मनुष्य सत्पुरुषों पर भी कटु वचनों द्वारा आक्षेप करने लगता है। क्रोधी मनुष्य को कहने अथवा न कहने योग्य किसी बात का ध्यान ही नहीं रहता। क्रोधी मनुष्य की दृष्टि में कोई भी काम अकरणीय और कोई भी बात अकथ्य नहीं रह जाती। क्षमा के द्वारा हृदय में उत्पन्न क्रोध को साँप की केंचुल के समान निकालकर फेंक देनेवाला ही सचमुच पुरुष कहलाने का अधिकारी है।[1]

क्रोध-भावना के वे इतने विरुद्ध थे कि उन्होंने इस कारण स्वयं की भर्त्सना करने में भी संकोच नहीं किया। वे सोचते रहे थे कि मेरी बुद्धि बड़ी खोटी है। मैं निर्लज्ज और महान् पापाचारी हूँ। सीता की रक्षा का विचार किये बिना ही मैंने लंका में आग लगा दी और इस तरह अपने स्वामी की ही हत्या कर डाली। क्रोध से पागल होकर मैंने रामचन्द्रजी के कार्य को ही चौपट कर दिया। क्रोध के आवेश में मैंने वानरोचित चपलता का ही प्रदर्शन किया है। मेरा हृदय रोष के वश में हो गया इसलिए समस्त लोक के विनाश का दोष मुझे लगेगा।[2] अपने क्रोधी स्वभाव पर विचार करते हुए हनुमान को इतनी अधिक ग्लानि हुई थी कि उन्होंने राम और सुग्रीव को मुँह दिखाने की बजाय प्राण-त्याग श्रेयस्कर समझा।

शक्ति और सामर्थ्य के होते हुए भी हनुमान राजस भाव के विरुद्ध थे और उनकी धारणा थी कि राजस-गुणमूलक प्रवृत्ति कार्यसिद्धि में कभी सहायक नहीं होती बल्कि काम को बिगाड़ देती है। रजोगुण बुद्धि और विवेक पर एक ऐसा आवरण डाल देता है कि कर्तव्याकर्तव्य के विषय में निर्णय प्रायः गलत हो जाते हैं। उन्होंने कहा था कि राजस भाव कार्य-साधन में असमर्थ है और इससे कार्य सिद्धि की व्यवस्था भंग हो जाती है। रजोगुणमूलक क्रोध के कारण ही समर्थ होते हुए भी मैं सीता की रक्षा नहीं कर सका। इस राजस भाव को धिक्कार है।[3] हनुमान का पूरा आचार-दर्शन सत्त्वगुणमूलक विवेक पर ही आधारित है।

इन्द्रजित ने मायामयी सीता को युद्ध क्षेत्र में जब निर्दयतापूर्वक पीटने, केश

---

1. वा.रा. 5.55.3-6; **2.** वा.रा. 5.55.7,10,15,20; **3.** वा.रा. 5.55.16

पकड़कर घसीटने और मार डालने का छलपूर्ण प्रदर्शन किया था तब भी हनुमान ने इन्द्रजित के इस व्यवहार के प्रति रोष प्रकट करते हुए कहा था कि सीता ने तुम्हारे प्रति कोई अपराध नहीं किया है फिर भी इस प्रकार निर्दयतापूर्वक इनको तुम क्यों पीट रहे हो? नृशंस, अनार्य, पापकर्मी, तेरे हृदय में तनिक भी दया नहीं है।[1] तात्पर्य यह कि निरपराध को दण्डित करने के भी हनुमान विरुद्ध थे।

आचार को ही धर्म मानने की स्थिति में हनुमान का यह दृढ़ विश्वास रहा है कि विहित आचार के विपरीत कृत्यों के परिणाम कभी शुभ हो ही नहीं सकते। सदाचार से अर्जित अनुकूल प्राप्तियाँ भी दुराचरण के कारण थोड़े में ही नष्ट हो जाती हैं। हनुमान यह मानते थे कि रावण का जन्म ब्रह्मर्षियों के कुल में हुआ था और वह धर्म तथा अर्थ के तत्त्व को भी भलीभाँति जानता था। उन्हें यह भी ज्ञात था कि रावण ने कठिन तपस्या और धर्माचरण के द्वारा ऐश्वर्य और प्रतिष्ठा ही अर्जित नहीं की थी बल्कि चिरकाल तक शरीर और प्राणों को धारण करने की शक्ति भी प्राप्त की थी। इसके बाद भी सीता-हरण का जो आचार-विरुद्ध कार्य उसने किया था, वह रावण की मान, प्रतिष्ठा, ऐश्वर्य आदि के साथ उसके जीवन को भी नष्ट कर देगा। अपनी इसी आस्था के सहारे उन्होंने रावण से कहा था कि धर्मविरुद्ध कार्यों में बहुत से अनर्थ भरे रहते हैं और वे कर्ता का जड़-मूल से नाश कर डालते है। अतएव तुम जैसे बुद्धिमान् पुरुष कभी आचार-विरुद्ध कार्यों में प्रवृत्त नहीं होते। जो पुरुष प्रबल अधर्म के फल से बँधा हुआ है उसे धर्म का फल कभी मिल ही नहीं सकता। यदि उस अधर्म के बाद किसी प्रबल कर्म का अनुष्ठान किया जाता है तो अवश्य वह पहले के अधर्म फल को नष्ट कर देता है।[2] हनुमान के उपर्युक्त कथन का आशय केवल यही था कि सीता का हरण आचार-विरुद्ध कार्य था और रावण को उसका भयंकर परिणाम भोगना ही पड़ेगा। उन्होंने स्पष्ट कहा था कि धर्म और अर्थ के तत्त्व को समझते हुए भी परायी स्त्री को बलपूर्वक अपने पास रोक रखना किसी भी दशा में उचित नहीं।[3]

नारी के प्रति हनुमान के विचार यद्यपि स्मार्त ऋषियों के अधिक निकट हैं किन्तु उनका आधार समाज की विशिष्ट व्यवस्था ही रहा है। मनु आदि आचार्यों ने पुरुष और नारी के बीच अन्तर को स्वीकार करते हुए नारी-प्रवृत्ति का जो रूप प्रस्तुत किया है, हनुमान उसका समर्थन करते हुए दिखाई देते हैं। नारी में चरित्र-बल को मानते हुए भी वे कदाचित् उसे शक्ति और सामर्थ्य से रहित अबला ही मानते थे। उन्होंने सीता को अपने कन्धे पर बैठाकर लंका से लिवा लाने और राम के पास पहुँचाने का प्रस्ताव किया था। इसको सीता ने मुख्यतया तीन कारणों से अस्वीकार कर दिया था। पहली बात सीता ने यही कही थी कि हनुमान की गति इतनी तेज है कि वे

---

1. वा.रा. 6.81.19-20; **2.** वा.रा. 5.51.18, 28; **3.** वा.रा. 5.51.17

उसके वेग को सहने में असमर्थ होने के कारण उनके कन्धों पर से समुद्र में गिर सकती हैं। और यदि राक्षसों ने पीछा किया तो हनुमान को उनसे युद्ध करना अथवा युद्ध करते हुए सीता की रक्षा करना कठिन हो जाएगा।[1] दूसरे, यदि हनुमान सीता को राम के पास पहुँचाने में सफल हो जाते हैं तो राम सीता को मुक्त कराने के सुयश से वंचित रह जाएँगे। तीसरे, सीता राम के अतिरिक्त किसी पर-पुरुष का स्वेच्छा से स्पर्श करने के लिए भी तैयार नहीं थीं। इन कारणों को सुनकर हनुमान ने यद्यपि सीता की पातिव्रत भावना और राम के प्रति अनन्यनिष्ठा की प्रशंसा की थी किन्तु यह भी कहा था कि निःसन्देह स्त्री होने के कारण आप मेरी पीठ पर बैठकर सौ योजन विस्तृत समुद्र के पार जाने में समर्थ नहीं हैं।[2] इसके साथ ही पर-पुरुष के स्पर्श की शंका को लेकर हनुमान ने अनेक प्रकार से अपनी सफाई देते हुए कहा था कि पीठ पर बैठाकर ले जाने के पीछे उनका कोई अन्यथा उद्देश्य नहीं रहा था।[3]

नारी को अबला मानने के कारण ही उसके प्रति क्रोध करना हनुमान उचित नहीं मानते। लंका में उनके प्रवेश करने के पहले वहाँ की अधिष्ठात्री देवी 'लंका' ने उन्हें रोकना चाहा था और उनके एक थप्पड़ भी जमा दी थी। हनुमान ने इसके बदले उसको बायें हाथ से एक घूँसा मार दिया था। उसे स्त्री समझकर ही हनुमान ने उस पर क्रोध नहीं किया और उनको उस पर दया आ गयी थी। नारी को किसी भी दशा में वध के योग्य वे मानते ही नहीं थे।[4] मायामयी सीता को मारने-पीटने और मार डालने के दृश्य को देखकर इन्द्रजित की कड़े शब्दों में उन्होंने भर्त्सना की थी। स्त्री-हत्यारे को वे पुण्यलोक का अधिकारी नहीं मानते थे।[5] यह बात इससे भी स्पष्ट है कि सीता को डराने-धमकानेवाली राक्षसियों को देखकर, हनुमान ने किसी के प्रति रोष प्रकट नहीं किया और लंका जैसी राक्षसी को भी, जो उनको खा जाने के लिए उद्यत थी, उन्होंने जीवित छोड़ दिया था।

नारी के चरित्र बल के प्रति हनुमान इतने अधिक आस्थावान् थे कि उसके अनुसार सती-साध्वी नारियाँ ही अपनी तपस्या के बल से लोकों को धारण करती हैं और यदि वे क्रुद्ध हो जाएँ तो लोक को नष्ट भी कर सकती हैं। वानरों को लंका पर आक्रमण करने के लिए प्रोत्साहित करते हुए उन्होंने सीता के सन्दर्भ में अपने उपर्युक्त विचार प्रकट किये थे। सीता का स्पर्श होने के बाद भी रावण का शरीर जल नहीं गया था इस पर हनुमान को आश्चर्य हुआ था और उन्होंने कहा था कि हाथ से छू जाने पर आग की लपट भी वह काम नहीं कर सकती, जो क्रोध में आकर सीता कर सकती हैं।[6]

---

1. वा.रा. 5.37.45-51; **2.** वा.रा. 5.38.3; **3.** वा.रा. 5.38.9; **4.** वा.रा. 5.3.41-42; **5.** वा.रा. 6.81.22; **6.** वा.रा. 5.59.3-5

परस्त्री के स्पर्श की बात तो दूर उसको देखना भी हनुमान आचार-मर्यादा के प्रतिकूल मानते थे। सीता की खोज करते समय रावण के अन्तःपुर में उनकी दृष्टि अनेक नारियों पर पड़ी थी। वे अलसायी हुई एक-दूसरे से लिपट कर सो रही थीं और उनके वस्त्र भी इधर-उधर उड़ गये थे। उनको देखकर हनुमान के मन में विषाद और पश्चात्ताप की भावना उत्पन्न हुई थी। वे सोचते रहे थे कि इस प्रकार नींद में सोती हुई परायी स्त्रियों को देखना उचित नहीं है। इससे मेरे धर्म का ही सत्यानाश हो जाएगा। मेरी दृष्टि अब तक किसी परायी स्त्री पर नहीं पड़ी थी। यहाँ आकर मुझे इनको और इनके अपहरणकर्ता रावण को देखना पड़ा है।[1] इसी प्रकार सीता ने जब उनकी पीठ पर बैठकर राम के पास लौटने से इनकार कर दिया था तब भी हनुमान ने स्त्री और पुरुष के लिए पर-पुरुष तथा पर-स्त्री स्पर्श को अनुचित बताकर सीता के पातिव्रत की प्रशंसा की थी।[2] परस्त्री के अपहरण को भी वे आचार-विरुद्ध ही मानते थे। रावण को सीता लौटा देने की सलाह देते हुए उन्होंने कहा था कि तुम कार्य और अर्थ के तत्त्व को भली-भाँति जानते हो और तुमने स्वयं बड़े भारी तप का संग्रह किया है। अतः दूसरे की स्त्री को घर में रोक रखना तुम्हारे लिए कदापि उचित नहीं। इसलिए तुम्हें धर्म और अर्थ के अनुकूल मेरी बात को मानकर सीता को रामचन्द्र के पास लौटा देना चाहिए।[3]

हनुमान पति को ही नारी का सर्वश्रेष्ठ आभूषण मानते हैं। पातिव्रत धर्म की श्रेष्ठता के प्रति उनके विचार ऊपर लिखे जा चुके हैं। अशोक वाटिका में राम के विषय में सोचमग्न सीता को देखकर वे सोचने लगे थे कि सीता समस्त सुखोपयोगों को त्याग कर पति-प्रेम के कारण ही विपत्तियों का कुछ भी विचार न करके राम के साथ वन में चली आयी थीं। निश्चय ही पति नारी के लिए आभूषण की अपेक्षा भी अधिक शोभा का हेतु है। सीता शोभा के योग्य होने पर भी पति से अलग होने के कारण ही शोभाहीन दिखाई दे रही है।[4]

नारी के सम्बन्ध में हनुमान के उपर्युक्त विचार स्मार्त ऋषियों की व्यवस्था के सर्वथा अनुरूप ही हैं। पति-पत्नी के सम्बन्ध, परायी स्त्री के प्रति पुरुष की आचार मर्यादा, पर-पुरुष के प्रति स्त्रियों के धर्म तथा पातिव्रत धर्म के विषय में उनके विचारों से यह भी स्पष्ट है कि वे समाज की उसी व्यवस्था को स्वीकार करते थे जो आश्रम व्यवस्था के निश्चित होने के बाद अपनायी गयी थी। वर्ण-व्यवस्था के प्रति हनुमान ने कहीं संकेत नहीं किया और न ब्राह्मणों के प्रति किसी प्रकार की श्रद्धा ही प्रकट की। आश्रम-व्यवस्था को वे अवश्य स्वीकार करते रहे थे। सीता की लगातार खोज करते हुए भी जब उनको वे कहीं दिखाई नहीं दीं तब उन्होंने वानप्रस्थ अथवा संन्यास आश्रम को ग्रहण कर किष्किन्धा के बाहर ही अपना पूरा जीवन

---

1. वा.रा. 5.11.38-39; **2.** वा.रा. 5.38.4-5; **3.** वा.रा. 5.51.17, 21; **4.** वा.रा. 5.16.19, 26

व्यतीत करने का विचार किया था। उन्होंने सोचा था कि सीता को न खोज सकने पर मैं यहीं पर वानप्रस्थी हो जाऊँगा। अपने आप जो भी खाद्य सामग्री मेरे हाथों में आ जाएगी या मेरे मुँह में जो भी फल आदि आ जाएँगे उन्हीं को खाकर नियमों का पालन करता हुआ मैं वृक्षों के नीचे निर्वाह करूँगा।[1] अथवा अब मैं नियमपूर्वक वृक्षों के नीचे निवास करनेवाला तपस्वी हो जाऊँगा किन्तु कजरारे नेत्रोंवाली सीता को देखे बिना यहाँ से कभी नहीं लौटूँगा।[2] मैं यहीं नियमपूर्वक इन्द्रियों को वश में रखकर निवास करूँगा ताकि मेरे कारण दूसरे नर और वानर नष्ट न हों।[3]

वस्तुतः हनुमान के सभी कार्य और निर्णय बुद्धि और विज्ञान पर ही आधारित रहे। धर्म-अधर्म, पाप-पुण्य, स्वर्ग-नरक, रीति-परम्परा अथवा राजर्षियों और ब्रह्मर्षियों की व्यवस्थाओं पर उन्होंने कभी विचार ही नहीं किया। प्रत्येक प्रसंग उनको बुद्धिवादी और विज्ञानवादी ही सिद्ध करता है। यदि कभी धर्म के नाम पर उन्होंने कुछ कहा भी है तो उनका मन्तव्य ब्राह्मणों की परम्परा नहीं बल्कि समाज की आचार-व्यवस्था ही रहा। न उन्होंने ब्राह्मणों-ऋषियों को प्रणम्य माना, न देवताओं की पूजा-आराधना की, न यज्ञ-हवन-तर्पण के प्रति श्रद्धा व्यक्त की और न किसी बाह्य क्रिया में ही उलझे। देशकाल के अनुरूप बुद्धि और विवेक के अनुसार जो भी तर्क-संगत दिखाई दिया उन्होंने उसे पूरी शक्ति लगाकर पूरा किया।

---

1. वा.रा. 5.13.40; **2.** वा.रा. 5.13.45; **3.** वा.रा. 5.13.54

विभीषण का आचार और गुणहीनता

रामकथा को वर्तमान में जो रूप प्राप्त है उसके और रामचरितमानस के प्रभाव के परिणामस्वरूप विभीषण को एक महत्त्वपूर्ण पात्र मानकर उसके प्रति जो श्रद्धा व्यक्त की जाती है उसे देखते हुए भी, वाल्मीकीय रामायण के अनुसार उसके आचार-विचार, नीति और व्यवहार में कोई ऐसी विशेषता दिखाई ही नहीं देती जिसके आधार पर उसके प्रति सहानुभूति भी व्यक्त की जा सके। न तो धर्म और नीति से ही उसका विशेष सम्बन्ध रहा और न शौर्य की दृष्टि से ही उसे उल्लेखनीय माना जा सकता है।

महर्षि पुलस्त्य को प्रजापति ब्रह्मा का पुत्र और ब्रह्मा के समान ही महान् तेजस्वी कहा गया है। धर्माचरण के उद्देश्य से यह राजर्षि तृणबिन्दु के आश्रम में जाकर रहने लगे थे। संयोगवश तृणबिन्दु की सुन्दरी कन्या से पुलस्त्य का सम्बन्ध स्थापित हो गया और तृणबिन्दु के प्रस्ताव पर दोनों का विवाह भी हुआ। रामायण में पुलस्त्य की पत्नी के नाम का उल्लेख नहीं किया गया। इन दोनों से ही विश्रवा का जन्म हुआ था। विश्रवा वेद के विद्वान्, समदर्शी, व्रत और आचार का पालन करनेवाले और अपने पिता के समान ही महान् तपस्वी थे।[1] विश्रवा का पहला विवाह महामुनि भरद्वाज की कन्या से हुआ था। इसके गर्भ से वैश्रवण कुबेर का जन्म हुआ। इन्हीं दिनों सुकेश का पुत्र सुमाली अपनी कन्या कैकसी के लिए योग्य वर की खोज में भटक रहा था और उसकी दृष्टि कुबेर पर पड़ी। सुमाली ने निर्णय किया कि कुबेर के समान ही सन्तान प्राप्त करने के लिए कैकसी का विवाह कुबेर के पिता विश्रवा से किया जाना चाहिए और उसने कैकसी के सामने अपना प्रस्ताव रखा जिसे उसने स्वीकार कर लिया था। विश्रवा और कैकसी से ही क्रमशः रावण, कुम्भकर्ण, शूर्पणखा और विभीषण का जन्म हुआ था। इस प्रकार विभीषण रावण का सबसे छोटा सहोदर और कुबेर का सौतेला भाई था। माल्यवान सुमाली का बड़ा भाई था और शायद इसी कारण माल्यवान को भी रावण का मातामह कहा गया है।[2] विश्रवा ने कैकसी को आश्वस्त करते हुए कहा था कि तुम्हारा अन्तिम पुत्र मेरे वंश के अनुरूप धर्मात्मा होगा।[3] विभीषण के जन्म के समय आकाश से फूलों की वर्षा हुई और देवताओं

1. वा.रा. 7.2.34; **2.** वा.रा. 6.35.6; **3.** वा.रा. 7.9.27

की दुन्दुभियाँ बज उठी थीं। उस समय आकाश में चारों ओर साधु-साधु की ध्वनि गूँज उठी थी।[1]

अवस्था प्राप्त होने पर माँ कैकसी के निर्देश को मानकर रावण और कुम्भकर्ण के साथ विभीषण भी तपस्या करने के लिए गोकर्ण आश्रम पर चला गया था। पहले वह नित्यधर्मपरायण रहकर शुद्ध आचार-विचार का पालन करते हुए पाँच हजार वर्ष तक एक पैर से खड़ा रहा था। उसका यह नियम समाप्त होने पर उसके सामने अप्सराएँ नृत्य करने लगीं और देवताओं ने भी स्तुति करते हुए आकाश से फूलों की वर्षा की थी। इसके बाद भी विभीषण ने तपस्या का परित्याग नहीं किया और वह अपनी दोनों बाँहें और मस्तक ऊपर उठाकर स्वाध्यायपरायण रहते हुए पाँच हजार वर्षों तक सूर्य की आराधना करता रहा था।[2] तपस्या से प्रसन्न होकर ब्रह्मा ने जब विभीषण से वर-याचना के लिए कहा तब विभीषण ने आपत्तियों में धर्म से विचलित न होने, बिना सीखे ही ब्रह्मास्त्र का ज्ञान होने और आश्रमधर्म का पालन करने का वरदान माँगा था। ब्रह्मा ने उपर्युक्त वरदानों के साथ विभीषण को अमरत्व भी प्रदान किया था।[3] विभीषण का विवाह गन्धर्वराज शैलूष की कन्या सरमा के साथ हुआ था।[4] विभीषण और सरमा की सन्तानों में केवल ज्येष्ठ पुत्री 'कला' का ही सन्दर्भ प्राप्त होता है। सरमा के मन में सीता के प्रति सहानुभूति थी इसलिए वह अपनी पुत्री 'कला' के जरिये रावण के राजमहलों की सभी खबरें सीता के पास पहुँचा दिया करती थी।[5]

विभीषण के लिए 'बुद्धिमतां वरिष्ठः', 'आचारकोविदः', 'धर्मार्थकामेषुनिविष्ट-बुद्धिः' और बृहस्पति के समान बुद्धिमान् जैसे विशेषणों का प्रयोग किया गया है[6] किन्तु यह भी ध्यान देने योग्य है कि ये प्रयोग स्वयं कवि के द्वारा ही किये गये हैं। इन विशेषणों की सार्थकता किसी सीमा तक कुछ प्रसंगों में देखी जा सकती है। दूत के प्रति किस प्रकार का व्यवहार किया जाना चाहिए, इस विषय का विभीषण को अच्छा ज्ञान था। रावण ने जब हनुमान को राम और सुग्रीव का दूत जानते हुए भी मार डालने की आज्ञा दे दी, तब विभीषण ने ही उसके क्रोध को शान्त करते हुए कहा था कि ऊँच-नीच का ज्ञान रखनेवाले श्रेष्ठ राजा कभी दूत का वध नहीं करते। इस वानर को मारना धर्म के विरुद्ध और लोकाचार की दृष्टि से भी निन्दनीय है।[7] उचित अनुचित का विचार करते हुए आपको दूत के योग्य किसी अन्य दण्ड का विधान करना चाहिए।[8] इस पर भी रावण ने जब हनुमान को मार डालने का अपना निर्णय दुहराया, तब फिर विभीषण ने कहा था—आप मेरी धर्म और अर्थ तत्त्व से

---

1. वा.रा. 7.9.36; **2.** वा.रा. 7.10.6-8; **3.** वा.रा. 7.10.30-34; **4.** वा.रा. 7.12.24-25; **5.** वा.रा. 5.37.11; **6.** वा.रा. 5.52.12; **6.** 10.11; 6.14.9; 6.15.1; **7.** वा.रा. 5.52.5-6; **8.** वा.रा. 5.52.9

युक्त बात को ध्यान से सुनें। सत्पुरुषों का कथन है कि दूत किसी भी समय वध करने योग्य नहीं होता। इसमें सन्देह नहीं कि यह बहुत बड़ा शत्रु है और इसने ऐसा अपराध भी किया है जिसकी तुलना नहीं की जा सकती तथापि सत्पुरुषों के मतानुसार दूत का वध करना उचित नहीं। दूत के लिए अन्य दण्ड विधानों की व्यवस्था की गयी है। किसी अंग को भंग या विकृत कर देना, कोड़े से पिटवाना, सिर मुँडवा देना तथा शरीर में कोई चिह्न दाग देना, यही दण्ड दूत के लिए बताये गये हैं। उसके लिए वध का दण्ड तो मैंने कभी सुना ही नहीं। यह अच्छा हो या बुरा, शत्रुओं ने इसे भेजा है अतः यह उन्हीं के स्वार्थ की बात करता है। दूत सदा पराधीन होता है अतएव वध के योग्य नहीं होता।[1]

उपर्युक्त प्रसंग इस तथ्य को प्रकट करता है कि विभीषण दण्ड-विधान को अच्छी तरह जानते थे। इसी प्रकार सीता को लौटाने और लंका तथा राक्षसों के हित को ध्यान में रखकर उसने समय-समय पर रावण को जो परामर्श दिये हैं उनसे भी यही प्रकट होता कि वह कर्तव्याकर्तव्य के विषय में समय के अनुसार पूरी गम्भीरता से विचार किया करता था। प्रहस्त और रावण को समझाते हुए सीता को लौटा देने की उसने जो सलाह दी थी उसका सम्बन्ध नीति और तर्क से कम, राम के पराक्रमी होने से अधिक है। उसने सीधे शब्दों में यही कहा था कि राम को युद्ध में जीतना सम्भव नहीं इसलिए उनसे शत्रुता मोल लेना भी उचित नहीं।

राक्षस-धर्म का विस्तृत विवेचन पुस्तक के प्रारम्भ में और 'रावण का आचार-दर्शन' अध्याय में किया गया है। इस विवेचन से यह स्पष्ट है कि एक-दो अन्तर को छोड़कर राक्षसों का धर्म ठीक वही रहा है जिसे आर्ष धर्म कहा जाता है। आर्ष धर्म के विपरीत आचार-व्यवहार की रावण, कुम्भकर्ण, मेघनाद, प्रहस्त और सभी राक्षसों ने बड़े ही कठोर शब्दों में निन्दा की है और विहित आचार के प्रतिकूल व्यवहार को देखकर बड़े-से-बड़े व्यक्ति को अनार्य कहकर वे उसकी भर्त्सना करते रहे हैं। रावण और मेघनाद विभीषण को अनार्य ही मानते थे। मायामयी सीता को पीटने और वध करने के दृश्य को देखकर जब हनुमान को क्रोध हुआ था तब इन्द्रजित ने उनको फटकारते हुए कहा था—मैं सुग्रीव, राम और तुम सब लोग जिसके लिए यहाँ तक आये हो, उस वैदेही सीता को अभी तुम्हारे देखते-देखते मार डालूँगा। इसे मारकर मैं राम-लक्ष्मण का, तुम्हारा, सुग्रीव का और उस अनार्य विभीषण का भी वध कर डालूँगा।[2]

यद्यपि विभीषण को अनेक स्थानों पर प्रकारान्तर से धर्मात्मा कहा गया है किन्तु जहाँ कहीं उसके आचार-व्यवहार का उल्लेख हुआ है वहाँ उसे प्रतिकूल आचरण करते हुए ही देखा जाता है। विभीषण ने कदाचित् अपने प्रारम्भिक जीवन से ही

---

1. वा.रा. 5.52.13-15,21; **2.** वा.रा. 6.81.27

राक्षस-धर्म का परित्याग कर दिया था। राम के आश्रम में शूर्पणखा ने जब अपना और अपने भाइयों का परिचय दिया था तब भी उसने विभीषण के विषय में यही कहा था कि राक्षसों के आचार-विचार का वह कभी पालन नहीं करता।[1] रावण विभीषण में आर्यजनोचित गुणों का सर्वथा अभाव ही देखता था। सौहार्द और अपने बन्धु-बान्धवों के प्रति सुहृद्-जनोचित स्नेह-भावना को रावण आर्यधर्म का विशेष लक्षण मानता था और विभीषण में इनके अभाव को देखकर ही उसने विभीषण को फटकारा था। राम की अनेक प्रकार से प्रशंसा करते हुए विभीषण ने जब सीता को लौटा देने की सलाह दी, तब विभीषण को फटकारते हुए उसने कहा था कि जैसे कमल के पत्ते पर गिरी हुई पानी की बूँदें उस पर ठहरती नहीं उसी प्रकार अनार्यों के हृदय में सौहार्द नहीं ठहरता। जैसे शरद् ऋतु में गरजते और बरसते हुए मेघों के जल से धरती गीली नहीं होती उसी प्रकार अनार्यों के हृदय में स्नेहजनित आर्द्रता नहीं होती। जैसे भौंरा बड़ी चाह से फूलों का रस पीता हुआ भी वहाँ ठहरता नहीं उसी प्रकार अनार्यों में सुहृद्-जनोचित स्नेह नहीं टिक पाता। तुम भी ऐसे ही अनार्य हो। जैसे भ्रमर रस की इच्छा से काश के फूल के रस का पान करे तो उसमें रस नहीं पा सकता उसी प्रकार अनार्यों की स्नेह-भावना किसी के लिए भी लाभदायक नहीं होती।[2]

विभीषण की इन्द्रजित ने जिन तीखे शब्दों में भर्त्सना की है, उससे एक ओर राक्षस-धर्म की विशेषताओं पर प्रकाश पड़ता है और दूसरी ओर यह भी स्पष्ट होता है कि विभीषण ने उन सभी गुण-धर्मों का परित्याग कर दिया था और ऐसे आचार-व्यवहार को अपना लिया था जिनसे पूरा राक्षसवंश कलंकित होता हो। पुत्रों और परिजनों के प्रति आत्मीयता का भाव, अपनी जाति और कुल का अभिमान, कर्तव्याकर्तव्य का विवेक, भ्रातृ-प्रेम, दूसरों की गुलामी न करना आदि राक्षसों की विशिष्ट आचार-मर्यादा रही। विभीषण में या तो ये गुण प्रारम्भ से ही नहीं रहे अथवा उसने स्वार्थवश इनको छोड़ दिया था। लक्ष्मण को जब वह इन्द्रजित के वध का उपाय बतलाते हुए उसके साधना-स्थल निकुम्भिला नामक स्थान पर ले पहुँचा, तो यह सब देखकर इन्द्रजित क्रोध में उबल पड़ा था। वह इस बात को समझ गया था कि लक्ष्मण को इस रहस्य की जानकारी विभीषण के द्वारा ही दी गयी है। अतएव उसने विभीषण से कहा था कि—तुम मेरे पिता रावण के सगे भाई और मेरे चाचा हो। यहीं तुम्हारा जन्म हुआ और यहीं बढ़कर तुम इतने बड़े हुए हो। फिर भी तुम मुझसे, जो तुम्हारे पुत्र के समान है, द्रोह क्यों करते हो ? तुम्हारे मन में न तो कुटुम्बीजनों के प्रति अपनेपन का भाव है, न आत्मीयजनों के प्रति स्नेह है और न अपनी जाति का अभिमान ही है। तुममें कर्तव्य-अकर्तव्य की मर्यादा, भ्रातृ-प्रेम और

---

1. वा.रा. 3.17.23; **2.** वा.रा. 6.16.11-14

धर्म कुछ भी नहीं है। तुम राक्षस-धर्म को कलंकित करनेवाले हो। तुमने स्वजनों का परित्याग करके दूसरों की गुलामी स्वीकार की है अतः तुम सत्पुरुषों द्वारा निन्दनीय और शोचनीय हो। तुम अपनी शिथिल बुद्धि के द्वारा इस महान् अन्तर को नहीं समझ पा रहे हो कि कहाँ तो स्वजनों के साथ रहकर आनन्द से रहना और कहाँ दूसरे नीचपुरुषों की गुलामी करते हुए जीना। दूसरे लोग कितने ही गुणवान् क्यों न हों और स्वजन गुणहीन ही क्यों न हों, गुणहीन स्वजन दूसरों की अपेक्षा श्रेष्ठ ही है। क्योंकि दूसरा दूसरा ही होता है। जो अपने पक्ष को छोड़कर दूसरे लोगों की सेवा करता है वह अपने पक्ष के नष्ट हो जाने पर फिर उन्हीं लोगों द्वारा मार डाला जाता है। तुमने लक्ष्मण को इस स्थान तक ले आकर मेरा वध कराने के लिए प्रयत्न करके जैसी निर्दयता दिखाई है, यह पुरुषार्थ तुम्हारे जैसा स्वजन ही कर सकता है।[1] इन्द्रजित को उत्तर देते हुए विभीषण ने स्वयं भी स्वीकार किया था कि यद्यपि मेरा जन्म क्रूरकर्मा राक्षसों के कुल में हुआ है तथापि मेरा शील स्वभाव राक्षसों जैसा नहीं है। सत्पुरुषों का जो प्रधान गुण सत्य है, उसी का मैंने आश्रय ले रखा है।[2]

आयु की दृष्टि से विभीषण अपने सभी भाइयों में सबसे छोटा था किन्तु उसके मन में राज्य की लिप्सा इतनी अधिक थी कि उसके लिए वह कुछ भी करने के लिए तैयार था। प्रारम्भ में रावण ने न तो कभी उसका अपमान ही किया और न उपेक्षा ही की। रावण राज्य से सम्बन्धित समस्याओं पर प्रहस्त आदि मन्त्रियों, सेनापतियों और अन्य हितैषियों के साथ विभीषण से भी सलाह लिया करता था और यदि विभीषण ने नीतिसम्मत सत्परामर्श दिया तो उसे रावण ने स्वीकार भी किया। दूत को अवध्य बतलाकर जब विभीषण द्वारा हनुमान को प्राण-दण्ड के बदले नीति अनुसार कोई अन्य दण्ड देने का परामर्श दिया गया था तब रावण ने उत्तर में यही कहा था कि विभीषण, तुम्हारा कहना ही ठीक है। वास्तव में दूत के वध की बड़ी निन्दा की गयी है।[3] रावण के मन में विभीषण के प्रति किसी प्रकार की दुर्भावना भी नहीं रही। सम्मानपूर्ण स्थिति में रहते हुए भी विभीषण के मन में राज्य-प्राप्ति का लोभ लगातार पलता रहा किन्तु उसने इसे कभी प्रकट नहीं होने दिया।

विभीषण के राज्य-लोभ को राम और हनुमान ने अच्छी तरह समझ लिया था। इसे सबसे पहले हनुमान ने ही इंगित किया था। राम के पास विभीषण के आगमन को सुग्रीव सहित सभी यूथपतियों ने सन्देह की दृष्टि से देखा था। किसी ने उसे राक्षस स्वभाव का मानकर, किसी ने रावण द्वारा भेजा गया कपट वेषधारी कहकर और किसी ने अन्य तर्कों के आधार पर विभीषण को शरण देने का विरोध किया था। इस ऊहापोह और सन्देह की स्थिति का निवारण हनुमान ने किया। उन्होंने

---

1. वा.रा. 6.87.11-17; **2.** वा.रा. 6.87.19; **3.** वा.रा. 5.53.2

सभी के मतों को निराधार बताते हुए कहा था कि विभीषण आपके उद्योग को देखकर और रावण के मिथ्याचार को दृष्टि में रखकर ही आपके पास चला आया है। उसने यह सुन-समझ लिया है कि आपके द्वारा वाली का वध किया जाकर किष्किन्धा के राज्य पर सुग्रीव का अभिषेक कर दिया गया है। विभीषण भी बहुत सोच-विचार कर राज्य प्राप्त करने की लालसा से ही आपके पास चला आया है। इसलिए इसका स्वागत करते हुए इसे शीघ्र ही अपना बना लेना चाहिए।[1]

हनुमान की बात सुनकर भी जब सुग्रीव ने विभीषण को शरण देने का विरोध किया तब राम ने राजनीति की जटिलता को स्पष्ट करते हुए हनुमान के विचार से ही सहमति व्यक्त की थी। उन्होंने कहा था कि राज-परिवार में स्वार्थ-हानि की आशंका प्रायः अपने परिजनों से ही हुआ करती है। विभीषण को हमारे परिवार से किसी प्रकार का भय नहीं हो सकता है इसलिए इससे कपटपूर्ण विरोध की आशंका भी नहीं होनी चाहिए। इसके साथ ही राम ने कहा कि विभीषण राज्य प्राप्त करने की आकांक्षा से ही यहाँ आया है अतएव इसको अपना बना लेना ही उचित है।[2] राम के व्यवहार से विभीषण को विश्वास हो गया था कि उसे निश्चय ही राज्य प्राप्त हो जाएगा। इसलिए राम के द्वारा अपनाये जाने पर प्रसन्नता व्यक्त करते हुए राज्य-प्राप्ति की अपनी लालसा को भी उसने प्रकट कर दिया। उसने कहा था कि मैं लंका, सभी मित्र और धन-सम्पत्ति को छोड़कर आपके पास आया हूँ। अब मेरा जीवन, सुख और मेरा राज्य सब-कुछ आप पर ही निर्भर है।[3]

रावण के विरोध में विभीषण की पूरी सहायता प्राप्त करने की राम की योजना थी। विभीषण के पास सैन्यशक्ति तो नहीं थी किन्तु रावण की सेना और उसकी शक्ति तथा लंका की सुरक्षा-व्यवस्था के सभी रहस्यों को वह जानता था। उसने राम के सामने उन सभी रहस्यों को प्रकट कर दिया था। राम विभीषण की राज्य-लिप्सा से परिचित थे ही अतएव उन्होंने उसकी इस मानसिक दुर्बलता का पूरा लाभ उठाया। उन्होंने विभीषण को पहले तो आश्वस्त किया कि—मैं रावण को मारकर तुमको निश्चय ही लंका का राजा बनाऊँगा और इसके पश्चात् रावण से युद्ध होने तथा उस पर विजय प्राप्त करने के बहुत पहले ही उन्होंने विभीषण को लंका का राजा घोषित कर उसका अभिषेक कर दिया था।[4] लक्ष्मण को समुद्र से जल लाने और विभीषण को लंका के राज्य पर अभिषेक करने का निर्देश दिया गया और लक्ष्मण ने तुरन्त ही उसका पालन कर उसे राजा बना दिया था। इस प्रकार राजा बनने पर विभीषण को हार्दिक प्रसन्नता हुई थी।[5] शुक ने राम की सेना का रावण को परिचय देते हुए बताया था कि राम ने विभीषण को लंका के राज्य पर अभिषिक्त कर दिया है।[6]

---

1. वा.रा. 6.17.66-67; **2.** वा.रा. 6.18.13; **3.** वा.रा. 6.19.5; **4.** वा.रा. 6.19.19; **5.** वा.रा. 6.19.24-26; **6.** वा.रा. 6.28.27

अनल, अनिल, हर और सम्पाति को विभीषण का मन्त्री कहा गया है। ये शायद वे ही चार राक्षस थे जो रावण द्वारा विभीषण के निष्कासित किये जाने पर उसके साथ चले आये थे। राजा बनने की स्थिति में इन चारों को सम्भवतः विभीषण का मन्त्री घोषित कर दिया गया था।[1]

विभीषण का राज्य-लोभ उस समय बहुत की स्पष्ट होकर ऊपर आ गया जब उसने दुःख के आवेश में स्वयं उसे प्रकट कर दिया। इन्द्रजित के बाणों से घायल होकर राम और लक्ष्मण दोनों ही खून से लथपथ बेहोश होकर जमीन पर गिर पड़े थे। इन्द्रजित दोनों भाइयों को मरा हुआ समझकर लंकापुरी को लौट गया था और पूरी वानर-सेना में भगदड़ मच गयी थी। विभीषण को राम-लक्ष्मण की यह दशा देखकर गहरा आघात पहुँचा और उसकी आँखें भर आयी थीं। इस स्थल पर यह बात विशेष रूप से ध्यान देने योग्य है कि विभीषण को राम के प्रति श्रद्धा अथवा ममत्व के कारण नहीं बल्कि इस कारण दुःख हुआ था कि राम-लक्ष्मण के मारे जाने पर उसे लंका का राज्य प्राप्त नहीं हो सकेगा। उसने बड़े ही विषाद के स्वर में कहा था कि जिनके बल-पराक्रम का आश्रय लेकर मैंने प्रतिष्ठा प्राप्त करने की अभिलाषा की थी, वे दोनों भाई देह-त्याग के लिए जमीन पर सो रहे हैं। आज मैं जीते-जी मर गया और मेरा राज्य विषयक मनोरथ भी नष्ट हो गया। विभीषण का दुःखी हृदय तभी शान्त हुआ था, जब सुग्रीव ने उसे अपने हृदय से लगाकर पूरी तरह आश्वस्त करते हुए कहा था कि—धर्मज्ञ विभीषण, तुमको लंका का राज्य प्राप्त होकर रहेगा, इसमें किसी प्रकार का सन्देह नहीं करना चाहिए।[2] ये सभी सन्दर्भ इस बात को ही प्रमाणित करते हैं कि विभीषण राज्य-प्राप्ति की कामना से ही रावण से लड़-झगड़ कर राम के पास चला आया था।

उपर्युक्त उल्लेख के साथ यहाँ इस बात के प्रति संकेत करना भी अप्रासंगिक नहीं होगा कि राम की शरण में आने के पहले विभीषण के मन में उनके प्रति किंचित् भी श्रद्धा का भाव विद्यमान नहीं था। रामचरितमानस में भले ही हनुमान को विभीषण के भवन की दीवारों पर राम के आयुधों के चिह्न दिखाई दिये हों अथवा विभीषण के मुख से राम की प्रशंसा सुनाई दी हो किन्तु वाल्मीकि रामायण के सन्दर्भ दूसरे ही तथ्यों को उद्घाटित करते हैं। यह संकेत किया जा चुका है कि रावण विभीषण को पूरा सम्मान देता था, उससे सलाह लेता था और उसे स्वीकार भी करता था। इस समय तक विभीषण राम को युद्धप्रिय, दुर्विनीत और मूर्ख मानता रहा था। रावण ने जब हनुमान को मरवा डालने का निर्णय दिया तब विभीषण ने दूत के वध को नीति के प्रतिकूल बतलाते हुए रावण के गुणों की मुक्त कण्ठ से प्रशंसा की थी। उसने रावण को धर्म और अर्थ नीतिविद्, अच्छे-बुरे का विचार करते हुए

---

1. वा.रा. 7.5.45; **2.** वा.रा. 6.50.18-19,21

कर्तव्य के प्रति विवेकशील, नीतिज्ञ, धर्म और लोकाचार का ज्ञाता, शास्त्र-सिद्धान्तों का पण्डित आदि अनेक गुणों से सम्पन्न बताया था। विभीषण को यह विश्वास था कि युद्ध में रावण के हाथ से राम-लक्ष्मण निश्चय ही मारे जाएँगे। यह समझ में नहीं आता कि विभीषण के इस विश्वास में कुछ सच्चाई भी थी या वह केवल घर फूँक कर तमाशा देखना चाहता था। जो भी हो उसने रावण से कहा था कि हनुमान के मारे जाने पर मैं किसी ऐसे अन्य प्राणी को नहीं देखता जो उन 'युद्धप्रिय' और 'दुर्विनीत' राजपुत्रों को आपसे युद्ध करने के लिए तैयार कर सके। इस समय राक्षसों के मन में युद्ध करने का जो उत्साह दिखाई देता है उसे भंग करना उचित नहीं। मेरी राय तो यही है कि कुछ थोड़े से हितैषी, सावधान शस्त्रधारियों को भेजकर उन मूर्ख राजकुमारों को कैद कर लेना चाहिए।[1] इसके साथ ही विभीषण ने यह भी कहा था कि हनुमान को मारने की बजाय जिन्होंने इसको यहाँ दूत बनाकर भेजा है उन्हीं को दण्डित किया जाना चाहिए।[2] विभीषण की इस सलाह को रावण ने मान लिया था। इससे यह साफ जाहिर होता है कि रावण के पास से भाग आने के पहले तक विभीषण न तो राम के किन्हीं गुणों के प्रति आस्थावान् ही था और न वह किसी कर्तव्य भावना से ही उनके पास आया था। उसके मन में राज्य की लालसा हो रही थी और उसे पूरी करने के लिए उसने ऐसे लोगों का सहारा लेने में भी संकोच नहीं किया जिनको वह युद्धप्रिय, दुर्विनीत, मूढ और दण्डनीय मानता रहा था।

अनेक प्रसंगों में विभीषण को भीमकर्मा, वीर, महाद्युति, धर्म और अर्थ के तत्त्व को जाननेवाला तथा देशकाल के अनुरूप कार्य को समझनेवाला कहा गया है।[3] इन्द्रजित के साथ बातचीत के प्रसंग में 'शस्त्रभृतां वरिष्ठ'[4] जैसे विशेषण का प्रयोग भी उसके लिए किया गया है किन्तु जब उसके आचार और व्यवहार पर दृष्टि जाती है तो इन शब्दों के प्रयोग की सार्थकता सिद्ध नहीं होती। पराक्रम के विषय में विभीषण की मान्यताएँ निहायत ही निकम्मी और राजाओं तथा वंश की प्रतिष्ठा के प्रतिकूल थीं। सिद्धान्ततः वह यही मानता था कि प्रत्येक प्राणी को जिस किसी भी प्रकार अपने प्राणों की रक्षा करनी ही चाहिए।[5] ऐसा कोई भी काम करने का उसमें साहस ही नहीं था, जिसमें किसी खतरे की आशंका हो और इसीलिए कलह को टालने की दिशा में ही उसका दिमाग जाता था। सीता को लौटा देने की सलाह देते हुए उसने रावण से कहा था कि सीता को तुरन्त ही लौटा दिया जाना चाहिए अन्यथा हम लोगों को बड़ा भारी खतरा उत्पन्न हो सकता है। कलह करने से आखिर क्या लाभ होगा।[6]

---

1. वा.रा. 5.52.24-27; **2.** वा.रा. 5.52.20; **3.** वा.रा. 6.10.1,7,13; **4.** वा.रा. 6.15.8; **5.** वा.रा. 6.9.14; **6.** वा.रा. 6.9.15

प्राणों के प्रति ममत्वशील और कलह के भय से काँप जानेवाले व्यक्ति से पराक्रम की आशा नहीं की जा सकती। विभीषण भी शत्रु के प्रति साम, दाम और भेद नीति को अपनाने पर ही सबसे अधिक जोर देता था। उसका यह भी विश्वास था कि पराक्रम प्रत्येक अवस्था में सफल नहीं होता बल्कि असावधान, होनी अथवा भाग्य के मारे हुए लोगों पर ही पराक्रम द्वारा सफलता पायी जा सकती है। रावण के दरबार में जब निकुम्भ, रभस, सूर्यशत्रु आदि सेनापतियों ने आवेश में आकर राम-लक्ष्मण और हनुमान को मार डालने के लिए अपने शस्त्र सँभाले थे तब विभीषण डर के कारण काँप गया था। उसने हाथ जोड़कर कहा था कि जो काम साम, दाम और भेद इन तीन उपायों से पूरा न हो सके उसी के लिए पराक्रम करने की बात कही गयी है। पराक्रम भी भली-भाँति सोच-विचार कर विधिपूर्वक किया जाय तो भी केवल उन्हीं व्यक्तियों पर सफल होता है जो स्वयं असावधान हों, जिन पर पहले से दूसरे शत्रुओं ने आक्रमण किया हो अथवा अन्य प्रकार से भाग्य के मारे हुए हों।[1] विभीषण के इन विचारों से स्पष्ट है कि पराक्रम में उसकी किंचित् भी आस्था नहीं थी और वह केवल असहाय, निर्बल, असावधान व्यक्तियों पर ही पराक्रम दिखाने की बात सोच सकता था। रामायण के अन्य पात्र किसी अन्य के साथ युद्धरत शत्रु पर आक्रमण करने का विरोध करते रहे हैं और सभी ने अपने शत्रुओं को ललकारकर उनको पूर्ण सावधान करने के बाद ही उन पर पराक्रम प्रकट किया है किन्तु विभीषण की आचार-नीति ऐसी रही जो पराक्रमशील पुरुषों के सर्वथा विपरीत है।

विभीषण के विषय में रामायण में उल्लिखित प्रारम्भिक प्रसंगों से यह साफ जाहिर होता है कि राम-लक्ष्मण के शौर्य, पराक्रम और उनके धनुर्धर रूप से वह इतना अधिक भयभीत था कि उनके नाम से ही उसका साहस लड़खड़ा जाता था। जब भी उसने सीता को लौटा देने की सलाह दी तो मुख्य रूप से उसके मन में इस भय की व्याप्ति रही कि सीता को न लौटाने की स्थिति में राम अपने पौरुष से लंका नगरी को तो ध्वस्त कर ही डालेंगे, लंका निवासी समस्त राक्षसों का जीवन भी खतरे में पड़ जाएगा। अन्य सेनापतियों द्वारा युद्ध के लिए उत्साह दिखाये जाने पर भी विभीषण ने कहा था कि शत्रुओं के पास असंख्य सेनाएँ हैं, उनमें असीम बल और पराक्रम है इस बात को जान-बूझकर भी उनकी शक्ति की अवहेलना नहीं करनी चाहिए। जब तक राम अपने बाणों से हाथी-घोड़ों और अनेक रत्नों से भरी-पूरी लंका को ध्वस्त नहीं कर डालते उसके पहले ही सीता को लौटा दिया जाना चाहिए। यदि हम लोग अपने आप ही सीता को नहीं लौटा देते तो लंका पुरी नष्ट हो जाएगी और समस्त शूरवीर राक्षस मार डाले जाएँगे।[2] सीता का अपहरण लंका की जनता, राक्षसों और अन्तःपुर सभी के लिए अशुभ दिखाई देता है।[3] प्रहस्त निश्चय ही

---

1. वा.रा. 6.9.8-9; **2.** वा.रा. 6.9.12, 17-19; **3.** वा.रा. 6.10.24

पराक्रमी और साहसी था। उसने बड़े साहसपूर्वक कहा था कि भय नाम की वस्तु को हम जानते ही नहीं। हमें युद्ध में यक्षों, गन्धर्वों, नागों और सर्पों से भी भय नहीं होता फिर राम से भला भयभीत होने का कोई कारण ही नहीं है।[1] प्रहस्त की इन ओजपूर्ण बातों को सुनकर भी विभीषण साहस नहीं जुटा सका और उसने अपने उत्तर में फिर यही कहा था कि जब तक राम के दुर्जय और तीखे बाण तुम्हारे शरीर को विदीर्ण नहीं कर डालते तभी तक तुम ऐसी बातें कर सकते हो। रावण, त्रिशिरा, निकुम्भ, इन्द्रजित, देवान्तक, नरान्तक, अतिकाय कोई भी शूरवीर राम के सामने युद्ध में टिकने में समर्थ नहीं। इसलिए सीता को लौटा देना ही उचित होगा।[2] लंका की प्रायः सभी राक्षसियाँ इस बात को जानती थीं कि विभीषण राम के डर के कारण ही उनके आश्रय में चला गया है। कुम्भकर्ण, मेघनाद तथा अन्य राक्षसों के मारे जाने पर विलाप करते हुए उन्होंने कहा था कि पुलस्त्यनन्दन विभीषण ने ही समयोचित कार्य किया है। उन्हें जिनसे भय दिखाई दिया वे उन्हीं की शरण में चले गये।[3] विभीषण को वस्तुतः पराक्रम पर उतना भरोसा कभी नहीं रहा जितना उद्यम पर रहा था। उद्यम से उसका आशय 'तरकीब निकालने' से ही प्रतीत होता है। इन्द्रजित पर विजय प्राप्त करने के लिए उसने राम को उद्यम करने की ही सलाह दी थी[4] और इसी सलाह के साथ लक्ष्मण को इन्द्रजित के यज्ञस्थल 'निकुम्भिला' के पास पहुँचा दिया था। इन्द्रजित और रावण का वध कराने में विभीषण ने पराक्रम का नहीं बल्कि तरकीबों का सहारा लिया था।

रावण ने विभीषण के विचारों को सुनकर उसे केवल आर्य जनोचित स्नेह भावना से रहित माना था किन्तु इन्द्रजित ने साफ शब्दों में उसको कायर और डरपोक कहा। विभीषण जब बार-बार राम से झगड़ा मोल न लेने और सीता को लौटा देने की बात को दुहाराता रहा तो इन्द्रजित से न रहा गया। उसने सबके सामने ही कहा था कि—छोटे चाचा, आप बहुत डरे हुए की तरह यह कैसी निरर्थक बात कह रहे हो! जिसने इस कुल में जन्म न लिया होगा, वह भी ऐसी बात नहीं करेगा और न ऐसा काम ही करेगा। हमारे इस कुल में केवल यह छोटे चाचा विभीषण ही बल, वीर्य, पराक्रम, धैर्य और तेज रहित हैं।[5] यह उल्लेखनीय है कि प्रहस्त और अनेक अन्य सेनापति भी सीता के अपहरण के समर्थक नहीं थे किन्तु फिर भी उन्होंने लंका और रावणकुल की प्रतिष्ठा बचाने के लिए युद्ध करना ही उचित समझा था। विभीषण ने वंश की प्रतिष्ठा पर कोई ध्यान ही नहीं दिया। विभीषण के विषय में इन्द्रजित के ही शब्द याद आते हैं जो उसने कहा था कि तुम्हारे मन में स्वजनों के प्रति कोई स्नेह नहीं और तुम दूसरों की गुलामी करते हो।

---

1. वा.रा. 6.14.7-8; **2.** वा.रा. 6.14.13-15; **3.** वा.रा. 6.94.40; **4.** वा.रा. 6.85.9; **5.** वा.रा. 6.15.2-3

आचार-मर्यादा के विषय में विभीषण का रवैया बिलकुल ही अजीब रहा है। धर्म और नीति का नाम लेकर ही वह अपनी बातें कहता रहा किन्तु यह कहना भी सरल नहीं कि धर्म और नीति की कौन-सी परम्परा अथवा कौन-सा सिद्धान्त उसे मान्य था। रामायण में कोई भी ऐसा पात्र नहीं है जो अपने से ज्येष्ठ के प्रति सम्मानपूर्ण व्यवहार न करता रहा हो। लक्ष्मण ने दशरथ, कैकेयी अथवा भरत के प्रति जब आक्रोश प्रकट किया था तब उन्होंने अपने मूल्यों के प्रति संकेत भी किया था। विभीषण के मूल्यों को समझना भी कठिन है। रावण ने जब उसे अनार्य कहकर फटकारा था तब वह अपने चार सहयोगी राक्षसों के साथ उठकर खड़ा हो गया था। इस समय एक ओर तो वह रावण को बड़ा भाई और पिता के समान आदरणीय कहता रहा और दूसरी ओर साफ शब्दों में यह भी कह दिया कि तुम्हारे अग्रज होने पर भी मैं ऐसे कठोर वचनों को कभी बरदाश्त नहीं कर सकता। यह कहकर ही वह भागकर राम के पास चला आया था।[1] इसके पहले प्रहस्त आदि राक्षसों के सामने उसने यहाँ तक कहा था कि रावण व्यसनों के वश में हैं इसलिए सोच-विचार कर काम नहीं करते। सभी सुहृद राक्षसों को चाहिए कि इनके साथ बलात्कार करके भी इनकी रक्षा करें। यदि आवश्यकता पड़े तो आप सब एकमत होकर इनके केश पकड़कर घसीट कर भी इनकी रक्षा करें।[2] इस प्रकार के विचार व्यक्त करनेवाले के विषय में यह कैसे माना जा सकता है कि उसके मन में अपने से ज्येष्ठ के प्रति स्नेह और सम्मान की भावना विद्यमान थी। युद्ध-स्थल में रावण, कुम्भकर्ण और अन्य राक्षसों का परिचय देते समय भी विभीषण के द्वारा ऐसे वाक्यों का ही प्रयोग किया गया है जो उसके हृदय में स्नेह और सौजन्य के अभाव को प्रमाणित करते हैं।

विभीषण की छुटपुट आचार-विषयक मान्यताएँ जहाँ-तहाँ स्फुट वाक्यों में अवश्य मिलती हैं किन्तु उसका व्यवहार इनसे अलग कुछ दूसरा ही रहा। उसकी मान्यता थी कि शास्त्र का ज्ञाता विद्वान्, नीति को समझनेवाला और बलवान् पुरुष कभी क्रोध के वश में नहीं होता। रावण ने जब हनुमान को मरवा डालने का निश्चय किया था तब विभीषण ने कहा था कि आप धर्म के ज्ञाता, उपकार को माननेवाले, और राजधर्म के विशेषज्ञ हैं। भले-बुरे का ज्ञान रखनेवाले परमार्थ के ज्ञाता हैं। यदि आप जैसे विद्वान् भी रोष के वशीभूत हो जाएँ तो शास्त्रों का ज्ञान प्राप्त करना भी व्यर्थ का श्रम ही समझा जाएगा।[3] आपकी बुद्धि धर्म और अर्थ की शिक्षा से युक्त है। आप ऊँच-नीच का विचार करके कर्तव्य का निश्चय करते हैं। आप जैसा नीतिज्ञ पुरुष क्रोध के अधीन कैसे हो सकता है? क्योंकि शक्तिशाली पुरुष कभी क्रोध नहीं करते।[4] विभीषण के अनुसार काल के वशीभूत अजितेन्द्रिय पुरुष में नीतियुक्त बात सुनने का विवेक भी शेष नहीं रहता। रावण द्वारा फटकारे जाने पर उसने अपना

---

1. वा.रा. 6.16.19; **2.** वा.रा. 6.14.18-19; **3.** वा.रा. 5.52.7-8; **4.** वा.रा. 5.52.16

यही विचार प्रकट किया था।[1] उसने यह भी कहा था कि मीठी-मीठी बातें करनेवाले लोग तो आसानी से मिल जाते हैं किन्तु अप्रिय और हितकर बात कहने-सुननेवाले दोनों ही दुर्लभ होते हैं।[2]

इन्द्रजित को उत्तर देते समय अपनी आचार-विषयक आस्थाओं के सम्बन्ध में विभीषण ने स्वयं ही विस्तारपूर्वक कहा है। पहले तो उसने इन्द्रजित से कहा था कि तुमको मेरे स्वभाव का पता ही नहीं। इसके बाद ही उसने बताया था कि क्रूरतापूर्ण कर्म में मेरा मन नहीं लगता। अधर्म में मेरी कोई रुचि नहीं। यदि अपने भाई का शील स्वभाव अपने अनुकूल न भी हो, तब भी एक भाई दूसरे को कैसे निकाल सकता है। जिसका शील-स्वभाव धर्म से भ्रष्ट हो गया हो, जिसने पाप करने का दृढ़ निश्चय कर लिया हो, ऐसे पुरुष का त्याग करके प्रत्येक प्राणी उसी प्रकार सुखी होता है जिस प्रकार हाथ पर बैठे हुए सर्प को त्यागकर मनुष्य निर्भय हो जाता है। जो दूसरों का धन लूटता हो और परायी स्त्री को हाथ लगाता हो, उस दुरात्मा को जलते हुए घर की भाँति त्याज्य ही कहा गया है। पराये धन का अपहरण, परस्त्री के साथ संसर्ग और अपने हितैषी सुहृदों के प्रति अविश्वास—ये तीन दोष विनाशकारी हैं। महर्षियों का वध, देवताओं के साथ विरोध, अभिमान, रोष, वैर और धर्म के प्रतिकूल चलना ये सभी दोष मेरे भाई में मौजूद हैं। इन्हीं के कारण मैंने अपने भाई का त्याग किया है।[3]

इन्द्रजित के साथ युद्ध के अवसर पर विभीषण ने उसके प्रति कुछ ममत्व की भावना भी प्रकट की है। वानर यूथपतियों को राक्षसों की बची-खुची सेना का संहार करने के लिए प्रोत्साहित करते समय इन्द्रजित की ओर संकेत करते हुए उसने कहा था कि यह मेरे पितृतुल्य भाई का पुत्र है अतः मेरे लिए इसका वध करना उचित नहीं है। किन्तु फिर भी राम के हित के लिए अपने भतीजे को मार डालने के लिए भी मैं उद्यत हूँ। जब मैं स्वयं इसे मारने के लिए हथियार उठाता हूँ तो आँसुओं से मेरी दृष्टि अवरुद्ध हो जाती है इसलिए लक्ष्मण ही इसका विनाश करेंगे।[4]

विभीषण की उपर्युक्त आस्थाओं में विचित्रता और विरोध साफ दिखाई देता है। रावण द्वारा निष्कासित किये जाने पर तो उसने व्यंग्य किया किन्तु वह इस बात को भूल गया कि राक्षसों द्वारा अपने बड़े भाई को बाल पकड़कर घसीटने की सलाह देना उसके लिए कहाँ तक उचित था? इसी प्रकार अपने भतीजे को मारने में यदि उसे कुछ दुःख होता था तो दूसरे के हाथों उसे मरवा डालने में उसको दुःख क्यों नहीं हुआ? क्रूरता, भ्रातृ-द्रोह, सुहृदों के प्रति अविश्वास आदि की वह निन्दा करता है जबकि यह सभी दोष उसके आचरण में प्रत्यक्ष दिखाई देते हैं।

---

1. वा.रा. 6.16.20, 26; **2.** वा.रा. 6.16.21; **3.** वा.रा. 6.87.18-25; **4.** वा.रा. 6.89.17-18

स्वर्ग के अस्तित्व में विभीषण का विश्वास था और वह यह भी मानता था कि धर्मात्मा पुरुष ही स्वर्ग-प्राप्ति के अधिकारी होते हैं। प्रहस्त ने जब राम-लक्ष्मण को मार डालने की बात कही थी तक विभीषण ने कहा था कि जिस प्रकार अधर्म-बुद्धि पुरुषों की स्वर्ग तक पहुँच नहीं होती उसी प्रकार प्रहस्त, महोदर, कुम्भकर्ण आदि के लिए राम को मारना भी असम्भव है।[1]

रावण की मृत्यु पर विलाप करते हुए विभीषण ने ही कहा था कि आज इस धरती पर से धर्म का मूर्तिमान विग्रह उठ गया है। और जब रावण के दाह-संस्कार का प्रश्न उपस्थित हुआ तो उसने साफ इनकार कर दिया था। राम से ही उसने कहा था कि जिस रावण ने धर्म और सदाचार का त्याग कर दिया था, जो क्रूर, निर्दयी, असत्यवादी और परस्त्री का स्पर्श करनेवाला था, उसका दाह-संस्कार करना भी मैं उचित नहीं समझता। सबके अहित में संलग्न रहनेवाला यह रावण भाई के रूप में मेरा शत्रु ही था। यद्यपि ज्येष्ठ होने से यह गुरुजनोचित गौरव के कारण मेरा पूज्य था तथापि यह मुझसे सत्कार पाने योग्य नहीं। मेरी यह बात सुनकर संसार के लोग मुझे क्रूर अवश्य बतायेंगे किन्तु जब वे रावण के दुर्गुणों को सुनेंगे तब मेरे विचार के औचित्य को स्वीकार करेंगे।[2] इसके बाद राम ने जब फिर से उसको समझाया तभी उसने रावण का दाह-संस्कार सम्पन्न किया था।

उपर्युक्त विवेचन से इसी निष्कर्ष पर पहुँचा जा सकता है कि विभीषण की आचार-विषयक मान्यताएँ कभी साफ और निश्चित नहीं रहीं। न वह किसी विशिष्ट दार्शनिक अथवा धार्मिक परम्परा का ही अनुसरण करता है, न राजर्षियों की परम्परा को स्वीकार करता है और न कुलधर्म की ही परवाह करता है। ऊल-जलूल तरीके से ही उसका व्यवहार रहा। यदि रावण और इन्द्रजित को मरवा डालने में उसका हाथ न होता और रावण के पास से भागकर राम के पास न आ गया होता तो राम-कथा में उसका कोई महत्त्व होता ही नहीं। राम की शरण में आने के कारणों को देखकर भी उसके आचार-व्यवहार के प्रति कोई आस्था उत्पन्न नहीं होती।

---

1. वा.रा. 6.14.10; **2.** वा.रा. 6.111.93-94

सिद्धान्तनिष्ठ रावण का स्वच्छन्दतावाद

रावण के वंश की पूर्व परम्परा के सम्बन्ध में केवल इतना ही उल्लेख मिलता है कि वह ब्रह्मा के मानसपुत्र महर्षि पुलस्त्य का प्रपौत्र और ऋषि विश्रवा का पुत्र था। रावण के वंश का विस्तारपूर्वक वर्णन महर्षि अगस्त्य के द्वारा उस समय किया गया जब राम लंका-विजय के पश्चात् अयोध्या का राज्यभार ग्रहण कर चुके थे। यह भी एक समस्या ही है कि एक ओर ब्रह्मा के बाद इक्ष्वाकुवंश की लगभग पचास पीढ़ियों के बाद राम का जन्म लिखा गया और दूसरी ओर ब्रह्मा की चौथी पीढ़ी में उत्पन्न होने पर भी रावण को राम का समकालीन माना गया। महर्षि पुलस्त्य को ब्रह्मा का मानसपुत्र कहते समय शायद बीच की पीढ़ियों का उल्लेख छोड़ दिया गया है। पुलस्त्य का विवाह तृणबिन्दु की पुत्री के साथ हुआ था। इन दोनों से ऋषि विश्रवा का जन्म हुआ था। विश्रवा के दो विवाहों का उल्लेख किया गया है। उनका पहला विवाह महर्षि भरद्वाज की कन्या के साथ हुआ था जिसके गर्भ से वैश्रवण कुबेर का जन्म हुआ। वैश्रवण कुबेर ने तपस्या के द्वारा अनेक वर प्राप्त किये थे और पिता के निर्देश से लंका में जाकर रहने लगे थे। इस सन्दर्भ के अनुसार लंका का निर्माण विश्वकर्मा ने राक्षसों के निवास के लिए किया था। इसकी चहारदीवारी सोने की बनी हुई थी, चारों ओर खाइयाँ खुदी हुई थीं और अनेक यन्त्रों तथा शस्त्रों से सुरक्षित थी।[1] विष्णु के भय से राक्षसों ने लंका का परित्याग कर दिया था और उस सूनी नगरी में कुबेर रहने लगे थे।

राक्षसों की परम्परा में सुकेश के पुत्र माल्यवान, सुमाली और माली का जन्म हुआ था। सुमाली की पत्नी केतुमती के गर्भ से प्रहस्त आदि पुत्र और राका, पुष्पोत्कटा, कैकसी और कुम्भीनसी चार पुत्रियाँ उत्पन्न हुई थीं।[2] रामायण के ही एक अन्य प्रसंग के अनुसार कुम्भीनसी माल्यवान की पुत्री अनला की पुत्री थी।[3] सुमाली ने प्रयत्नपूर्वक अपनी पुत्री कैकसी का विवाह विश्रवा के साथ कर दिया था ताकि उसके गर्भ से वैश्रवण कुबेर जैसी सन्तान उत्पन्न हो सके। कैकसी दारुण वेला में विश्रवा के पास पहुँची थी इसलिए विश्रवा ने उसे पत्नी रूप में स्वीकार करते हुए भी क्रूरस्वभाव, क्रूरकर्मा पुत्रों के जन्म देने का संकेत किया था। कैकसी के गर्भ

---

1. वा.रा. 7.3.28; **2.** वा.रा. 7.5.41-42; **3.** वा.रा. 7.25.22-24

से ही रावण, कुम्भकर्ण, शूर्पणखा और विभीषण का जन्म हुआ। इस सन्दर्भ के अनुसार जन्म के समय रावण दसग्रीवाओं, बड़ी-बड़ी दाढ़ों, लाल होठ, बीस भुजाओं और विशाल मुख सहित कोयले के पहाड़ जैसा काला था। विश्रवा ने दस ग्रीवाओं को देखकर ही उसका नाम दशग्रीव रखा था।[1] लोकों को रुला देने के कारण उसको विरावण भी कहा गया।[2] एक अन्य सन्दर्भ के अनुसार जब दशानन ने कैलाश को उठा लिया और शिव ने अपने पैर के अँगूठे से उसे दबा दिया तब रावण के हाथ उसके नीचे बुरी तरह से पिचक गये थे। पीड़ा के कारण वह जोर से चीख उठा था जिससे तीनों लोकों के प्राणी काँप गये थे। बाद में उसकी प्रार्थना से प्रसन्न होकर शिव ने उसको भारमुक्त किया और अपनी चीख से तीनों लोकों को रुला देने के कारण उसका नाम रावण रख दिया।[3] आगे जो उल्लेख किये गये हैं उनमें उसका दशमुख अथवा बीसभुज होना सन्दिग्ध ही रहता है। ऐसा प्रतीत होता है कि उसका वास्तविक नाम कुछ अन्य रहा होगा और दशमुख, दशानन, दशग्रीव, रावण आदि नामों की कल्पना की गयी है। महापार्श्व और महोदर भी रावण के भाई थे।[4] किन्तु इनकी माता का स्पष्ट परिचय प्राप्त नहीं होता।

जन्म के बाद रावण की आयु कुछ थोड़ी ही हुई होगी कि इसी बीच वैश्रवण कुबेर पुष्पक विमान पर बैठकर अपने पिता विश्रवा के दर्शनार्थ पहुँचे। उनके वैभव को देखकर रावण की माँ कैकसी के मन में जबरदस्त ईर्ष्या की भावना उत्पन्न हो गयी और उसने दशग्रीव को उकसाते हुए ऐसा प्रयत्न करने के लिए कहा जिससे वह भी सौतपुत्र कुबेर के समान वैभव और समृद्धि को प्राप्त कर सके। माँ की अभिलाषा पूरी करने की इच्छा से ही रावण ने तपस्या करके वैभव अर्जित करने का निश्चय किया। वह गोकर्ण के पवित्र आश्रम पर चला गया और पहले दस हजार वर्ष तक लगातार उपवास करता रहा। प्रत्येक सहस्र वर्ष पूर्ण होने पर वह अपना एक मस्तक काट कर आग में होम देता। दसवाँ मस्तक होमते समय पितामह ब्रह्मा देवताओं के साथ उसके पास पहुँचे। ब्रह्मा ने उसको गरुड़, नाग, यक्ष, दैत्य, दानव, राक्षस तथा देवताओं से अवध्य होने और होम में समर्पित मस्तकों के पुनः नये रूप में प्रकट होने का वरदान दिया।

रावण को ब्रह्मा से वर प्राप्त होने का समाचार सुनकर उसके नाना सुमाली को बेहद प्रसन्नता हुई। विष्णु से पराजित होने के कारण सभी राक्षस रसातल में जाकर रहने लगे थे। अब उन्होंने सुमाली के नेतृत्व में फिर से बाहर आने और लंका पर अधिकार करने का निश्चय किया। सुमाली और प्रहस्त ने मिलकर रावण को उकसा दिया था। रावण की ओर से प्रहस्त ने ही कुबेर को लंका छोड़कर अन्यत्र चले जाने का सन्देश दिया और कुबेर अपने पिता की अनुमति प्राप्त कर हमेशा के लिए लंका

---

1. वा.रा. 7.9.33; **2.** वा.रा. 1.15.33; **3.** वा.रा. 7.16.36-37,46; **4.** वा.रा. 6.69.16

छोड़कर कैलाश पर रहने के लिए चल गये। कुबेर के वहाँ से चले जाने पर सुमाली, प्रहस्त और अन्य राक्षसों ने रावण को लंका के राज्य पर अभिषिक्त कर दिया।

यद्यपि रावण के अन्तःपुर में अनेक अपहृता अथवा अपने पतियों को छोड़कर स्वेच्छा से भागकर उसके पास आकर रहनेवाली नारियों का वर्णन विस्तार से किया गया है तथापि रावण की दो पत्नियों का सन्दर्भ स्पष्ट रूप से उपलब्ध है। उसका पहला विवाह मय दानव और हेमा अप्सरा की सुन्दरी कन्या मन्दोदरी के साथ हुआ था। मय ने अपनी पुत्री के लिए सुयोग्य वर की खोज करते हुए रावण के व्यक्तित्त्व से प्रभावित होकर स्वयं ही उसके साथ मन्दोदरी का विवाह कर दिया था। स्मरणीय है कि मायावी और दुन्दुभि भी मन्दोदरी के सगे भाई थे और वे दोनों किष्किन्धा पर आक्रमण करने के अवसर पर वाली के हाथों पराजित होकर मारे गये थे। मन्दोदरी के गर्भ से महान् तपस्वी, तेजस्वी और पराक्रमी पुत्र इन्द्रजित का जन्म हुआ था। रावण की दूसरी पत्नी का नाम धान्यमालिनी था। इसी के गर्भ से अतिकाय का जन्म हुआ था।[1] अक्षकुमार, देवान्तक, नरान्तक और त्रिशिरा को भी रावण का पुत्र कहा गया था। किन्तु यह स्पष्ट नहीं कि यह किसके गर्भ से उत्पन्न हुए थे।[2] रावण ने अपनी बहिन शूर्पणखा का विवाह कालका के पुत्र विद्युज्जिह्व के साथ[3], कुम्भकर्ण का विरोचन कुमार बलि की दौहित्री वज्रज्वाला के साथ तथा विभीषण का गन्धर्वराज शैलूष की कन्या सरमा के साथ कर दिया था।[4] राज्याभिषेक के बाद अनेक राज्यों पर आक्रमण करते हुए रावण ने कालकेयों के अश्म नगर पर भी आक्रमण किया था। इस युद्ध में हजारों कालकेयों के साथ शूर्पणखा का पति विद्युज्जिह्व भी रावण के हाथों मारा गया था और इस प्रकार धोखे में आकर रावण ने अपनी बहिन को ही विधवा बना दिया था। बाद्र में शूर्पणखा के परितोष के लिए ही रावण ने उसे अपने मौसेरे भाई खर के साथ सुखपूर्वक रहने के लिए जनस्थान भेज दिया था।

रावण की माँ कैकसी राम-रावण युद्ध के समय जीवित थी। वृद्ध मन्त्रियों के अतिरिक्त कैकसी ने भी रावण को सीता को लौटा देने की सलाह दी थी। विभीषण की पत्नी सरमा ने सीता को रावण और उसके परिवार के विषय में विस्तृत जानकारी दी थी। उसी के साथ यह भी बताया था कि रावण को उसकी माँ कैकसी भी सभी तरह समझा-बुझा चुकी है।[5]

वंशपरम्परा, पिता के संस्कार अथवा जो भी स्थिति रही हो किन्तु इतना निर्विवाद है कि रावण ने अपनी प्रारम्भिक अवस्था में ही वेद-शास्त्र, राजनीति, धर्म और अर्थनीति का गहन अध्ययन किया था। विभिन्न प्रसंगों में उसके द्वारा व्यक्त

---

1. वा.रा. 6.71.30; **2.** वा.रा. 6.68.7; **3.** वा.रा. 7.12.2; **4.** बा.रा. 7.12.23-24; **5.** वा.रा. 6.34.20,23

विचार और धर्मनीति तथा आचार-मर्यादाओं के प्रमाणों की प्रस्तुति ही इस तथ्य को प्रमाणित करती है कि वह अपने समय का एक महान् पण्डित था। जगह-जगह उसको महात्मा तो कहा ही गया है, 'महातेजा' और 'वाक्यकोविदः' जैसे विशेषणों का प्रयोग उसके लिए किया जाता रहा।[1] हनुमान स्वयं यह मानते थे कि रावण धर्म और अर्थ के तत्त्व का मर्मज्ञ है और उसने बड़े भारी तप का संग्रह भी किया है।[2] उन्होंने उसे स्पष्टतया बुद्धिमान् भी कहा।[3] दूत के वध को अनुचित बताते हुए परामर्श देते समय विभीषण ने भी रावण से कहा था कि आप धर्म के ज्ञाता, कृतज्ञ, राजधर्म के विशेषज्ञ, अच्छे-बुरे का ज्ञान रखनेवाले और परमार्थविद् हैं। यदि आपके समान विलक्षण पुरुष भी रोष के वशीभूत हो जाएँ तो शास्त्रों का पाण्डित्य प्राप्त करना एक व्यर्थ का श्रम ही समझा जाएगा।[4] आपकी बुद्धि धर्म और अर्थ की शिक्षा से युक्त है। ऊँच-नीच का विचार करके ही आप कर्तव्य का निश्चय करते हैं। आप जैसा नीतिज्ञ पुरुष कोप के अधीन कैसे हो सकता है। धर्म की व्याख्या करने, लोकाचार का पालन करने अथवा शास्त्रीय सिद्धान्त को समझने में आपके समान दूसरा कोई भी नहीं।[5]

रावण बोलचाल में भी द्विजातियों के समान सुसंस्कृत भाषा का ही प्रयोग करता था। अशोक वाटिका में सीता से बात करने के पहले हनुमान को यह परेशानी हुई थी कि यदि वे बातचीत में सुसंस्कृत भाषा का प्रयोग करते हैं तो सीता उनको रावण समझकर भयभीत हो जाएगी।[6] पंचवटी में सीता को देखकर उसने उनकी तुलना श्री, ह्री और रति से की थी[7] जो उसके शास्त्रज्ञान का ही प्रमाण है।

रामकथा के विकास और परिवर्तन के साथ रावण के व्यक्तित्व के विषय में भी लोगों की धारणाएँ बदलती चली गयीं। उसके दस मुख और बीस भुजाओं के बारे में लोगों की धारणा इतनी दृढ़ हो गयी है कि उसके सामान्य मनुष्य की भाँति दो भुजाओं और एक मुखवाले शरीर की कल्पना ही पीछे छूट गयी। दशग्रीव, दशानन जैसे नामों के अलावा उसकी बीस भुजाओं के होने का उल्लेख भी अनेक स्थलों पर किया गया है। राम-लक्ष्मण के द्वारा विरूपित होने के बाद शूर्पणखा जब उसके पास पहुँची थी तब एक ओर उसके भव्य और आकर्षक रूप का वर्णन है और उसी के साथ दस ग्रीवाओं और बीस भुजाओं का संकेत भी किया गया है।[8] इसी प्रकार कुछ अन्य स्थलों पर भी उसकी बीस भुजाओं का वर्णन किया गया है। ऐसा प्रतीत होता है कि उसके दशग्रीव नाम का संस्कृत शैली के अनुसार दशानन, दशमुख जैसे पर्याय देने के साथ उसकी संगति बैठाने के लिए ही उसकी बीस भुजाओं की कल्पना भी कर ली गयी। सीता की खोज करते समय जब हनुमान ने उसको शयनागार

1. वा.रा. 3.31.39; **2.** वा.रा. 5.51.17; **3.** वा.रा. 5.51.18; **4.** वा.रा. 5.52.7-8; **5.** वा.रा. 5.52.16-17; **6.** वा.रा. 5.30.18; **7.** वा.रा. 5.46.17; **8.** वा.रा. 3.32.8

में सोते हुए देखा था तब उनको केवल एक मुख और दो भुजाएँ दिखाई दी थीं। उसके इस रूप का जो वर्णन किया गया है उसके अनुसार रावण अत्यन्त रूपवान् था। सुन्दर आभूषणों से विभूषित, चन्दन और अंगराग से सुवासित उसका शरीर किसी को भी अपनी ओर आकृष्ट कर लेता था। हनुमान ने स्वयं देखा था कि बाजूबन्दों से विभूषित उसकी दोनों भुजाएँ इन्द्रध्वज के समान दिखाई देती थीं। वे सभी ओर से समान, सुन्दर कन्धोंवाली तथा स्वस्थ थीं। उनकी सन्धियाँ सुदृढ़ थीं और बलिष्ठ तथा उत्तम लक्षणवाले नखों और अंगुष्ठों से सुशोभित थीं।

वे सुगठित और पुष्ट, परिध के समान गोल और हाथी की सूँड़ के समान दिखाई देती थीं। सुन्दरी स्त्रियाँ उसकी दोनों भुजाओं को दबा रही थीं।[1] इसी प्रकार अशोक वटिका में सीता से बात करने के लिए जब वह गया था तब भी वह अपनी दो परिपुष्ट भुजाओं से, दो श्रृंगों से शोभित मन्दराचल के समान ही दिखाई दिया था।[2] यह सहज ही अनुमान किया जा सकता है कि रावण के राक्षस रूप को सिद्ध करने और राम की विजय-प्रतिष्ठा में वृद्धि करने के उद्देश्य से ही रावण की बीस भुजाओं और दस मुख होने ही कल्पना जोड़ दी गयी हो।

हनुमान को जब रावण के दरबार में उपस्थित किया गया तब वे उसके रूप-सौन्दर्य को देखकर मुग्ध हो गये थे। रामायण में इस अवसर का परस्पर विरोधी वर्णन उपलब्ध होता है। उसके दस मस्तक होने का भी संकेत है और दूसरी ओर विभिन्न आभरणों से अलंकृत उसके सुन्दर शरीर का भी वर्णन किया गया है। अन्त में उस दीप्तिशाली राक्षसेश्वर को देखकर उसके तेज पर मोहित होकर हनुमान ने अपने मन में कहा था—अहो इस राक्षसराज का कैसा अद्भुत रूप है! कैसा अनोखा धैर्य है, कैसी अनुपम शक्ति है, और कैसा आश्चर्यजनक तेज है ! इसका सम्पूर्ण राजोचित लक्षणों से सम्पन्न होना कितने आश्चर्य की बात है ![3]

लंका के राज्य पर अभिषिक्त होने के पश्चात् रावण ने अपने राज्य का विस्तार, लंका की सुरक्षा और लंका नगरी के विकास की ओर विशेष ध्यान देना प्रारम्भ किया। जो लोग अपने ऐश्वर्य और वैभव के बल पर समाज के लिए पूज्य देवता अथवा समादरणीय ऋषि बनकर बैठे हुए थे, उन सबसे रावण को प्रारम्भ से ही नफरत रही थी। उसने ऋषियों, देवताओं, यक्षों और गन्धर्वों को परेशान करना शुरू कर दिया था तथा देवताओं के विहार-स्थल नन्दनवन और अन्य उद्यानों को भी उजाड़कर नष्ट कर दिया था।[4] कुबेर को जब यह समाचार मिला तो उन्होंने एक दूत भेजकर रावण को समझाने का प्रयास भी किया था। उन्होंने शिव की महान् शक्ति का उल्लेख करते हुए उनसे अपनी मैत्री के प्रति संकेत भी किया। रावण कुबेर से सहमत नहीं हुआ और

---

1. वा.रा. 5.10.15,17,18,20,21; **2.** वा.रा. 5.22.27; **3.** वा.रा. 5.49.16-17 **4.** वा.रा. 7.13.8-9

उसने उस दूत को भी मरवा डाला था। इसके पश्चात् रावण ने अपने छः मन्त्रियों के साथ कैलाश पर आक्रमण किया। कुबेर तथा यक्षों के द्वारा अपनी रक्षा के लिए भयंकर युद्ध किया गया किन्तु वे सब रावण के समक्ष युद्ध में ठहर न सके। कैलाश और कुबेर के पुष्पक विमान पर रावण का अधिकार हो गया। इसके बाद रावण ने 'शरवण' नामक स्थान पर आक्रमण किया था किन्तु इस युद्ध में रावण को शंकर के द्वारा परास्त होना पड़ा था। जब उसने स्तुतियों द्वारा शंकर को प्रसन्न कर लिया तब उन्होंने उसको चन्द्रहास नामक खंग और अन्य आयुध देकर लौटा दिया था। यह भी उल्लेखनीय है कि रावण क्षत्रिय राजाओं का विरोधी था। उसने अपने पराक्रम से क्षत्रियों को पराजित कर सेना और परिवार सहित नष्ट कर दिया था।[1]

समस्त पृथ्वी को अपने अधिकार में कर लेने की कामना से रावण ने 'कुशीर बीज' नामक देश के राजा मरुत्त को युद्ध के लिए ललकारा था। जब रावण ने उन पर आक्रमण किया तब वे समस्त देवताओं के साथ माहेश्वर यज्ञ कर रहे थे। मरुत्त रावण की चुनौती का जबाव देने के लिए धनुष-बाण लेकर युद्ध के लिए तैयार हो गये परन्तु संवर्त ऋषि ने यज्ञ में दीक्षित राजा को युद्ध करने से रोक दिया था। इस स्थिति का लाभ उठाकर रावण के मन्त्री शुक ने मरुत्त के पराजित होने की घोषणा कर दी और रावण भी अपने को विजयी मानकर दूसरे देशों पर आक्रमण के लिए चल दिया। उसने सभी राजाओं को युद्ध के लिए खुली चुनौती दी और दुष्यन्त, सुरथ, गाधि, गय और पुरुरवा ने बिना युद्ध किये ही उसके समक्ष अपनी पराजय स्वीकार कर ली थी।

अनेक राज्यों को जीतने के बाद रावण ने अयोध्या पर भी आक्रमण किया था। उस समय इक्ष्वाकुवंश में उत्पन्न महाराज अनरण्य अयोध्या के शासक थे। अनरण्य ने रावण-दिग्विजय-यात्रा के विषय में पहले से सुन रखा था इसलिए उन्होंने रावण का मुकाबला करने की भी पूरी तैयारी कर ली थी। जब रावण ने उनको युद्ध के लिए ललकारा तब अनरण्य दस हजार हाथी, एक लाख अश्वारोही, कई हजार रथी और पैदल सैनिकों के साथ युद्ध के मैदान में आ डटे थे। रावण और अनरण्य के बीच भयंकर युद्ध हुआ किन्तु आखिरकार अनरण्य की सेना के पैर उखड़ गये और स्वयं अनरण्य भी इस युद्ध में मारे गये। उल्लेखनीय है कि अनरण्य इक्ष्वाकुवंश में राम से कई पीढ़ी पहले अयोध्या के राजा हो चुके थे। इस स्थिति में अनरण्य और राम दोनों के साथ रावण का युद्ध एक ऐसा प्रश्न उपस्थित कर देता है जिसका उत्तर रामायण के आधार पर खोजना सरल नहीं। अनरण्य ने प्रतिशोध के रूप में इक्ष्वाकुवंश में उत्पन्न राम के द्वारा रावण के मारे जाने का शाप दिया था।

नारद ने बड़ी चतुराई से रावण का ध्यान मर्त्यलोक के दुःखी प्राणियों की ओर

---

1. वा.रा. 7.16.47-49

से हटाकर यम तथा अन्य देवताओं की ओर मोड़ दिया था। रावण को इसमें कुछ भी परेशानी नहीं हुई और उसने जबरदस्त संघर्ष करते हुए काल, वरुण, वायु तथा अन्य सभी देवताओं को अपने अधिकार में कर लिया था। नागराज वासुकि की भोगवती पुरी को जीतने के बाद जब उसने मणिमयी पुरी पर आक्रमण किया तब वहाँ के निवात-कवच नामक दैत्यों से उसे सन्धि कर लेनी पड़ी। इसी समय 'अश्म' नामक नगर में कालकेयों के साथ युद्ध करते हुए उसने अपनी बहिन शूर्पणखा के पति विद्युज्जिह्व को भी मार डाला था। वरुणपुत्रों को परास्त कर वरुणालय पर अपना अधिकार कर लेने के बाद रावण लंकापुरी को लौट आया था।

रावण जब अपनी दिग्विजय पर निकला था, कुम्भकर्ण नींद में सो रहा था। मेघनाद यज्ञ करने में और विभीषण तपस्या में संलग्न था। उसी समय अवसर पाकर मधुपुरी के शासक मधु ने लंका पर आक्रमण कर रावण की मौसेरी बहिन कुम्भीनसी का अपहरण किया। रावण के लौटने पर जब विभीषण ने उसको घटना की जानकारी दी तब रावण ने मेघनाद, कुम्भकर्ण के साथ एक विशाल सेना को लेकर मधुपुरी पर आक्रमण कर दिया। कुम्भीनसी युद्ध के दुष्परिणामों से बचना चाहती थी इसलिए उसने प्रयत्नपूर्वक मधु और रावण के बीच सन्धि करा दी थी। यह अन्यत्र लिखा ही जा चुका है कि राक्षस इन्द्र की परम्परा के विरोधी रहे हैं। रावण ने मधु की सहायता प्राप्त कर अपनी पूरी सेना के साथ इन्द्रलोक पर आक्रमण कर दिया। इस युद्ध में रावण के अनेक सेनानायकों के साथ उसका नाना सुमाली भी मारा गया था। इस पर क्रुद्ध होकर युद्ध की बागडोर मेघनाद ने अपने हाथों में सँभाल ली थी। देवताओं की ओर से इन्द्रपुत्र जयन्त आगे आया किन्तु मेघनाद के बाणों ने जब उसको बुरी प्रकार से घायल कर दिया तब इन्द्र का श्वशुर दैत्यराज पुलोमा अपने दौहित्र जयन्त को युद्ध में से एक सुरक्षित स्थान में भगा ले गया। इन्द्र और रावण के बीच एक लम्बी अवधि तक भयंकर संग्राम चलता रहा। इसमें अनगिनत राक्षस मारे गये थे। अन्त में मेघनाद ने इन्द्र को क़ैद कर लिया था। रावण मेघनाद द्वारा बन्दी बनाये गये इन्द्र को लंकापुरी ले गया। इसके पश्चात् समस्त देवताओं की प्रार्थना स्वीकार कर स्वयं ब्रह्मा ने इन्द्रजित मेघनाद से इन्द्र को मुक्त कर देने का अनुरोध किया। इसके लिए ब्रह्मा ने देवताओं की ओर से मेघनाद को यथेष्ट विनिमय देना भी स्वीकार किया था[1] और मेघनाद ने युद्ध में विजय प्रदान करनेवाले रथ की प्राप्ति का वरदान लेकर इन्द्र को मुक्त कर दिया था।

यम, वरुण, कुबेर, इन्द्र और अन्य राजाओं पर विजयी होनेवाले रावण को दो युद्धों में बुरी प्रकार परास्त होना पड़ा था। अपनी शक्ति के अभिमान में आकर उसने नर्मदा-तट पर बसी हुई माहिष्मती पुरी पर आक्रमण कर दिया। उस समय हैहयवंश

---

1. वा.रा. 7.30.7

में उत्पन्न अर्जुन माहिष्मती का शासक था। जब रावण माहिष्मती पहुँचा तब अर्जुन नर्मदा में स्त्रियों के साथ विहार के लिए गया हुआ था। अर्जुन के मन्त्रियों से बातचीत कर रावण भी नर्मदा की ओर चला गया। वह पुष्प-सामग्री के साथ नर्मदातट पर शिवपूजा में लग गया। इसी बीच पश्चिम की ओर बहनेवाली नर्मदा में ऐसी बाढ़ आयी कि उसका पानी पूर्व की ओर बहने लगा और उसमें रावण की सारी पूजन सामग्री बह गयी। रावण के मन्त्रियों द्वारा पता लगाये जाने पर उसे ज्ञात हुआ कि माहिष्मती नरेश ने क्रीड़ा करते हुए अपनी सहस्र भुजाओं से नर्मदा के प्रवाह को रोककर उसे विपरीत दिशा में मोड़ दिया था। रावण उसके साथ युद्ध करने के लिए वहाँ पहुँच गया। सहस्रबाहु अर्जुन के सामने रावण ठहर न सका और उसे बन्दी बनाया जाकर माहिष्मती ले जाया गया। पुलस्त्य को जब अर्जुन के द्वारा रावण के बन्दी बनाये जाने का समाचार मिला तो वे स्वयं सन्तति के प्रति मोहवश माहिष्मतीनरेश अर्जुन के पास पहुँचे थे। पुलस्त्य के अनुरोध पर अर्जुन ने रावण को मुक्त कर दिया और उसके साथ मैत्री का सम्बन्ध जोड़ लिया था।

अर्जुन से परास्त होने पर भी रावण को अपनी शक्ति पर अभिमान बना ही रहा। उसने किष्किन्धा जाकर वाली को युद्ध के लिए चुनौती दी थी। वाली देवार्चन के उद्देश्य से बाहर गया हुआ था किन्तु रावण उसकी खोज करता हुआ उसी स्थल पर जा पहुँचा जहाँ वाली देवताओं के लिए तर्पण कर रहा था। रावण को युद्ध करने का अवसर ही न मिला और वाली ने उसको अनायास ही अपनी कोख में दबा लिया। रावण को इस प्रकार कोख में दबाये वाली चारों समुद्रतटों पर देव-तर्पण करने के पश्चात् किष्किन्धा लौटा था। रावण को अपनी इस पराजय पर बेहद लज्जित होना पड़ा था और वाली को प्रसन्न करते हुए उसने उसके साथ मैत्री सम्बन्ध स्थापित कर लिया था। इसके बाद रावण को शायद राम के साथ ही युद्ध में उलझना पड़ा था, जिसमें वह मारा गया।

रावण के निरन्तर संघर्षमय जीवन को देखते हुए यह कहना उचित ही होगा कि वह अपने समय का एक महान् पराक्रमी योद्धा था। अदम्य साहस, शक्ति और सैन्यबल के होते हुए भी उसे सदैव इस बात का ध्यान रहा कि युद्ध में विजय अनिश्चित होती है। अशोक वाटिका उजाड़ देने के बाद हनुमान ने जब रावण के अनेक सेनापतियों को भी मार डाला तब उसने विरूपाक्ष, यूपाक्ष आदि पाँच सेनापतियों को हनुमान को कैद कर लेने के निर्देश दिये थे। उन सेनापतियों से रावण ने कहा था कि तुमको हनुमान को वानर समझकर उपेक्षा नहीं करनी चाहिए। युद्ध में विजय की इच्छा रखनेवाले नीतिज्ञ पुरुष को बलपूर्वक अपनी रक्षा करनी चाहिए क्योंकि युद्ध में सफलता अनिश्चित होती है।[1] प्रहस्त के मारे जाने पर भी उसने

---

1. वा.रा. 5.46.16;

यही बात दुहरायी थी कि शत्रुओं को नगण्य समझकर उनकी अवहेलना करना उचित नहीं होता।[1] वह युद्ध के लिए सदैव उत्सुक बना रहता था और प्रायः उसने स्वयं ही अर्जुन, वाली तथा अन्य शत्रुओं के पास जाकर युद्ध की माँग की थी। विजय अथवा पराजय की चिन्ता से सर्वथा मुक्त रहकर उसका अविचलित बना रहना उसके स्वभाव की विशेषता थी। हनुमान ने राम को जब रावण की सैन्य-शक्ति और सुरक्षा-व्यवस्था का परिचय दिया था तब रावण के विषय में उन्होंने कहा था कि वह युद्ध के लिए उत्सुक होते हुए भी स्वयं कभी क्षुब्ध नहीं होता। वह सदैव स्वस्थ चित्त और धीर बना रहता है और सेनाओं के बार-बार निरीक्षण के लिए पूरी तरह सावधान एवं उद्यत रहता है।[2]

ऋषियों, ब्राह्मणों और देवताओं के प्रति रावण के विरोध के विषय में आगे लिखा गया है। यहाँ यह लिखा जाना युक्तिसंगत होगा कि रावण क्षत्रिय राजाओं का परशुराम जैसा ही प्रबल विरोधी था। पास-पड़ोस अथवा दूरवर्ती राज्यों के क्षत्रिय-नरेशों पर आक्रमण कर उनको जीतने के लिए उसकी तलवार हमेशा खुली रहती थी। अगस्त्य ने ही राम को उसका परिचय देते समय कहा था कि रावण ने अपनी दिग्विजय के अवसर पर बहुत से महापराक्रमी क्षत्रियों को परेशान कर दिया था। अनेक तेजस्वी ऋषियों को, जो बड़े ही शूरवीर और रणोन्मत्त थे, रावण के राज्य शासन को स्वीकार न करने के कारण सेना और परिवार सहित नष्ट हो जाना पड़ा था। दूसरे बहुत से बुद्धिमान् क्षत्रियों ने उसको अजेय मानकर अधीनता स्वीकार कर ली थी।[3] राम से युद्ध करने के लिए प्रोत्साहित करते समय सेनापतियों ने भी रावण के क्षत्रिय-विरोध के प्रति संकेत किया है। उन्होंने रावण से कहा था कि पहले यह पृथ्वी विशाल वृक्षों की भाँति इन्द्र के समान पराक्रमी क्षत्रिय वीरों से भरी हुई थी। जब आपने उन समर दुर्जय वीरों को भी मार डाला तब राम पर विजय पाना आपके लिए कौन-सी बड़ी बात है![4]

रावण के पराक्रम से बड़े-बड़े राजा आतंकित होकर चुप बैठ जाते थे। अयोध्यानरेश दशरथ तो उसके नाम से काँपते थे। विश्वामित्र ने राम को अपने साथ ले जाने के लिए दशरथ से अनुरोध करते समय जब रावण की चर्चा की तो दशरथ ने स्पष्ट शब्दों में अपने को रावण की अपेक्षा कमजोर बतलाते हुए कहा था—मैं उस दुरात्मा रावण के सामने युद्ध में नहीं ठहर सकता। आप मेरे पुत्र पर और मुझ मन्दभागी पर कृपा कीजिए क्योंकि युद्ध में रावण का वेग तो देवता, दानव, गन्धर्व, यक्ष, गरुड़ और नाग भी नहीं सह सकते फिर मनुष्यों की तो बात ही क्या है! रावण युद्ध में बलवानों के बल का अपहरण कर लेता है अतः मैं अपनी सेना और पुत्रों

---

1. वा.रा. 6.59.4; **2.** वा.रा. 6.3.19; **3.** वा.रा. 7.16.47-49; **4.** वा.रा. 6.7.16-17

के साथ रहकर भी उससे तथा उसके सैनिकों से युद्ध करने में असमर्थ हूँ।[1] रावण अपने प्रतिपक्षी के सामने झुकने के लिए कभी तैयार ही नहीं होता था। यह उसका स्वाभाविक दोष था जिसे स्वीकार करते हुए भी वह दूर नहीं कर सका। माल्यवान ने जब राम की अजेय शक्ति के विषय में कहते हुए सीता को लौटा देने और राम से सन्धि करने का परामर्श दिया तब रावण ने उत्तर में कहा था कि मेरे स्वभाव का ही यह दोष है कि बीच से दो टुकड़े हो जाने पर भी मैं किसी के सामने झुक नहीं सकता और स्वभाव किसी के लिए भी अलंघ्य होता है।[2] निरापद जीवन की उपयोगिता को रावण ने सैद्धान्तिक अथवा व्यावहारिक दृष्टि से कभी स्वीकार ही नहीं किया। आपत्तियों को निमन्त्रण देकर उनसे टकराने में ही उसे आनन्द आता था। युद्ध में सफलता सन्दिग्ध मानकर भी उसने स्वयं अर्जुन और वाली जैसे शक्तिशाली नरेशों से युद्ध की याचना की थी। सीता को न लौटाने के भयंकर परिणामों से भी उसे सभी प्रकार से अवगत कराया गया किन्तु इस पर भी युद्ध को टालने की बात उसे कभी रुचिकर नहीं लगी। प्रहस्त को युद्ध के लिए भेजने से पहले उसने अपनी मान्यता को स्पष्ट करते हुए कहा था कि जीवन को संशय में डाले बिना अथवा खतरा मोल लिये बगैर कोई भी व्यक्ति श्रेय का भागी नहीं बन सकता और संशयपूर्ण अर्थात् खतरों से भरी हुई जिन्दगी बिताने पर ही श्रेय की प्राप्ति सम्भव है।[3]

लंका यद्यपि कुबेर के राज्य-काल में ही एक सम्पन्न और समृद्ध नगरी बन चुकी थी किन्तु रावण ने दिग्विजय के बाद उसकी सीमा-सुरक्षा, सैन्य-शक्ति के विकास तथा नगरी के नव-निर्माण पर सबसे अधिक ध्यान दिया था। सीता-हरण के पश्चात् अपना अन्तःपुर दिखलाते समय रावण ने लंका का विस्तार सौ योजन बतलाया था।[4] सीता की खोज करते समय हनुमान लंका की सुरक्षा-व्यवस्था और उसके विकास को देखकर दाँतों तले उँगली दबाकर रह गये थे। राम की विजय के प्रति उनका विश्वास काँप गया था और वे सोचने लगे थे कि लंका पर विजय प्राप्त करना सरल नहीं है और राम का समुद्र पार करने का श्रम भी व्यर्थ ही चला जाएगा। सीता से भेंट करने के बाद लौटकर उन्होंने राम को लंका की सीमा-सुरक्षा और सैन्य-शक्ति के विषय में जो जानकारी दी थी उसके अनुसार लंकापुरी एक अलंघ्य परकोटे से घिरी हुई थी। उसमें चार विशाल दरवाजे थे जिनमें मजबूत किवाड़ और मोटी-मोटी अर्गलाएँ लगी हुई थीं। इन दरवाजों के ऊपर ऐसे विशाल और शक्तिशाली यन्त्र लगाये गये थे जो बाण और पत्थरों के गोले बरसाते थे जिससे आक्रमणकारी शत्रुओं की सेना को लंका में प्रवेश करना भी सम्भव नहीं होता था। यन्त्रों के अतिरिक्त इन दरवाजों पर काले लोहे की बनी हुई भयंकर और तीखी सैकड़ों शतघ्नियाँ भी

---

1. वा.रा. 1.20.20-23; **2.** वा.रा. 6.36.11; **3.** वा.रा. 6.57.11; **4.** वा.रा. 3.55.19

रखी गयी थीं। चहारदीवारी के चारों ओर ठण्डे जल से भरी हुई अगाध गहराई से युक्त खाइयाँ बनी हुई थीं जिनमें बड़े-बड़े मगर और विशाल मछलियाँ छोड़ दी गयी थीं। प्राचीर के द्वारों के सामने ही खाइयों पर चार विस्तृत संक्रम (अस्थायी पुल) बनाये गये थे। इन संक्रमों में ऐसे यन्त्रों की व्यवस्था भी की गयी थी जो शान्तिकाल में उनकी रक्षा करते थे और शत्रुओं के आक्रमण के समय उन यंत्रों के द्वारा ही संक्रमों को शत्रुसेना सहित खाइयों में गिरा दिया जाता था। नदी, पर्वतों, वनों और खाइयों से सुरक्षित लंका में प्रवेश करना भी सरल नहीं था। हनुमान ने अपने कौशल और पराक्रम से इन चारों संक्रमों को तोड़कर खाइयों को पाट दिया था और इसीलिए लंका में वानरसेना का प्रवेश सम्भव हो सका था।[1]

प्राचीर के चारों दरवाज़ों पर सेना की विशेष व्यवस्था की गयी थी। पूर्व द्वार पर दुर्जय, युद्धवीर शूल और खड्गधारी दस हजार राक्षस नियुक्त थे। दक्षिण द्वार पर हाथी, घुड़सवार, रथी और पैदल सिपाहियों को मिलाकर सबकी संख्या एक लाख थी। पश्चिम द्वार पर अस्त्र-शस्त्रों के प्रयोग में निपुण, ढाल-तलवार से सुसज्जित दस लाख राक्षस नियुक्त किये गये थे। उत्तरी सीमा से ही लंका पर शत्रुओं के आक्रमण की आशंका रहती होगी इसलिए उत्तरी द्वार पर सुरक्षा के लिए दस करोड़ ऐसे राक्षसों को नियुक्त किया गया था जो अभिजात वर्गीय, वीरता के लिए प्रख्यात और अच्छे रथी अथवा घुड़सवार थे। सीमा-द्वारों के अतिरिक्त लंका के मध्य भाग में भी एक करोड़ से भी अधिक सैनिकों को नियुक्त किया गया था। सीमा सुरक्षा की इस प्रकार की व्यवस्था से लंका शत्रुओं के लिए सर्वथा एक अजेय नगरी बन गयी थी।[2]

त्रिकूट पर्वत के शिखर पर खड़े होकर हनुमान ने जब लंका के बाहर प्रवेश मार्गों की व्यवस्था देखी तो वे मुग्ध होकर रह गये थे। स्वच्छ चौड़ी सड़कें (प्रतोली) नगरी को चारों ओर से घेरे हुए थीं और सड़कों के किनारे सुन्दर उद्यान लगाये गये थे।[3] हनुमान ने जिस किसी प्रकार छिपकर उत्तर द्वार से रात्रि में लंका नगरी में प्रवेश किया था। उन्होंने स्वयं देखा था कि नागरिकों के सतमंजिले, आठमंजिले मणि और सुवर्णजटित भव्य प्रासादों की पक्तियाँ दूर तक चली गयी हैं और इनकी ऊँची अट्टालिकाओं पर ध्वजाएँ फहराती रहती हैं। सोने और मोतियों से बनाई गयी जालियाँ, स्फटिक मणियों से जड़े हुए फर्श, दरवाजों पर नीलम के बने हुए चबूतरे, सोने और चाँदी के दरवाजे, साफ और चौड़ी सड़कें, क्रौंच, मयूर, राजहंसों का कलरव, आभूषणों और वाद्यों की झनकारों से लंका अमरावती के समान ही दिखाई देती है। लंका के नागरिक इच्छानुसार स्वाध्याय, जप, तप में लगे रहते हैं। आमोद-प्रमोद, संगीत वाद्यों की झनकारें उसकी समृद्धि और वैभव को प्रकट करती हैं। रामायण में अनेक नारों और राज्यों का वर्णन उपलब्ध है तथा अयोध्या

---

1. वा.रा. 6.3.29; **2.** वा.रा. 6.3.; **3.** वा.रा. 5.2.17

किष्किन्धा, कैकय, मिथिला, नन्दिग्राम, संकाश्या आदि राजधानियों का भी उल्लेख हुआ है किन्तु लंका के सामने ये सभी स्थल उजड़े हुए गाँव-जैसे ही दिखाई देते हैं। यदि वास्तव में लंका उपलब्ध वर्णन के अनुरूप नगरी थी तो उसके विकास का श्रेय रावण को देना ही पड़ेगा।

लंका अयोध्या के समान एक परम्परागत राज्य कभी रहा ही नहीं था। पुलस्त्य और विश्रवा भी राजा नहीं थे। कुबेर को भी तपस्या के बाद विश्वकर्मा द्वारा निर्मित इस नगरी में रहने भर के लिए भेज दिया गया था। इस प्रकार यह स्पष्ट ही है कि रावण को लंका का राज्य वंशानुगत क्रम से नहीं मिला था वरन् उसने स्वयं अपने पराक्रम से इस राज्य की स्थापना की थी। महान् पराक्रमी और अजेय योद्धा होने के नाते वह स्वच्छन्द, निरंकुश, तानाशाह बन सकता था किन्तु उसे अधिनायकवादी मानना भी सरल नहीं। वह इस बात को अवश्य मानता था कि मन्त्रियों को राजा के हित का ध्यान रखते हुए उसके निर्णय का समर्थन ही करना चाहिए किन्तु छोटी-बड़ी किसी भी समस्या को अन्तिम निर्णय के लिए वह सदैव मन्त्रिपरिषद् में ही विचारार्थ प्रस्तुत करता रहा। उसकी मन्त्रिपरिषद् के सदस्यों की संख्या भी कम नहीं थी और माल्यवान, प्रहस्त, विभीषण, कुम्भकर्ण, मेघनाद तथा अन्य बहुत से मनीषी राक्षस विचार-विमर्श के लिए परिषद् की बैठक में सम्मिलित होते थे। बैठक का आयोजन इस उद्देश्य से नियत सभाभवन में ही हुआ करता था। किसी अधिक गम्भीर समस्या के उत्पन्न होने पर मन्त्रियों के अतिरिक्त सम्भ्रान्त नागरिकों को भी परामर्श के लिए आमन्त्रित किया जाता था। राज्य की समस्याओं पर वह इतनी गम्भीरता से विचार करता था कि प्रायः सदैव मन्त्रियों से घिरा रहता था। यह उसके जनतन्त्रवादी होने का ही प्रमाण है।

राम-लक्ष्मण के द्वारा अपमानित किये जाने पर और खर, दूषण, त्रिशिरा आदि के युद्ध में मारे जाने पर शूर्पणखा जब रावण के पास पहुँची तब वह मन्त्रियों से घिरा हुआ बैठा था।[1] अकम्पन ने पहले ही उसको राम द्वारा जनस्थान के उजाड़े जाने का समाचार दे दिया था और सीता-हरण का परामर्श भी दिया था। रावण सीता का अपहरण करने के लिए चला भी था किन्तु मार्ग में मारीच के समझाने-बुझाने पर लंका को वापस लौट आया था। शूर्पणखा से विस्तृत समाचार पाकर उसने अपने मन्त्रियों से इस विषय में सलाह ली थी और इसके बाद ही फिर से सीता-हरण के लिए रवाना हुआ था।[2] इन्द्रजित द्वारा पकड़े जाने पर हनुमान को जब रावण के समक्ष लाया गया था तब उन्होंने भी उसको सभासदों और मन्त्रियों से घिरा हुआ ही देखा था।[3] रावण ने अपने मन्त्रियों से ही हनुमान का परिचय पूछने की आज्ञा दी थी।[4]

---

1. वा.रा. 3.32.4,24,3.33.1; 3.34.1; **2.** वा.रा. 3.35.1; **3.** वा.रा. 5.49.11-13; **4.** वा.रा. 5.48.60; 5.50.5

राम के साथ युद्ध करने का निश्चय भी रावण के मन्त्रियों और सभासदों द्वारा पर्याप्त विचार-विमर्श के बाद लिया गया था। राम की सेना ने जब लंका पर आक्रमण करने के लिए समुद्रतट पर पड़ाव डाल दिया तब रावण ने कर्तव्याकर्तव्य के विषय में परामर्श करने और निर्णय करने के लिए मन्त्रियों, सेनापतियों और राक्षसों की एक विशेष सभा आमन्त्रित की थी। रावण स्वयं रथ में बैठकर अन्तःपुर से काफी दूर बने हुए उस सभाभवन में पहुँचा था। इस सभा में विभिन्न विभागों के प्रभारी मन्त्री-अमात्यों तथा विचारवान् शूरवीर राक्षसों ने सैकड़ों की संख्या में भाग लिया था।[1] विभीषण, कुम्भकर्ण, मेघनाद, प्रहस्त आदि प्रमुख मन्त्री भी इसमें उपस्थित थे। सबके यथास्थान बैठ जाने पर रावण ने उनको सम्बोधित करते हुए कहा था कि आप लोग धर्म, अर्थ और कार्य विषयक संकट उपस्थित होने पर प्रिय-अप्रिय, सुख-दुःख, लाभ-हानि और हित-अहित का विचार करने में समर्थ हैं। आप लोगों ने सदा परस्पर विचार करके जिन-जिन कार्यों का प्रारम्भ किया वे कभी निष्फल नहीं हुए। मैंने जो काम किया है उसे मैं पहले ही आप सबके सामने रखकर उसका आपके द्वारा समर्थन चाहता था परन्तु कुम्भकर्ण के सोते रहने के कारण यह नहीं किया जा सका। एक वानर ने लंका में आकर महान् उपद्रव मचा दिया इसलिए कार्यसिद्धि के उपायों को समझना कठिन दिखाई दे रहा है। अतः जिसको अपनी बुद्धि के अनुसार जैसा उचित जान पड़े वह वैसा ही बताए। आप सब लोग अपने विचार अवश्य व्यक्त करो। आप लोग परामर्श कर कोई ऐसी नीति बताएँ जिससे सीता को न लौटाना पड़े और दोनों दशरथकुमार भी मारे जाएँ।[2]

उत्तम, मध्यम और अधम श्रेणी के पुरुषों तथा इसी प्रकार मंत्रणा के स्तर का ध्यान रखते हुए उत्तम श्रेणी के मन्त्रियों द्वारा उत्तम परामर्श दिये जाने की ही रावण अपेक्षा करता था। उसने कभी इस बात को पसन्द ही नहीं किया कि कोई मन्त्री उसके प्रभाव में आकर राज्यहित के प्रतिकूल उसका मनचाहा परामर्श दे। सभासदों का अभिमत जानने के पहले ही उसने अपने इस आधार सिद्धांत को प्रस्तुत करते हुए कहा था कि मन्त्रनिर्णय में समर्थ मित्रों, समान सुख-दुःखवाले बान्धवों और अपने हितैषियों के साथ सलाह करके, दैव के प्रति आस्थावान् रहकर कार्य का प्रारम्भ करनेवाला व्यक्ति ही उत्तम प्रकार का पुरुष होता है और उस कोटि की मंत्रणा भी वही होती है जो शास्त्रविधि के अनुकूल हो तथा जिससे सभी मन्त्री सहमत हों।[3] विभिन्न मन्त्रियों के बीच प्रारम्भ में मतभेद होते हुए पर्याप्त वाद-विवाद के पश्चात् अन्त में सर्वसम्मति से लिए गये निर्णय को भी वह मध्यम कोटि का ही निर्णय मानता था।[4] इस प्रकार मन्त्रणा विषयक सिद्धान्तों को स्पष्ट करते हुए ही उसने

---

1. वा.रा. 6.11.25-26; **2.** वा.रा. 6.12.7,8,10,21,22,25; **3.** वा.रा. 6.6.7,8,12; **4.** वा.रा. 6.6.13

सभासदों से कहा था कि सभी बातों पर विचार करते हुए आप लोग बताएँ कि मुझे क्या करना चाहिए। आपको जो उचित जान पड़े और जिसका परिणाम भी हितकर निकले उसी का सुझाव दें। मनस्वी पुरुषों का कहना है कि मन्त्रियों द्वारा दिया गया सत्परामर्श ही विजय का कारण होता है। इसलिए राम के विषय में आप सबकी सलाह लेना ही मैं उचित मानता हूँ। आप सब लोग परम बुद्धिमान् हैं। इसलिए अच्छी तरह सलाह करके कोई एक कार्य निश्चित करें। उसी को मैं अपना कर्तव्य समझूँगा।[1] वानरों से विरोध को ध्यान में रखकर आप ऐसी सलाह दें जो नगर और सेना दोनों के लिए हितकर हो।[2]

रावण द्वारा प्रस्तुत समस्या पर मन्त्रियों और सभासदों के द्वारा पूरी गम्भीरता के साथ विचार किया गया था। कुम्भकर्ण और विभीषण ने सभा के बीच में ही सबके सामने रावण द्वारा सीता के अपहरण का विरोध किया था। कुम्भकर्ण की गम्भीर विचारणा शक्ति का परिचय इसी से मिलता है कि उसने रावण की कड़े शब्दों में निन्दा करते हुए कहा था कि सीता-हरण का निश्चय करने के पहले ही आपको इस विषय पर सब लोगों के साथ मिलकर विचार करना चाहिए था। बिना विंचार किये गये लोक और शास्त्रों के विपरीत कर्म अपवित्र आभिचारिक यज्ञों में होमे गये हविष्य की भाँति ही अशुभ फलदायी होते हैं। अपने इन विचारों के साथ ही उसको राजा की गरिमा, राज्य की प्रतिष्ठा और अपने बड़े भाई की मानमर्यादा का भी स्मरण हुआ अतएव अन्त में उसने कहा था कि—जो कुछ हो चुका है उस पर विचार करने की अब कोई सार्थकता नहीं। मैं शत्रुओं को नष्ट करके सब-कुछ ठीक कर दूँगा।[3] प्रहस्त ने भी सीता-हरण को अपराध ही माना था तथापि राज्य का हितैषी होने के कारण[4] उसने भी रावण को दुखों से मुक्त रखने के लिए ही युद्ध करने का निश्चय किया था। केवल विभीषण ही ऐसा रहा था जो रावण और लंका के हित में युद्ध करने के लिए तैयार नहीं हुआ था। वस्तुतः रावण ने मन्त्रियों और सभासदों से परामर्श लेने में इतना अधिक विलम्ब कर दिया था कि स्थिति नियन्त्रण से बाहर हो चुकी थी। हनुमान के द्वारा अशोक वाटिका का विध्वंस, लंका के जलाने, अक्षकुमार, मन्त्रियों के पुत्र और अनेक सेनापतियों के मारे जाने तथा राम के सेना सहित समुद्रतट तक पहुँच जाने के बाद सीता को लौटाने का अर्थ निश्चय ही रावण द्वारा अपनी पराजय को स्वीकार करना होता और उससे रावण, कुम्भकर्ण, इन्द्रजित जैसे अजेय शूरवीरों तथा लंका राज्य की प्रतिष्ठा को आघात पहुँचता। इसी कारण सीता-हरण को अनुचित मानते हुए भी कुम्भकर्ण, प्रहस्त और माल्यवान आदि ने युद्ध करने का निश्चय किया था।

मन्त्रियों द्वारा व्यक्त किये गये शास्त्रसम्मत नीतियुक्त विचारों को अपने निश्चय

---

1. वा.रा. 6.6.4,5,15; 2. वा.रा. 6.6.18; 3. वा.रा. 6.12.29,31,35; 4. वा.रा. 6.12.6

के प्रतिकूल होते हुए भी स्वीकार करने में रावण ने कभी संकोच नहीं किया। अकम्पन के परामर्श से सीता-हरण के लिए चलने पर भी बीच में मारीच ने जब उसके निश्चय को गलत बताया तो वह चुपचाप लंका को लौट गया था। बाद में शूर्पणखा के अपमान को न सह सकने के कारण ही उसने अपने पूर्व निश्चय के अनुसार सीता का अपहरण किया। इसी प्रकार हनुमान के वध करने के उसके निश्चय का विभीषण ने विरोध किया था और दूत के वध को शास्त्र-मर्यादा एवं दण्डनीति के प्रतिकूल बतलाते हुए कोई अन्य शास्त्रविहित दण्ड देने का परामर्श दिया था। रावण ने विभीषण की सराहना करते हुए कहा था—"विभीषण! तुम्हारा कहना ही ठीक है। वास्तव में दूत-वध की बड़ी निन्दा की गयी है।"[1] राम के द्वारा जनस्थान के उजाड़े जाने, खर-दूषण और त्रिशिरा सहित हजारों राक्षसों के वध तथा शूर्पणखा के प्रति किये गये व्यवहार ने ही रावण को सीता-हरण के प्रति प्रेरित किया था और इसके बाद हनुमान ने लंका में जाकर जो कुछ किया उसने रावण के सामने युद्ध के अतिरिक्त कोई दूसरा विकल्प छोड़ा ही नहीं था। सभा-परिषद् में मन्त्रियों, सेनापतियों, सभासदों और राक्षसों के विचार-विमर्श को देखते हुए रावण को जनतान्त्रिक परम्परा का अनुयायी मानना असंगत नहीं होगा।

जनतान्त्रिक प्रणाली को मानते हुए भी राजा की मान-मर्यादा और प्रतिष्ठा को दृष्टिगत रखते हुए उसके प्रति सम्मानपूर्ण व्यवहार का ही रावण पक्षधर था। प्रकारान्तर से यह कहना भी युक्ति संगत ही होगा कि सभासदों से परामर्श लेने की प्रक्रिया अपनाते हुए भी वह इस प्रकार की परिस्थितियों का निर्माण कर देता था कि उनको उसके निश्चय को मानने के लिए विवश होना ही पड़ता था। सीता-हरण के उद्देश्य से दूसरी बार जब वह मारीच के पास पहुँचा और मारीच ने पहले की भाँति ही उसके निर्णय का विरोध किया तो उसने राजा के प्रति व्यवहार-नीति के प्रति संकेत करते हुए कहा था कि बुद्धिमान् मन्त्री का यही कर्तव्य है कि राजा से उसके पूछने पर ही अपना विचार प्रकट करे। राजा के सामने सर्वथा अनुकूल, मधुर, उत्तम, हितकर बात को ही सम्मानपूर्ण ढंग से कहना चाहिए। राजा अग्नि, इन्द्र, सोम, यम और वरुण—इन पाँच देवताओं का रूप होता है इसलिए उसमें स्वभावतः इन पाँचों देवताओं के गुण—प्रताप, पराक्रम, सौम्यभाव, दण्ड और प्रसन्नता—विद्यमान रहते हैं। राजा का सदैव सम्मान और पूजन ही किया जाना चाहिए। इसके साथ ही उसने मारीच से कहा था कि मैंने तुमसे अपने निश्चय के गुण-दोष, सिद्धि में सम्भावित विघ्न अथवा उसकी पूर्ति के उपायों के विषय में प्रश्न ही नहीं किया फिर तुमको इन सब बातों के कहने की आवश्यकता ही क्या है। इन विचारों के साथ ही उसने मारीच को राम को छलपूर्वक आश्रम से दूर ले जाने की आज्ञा दी थी। उसकी मान्यता यही

---

1. वा.रा. 5.53.2

थी कि राजा के प्रतिकूल चलनेवाला पुरुष कभी सुखी नहीं रह सकता।[1]

शुक और सारण ने वानरसेना की शक्ति का पता लगाकर रावण को राम की अजेयता का परिचय दिया था। ये दोनों पहले ही विभीषण तथा अन्य वानरों के हाथों अपनी दुर्दशा भोग चुके थे। इसलिए रावण के प्रति निष्ठावान रहकर ही उन्होंने राम की सेना की प्रशंसा की थी। रावण इसे सहन नहीं कर सका था और अपनी राजशक्ति का अभिमान लेकर ही उसने शुक और सारण को फटकारते हुए कहा था कि राजा निग्रह और अनुग्रह करने में समर्थ होता है। उसके आश्रय में जीविका चलानेवाले मन्त्रियों को ऐसी कोई बात नहीं कहनी चाहिए जो अप्रिय लगे। जो अपने शत्रु हैं और युद्ध के लिए अपने सामने खड़े हैं उनकी इस प्रकार प्रशंसा करना उचित नहीं। तुम लोगों ने आचार्य, गुरु और वृद्धों की व्यर्थ ही सेवा की है क्योंकि राजनीति के सार को तुम ग्रहण नहीं कर सके। तुम लोग केवल अज्ञान का बोझ ढो रहे हो। ऐसे मूर्ख मन्त्रियों के रहते हुए भी मैं जो अपने राज्य को सुरक्षित रख सका हूँ यह सौभाग्य की ही बात है। वन में दावानल का स्पर्श करके भी वृक्षों का खड़ा रह जाना सम्भव है किन्तु राजदण्ड के पात्र अपराधियों का बचना कठिन होता है। इन विचारों को व्यक्त करने के साथ ही रावण ने शुक और सारण को निकाल दिया था।[2]

उपर्युक्त प्रसंग इस तथ्य को ही प्रमाणित करते हैं कि रावण एक ओर मन्त्रियों और सभासदों से परामर्श लेने की जनतान्त्रिक प्रणाली अपनाता था और दूसरी ओर उन सबको स्वयं अपने निश्चय के अनुकूल अभिमत प्रकट करने के लिए बाध्य भी करता रहा था। राजा के रूप में उसमें ऐसे कुछ अन्य दोष भी थे जिनके कारण शूर्पणखा ने उसकी बड़े ही तीखे शब्दों में आलोचना की है। राजा होकर भी गुप्तचरों की नियुक्ति न करना उसकी प्रशासनिक अक्षमता का ही द्योतक है। जनस्थान के नष्ट हो जाने और खर-दूषण सहित सहस्रों राक्षसों के मारे जाने की खबर उसको अकम्पन और शूर्पणखा के द्वारा ही मिल सकी थी। एक ओर उसका पूरा बड़ा उपनिवेश–जनस्थान नष्ट होता रहा, भाई और हजारों राक्षस भी मारे जाते रहे और वह लंका में बैठा रंगरेलियाँ मनाता रहा था। शूर्पणखा ने उसे बुद्धिहीन, राजोचित गुणों से रहित, गुप्तचरों की नियुक्ति, कोष और नीति के प्रति असावधान, गँवार मन्त्रियों से घिरा हुआ, लोभी, प्रमादी, निरंकुश, अभिमानी, क्रोधी, और अनेक ऐसे दोषों से युक्त कहा है जिनके कारण उसमें राजा बने रहने की योग्यता ही नहीं थी।[3] प्रारम्भ में अपने पराक्रम के बल पर भले ही उसने यम, इन्द्र, वरुण आदि पर विजय प्राप्त कर ली हो किन्तु इतने बड़े राज्य की सुरक्षा की योग्यता उसमें थी ही नहीं। इसी कारण लंका का राज्य बनते-बनते ही नष्ट हो गया था।

---

1. वा.रा. 3.40.9,10,12-13,26; **2.** वा.रा. 6.29,7-14; **3.** वा.रा. 3.33

रावण को तपस्या के द्वारा ब्रह्मा से अवध्य होने का वर प्राप्त होने का उल्लेख किया जा चुका है। उसके द्वारा ब्रह्मा की आराधना किये जाने का प्रसंग रामायण में बार-बार दुहराया गया है। हनुमान ने उसके तपोबल को स्पष्ट शब्दों में स्वीकार किया है। सीता का स्पर्श करके और उनका अपहरण करके भी रावण की मृत्यु नहीं हुई। इसमें हनुमान उसके तपोबल और महात्मा होने को ही कारण मानते थे।[1] राम तक के विषय में उसका यही विचार था कि तपस्या की दृष्टि से वे भी उसका मुकाबला नहीं कर सकते थे।[2]

यज्ञ आदि के प्रति रावण की आस्थाओं के विषय में आगे लिखा गया है। यह आश्चर्य का विषय है कि वेदों के प्रति आस्थावान होते हुए भी ब्रह्मा और शिव के अतिरिक्त किसी भी वैदिक अथवा अन्य देवता के प्रति रावण के मन में आस्था नहीं रही। ब्रह्मा से उसने देवताओं से भी अवध्य होने का वरदान माँगा था, इसका तात्पर्य भी यही है कि देवताओं को वह अपना शत्रु ही मानता था। यम, वरुण, कुबेर को तो परास्त कर उसने अपने वश में किया ही था, इन्द्र की प्रभुता को पूरी तरह से समाप्त कर देने के लिए भी उसका प्रयत्न रहा था। मेघनाद की सहायता से इन्द्र को बन्दी बनाकर उसने उसकी पूरी दुर्दशा कर डाली थी। जिन यज्ञों के माध्यम से इन्द्र को प्रतिष्ठा प्राप्त हो, उनका भी वह विरोधी था। शुक्राचार्य के आचार्यत्व में मेघनाद ने अग्निष्टोम, अश्वमेध, बहु सुवर्णक, राजसूय, गोमेध, वैष्णव और माहेश्वर यज्ञ करके अनेक वर और अस्त्र-शस्त्र प्राप्त किये थे।[3] यज्ञानुष्ठान के अन्तिम दिन जब रावण यज्ञ-स्थल पर पहुँचा और शुक्राचार्य ने उसे स्थिति की जानकारी दी तब उसने कहा था—"मेघनाद को वर और अस्त्र-शस्त्रों की प्राप्ति भले ही हो गयी हो किन्तु यज्ञों के अनुष्ठान का यह कार्य अच्छा नहीं किया गया, क्योंकि यज्ञ सम्बन्धी द्रव्यों द्वारा मेरे शत्रुभूत इन्द्र आदि देवताओं का पूजन हुआ है।"[4] इन्द्रादि देवताओं का वह इतना जबरदस्त विरोधी था कि उनसे वर प्राप्त करने के लिए भी वह तैयार नहीं था। शिव के प्रति उसके मन में निश्चय ही आस्था थी। वह आस्था कदाचित् 'शरवण' पर्वत पर आक्रमण करने और शिव द्वारा पराजित होने पर ही उत्पन्न हुई थी। इस अवसर पर रावण ने अनेक स्तोत्रों और सामवेदोक्त मन्त्रों के द्वारा शिव को प्रसन्न किया था।[5]

माहिष्मती पर आक्रमण के अवसर पर जब वहाँ का राजा अर्जुन राजधानी में नहीं मिला तब रावण विन्ध्यगिरि पर नर्मदा-तट पर चला गया था। नर्मदा के सौन्दर्य को देखकर उसका मन हर्ष से भर गया था और अपने मन्त्रियों से उसमें स्नान कर पापमुक्त होने के लिए कहकर वह स्वयं स्नान कर पुष्पों आदि से शिव के

---

1. वा.रा. 5.59.30; **2.** वा.रा. 5.20.34; **3.** वा.रा. 7.25.8-9; **4.** वा.रा. 7.25.14; **5.** वा.रा. 7.16.34

पूजन-अर्चन के लिए बैठ गया था। वह इतना कट्टर शिव-भक्त था कि युद्ध के लिए यात्राओं पर जाते समय भी अपने साथ 'जाम्बूनदमय शिवलिंग' सदैव साथ ले जाता था।[1]

वेदों के प्रति रावण की अविचलित आस्था में किंचित् भी सन्देह नहीं किया जा सकता। पूरी रामायण में एक भी ऐसा सन्दर्भ उपलब्ध नहीं जो रावण के वेद विरोधी होने के प्रति संकेत कर सके। ब्रह्मचर्य का पालन करते हुए उसने विधिपूर्वक वेद-विद्या का अध्ययन किया था और उसी के अनुसार अपने कर्तव्यों के निर्वहण में जीवन भर लगा रहा। मेघनाद के मारे जाने पर जब उसने क्रोधपूर्वक सीता को मार डालने का निश्चय किया था तब उसके एक मन्त्री सुपार्श्व ने उसे रोकते हुए कहा था—"तुम कुबेर के साक्षात् भाई हो, तुमने विधिपूर्वक ब्रह्मचर्य का पालन करते हुए वेदों का अध्ययन किया है और सदैव अपने कर्तव्यपालन में संलग्न रहे, फिर भी आज धर्म का परित्याग कर क्रोध के वश में आकर नारी के वध को किस प्रकार उचित मान रहे हो?[2] सुपार्श्व की बात सुनकर रावण सीता-वध का विचार छोड़कर चुपचाप लौट गया था। सीता-हरण के लिए जब वह उनके आश्रम में पहुँचा तो भी प्रवेश के समय उसने ब्रह्मघोष (वेद-मन्त्रों) का ही उच्चारण किया था।[3] रावण के समय में लंका में वेद-पाठ को इस सीमा तक सम्मान दिया जाता था कि सूर्योदय से पहले रात्रि के अन्तिम प्रहर में प्रायः पूरी लंका वेद-मन्त्रों से गूँज उठती थी। यह वेदपाठ छहों अंगों सहित सम्पूर्ण वेदों के पण्डित यज्ञ-कर्ताओं द्वारा ही किया जाता था। रावण को मंगल-वाद्यों की मधुर ध्वनि तथा वेद-मन्त्रों के पाठ द्वारा ही जगाया जाता था। यह सब हनुमान ने स्वयं देखा था।[4] विचार-विमर्श के लिए आयोजित मन्त्रि-परिषद् की बैठक में भाग लेने के बाद विभीषण जब सीता को लौटा देने की सलाह देने के लिए रावण के भवन में गया था तब उसने भी यही देखा था कि रावण की विजय की कामना से वेदवेत्ता ब्राह्मण पुण्याह वाचन के पवित्र मन्त्रों का उच्चारण कर रहे हैं। उन ब्राह्मणों की पहले फूलों-अक्षतों से पूजा की जाती थी, दधि और घी के पात्र भेंट किये जाते थे और इसके पश्चात् ही वे वेदपाठ में लग जाते थे।[5] इसके अतिरिक्त और भी ऐसे सन्दर्भ प्राप्त होते हैं जिनको देखते हुए रावण को वेदों के प्रति आस्थावान मानना ही पड़ेगा।

यह भी एक वैचित्र्य ही है कि वेदों के प्रति आस्थावान होते हुए भी रावण ने वैदिक कर्मकाण्ड अथवा यज्ञ-यागादि के प्रति अपनी लेश मात्र भी श्रद्धा व्यक्त नहीं की। यज्ञों के द्वारा मेघनाद को प्राप्त लाभों को देखकर भी उसने जिस प्रकार यज्ञों का विरोध किया था उसका उल्लेख ऊपर किया जा चुका है। उसके द्वारा यज्ञ किये

---

1. वा.रा. 7.31.42; **2.** वा.रा. 6.92.63-64; **3.** वा.रा. 3.46.14; **4.** वा.रा. 5.18.2-3; **5.** वा.रा. 6.10.8-9

जाने का प्रसंग भी रामायण में उपलब्ध नहीं। लंका पर वानर-सेना के आक्रमण के पहले अपशकुनों का संकेत करते हुए विभीषण ने अवश्य कहा था कि यज्ञ के स्थानों पर साँप और हवन-सामग्री में चींटियाँ दिखाई दे रही हैं[1] किन्तु मात्र इसके सहारे रावण की यज्ञ के प्रति आस्था मानना जबरदस्ती की खींचतान ही होगी।

रावण को, सामान्य धारणा के अनुसार, यज्ञ-कार्यों में विघ्न उपस्थित करनेवाला माना जाता है। रामायण में भी उसके लिए 'यज्ञ विघ्नकर' जैसे शब्दों का प्रयोग किया गया है। यह लिखा गया है कि वह सब प्रकार के दिव्यास्त्रों का प्रयोग करनेवाला और सदा यज्ञों में विघ्न डालनेवाला था।[2] यज्ञों में द्विजातियों द्वारा वेद-मन्त्रों के उच्चारणपूर्वक निकाले गये तथा वेद-मन्त्रों से सुसंस्कृत एवं स्तुत हुए पवित्र सोम को नष्ट कर देता था।[3] समाप्ति के निकट पहुँचे हुए यज्ञों का विध्वंस करने वाला वह दुष्ट निशाचर ब्राह्मणों की हत्या तथा दूसरे क्रूर कर्म करता था।[4] इन सन्दर्भों को उद्धृत करते हुए भी यह कहना आवश्यक प्रतीत होता है कि रावण द्वारा स्वयं किसी यज्ञ में विघ्न उपस्थित करने का एक भी प्रमाण रामायण में उपलब्ध नहीं होता। इसके साथ ही यह विशेष रूप से उल्लेखनीय है कि—महर्षि विश्वामित्र के अनुसार, रावण कभी यज्ञ में विघ्न उपस्थित करता ही नहीं था। जब वे दशरथ से राम को माँगने के लिए आये थे तब उन्होंने स्वयं कहा था कि महाबली रावण स्वयं कभी यज्ञ में विघ्न नहीं डालता वरन् उसकी प्रेरणा से मारीच और सुबाहु यज्ञ में विघ्न उपस्थित करते हैं।[5] पूजन और श्रद्धादिक कार्यों में रावण की आस्था के प्रति सन्देह निराधार ही होगा। माहिष्मती पर आक्रमण के समय नर्मदा के तट पर स्नानादि से पवित्र होकर सफेद धुले हुए वस्त्र पहनकर फूलों से उसने शिव की अर्चना की थी। मेघनाद की मृत्यु पर बड़े विषादपूर्ण स्वर में उसने कहा था कि—उचित तो यह था कि मैं पहले यमलोक में जाता और तुम यहाँ रहकर मेरे प्रेत-कार्य करते परन्तु यह ऐसी विपरीत स्थिति उत्पन्न हो गयी कि मुझको तुम्हारे प्रेत-कार्य करना पड़ रहे हैं।[6]

रावण पर धर्म का उच्छेदक होने का आरोप भी बहुशः लगाया गया है।[7] उसकी मृत्यु पर विलाप करते समय मन्दोदरी ने भी यह कहा था कि—आपने बहुत से यज्ञ नष्ट कर डाले हैं और धर्म की व्यवस्था को तोड़नेवाले, संग्राम में माया की सृष्टि करनेवाले और देवताओं, असुरों और मनुष्यों की कन्याओं के अपहरणकर्ता हैं।[8] राम ने भी अंगद के द्वारा रावण को जो सन्देश भेजा था उसमें भी कहा था कि—राक्षसराज, तुमने मोहवश अभिमान में आकर ऋषि, देवता, गन्धर्व, अप्सरा, नाग, यक्ष और राजाओं का बड़ा अपराध किया है।[9] इस प्रकार के यद्यपि कुछ और

---

1. वा.रा. 6.10.16; **2.** वा.रा. 3.32.13; **3.** वा.रा. 3.32.19; **4.** वा.रा. 3.32.20; **5.** वा.रा. 1.20.18; **6.** वा.रा. 6.92.14; **7.** वा.रा. 3.32.12; **8.** वा.रा. 6.111.52-53; **9.** वा.रा. 6.41.62

भी सन्दर्भ प्राप्त होते हैं किन्तु इनकी सत्यता प्रमाणित नहीं होती। वस्तुतः रावण की धर्मविषयक मान्यताएँ राम की मान्यताओं से कुछ अलग रही थीं और वह राम द्वारा समर्थित धर्म की अनेक मान्यताओं को स्पष्ट रूप से अस्वीकार भी करता रहा। कदाचित् इसी कारण उसे धर्म का उच्छेदक कहा गया है। किन्तु यह कहना भी उचित होगा कि रावण की मान्यताएँ तर्कहीन नहीं रहीं।

रावण की क्षत्रियों के प्रति विरोध भावना का संकेत ऊपर किया जा चुका है। लंका में निरन्तर वेदज्ञ ब्राह्मणों द्वारा वेदपाठ होते रहने की स्थिति में रावण को ब्राह्मणों का विरोधी मानना संगत प्रतीत नहीं होता। माहिष्मती में नर्मदा के तट पर भी उसे अनेक मुनि और तपस्वी दिखाई दिये थे किन्तु उसने किसी को भी पीड़ा नहीं पहुँचायी। रामायण के सन्दर्भों के आधार पर यह निश्चित रूप से कहा जा सकता है कि रावण उन ऋषि-मुनियों का जबरदस्त विरोधी था जो यज्ञ आदि कर्मकाण्ड का पाखण्ड रचकर स्वयं को शेष मानव समाज से श्रेष्ठ सिद्ध करते हुए समस्त सुख-सुविधाओं पर एकाधिकार करने का प्रयत्न करते थे। अनेक ऋषि-मुनि अपने आपको मानवोपरि श्रेणी में मानने लगे थे और समाज के शेष वर्गों पर उनकी पूजा-अर्चना का दायित्व डाल दिया गया था। अपने आपको देवता माननेवाले वर्ग ने मानव समाज को पूर्ण तथा उपेक्षित छोड़कर नन्दन-वन में निरन्तर क्रीड़ारत रहना ही अपना कर्तव्य मान लिया था। शेष मानव समाज का कर्तव्य केवल यही रह गया था कि वह उन देवताओं और ऋषि-मुनियों की विहार-क्रीड़ाओं में किसी प्रकार की बाधा उपस्थित न करते हुए उसमें अपना सहयोग दे, और सभी यातनाओं को कर्मफल मानकर सहते हुए अपना सर्वस्व उनको समर्पित करता रहे। रावण मानव समाज की इस दुर्दशा को सहन नहीं कर सका और उसने देवताओं, ऋषियों, मुनियों के विरुद्ध विद्रोह कर दिया था। रावण ने ब्रह्मा से देवताओं, यक्षों, गन्धर्वों, असुरों आदि से अवध्य होने का वरदान माँगते समय मनुष्यों के प्रति किसी प्रकार का भय व्यक्त नहीं किया। इसका अर्थ यह लगाया जाता है कि मनुष्यों को वह नगण्य मानता था किन्तु मेरे विचार से इसका तात्पर्य यह है कि वह स्वयं को मनुष्य ही मानता था और देवताओं, यक्षों, गन्धर्वों, असुरों, राक्षसों ने अपने आपको मानवों से अलग कर लिया था। रावण ने जितने भी युद्ध किये वे सभी देवताओं अथवा बड़े-बड़े राजा-महाराजाओं के विरुद्ध लड़े गये। उससे केवल देवताओं और ऋषि-मुनियों को ही शिकायत रही, किन्तु एक भी सन्दर्भ ऐसा नहीं मिलता कि उसने मनुष्यों को परेशान किया है। और न मनुष्यों को उसके खिलाफ कोई शिकायत ही रही। नन्दन-वन में अप्सराओं के साथ देवताओं, गन्धर्वों, यक्षों आदि की विहार-क्रीड़ाओं ने और उनके द्वारा मानव समाज की उपेक्षा ने रावण के मन में उनके प्रति एक द्वेष भावना उत्पन्न कर दी थी। इसी समय ऋषियों ने धर्म की व्यवस्था देते समय जब यह भी घोषित कर दिया कि ऋषि-मुनियों को श्रद्धास्पद, वरेण्य और

पूजनीय मानकर उनकी सेवा-शुश्रूषा करना, उनको अपना सब-कुछ समर्पित करना और उनकी प्रसन्नता प्राप्त करना मनुष्य का धर्म है तो रावण उन ऋषि-मुनियों के विरुद्ध भी उठ खड़ा हुआ था।

दशरथ के द्वारा पुत्रेष्टि यज्ञ करते समय सभी देवताओं ने ब्रह्मा से रावण की शिकायत करते हुए कहा था कि आपका कृपा प्रसाद पाकर रावण हम लोगों को बड़ा कष्ट दे रहा है। वह दुष्टात्मा जिनको ऊँची स्थिति में देखता है उन्हीं के साथ द्वेष करने लगता है। देवराज इन्द्र को परास्त करने की अभिलाषा उसके मन में है। आपके वरदान से मोहित होकर वह इतना उद्दण्ड हो गया है कि ऋषियों, यक्षों, गन्धर्वों, असुरों तथा ब्राह्मणों को पीड़ा देता और उनका अपमान करता रहता है।[1] इस समय रावण के विषय में यह शिकायत भी की गयी कि उसने ऋषियों को तथा नन्दन-वन में क्रीड़ा करनेवाले गन्धर्वों और अप्सराओं को स्वर्ग से जमीन पर लाकर खड़ा कर दिया है।[2] देवताओं, गन्धर्वों और अप्सराओं के क्रीड़ा-स्थल नन्दन-वन को रावण उजाड़कर नष्ट कर देता था और इससे केवल इन्हीं लोगों को परेशानी होती रही, किसी मनुष्य को उसने कभी कष्ट नहीं दिया।[3] विष्णु ने भी देवताओं की प्रार्थना स्वीकार कर यही कहा था कि देवताओं और ऋषियों को भय देनेवाले रावण का मैं वध कर डालूँगा। तात्पर्य यह कि ऋषि, मुनि, गन्धर्व, यज्ञ, अप्सराओं आदि ने अपने आपको मानवोपरि वर्ग का मानकर समस्त सुख-साधनों पर एकाधिकार कर लिया था जिसे रावण सहन नहीं कर सका। रावण को 'त्रिदशारि मुनीन्द्रघ्न' तो कहा गया है[4] किन्तु कहीं 'मानवारि अथवा मानवघ्न' नहीं कहा गया।

यमलोक पर रावण का आक्रमण पीड़ितों और शोषितों के प्रति उसकी सहानुभूति का अतर्क्य प्रमाण है। यमलोक में पहुँचकर उसको मानव समाज दो वर्ग में विभक्त दिखाई दिया था। एक ओर पुण्यात्मा कहे जानेवाले व्यक्ति अच्छे-अच्छे घरों में रहकर संगीत और मनोहर वाद्यों की ध्वनि से रंगरेलियाँ मना रहे थे, अनेक व्यक्ति सुवर्ण मणि और मुक्ताओं से अलंकृत हो यौवन के मद से मत्त रहनेवाली सुन्दरियों के साथ विलास-क्रीड़ाओं में मग्न थे, दूसरी ओर ऐसे भी लोग थे जिनको यमराज के सैनिक सभी प्रकार की भयंकर यातनाएँ दे रहे थे। अनेक लोगों को कीड़े खा रहे थे, कुत्ते नोच रहे थे, अनेक को रक्त से भरी हुई वैतरणी को पार करने के लिए विवश किया जा रहा था। कितनों को जलती हुई रेत पर चलाया जा रहा था, कितनों को खारे जल से भरी हुई नदियों में डुबाया जा रहा था, छुरों की धार पर दौड़ाया जाता था कई व्यक्ति भूख-प्यास के मारे तड़प रहे थे और सूखे गले से पानी की दो बूँदों की भीख माँग रहे थे। इस प्रकार के कष्टों को सहते हुए इन लोगों के चीखने-चिल्लाने से पूरा यमलोक गूँज रहा था किन्तु पुण्यकर्मों के नाम पर

---

1. वा.रा. 1.15.6-8; **2.** वा.रा. 1.15.23; **3.** वा.रा. 7.13.9,10; **4.** वा.रा. 3.35.9

रंगरेलियाँ मनाते हुए लोगों के क़ानों पर जूँ तक नहीं रेंगती थी। रावण मनुष्य-जाति की इस करुणाजनक अवस्था को बरदाश्त नहीं कर सका। उसने मनुष्यों को इस प्रकार निर्ममता के साथ कष्ट देनेवाले यमराज के सभी सैनिकों की गर्दन नाप डाली थी और यमराज स्वयं रथ और घोड़ों सहित प्राण बचाकर भाग गये थे। जिन लोगों को यमराज के सैनिक पापकर्मों का नाम लेकर सभी प्रकार के कष्ट दे रहे थे, उन सभी लोगों को रावण ने अपने पराक्रम से दुःखों से मुक्त कर दिया था। उन लोगों को कल्पनातीत सुख की अनुभूति हुई थी और यमराज तथा उसके सैनिक एवं पुण्यकर्मों के नाम पर रंगरेलियाँ मनानेवाले लोग दाँत पीसकर रह गये थे।[1]

रावण पर दूसरा बड़ा भारी आरोप नारियों के अपहरण का लगाया जाता है। रामायण के सन्दर्भों के अनुसार उसके अन्तःपुर में अगणित स्त्रियाँ थीं। यहाँ यह भी विचारणीय है कि दशरथ की साढ़े तीन सौ रानियों का उल्लेख भी रामायण में ही किया गया है और सुग्रीव के अन्तःपुर में भी इतनी अधिक स्त्रियाँ थीं कि उनकी किंकणियों और नूपुरों की झनकार त्रिकूट पर्वत के शिखर तक गूँजती रहती थी किन्तु इस पर भी दशरथ और सुग्रीव को इसके लिए दोषी तक नहीं ठहराया गया। रावण के लिए 'कामवृत निरंकुश' 'कामवृतो हि दुःशीलः'[2] 'मदनेन मदोत्कटः'[3] काम पराधीन'[4] जैसे विशेषणों का अनेक बार प्रयोग किया गया है। यद्यपि ये प्रयोग प्रायः सीता के प्रसंग को लेकर ही किये गये हैं किन्तु रावण द्वारा देव-कन्याओं के अपहरण की कथाएँ भी रामायण में लिखी गयी हैं। देवताओं ने विष्णु से जब रावण-वध के लिए अवतार ग्रहण करने की प्रार्थना की थी तब उन्होंने यह शिकायत भी की थी कि रावण तीनों लोकों को पीड़ा देता है और स्त्रियों का अपहरण कर लेता है।[5] दण्डकारण्य में जब वह सीता-हरण के उद्देश्य से उनके आश्रम में गया तब अपना परिचय देते हुए उसने स्वयं कहा था कि—मैं इधर-उधर से बहुत-सी सुन्दरी स्त्रियों को हर लाया हूँ। उन सबमें तुम मेरी पटरानी बनो।[6] सीता की खोज करते समय हनुमान ने जब रावण के अन्तःपुर को देखा था तब उन्हें भी दिखाई दिया था कि उसका राजमहल अनेक राक्षस-जातीय पत्नियों तथा बलपूर्वक अपहरण कर लायी हुई राज-कन्याओं से भरा हुआ था।[7] इनके अतिरिक्त अनेक नागकन्याएँ भी वहाँ दिखाई दी थीं।[8] दिग्विजय के पश्चात् जब रावण लंकापुरी को लौटा था तब भी वह अपने विमान में देवताओं, ऋषियों, नागों और यक्षों की अनेक कन्याओं को बलपूर्वक भर लाया था। वे बेचारी रोती-चीखती अपने भाग्य को कोसती हुई और मन-ही-मन रावण को गालियाँ देती हुई विवश चली आयी थीं। वेदवती के प्रति दुर्व्यवहार और रम्भा के साथ बलात्कार की कथाएँ भी रावण के साथ जुड़ी हुई हैं।

---

1. वा.रा. 7.21.21-22; **2.** वा.रा. 3.37.6-7; **3.** वा.रा. 5.18.5; **4.** वा.रा. 5.18.19; **5.** वा.रा. **1.** 16.7; **6.** वा.रा. 3.47.28, **7.** वा.रा. 5.9.6; **8.** वा.रा. 5.12.22

ये सन्दर्भ रावण को नारियों का अपहरणकर्ता सिद्ध करने के लिए पर्याप्त माने जा सकते हैं।

उपर्युक्त आरोपों को ध्यान में रखते हुए नारी के सम्बन्ध में रावण की व्यवहार मान्यताओं पर दृष्टि डालना भी अत्यन्त आवश्यक है। इसको समझे बगैर उसकी नारी विषयक आचार-मान्यताएँ स्पष्ट नहीं होतीं। उसने समाज की उस व्यवस्था को कभी स्वीकार ही नहीं किया जो ब्राह्मणों और स्मार्त ऋषियों द्वारा दी गयी थी। नारी को पुरुष के समकक्ष वह मानता ही नहीं था और किसी भी स्त्री के सामने अपना सिर झुकाकर प्रणाम करने के लिए भी वह तैयार नहीं था। सीता को अपने अन्तःपुर में ले जाने और उनसे प्रणय-निवेदन करते समय ही उसने कहा था कि मैं केवल तुम्हारे सामने ही अपना मस्तक झुका रहा हूँ अन्यथा मैं किसी स्त्री के सामने सिर झुकाकर प्रणाम नहीं करता।[1] यह विचार उसकी पुरुष जाति के प्रति सम्मान भावना को ही प्रकट करता है।

काम के विषय में रावण के विचार अन्य दर्शनाचार्यों से सर्वथा अलग रहे हैं। वह उसको वासना अथवा विकारों का जनक नहीं मानता। गीता के अनुसार, काम से क्रोध की उत्पत्ति होती है किन्तु रावण की मान्यता थी कि काम मनुष्य के हृदय में क्रोध की नहीं वरन् करुणा और स्नेह की भावना उत्पन्न करता है। अशोक वाटिका में बार-बार फुसलाये, डराये और धमकाये जाने पर भी जब सीता ने रावण के अनुरोध को अस्वीकार कर दिया और उसके प्रति अनेक कटु वाक्य कहते हुए उसकी भर्त्सना की तो रावण का क्रोध उभर सकता था। इसके विपरीत काम की विशेषताओं और नारी प्रकृति की व्याख्या करते हुए उसने कहा था—लोक में पुरुष जब स्त्रियों से अनुनय-विनय करता हुआ उनसे मीठी बातें करता है वैसे ही वैसे स्त्रियाँ उसके वश में होती चली जाती हैं। किन्तु मैं तुमसे जितनी मीठी बातें करता हूँ तुम उतना ही मेरा तिरस्कार करती जा रही हो। इस कारण मेरे मन में तुम्हारे प्रति क्रोध उत्पन्न हो सकता है। फिर भी जिस प्रकार एक अच्छा सारथी गलत रास्ते पर दौड़ते हुए घोड़ों को नियन्त्रित कर रोक देता है उसी प्रकार तुम्हारे प्रति मेरे मन में उत्पन्न काम-भावना मेरे क्रोध को शान्त कर देती है। मनुष्यों में काम की गति कुछ ऐसी टेढ़ी अथवा विचित्र है कि जिस किसी के प्रति काम-भावना उत्पन्न होती है उसके प्रति करुणा और स्नेह की भावना भी सहज ही उत्पन्न हो जाती है।[2] अपने इन्हीं विचारों के परिणामस्वरूप उसने सीता को मार डालने का विचार त्याग दिया था।

रावण यह स्वीकार करता था कि रूप-यौवन से सम्पन्न सुन्दरी नारियों के प्रति पुरुष के मन में आकर्षण उत्पन्न होना एक स्वभावगत प्रक्रिया है। सीता से उसने

---

1. वा.रा. 3.55.36; **2.** वा.रा. 5.22.2-4

कहा था कि—तुम जैसी सुन्दरी को देखकर बड़े-से-बड़े पुरुषों का, यहाँ तक कि साक्षात् पितामह ब्रह्मा का भी धैर्य विचलित हो सकता है।[1] कालिदास ने भी 'ज्ञातःस्वादो विवृतजघनां को विहातुं समर्थः' कहकर मानव-प्रकृति की इसी दुर्बलता के प्रति संकेत किया है। यह होते हुए भी यह आश्चर्य ही है कि रामायण के समीक्षक रावण के विषय में लिखते समय एक बड़े तथ्य की ओर से अपनी दृष्टि फेरते ही रहे। इस सन्दर्भ में रावण के अन्तःपुर का वह वर्णन विशेष रूप से द्रष्टव्य है जो स्वयं हनुमान के वहाँ पहुँचने और देखने के अवसर पर किया गया है। हनुमान को रावण के अन्तःपुर में अनेक सुन्दरियाँ दिखाई दी थीं। वे सभी रति-क्रीड़ा से क्लान्त होकर बेसुध अवस्था में सो रही थीं। उनकी मुखाकृतियों और सौन्दर्य को देखकर हनुमान के मन में इसकी आशंका भी उत्पन्न नहीं हुई थी कि उनमें से एक भी स्त्री बलपूर्वक हरण करके लायी जाने के कारण खिन्नमना अथवा दुःखी हो। उनको रावण से इतना अधिक प्रेम था कि उनींदी अवस्था में अपनी सौत को ही रावण समझकर वे उसी के साथ आलिंगनपाश में बँध जाती थीं। कितनी ही तरुणी पत्नियाँ रावण के मुख के धोखे में अपनी सौतों के मुखों को ही सूँघती रहती थीं।[2] उनका मन रावण में इतना अधिक आसक्त था कि उसके आलिंगन-सुख की कामना से वे अपनी सौतों से ही लिपट जाती थीं।[3] इस प्रकार की आनन्दानुभूति बलपूर्वक अपहृता नारियों को कभी हो ही नहीं सकती। हनुमान ने स्वयं यह अनुभव किया था कि राजर्षियों, ब्रह्मर्षियों, दैत्यों, गन्धर्वों तथा राक्षसों की कन्याएँ काम के वशीभूत होकर स्वयं ही रावण की पत्नियाँ बन गयी थीं। यद्यपि रावण ने युद्ध की इच्छा से अनेक नारियों का अपहरण भी किया था किन्तु अधिकांश मदमत्त रमणियाँ काम से मोहित होकर स्वयं ही भागकर उसके पास चली आयी थीं।[4] हनुमान ने यह भी देखा था कि वहाँ ऐसी एक भी स्त्री नहीं थी जिसे रावण अपने बल-पराक्रम से उसकी इच्छा के विरुद्ध हर लाया हो। वे सब-की-सब उसे अपने अलौकिक गुण से ही उपलब्ध हुई थीं। सीता तो वहाँ थी ही नहीं किन्तु ऐसी एक भी स्त्री वहाँ नहीं थी जिसके मन में रावण के अतिरिक्त किसी अन्य के प्रति आसक्ति रही हो अथवा जिसका पहले कोई दूसरा पति रहा हो। रावण की सभी पत्नियाँ उत्तम कुल में उत्पन्न, सुन्दरी, उदारमना, चतुर, वस्त्राभूषणों से अलंकृत अपने प्रियतम की लाडली प्रेयसी थीं।[5] अशोक वाटिका में सीता को डरा-धमकाकर और उनको राक्षसियों के नियन्त्रण में छोड़कर धान्यमालिनी के कहने से जब वह अपने महलों की ओर लौटा था तब भी देवताओं, गन्धर्वों और नागों की अनेक कन्याएँ उसके साथ लौट आयी थीं।

---

1. वा.रा. 5.20.14; **2.** वा.रा. 5.9.57; **3.** वा.रा. 5.9.58; **4.** वा.रा. 5.9.68-69; **5.** वा.रा. 5.9.70-71

इससे प्रतीत होता है कि गन्धर्वों आदि की कन्याओं ने ही नहीं वरन् देव-कन्याओं ने भी रावण का प्रियतम के रूप में वरण किया था।[1]

रावण ने पहले नारियों का अपहरण कर उनके साथ बलात्कार भले ही किया हो किन्तु उसे अपने इस कृत्य पर पश्चात्ताप भी होता रहा था। दिग्विजय के पश्चात् जब वह अनेक कन्याओं को अपने साथ लाया था और उन्होंने रोते-चीखते हुए उसकी निन्दा करते हुए स्त्री के कारण ही उसके वध का शाप दिया था तो वह निस्तेज, निष्प्रभ और खिन्नमना होकर रह गया था।[2] विभीषण और शूर्पणखा द्वारा भी जब उसके द्वारा नारियों के अपहरण की निन्दा की गयी और मधु द्वारा कुम्भीनसी के अपहरण को भी उसके इसी दुष्कृत्य का परिणाम बताया गया तब उसे गहरा दुःख हुआ था। इसके बाद भी रम्भा के साथ बलात्कार करने से वह अपने को रोक नहीं सका। बेचारी रम्भा बार-बार स्वयं को उसकी पुत्रवधू बतलाती रही और उसके भाई कुबेर के पुत्र नलकूबर के प्रति अपने को समर्पिता भी कहा, तब भी रावण अपनी काम-वासना को नियन्त्रित नहीं कर सका। रम्भा ने इस घटना की पूरी जानकारी अपने प्रियतम नलकूबर को दे दी थी। इससे क्रुद्ध होकर नलकूबर ने शाप दिया था कि यदि भविष्य में रावण कामपीड़ित होकर उसे न चाहनेवाली युवती पर बलात्कार करेगा तो तत्काल उसके मस्तक के सात टुकड़े हो जाएँगे।[3] जब रावण को इस शाप का पता लगा तो उसने सदैव के लिए उसको न चाहनेवाली स्त्रियों के साथ बलात्कार करना छोड़ दिया था।[4] सीता को अनेक प्रलोभन देने और डराने-धमकाने के बाद भी उनसे उसने यही कहा कि जब तक तुम मुझे न चाहोगी तब तक काम भले ही मेरे शरीर पर अत्याचार करता रहे किन्तु मैं तुम्हारा स्पर्श भी नहीं करूँगा।[5]

रम्भा के साथ रावण की बातचीत का एक अंश विशेष रूप से महत्त्वपूर्ण एवं उल्लेखनीय है। अप्सराओं द्वारा पातिव्रत धर्म के निर्वाह का तो प्रश्न था ही नहीं, उस युग में कदाचित् देवताओं, गन्धर्वों तथा अन्य वर्गों की नारियों के लिए भी आचार और धर्म की कोई विशेष मर्यादा स्थापित नहीं हो सकी थी। न तो पुरुष के लिए एक पत्नीव्रत होने की ही कोई व्यवस्था रही थी और न नारियों के लिए पातिव्रत धर्म की ही मर्यादा थी। राम और सीता के चरित्र-आदर्शों के माध्यम से समाज में इस प्रकार की मर्यादा स्थापित करने का सम्भवतः यह सबसे पहला प्रयास वाल्मीकि द्वारा ही किया गया है। यह भी प्रतीत होता है कि रावण की वंश-परम्परा में एक पत्नीव्रत तथा पातिव्रत की महत्ता को स्वीकार कर लिया गया था। कुम्भीनसी का यद्यपि मधु के द्वारा बलपूर्वक अपहरण किया गया था किन्तु जब रावण ने प्रतिशोध के लिए मधु पर आक्रमण किया था तब स्वयं कुम्भीनसी ने ही मधु की

---

1. वा.रा. 5.22.45; **2.** वा.रा. 7.24.22; **3.** वा.रा. 7.26.55; **4.** वा.रा. 7.26.59; **5.** वा.रा. 5.20.6

रक्षा की थी। रम्भा ने अपने आपको रावण की पुत्रवधू बतलाते हुए कहा था कि आप मेरे माननीय गुरुजन हैं अतः आपको मेरी रक्षा करनी चाहिए। इस पर रावण ने बड़ी विनम्रतापूर्वक रम्भा को उत्तर देते हुए कहा था कि तुम अपने को जो मेरी पुत्रवधू बतला रही हो वह ठीक नहीं जान पड़ता। यह नाता-रिश्ता तो उन स्त्रियों के लिए लागू होता है जो किसी एक ही पुरुष की पत्नी बनकर रहती हों। तुम्हारे देवलोक की तो स्थिति ही दूसरी है। वहाँ सदा से यही नियम चला आ रहा है कि अप्सराओं का कोई पति नहीं होता। उस लोक में कोई एक स्त्री के साथ विवाह करके भी नहीं रहता।[1] यह कहने के बाद ही उसने रम्भा के साथ समागम किया था। इस प्रसंग से स्पष्ट होता है कि रावण एक पत्नीव्रत और पातिव्रत धर्म की महत्ता को स्वीकार करता था। जब उसने देखा कि देवलोक की अप्सराओं में और देवों, गन्धर्वों आदि में इस प्रकार की कोई मर्यादा ही नहीं है तो उसने उनके अपहरण में कोई दोष नहीं माना।

राक्षस-धर्म और उसकी व्यवस्थाओं का स्पष्ट रूप आज हमें उपलब्ध नहीं होता अतएव यह कहना भी सम्भव नहीं कि ब्राह्मण ऋषियों द्वारा प्रवर्तित और राक्षसों द्वारा मान्य धर्म व्यवस्थाओं में क्या और कितना अन्तर रहा है। रावण की सीता के साथ हुई बातचीत से यह संकेत मिलता है कि नारी के प्रति व्यवहार के विषय में राक्षसों की धर्म-व्यवस्थाएँ कुछ दूसरी ही रही हैं। सीता को अपने अन्तःपुर में ले जाकर रावण ने उनको अनेक प्रलोभन देते हुए लंका का राज्य उनको समर्पित करते हुए वहाँ की समस्त समृद्धि और राक्षसों तथा अन्तःपुर की सहस्रों नारियों की स्वामिनी बनकर क्रीड़ा-विनोद में मन लगाकर रहने के लिए कहा था। उसने यह भी कहा था कि तुम्हारा पहले का जो दुष्कर्म था वह वनवास का कष्ट देकर समाप्त हो गया है, अब जो तुम्हारा पुण्य कर्म शेष है उसी का फल यहाँ प्राप्त करो।[2] इन समस्त प्रलोभनों से भी जब सीता का मन विचलित नहीं हुआ और वे खिन्नमना होकर आँसू बहाती रहीं तब रावण ने धर्म-व्यवस्था के प्रति संकेत करते हुए कहा था कि अपने पति के त्याग और पर-पुरुष के अंगीकार से तुम्हारे मन में यदि धर्मलोप की आशंका होती है तो उसके कारण भी तुमको लज्जा नहीं होनी चाहिए। तुम्हारे साथ मेरा जो स्नेह सम्बन्ध होगा वह आर्ष धर्म शास्त्रों द्वारा समर्थित है।[3] इसी प्रकार अशोक वाटिका में भी सीता को फुसलाने का एक बार पुनः प्रयत्न करते समय भी रावण ने राक्षसों की धर्म-व्यवस्था का प्रमाण देते हुए कहा था कि यदि तुम यह समझती हो कि तुम्हारा अपहरण कर मैंने कोई अधर्म किया है तो तुम्हारी यह आशंका भ्रान्तिमूलक ही होगी। परायी स्त्रियों के पास जाना अथवा बलपूर्वक उनका

---

1. वा.रा. 7.26.39-40; **2.** वा.रा. 3.55.27-28; **3.** वा.रा. 3.55.34

अपहरण करना राक्षसों का सदा ही अपना धर्म रहा है, इसमें सन्देह नहीं करना चाहिए।[1]

उपर्युक्त उद्धरण इस बात के प्रति संकेत करते हैं कि या तो राक्षसों की कोई अलग धर्म-व्यवस्था रही है अथवा स्मार्त ऋषियों द्वारा दी गयी राक्षस और आसुर विवाह व्यवस्था की ओर ही रावण का संकेत रहा है। रावण ने पहले प्रसंग में स्पष्टतया 'आर्ष' शब्द का प्रयोग किया है। इससे यही अनुमान होता है कि उसका संकेत राक्षस और आसुर विवाह के प्रति ही रहा है जिसकी व्यवस्था स्वयं स्मृतिकारों द्वारा दी गयी थी। भले ही इस प्रकार के विवाहों को निन्दनीय कहा गया हो किन्तु विवाह की यह भी एक व्यवस्था ही थी इसे अस्वीकार नहीं किया जा सकता। 'स्त्री रत्नं दुष्कुलादपि' जैसे स्मृति-वाक्य भी नारी के प्रति तत्कालीन व्यवहार-व्यवस्था का संकेत करते हैं। सम्भव है, राम और सीता के आदर्शों की स्थापना के पश्चात् ही नारी के प्रति आचार-व्यवस्था का रूप निश्चित हुआ हो और उसके बाद ही नारी-अपहरण आदि को निन्दनीय माना गया हो।

रावण नारियों के, विशेष रूप से तरुणियों के द्वारा तपस्वी जीवन बिताये जाने का प्रबल विरोधी था। उसकी मान्यता यही थी कि स्त्रियों को अपने यौवन-काल में पूर्ण सुखोपभोग का जीवन बिताने का अवसर मिलना चाहिए। उनको भरपूर शृंगार सामग्री, आभूषण, अंगराग आदि सजी-धजी रहकर अपनी जवानी का पूरा सुख भोगना चाहिए। सीता का अपहरण करते समय उसने कहा था कि तीनों लोकों में तुम्हारे अनुपम सौन्दर्य, सुकुमारता और नयी अवस्था को देखते हुए और तुम्हारे दुर्गम वन में निवास को देखते हुए मेरे मन को कष्ट होता है।[2] तुम्हें तो रमणीय राजमहलों, समृद्ध नगरों और सुगन्धयुक्त उपवनों में निवास करना चाहिए।[3] सीता को अपने अन्तःपुर में ले जाकर रावण ने फिर उनसे कहा था कि यौवन चिरस्थायी नहीं होता अतएव उस अवस्था का पूरा उपभोग करना चाहिए और तुम यहाँ रहकर मेरे साथ रमण करो।[4]

रावण के उपर्युक्त विचार उसकी वेदवती के साथ हुई बातचीत में और भी अधिक स्पष्ट होते हैं। जब उसने वेदवती को काला मृगचर्म पहने हुए, सिर पर जटा धारण किये तपस्या में संलग्न देखा तो उसे आश्चर्य हुआ था। वेदवती से उसने कहा था कि—तुम अपनी युवावस्था के विपरीत यह कैसा बर्ताव कर रही हो! तुम्हारे इस दिव्य रूप के लिए ऐसा आचरण कदापि उचित नहीं। तुम्हारा तप में संलग्न होना उचित नहीं। वेदवती ने जब अपनी तपस्या का उद्देश्य प्रकट किया, तब रावण ने फिर अपनी मान्यता को स्पष्ट करते हुए कहा था कि—तुम गर्वीली जान पड़ती हो इसीलिए तुम्हारी बुद्धि ऐसी हो गयी है। इस प्रकार का पुण्य-संग्रह तो वृद्धा स्त्रियों

---

1. वा.रा. 5.20.5; **2.** वा.रा. 3.46.23-24; **3.** वा.रा. 3.46.25; **4.** वा.रा. 3.55.22

को ही शोभा देता है, तुम जैसी युवती को नहीं। तुम सर्वगुण सम्पन्न अद्वितीय सुन्दरी हो। तुम्हारी जवानी बीती जा रही है इसलिए तुमको तपस्या की बात नहीं कहनी चाहिए।[1]

उपर्युक्त उद्धरण इसी बात के प्रति संकेत करते हैं कि रावण युवतियों द्वारा तपस्वी जीवन बिताने को समाज-व्यवस्था की दृष्टि से हितकर नहीं मानता था। यद्यपि आर्यधर्म में भी स्त्रियों के लिए संन्यास की स्पष्ट व्यवस्था नहीं है किन्तु अनेक पौराणिक कथाओं में कन्याओं और युवतियों द्वारा तपस्वी जीवन बिताने का उल्लेख किया गया है। रावण ने स्वयं पुरुरवा और उर्वशी का उदाहरण देते हुए सीता से कहा था कि जिस प्रकार पुरुरवा का तिरस्कार कर उर्वशी को पछताना पड़ा था, उसी प्रकार तुमको भी पछताना पड़ेगा।[2] यह भी सम्भव है कि बौद्ध धर्म ने जब नारियों को भिक्षुणी बनने का अधिकार दे दिया था तो उस व्यवस्था के विरुद्ध प्रतिक्रिया स्वरूप ही रावण के माध्यम से रामायणकार ने यह विचार व्यक्त किये हों।

पुस्तक के प्रारम्भ में लिखा जा चुका है कि राक्षस वर्ग, जाति और वर्ण-व्यवस्था के विरोधी थे। रावण भी जाति-व्यवस्था को समाज के लिए हितकर नहीं मानता था। यद्यपि वह ब्राह्मणों का सम्मान करता था और लंका में तथा रावण के महलों में सदैव ब्राह्मणों द्वारा ब्रह्म घोष होता रहता था किन्तु यह विशेष रूप से ध्यान देने योग्य है कि ऐसे सन्दर्भों में ब्राह्मण शब्द का प्रयोग प्रायः सर्वत्र ही 'वेदज्ञ' अथवा 'वेदपारगाः' विशेषणों के साथ किया गया है। इससे यही प्रमाणित होता है कि वह जन्मना जाति के सिद्धान्त को स्वीकार नहीं करता था। रावण और राक्षसों के प्रसंग में ब्राह्मणों के अतिरिक्त अन्य किसी जाति का उल्लेख नहीं किया गया है। राम और भरत के सन्दर्भ में चारों वर्णों और शूद्रों तथा शिल्पियों की अनेक उपजातियों का उल्लेख हुआ है किन्तु रावण के राज्य में इस प्रकार की जातियों, उपजातियों का अस्तित्व प्रमाणित नहीं होता।

विभीषण ने राम को अजेय बताकर सीता को लौटा देने का परामर्श देते हुए जब रावण का विरोध किया था तब रावण ने विभीषण को लक्ष्य कर जाति-प्रथा की कटु आलोचना की है। रावण का विश्वास था कि जाति के आधार पर परस्पर एक-दूसरे के प्रति सहयोग और सहानुभूति की भावना उत्पन्न ही नहीं होती वरन् इसके विपरीत यदि जाति का एक व्यक्ति ऊँची स्थिति प्राप्त कर लेता है तो उस जाति के अन्य व्यक्ति उससे ईर्ष्या करने लगते हैं और उसको नीचे गिराने की कोशिशें करते हैं। इस सन्दर्भ में रावण के शब्दों को ही उद्धृत करना अधिक संगत होगा। उसने कहा था :

---

1. वा.रा. 7.17.4-5; 21.22; **2.** वा.रा. 3.48.18

“समस्त लोकों में सजातीय बन्धुओं का जो स्वभाव होता है उसे मैं अच्छी तरह जानता हूँ। जातिवाले सदा अपनी जाति के लोगों को विपत्तियों में फँसा हुआ देखकर हर्षित होते हैं। जो ज्येष्ठ होने के कारण राज्य पाकर सबमें प्रधान हो गया हो, राज्य कार्य को अच्छी तरह चला रहा हो और विद्वान्, धर्मशील तथा शूरवीर हो, उसे भी उसकी जातिवाले अपमानित करते हैं और अवसर पाकर उसे नीचा दिखाने की कोशिश करते हैं। जातिवाले सदा एक-दूसरे पर संकट आने पर हर्ष का अनुभव करते हैं। वे बड़े आततायी होते हैं। मौका पड़ने पर आग लगाने, विष देने जैसी चेष्टाओं में भी संकोच नहीं करते। एक-दूसरे से अपना मनोभाव छिपाये रहते हैं और अत्यन्त क्रूर और भयंकर होते हैं।”[1]

उपर्युक्त विचार प्रकट करते हुए रावण ने हाथियों की एक प्राचीन कथा को भी उद्धृत किया था। इस स्थल पर उसने यह भी कहा था कि यह कथा श्लोकों के रूप में गायी और सुनी जाती है। तात्पर्य यह कि रावण प्राचीन साहित्य से शिक्षा सामग्री संकलित करने के प्रति भी रुचिशील था। जाति-व्यवस्था के दोष बतलाते हुए कथा के व्याज से उसने कहा था :

“पूर्वकाल की बात है—पद्मवन में हाथियों ने अपने विचार प्रकट किये थे जो श्लोकों के रूप में गाये और सुने जाते हैं। एक बार कुछ लोगों को हाथ में पाश लिये आते देख हाथियों ने परस्पर जो बात की थी, उसे सुनो। हाथियों ने कहा था कि हमें अग्नि और दूसरे अस्त्र-शस्त्र तथा पाश भय नहीं दे सकते। हमारे लिए तो अपने स्वार्थी जाति-भाई ही भय और खतरा उत्पन्न कर सकते हैं। ये ही हमारे पकड़े जाने का उपाय बता देंगे, इसमें संशय नहीं। अतः सम्पूर्ण भाइयों की अपेक्षा हमें अपने जाति के लोगों से प्राप्त होनेवाला भय ही अधिक कष्टदायक जान पड़ता है। जैसे गायों में सम्पत्ति होती है, स्त्रियों में चपलता होती है उसी प्रकार जाति के लोगों से भय अवश्य प्राप्त होता है।”[2]

उपर्युक्त अंश इसी तथ्य को प्रमाणित करते हैं कि रावण जाति और वर्ण-व्यवस्था का कट्टर विरोधी था। प्रारम्भ में यह भी लिखा जा चुका है कि राक्षस कहा जानेवाला वर्ग आश्रम-व्यवस्था का भी विरोधी रहा है। विशेष रूप से वानप्रस्थ आश्रम की व्यवस्था का शूर्पणखा, मेघनाद, विराध, वाली सभी ने विरोध किया है और राम को तापस वेष में सीता के साथ देखकर इन सबको आश्चर्य हुआ था। यद्यपि इस विषय में रावण के विचार स्पष्ट नहीं हुए किन्तु राम को त्यक्तधर्मा, अधर्मात्मा मानने के पीछे कदाचित् उसकी यही भावना रही थी। मारीच से राम के विषय में उसने कहा था कि वह शीलरहित, क्रूर, तीखे स्वभाववाला, मूर्ख, लोभी, अजितेन्द्रिय, त्यक्तधर्मा, अधर्मात्मा और समस्त प्राणियों के अहित में तत्पर रहनेवाला

---

1. वा.रा. 6.16.3.5; **2.** वा.रा. 6.16.6-9

है। जिसने बिना किसी वैर-विरोध के केवल बल का आश्रय लेकर मेरी बहिन के नाक-कान काटकर उसको विरूपित कर दिया उससे बदला लेने के लिए उसकी देव-कन्या के समान सुन्दरी पत्नी सीता को जनस्थान से बलपूर्वक हर लाऊँगा।[1] तपस्या के महत्त्व को स्वीकार करते हुए और महान् तपस्वी का जीवन व्यतीत करते हुए भी संन्यास आश्रम की आर्ष-व्यवस्था के प्रति भी रावण ने कहीं कोई आस्था व्यक्त नहीं की।

जिस प्रकार रावण राम को त्यक्तधर्मा, अधर्मात्मा और शीलरहित मानता था उसी प्रकार राम के शब्दों में र।वण न तो धर्म को जानता था, न सदाचार को ही समझता था और न कुल की मर्यादा का उसे ध्यान था। वह केवल राक्षसोचित नीच बुद्धि के कारण सीता-अपहरण जैसा निन्दनीय कर्म करता था।[2] राम के अतिरिक्त रामायण के अन्य पात्रों ने रावण पर अधर्मात्मा होने का आरोप नहीं लगाया। रावण के समक्ष उपस्थित किये जाने पर हनुमान ने कहा था कि तुमने तपस्या का कष्ट उठाकर धर्म के फलस्वरूप जो ऐश्वर्य का संग्रह किया है, उसका विनाश करना उचित नहीं। देवताओं और असुरों द्वारा तुम्हारी अवध्यता तपस्याजनित धर्म का ही परिणाम है।[3] मन्दोदरी के अनुसार, उसने इन्द्रियजयी होने के कारण ही तीनों लोकों पर विजय पायी थी।[4] धर्म-व्यवस्था के प्रति वह कभी-कभी इतना अधिक आस्थावान दिखाई देता है कि वह अपनी इच्छाओं का दमन करके भी धर्म का पालन करता था। मेघनाद के वध से दुःखी होकर जब उसने सीता के वध का निश्चय किया तब उसके मन्त्री सुपार्श्व ने उसे समझाते हुए कहा था कि विधिपूर्वक ब्रह्मचर्य का पालन कर वेद-विद्या का अध्ययन करके भी धर्म को तिलांजलि देकर तुम नारी-वध का पाप किस प्रकार उचित समझते हो।[5] सुपार्श्व की बात सुनकर और धर्म-व्यवस्था का स्मरण कर वह सीता-वध का विचार त्यागकर चुपचाप्र लौट गया था।[6]

रावण की दृष्टि में अभ्यागत अतिथि का सम्मान करना धर्म की विशेष मर्यादा रही है। मारीच के आश्रम में जाकर जब उसने सीता-हरण का अपना मन्तव्य प्रकट किया और मारीच ने उसका विरोध किया तब रावण ने उससे कहा था—"तुम धर्म को न जानकर केवल मोहवश इस प्रकार की बात कह रहे हो। मैं तुम्हारा अभ्यागत हूँ फिर भी तुम दुष्टतावश इस प्रकार की कठोर बातें कह रहे हो।"[7]

रावण के आचार-विचार पूर्णतया आर्ष धर्म और आर्यों की परम्परा के अनुकूल ही रहे हैं। उसके अन्तःपुर में काले अगरू और चन्दन से नित्यप्रति अर्चना की जाती थी।[8] भेरी और मृदंग की ध्वनि के साथ शंखों की ध्वनि से अन्तःपुर गूँजता रहता था, नित्य पूजा होती थी और पर्वों के अवसर पर राक्षसों द्वारा सामूहिक रूप से

---

1. वा.रा. 3.36.11-12; **2.** वा.रा. 6.38.5; **3.** वा.रा. 5.51.25-26; **4.** वा.रा. 6.111.15; **5.** वा.रा. 6.92.63-64; **6.** वा.रा. 6.92.68; **7.** वा.रा. 3.40.14-15; **8.** वा.रा. 5.4.30

अर्चना की जाती थी।[1] उसके विमान में भी इसी प्रकार की विशेष व्यवस्था की गयी थी। हनुमान ने स्वयं देखा था कि विमान में निर्मित कमल-मण्डित सरोवर में ऐसे हाथी बनाये गये थे जो लक्ष्मी के अभिषेक कार्य में नियुक्त थे। उनकी सूँड़ें बड़ी सुन्दर थीं। उनके अंगों में कमलों के केसर लगे हुए थे तथा वे अपनी सूँड़ों में कमल के फूल लिये हुए थे। उनके बीच में तेजस्वी लक्ष्मी की प्रतिमा स्थापित थी जिसका उन हाथियों द्वारा अभिषेक किया जा रहा था।[2]

कर्म-परिणाम और स्वर्ग के अस्तित्व में उसको इतनी गहरी आस्था थी कि अपने पुत्र मेघनाद के वध को भी उसी के आधार पर सह लिया था। पुत्र-शोक से विह्वल होते हुए भी उसने कहा था कि समस्त देवताओं में भी अच्छे योद्धाओं का यही मार्ग है। जो अपने स्वामी के लिए युद्ध में मारा जाता है वह पुरुष स्वर्गलोक में जाता है।[3] कर्म की गति को दुर्ज्ञेय मानते हुए भी[4] वह इतना अवश्य मानता था कि दुष्कर्मों के परिणाम क्लेशकर और सत्कर्मों के निश्चय ही सुखप्रद होते हैं। इसी विश्वास के साथ उसने सीता से कहा था कि—तुम्हारा पहले का जो दुष्कर्म था वह वनवास का कष्ट देकर समाप्त हो गया। अब जो तुम्हारा पुण्यकर्म शेष है, उसके फल का उपभोग करो।[5] तपस्वियों और ऋषियों के प्रति भी उसकी आस्था कम नहीं थी। राम के शौर्य से अपना धैर्य खोकर उसे वेदवती, उमा, नन्दीश्वर, रम्भा और वरुण कन्याओं के शाप का स्मरण हुआ था और बड़े विषादपूर्वक उसने कहा था—उन्होंने जैसा कहा था वैसा ही परिणाम मुझे प्राप्त हो रहा है। सच है, ऋषियों की बात कभी झूठी नहीं होती।[6]

रावण ने आर्ष धर्म की व्यवस्थाओं का कभी उल्लंघन नहीं किया तथापि उसके पूरे जीवन दर्शन को दृष्टिगत रखते हुए उसे क्षात्र धर्म का अनुयायी कहना ही अधिक समीचीन होगा। मेघनाद को हनुमान के साथ युद्ध करने के लिए भेजते समय यद्यपि उसका हृदय पुत्रस्नेह से भर गया था किन्तु उसने यही कहा था कि—तुमको इस प्रकार संकट में डालना यद्यपि उचित नहीं है किन्तु मेरा यह विचार राजनीति और क्षत्रिय धर्म के अनुकूल ही है।[7] विभीषण को विलाप करता हुआ देखकर राम ने भी रावण के क्षात्र धर्म के अनुसरण की प्रशंसा की थी। उन्होंनें कहा था कि जो लोग अपने अभ्युदय की इच्छा से क्षत्रिय धर्म में स्थित हो समरांगण में मारे जाते हैं, उनके विषय में शोक नहीं करना चाहिए। जिस बुद्धिमान् वीर ने इन्द्र सहित तीनों लोकों को युद्ध में परेशान कर रखा था वही यदि इस समय काल के अधीन हो गया तो यह उसके लिए शोक करने का अवसर नहीं। आज रावण को जो गति प्राप्त हुई है वह पूर्व काल के महापुरुषों द्वारा बताई गयी उत्तम गति है। क्षात्र वृत्ति

---

1. वा.रा. 5.6.12; **2.** वा.रा. 5.7.14; **3.** वा.रा. 6.92.9; **4.** वा.रा. 6.12.22; **5.** वा.रा. 3.55.27; **6.** वा.रा. 6.60.11; **7.** वा.रा. 5.48.13

का आश्रय लेनेवाले वीरों के लिए यह बड़े आदर की वस्तु है। क्षत्रिय वृत्ति से रहनेवाला वीर पुरुष यदि युद्ध में मारा गया है तो वह शोक के योग्य नहीं है, यही शास्त्र का सिद्धान्त है।[1] विभीषण की पत्नी सरमा अवश्य ही उसकी बुद्धि और कर्मों की निन्दा करती रही। वह उसे समस्त प्राणियों का विरोधी, क्रूर और मायावी मानती थी।[2] रावण स्वयं पापियों का वध करने में कोई पाप नहीं मानता था। हनुमान का वध करने के विषय में अपना विचार व्यक्त करते हुए उसने विभीषण से कहा था कि इस वानर ने वाटिका का विध्वंस किया और राक्षसों का वध करके बड़ा भारी पाप किया है। इस प्रकार के पापियों के मारने में कोई पाप नहीं होता।[3]

रावण किसी भी काम को करने के पहले पूरी गम्भीरता से उस पर विचार किया करता था। शूर्पणखा की बातें सुनकर उसने सीता-हरण के प्रश्न पर मन-ही-मन विचार किया था। फिर उसके गुण-दोषों पर सम्यक् विचार करते हुए अपनी और राम की शक्ति का भी अनुमान किया और अन्त में जब वह इस निश्चय पर पहुँचा कि इस काम को करना ही चाहिए तभी वह प्रस्थान की तैयारी के लिए अपनी रथशाला में गया था।[4] देशकाल के अनुरूप कार्य करने को वह इतना अधिक महत्त्व देता था कि अपने सभी सेनापतियों को भी इस दिशा में सावधान कर देता था। हनुमान के द्वारा जब पाँच सेनापति और मन्त्री के पुत्र मार डाले गये तब उसने विरूपाक्ष, यूपाक्ष आदि को युद्ध के लिए भेजते समय उनसे कहा था कि उस वनचारी वानर के पास पहुँचकर तुम सब लोगों को सावधान और अत्यन्त प्रयत्नशील हो जाना चाहिए तथा वही काम करना चाहिए जो देश और काल के अनुरूप हो।[5]

रावण को जितना क्रूर और निर्मम कहा जाता है वस्तुतः वह वैसा कभी नहीं रहा। विभीषण के प्रसंग में लिखा जा चुका है कि रावण आर्य होने के नाते स्नेह और सौहार्द की भावना को इतना अधिक महत्त्व देता था कि इन गुणों से रहित व्यक्ति को वह अनार्य ही मानता था। सुग्रीव यद्यपि युद्ध में राम की पूरी सहायता कर रहा था किन्तु यह जानकर भी रावण के मन में उसके प्रति किसी प्रकार की द्वेष भावना नहीं रही। सुग्रीव युद्ध करने के लिए जब उसके सामने खड़ा हो गया तब रावण ने उससे कहा था कि—आप एक महाराजा के कुल में उत्पन्न और ऋक्षरजा के पुत्र हो। तुम स्वयं भी बड़े बलवान् हो और मैं तुमको अपने भाई के समान ही मानता हूँ। यदि मुझसे आपको कोई लाभ नहीं हुआ है तो मैंने आपका कोई अनर्थ भी नहीं किया है। यदि मैं राजपुत्र राम की पत्नी को हर लाया हूँ तो इसमें आपकी क्या हानि है। अतएव आप किष्किन्धा को लौट जाएँ तो अच्छा

---

1. वा.रा. 6.109.15-16, 18; **2.** वा.रा. 6.33.13; **3.** वा.रा. 5.52.11; **4.** वा.रा. 3.35.2-3; **5.** वा.रा. 5.46.5

होगा।[1] कुम्भकर्ण के निधन पर शोक-सन्तप्त होकर उसने कहा था कि—अब मुझे राज्य से कोई प्रयोजन नहीं है। सीता को प्राप्त करके भी अब मैं क्या करूँगा। कुम्भकर्ण के बिना जीवित रहने का मेरा मन नहीं है। मैंने धर्म-परायण विभीषण को घर से निकाल दिया था, उसी का यह शोकदायक परिणाम मुझे भोगना पड़ रहा है।[2] प्रारम्भ में कुबेर के प्रति भी उसके मन में भ्रातृ-स्नेह और सम्मान की भावना रही थी। सुमाली ने जब उसे कुबेर को हटाकर लंका पर अधिकार करने की सलाह दी थी तब उसने साफ शब्दों में सुमाली को उत्तर दे दिया था कि धनाध्यक्ष कुबेर हमारे बड़े भाई हैं अतः उनके सम्बन्ध में आपको मुझसे ऐसी बात नहीं कहनी चाहिए।[3] इसके बाद फिर प्रहस्त ने ही उसे कुबेर के विरुद्ध भड़का दिया था।

राम के विषय में रावण के विचार कुछ अलग ही प्रकार के थे। उसको अयोध्या के राजमहलों की राजनीति और राम के निर्वासित किये जाने के विषय में सम्भवतः पूरी जानकारी थी। मारीच को राम के विषय में जानकारी देते हुए उसने बताया था कि उसके पिता (दशरथ) ने कुपित होकर उसको पत्नी सहित घर से निकाल दिया है। उसका जीवन क्षीण हो चला और उसी क्षत्रिय कुलकलंक राम ने खरदूषण तथा राक्षसों की सेना का संहार किया है।[4] रावण के अनुसार, राम एक स्त्री (कैकेयी) की मूर्खतापूर्ण बातों को सुनकर राज्य, मित्र, माता और पिता को छोड़कर वन में चले आये थे।[5] वह राम को अत्यन्त दीन-हीन मानता था। सीता से उसने कहा था कि राम तप से, बल से, पराक्रम से, धन, तेज अथवा यश के द्वारा मेरी समानता नहीं कर सकते।[6] वह उनको सर्वथा दीन, तपस्वी, राज्य-भ्रष्ट, शक्तिहीन, बेसहारा मानता था।[7]

रावण के चरित्र में मारीच को सबसे अधिक दोष दिखाई देते थे। किन्तु यह भी विचारणीय है कि वह बेचारा राम से इतना अधिक भयभीत था कि एकान्त में अथवा स्वप्न में भी राम की कल्पना से उसके प्राण काँप जाते थे। राम अथवा रथ जैसे रकारादि शब्द कानों में पड़ते ही वह भय से काँप उठता था।[8] इस स्थिति में राम की तुलना में रावण में दोष मानना उसकी एक स्वाभाविक कमजोरी ही थी। रावण की मृत्यु के अवसर पर मन्दोदरी ने भी उसमें नारी-अपहरण आदि अनेक दोषों के होने का उल्लेख किया है फिर भी वह उसके बल और पराक्रम से इतनी अधिक प्रभावित थी कि उसे शोच्य नहीं माना।[9]

विभीषण ने जीवन भर रावण का विरोध किया था और उसको तथा पूरे वंश को मरवा डालने में उसने राम की पूरी सहायता की थी। रावण की मृत्यु पर विलाप

---

1. वा.रा. 6.20.10-11; **2.** वा.रा. 6.68.17, 23; **3.** वा.रा. 7.11. 11; **4.** वा.रा. 3.36.10; **5.** वा.रा. 3.40.5; **6.** वा.रा. 5.20.34; **7.** वा.रा. 3.55.21-23; 6.36.4; **8.** वा.रा. 3.39. 17-18; **9.** वा.रा. 6.111.74

करते हुए उसने जो कुछ कहा था वह रावण के पूरे जीवन पर पर्याप्त प्रकाश डालता है। अतएव अन्त में उसके शब्दों को ही यथावत् उद्धृत करना उचित होगा :

"विख्यात, पराक्रमी, कार्यकुशल और नीतिज्ञ भाई, तुम सदा बहुमूल्य बिछौनों पर सोया करते थे। आज इस तरह मारे जाकर भूमि पर क्यों सो रहे हो! आज शस्त्रधारियों में श्रेष्ठ वीर रावण के धराशायी होने से सुन्दर नीति पर चलनेवालों की मर्यादा टूट गयी, धर्म का मूर्तिमान विग्रह चला गया। बल के संग्रह का स्थान नष्ट हो गया, सुन्दर हाथ चलानेवाले वीरों का सहारा चला गया, सूर्य पृथ्वी पर गिर पड़ा, चन्द्रमा अँधेरे में डूब गया, प्रज्वलित आग बुझ गयी और सारा उत्साह निरर्थक हो गया। इस लोक का आधार और बल समाप्त हो गया, अब यहाँ शेष ही क्या रहा! धैर्य ही जिसके पत्ते थे, पराक्रम ही फूल थे, तपस्या ही बल और शौर्य ही मूल था, उस रावण रूपी महान् वृक्ष को राम रूपी प्रचण्ड वायु ने रौंद डाला।"[1] अन्त में विभीषण ने राम से फिर कहा था कि रावण ने याचकों को दान देकर सन्तुष्ट किया, भोग भोगे और भृत्यों का भी भरण-पोषण किया, मित्रों को धन देकर सम्पन्न बनाया और शत्रुओं से वैर का बदला लिया। यह अग्निहोत्री, महातपस्वी, वेदान्तवेत्ता तथा यज्ञ-यागादि कर्मों में श्रेष्ठ शूर, परम कर्मठ रहा है। अतएव मैं ही इसका प्रेत कर्म करना चाहता हूँ।[2]

विभीषण के उपर्युक्त वाक्यों में रावण का पूरा जीवन दर्शन स्पष्ट हो जाता है।

---

1. वा.रा. 6.109.2,6-9; **2.** वा.रा. 6.109.22-23

सीता का पातिव्रत धर्म, त्याग और आचारनिष्ठा

राम और सीता के चरित्र-आदर्शों अथवा उनके आचार-विषयक सिद्धान्तों की समीक्षा करने के पूर्व यह कहना आवश्यक है कि महर्षि वाल्मीकि ने समाज में विशिष्ट आदर्शों की स्थापना के उद्देश्य से ही इन दोनों के चरित्रों को विशेष रूप से प्रस्तुत किया है। राम के माध्यम से पुरुष-वर्ग के लिए और सीता के व्याज से नारी-जाति के लिए आचार-व्यवस्था देना उनका निश्चित ही उद्देश्य रहा है। रामकथा में लगभग शताधिक पात्रों का समावेश किया गया है और वसिष्ठ, विश्वामित्र, अगस्त्य, भरद्वाज जैसे महर्षि, अनसूया, शबरी, उर्मिला जैसी आदर्श नारियाँ, जनक, जटायु, निषादराज गुह, हनुमान, अंगद जैसे अन्य महापुरुष भी महत्त्वपूर्ण पात्र ही हैं किन्तु इन सबको राम का सहयोगी, मित्र, दास अथवा अन्य श्रेणी में रखकर आनुषंगिक पात्र ही माना गया है। वस्तुतः राम और सीता के द्वारा समस्त पुरुष और नारी जाति, लक्ष्मण, भरत के द्वारा भाई, हनुमान के द्वारा श्रद्धावान सहायक, सुग्रीव के द्वारा कर्तव्यनिष्ठ मित्र और वसिष्ठ, विश्वामित्र के द्वारा गुरु आचार्य के आदर्शों की स्थापना ही वाल्मीकि का उद्देश्य रहा। यही कारण है कि राम और सीता के आदर्शों से किंचित् भी अलग आचार-व्यवस्था के माननेवाले पात्रों का पराभव ही दिखाया गया है।

सीता का जन्म विद्वानों और शोधकर्त्ताओं के लिए हमेशा ही एक पहेली रहा है। इस स्थिति में रचनाकारों को उनके जन्म के विषय में विविध प्रकार की कल्पनाएँ करने का अवसर मिलता ही गया। यह तो निर्विवाद ही है कि सीता जनक की औरस पुत्री नहीं थीं और न जनक की पत्नी के गर्भ से ही उनका जन्म हुआ था। रामायण के अनुसार, रावण ने जब वेदवती के साथ दुर्व्यवहार किया और उसके केश पकड़ लिये तब वेदवती ने पहले तो उन केशों को स्वयं अपने हाथों से काटकर फेंक दिया और फिर रावण के देखते-देखते अग्नि में प्रवेश कर गयी थी। इस अवसर पर उसने रावण से कहा था कि तूने मेरा अपमान किया है। इसलिए तेरे वध के लिए मैं फिर से जन्म ग्रहण करूँगी। यदि मैंने कुछ भी सत्कर्म, दान और होम किये हों तो अगले जन्म में मैं सती-साध्वी अयोनिजा कन्या के रूप में जन्म ग्रहण करूँ और किसी धर्मात्मा पिता की पुत्री बनूँ। उसके पश्चात् दूसरे जन्म में वह एक कमलपुष्प से प्रकट हुई थी किन्तु रावण उसे पुनः प्राप्त कर अपने यहाँ ले गया था। रावण के मन्त्री बालक-बालिकाओं के लक्षणों के विशेषज्ञ थे। उन्होंने उस कमल-कन्या को

देखकर कहा कि यदि यह कन्या घर में रही तो यही आपके वध का कारण होगी। यह सुनकर भयभीत हो रावण ने उसे समुद्र में फेंक दिया था। तत्पश्चात् वह भूमि को प्राप्त होकर जनक के यज्ञ-मण्डप के मध्यवर्ती भू-भाग में जा पहुँची थी। वहाँ राजा के हल के मुख भाग से उस भू-भाग के जोते जाने पर वह कन्या फिर से प्रकट हो गयी।[1] जनक ने भी विश्वामित्र को सीता के विषय में यही बतलाया था कि एक दिन जब वह यज्ञ के लिए भूमिशोधन करते समय खेत में हल चला रहे थे उसी समय हल के अग्रभाग से जोती गयी भूमि से एक कन्या प्रकट हुई। पृथ्वी से प्रकट उस कन्या का नाम सीता रखा गया और जनक ने अपनी आत्मजा-पुत्री के समान ही उसका पालन-पोषण किया था।[2]

बाल्यवस्था में सीता को माता-पिता के द्वारा आचार और नारी-धर्म की पूरी शिक्षा दी गयी थी। उन आचार-उपदेशों का अपने जीवन में उन्होंने पूरी निष्ठा के साथ निर्वाह किया। उन आचार-सिद्धान्तों के विपरीत राम की बात भी सुनने के लिए वे कभी तैयार नहीं हुईं। वनगमन के पूर्व जब राम ने उनको अयोध्या में रहकर सास-ससुर की सेवा करने की बात कही तो उन्होंने स्पष्ट कह दिया था कि पिता-माता, भाई-पुत्र और पुत्रवधू—ये सब अपने भाग्य के अनुसार ही जीवन-निर्वाह करते हैं, केवल पत्नी ही पति के भाग्य का अनुसरण करती है। मुझे किसके प्रति कैसा बर्ताव करना चाहिए इस विषय में मेरी माता और पिता ने मुझे अनेक प्रकार से शिक्षा दी है। इसलिए इस समय इस विषय में मुझे कोई उपदेश देने की आवश्यकता नहीं है।[3] कौसल्या ने भी सती और असती स्त्रियों के लक्षणों की विवेचना करते हुए जब सीता से वनवास की अवधि में राम का सदैव सम्मान करते रहने का उपदेश दिया था तब भी सीता ने उनको यही उत्तर दिया था कि पति के साथ कैसा बर्ताव करना चाहिए, इसे मैं भली-भाँति जानती हूँ। इस विषय को मैंने पहले ही सुन रखा है अतएव आप मेरे लिए जो उपदेश दे रही हैं मैं उसका पूर्ण रूप से पालन करूँगी।[4] मैंने बड़ी-बूढ़ी श्रेष्ठ स्त्रियों से नारी के सामान्य और विशेष धर्मों की शिक्षा ग्रहण की है। इस प्रकार पातिव्रत का महत्त्व जानकर भी मैं पति का अपमान नहीं कर सकती।[5]

अत्रि के आश्रम में अनसूया ने भी सीता का ध्यान पातिव्रत धर्म की महत्ता की ओर आकृष्ट किया था। अनसूया के वचनों को श्रद्धापूर्वक सुनने के बाद सीता ने कहा था कि—आप मुझको जो उपदेश दे रही हैं, वह मुझे पहले से ही ज्ञात है।[6] मेरे विवाह-काल में अग्नि के समीप मेरी माँ ने मुझे जो शिक्षा दी थी, वह मुझे अच्छी तरह से याद है। इसके अतिरिक्त मेरे अन्य स्वजनों ने मुझे जो भी उपदेश दिया

1. वा.रा. 7.17.—; **2.** वा.रा. **1.** 66.13-14; **3.** वा.रा. 2.27.4-5, 10; **4.** वा.रा. 2.39.27; **5.** वा.रा. 2.39.31; **6.** वा.रा. 2.118.2

है वह भी मुझे भूला नहीं है। स्त्री के लिए पति की सेवा के अतिरिक्त दूसरे किसी तप का विधान नहीं है।[1] पातिव्रत धर्म की शिक्षा देते समय सीता को सम्भवतः उनकी माँ ने अथवा अन्य स्वजनों ने सावित्री-सत्यवान और रोहिणी-चन्द्रमा आदि की कथाएँ भी सुनायी थीं। सीता को इनके आदर्शों ने विशेष रूप से प्रभावित किया था और अनसूया से बात करते समय उन्होंने ऐसी ही सती-साध्वी स्त्रियों की चरित्र-कथाओं को दुहराते हुए अपनी शिक्षा-दीक्षा के प्रति संकेत किया था। इन आदर्शों को सीता ने प्रारम्भिक जीवन से ही अपना लिया था। अतएव राम से उन्होंने बड़े विश्वासपूर्वक कहा था कि मुझमें ऐसा कोई पाप-दोष नहीं है जिसके कारण आप मुझको छोड़कर अकेले ही वन को चले जाएँ।[2]

सीता ने जनक के राजमहलों में, उनकी कन्या के रूप में रहकर भी पूर्ण ब्रह्मचर्य का पालन करते हुए कठोर से कठोर व्रत-उपवास आदि का अभ्यास किया था। पति के प्रति अनन्य निष्ठावान होने और पूर्वाभ्यास के कारण उन्होंने वनवास के कष्टों की किंचित् भी परवाह नहीं की। राम को उन्होंने पूरी तरह आश्वस्त किया था कि वनवास की अवधि में नियमपूर्वक मैं ब्रह्मचर्य का पालन करूँगी, केवल फलमूल खाकर ही निर्वाह करूँगी और सरोवरों में स्नान करके नित्य व्रतों का पालन करूँगी।[3] उनके इन जीवन-आदर्शों को ध्यान में रखकर ही राम उनको धर्मज्ञ और सदा धर्मनिरत मानते थे।[4] इसका एक परिणाम यह भी हुआ था कि सीता के स्वभाव में अत्यन्त गम्भीरता आ गयी थी। इस सन्दर्भ में राम के दो परस्पर विरोधी वाक्य लिखे गये हैं। रावण द्वारा अपहरण किये जाने के पश्चात् जब राम इधर-उधर उनकी खोज करते रहे तो पहले तो उन्होंने यह कहा कि अधिक हास-परिहास करने का तुम्हारा स्वभाव ही नहीं है फिर मेरी किसलिए उपेक्षा कर रही हो[5] और फिर यह भी कहा कि यद्यपि तुम्हारा स्वभाव परिहासप्रिय है किन्तु आश्रमों में इस प्रकार का हास-परिहास अच्छा नहीं माना जाता।[6] सीता के पूरे जीवन में हास-परिहास के प्रति उनकी कोई रुचि दिखाई ही नहीं देती।

सीता के रूप-सौन्दर्य के विषय में कुछ भी लिखना न तो संगत ही है और न उसका आचार-दर्शन से कोई सम्बन्ध ही है। रावण के अनुसार भी वे सर्वांग-गुण-सम्पन्ना, सर्वलोक-मनोहरा थीं[7] किन्तु मन्दोदरी के विचार इसके सर्वथा विपरीत रहे। उसके विचार से रावण केवल काम के वशीभूत होकर मोहवश सीता के प्रति आकृष्ट हुआ था। रावण की मृत्यु पर विलाप करते हुए उसने कहा था कि आपके घर में सीता से भी अधिक सुन्दर रूपवाली दूसरी अनेक युवतियाँ रहीं किन्तु काम और

---

1. वा.रा. 2.118.8-9; **2.** वा.रा. 2.27.8; **3.** वा.रा. 2.27.13,16,19; **4.** वा.रा. 2.28.1,3; **5.** वा.रा. 3.60.27; **6.** वा.रा. 3.62.6; **8.** वा.रा. 5.20.3

मोहवश आप इसको समझ नहीं सके।[1] इसके अतिरिक्त मन्दोदरी की यह भी धारणा थी कि मय के जिस कुल में उसका जन्म हुआ था वह सीता के पितृकुल की अपेक्षा अधिक अच्छा था। अपनी तुलना में सीता को वह सभी प्रकार से नगण्य ही मानती थी। उसने कहा था कि सीता न तो कुल में, न रूप में और न दाक्षिण्य आदि गुणों में ही मुझसे बढ़कर है। वह किसी बात में मेरी समानता भी नहीं कर सकती किन्तु मोहवश आपने इस बात की ओर ध्यान नहीं दिया।[2]

शूर्पणखा भी अपनी तुलना में सीता को निहायत ही कुरूप मानती थी। राम के रूप-सौन्दर्य को देखकर वह उन पर मुग्ध थी और सीता को राम जैसे सुन्दर पुरुष की पत्नी होने के योग्य मानती ही नहीं थी। दण्डकारण्य के आश्रम में राम का परिचय प्राप्त कर स्वयं अपना परिचय देते समय उसने सीता के विषय में राम से कहा था कि यह 'विकृता' और 'विरूपा' तुम्हारे अनुरूप नहीं है। इसके साथ ही उसने सीता को 'असती', 'कराला', 'निर्णतोदरी' (धँसे हुए पेटवाली) आदि बताकर कहा था कि मैं ही तुम्हारे अनुरूप तुम्हारी भार्या बन सकती हूँ।[3] इस स्थल पर शूर्पणखा द्वारा सीता को 'अनृजुवृत्ता' (कुटिल आचारवाली) भी कहा गया है।[4] इसी प्रकार खर के द्वारा भी सीता के लिए 'दुर्वृत्ता' (दुराचारिणी) तथा अशोक वाटिका में नियुक्त राक्षसियों द्वारा 'अनार्या'[5], 'पाप-विनिश्चया' जैसे शब्दों का प्रयोग किया गया है किन्तु यह सब सीता के समान आदर्श सती-साध्वी नारी के लिए उनकी राक्षसोचित दुष्प्रवृत्तियों का ही परिचायक है। राक्षसकुल का तो प्रश्न ही नहीं, पूरी रामायण में तथा अन्य साहित्य में भी सीता के समान आदर्श नारी की कल्पना अभी तक की ही नहीं जा सकी।

रामायण से इस बात की पुष्टि नहीं होती कि उस काल में विवाह के लिए स्वयंवर की प्रथा मान्य हो चुकी थी। रामायण के किसी भी नारी पात्र का विवाह स्वयंवर के द्वारा नहीं लिखा गया। यह भी स्पष्ट नहीं होता कि उस समय विवाह की कौन-सी प्रणाली प्रचलित थी, राजा को अथवा पुरुष को कितनी स्त्रियों के साथ विवाह करने का अधिकार था और पुरुष और नारी के परस्पर एक-दूसरे के प्रति क्या कर्तव्य थे। राम और सीता के माध्यम से इन आदर्शों की स्थापना का प्रयास ही किया गया है। सीता का राम के साथ स्वयंवर के द्वारा विवाह होने की कथा का विकास बहुत समय बाद ही हुआ। जनक ने सीता का पुत्री की भाँति पालन-पोषण करते हुए विवाह के उद्देश्य से उनको 'वीर्य शुल्का' घोषित कर दिया था।[6] तात्पर्य यह कि कोई भी व्यक्ति पराक्रम से उनको जीतकर उनके साथ विवाह करने का सुयोग्य अधिकारी था। अनेक राजाओं ने जिज्ञासावश जनक से यह भी

---

1. वा.रा. 6.111.27; **2.** वा.रा. 6.111.28; **3.** वा.रा. 3.27.26-27; **4.** वा.रा. 3.19.19; **5.** वा.रा. 3.19.23; **6.** वा.रा. 2.66.15

जानना चाहा था कि सीता के विवाह के लिए उन्होंने पराक्रम-प्रदर्शन का कौन-सा रूप निश्चित किया है। जनक के घर में शिव द्वारा उनके पूर्वजों को प्रदत्त एक ऐसा धनुष रखा हुआ था जिसको उठाकर उस पर प्रत्यंचा चढ़ाना बड़े-बड़े पराक्रमियों के लिए भी दुष्कर था। उन्होंने उस धनुष को उठाने और उस पर प्रत्यंचा चढ़ाने को ही सीता-विवाह के लिए पराक्रम का प्रमाण निश्चित कर दिया था। अनेक राजा इस उद्देश्य से समय-समय पर मिथिला आते रहे किन्तु कोई भी इसमें समर्थ नहीं हो सका था। राजाओं ने संगठित होकर मिथिला पर आक्रमण भी कर दिया और एक वर्ष तक यह युद्ध चलता रहा था। अन्त में देवताओं की सैन्य सहायता से जनक ही इस युद्ध में विजयी रहे थे।

सीता-विवाह के लिए जनक द्वारा कोई विशेष स्वयंवर समारोह आयोजित नहीं किया गया था और न विश्वामित्र ही राम को किसी स्वयंवर समारोह में भाग लेने के लिए मिथिला लिवा ले गये थे। शिव के उस धनुष की और उसे चढ़ाने में राजाओं के असमर्थ रहने की खबर चारों ओर फैल चुकी थी। विश्वामित्र को भी यह खबर मिल चुकी थी और उत्सुकतावश वे राम को वह धनुष दिखाने मात्र के लिए ही मिथिलापुरी ले गये थे। राम-लक्ष्मण का परिचय देते हुए जनक से उन्होंने कहा था कि ये दोनों दशरथ-पुत्र विश्वविख्यात क्षत्रिय वीर हैं और आपके यहाँ रखे हुए श्रेष्ठ धनुष को देखना चाहते हैं। धनुष को देखने मात्र से यह सन्तुष्ट होकर अपनी राजधानी लौट जाएँगे।[1] धनुष दिखलाने के पूर्व जनक ने ही सीता को 'वीर्य शुल्का' घोषित किये जाने और पराक्रम की उपर्युक्त शर्त के विषय में जानकारी दी थी। राम को वह धनुष दिखाया गया। वे अपने युग के अद्वितीय पराक्रमी थे ही अतएव धनुष को देखकर जब उन्होंने उसको उठाने और उस पर प्रत्यंचा चढ़ाने का उपक्रम किया तो वह सहज ही टूट तक गया। परिणामस्वरूप जनक ने पूर्व-निश्चय के अनुसार 'वीर्य शुल्का' सीता का विवाह राम के साथ कर दिया था।

विवाह के समय सीता की आयु अधिक नहीं थी। सीता ने मोटे तौर पर दो स्थलों पर बाल्यावस्था में ही अपना विवाह हो जाने का संकेत किया है। जब रावण ने अशोक वाटिका में राम का माया निर्मित कटा हुआ मस्तक सीता के सामने डाल दिया था तो सीता ने रोते हुए कहा था—"राजन्! आपने अपनी छोटी अवस्था में ही, जब कि मेरी अवस्था भी छोटी ही थी, मुझे पत्नी रूप में प्राप्त किया था। अब आप मेरी ओर क्यों नहीं देखते अथवा मेरी बात का उत्तर क्यों नहीं देते हो।"[2] इसी प्रकार रावण-वध के पश्चात् जब राम ने सीता से अपनी पवित्रता प्रमाणित करने के लिए अथवा कहीं भी अन्यत्र चली जाने के लिए कहा, तब भी सीता ने उपालम्भपूर्ण स्वर में पूरे रोष के साथ उनसे कहा था कि—बाल्यावस्था में आपने मेरा

---

1. वा.रा. 1.66.5-6; **2.** वा.रा. 6.32.20

पाणिग्रहण किया है, आपके प्रति मेरे मन में जो भक्ति है उसके तथा मेरे शीलस्वभाव की ओर आपका ध्यान क्यों नहीं जा रहा?[1] इन स्थूल सन्दर्भों के अतिरिक्त सीता ने अपहरण किये जाने के पूर्व रावण को अपना जो परिचय दिया था उससे भी आयु विषयक स्थिति पूरी तरह स्पष्ट हो जाती है। यह स्मरणीय है कि विश्वामित्र जब राम को दशरथ से माँग कर अपने साथ ले गये थे उस समय राम पन्द्रह वर्ष की आयु पूरी कर सोलहवें वर्ष में प्रवेश कर चुके थे।[2] विश्वामित्र के साथ वन में रहते हुए मिथिला पहुँचने में उनका कितना समय व्यतीत हुआ था, इसका स्पष्ट ज्ञान सम्भव नहीं। यदि इसमें एक-दो वर्ष का समय भी मान लिया जाय तो विवाह के समय राम की आयु सत्रह-अठारह वर्ष की ही मानना पड़ेगी। स्वयं सीता के कथनानुसार विवाह के पश्चात् अयोध्या लौटकर राम-सीता बारह वर्ष तक सुखपूर्वक रहे थे और तेरहवें वर्ष में दशरथ के द्वारा उनके अभिषेक का विचार किया गया था।[3] तात्पर्य यह कि वनगमन के समय राम की आयु तीस वर्ष रही होगी। सीता ने इस समय राम की आयु पच्चीस वर्ष और स्वयं अपनी आयु केवल अठारह वर्ष बतलायी है।[4] राम की आयु में यह अन्तर क्यों दिखाया गया इस सम्बन्ध में कुछ भी कहना कठिन ही है। किन्तु वनगमन के समय यदि सीता की आयु अठारह वर्ष की थी और विवाह के बारह वर्ष पश्चात् ही यह अवसर आया था तो यह भी मानना ही पड़ेगा कि उनका विवाह केवल छह वर्ष की आयु में ही हो गया था।

सीता ने विवाह के पश्चात् अयोध्या में बारह वर्ष तक सुखपूर्ण जीवन बिताने की बात अवश्य कही किन्तु यह भी एक विचारणीय प्रश्न है कि इतनी अल्प आयु में उनका सुखमय जीवन कैसा रहा होगा। यद्यपि भरत और शत्रुघ्न को ननिहाल भेज दिया गया था किन्तु उस समय राजमहल में राम की विशिष्ट स्थिति का भी कोई वर्णन नहीं किया गया। कैकेयी की तुलना में कौसल्या पूर्णतया उपेक्षिता थीं और सीता के अतिरिक्त उर्मिला, माण्डवी और श्रुतिकीर्ति तीन बहुएँ और भी थीं। इस स्थिति में सीता का जीवन भी अन्य बहुओं के समान ही व्यतीत हुआ होगा। उनके सुखमय जीवन का प्रारम्भ राम के अभिषेक के पश्चात् ही होता किन्तु उसके पहले ही उन्होंने स्वयं ऐसे कष्टमय जीवन का वरण किया जिसको पढ़कर भी प्राण काँप जाते हैं। प्रारम्भ से ही भूमिप्रवेश पर्यन्त अर्थात् अपने पूरे जीवन भर जितना अधिक कष्ट सीता को भोगना पड़ा है उसका उपमान इतिहास, पुराण अथवा काव्य-ग्रन्थों में खोजने पर भी मिल नहीं सकता। इस जीवन का वरण उन्होंने स्वयं ही किया था अतएव उनके आदर्श और आचारगत विशेषताएँ उभरकर ऊपर आ गयीं।

संकेत किया जा चुका है कि सीता को नारी-धर्म और पातिव्रत धर्म की शिक्षा

---

1. वा.रा. 6.116.16; **2.** वा.रा. 1.20.2; **3.** वा.रा. 3.47.4-5; **4.** वा.रा. 3.47.10

प्रारम्भ से ही माता-पिता तथा मिथिला की बूढ़ी-बड़ी सती-साध्वी स्त्रियों द्वारा दी गयी थी। रामायण-काल में पातिव्रत धर्म को इतनी अधिक प्रतिष्ठा प्राप्त नहीं रही थी और समाज के अलग-अलग वर्गों में नारी-धर्म का अलग-अलग रूप मान्य था। इसलिए यह भी मानना ही पड़ेगा कि सीता ही सबसे पहली ऐसी आदर्श नारी हैं जिन्होंने न केवल पातिव्रत धर्म को प्रतिष्ठा दी अपितु नारी-धर्म के आदर्श प्रतिमान स्थापित किये। रामायण में कौसल्या, सुमित्रा, कैकेयी, उर्मिला, माण्डवी, श्रुतिकीर्ति, तारा, रुमा, मन्दोदरी, धान्यमालिनी, अहल्या, शबरी, अनसूया, शूर्पणखा, ताटका, त्रिजटा, सरमा, मन्थरा आदि अनेक नारी पात्रों का उल्लेख हुआ है किन्तु इनमें से किसी की भी सीता से तुलना नहीं की जा सकती। पति के प्रति इतनी जबरदस्त आस्था किसी दूसरी नारी के मन में दिखाई ही नहीं देती। राम ने सीता के प्रति जो व्यवहार किया, उसे शान्त अविचलित भाव से सहन करते हुए भी उन्होंने राम के लिए अपने जीवन को होम दिया। मृत्यु अपने बड़े, पैने और भयंकर दाँत निकाले हुए उनको चबा जाने के लिए उनके सामने मुँह बाये नाचती रही, माया, छल और कपट के द्वारा उनको विचलित करने के सभी प्रयास किये गये, लंका जैसी वैभवशाली स्वर्णनगरी के राजमहलों की पटरानी बनकर कल्पनातीत सुख भोगने के प्रलोभनों से फुसलाने की कोशिशें की गयीं किन्तु किसी भी दशा में वे अपने आदर्शों से विचलित नहीं हुईं। राम के मन में उनके प्रति जो भी प्रेम रहा था उसका आभास केवल उनकी वियोग अवस्था में ही दिखाई देता है किन्तु लंका-विजय के पश्चात् राम ने ही उनकी सभी आशाओं को धूल में मिला दिया। राम के ही कारण उनको अपनी पवित्रता प्रमाणित करने के लिए अग्नि में प्रवेश करना पड़ा, अयोध्या लौटने के तुरन्त बाद गर्भवती होने की अवस्था में भी निर्वासित होना पड़ा, और जब इस पर भी राम का हृदय आश्वस्त नहीं हुआ तो अन्त में उनको भूमि-प्रवेश के द्वारा अपने जीवन का अन्त भी कर देना पड़ा। किन्तु अन्तिम क्षण में भी उनके मुँह से यही निकला—

यथाहं राघवादन्यं मनसापि न चिन्तये।
तथा मे माधवी देवी विवरं दातुमर्हति।
मनसा कर्मणा वाचा यथा रामं समर्पये।
तथा मे माधवी देवी विवरं दातुमर्हति ॥
यथैतत् सत्यमुक्तं मे वेद्मि रामात् परं न च।
तथा मे माधवी देवी विवरं दातुमर्हति ॥ —वा.रा. 7.97.14-16

यदि मैं राम के अतिरिक्त किसी अन्य पुरुष का मन से भी स्मरण नहीं करती, यदि मन, वचन, कर्म से मैं राम के प्रति समर्पित हूँ, यदि राम के अतिरिक्त किसी अन्य को मैं जानती भी नहीं हूँ तो पृथ्वी माँ मुझे अपनी गोद में ले ले।

स्मृतिकारों और पौराणिक ऋषियों ने पातिव्रत धर्म को प्रतिष्ठित करने का जो प्रयास बहुत बाद में किया है, उसका आदर्श सीता पहले ही प्रस्तुत कर चुकी थीं। वे नारी के लिए पति के अतिरिक्त किसी अन्य आराध्य देवता का अस्तित्व स्वीकार नहीं करतीं। राम ने जब उनको वनगमन से रोकते हुए अयोध्या में ही रहकर सास-ससुर की सेवा करने के लिए कहा था तब उन्होंने उनको उत्तर देते हुए कहा था कि आप ही मेरे स्वामी है, आपके पीछे प्रेम भाव से वन में जाने पर मेरे सभी पाप नष्ट हो जाएँगे, क्योंकि पति ही नारी के लिए परात्पर देवता होता है।[1] कौसल्या के उपदेशों को सुनकर भी उन्होंने उनको आश्वस्त करते हुए कहा था कि मैं इस बात को जानती हूँ कि पति ही स्त्री के लिए देवता होता है तब फिर वन में उनके साथ रहते हुए मैं उनका अपमान क्यों करूँगी ?[2] सीता की आस्था के अनुसार केवल इस लोक में ही नहीं परलोक में भी नारी के लिए पति ही एकमात्र गति अथवा आराध्य होता है। राम ने उनको भरत के अनुकूल बर्ताव करने, व्रत और उपवास में संलग्न रहने, प्रतिदिन प्रातःकाल उठकर देवताओं की विधिवत् पूजा करने, दशरथ और कौसल्या आदि का सम्मान करते रहने आदि का परामर्श देकर अकेले ही वन जाने का विचार किया था। राम की बातों को सुनकर सीता को क्रोध आया और हँसी भी आयी। इन बातों को उन्होंने अस्त्र-शस्त्रों के ज्ञाता वीर राजकुमारों के आचरण-व्यवहार के प्रतिकूल ही माना और राम से कहा था कि पिता, माता, भाई, पुत्र और पुत्रवधू—ये सब अपने कर्मों का फल भोगते हुए अपने भाग्य के अनुसार जीवन निर्वाह करते हैं, केवल पत्नी ही पति के भाग्य का अनुसरण करती है। नारियों के लिए इस लोक और परलोक में एकमात्र पति ही आश्रय देनेवाला होता है। पिता, पुत्र, माता, सखियाँ तथा उसकी अपनी आत्मा भी उसकी सच्ची सहायक नहीं होती। अतएव आपके साथ मुझको वन जाने की आज्ञा सहज ही प्राप्त हो गयी है।[3] अच्छे महलों में रहना, विमानों में चढ़कर घूमना, आकाश में घूमना इन सबकी अपेक्षा स्त्री के लिए सभी अवस्थाओं में पति के चरणों की छाया में रहना विशेष महत्त्व रखता है।[4]

अत्रि के आश्रम में पहुँचने पर अनसूया ने सीता को पातिव्रत धर्म का विशेष उपदेश दिया था। अनसूया के मन में भी कौसल्या की भाँति कदाचित् यह सन्देह रहा था कि राज्य और समस्त सुख-सुविधाओं से वंचित राम के प्रति सीता की प्रेम-भावना में कमी आ सकती है। उनके उपदेशों को सम्मानपूर्वक सुनकर सीता ने कहा था कि देवि, यद्यपि आपके मुँह से ऐसी बातों का सुनना कोई आश्चर्य की बात नहीं है किन्तु यह बात मुझे पहले से ही ज्ञात है कि पति ही नारी का गुरु होता है। यदि मेरे पति अनार्य और जीविका के साधनों से रहित भी होते तो भी

---

1. वा.रा. 2.29.16; **2.** वा.रा. 2.39.31; **3.** वा.रा. 2.27.4-6; **4.** वा.रा. 2.27.9

मैं बिना किसी दुविधा के इनकी सेवा में लगी रहती। फिर जब ये अपने गुणों के कारण ही सबकी प्रशंसा के पात्र हैं तब तो इनकी सेवा के लिए कहना ही क्या है! ये परम दयालु, जितेन्द्रिय, दृढ़ अनुरागी, धर्मात्मा तथा माता-पिता के समान ही प्रिय हैं।[1] उपर्युक्त उद्धरण इस बात का प्रमाण है कि सीता पति को ही देवता, गुरु, माता-पिता मानती थीं। वे यह भी मानती थीं कि अनार्य, आचरणहीन और साधनहीन पति की भी प्रत्येक अवस्था में पूरी निष्ठा के साथ सेवा करते रहना ही स्त्री का परम धर्म है। पति-सेवा के अतिरिक्त स्त्री के लिए किसी अन्य तप का विधान उनके मतानुसार हो ही नहीं सकता।[2] अयोध्या की स्त्रियाँ सीता की पति-भक्ति को देखकर स्तम्भित रह गयी थीं। राम के साथ उनको वन जाते हुए देखकर वे मन-ही-मन सोचती रहीं कि पतिव्रत धर्म में तत्पर सीता पति के पीछे-पीछे छाया की भाँति चलकर कृतकृत्य हो गयीं।[3]

राम के प्रति सीता के मन में इतनी अटूट श्रद्धा थी कि बड़े-से-बड़ा कारण भी उसको भंग नहीं कर सकता था। राजपरिवार में पोषिता, दशरथ जैसे नरेश की पुत्रवधू और राम जैसे राजकुमार की पत्नी होकर भी राम के प्रति अनुराग के अतिरिक्त उनके मन में राजमहलों का सुखी जीवन बिताने की लेश मात्र भी इच्छा दिखाई नहीं देती। राज्याभिषेक का समाचार ज्ञात होने पर भी वे प्रसन्नता में अपने नित्य कर्तव्यों को भूली नहीं और सदा की भाँति प्रातःकाल देवपूजन में लग गयी थीं। जब राम ने आकर उनको संक्षिप्त रूप में यह समाचार दिया कि पिता मुझको वन भेज रहे हैं तब भी वे किंचित् भी विचलित नहीं हुईं। उन्होंने राम से वनवास दिये जाने का कारण जानने की भी इच्छा प्रकट नहीं की और जब राम ने ही सूत्र रूप में दशरथ द्वारा कैकेयी को वरदान दिये जाने की घटना सुनायी तब भी सीता के मन में दशरथ, कैकेयी अथवा भरत किसी के प्रति कोई दुर्भावना उत्पन्न नहीं हुई। उन्होंने विस्तारपूर्वक घटना की जानकारी प्राप्त करने की भी परवाह नहीं की। कोई भी दूसरी नारी इस अवस्था में सास-ससुर और परिवार के सभी लोगों को गालियाँ देती हुई पूरे नगर में और चारों ओर कुहराम मचा देती, मरने-मारने के लिए उद्धत हो जाती और फिर भी पतिव्रता होने का दम्भ करती किन्तु सीता का मन इस सीमा तक राममय हो गया था कि राम का अनुगमन करते हुए निरन्तर पति की सेवा में रत रहने के अतिरिक्त कोई दूसरी बात उनके हृदय में न तो शेष थी और न उत्पन्न ही होती थी। राम ने जब उनसे अयोध्या में ही रहने के लिए कहा तो उन्होंने और कुछ भी न कहते हुए केवल साथ चलने का अपना निश्चय प्रकट कर दिया। पति-सेवा के सुख की तुलना में अयोध्या के राजमहलों के सुख का तो प्रश्न ही नहीं, त्रैलोक्य के ऐश्वर्य को भी वे त्याज्य मानती थीं। उन्होंने राम से कहा

---

1. वा.रा. 2.118.2-4; **2.** वा.रा. 2.118.9; **3.** वा.रा. 2.40.24

था कि मैं जिस प्रकार अपने पिता के घर में रहा करती थी उसी प्रकार वन में भी सुखपूर्वक निवास करूँगी। तीनों लोकों के ऐश्वर्य को भी कुछ न समझती हुई पातिव्रत धर्म का पालन करती हुई आपकी सेवा करती रहूँगी। मैं आपके साथ अवश्य ही वन चलूँगी, मुझे किसी तरह भी रोका नहीं जा सकता।[1]

जिस प्रकार राम को राज्याभिषेक अथवा वनवास की कल्पना से सुख और दुःख की लेश मात्र भी अनुभूति नहीं हुई थी ठीक उसी प्रकार सीता भी दोनों स्थितियों में पूर्णतया अविचलित और निर्विकार रहीं। केवल राम का वियोग ही उनको कष्टकर था और राम के साथ रहते हुए वे किसी कष्ट की कल्पना भी नहीं करती थीं। राम के सामने अपनी मनःस्थिति स्पष्ट करते हुए उन्होंने कहा था कि—मैं व्रत-परायण, पतिव्रता आपकी पत्नी हूँ फिर क्या कारण है कि आप मुझे अपने साथ नहीं ले जाना चाहते? मैं आपकी भक्त हूँ, पातिव्रत का पालन करती हूँ, आपसे अलग होने की कल्पना से भी मुझे दुःख होता है तथा आपके सुख-दुःखों में समान रूप से सहभागिनी हूँ। मुझे सुख मिले या दुःख मैं दोनों अवस्थाओं में समभाव से ही रहूँगी। अतः आप मुझे अपने साथ अवश्य ही ले चलें।[2]

पातिव्रत धर्म के प्रति सीता की अविचलित आस्था की केवल हनुमान जैसे सहायक ही नहीं, शूर्पणखा तक प्रशंसा करती थी। हनुमान ने सीता के विषय में पहले थोड़ा-बहुत सुना अवश्य था, किन्तु उनको प्रत्यक्ष देखने का सबसे पहला अवसर अशोक वाटिका में ही मिला। एक ओर उनको सीता का कष्टमय जीवन देखकर गहरा दुःख हुआ, और दूसरी ओर, उनके शील स्वभाव को देखकर वे चकित होकर रह गये थे। उनको देखकर ही वे समझ गये कि सीता पातिव्रत धर्म में इतनी दृढ़ है कि केवल पतिप्रेम के कारण समस्त सुखोपभोगों का परित्याग कर, आपत्तियों की कुछ भी परवाह न करते हुए राम के साथ निर्जन वन में चली आयी थी। फल-मूलों से ही सन्तुष्ट रहकर निरन्तर पति की सेवा में लगी रही और वन में उसी प्रकार सुख का अनुभव किया जैसे राजमहलों में रहती हो।[3] शूर्पणखा ने अपमानित होते हुए भी रावण को सीता का परिचय देते समय कहा था कि राम की पत्नी की बड़ी-बड़ी आँखें और मुख पूर्णचन्द्र के समान सुन्दर है। वह सदा अपने पति का प्रिय तथा हित करने में ही लगी रहती है।[4]

पातिव्रत धर्म को सीता मात्र एक बाह्य आचार ही नहीं मानती थीं अपितु उनको यह भी दृढ़ विश्वास था कि नारी के लिए इससे बढ़कर अदम्य शक्ति का स्रोत कोई दूसरा नहीं। विश्वास के आधार पर उन्होंने रावण से कहा था कि जिस प्रकार द्विजाति के मन्त्रों द्वारा पवित्र स्रुक्, स्रुवा आदि से सुशोभित यज्ञवेदी पर चाण्डाल अपना पैर भी नहीं रख सकता, उसी प्रकार मैं नित्य धर्मपरायण होकर

---

1. वा.रा. 2.27.12; **2.** वा.रा. 2.29.19-20; **3.** वा.रा. 5.16.19-20; **4.** वा.रा. 3.34.15

दृढ़तापूर्वक पातिव्रत धर्म का पालन करती हूँ अतएव तू मेरा स्पर्श भी नहीं कर सकता।[1] पतिव्रता नारी को बलपूर्वक पति से अलग करने को वह ऐसा तत्काल फलदायी पाप मानती थीं जिसका परिणाम कर्ता को भोगना ही पड़ता है। उन्होंने रावण से कहा था कि—तूने मुझको बलपूर्वक पति के पास से दूर हटाया है इसलिए तू समझ ले कि तेरे प्राण चले गये, तेरी राज्यलक्ष्मी नष्ट हो गयी, तेरे बल और इन्द्रियों का भी नाश हो गया तथा तेरे पाप के कारण यह लंका भी विधवा हो जाएगी।[2] रावण द्वारा अनेक प्रलोभनों को भी अस्वीकार करते हुए उन्होंने उत्तर दिया था कि—जैसे पापाचारी पुरुष सिद्धि की इच्छा नहीं कर सकता उसी प्रकार तुम मेरी इच्छा करने योग्य नहीं हो। पतिव्रता के लिए निन्दित कर्म करने के लिए मैं कदापि, तैयार नहीं।[3] पातिव्रत धर्म के निर्वहण में अपनी प्राण-रक्षा तक के लिए भी वे पर-पुरुष का स्पर्श करने के लिए तैयार नहीं हुईं। अशोक वाटिका में हनुमान ने उनके समक्ष प्रस्ताव किया था कि वे उनकी पीठ पर बैठकर राम के पास लौट चलें। सीता ने इसे अस्वीकार करते हुए कहा था कि पातिव्रत धर्म की ओर दृष्टि रखकर मैं श्री राम के अतिरिक्त दूसरे किसी पुरुष के शरीर का स्पर्श भी नहीं करना चाहती। रावण के शरीर से मेरा जो स्पर्श हो गया है वह तो उसके बलात्कार के कारण हुआ। उस समय मैं असमर्थ, अनाथ और विवश थी।[4] स्पष्ट है कि प्राणों का परित्याग करने के लिए वे तैयार थीं किन्तु पातिव्रत का त्याग उनके लिए असम्भव ही था। स्पर्श की तो बात दूर पर-पुरुष का देखना भी वे धर्म का उल्लंघन मानती थीं। इस नियम का उन्होंने इस सीमा तक निर्वाह किया कि स्थूल दृष्टि से ही नहीं बल्कि उनके मन में भी राम के अतिरिक्त किसी अन्य पुरुष की आकृति एक क्षण के लिए भी प्रवेश नहीं पा सकी। राम ने जब उनको भरत के पास रहकर उनके अनुकूल बर्ताव करते रहने की सलाह दी थी तो बड़ी तीखी भाषा में राम को उत्तर देते हुए उन्होंने कहा था कि पर-पुरुष पर दृष्टि रखनेवाली दूसरी कुलकलंकिनी स्त्रियों की भाँति मुझे न समझो। आपके अतिरिक्त किसी दूसरे पुरुष को मैं मन से भी नहीं देख सकती।[5]

पातिव्रत धर्म के समस्त आचार-व्यवहारों का सीता को पूरा ध्यान रहा करता था। यहाँ यह कहना असंगत नहीं होगा कि कौसल्या को राम की तो पूरी चिन्ता रही किन्तु सीता के सुख-दुःखों की उन्होंने कोई परवाह नहीं की। उन्होंने सीता को वनगमन से रोकने के लिए एक शब्द भी नहीं कहा और न वनवास की अवधि में सीता के सुखमय जीवन की कामना ही की। वे केवल राम के सुखी रहने के लिए देवी-देवताओं को मनाती रहीं। इसी भावना के वश उन्होंने सीता को भी वन में

---

1. वा.रा. 3.56.18-19; **2.** वा.रा. 3.56.12-13; **3.** वा.रा. 5.21.4; **4.** वा.रा. 5.37.62-63; **5.** वा.रा. 2.30.7

राम के प्रति सद्व्यवहार करने और कभी उनका अनादर न करने का उपदेश दिया था। सीता इसके उत्तर में कुछ और भी कह सकती थीं किन्तु वे पति के सुख में ही नारी का सुख मानती थी, इसलिए उन्होंने कहा था कि जैसे बिना तार के वीणा नहीं बज सकती, और बिना पहिये का रथ नहीं चल सकता उसी प्रकार सौ पुत्रों की माता होकर भी पति के बिना नारी सुखी नहीं रह सकती। पिता, भाई और पुत्र—ये परिमित सुख ही प्रदान करते हैं परन्तु पति नारी को अपरिमित सुख देता है। अतः ऐसी कौन-सी स्त्री है जो अपने पति का सत्कार नहीं करेगी।[1] राम के साथ वे उसी प्रकार अभिन्न रहीं जिस प्रकार सूर्य से उसकी प्रभा रहती है। उनसे अलग होकर असीमित ऐश्वर्य और धन-सम्पत्ति का प्रलोभन उन्हें विचलित नहीं कर सका।[2] वनवास की अवधि में राम के भोजन के बचे-खुचे फलफूल आदि खाकर ही वे सन्तुष्ट हो जाती थीं।[3]

व्यावहारिक जीवन में सीता जिस आचार का अनुसरण करती रही हैं उसे किसी विशिष्ट परम्परा का नहीं अपितु सामान्य धर्म अथवा पातिव्रत धर्म का आनुषंगिक धर्म ही कहा जा सकता है। पति-सेवा और पति के प्रति अनन्य अनुराग के अतिरिक्त उन्होंने किसी धर्म, दर्शन अथवा आचार की परवाह नहीं की। उनकी आस्थाएँ राम के साथ ही जुड़ी रहीं और एक सामान्य नारी की भाँति नदी, पहाड़, वृक्ष, देवी-देवता सबके सामने हाथ जोड़कर राम के कल्याण की कामना करती रहीं। उस समय वैदिक देवताओं के अतिरिक्त न तो अन्य किसी देवता को प्रतिष्ठा प्राप्त थी और न अवतारवाद को ही मान्यता प्राप्त थी। सीता के मन में भी इन्द्र, वरुण, यम, कुबेर के प्रति ही विश्वास था। सुमन्त्र द्वारा दशरथ का सन्देश पाकर राम जब सीता से भेंट करने के बाद दशरथ के पास जाने लगे थे तब सीता ने इन्हीं देवताओं से अपने पति के कल्याण की प्रार्थना करते हुए कहा था कि पूर्व दिशा में वज्रधारी इन्द्र, दक्षिण में यम, पश्चिम में वरुण और उत्तर में कुबेर आपकी रक्षा करें।[4] अशोक वाटिका में हनुमान ने जब दूर वृक्षों की ओट में रहकर सीता को राम के विषय में बताया था तब भी सीता ने अनेक प्रकार से विचार करने के बाद बृहस्पति, ब्रह्मा, इन्द्र और अग्नि का ही स्मरण किया था।[5]

सीता द्वारा देव-पूजा का यद्यपि अनेक स्थलों पर उल्लेख हुआ है किन्तु इन प्रसंगों से न तो उनकी उपासना-पद्धति का ही पता चलता है और न किसी विशिष्ट देवी-देवता के प्रति उनकी आस्था का ही ज्ञान होता है। वनगमन से पहले राम जब उनसे मिलने के लिए गये थे तब वह देवकार्य सम्पन्न करके राम की प्रतीक्षा कर रही थीं।[6] लंका-विजय के पश्चात् राम के समक्ष अपनी पवित्रता प्रमाणित करने के

---

1. वा.रा. 2.39.29.30; **2.** वा.रा. 5.21.15; **3.** वा.रा. 2.27.17; **4.** वा.रा. 2.16.24; **5.** वा.रा. 5.32.14; **6.** वा.रा. 2.26.4

लिए अग्निप्रवेश के समय भी उन्होंने देवताओं और ब्राह्मणों को नमस्कार किया था।[1] हनुमान ने यद्यपि सीता को देवपूजा करते हुए कभी देखा न था तथापि उनको विश्वास था कि सीता सन्ध्या-उपासना का पालन अवश्य करती होंगी।[2] हनुमान की पूँछ में आग लगाकर जब उनको लंका में घुमाया गया तो उनकी कल्याण कामना से सीता ने अग्नि की विशेष प्रार्थना की थी।[3] वन के लिए प्रस्थान करते समय जब राम-सीता और लक्ष्मण ने नाव में बैठकर गंगा को पार किया था तब सीता गंगा की हाथ जोड़कर प्रार्थना करती रही थीं। अपनी प्रार्थना में उन्होंने गंगा से राम के सकुशल अयोध्या लौट आने की कामना की थी और लौटने पर तट पर अवस्थित तीर्थों तथा देवताओं की पूजा करने का व्रत लिया था।[4] इसी प्रकार यमुना को पार करते समय उनका मन यमुना और श्याम वट की प्रार्थना करने में लग गया था।[5] रावण द्वारा अपहरण किये जाने पर उन्होंने गोदावरी और उसके तट पर खड़े हुए सभी वृक्षों को प्रणाम किया था।[6] वस्तुतः वे इतनी निष्कपट, सरल और पवित्र-हृदया थीं कि किसी को भी देवोपम समादरणीय मानकर उसके सामने हाथ जोड़ देती थीं किन्तु सबसे बड़ी विशेषता यही थी कि उन्होंने कभी अपने मंगल की कामना से बड़ी-से-बड़ी शक्ति के सामने सिर नहीं झुकाया और पति के कल्याण के लिए नदी, नाले, पहाड़, वृक्ष, सबको देवता मानकर हाथ जोड़ लिये। अशोक वाटिका में रावण और अनेक राक्षसियों द्वारा डराये-धमकाये जाने पर भी वे राम का स्मरण करती हुई निरन्तर उपवास करती रही थीं।[7]

सीता धर्म के रहस्यों को भली-भाँति जानती थीं और धर्म-नियमों का अनुसरण भी करती थीं।[8] कौसल्या ने जब उनको धर्म-आचरण का उपदेश दिया था तो उन्होंने बड़ी दृढ़ता से उनको उत्तर दिया था कि आपको मुझे दूसरी असती स्त्रियों के समान नहीं मानना चाहिए। जिस प्रकार चन्द्रमा से उसकी प्रभा अलग नहीं हो सकती उसी प्रकार मैं भी कभी धर्म से विचलित नहीं हो सकती।[9] रावण के बन्धन में रहकर उनको कल्पनातीत कष्टों को सहन करना पड़ा और प्राणत्याग की इच्छा का भी उनके मन में उदय हुआ किन्तु इस पर भी धर्म-नियमों के परित्याग के विषय में वे सोच भी नहीं सकीं। धर्मपालन के सत्परिणामों के प्रति उनका विश्वास अटल था। अशोक वाटिका में जब उनको राक्षसियों द्वारा मार-काटकर खा जाने की धमकी दी गयी, वहाँ की राक्षसी-यातनाएँ उनके लिए असह्य हो गयीं और अपने धर्मपालन को जब उन्होंने निष्फल होते हुए देखा तब भी उनके मन में प्राण-त्याग की इच्छा ही उत्पन्न हुई थी किन्तु धर्म के प्रति न तो अविश्वास की भावना उत्पन्न हुई और

1. वा.रा. 6.116.24; **2.** वा.रा. 5.14.49; **3.** वा.रा. 5.53.25-30; **4.** वा.रा. 2.52.83-92; **5.** वा.रा. 2.55.19.20,24-25; **6.** वा.रा. 3.49.31; **7.** वा.रा. 5.15.19,23; **8.** वा.रा. 2.26.20; **9.** वा.रा. 2.39.28

न इस प्रकार का विचार ही उनके मन में उत्पन्न हुआ। सीता के समान धर्मपालन की परीक्षा रामकथा के ही नहीं, विश्व वाङ्मय के किसी भी पात्र को नहीं देनी पड़ी और वे प्रत्येक परीक्षा में और भी अधिक निखरती ही चली गयीं।[1] अपने जीवन में उनको जितने अधिक कष्ट सहने पड़े उनके विषय में विचार करते हुए हृदय काँप जाता है फिर भी उन्होंने धर्म के लिए अपना जीवन समर्पित कर दिया। इनके सामने रावण द्वारा मस्तक होम दिये जाने अथवा किसी के द्वारा हजारों वर्ष तक कठोर तपस्या करने की कहानियाँ निहायत ही बचकानी-सी लगने लगती हैं।

सैद्धान्तिक रूप से सीता प्रिय-अप्रिय, सुख-दुःख, संयोग-वियोग, हर्ष-विषाद के द्वन्द्व से परे की स्थिति को आदर्श मानती थीं। राक्षसियों द्वारा सभी प्रकार के कष्ट दिये जाने पर वे अपने जीवन से पूर्णतया निराश हो गयी थीं किन्तु राम को भूल नहीं सकीं। प्राण-त्याग के विषय में सोचते हुए उन्होंने कहा था कि सत्यस्वरूप परमात्मा को ही अपनी आत्मा माननेवाले और अपनी आत्मा पर विजय प्राप्त करने वाले महात्मा महर्षिगण ही धन्य हैं क्योंकि उनके कोई भी प्रिय अथवा अप्रिय नहीं होते। जिन्हें प्रिय के वियोग से दुःख नहीं होता और अप्रिय का संयोग प्राप्त होने पर कष्ट का अनुभव नहीं होता उन द्वन्द्वजयी महापुरुषों को मेरा नमस्कार है।[2] वेदविद्या ही, सीता के अनुसार, आत्मज्ञानी ब्राह्मण की सम्पत्ति है।[3]

उपर्युक्त दार्शनिक मान्यताओं को सैद्धान्तिक रूप से स्वीकार करते हुए भी सीता ने दार्शनिक के शुष्क जीवन को अपनाने के स्थान पर धर्म-व्यवस्था के अनुसार आचरण और व्यवहार को ही स्वीकार किया था। राम के प्रति अनन्य आस्था और पातिव्रत धर्म से अलग उन्होंने न किसी सिद्धान्त की परवाह की और न किसी कर्मकाण्ड का ही विधान अपनाया। यज्ञ-विज्ञान और ब्राह्मणों के प्रति उनके मन में आस्था अवश्य थी किन्तु व्यवहार में इन सबसे भी उन्हें कोई मतलब नहीं रहा। बचपन में उन्होंने ब्राह्मणों से सुना था कि उनको वनवास का जीवन बिताना पड़ेगा। ब्राह्मणों की बात पर उनको इतना अधिक विश्वास था कि उसी समय से वे वनवास के लिए उत्साहित रहने लगी थीं। इसके साथ ही वे यह भी चाहती थीं कि ब्राह्मणों की बात झूठी सिद्ध न हो।[4]

कर्म-परिणाम के सिद्धान्त को पूरी निष्ठा के साथ स्वीकार करते हुए सीता ने सदाचार पर सबसे अधिक बल दिया है। प्रत्येक दशा में उनकी दृष्टि मन-वचन-कर्म से केवल अपने कर्तव्य पर ही केन्द्रित रही और बड़ी-से-बड़ी प्रतिकूल परिस्थितियाँ भी उनके मन में प्रतिक्रिया की भावना उत्पन्न नहीं कर सकीं। उनको जो भी कष्ट सहने पड़े, उन सबको उन्होंने पूर्व जन्मकृत कर्मों का परिणाम ही माना और कैकेयी, मन्थरा, दशरथ, भरत, रावण, अथवा उन राक्षसियों को भी जो अशोक वाटिका में

---

1. वा.रा. 5.28.12-13; **2.** वा.रा. 5.26.47-48; **3.** वा.रा. 5.21.17; **4.** वा.रा. 2.29.8-13

उनको खा जाने के लिए मुँह बाये खड़ी रहा करती थीं, दिन-रात डराती-धमकाती हुई गालियों की बौछार करती रहती थीं, उन्होंने सर्वथा निर्दोष और क्षम्य माना। राक्षसियों की धमकी को सुनकर वे आँसू बहाती हुई केवल यही कहती रहीं कि मैंने पूर्व जन्म में बहुत थोड़े पुण्य किये थे इसलिए इस दीन दशा में पड़कर मैं अनाथ की भाँति मारी जाऊँगी। पता नहीं, मैंने पूर्व जन्म में कौन-से महान् पाप किये थे जिनके फलस्वरूप यह अत्यन्त कठोर, घोर और महान् दुःख मुझे प्राप्त हुआ है।[1] इससे भी आगे सीता के आदर्श का निखरा हुआ प्रतिबिम्ब उनके उन विचारों में झलकता है जो उन्होंने लंका-विजय के पश्चात् अशोक वाटिका में हनुमान के प्रश्न के उत्तर में व्यक्त किये थे। राम की विजय का समाचार देते समय राक्षसियों के प्रति अपना क्रोध प्रकट करते हुए हनुमान ने उन सबको मार डालने के लिए सीता की अनुमति चाही थी। वे सीता के प्रति राक्षसियों के दुर्व्यवहार को देख चुके थे। सीता उस दुर्व्यवहार को यद्यपि भोगती रहीं और रोती रहीं किन्तु हनुमान के प्रस्ताव को उन्होंने सदाचार के प्रतिकूल मानकर अस्वीकार कर दिया था। उन्होंने कहा था :

"कपिश्रेष्ठ, ये बेचारी राजा के आश्रय में रहने के कारण पराधीन थीं। दूसरों की आज्ञा से ही सब कुछ करती थीं। अतः स्वामी की आज्ञा का पालन करनेवाली इन दासियों पर कौन क्रोध करेगा? मेरा भाग्य ही अच्छा नहीं था तथा मेरे पूर्व जन्म के दुष्कर्म अपना फल देने लगे थे, इसी से मुझे यह कष्ट भोगना पड़ा है। सभी प्राणी अपने किये हुए शुभाशुभ कर्मों का फल ही भोगते हैं अतः तुम इन्हें मारने की बात न कहो। मेरे लिए दैव का ही ऐसा विधान था। मुझे अपने पूर्व कर्मजनित कर्मों के योग से यह सारा दुःख निश्चित ही भोगना था। इसलिए रावण की दासियों का यदि कुछ अपराध भी हो तो मैं उसे क्षमा करती हूँ, क्योंकि इनके प्रति दया के उद्रेक से मैं दुर्बल हो रही हूँ। उस राक्षस की आज्ञा से ही ये मुझे धमकाया करती थीं। जबसे वह मारा गया है तब से ये बेचारी मुझसे कुछ नहीं कहतीं। इन्होंने डराना-धमकाना छोड़ दिया है।"[2]

इस सन्दर्भ में सीता ने रीछ और व्याध से सम्बन्धित किसी पूर्व प्रचलित कथा के निम्नलिखित श्लोक को प्रमाण रूप में उद्धृत किया था—

न परः पापमादत्ते परेषां पापकर्मणाम् ।
समयो रक्षितव्यस्तु सन्तश्चारित्रभूषणः ॥ —वा.रा. 6.113.44

श्रेष्ठ पुरुष दूसरे की बुराई करनेवाले पापियों के पापकर्म को नहीं अपनाते हैं—बदले में उनके साथ स्वयं भी पापपूर्ण बर्ताव नहीं करना चाहते। अतः अपनी

---

1. वा.रा. 5.25.14,18; **2.** वा.रा. 6.113.38-42

प्रतिज्ञा और सदाचार की रक्षा ही करना चाहिए क्योंकि साधु पुरुष अपने उत्तम चरित्र से ही विभूषित होते हैं। सदाचार ही उनका आभूषण है।

उपर्युक्त सिद्धान्त वाक्य के साथ ही सीता ने अपनी मान्यताओं और आचार-सिद्धान्तों के विषय में कहा था–

श्रेष्ठ पुरुष को चाहिए कि कोई पापी हो या पुण्यात्मा अथवा वे वध के योग्य अपराध करनेवाले ही क्यों न हों उन सब पर दया करें। क्योंकि ऐसा कोई भी प्राणी नहीं है जिससे कभी अपराध होता ही न हो। जो लोगों की हिंसा में ही रमते और सदा पाप का ही आचरण करते हैं, उन क्रूर स्वभाववाले पापियों का भी कभी अमंगल नहीं करना चाहिए।[1]

उपर्युक्त पंक्तियों में सीता का पूरा आचार-दर्शन प्रतिबिम्बित है। रामायण का शायद ही कोई ऐसा पात्र हो जिससे उनको प्रत्यक्ष या अप्रत्यक्ष रूप से कष्ट न पहुँचा हो। राम ने उनको रावण के बन्धन से मुक्त कराने के लिए युद्ध अवश्य किया किन्तु उन्होंने सीता के सुख के लिए कभी कुछ किया ही नहीं। सीता के पूरे जीवन पर दृष्टि डालने के पश्चात् यह भी कहा जा सकता है कि उनको सबसे अधिक कष्ट राम की ओर से ही प्राप्त हुआ था। रावण-वध के पश्चात् सीता को यह आशा रही होगी कि राम उनको देखते ही पुलकित होकर हृदय से लगा लेंगे। किन्तु जब वह राम के सामने पहुँचीं तो राम ने साफ कह दिया कि तुम्हें यह मालूम होना चाहिए कि मैंने जो यह युद्ध का परिश्रम उठाया है तथा मित्रों के पराक्रम से इसमें जो विजय पायी है, वह सब तुमको पाने के लिए नहीं किया गया। अपवाद का निराकरण करने और सुविख्यात वंश पर लगे हुए कलंक का परिमार्जन करने के लिए ही यह सब मैंने किया है।[2] इसके साथ ही राम ने जब उनसे कोई मतलब न होने और भरत, लक्ष्मण, विभीषण, सुग्रीव के संरक्षण में अथवा दसों दिशाओं में कहीं भी चली जाने के लिए कहा, तब सीता के हृदय को कितना जबरदस्त आघात लगा होगा इसकी कल्पना भी नहीं की जा सकती। इस प्रकार की मुसीबतें सहने के लिए उन्हें बार-बार मजबूर किया जाता रहा। वे इन सब कष्टों को सहती रहीं किन्तु कभी किसी को दोषी न बताकर अपने भाग्य को कोसती हुई उसे पूर्व कर्मों का परिणाम ही मानती रहीं। अशोक वाटिका में राम के शौर्य की सभी प्रकार से प्रशंसा करते हुए उन्होंने हनुमान से कहा था कि निस्सन्देह मेरा ही कोई पाप उदित हुआ है जिससे दोनों पराक्रमी वीर–राम-लक्ष्मण मेरा उद्धार करने में समर्थ होते हुए भी मुझ पर कृपा नहीं कर रहे हैं।[3] रावण ने जब राम का माया निर्मित कटा हुआ मस्तक सीता के सामने डाल दिया था तब भी सीता ने इन सब कष्टों के लिए स्वयं अपने को ही दोषी माना था और रोते हुए कहा था कि–"दशरथ-नन्दन श्रीराम मुझ जैसी

---

1. वा.रा. 6.113.45-46; **2.** वा.रा. 6.115.15-16; **3.** वा.रा. 5.38.46

कुलकलंकिनी नारी को मोहवश ब्याह लाये। पत्नी ही पति की मृत्यु का कारण बन गयी। जान पड़ता है मैंने निश्चय ही अपने पूर्व जन्म में दान-धर्म में बाधा उपस्थित की होगी।"[1]

सीता काम को अधर्म की दिशा में प्रेरित करनेवाला सबसे बड़ा विकार मानती थीं। उनके अनुसार केवल परस्त्री-गमन ही नहीं, असत्य भाषण और प्राणि-हिंसा जैसे दोष भी काम के कारण ही उत्पन्न और विकसित होते हैं। सभी के प्रति दया और अहिंसा की भावना उनके मन में इतनी सुदृढ़ थी कि उन्होंने उन राक्षसियों को भी क्षमा करने में प्रसन्नता का अनुभव किया था जिन्होंने उनको प्राणान्तक कष्ट दिया था। प्राणि-हिंसा की वे विरोधी थीं और निरपराध प्राणियों की हिंसा को बड़ा भारी अधर्म मानती थीं। राम की आचार-निष्ठा के प्रति पूर्णतया आश्वस्त रहते हुए भी उनके धनुष, बाण और खड्ग को देखकर उनके मन में सन्देह बना ही रहता था कि वे अवसर पड़ने पर उन शस्त्रों का प्रयोग निरपराध निरीह प्राणियों पर भी कर सकते हैं। राम ने धनुष-बाण के बल पर ही अपनी और सीता की विराध-जैसे राक्षस से रक्षा की थी फिर भी राम के वानप्रस्थ जीवंन और तपस्वी वेष को देखकर उनके द्वारा धनुष धारण करना सीता को पसन्द नहीं था। उनका विचार यही था कि वनवास की अवधि में राम के द्वारा क्षात्र धर्म का अनुसरण अधर्म है। अत्रि, शरभंग और सुतीक्ष्ण के आश्रम में राम ने वानप्रस्थ मुनियों की रक्षा करने और राक्षसों का वध करने की प्रतिज्ञा की थी। इससे सीता के मन का सन्देह और भी दृढ़ हो गया था कि राम निरपराध वनचारियों की भी हत्या कर सकते हैं। उस समय दण्डकारण्य वनवासी राक्षसों का ही प्रदेश था इसलिए सीता दण्डकारण्य की ओर चलने के पक्ष में भी नहीं थीं। इस पर भी राम सुतीक्ष्ण के आश्रम से जब दण्डकारण्य की ओर चलने लगे तब सीता ने उनकी प्रतिज्ञा का स्मरण करते हुए उनका ध्यान विशेष रूप से अहिंसा के पालन की ओर आकृष्ट किया था। उन्होंने कहा था :

"अत्यन्त सूक्ष्म दृष्टि से विचार करने पर मुझे ऐसा लगता है कि आप अधर्म की ओर उन्मुख हो रहे हैं। समस्त कामजनित व्यसनों से बचने में आप समर्थ हैं तब इस अधर्म से भी बच सकते हैं। इस जगत् में काम से उत्पन्न होनेवाले तीन ही व्यसन होते हैं। मिथ्या-भाषण बहुत बड़ा व्यसन है किन्तु उससे भी बड़े दो व्यसन और हैं। परस्त्री-गमन और बिना वैर के क्रूरतापूर्ण बर्ताव। इनमें से मिथ्या-भाषण का व्यसन न आप में कभी रहा है और न आगे होगा ही। इसी प्रकार आपके मन में परस्त्री-विषयक अभिलाषा न कभी उदित हुई है और न उसकी कल्पना ही की जा सकती है। परन्तु दूसरों के प्राणों का हिंसारूप जो तीसरा सबसे बड़ा दोष है, जिसे लोग बिना वैर-विरोध के ही किया करते हैं, वही आपके सामने उपस्थित हुआ

1. वा.रा. 6.32.30

है। आपने दण्डकारण्य निवासी ऋषियों की रक्षा के लिए राक्षसों के वध की प्रतिज्ञा की है और हाथ में धनुष-बाण लेकर भाई के साथ वन में आये हैं। सम्भव है, वहाँ के वनचारियों को देखकर आप उन पर बाणों का प्रयोग कर बैठें। जैसे आग के समीप रखे हुए ईंधन उसके तेज और बल को और उद्दीप्त कर देते हैं, उसी प्रकार यदि क्षत्रिय के हाथ में धनुष हो तो वह उनके बल को उद्दीप्त कर देता है। शस्त्र का संयोग शस्त्रधारियों के मन में विकार को ही उत्पन्न करता है। आपको धनुष लेकर किसी तरह बिना वैर के ही दण्डक निवासियों के वध का विचार नहीं करना चाहिए। बिना अपराध के ही किसी को मारना लोग अच्छा नहीं मानेंगे। मन और इन्द्रिय को वश में रखनेवाले क्षत्रियों के लिए वन में धनुष धारण करने का इतना ही प्रयोजन है कि संकट में पड़े हुए प्राणियों की रक्षा करें। कहाँ शस्त्र-धारण और कहाँ वनवास। कहाँ क्षत्रिय का हिंसामय कठोर कर्म और कहाँ तप—ये परस्पर विरुद्ध ही हैं। हम लोगों को देश-धर्म अर्थात् वनवास-धर्म का ही आदर करना चाहिए। केवल शस्त्र का सेवन करने से मनुष्य की बुद्धि कृपण पुरुषों के समान कलुषित हो जाती है अतः आप अयोध्या लौटने के बाद ही क्षात्रधर्म का निर्वाह कीजिएगा। राज्य त्यागकर वन में आ जाने पर यदि आप मुनिवृत्ति से ही रहें तो इससे मेरी सास और ससुर को अक्षय प्रसन्नता होगी। (सीता को पता था कि उनके ससुर का देहावसान हो चुका है) धर्म से अर्थ प्राप्त होता है, धर्म से सुख का उदय होता है और धर्म से ही मनुष्य सब-कुछ पा लेता है। इस संसार में धर्म ही सार है। चतुर मनुष्य अनेक नियमों के द्वारा अपने शरीर को क्षीण करके यत्नपूर्वक धर्म का सम्पादन करते हैं। सुख के साधनभूत उपायों से ही सुख की प्राप्ति नहीं होती। प्रतिदिन शुद्धचित्त होकर तपोवन में धर्म का ही अनुष्ठान कीजिए। त्रैलोक्य में जो कुछ भी है, उसे आप यथार्थ रूप से जानते ही हैं।"[1]

इसी प्रसंग में एक मुनि की कथा को उद्धृत कर सीता ने अपने उपर्युक्त विचारों की सत्यता प्रमाणित की थी। सीता की आस्थाएँ सत्य और अहिंसा की जिस ऊँचाई को छूती हैं वह उन-जैसी असाधारण देवी के लिए ही सम्भव है। धर्म और आचार-बल के सामने वे शस्त्र-बल को नगण्य मानती हैं और किसी प्रकार का मिथ्याचरण उन्हें प्रिय नहीं रहा।

मन और इच्छाओं पर विजय पाना सीता के आचार का एक विशिष्ट अंग रहा है। इच्छाओं से प्रेरित होकर किसी काम का करना वे उचित नहीं मानतीं और उसे नारीधर्म के प्रतिकूल मानती हैं। मारीच के सुन्दर रूप को देखकर उनके मन में उसको जीवित पकड़ लाने अथवा उसके चमड़े को प्राप्त करने की इच्छा जाग्रत हुई थी। उन्होंने राम को इसके लिए प्रेरित भी किया था किन्तु यह भी कहा था कि

1. वा.रा. 3.9.2-32

इच्छा के वशीभूत होकर इस प्रकार के काम करना यद्यपि नारी के लिए उचित नहीं है तथापि इसके सुन्दर शरीर ने मेरे हृदय में विस्मय उत्पन्न कर दिया है।[1] रावण से भी उन्होंने कह दिया था कि मैं कलंक लगानेवाला कोई भी काम करने के लिए तैयार नहीं।[2]

यज्ञशाला की पवित्रता में विश्वास[3] और यूप से बँधे हुए पशु के उपमान[4] से ऐसा प्रतीत होता है कि यज्ञ के प्रति वे कुछ आस्थावान अवश्य रहीं। किन्तु नारी के लिए पति-सेवा के अतिरिक्त किसी आचार-विधान को आवश्यक न मानने की स्थिति में उन्होंने यज्ञ के प्रति विशेष विचार व्यक्त नहीं किये। परलोक, पाप-पुण्य और शुभाशुभ परिणामों को वह अवश्य स्वीकार करती थीं। राम के साथ वन चलने का आग्रह करते हुए उन्होंने कहा था वनवास का जीवन बिताकर मैं अपने भाग्य के विधान को भोग लूँगी[5] और परलोक में भी आपके साथ मेरा संयोग बना रहेगा।[6]

काल-शक्ति पर सीता को इतना अखण्ड विश्वास था कि उसको वे सर्वथा अलंघ्य और अजेय मानती रहीं। राम के मायारचित कटे हुए मस्तक को देखकर उन्हें पहले तो आश्चर्य हुआ था कि राम के समान अजेय योद्धा और धर्मनिष्ठ पुरुष की मृत्यु पापाचारी रावण के द्वारा कैसे सम्भव हो सकी? वे इसी निष्कर्ष पर पहुँचीं कि काल ही समस्त प्राणियों के जन्म-मरण का हेतु है। वही प्राणिमात्र के शुभाशुभ कर्मों का फल देता है।[7] मेघनाद द्वारा राम-लक्ष्मण के मारे जाने का समाचार सुनकर भी उन्होंने कहा था कि युद्धस्थल में राम के सामने कोई भी शत्रु ठहर नहीं सकता है परन्तु काल के लिए कुछ भी अशक्य नहीं है। दुर्जय काल ही सबका अन्त कर डालता है।[8] हनुमान ने अशोक वाटिका में सीता से कहा था कि राम उनके वियोग में चिन्तित रहकर उनको प्राप्त करने के प्रयत्न में लगे हुए हैं तब भी सीता ने उनसे कहा था कि कृतान्त रूप काल ही सब-कुछ करता है। कोई बड़े भारी ऐश्वर्य में स्थित हो अथवा भयंकर विपत्ति में पड़ा हो, काल मनुष्य को इस प्रकार खींच लेता है, मानो उसे रस्सी में बाँध रखा हो। दैव के विधान को रोकना प्राणियों के वश की बात नहीं है। राम-लक्ष्मण के समान युद्धवीरों को विपत्ति में देखकर काल की अजेय शक्ति का ज्ञान होता है।[9] काल को अलंघ्य मानने की दशा में अकालमृत्यु पर भी उनको विश्वास नहीं था। राक्षसियों द्वारा बार-बार डराये-धमकाये जाने पर उनके मन में प्राण त्याग की इच्छा उत्पन्न हो जाती थी। किन्तु वह भी सम्भव न होने पर भारी मन से उन्होंने कहा था कि पण्डितों द्वारा समर्थित यह लोक-विश्वास ही सही है कि स्त्री अथवा पुरुष की अकालमृत्यु नहीं होती। इस मानव-जीवन और

---

1. वा.रा. 3.43.21; **2.** वा.रा. 3.56.22; **5.** 21.4; **3.** वा.रा. 3.56.18; **4.** वा.रा. 3.66.9; **5.** वा.रा. 2.29.11; **6.** वा.रा. 2.29.17-18; **8.** वा.रा. 6.32.13; **8.** वा.रा. 6.48.19; **9.** वा.रा. 5.37.3-4

इस परवशता को भी धिक्कार है जहाँ अपनी इच्छानुसार प्राणों का परित्याग भी सम्भव नहीं होता।[1] सन्त जन ठीक ही कहते हैं कि इस लोक में बिना समय आये किसी की मृत्यु नहीं होती। तभी तो इस प्रकार धमकायी जाने पर भी मैं यहाँ जीवित बनी हुई हूँ।[2]

पातिव्रत धर्म की आचार-मर्यादाओं से अलग नारी के विषय में सीता के विचारों को केवल समाज-व्यवस्था के सन्दर्भ में ही देखा जा सकता है। पति के अतिरिक्त किसी अन्य के प्रति नारी के कर्तव्यों के विषय में सीता ने कहीं कोई संकेत नहीं किया। इसके विपरीत नारी के प्रति पुरुषों के कर्तव्य के विषय में अवश्य ही उनके कुछ विचार व्यक्त हुए हैं। मनु आदि स्मार्त ऋषियों के समान सीता भी नारी को रक्षणीया मानती थीं। उनके अनुसार, पुरुष जिस प्रकार अपनी पत्नी की रक्षा करता है उसी प्रकार उसे दूसरी नारियों की भी रक्षा करनी चाहिए और किसी भी स्थिति में किसी स्त्री को उसके पति से अलग होने के लिए विवश नहीं किया जाना चाहिए। पुरुष का यह भी नैतिक दायित्व है कि वह केवल अपनी पत्नी से ही सन्तुष्ट रहे। सती-साध्वी नारी का भी यह कर्तव्य है कि पर-पुरुष की ओर वह आँख उठाकर भी न देखे। अशोक वाटिका में रावण ने सीता को सभी प्रकार के प्रलोभन देकर अपनी भार्या बन जाने के लिए फुसलाने का प्रयत्न किया था किन्तु सीता ने उसको उत्तर देते हुए कहा था कि—तुम धर्म की ओर देखो और सत्पुरुषों के आचार का ही पालन करो। जिस प्रकार तुम्हारी स्त्रियाँ तुमसे संरक्षण पाती हैं उसी प्रकार दूसरों की स्त्रियों की भी तुमको रक्षा करनी चाहिए।[3] मेरी ओर से तुम अपना मन हटा लो और आत्मीयजनों (अपनी ही पत्नियों) से प्रेम करो।[4] मैं सती और परायी स्त्री हूँ, तुम्हारी भार्या बनने योग्य नहीं हूँ।[5] तुम अपने को आदर्श बनाकर अपनी ही स्त्रियों में अनुरक्त रहो। जो अपनी ही स्त्रियों से सन्तुष्ट नहीं रहता उस चंचल इन्द्रियवाले पुरुष को परायी स्त्रियाँ पराभव को पहुँचा देती हैं। क्या यहाँ सत्पुरुष नहीं रहते अथवा तुम उनका अनुसरण नहीं करते जिससे तुम्हारी बुद्धि ऐसी विपरीत एवं सदाचारशून्य हो गयी है?[6] तात्पर्य यह कि सीता के अनुसार अपनी स्त्री से ही सन्तुष्ट रहना और परस्त्री की ओर आँख उठाकर भी न देखना सत्पुरुषों की आचार-मर्यादा है।

पति से अलग अकेली और असहाय नारी का अपहरण, सीता के अनुसार, एक अक्षम्य दुष्कर्म और अपराध है। तत्कालीन समाज ने भी नारी में इतना अधिक शारीरिक बल स्वीकार ही नहीं किया था कि वह स्वयं अपनी रक्षा के लिए भी पापाचारी पुरुष का सामना कर सके। नारी की रक्षा का पूरा भार पुरुष पर ही माना

---

1. वा.रा. 5.25.12,20; **2.** वा.रा. 5.28.3; **3.** वा.रा. 5.21.7; **4.** वा.रा. 5.21.3; **5.** वा.रा. 5.21.6; **6.** वा.रा. 5.21.8-9

गया था। वेदवती के रूप में अपने पूर्व जन्म में सीता ने रावण के दुर्व्यवहार को सहन करते हुए कहा था कि स्त्री अपनी शारीरिक शक्ति से किसी पापाचारी पुरुष का वध नहीं कर सकती।[1] उस समय वेदवती ने अग्नि में प्रवेश करके ही अपनी प्रतिष्ठा की रक्षा की थी। अपहरण के समय सीता ने यद्यपि रावण को सभी प्रकार से फटकारा, पचासों कटु वचन कहकर उसकी भर्त्सना भी की किन्तु शारीरिक शक्ति का कोई उपयोग नहीं किया। पति विरहित अकेली नारी का अपहरण पुरुष की आचार-मर्यादा के सर्वथा प्रतिकूल था। सीता ने रावण से कहा था कि स्वामी से रहित अकेली और असहाय अवस्था में मेरा अपहरण करने में तुझे लज्जा नहीं आती? तू बड़ा कायर और डरपोक है। जहाँ कोई रक्षक न हो ऐसे स्थान पर परायी स्त्री के अपहरण-जैसा निन्दित कर्म करके तुझे लज्जा क्यों नहीं आ रही ? संसार के सभी वीर पुरुष तेरे इस कर्म को घृणित, क्रूरतापूर्ण और पापरूप ही मानेंगे।[2] लोक द्वारा मान्य आचार मर्यादाओं का उल्लंघन भी सीता की दृष्टि में अधर्म ही है। अशोक वाटिका में राक्षसियों ने सीता को रावण को पति रूप में स्वीकार करने के लिए सभी प्रकार के प्रयत्न किये किन्तु सीता ने यही उत्तर दिया था कि तुम सब मिलकर जो लोक-विरुद्ध प्रस्ताव कर रही हो, तुम्हारा यह पापपूर्ण वचन मेरे हृदय में एक क्षण के लिए भी नहीं ठहर पाता।[3]

सीता की निष्ठा पातिव्रत धर्म-पालन पर ही केन्द्रित थी। वह किसी भी स्थिति में उससे विचलित नहीं हुईं और मन-वाणी-कर्म से उसका अनुसरण किया। हनुमान उनके इस शील स्वभाव को देखकर आश्चर्य में पड़ गये थे। अपने वानर सहयोगियों से उन्होंने कहा था कि सीता का उत्तम शील स्वभाव देखकर मेरा मन अत्यन्त सन्तुष्ट हुआ है। जिस नारी का शील स्वभाव आर्या सीता के समान होगा वह अपनी तपस्या से सम्पूर्ण लोकों को धारण कर सकती है अथवा तीनों लोकों को जला सकती है।[4]

सीता वैदिक तथा स्मार्त धर्म-व्यवस्था को भली-भाँति जानती थीं, इसमें सन्देह नहीं किन्तु उन्होंने पातिव्रत धर्म के अतिरिक्त किसी भी व्यवस्था के प्रति विशेष आस्था प्रकट नहीं की। राजधर्म की व्यवस्थाओं से भी वे पूरी तरह परिचित थीं और इसके प्रति उन्होंने अपनी आस्था व्यक्त भी की है। उनको राजधर्मों की अभिज्ञा कहा गया है।[5] राम ने जब उनको पिता द्वारा वनवास दिये जाने की सर्वप्रथम सूचना दी थी और इसके साथ उनको अयोध्या में ही रहकर भरत की इच्छा के अनुसार व्यवहार करते हुए उनको सदैव प्रसन्न बनाये रखने का परामर्श दिया तो राम के प्रति सीता का आक्रोश भड़क उठा था। उनके विचार से राम का परामर्श व्यावहारिक

---

1. वा.रा. 7.17.32; **2.** वा.रा. 3.53.3-8; **3.** वा.रा. 5.24.7; **4.** वा.रा. 5.59.2-3; **5.** वा.रा. 2.26.4

दृष्टि से भले ही उचित रहा हो किन्तु वह राजकुमारों की आचार-मर्यादा के सर्वथा प्रतिकूल ही था। किसी अशक्त और असहाय पुरुष की स्त्री को ही परपुरुष की सेवा करना उचित माना जा सकता है किन्तु वीर शस्त्रधारी सशक्त पुरुष की स्त्री के लिए यह किसी भी दृष्टि से उचित नहीं। उन्होंने राम से स्पष्ट शब्दों में कह दिया था कि आपने जो कुछ कहा है वह अस्त्र-शस्त्रों के ज्ञाता वीर राजकुमारों के योग्य नहीं है। वह अपयश का टीका लगाने वाला होने के कारण सुनने योग्य भी नहीं है।[1] मुझे किसके साथ कैसा बर्ताव करना चाहिए, इस विषय में माता-पिता से मुझे शिक्षा मिल चुकी है। इस समय इस विषय में मुझे उपदेश देने की आवश्यकता नहीं।[2] सीता के ये वाक्य इस तथ्य को प्रमाणित करते हैं कि यद्यपि वे राम के प्रति पूरी निष्ठा के साथ समर्पित रहीं किन्तु समय और परिस्थितियों के अनुसार यदि राम ने भी उनको कभी उनकी धर्मनिष्ठा के प्रतिकूल परामर्श दिया तो उसे मानने से सीता ने साफ इनकार कर दिया। जीवन-सुखों के लोभ में अपनी आचार-मर्यादा का उल्लंघन करने के लिए वे कभी तैयार नहीं हुईं।

सीता को पुरुषों से भी सदैव धर्मनिष्ठ रहने की ही अपेक्षा रही है। विपत्तियों में फँसकर आत्म-रक्षार्थ भी धर्म-त्याग के पक्ष में वे कभी नहीं रहीं। राजाओं को भी विपत्ति में अपने धर्म का परित्याग नहीं करना चाहिए। रावण द्वारा अपहरण किये जाने पर भी उन्होंने स्वयं तो किसी आचार-मर्यादा का उल्लंघन किया ही नहीं, उन्हें इस बात की भी लगातार चिन्ता बनी रही थी कि वनवास के दुःखों में उलझकर राम अपना धैर्य खोकर कहीं विचलित न हो जाएँ। अशोक वाटिका में हनुमान से राम के विषय में अपनी जिज्ञासा प्रकट करते हुए उन्होंने प्रश्न किया था कि राम के मन में कोई व्यथा तो नहीं है ? वे काम करते-करते मोह के वशीभूत तो नहीं हो जाते? उन्हें आगे जो कुछ कहना है उसे भूलते तो नहीं हैं ? उनके मन में किसी प्रकार की दीनता या घबराहट तो नहीं होती ? क्या वे मित्रों के प्रति मित्र भाव रखकर साम-दान का ही अवलम्बन करते हैं तथा शत्रुओं के प्रति उन्हें जीतने की इच्छा रखकर दान, भेद और दण्ड—इन तीन उपायों का ही आश्रय लेते हैं? क्या वे प्रयत्नपूर्वक मित्रों का संग्रह करते हैं और क्या उनके शत्रु अपनी रक्षा के लिए उनकी शरण में आते हैं? क्या वे मित्रों का उपकार करके उन्हें अपने अनुकूल बनाते हैं ? क्या वे देवताओं को प्रसन्न रखकर पुरुषार्थ और दैव—दोनों का आश्रय लेते हैं? धर्मपालन के उद्देश्य से राज्य का परित्याग कर मुझे पैदल ही वन में लाते समय उन्हें तनिक भी भय और शोक नहीं हुआ था। इस संकट के समय में भी क्या वे उसी प्रकार धैर्य धारण करते हैं ?[3] सीता के उपर्युक्त विचार इस बात के द्योतक हैं कि राजा अथवा वीर पुरुषों को आपत्ति के समय भी मित्रों और शत्रुओं के प्रति

---

1. वा.रा. 2.27.3; **2.** वा.रा. 2.27.10; **3.** वा.रा. 5.36.15-19,29

राजोचित व्यवहार ही करना चाहिए। उन्होंने रावण से भी यही कहा था कि जिसका मन अपवित्र है, जो नीति का अनुसरण नहीं करता ऐसे अन्यायी राजा के हाथों में पड़कर बड़े-बड़े समृद्धिशाली राज्य और नगर भी नष्ट हो जाते हैं।[1]

स्वभाव की दृष्टि से सीता को रामायण के अन्य नारी पात्रों से बहुत कुछ अंशों में भिन्न मानना पड़ेगा। यह संकेत किया ही जा चुका है कि राम के अतिरिक्त परिवार के किसी भी अन्य सदस्य के प्रति उनके मन में कोई विशेष श्रद्धा अथवा सम्मान की भावना नहीं थी। वनगमन के समय राम के द्वारा समझाये-बुझाये जाने पर भी वे दशरथ-कौसल्या आदि को अपने भाग्य के भरोसे छोड़कर राम के साथ वन चली आयी थीं। इसका तात्पर्य भी यही है कि राम के प्रति समर्पित होते हुए भी वे उनकी प्रत्येक बात को चुपचाप मानने के लिए तैयार नहीं रहीं। यदि राम ने उनकी धर्मनिष्ठा के प्रतिकूल व्यवहार करने का कभी परामर्श दिया तो उन्होंने राम को भी तीखी वाणी में उत्तर देने में संकोच नहीं किया। राम ने जब उनको भरत की सेवा करते हुए अयोध्या में रहने की ही सलाह दी तब उन्होंने राम से कहा कि क्या मेरे पिता मिथिलानरेश विदेह राजाजनक ने आपको जामाता के रूप में पाकर कभी यह भी समझा था कि आप केवल शरीर से ही पुरुष हैं, कार्यकलाप से तो स्त्री ही हैं। मुझे छोड़कर आपके चले जाने पर संसार के लोग अज्ञानवश यदि यह कहने लगें कि सूर्य के समान दिखाई देनेवाले राम में तेज और पराक्रम का अभाव है तो उनकी यह असत्य धारणा मेरे लिए कितने दुःख की बात होगी। जैसे कोई दूसरी कुल-कलंकिनी स्त्री पर-पुरुष पर दृष्टि रखती है, मैं वैसी नहीं हूँ। मैं तो आपके सिवा किसी दूसरे को मन से भी नहीं देख सकती। इस पर भी मुझ सती-साध्वी स्त्री को आप औरत की कमाई खानेवाले नट की भाँति दूसरों के हाथों में क्यों सौंपना चाहते हैं? आप मुझे जिसके अनुकूल चलने की शिक्षा दे रहे हैं और जिसके लिए आपका राज्याभिषेक रोक दिया गया है उस भरत के वशवर्ती और आज्ञापालक आप ही रहिए, मैं नहीं रहूँगी।[2]

राम की पुरुष-स्वभावोचित कमजोरियों पर न तो सीता ने आवरण डालने का ही प्रयास किया और न उनकी ओर से अपनी आँखें ही बन्द कीं। सीता के चरित्र की सबसे बड़ी विशेषता यही थी कि वे किसी दूसरे के आचार-व्यवहार को देखकर उसकी प्रतिक्रियास्वरूप अपने आचार का निर्धारण नहीं करतीं वरन् बिना किसी की परवाह किये अपनी निष्ठा के अनुरूप की व्यवहार करती रहीं। राम के विषय में यद्यपि वे यह मानती थीं कि पर-स्त्री की ओर वे देखते तक नहीं तथापि अशोक वाटिका में रहते समय उनके मन में यह भी सन्देह उत्पन्न हुआ था कि राम नियमानुसार पिता की आज्ञा का पालन करके अपने व्रत को पूर्ण करने के पश्चात्

---

1. वा.रा. 5.21.11; **2.** वा.रा. 2.30.3-9

जब वन से लौटेंगे तब निर्भय एवं सफल-मनोरथ हो विशाल नेत्रोंवाली बहुत-सी सुन्दरियों के साथ सुखपूर्वक रमण करने में लग जाएँगे।[1] यह सब सोचने के पश्चात् भी राम के प्रति उनकी निष्ठा में कमी नहीं आयी। उन्होंने राम से कहा था कि मैं तो केवल आपसे ही अनुराग रखती हूँ और चिरकाल तक मेरा हृदय आपसे ही बँधा रहेगा।[2]

राम के प्रति सबसे अधिक तीखे वचन सीता को उस समय कहने पड़े जब उनको अपने चरित्र की शुद्धता प्रमाणित करने के लिए अग्नि में प्रवेश कर परीक्षा देने के लिए विवश होना पड़ा था। विभीषण, सुग्रीव, हनुमान, अंगद तथा सभी यूथपतियों की भरी सभा में भी राम ने सीता के चरित्र पर सन्देह व्यक्त करने में थोड़ा भी संकोच नहीं किया था। उन्होंने यहाँ तक कह दिया था कि तुम-जैसी दिव्य रूप सौन्दर्य से सुशोभित मनोरम नारी को अपने घर में देखकर भी रावण चिरकाल तक तुमसे दूर रहने का कष्ट सहन नहीं कर सका होगा।[3] राम की इस प्रकार की कठोर और अपमानजनक बातों को सीता किसी भी प्रकार सहन नहीं कर सकीं और वे पूरे आक्रोश के साथ उन पर टूट पड़ी थीं। उन्होंने कहा था कि—आप ऐसी कठोर, अनुचित, कर्णकटु और रूखी बात मुझसे किस प्रकार कह रहे हैं! कोई नीच श्रेणी का पुरुष नीच कोटि की स्त्री से जिस प्रकार की बातें करता है, ठीक उसी प्रकार की बातें आप भी मुझसे कह रहे हैं! आप मुझे जैसी समझते हैं वैसी नहीं हूँ। मैं अपने सदाचार की शपथ खाकर कहती हूँ कि मैं सन्देह के योग्य नहीं हूँ। नीच श्रेणी की स्त्रियों का आचरण देखकर यदि आप समूची स्त्री-जाति पर ही सन्देह करते हैं तो यह उचित नहीं है। यदि आपने मुझे अच्छी तरह परख लिया हो तो यह सन्देह मन से निकाल दीजिए। लंका में मुझे देखने के लिए जब आपने हनुमान को भेजा था उसी समय मुझे क्यों नहीं त्याग दिया? आपने निम्न कोटि के मनुष्य की भाँति केवल रोष का ही अनुसरण करके मेरे शील स्वभाव का विचार छोड़कर निम्न कोटि की स्त्रियों के स्वभाव को ध्यान में रखकर ही इस प्रकार की ओछी बात कही है।[4] इस प्रकार राम को खरा उत्तर देकर ही वे अग्नि में प्रवेश कर गयी थीं।

यह एक वैचित्र्य ही है कि सीता नारी को पति के प्रति एकनिष्ठ होकर रहने के सिद्धान्त को इस सीमा तक स्वीकार करती हैं कि सास, ससुर, माता, पिता, देवर, बहिन किसी के प्रति नारी के कर्तव्यों का उन्होंने संकेत भी नहीं किया। परिवार के अन्य सदस्यों का नारी से वे शायद कोई सम्बन्ध मानतीं ही नहीं। दशरथ-कौसल्या को वे भाग्य के सहारे छोड़कर चली गयी थीं। लक्ष्मण ने राम के लिए अपने समस्त सुखों को और अपने पूरे जीवन को समर्पित कर दिया था। राम के लिए पिता दशरथ को कैद कर लेने अथवा मार डालने का प्रस्ताव करने में भी उन्होंने संकोच नहीं

---

1. वा.रा. 5.28.14; **2.** वा.रा. 5.28.15; **3.** वा.रा. 6.115.24; **4.** वा.रा. 6.116.5-6,11,14

किया और अन्ततः राम की बात को मानकर वे सब-कुछ त्यागकर अपनी नव-विवाहिता पत्नी उर्मिला से बिना मिले हुए ही राम के साथ वन को चले गये थे। वनवास की पूरी अवधि में लक्ष्मण ने राम का जिस श्रद्धा के साथ सहयोग दिया वह अपने आप में एक अनुपम उदाहरण है। सीता यह सब देखती रहीं किन्तु फिर भी लक्ष्मण के प्रति उनके मन में थोड़ी भी सद्भावना उत्पन्न नहीं हुई। वे शायद लक्ष्मण के समर्पण को और उनके आचार-सिद्धान्तों को समझ ही नहीं सकी थीं। मारीच के कपटपूर्ण व्यवहार और राम की अजेयता के विषय में लक्ष्मण ने सीता को सभी प्रकार से समझाने का प्रयास किया था। सीता को अकेली छोड़कर न जाने के पीछे लक्ष्मण के मन में कोई दुर्भावना भी नहीं थी किन्तु फिर भी लक्ष्मण के प्रति सन्देह व्यक्त करते हुए उन्होंने अनार्य, निर्दयी, क्रूरकर्मा, कुलांगार जैसे कटु शब्द कहते हुए कहा था कि मैं तुम्हें खूब समझती हूँ। श्रीराम किसी भारी विपत्ति में पड़ जाएँ वही तुझे प्रिय है। इसीलिए तू राम पर संकट आया हुआ देखकर भी ऐसी बातें बना रहा है। तेरे जैसे क्रूर एवं छिपे हुए शत्रुओं के मन में इस तरह का पापपूर्ण विचार होना कोई आश्चर्य की बात नहीं है। तू बड़ा दुष्ट है। श्रीराम को अकेले वन में आते देख मुझे प्राप्त करने के लिए ही अपने भाव को छिपा कर तू भी उनके पीछे-पीछे चला आया है।[1] सीता के इस प्रकार के विचार सुनकर ही लक्ष्मण को कहना पड़ा था कि सीता एक सामान्य नारी से अधिक नहीं।

लक्ष्मण के समान ही भरत के मन में भी राम के प्रति किसी प्रकार की दुर्भावना नहीं रही। उनके मन में राज्य के प्रति मोह भी नहीं था और वे राम को ही राज्य का अधिकारी मानते रहे। चित्रकूट पहुँच कर भी उन्होंने राम को लौटा लाने का भरसक प्रयत्न किया और अन्ततः राम की पादुकाओं को ही सिंहासन पर रखकर वे राज्य का संचालन करते रहे। इस पर भी सीता उनको सदैव अपना और राम का शत्रु ही मानती रहीं। उनकी यह धारण कभी बदल ही नहीं सकी कि भरत के कारण ही राम को राज्य से वंचित होना पड़ा था। उन्होंने भरत के संरक्षण में रहने से साफ शब्दों में इनकार कर दिया था।[2] उन्होंने राम से कहा था कि मुझे वनवास के कष्टों से कोई भय नहीं है। यदि इस पर भी आप मुझे अपने साथ वन में नहीं ले जाएँगे तो मैं आज ही विषपान कर प्राण त्याग कर दूँगी किन्तु किसी भी अवस्था में शत्रुओं के अधीन होकर नहीं रहूँगी।[3] उनके मन में यह भी सन्देह बना रहा था कि भरत ने ही कपट भावना से राम को हानि पहुँचाने के लिए लक्ष्मण को उनके साथ वन भेज दिया है।[4] वे यह भी चाहती थीं कि भरत को अपनी अक्षौहिणी सेना के द्वारा राम की सहायता कर उनको रावण के बन्धन से मुक्त कराने का प्रयत्न

---

1. वा.रा. 3.45.22-24; **2.** वा.रा. 2.30.9; **3.** वा.रा. 2.30.19; **4.** वा.रा. 3.45.24

करना चाहिए किन्तु इस विषय में वे केवल हनुमान से प्रश्न करके ही शान्त हो गयी थीं।[1]

कैकेयी के प्रति भी सीता के मन में कटुता की जबरदस्त भावना बनी रही थी। वे यह मानती थीं कि कैकेयी की दुरभिसन्धि के कारण ही राम को राज्य से वंचित होकर वनवास का जीवन बिताना पड़ा है। दण्डकारण्य के आश्रम में रावण को अपना परिचय देते समय उन्होंने उसको बताया था कि कैकेयी के कारण ही हम तीनों को राज्य से वंचित होकर इस गहन वन में चले आना पड़ा है।[2] जब रावण सीता का अपहरण कर लंका की ओर चला जा रहा था तब भी मार्ग में रोते-विलखते हुए सीता ने कहा था कि इस समय कैकेयी अपने बन्धु-बान्धवों सहित सफल-मनोरथ हो गयी क्योंकि धर्मप्राण यशस्वी राम की पत्नी होकर भी मैं एक राक्षस द्वारा हरी जा रही हूँ।[3] अशोक वाटिका में जब उन्होंने राम का मायारचित कटा हुआ मस्तक देखा था तब भी कैकेयी को कोसते हुए उन्होंने कहा था कि—कैकेयी, अब तुम अपने को सफल-मनोरथ समझो। रघुकुल को आनन्दित करनेवाले मेरे पतिदेव मारे गये। तुम स्वभाव से ही कलहकारिणी हो, तुमने समस्त रघुकुल का संहार कर डाला। राम ने कैकेयी का कौन-सा अपराध किया था जिससे उसने उन्हें चीर वस्त्र देकर वन में भेज दिया।[4] स्पष्ट है कि सीता के मन में कैकेयी के प्रति यह भावना तक रही थी कि वह राम का निधन चाहती थी।

सीता ने वनगमन से पूर्व अथवा वनवास की अवधि में सुमित्रा, उर्मिला, माण्डवी, श्रुतिकीर्ति, शत्रुघ्न किसी का स्मरण भी नहीं किया। कैकेयी को गालियाँ देते समय कौसल्या के दुःखी जीवन का स्मरण उनको अवश्य हुआ किन्तु अन्य किसी की किसी भी क्षण उनको याद भी नहीं आयी। लक्ष्मण के सामने रहते हुए भी बेचारी उर्मिला के प्रति भी उन्होंने कोई सहानुभूति प्रदर्शित नहीं की। वनगमन के समय राम और सीता ने अपनी समस्त सम्पत्ति ब्राह्मणों को दान कर दी थी। सीता के मन में वसिष्ठ-पुत्र सुयज्ञ की पत्नी के प्रति ही विशेष अनुराग दिखाई देता है। उन्होंने अपने सभी आभूषण, वस्त्र, पलंग तथा घर-गृहस्थी की सभी सामग्री सुयज्ञ की पत्नी को ही दे दी थी। यह भी एक आश्चर्य का विषय है कि अपनी बहिन उर्मिला की बजाय सुयज्ञ की पत्नी के प्रति उनके मन में अनुराग की यह भावना किस कारण रही थी। जो भी हो, यह स्पष्ट है कि राम के अतिरिक्त सीता के जीवन में किसी व्यक्ति का कोई स्थान नहीं था।

सीता को अपना पूरा जीवन कष्टों की जलती हुई भट्ठी में ही व्यतीत करना पड़ा था। जन्म के पश्चात् जब वह कदाचित् एक अबोध बालिका ही रही होंगी, रावण ने उनको जल में फेंक दिया था। जनक द्वारा भूमि जोतने के समय ही उनका

---

1. वा.रा. 5.36.24; **2.** वा.रा. 3.47.21-22; **3.** वा.रा. 3.49.29; **4.** वा.रा. 6.32.4-5

उद्धार हो सका था। मिथिला में अपनी बाल्यावस्था में उनको कितना सुख मिला, इसका कोई उल्लेख मिलता ही नहीं। उनके विवाह के लिए जनक ने जाने-अनजाने रूप से जो शर्त निश्चित की थी वह भी ऐसी थी कि उनको जन्म भर अविवाहित भी रहना पड़ सकता था अथवा किसी भी अयोग्य और अनुपयुक्त व्यक्ति के साथ विवाह-बन्धन में बँध सकती थीं। उनको जब 'वीर्य शुल्का' घोषित किया गया तो अपनी इच्छा के अनुसार पति के चयन करने की उनकी स्वतन्त्रता ही समाप्त हो गयी थी। यह सब संयोग ही था कि राम-जैसे सुयोग्य महापुरुष के साथ उनका विवाह हुआ। विवाह के कुछ ही समय पश्चात् उनको वनवास का जीवन बिताने के लिए विवश होना पड़ा। वह जब भी दुःखों की आग से बाहर निकलतीं तो दूसरे ही क्षण उनको पहले से भी भयंकर आग में झोंक दिया जाता रहा। यह निस्संकोच रूप से कहा जा सकता है कि उनको ये सभी कष्ट स्वयं राम के कारण ही भोगने पड़े। अशोक वाटिका में राक्षसियाँ उन्हें टुकड़े-टुकड़े करके खाने का भय दिखाती रहीं। अपहरण का दुःख भी उनको राम के कारण ही भोगना पड़ा। लंका-विजय के पश्चात् उन्होंने निश्चय ही सुखी जीवन की आशा की होगी। किन्तु राम ने भरी सभा में उनके चरित्र के प्रति सन्देह व्यक्त कर दिया और उस बेचारी को जलती हुई आग में प्रवेश कर अपनी शुद्धता प्रमाणित करनी पड़ी। अयोध्या लौटकर राजमहिषी के रूप में वे सुखी जीवन का सपना सँजो ही रही थीं, गर्भ धारण कर सन्तान-सुख का सपना भी देख रही थीं कि राम ने विनोदी व्यक्तियों की सभा में एक सामान्य व्यक्ति 'भद्रा' के मुँह से निहायत ही फूहड़, बे-सिर-पैर की बात सुनकर उसको इतना महत्त्व दिया कि बेचारी सीता को गर्भिणी होने की अवस्था में भी एक कुलकलंकिनी की भाँति धोखा देकर भयंकर जंगलों में असहाय भटकने और मरने के लिए छुड़वा दिया। भाग्यवशात् ही उसे वाल्मीकि जैसे दयार्द्रचित्त महर्षि का सहारा मिला। कहाँ तो राजभवन में राजमहिषी के सुख की आशा और कहाँ निर्जन वन में ऋषि के आश्रम में जीवन-निर्वाह! घर-परिवार और परिजनों से दूर वन में अवस्थित ऋषि-आश्रम में उस बेचारी पर क्या बीती होगी, इसकी कल्पना करना भी सम्भव नहीं। यह भी सम्भव है कि बहुत-सी ऋषि-कन्याएँ और वाल्मीकि के शिष्य भी लोकापवाद को सुनकर उनके चरित्र पर सन्देह करते ही रहे हों। यह सब-कुछ सीता ने पातिव्रत धर्म के बल पर ही सहन किया था। महर्षि वाल्मीकि के आश्रम में सीता के निवास पर सन्देह प्रकट करना भी किसी गम्भीर विचारवान् पुरुष के अनुरूप नहीं माना जा सकता किन्तु राम ने बिना किसी लाज-संकोच के फिर से सीता के चरित्र पर सन्देह प्रकट कर ही दिया। महर्षि वाल्मीकि सभी प्रकार की सौगन्धें खाकर और प्रमाण प्रस्तुत कर सीता की शुद्धता के विषय में चीखते रहे किन्तु राम ने उस ऋषि पर भी विश्वास नहीं किया और अन्ततः सीता को पृथ्वी की शरण में जाकर अपने प्राण त्याग देने पड़े।

सीता के चरित्र की महानता, उनकी पातिव्रत धर्मनिष्ठा और दृढ़ता प्रत्येक परीक्षा में और भी उभरती चली गयी। प्रत्येक समय तपाये गये सोने की भाँति उनकी कान्ति और भी निखरती ही चली गयी। राम के प्रति जितनी अधिक निष्ठा उनके मन में रही, राम उनके चरित्र पर उतनी ही सीमा तक सन्देह करते चले गये किन्तु सीता ने सब-कुछ सहन करके भी राम के आदर्श चरित्र पर किसी भी प्रकार का कलंक नहीं लगने दिया। कष्टों की तो उन्होंने कभी परवाह की ही नहीं, राम के लिए अपने प्राणों का परित्याग करने में भी वे गौरव ही मानती रहीं। जब विराध राम-लक्ष्मण को पकड़कर ले चला था, तब सीता ने कहा था कि तुम इन दोनों को छोड़ दो, मुझे ले चलो।[1] विराध की पेट की भूख शान्त करने के लिए मरने को तैयार हो गयीं। लक्ष्मण जब उनको वन में अकेली छोड़कर लौटने लगे थे तब भी उन्होंने राम को कोई उलाहना नहीं दिया और एक पतिपरायणा की भाँति राम को सन्देश भेजते हुए कहलाया था कि—मैंने वनवास के दुःख में पड़कर भी उसे सहकर राम के चरणों का अनुसरण करते हुए आश्रम में रहना पसन्द किया था। अब मैं अकेली प्रियजनों से रहित हो किस तरह आश्रम में निवास करूँगी और दुःख पड़ने पर किससे अपना दुःख कहूँगी? यदि मुनिजन मुझसे पूछेंगे कि राम ने किस अपराध के कारण तुम्हें त्याग दिया है तो मैं उनको अपना कौन-सा अपराध बताऊँगी। मैं अपने जीवन को अभी गंगा के जल में विसर्जित कर देती किन्तु अभी ऐसा नहीं कर सकूँगी क्योंकि ऐसा करने से मेरे पतिदेव का राजवंश नष्ट हो जाएगा। किन्तु लक्ष्मण, तुम तो वही करो जैसी महाराज ने तुम्हें आज्ञा दी है। तुम मुझ दुखिया को यहाँ छोड़कर महाराज की आज्ञा-पालन में ही स्थिर रहो। मेरी ओर से तुम महाराज राम से कह देना कि वास्तव में आप तो जानते ही हैं कि सीता शुद्धचरित्र है। सर्वदा ही आपके हित में तत्पर रहती है और आपके प्रति परम प्रेम-भक्ति रखने वाली है। आपने अपयश से डरकर ही मेरा परित्याग किया है अतः लोगों में आपकी जो निन्दा हो रही है अथवा मेरे कारण जो अपवाद फैल रहा है, उसे दूर करना मेरा भी कर्तव्य है क्योंकि मेरे परम आश्रय आप ही हैं। आप धर्मपूर्वक बड़ी सावधानी से रहकर पुरवासियों के साथ वैसा ही बर्ताव करें जैसा अपने भाइयों के साथ करते हैं। यही आपका परम धर्म है और इसी से आपको परम उत्तम यश की प्राप्ति हो सकती है। पुरवासियों के प्रति धर्मानुकूल आचरण करने से जो पुण्य प्राप्त होगा, वही आपके लिए उत्तम धर्म और कीर्ति है। मुझे अपने शरीर के लिए कुछ भी चिन्ता नहीं है। जिस तरह पुरवासियों के अपवाद से बचकर रहा जा सके उसी तरह आप रहें। स्त्री के लिए तो पति ही देवता है, पति ही बन्धु है, पति ही गुरु है। इसलिए उसे प्राणों का परित्याग करके भी पति का प्रिय करना चाहिए।[2] अन्त में भी राम को

---

1. वा.रा. 3.4.3; **2.** वा.रा. 7.48.5-9; 12-18

लोकापवाद से बचाने और उनके यश की रक्षा करने के लिए ही सीता ने भूमि में प्रवेश किया था। राम जरा से लोकापवाद के भय से काँप जाते थे। वे अपनी इस दुर्बलता को सदैव सीता के सिर पर ही मढ़ते चले गये और सीता ने अग्नि के समान शुद्ध होकर भी समस्त लांछनों और कलंकों को अपने ऊपर लेकर राम के यश को कभी आँच नहीं आने दी। उन्होंने बड़े दुःख के साथ लक्ष्मण से कहा था–"लक्ष्मण! निश्चय ही विधाता ने मेरे शरीर को केवल दुःख भोगने के लिए ही रचा है इसलिए आज सारे दुःखों का समूह मूर्तिमान होकर मुझे दर्शन दे रहा है।"[1]

सीता के समान पतिव्रता, आचारनिष्ठा, दृढ़व्रती नारी की कल्पना सचमुच ही विश्व वाङ्मय के लिए एक ऐसी अनूठी देन है जो नारी-समाज के लिए युगों-युगों तक प्रेरणा का आधार बनी रहेगी।

1. वा.रा. 7.48.3

रामो विग्रहवान् धर्मः

रामायण महाकाव्य के नायक राम के आचार-दर्शन का सम्यक् और विवादरहित विवेचन बड़े-से-बड़े पाण्डित्याभिमानी के लिए भी सरल नहीं। यदि परवर्ती राम-काव्यों और तुलसी के प्रभाव से अलग रहकर केवल वाल्मीकीय रामायण के आधार पर ही राम की आस्थाओं का अध्ययन किया जाय तब भी उसमें इतने अधिक अन्तर्विरोध और उलझाव दिखाई देते हैं कि किसी एक निश्चित निर्विवाद निष्कर्ष पर पहुँचना कठिन होता है। वे कभी क्षात्रधर्म का समर्थन करते हैं तो कभी सनातन धर्म का। इन्हीं अन्तर्विरोधों के कारण और ताटका-वध, वालि-वध, शूर्पणखा का अपमान, सीता-वियोग की व्यथा, सीता-परित्याग तथा अन्य ऐसी ही कथाओं का आधार लेकर उनकी कटुतम आलोचना भी कर दी जाती है। उनको मर्यादा पुरुषोत्तम कहा जाता है और उनके द्वारा मर्यादा भंग किये जाने के तर्क भी आलोचकों द्वारा प्रस्तुत किये जाते हैं। सम्भवतः इन्हीं आलोचनाओं का समाधान खोजते हुए तुलसीदासजी ने विष्णु रूप राम के द्वारा 'नर लीला' किये जाने का तर्क प्रस्तुत किया था। यह सब-कुछ होते हुए भी राम के अपने निश्चित आचार-विषयक सिद्धान्त थे, उनकी निश्चित धार्मिक आस्थाएँ थीं और उन्होंने निष्ठापूर्वक दृढ़ता के साथ उनका पालन किया।

राक्षसों द्वारा उत्पन्न परेशानियों के कारण देवताओं द्वारा विष्णु से अवतार ग्रहण करने की प्रार्थना, अनरण्य द्वारा रावण को दिया गया शाप, और दशरथ के पुत्रेष्टि यज्ञ की कथाओं का उल्लेख अनावश्यक रूप से प्रबन्ध को विस्तार देना ही होगा। इन घटनाओं का राम के आचार-दर्शन से कोई सम्बन्ध ही नहीं। राम का वास्तविक जीवन महर्षि विश्वामित्र के साथ उनके वनगमन से ही प्रारम्भ होता है। वे अपने भाइयों में सबसे ज्येष्ठ थे, इस दृष्टि से परिजनों के साथ उनके सम्बन्धों पर भी विचार किया जा सकता है।

जन्म के पश्चात् राम की शिक्षा-दीक्षा के विषय में रामायण में कोई उल्लेख नहीं मिलता। कैकेयी द्वारा राम को वनवास दिये जाने का वर माँगने पर अवश्य ही दशरथ ने कहा था कि अब तक राम ब्रह्मचर्य व्रत का पालन करने, वेदों का अध्ययन करने और गुरुजनों की सेवा में संलग्न रहे हैं। अब, जबकि इनके लिए

सुख-भोग का समय आया है तब ये वन में जाकर महान् कष्ट में पड़ेंगे।[1] दशरथ के इस कथन के आधार पर ही यह माना जा सकता है कि राम ने बाल्यावस्था में विधिपूर्वक वेदों का अध्ययन किया था। ऋष्यमूक पर्वत पर जब हनुमान से उनकी भेंट हुई थी और हनुमान ने अपना तथा सुग्रीव का परिचय दिया था तब राम ने हनुमान की वाक्-पटुता की प्रशंसा करते हुए कहा था कि जिसे ऋग्वेद की शिक्षा नहीं मिली, जिसने यजुर्वेद का अध्ययन नहीं किया तथा जो सामवेद का विद्वान् नहीं है वह इस प्रकार की सुन्दर भाषा में वार्तालाप नहीं कर सकता। निश्चय ही इन्होंने समूचे व्याकरण का कई बार स्वाध्याय किया है क्योंकि बहुत-सी बातें बोले जाने पर भी इनके मुँह से कोई अशुद्धि नहीं निकली।[2] इसके साथ ही राम ने हनुमान की भाषा, वाक्य-शैली, उच्चारण और शब्द-प्रयोग की जिस रूप में प्रशंसा की थी उससे भी ज्ञात होता है कि उन्होंने वेदों और व्याकरण का अवश्य ही गम्भीर अध्ययन किया होगा अन्यथा वे उनके महत्त्व को इस प्रकार स्वीकार नहीं करते। अशोक वाटिका में हनुमान ने भी सीता से कहा था कि राम को ब्रह्मास्त्र और वेदों का पूर्ण ज्ञान है तथा वे वेदवेत्ताओं में श्रेष्ठ हैं।[3] राम की शिक्षा-दीक्षा का सम्यक् ज्ञान उनकी स्वभावगत विशेषताओं और आचार-विषयक मान्यताओं को माध्यम मानकर ही किया जा सकता है।

बचपन से ही राम अत्यन्त गम्भीर-स्वभाव थे और उनके मन में किसी के प्रति कोई आसक्ति नहीं थी। उनको विश्वामित्र के साथ भेजते समय दशरथ को मोहवश कष्ट हुआ था किन्तु विश्वामित्र ने राम के विषय में कहा था कि उनके मन में कोई आसक्ति नहीं है।[4] यह कहना युक्तिसंगत ही होगा कि राम को केवल अपने कर्तव्य के प्रति आसक्ति रही थी। राम के वनगमन की बात सुनकर पुरवासियों ने भी कहा था कि राम में क्रूरता का अभाव, दया, विद्या, शील, इन्द्रिय-संयम और मनोनिग्रह– छह गुण स्वाभाविक रूप से विद्यमान हैं।[5] लक्ष्मी अथवा राज्यलक्ष्मी को भी उन्होंने कोई महत्त्व नहीं दिया। लक्ष्मण ने वनगमन के विरोध में जब दशरथ और कैकेयी को कैद कर राज्य पर अधिकार कर लेने का सुझाव दिया था तब राम ने कहा था कि लक्ष्मण, लक्ष्मी के इस उलट-फेर के विषय में तुम्हें चिन्ता नहीं करना चाहिए। मेरे लिए राज्य और वनवास दोनों ही समान हैं बल्कि विशेष विचार करने पर वनवास ही अभ्युदयकारी प्रतीत होता है।[6]

यद्यपि रामायण में हास-परिहास को कोई स्थान नहीं है किन्तु राम ने अपने स्वभाव गाम्भीर्य के कारण हँसी-मजाक के विषय में कुछ सिद्धान्तों के प्रति संकेत भी किया है। दण्डकारण्य आश्रम में शूर्पणखा ने जब राम के साथ विवाह का प्रस्ताव

---

1. वा.रा. 2.12.84; **2.** वा.रा. 4.3.28-29; **3.** वा.रा. 5.34.3; **4.** वा.रा. 1.19.17; **5.** वा.रा. 2.33.12; **6.** वा.रा. 2.22.29

किया था तब पहले तो वह स्वयं को विवाहित और लक्ष्मण को अकृत-दारा (अविवाहित) बतलाकर परिहास करते हुए उसे इधर से उधर घुमाते रहे किन्तु तुरन्त ही उन्होंने लक्ष्मण से कहा था कि क्रूर स्वभाववाले अनार्यों से कभी हँसी-मजाक भी नहीं करना चाहिए।[1] इसके बाद ही लक्ष्मण ने शूर्पणखा को विरूपित कर भगा दिया था। आश्रमवासियों के लिए भी राम ने हास-परिहास को उचित नहीं बताया। रावण द्वारा सीता के अपहरण से अवगत न रहने की दशा में वे पहले सीता के विनोदी स्वभाव का स्मरण कर उसको लुका-छिपी का मजाक समझते रहे थे और उन्होंने सीता को सम्बोधित करते हुए कहा था कि यद्यपि तुम्हारा स्वभाव परिहास-प्रिय है किन्तु आश्रमों में हँसी-मजाक को उचित नहीं कहा गया है।[2]

अपने कर्तव्यों और आचार-सिद्धान्तों पर राम की दृष्टि इस सीमा तक केन्द्रित रहा करती थी कि दूसरों के दोषों पर उनकी दृष्टि कभी जाती ही नहीं थी। यही कारण है कि उन्होंने जीवन में जो कुछ किया, कर्तव्य भावना से किया और प्रतिक्रिया स्वरूप कुछ भी नहीं किया। भरत ने कैकेयी की भर्त्सना करते हुए कहा था कि राम किसी दूसरे के दोषों को देखते तक नहीं, फिर भी उनको चीर पहनाकर वन भेजने से तुझे क्या लाभ होगा?[3] किसी के आचार-व्यवहार की सत्यता को जाने-समझे बिना केवल रोष के वशीभूत होकर निन्दा करने के भी राम विरोधी थे। वाली ने जब उनको बुरी प्रकार से फटकारा था तब उन्होंने कहा था कि तुमको मारने के पीछे मेरा जो अभिप्राय रहा है उसको तुमने समझा ही नहीं। केवल रोषवश तुमको मेरी निन्दा नहीं करना चाहिए।[4] विभीषण भी इस बात से अवगत रहा था कि राम ने क्रोध पर पूरी तरह विजय पा ली है और वे सम्यक् विचार के पश्चात् आवेशरहित होकर कर्तव्याकर्तव्य का निर्णय करते हैं। क्रोध बलवान् व्यक्ति को भी दुर्बल बना देता है और उसके विवेक को नष्ट कर देता है। जितक्रोध होने के कारण ही विभीषण राम को अजेय मानता था। रावण की मन्त्रिपरिषद् में बोलते समय विभीषण ने कहा था कि राम अप्रमत्त और जितक्रोध होने के कारण अजेय हैं अतएव उनको परास्त करना सरल नहीं।[5]

विभीषण की धारणा के विपरीत कुछ प्रसंग राम के क्रोधी स्वभाव के प्रति संकेत करते हैं। सीता की खोज करते समय जब उनको पर्वत-वृक्षों और सर-सरिताओं से कुछ संकेत नहीं मिला तब उन्होंने पर्वत और नदी के प्रति आक्रोश प्रकट करते हुए उनको भस्म करने और सुखा डालने का विचार प्रकट किया था।[6] इसी प्रकार जब वे समुद्र से मार्ग की याचना करते हुए उपासना करते रहे और फिर भी समुद्र उनके सामने उपस्थित नहीं हुआ तब उन्होंने समस्त जलचरों सहित उसको सुखा डालने

---

1. वा.रा. 3.18.19; **2.** वा.रा. 3.62.6; **3.** वा.रा. 2.73.12; **4.** वा.रा. 4.18.17; **5.** वा.रा. 6.9.10; **6.** वा.रा. 3.64.33-34

के लिए अपना धनुष उठा लिया था। उनके क्रोध को देखकर और बाणों के प्रहार से नाग, सर्प, मगर आदि सभी जलचर तिलमिला गये थे और वरुण के निवासभूत समुद्र में भारी खलबली मच गयी थी। उनके क्रोध को शान्त करते हुए लक्ष्मण ने कहा था कि आप जैसे महापुरुष क्रोध के अधीन नहीं होते और इस समुद्र को नष्ट किये बिना ही आपका कार्य सम्पन्न हो जाएगा।[1] राम के द्वारा पर्वत, नदी और समुद्र जैसे जड़ पदार्थों के प्रति इस प्रकार क्रोध व्यक्त करना सचमुच एक आश्चर्य का ही विषय है।

वालि-वध के पश्चात् किष्किन्धा का राज्य पाकर सुग्रीव सुन्दरियों के साथ विलास-क्रीड़ाओं में मस्त रहकर जब पूर्व प्रतिज्ञा और राम के साथ हुई सन्धि की शर्तों को भूलकर सीता की खोज के अपने कर्तव्य के प्रति उदासीन होकर बैठ गया था, तब भी राम का आक्रोश उबल पड़ा था। उन्होंने सुग्रीव को कृतघ्न और अधम कहकर उसे पचास गालियाँ दीं और लक्ष्मण के द्वारा उससे कहलाया था कि तुम भी शायद मेरे द्वारा खींचे गये कौंधती हुई बिजली के समान धनुष का रूप देखना चाहते हो। संग्राम में कुपित होकर मेरे द्वारा खींची गयी प्रत्यंचा की भयंकर टंकार को, जो वज्र की गड़गड़ाहट को भी मात करनेवाली है, अब फिर सुनने की तुम्हारी इच्छा हो रही है।[2] लक्ष्मण से राम ने कहा था कि सुग्रीव को मेरे रोष का स्वरूप स्पष्ट रूप से बतला दिया जाए और यह भी कह देना कि वाली मारा जाकर जिस मार्ग से गया है, वह इतना संकीर्ण नहीं है कि तुम उससे न जा सको। वाली तो रणक्षेत्र में अकेला ही मारा गया है किन्तु यदि तुम 'सत्य से विचलित हुए' तो तुम्हें बन्धु-बान्धवों सहित मार डाला जाएगा।[3]

उपर्युक्त प्रसंगों के आधार पर सहज ही यह धारणा बन जाती है कि राम स्वभाव से इतने अधिक क्रोधी थे कि रोष में पड़कर वे पात्र-अपात्र जड़-चेतन का भी विवेक खो बैठते थे और एक अपराधी को दण्डित करने के लिए अनेक निरपराधियों को भी दण्डित करने में उनको कोई संकोच नहीं होता था। इस सम्बन्ध में दो तथ्यों पर अवश्य ही ध्यान दिया जाना चाहिए। यह तो माना ही जा सकता है कि धर्म और आचार-व्यवस्था के प्रति वे सबसे अधिक सतर्क और सावधान रहे। इस तथ्य को भी ध्यान में रखना आवश्यक है कि वह एक अंश में भी व्यक्तिनिष्ठ नहीं रहे और पूरे समाज, समाज के व्यापक हित तथा व्यापक सामाजिक व्यवस्था पर ही उनकी दृष्टि केन्द्रित रही थी। राजकुमार अथवा राजा किसी भी रूप में उन्होंने जो कुछ किया वह पूरे समाज और लोकहित को दृष्टि में रख कर ही किया। उन्होंने व्यष्टि को समष्टि में इस प्रकार विलीन कर दिया था—जैसे बूँद समुद्र में मिल जाती है। राम का पूरा जीवन अनेकान्त दृष्टि से देखा जाना चाहिए। उन्होंने स्वयं तो अपने

---

1. वा.रा. 6.21.34; **2.** वा.रा. 4.30.74-75; **3.** वा.रा. 4.30.80-82

कर्तव्यों का पालन किया ही, उनका यह भी प्रयत्न रहा कि छोटा-बड़ा प्रत्येक व्यक्ति निर्धारित व्यवस्था के अनुसार आचरण करता रहे ताकि समाज की व्यवस्था भंग न हो और लोकहित को किसी प्रकार का आघात न पहुँच सके। इसीलिए सुग्रीव के प्रति उन्होंने जो आक्रोश प्रकट किया था उसमें सबसे पहले सत्य से अविचलित रहने का निर्देश किया गया और अन्त में यह भी कहा गया कि तुम शाश्वत धर्म पर दृष्टि रखकर सत्य का पालन करो अन्यथा तुमको भी यमलोक में जाकर वाली का दर्शन करना पड़ेगा।[1] राम के समग्र जीवन पर दृष्टि डालने से यह तथ्य उजागर हो जाता है कि वे केवल अपराधी को ही नहीं वरन् प्रत्यक्ष अथवा अप्रत्यक्ष रूप से अपराध में सहायता करनेवाले को भी समान रूप से दण्डनीय मानते थे। सुग्रीव को बन्धु-बान्धवों सहित मार डालने की बात उन्होंने इसीलिए कही थी कि वे लोग उसको अपनी विलास-क्रीड़ाओं में भुलाकर कर्तव्य-पालन से विमुख बना रहे थे। यदि कोई भी व्यक्ति समाज-व्यवस्था भंग करता था अथवा भंग करने में सहयोग देता था तो राम को सहज ही व्यवस्था बनाये रखने के अपने दायित्व का स्मरण हो आता था और उनकी उँगलियाँ तूणीर पर पहुँच जाती थीं। उनके क्रुद्ध और जितक्रोध होने को इसी परिप्रेक्ष्य में यथार्थतः समझा जा सकता है। राम के इन्हीं गुणों से प्रभावित होकर तारा ने वाली से कहा था कि राम साधु-पुरुषों के आश्रयदाता हैं, संकट में पड़े हुए प्राणियों का सबसे बड़ा सहारा हैं। आर्त पुरुषों के आश्रय, यश के एक मात्र भाजन, ज्ञान-विज्ञान से सम्पन्न तथा पिता की आज्ञा में स्थिर रहनेवाले हैं।[2]

शास्त्र-व्यवस्था के अनुसार, आचार-मर्यादा को समाज में प्रतिष्ठापित करने के लिए राम ने न तो उपदेशों के माध्यम से प्रचार को ही पर्याप्त माना और न केवल स्वयं आदर्श प्रस्तुत करने में ही उद्देश्य की परिणति समझी। इसके लिए उन्होंने राजोचित व्यवहार, दण्ड-विधान और शौर्य का सहारा लिया था। अन्य ऋषि-महर्षियों द्वारा दी गयी व्यवस्थाओं में आस्था रखते हुए भी उनकी भाँति वे आश्रम में बैठकर नहीं रह गये बल्कि धनुष-बाण और तलवार लेकर पूरे समाज को उस मार्ग पर चलने के लिए बाध्य करते रहे थे। व्यवस्था भंग करने को वे अक्षम्य अपराध मानते थे और इसके लिए उन्होंने अपने-आप को भी कभी क्षमा नहीं किया। वसिष्ठ, विश्वामित्र, अगस्त्य, वाल्मीकि, भरद्वाज, अत्रि, सुतीक्ष्ण-जैसे महर्षि और सहस्रों अन्य ऋषि अपने आश्रमों में बैठकर स्वयं शास्त्र-विधि का पालन करते हुए शिष्यों के माध्यम से धर्म-प्रचार का प्रयास करते रहे थे और इसके पश्चात् भी आचार-मर्यादाओं का खुले तौर पर उल्लंघन होता रहा, नारियों का अपहरण होता रहा, और नास्तिक, लोकायत तथा अन्य आचार-दर्शनों का भी व्यापक प्रचार होता रहा था। जाबालि ने तो स्पष्ट शब्दों में भौतिकवादी नास्तिक दर्शन की उपयुक्तता का प्रतिपादन किया

---

1. वा.रा. 4.30.82-84; **2.** वा.रा. 4.15.19-20

और राम को भी उससे सहमत होने के लिए प्रेरित किया था। यह स्थितियाँ राम की इस धारणा को दृढ़तर बनाती ही चली गयीं कि शक्ति के बिना समाज में आचार-मर्यादाओं का स्थापित किया जाना सम्भव नहीं है।

सीता-हरण के पहले तक राम ने कभी रोष प्रकट नहीं किया। पिता अथवा गुरु आचार्य उनको जैसी भी आज्ञा देते गये, वे आँख बन्द कर उसका पालन करते रहे। नारी-वध को शास्त्र-मर्यादा के प्रतिकूल मानते हुए भी विश्वामित्र के निर्देश से ताटका का वध किया और दशरथ का संकेत पाकर ही वन के लिए प्रस्थान कर दिया। खर-दूषण आदि राक्षसों का वध उन्होंने तभी किया जब इन राक्षसों द्वारा उनको चुनौती दी गयी। इस समय तक उनकी आस्थाओं की वास्तविकता को लोग समझ ही नहीं सके। शूर्पणखा का विवेक राम की सत्यता को समझने में लँगड़ा गया था और उसने खर से कहा था कि दण्डकारण्य में आये हुए दोनों तरुण पुरुष देखने में बड़े ही सुकुमार, रूपवान और बलवान हैं। उनके विशाल नेत्र कमल के समान हैं और वल्कल-वस्त्र तथा मृगचर्म धारण किये हुए हैं। फल और मूल ही उनका भोजन है। वे जितेन्द्रिय, तपस्वी और ब्रह्मचारी हैं। राजोचित लक्षणों से सम्पन्न गन्धर्वराज के समान दिखाई देनेवाले इन दोनों भाइयों को बहुत सोचने-विचारने पर भी मैं समझ ही नहीं पा रही कि ये देवता हैं अथवा दानव हैं।[1] सीता-हरण की घटना को देखकर ही राम इस निष्कर्ष पर पहुँचे थे कि समाज में शान्ति, दया, करुणा आदि लक्षणों से सम्पन्न व्यक्ति को प्रायः निर्बल ही समझा जाता है। उसके आदर्शों का दूसरे व्यक्ति अनुसरण तो करते ही नहीं, उलटे उसी को कष्टों में धकेल दिया जाता है। सीता की न किसी ने रावण द्वारा अपहरण किये जाने से रक्षा ही की और न उसकी जानकारी देने का ही लोग साहस कर रहे हैं। इन्हीं सब बातों पर विचार करते हुए उन्होंने लक्ष्मण से कहा था कि समस्त लोकों की सृष्टि-पालन और संहार करनेवाले 'त्रिपुर विजय', शौर्य से सम्पन्न, महेश्वर भी जब अपने करुणामय स्वभाव के कारण चुप बैठे रहते हैं तब सभी प्राणी उनके ऐश्वर्य को न जानकर उनको भी तिरस्कार करने लगते हैं। मैं लोकहित में तत्पर जितेन्द्रिय तथा जीवों पर दया करनेवाला हूँ इसलिए इन्द्र आदि देवता भी मुझको निर्वीर्य मान बैठे हैं। दयालुता आदि गुण ही मेरे दोष समझे जा रहे हैं। अब अपने सभी गुणों को समेटकर मुझे अपना तेज दिखाना ही पड़ेगा।[2] उल्लेखनीय है कि रावण द्वारा अपहृता सीता को रोते-बिलखते और रक्षा के लिए 'बचाओ-बचाओ' चिल्लाते हुए स्वयं ब्रह्मा और दण्डकारण्य में निवास करनेवाले सैकड़ों-सहस्रों ऋषियों-महर्षियों ने अपनी आँखों देखा था। नारी-अपहरण को अधर्म माननेवाले ये सभी ऋषि एक राक्षस द्वारा सीता-जैसी नारी के अपहरण को टुकुर-टुकुर देखते रहे थे। केवल जटायु ने ही रावण

---

1. वा.रा. 3.19.14-16; **2.** वा.रा. 3.64.54-56

को ललकारकर रोका और युद्ध में अपने प्राण तक गँवा दिये। वायु की गति रुक गयी थी और सूर्य की प्रभा फीकी पड़ गयी थी किन्तु इसे रावण-विनाश का शुभ संकेत मानकर ब्रह्मा 'बस अब काम पूरा हो जाएगा' कहकर चुप हो गये थे। ऋषियों को सीता की दशा देखकर दुःख अवश्य हुआ था किन्तु वे भी केवल इतना सोचकर रह गये कि अब राम अवश्य ही रावण का विनाश कर डालेंगे।[1] यह एक आश्चर्य का ही विषय है कि नारी-अपहरण को कुत्सित अधर्म माननेवाले ऋषि-महर्षि सीता की रक्षा करने के लिए रावण का सामना करने का साहस क्यों नहीं कर सके। आश्रम में बैठकर शिष्यों को धर्म-व्यवस्था का उपदेश देते रहना और अपनी आँखों के सामने अधर्म घटित होते देखना ऋषियों में धर्म-रक्षा के प्रति साहस की कमी का ही परिचायक है। ऐसे ऋषियों को यदि राक्षस अपने धर्म की स्थापना के लिए परेशान करते रहें तो कोई आश्चर्य का विषय नहीं। यही सब देखकर राम को धनुष और तलवार की शक्ति से धर्म-व्यवस्था को प्रतिष्ठापित करने के लिए बाध्य होना पड़ा था।

राम ने यह अनुभव किया था कि धर्म और आचार की विशिष्ट व्यवस्था को समाज में प्रतिष्ठापित करने के लिए भी शक्ति और दण्ड का सहारा आवश्यक होता है। व्यवस्था के प्रतिकूल आचारण करनेवाले को दण्डित किया ही जाना चाहिए। इसका एक परिणाम तो यह होता है कि व्यवस्थापक के प्रति असम्मान की भावना उत्पन्न नहीं होती और दूसरा यह कि लोग व्यवस्था भंग करने का साहस नहीं करते। राम के मतानुसार गुणहीन पुरुष सत्पुरुषों के गुणों को उस समय तक अपनाते ही नहीं जब तक उनको इसके लिए शक्ति के द्वारा बाध्य नहीं किया जाय। क्षमाशील और सहृदय सत्पुरुष को लोग दुर्बल मानकर उसकी उपेक्षा कर देते हैं। समुद्र ने राम की प्रार्थना, अनुनय-विनय, उपवास-व्रत आदि किसी की परवाह नहीं की थी। तब राम ने लक्ष्मण से कहा था कि शान्ति, क्षमा, सरलता और मधुर भाषण सत्पुरुषों के गुण हैं। इनका गुणहीनों के प्रति प्रयोग करने पर कभी अनुकूल परिणाम नहीं होता क्योंकि ऐसी अवस्था में गुणवान् व्यक्ति को असमर्थ मान लिया जाता है।[2]

लोक-निन्दा से सदैव बचकर रहना राम के स्वभाव की विशेषता रही है। इसके लिए वे राज्यसुख का ही नहीं अपने जीवन का परित्याग करने के लिए सदैव तैयार रहे। दशरथ की अवज्ञा करते हुए लक्ष्मण की नीति का अनुसरण कर वे निष्कासन से सहज ही बच सकते थे किन्तु इस कारण उत्पन्न अपयश को सहन करना उनके लिए सम्भव ही नहीं था। सीता का परित्याग भी लोकापवाद से बचने के लिए ही किया गया था। भरत के चित्रकूट पहुँचने पर लक्ष्मण उनका वध करने के लिए उद्धत हो गये थे किन्तु राम ने उनको यह कहते हुए रोक दिया था कि पिता के सत्य

---

1. वा.रा. 3.52.11-12; **2.** वा.रा. 6.21.14-15

की रक्षा के लिए प्रतिज्ञा करके यदि मैं भरत को युद्ध में मारकर उनका राज्य छीन लूँ तो संसार में मेरी कितनी निन्दा होगी और उस कलंकित राज्य को लेकर भी मैं क्या करूँगा।[1] शूर्पणखा को विरूपित करने, ताटका और वालि-वध को लेकर जो कहा जाता है कि राम ने अपयश की परवाह नहीं की, सर्वथा गलत है। इन सबके पीछे राम की विशेष आस्थाएँ रही हैं जिनके अनुसार ही उन्होंने आचरण किया।

सीता के वियोग में व्यथित राम के प्रति रामायण में कुछ ऐसे शब्दों का प्रयोग हुआ है जिनसे भ्रम होता है कि काम-भावना उनके स्वभाव की कमजोरी रही थी। पम्पासर के देखने से ही वे काम-पीड़ा से इतने अधिक दुःखी हो गये थे कि लक्ष्मण से अपनी मनोव्यथा को साफ शब्दों में कहने में उन्होंने संकोच नहीं किया। वसन्त की मादकता उनके लिए असह्य हो उठी थी और उन्होंने कहा था कि सीता के वियोग से मैं पहले ही दुःखी हूँ, कामदेव मुझे और भी सन्ताप दे रहा है।[2] जलकुक्कुटों का रतिकालीन कूजन और नर-कोकिलों का कल-नाद मेरी अनंग-वेदना को उद्दीप्त कर रहे हैं।[3] अनंग-वेदना से उत्पन्न शोकाग्नि वसन्त से ईंधन पाकर और भी बढ़ रही है।[4] मयूरियों से घिरे हुए मदमत्त मयूर भी मेरी कामपीड़ा को बढ़ा रहे हैं।[5] वसन्त के उद्दीपन को राम सह नहीं सके थे और वह बुरी तरह बेचैन हो उठे थे। लक्ष्मण ने उनकी पीड़ा का अनुभव किया था और बड़े संकोच के साथ उन्होंने राम से कहा था कि आपको शोक को पीछे छोड़कर कामी पुरुष-जैसा व्यवहार त्याग देना चाहिए।[6] लक्ष्मण के समझाने-बुझाने पर ही राम अपने को संयत कर सके थे।

शरद् ऋतु के आगमन पर भी राम की काम-वेदना का अनुभव हुआ था। इस प्रसंग में भी उनको 'काम-शोकाभिपीड़ित' कहा गया है।[7] वे इतने अधिक विचलित हो गये थे कि शरद् के मनोरम कामोद्दीपक दृश्यों को देखकर स्वयं तो बेचैन होते ही थे, यहाँ तक सोचने लगते थे कि शरद् ऋतु के गुणों से निरन्तर वृद्धि को प्राप्त होनेवाला काम सीता को भी पीड़ित कर रहा होगा।[8] उनके इस प्रकार के विचारों को सुनकर ही लक्ष्मण को कहना पड़ा था कि इस प्रकार काम के अधीन होकर अपने पौरुष का तिरस्कार करने से आपको कोई लाभ नहीं होगा।[9] इस प्रकार राम की काम-भावना प्रायः जाग उठती थी और लक्ष्मण द्वारा समझाये-बुझाये जाने पर ही उनका हृदय शान्त होता था। राम की मानसिक एकाग्रता के प्रति सीता के मन में भी सन्देह बना ही रहता था। अशोक वाटिका में विलाप करते हुए उन्होंने कहा था कि मेरा तो यही अनुमान है कि राम नियमानुसार पिता की आज्ञा का पालन करके अपने व्रत को पूर्ण करने के पश्चात् जब वन से लौटेंगे तब निर्भय एवं सफल मनोरथ हो विशाल नेत्रोंवाली बहुत-सी सुन्दरियों के साथ विवाह करके उनके साथ

---

1. वा.रा. 2.97.3; **2.** वा.रा. 4.1.23; **3.** वा.रा. 4.1.28-29; **4.** वा.रा. 4.1.32; **5.** वा.रा. 4.1.37; **6.** वा.रा. 4.1.123; **8.** वा.रा. 4.30.1; **8.** वा.रा. 4.30.12; **9.** वा.रा. 4.30.16

रमण करेंगे।[1] सीता की यह धारणा और उपर्युक्त कतिपय प्रसंग राम के आचार के सामने एक प्रश्नचिह्न अवश्य लगा देते हैं किन्तु व्यवहार में न तो वह काम के वशीभूत ही दिखाई देते हैं और न सीता के अतिरिक्त किसी अन्य नारी के प्रति उनके मन में अनुराग की भावना ही रही। वालि-वध के पश्चात् तारा और रावण-वध के पश्चात् मन्दोदरी एवं रावण की अनेक सुन्दरियों को वह सहज ही अपने अधिकार में ले सकते थे किन्तु किसी की ओर उन्होंने काम से प्रेरित होकर देखा तक नहीं। सीता ने स्वयं भी राम के मन में परस्त्री-गमन की भावना का सर्वथा अभाव माना था।[2] ऐसा प्रतीत होता है कि काम और मोह को पर्याय माना गया और राम के सीता-विरह से दुःखी होने पर उनके लिए कामाभिभूत जैसे शब्दों का प्रयोग कर दिया गया। यह तथ्य इस बात से भी सिद्ध होता है कि मिथ्या भाषण, परस्त्री-गमन और बिना वैर-भावना के प्राणि-हिंसा—इन तीनों दोषों को काम से उत्पन्न कहने के साथ ही मोह को भी इनका कारण कहा गया है।[3]

सीता के अनुसार राम के मन में बिना किसी कारण और विरोध भावना के निरपराध प्राणियों को मारने की हिंसा-वृति उत्पन्न हो गयी थी।[4] यह उनके क्षत्रियोचित स्वभाव के कारण अथवा अजेय पराक्रमी होने का परिणाम भी हो सकती है। प्रतिपक्षी अथवा उसके किसी सहायक को उन्होंने जीवित नहीं छोड़ा। ऋष्यमूक पर्वत और समुद्र तथा जलचरों के प्रति उनकी आक्रोश भावना का उल्लेख किया जा चुका है। सीता के अनुसार, शस्त्रधारियों में स्वाभाविक रूप से यह दोष उत्पन्न हो ही जाता है। जिस प्रकार अग्नि के समीप रखा हुआ ईंधन उसके तेज को उद्दीप्त कर देता है, उसी प्रकार यदि क्षत्रियों के हाथ में धनुष अथवा कोई शस्त्र हो तो उनका बल, पराक्रम भी उद्वेलित हो उठता है।[5] राम ने दण्डकारण्य की ओर प्रस्थान करते समय ऋषियों की रक्षा और राक्षसों का वध करने की प्रतिज्ञा की थी। उनके हाथ में धनुष और तलवार हमेशा रहते ही थे और लक्ष्मण के समान पराक्रमी वीर उनका सहायक भी था। राम के हाथों में धनुष-बाण देखकर सीता को यह भय बना रहा था कि दण्डकारण्य में वह अपने पौरुष और धनुष के आवेश में निरपराध वनचारियों को मार डालेंगे। उन्होंने राम से कहा था कि इस समय आपका दण्डकारण्य में जाना मुझे अच्छा नहीं लगता क्योंकि आप धनुष-बाण हाथ में लेकर अपने भाई के साथ वन में आये हैं। सम्भव है वनचारियों को देखकर आप उन पर अपने बाणों का प्रयोग कर बैठें। मन और इन्द्रियों को वश में रखनेवाले क्षत्रिय वीरों के लिए वन में धनुष धारण करने का इतना ही प्रयोजन है कि वे संकट में पड़े हुए प्राणियों की रक्षा करें। कहाँ शस्त्र-धारण और कहाँ वनवास! कहाँ क्षत्रिय का

---

1. वा.रा. 5.28.14; **2.** वा.रा. 3.9.5-8; **3.** वा.रा. 3.9.3,9; **4.** वा.रा. 3.9.9; **5.** वा.रा. 3.9.15

हिंसामय कठोर कर्म और कहाँ सब प्राणियों पर दया करना रूप तप! हमको वनवास के अनुरूप धर्म का ही पालन करना चाहिए। केवल शस्त्र का सेवन करने से मनुष्य की बुद्धि कृपण पुरुषों के समान कलुषित हो जाती है। अतः अयोध्या लौटकर ही क्षात्रधर्म का अनुष्ठान कीजिएगा। राज्य त्यागकर वन में आप मुनिवृत्ति से ही रहें तो इससे मेरे सास-ससुर को प्रसन्नता होगी।[1]

माता-पिता के प्रति देवोपम सम्मान और श्रद्धा की भावना राम के मन में प्रारम्भ से ही विद्यमान रही। कैकयी से राम के गुणों की प्रशंसा करते हुए दशरथ ने कहा था कि राम तुम्हारी भरत की अपेक्षा अधिक सेवा किया करते हैं। गुरुजनों की सेवा करने, उन्हें गौरव देने, उनकी बातों को मान्यता देने और उनकी आज्ञा का तुरन्त पालन करने में राम से बढ़कर कोई दूसरा नहीं। सत्य, दान, तप, त्याग, मित्रता, पवित्रता, सरलता, विद्या और गुरुजनों की शुश्रूषा राम के स्थिर स्वाभाविक गुण हैं।[2] तात्पर्य यह कि गुरुजनों की सेवा-शुश्रूषा को राम सत्पुरुषों का एक विशिष्ट गुण मानते थे। लक्ष्मण ने जब दशरथ और कैकेयी का विरोध करते हुए उनको बन्दी बनाकर राज्य पर अधिकार करने का परामर्श दिया था तब भी राम ने उनको उत्तर देते हुए कहा था कि मुझे तुम माता-पिता की आज्ञा-पालन में दृढ़तापूर्वक स्थित समझो। यही सत्पुरुषों का मार्ग है।[3] पिता की आज्ञा-पालन को राम इतना अधिक महत्त्व देते थे कि किसी भी रूप में उसका उल्लंघन अथवा अवहेलना उनके लिए सह्य नहीं था। दशरथ ने विश्वामित्र के साथ राम को भेजते समय उन्हें उपदेश दिया था कि विश्वामित्र की आज्ञा का निःशंक होकर पालन करना और उनकी कभी अवहेलना न करना।[4] विश्वामित्र ने वन में राम को ताटका का वध करने की आज्ञा दी थी तब राम एक विचिकित्सा में उलझ गये थे। नारी-वध को वे आचार-मर्यादा के विरुद्ध मानते थे किन्तु जब उनको पिता दशरथ के उपदेश का स्मरण हुआ तो वे विश्वामित्र की आज्ञा से ताटका-वध के लिए बिना किसी हिचकिचाहट के तैयार हो गये थे। उन्होंने विश्वामित्र से कहा था कि पिता के उपेदश का अनुसरण करके आप जैसे ब्रह्मवादी महात्मा की आज्ञा से ताटका-वध के कार्य को मैं उत्तम मानकर अवश्य पूरा करूँगा।[5] इससे यह बात भी स्पष्ट हो जाती है कि ताटका-वध के कारण नारी-हत्या का उनको व्यर्थ ही दोषी माना जाता है। वस्तुतः पिता की आज्ञा-पालन को सभी आचार-मर्यादाओं से उन्होंने अधिक महत्त्व दिया था।

दशरथ के मन में राम के प्रति सबसे अधिक स्नेह भावना विद्यमान थी। सत्य के निर्वाह और कैकेयी को दिये गये वरदानों की अवहेलना करने के लिए भी वे

---

1. वा.रा. 3.9.13-14, 26-28; **2.** वा.रा. 2.12.26-30; **3.** वा.रा. 2.23.41; **4.** वा.रा. 1.26. 2-3; **5.** वा.रा. 1.26.4

तैयार हो सकते थे। उनकी यह भी लालसा रही थी कि राम उनकी अवज्ञा करते हुए स्वयं यदि वन जाने से इनकार कर दें तो सभी प्रश्न सरलता से हल हो जाएँगे। किन्तु राम पिता की आज्ञा-पालन से कभी विचलित हो ही नहीं सकते थे, यह भी दशरथ को भलीभाँति ज्ञात था। उन्होंने कैकेयी से कहा था, "यदि मैं राम से कह दूँ कि तुम वन को चले जाओ तो वे 'बहुत अच्छा' कहकर मेरी आज्ञा को स्वीकार कर लेंगे। राम दूसरी कोई बात कहकर मुझे प्रतिकूल उत्तर नहीं दे सकते। यदि मेरे वन जाने की आज्ञा दे देने पर भी राम उसको अस्वीकार कर वन नहीं जाते तो यही मेरे लिए प्रिय होगा किन्तु राम ऐसा कभी कर ही नहीं सकते।"[1]

दशरथ के आचार की समीक्षा करते समय लिखा जा चुका है कि वे कभी सत्य के प्रति अविचलित रूप से निष्ठावान नहीं रहे। साँप मारते समय भी लाठी टूट जाने का खतरा मोल देने के लिए वे तैयार नहीं थे और सदैव ऐसे बहानों की खोज करते रहे जिससे स्वार्थों को किंचित् भी आघात पहुँचाये बिना उनके सत्यनिष्ठ होने की प्रतिष्ठा अक्षुण्ण बनी रहे। राम की पितृ-भक्ति और कैकेयी के आग्रह ने ही दशरथ के सत्य की रक्षा की थी। कैकेयी के महल में पहुंचकर राम ने दशरथ को अचेतावस्था में देखकर जब कैकेयी से ही रहस्य को उद्घाटित करने का अनुरोध किया था, तब उसे यह सोचकर उलझन हुई थी कि यदि राम वनगमन के प्रस्ताव को अस्वीकार कर देते हैं तो दशरथ की सत्यनिष्ठा धूल में मिल जाएगी। कैकेयी की उलझन को समझकर ही राम ने कहा था–"मैं महाराज के कहने से आग में कूद सकता हूँ, तीक्ष्ण विष का भी पान कर सकता हूँ और समुद्र में भी गिर सकता हूँ। महाराज मेरे गुरु, पिता और हितैषी हैं। उनकी आज्ञा पाकर मैं क्या नहीं कर सकता।"[2] राम ने दशरथ की आज्ञा को केवल राजाज्ञा मानकर ही उसका पालन नहीं किया, वरन पिता की आज्ञा-पालन को वे सबसे बड़ा धर्माचरण मानते थे। कैकेयी से ही उन्होंने कहा था कि पिता की सेवा और उनकी आज्ञा का पालन करने से बढ़कर संसार में कोई दूसरा धर्माचरण नहीं है।[3] पिता की आज्ञा का उल्लंघन करने से राम को अयोध्या का राज्य प्राप्त हो सकता था किन्तु राज्य-लोभ में पड़कर भी उन्होंने ऐसा करना उचित नहीं समझा। चित्रकूट में भरत द्वारा मनाये जाने पर उन्होंने साफ कह दिया था कि मेरे जैसा मनुष्य राज्य के लिए पिता की आज्ञा उल्लंघन रूप पाप कैसे कर सकता है![4]

राम सैद्धान्तिक रूप से माता-पिता को समान रूप से वरेण्य मानते थे। भरत ने चित्रकूट में जब कैकेयी की निन्दा की थी तब राम ने उन्हें रोकते हुए कहा था कि मनुष्य की पिता में जितनी गौरव बुद्धि होती है, उतनी ही माता में भी होना

---

1. वा.रा. 2.12.85-86; **2.** वा.रा. 2.18.28-29; **3.** वा.रा. 2.19.22; **4.** वा.रा. 2.101.16

चाहिए।[1] तुम्हें अज्ञानवश भी अपनी माता की निन्दा नहीं करनी चाहिए।[2] सीता को समझाते हुए उन्होंने बार-बार माता-पिता की आज्ञा-पालन को महत्त्व दिया। सीता से उन्होंने कहा था कि यह तो किसी भी प्रकार संभव ही नहीं कि मैं वन को न जाऊँ, क्योंकि पिताजी का सत्ययुक्त वचन ही मुझे वन की ओर ले जा रहा है। पिता और माता की आज्ञा के अधीन रहना पुत्र का धर्म है। इसलिए उनकी आज्ञा का उल्लंघन करके मैं जीवित नहीं रह सकता। माता-पिता की सेवा में लगे रहनेवाले महापुरुष देवलोक, गन्धर्वलोक, ब्रह्मलोक, गोलोक तथा अन्य लोकों को भी प्राप्त कर लेते हैं।[3] उपर्युक्त रूप से आस्थावान् होकर भी व्यावहारिक क्षेत्र में राम ने पिता को माता की अपेक्षा अधिक महत्त्व दिया। दशरथ और कैकेयी के निर्णय को सुनकर कौसल्या ने राम से कहा था कि जैसे गौरव के कारण राजा तुम्हारे पूज्य हैं उसी प्रकार मैं भी हूँ। मैं तुम्हें वन जाने की आज्ञा नहीं देती अतएव तुमको वन के लिए नहीं जाना चाहिए।[4] कौसल्या ने अनेक धर्म-व्यवस्थाओं का प्रमाण देते हुए माता के महत्त्व को प्रतिपादित किया था किन्तु राम ने कण्डु मुनि, सगर-पुत्र और परशुराम का उदाहरण प्रस्तुत करते हुए माता की अपेक्षा पिता को अधिक गौरवास्पद बताया था और कहा था कि मुझमें पिता की आज्ञा का उल्लंघन करने की शक्ति नहीं है[5] पिता की आज्ञा का पालन करनेवाला कोई भी पुरुष धर्म से भ्रष्ट नहीं होता।[6]

माता-पिता को देवोपम मानते हुए उनकी सेवा-शुश्रूषा को राम देवाराधन की पहली और अनिवार्य सीढ़ी मानते थे। उनके मतानुसार सृष्टि का नियन्ता देव अथवा ईश्वर अप्रत्यक्ष और माता-पिता एवं गुरु प्रत्यक्ष देवता हैं। प्रत्यक्ष देवताओं की सेवा-शुश्रूषा करना सहज सम्भव होता है और ये सेवा के अधीन हैं। यदि मनुष्य प्रत्यक्ष देवताओं का उल्लंघन करता है तो उसके लिए अप्रत्यक्ष देवता की आराधना का द्वार बन्द रहता है।[7] सीता को पितृ-सेवा का महत्त्व समझाते हुए उन्होंने कहा था कि जिनकी आराधना करने पर धर्म, अर्थ और काम तीनों प्राप्त होते हैं तथा तीनों लोकों की आराधना सम्पन्न हो जाती है, उन माता-पिता और गुरु के समान दूसरा कोई पवित्र देवता इस भूतल पर नहीं है। पिता की सेवा करना कल्याण की प्राप्ति का जैसा प्रबल साधन माना गया है वैसा न सत्य है, न दान है, न मान है और न पर्याप्त दक्षिणावाले यज्ञ ही हैं। गुरुजनों की सेवा का अनुसरण करने से स्वर्ग, धन-धान्य, विद्या, पुत्र और सुख–कुछ भी दुर्लभ नहीं है।[8]

राम के अनुसार, पिता मनुष्य के लिए देवताओं का भी देवता है। शोक-सन्तप्त दशरथ को सान्त्वना देते हुए उन्होंने कहा था कि पिता देवताओं का भी देवता माना

---

1. वा.रा. 2.101.21; **2.** वा.रा. 2.101.17; **3.** वा.रा. 2.30.31-32,37; **4.** वा.रा. 2.21.25; **5.** वा.रा. 2.21.30; **6.** वा.रा. 2.21.36; **8.** वा.रा. 2.30.33; **8.** वा.रा. 2.30.34-37

गया है अतः मैं देवाज्ञा समझकर ही आपकी आज्ञा का पालन करूँगा।[1] पिता की आज्ञा-पालन को राम ने सामान्य आचार-मर्यादा से बहुत ऊपर माना। उन्होंने कहा है कि सत्य और धर्म के मार्ग पर स्थित रहनेवाले पिता मुझे जो आज्ञा दे रहे हैं, मैं उसी के अनुसार बर्ताव करूँगा क्योंकि यह सनातन धर्म है।[2] इस व्यवस्था के प्रति वे इतने अधिक निष्ठावान थे कि जीवन में कभी जान-बूझकर अथवा अनजान में भी माता-पिता की उन्होंने अवमानना नहीं की।[3] पिता को देखकर दूर से ही वे उनके चरणों में प्रणाम करने के लिए झुक जाते थे। यहाँ तक कि वन से सुमन्त्र के लौटते समय उनके द्वारा दशरथ को सन्देश भेजने के लिए भी राम सुमन्त्र के सामने हाथ जोड़कर ठीक उसी प्रकार खड़े हो गये थे मानो वे दशरथ के सामने खड़े हों।

राम की पितृ-भक्ति के प्रसंगों से रामायण भरी पड़ी है और उन सन्दर्भों में ही उनकी मातृ-भक्ति तथा गुरुजनों के प्रति आदर-भावना भी प्रतिबिम्बित है। इस समीक्षा में एक अन्य तथ्य अवश्य उभरकर ऊपर आ जाता है जो श्रद्धालु पाठकों को कुछ चौंका देनेवाला प्रतीत होगा। राम के पूरे जीवन से सन्दर्भ बटोरनै पर भी माता-पिता के अतिरिक्त किसी अन्य परिजन के प्रति उनके आचार-सिद्धान्तों का व्यंजक भाव मिलता ही नहीं। परिवार में भाई, बहिन, भाभी, ताऊ, चाचा, चाची, दादी, बहू, भतीजे, बहुएँ आदि और भी अनेक सम्बन्धी होते हैं। राम के परिवार में भी छोटे भाई, उनकी पत्नियाँ, भतीजे और सौतेली माताएँ थीं किन्तु राम ने दशरथ और कौसल्या के अतिरिक्त किसी को किंचित् भी महत्त्व नहीं दिया। उनके अनुसार पत्नी का व्यक्ति के जीवन में जैसे कोई स्थान ही नहीं। स्वयं उन्होंने सीता के प्रति ठीक वैसा ही व्यवहार किया जैसा एक राजा सामान्य नागरिक के साथ करता है। सीता-हरण से हुए व्यामोहजनित विलाप के अतिरिक्त शान्त जीवन क्षणों में सीता के प्रति उनके विशेष रागबन्ध का परिचय प्राप्त नहीं होता। उर्मिला, माण्डवी और श्रुतिकीर्ति के प्रति उनके विशेष व्यवहार की कोई चर्चा नहीं मिलती। लक्ष्मण के प्रति उनके मन में भ्रातृ-स्नेह की नहीं वरन् ऐसी भावना दिखाई देती है मानो वह एक विश्वसनीय सहायक और सहयोगी हों। वाली के आरोपों का उत्तर देते हुए उन्होंने पुत्री, बहिन और छोटे भाई की पत्नी के साथ काम सम्बन्ध को जघन्य पाप माना है किन्तु इतने मात्र से इनके प्रति व्यक्ति की आचार-मर्यादा पूरी नहीं हो जाती। बड़े भाई, पिता और गुरु को भी राम समान रूप से पूज्य मानते थे किन्तु सुग्रीव और विभीषण द्वारा पितृ-तुल्य अग्रजों की अवमानना किये जाने की उन्होंने कोई भर्त्सना नहीं की। संक्षेप में यह तो कहा जा सकता है कि राम ने माता-पिता के प्रति व्यक्ति के कर्तव्यों का पूरा निर्देश किया है किन्तु अन्य परिजनों के प्रति

---

1. वा.रा. 2.34.52; **2.** वा.रा. 2.30.38; **3.** वा.रा. 2.22.8

व्यक्ति की आचार-व्यवस्था के विषय में वाणी और कर्म दोनों से ही वह पूर्णतया मौन दिखाई देते हैं।

लक्ष्मण ने पूरी निष्ठा के साथ राम का अनुगमन किया था और कौसल्या की दयनीय दशा से भी राम भली-भाँति अवगत थे। इन दोनों को छोड़कर परिवार के प्रायः शेष सभी सदस्यों के प्रति उनके मन में सन्देह और अविश्वास की भावना ही विद्यमान रही थी। मन्थरा को राम के मन में भरत के प्रति शत्रुता की भावना दिखाई देती थी। उसने कैकेयी से कहा था कि सौतेला भाई होने के कारण भरत राज्य और धन से वंचित होकर राम के वश में पड़कर किस प्रकार जीवित रहेंगे। जब राम पृथ्वी पर अधिकार कर लेंगे तो निश्चय ही भरत नष्ट हो जाएँगे।[1] कैकेयी ने भी मन्थरा की बात पर विश्वास किया था जिससे स्पष्ट होता है कि छोटे भाइयों के प्रति राम की स्नेह भावना परिजनों की दृष्टि में भी सन्दिग्ध रही थी। सुमित्रा की तो उन्होंने कभी कोई परवाह की ही नहीं, कैकेयी के प्रति भी उनके मन में सम्मान की भावना नहीं थी। वनगमन के पूर्व उन्होंने कौसल्या से कहा था कि कैकेयी ने दशरथ को धोखा दिया है।[2] राम के मन में यह धारणा भी बनी रही थी कि दशरथ ने काम के वश एक स्त्री के लिए उनका परित्याग कर दिया। वन में उन्होंने लक्ष्मण से कहा था कि पिता ने जिस प्रकार मुझे त्याग दिया है उस प्रकार अत्यन्त अज्ञ होने पर भी ऐसा कौन पुरुष होगा जो एक स्त्री के लिए अपने आज्ञाकारी पुत्र का परित्याग कर दे।[3] राम के यह विचार पिता के प्रति उनकी सम्मान भावना को निश्चय ही किसी अंश में खण्डित कर देते हैं। कैकेयी के प्रति राम का अविश्वास सर्वत्र दिखाई देता है। सुमन्त्र ने जब अयोध्या न लौटने और राम के साथ वन जाने का आग्रह किया था तब राम के मन में सबसे बड़ी परेशानी यह सोचकर हुई थी कि यदि सुमन्त्र अयोध्या नहीं लौटे तो कैकेयी को कदाचित् यह विश्वास ही नहीं होगा कि राम सचमुच वन को चले गये हैं। उन्होंने सुमन्त्र से लौट जाने का अनुरोध करते हुए कहा था कि जब आप नगर को लौट जाएँगे तब आपको देखकर मेरी छोटी माता कैकेयी को यह विश्वास हो जाएगा कि राम वन को चले गये हैं। आपको अयोध्या लौटा देने का मेरा मुख्य उद्देश्य यही है कि कैकेयी आश्वस्त होकर भरत द्वारा सुरक्षित विशाल राज्य को प्राप्त कर लें।[4] कैकेयी ने सीता को वल्कल वस्त्र अवश्य दिये थे किन्तु उसने सीता के प्रति किसी प्रकार की दुर्भावना व्यक्त नहीं की। फिर भी यह देखकर आश्चर्य होता है कि राम यह मानते रहे थे कि कैकेयी सीता के विनाश की इच्छुक रही थीं। सीता-हरण पर शोक व्यक्त करते हुए उन्होंने कहा था कि इस समाचार को सुनकर कैकेयी सफल मनोरथ हो जाएगी।[5] इसी प्रकार

---

1. वा.रा. 2.8.35,39; **2.** वा.रा. 2.24.11; **3.** वा.रा. 2.53.10; **4.** वा.रा. 2.52.61,63; **5.** वा.रा. 3.62.9-10

विराध ने आक्रमण कर जब सीता को अपने अंक में ले लिया तब भी राम ने यही कहा था कि आज कैकेयी का अभीष्ट सिद्ध हो गया। वह अपने पुत्र के लिए राज्य लेकर ही सन्तुष्ट नहीं हुई थी किन्तु सीता की इस दुरवस्था से अवश्य ही वह कृतकृत्य हो जाएगी।[1] पता नहीं राम कैकेयी के प्रति इतने अधिक शंकित क्यों रहे थे।

भरत के चित्रकूट पहुँचने पर लक्ष्मण जब उनके प्रति आक्रोश प्रकट करते हुए उनका वध कर डालने के लिए सन्नद्ध हो गये थे तब राम ने भरत की सदाशयता को स्वीकार करते हुए लक्ष्मण के क्रोध को शान्त किया था, किन्तु रामायण में ही अन्य अनेक ऐसे प्रसंग भी उपलब्ध होते हैं जो यह सिद्ध करते हैं कि राम भरत के प्रति सन्देह से सर्वथा मुक्त (उदार) नहीं थे। राम की धारणा थी कि राजा होने पर भरत अन्य मर्यादाओं की उपेक्षा कर परिजनों के साथ भी केवल राजा के समान ही व्यवहार करेंगे। उनको कभी यह विश्वास नहीं रहा कि भरत कौसल्या के प्रति मातृवत् बर्ताव करेंगे और यह आशंका भी उनके मन में बनी रही थी कि यदि सीता को अयोध्या में ही रहना पड़े तो भरत उनके प्रति भी उदार नहीं होंगे। वनगमन के पूर्व जब राम सीता से मिलने के लिए महल में गये थे तब उन्होंने उनको समझाते हुए कहा था कि मैं इस समय निर्जन वन में जाने के लिए प्रस्थान कर चुका हूँ और तुमसे मिलने के लिए यहाँ आया हूँ। तुम भरत के समीप कभी मेरी प्रशंसा न करना क्योंकि समृद्धिशाली पुरुष कभी दूसरे की स्तुति सहन नहीं कर पाते। इसीलिए तुम भरत के सामने कभी मेरे गुणों की प्रशंसा न करना। तुम्हें भरत के समक्ष अपनी सखियों के साथ भी मेरी बार-बार चर्चा नहीं करनी चाहिए। उनके मनोनुकूल बर्ताव करके ही तुम उनके निकट रह सकती हो। राजा ने उनको सदा के लिए युवराज पद दे दिया है इसलिए तुम्हें प्रयत्नपूर्वक उन्हें प्रसन्न रखना होगा, क्योंकि अब वे ही राजा होंगे।[2] इसी प्रकार सुमन्त्र के द्वारा कौसल्या को भी उन्होंने यही सन्देश भेजा था कि तुम कुमार भरत के प्रति सदैव राजोचित बर्ताव करती रहना। राजा छोटी उम्र के भी हों तो भी वे आदरणीय होते हैं, इस राजधर्म को याद रखना।[3]

उपर्युक्त उद्धरण इसी तथ्य को प्रमाणित करते हैं कि राम के मतानुसार राजा का माता-पिता, भाई-बहिन आदि के साथ भी परिजनोचित सम्बन्धों का विच्छेद हो जाता है और वह केवल राजा होता है तथा सभी परिजन अन्य नागरिकों के समान उसकी प्रजा के अंग की भाँति रह जाते हैं। राजा के विषय में आयु की मर्यादा को भी राम स्वीकार नहीं करते और उसमें यह स्वाभाविक दोष मानते हैं कि वह गुणवान् पुरुषों की प्रशंसा सुनने के लिए भी तैयार नहीं होता। यद्यपि भरत में इस प्रकार के दोष दिखाई नहीं देते और न उनके व्यवहार के विषय में भी ऐसा कुछ कहा

1. वा.रा. 3.2.19-20; **2.** वा.रा. 2.26.24-27; **3.** वा.रा. 3.58.20

जा सकता है तथापि राम उन पर इस प्रकार के आरोप लगाते ही रहे। वस्तुतः राम क्षात्रधर्म के इतने जबरदस्त समर्थक थे कि अन्य आचार-मर्यादाओं को उन्होंने कोई महत्त्व नहीं दिया। सीता के प्रति उनका व्यवहार भी इसी तथ्य को प्रमाणित करता है। भरत पर उनको यह सन्देह भी बराबर बना रहा कि वह कौसल्या और सुमित्रा के साथ कैकेयी के समान ही सद्व्यवहार नहीं करेंगे। सुमन्त्र के द्वारा उन्होंने भरत से कहलाया था कि महाराज के प्रति जैसा तुम्हारा बर्ताव है वैसा ही समान रूप से सभी माताओं के प्रति भी होना चाहिए। तुम्हारी दृष्टि में कैकेयी का जो स्थान है, वही सुमित्रा और मेरी माता कौसल्या का भी होना उचित है। इन सबमें कोई अन्तर न रखना।[1] राम के इन विचारों से प्रकट होता है कि वह भरत की सदाशयता के प्रति आश्वस्त नहीं रहे।

राम की नारी के प्रति व्यवहार-विषयक आस्थाओं की समीक्षा आगे की गयी है। यहाँ यह कहना आवश्यक है कि सीता के प्रति राम ने जिस प्रकार अनुदारता बरती और विभिन्न अवसरों पर उन्होंने जो विचार व्यक्त किये उनसे यही प्रकट होता है कि राम के मतानुसार व्यक्ति के जीवन में पत्नी का कोई विशेष स्थान नहीं। एक पत्नीव्रत का निर्वाह करते हुए भी उनके मन में सीता के प्रति सम्मानजनक भावना का अभाव ही दिखाई देता है। इन्द्रजित के बाणों से घायल होकर जब राम और लक्ष्मण दोनों अचेत हो गये थे और पहले राम की चेतना लौटी तब उन्होंने लक्ष्मण के लिए शोक-सन्तप्त होकर कहा था कि संसार में सीता के समान और भी नारियाँ मिल सकती हैं किन्तु लक्ष्मण के समान भाई मिलना सम्भव नहीं।[2] तात्पर्य यह कि सीता को वह एक सामान्य नारी के रूप में ही मानते रहे। सीता के प्रकरण में यह लिखा ही जा चुका है कि राम ने स्वयं यह स्वीकार किया कि उन्होंने युद्ध और लंका-विजय का परिश्रम सीता के उद्धार के लिए नहीं वरन् अपने यश की रक्षा के लिए ही किया था। सीता की अग्नि-परीक्षा, परित्याग और अन्त में भूमि-प्रवेश के लिए विवश किये जाने के प्रकरण भी यह सिद्ध करते हैं कि राम अपने यश की रक्षा के लिए सीता को पूरी निर्ममता के साथ दुःखों की भट्ठी में धकेलते रहे। गर्भवती पत्नी को निर्जन वन में निष्कासित करने के लिए वे सहज ही तैयार हो गये किन्तु जरा से लोकापवाद को सहन करने में उनको अपनी सारी प्रतिष्ठा ढहती हुई दिखाई देती थी। राम के यश की रक्षा करने के लिए ही सीता ने कल्पनातीत कष्टों को सहन किया और अपने प्राणों की भी बलि दे दी किन्तु राम उनके चरित्र पर सन्देह करते ही रहे। पूरे जीवन में राम ने पत्नी के प्रति पुरुष के कर्तव्यों का कहीं कोई संकेत नहीं किया बल्कि उनके अनुसार पत्नी ही पति के प्रति उत्तरदायी होती है और पति को पत्नी के जीवन के साथ कैसा भी खिलवाड़

---

1. वा.रा. 2.52.34-35; **2.** वा.रा. 6.49.6

करने का पूरा अधिकार होता है। अपनी मान्यता को स्पष्ट करते हुए उन्होंने चित्रकूट में भरत से कहा भी था कि लोगों का अपनी स्त्रियों और पुत्रों पर सदा पूर्ण अधिकार होता है और वे उनको चाहे जैसी आज्ञा दे सकते हैं।[1] तात्पर्य यह कि राम पुत्रों और नारियों को किसी भी प्रकार का अधिकार देने का समर्थन नहीं करते। स्वजनों के सम्बन्ध में राम इतना अवश्य मानते हैं कि छोटा भाई, गुणवान् शिष्य और पुत्र समान होते हैं[2] और आपत्ति में भी पुत्र को अपने पिता की अथवा भाई को अपने भाई की हत्या नहीं करनी चाहिए।[3]

समाज में पुरुष की महत्ता को राम इस सीमा तक स्वीकार करते हैं कि नारी को कुछ भी अधिकार दिये जाने का उन्होंने कहीं भी समर्थन नहीं किया और पति-सेवा में ही नारी-जीवन की पूर्णता मानते रहे। यद्यपि उन्होंने नारियों के लिए व्रत-उपवास, अग्निहोत्र आदि की व्यवस्था को भी स्वीकार किया है किन्तु पति को देवाधिदेव मानकर उनके हित-चिन्तन से आगे सोचने-विचारने तक का उसे अधिकारी नहीं माना। पति के अतिरिक्त सास-ससुर तथा परिवार के अन्य छोटे-बड़े सभी सदस्यों की सेवा करते रहना ही राम के अनुसार नारी का धर्म है। सीता को अयोध्या में ही रहने का निर्देश देते समय उन्होंने उनके कर्तव्यों के विषय में समझाते हुए कहा था कि मेरे वन को चले जाने पर तुम्हें व्रत और उपवास में ही संलग्न रहना चाहिए। प्रतिदिन प्रातःकाल उठकर देवताओं की विधिपूर्वक पूजा करके तुम्हें मेरे पिता दशरथ की वन्दना करनी चाहिए। कौसल्या बूढ़ी हैं और दुःख सन्ताप ने उनको दुर्बल कर दिया है अतः धर्म के अनुसार तुमसे वह विशेष सम्मान पाने की अधिकारिणी हैं। मेरी अन्य माताओं को भी तुम्हें प्रतिदिन प्रणाम करना चाहिए। भरत और शत्रुघ्न को भी तुम्हें अपने भाई और पुत्र के समान ही समझना चाहिए।[4] सुमन्त्र के द्वारा उन्होंने कौसल्या को भी सदैव धर्म-कार्य में संलग्न रहकर अग्निहोत्र आदि करते रहने का सन्देश भेजा था।[5]

राम के अनुसार व्रत, उपवास, अग्निहोत्र, देवपूजा नारी-धर्म की आनुषंगिक व्यवस्थाएँ हैं। नारी के लिए पति-सेवा ही सनातन धर्म है। कौसल्या ने जब राम के साथ ही वन जाने का आग्रह किया था तब उन्होंने नारी-धर्म की व्यवस्था समझाते हुए कहा था कि पति की सेवा करते रहना ही नारी का सनातन धर्म है। अतएव जब तक दशरथ जीवित हैं तुमको उनकी ही सेवा करते रहना चाहिए। स्त्री के जीवन में उसका पति ही उसके लिए देवता और ईश्वर के समान होता है। व्रत-उपवास में तत्पर रहकर भी जो स्त्री पति की सेवा नहीं करती उसे पापियों को मिलनेवाली गति की प्राप्ति होती है। जो स्त्री अन्यान्य देवताओं की वन्दना और पूजा से दूर

---

1. वा.रा. 2.101.18; **2.** वा.रा. 4.18.14; **3.** वा.रा. 2.97.16; **4.** वा.रा. 2.26.29-33; **5.** वा.रा. 2.58.18

रहती है वह भी केवल पति की सेवा से ही स्वर्गलोक की अधिकारिणी होती है। अतः नारी का कर्तव्य है कि वह पति के प्रिय एवं हित-साधन में तत्पर रहकर सदा उसकी सेवा करती रहे। यही स्त्री का लोक और वेदसम्मत्त नित्य धर्म है। श्रुतियों और स्मृतियों में धर्म की यही व्यवस्था दी गयी है।[1]

रामायणकाल में पुरुषों के लिए स्त्रियों को निस्संकोच भाव से देखना आचार व्यवस्था के प्रतिकूल ही माना जाता था। ऐसा प्रतीत होता है कि नारियों का भी पुरुष समाज में खुलकर आना अच्छा नहीं समझा जाता था। वे आवरण में ही समाज के बीच में आ सकती थीं। वस्त्रों में लिपटी हुई, घर की चहारदीवारी के भीतर रहना ही नारी-जीवन की सीमा मान ली गयी थी। राम की यह भी मान्यता थी कि नारी का सर्वश्रेष्ठ आवरण उसे पति से प्राप्त सम्मान और उसका सदाचार ही हो सकता है। विभीषण वस्त्राभूषणों से अलंकृता सीता को जब राम के सामने लाये थे और ऋक्षों, वानरों तथा राक्षसों की भीड़ उन्हें देखने के लिए इकट्ठी हो गयी थी तब विभीषण ने उस भीड़ को दूर हटाने का प्रयास किया था ताकि सीता सहज रूप में आ सकें। इस अवस्था में राम ने विभीषण को रोकते हुए कहा था कि घर, वस्त्र और चहारदीवारी आदि स्त्री के लिए आवरण नहीं हुआ करते। पति से प्राप्त सत्कार और सदाचार ही नारी का वास्तविक आवरण होता है।[2]

लंका-विजय के पश्चात् राम ने सीता को अपनाने की बजाय कहीं भी अन्यत्र चले जाने के लिए उनको स्वतन्त्र छोड़ दिया था। उन्होंने उनको ग्रहण करने से स्पष्ट शब्दों में इनकार करते हुए कहा था कि कौन ऐसा कुलीन पुरुष होगा जो दूसरे घर में रही हुई स्त्री को मन से भी ग्रहण कर सकेगा। रावण तुमको गोद में उठाकर ले गया और तुम पर अपनी दूषित दृष्टि डाल चुका है। ऐसी दशा में मैं तुमको किस प्रकार ग्रहण कर सकता हूँ।[3] राम के ये शब्द उनके द्वारा सीता-परित्याग के ही व्यंजक हैं। अग्नि-परीक्षा के बाद ही उन्होंने सीता को अपनाना स्वीकार किया था। इसके पश्चात् भी जरा से लोकापवाद को सुनकर उन्होंने सीता का परित्याग कर दिया। ये प्रसंग राम की इसी मान्यता को प्रमाणित करते हैं कि वह पुरुष को पत्नी-परित्याग का अधिकार देने के समर्थक रहे हैं। इसके विपरीत नारी द्वारा पति-परित्याग को वह एक निन्दनीय क्रूर कर्म मानते रहे। कौसल्या ने जब दशरथ को छोड़कर राम के साथ वन जाने का विचार व्यक्त किया था तो राम ने कहा था कि पति का परित्याग नारी के लिए बड़ा ही क्रूरतापूर्ण और निन्दनीय कर्म है। तुमको मन से भी ऐसा विचार नहीं करना चाहिए। दशरथ जब तक जीवित हैं तब तक उन्हीं की सेवा करो। पति-सेवा ही नारी के लिए सनातन धर्म है।[4] तात्पर्य यह कि नारी को

---

1. वा.रा. 2.24.13; 21.25-28; **2.** वा.रा. 6.114.27; **3.** वा.रा. 6.115.19-20; **4.** वा.रा. 2.24.12-13

किसी भी दशा में पति-परित्याग का अधिकार देने का राम समर्थन नहीं करते और जीवन भर पति, सास-ससुर तथा अन्य स्वजनों की सेवा करते रहना ही वे नारी का सनातन धर्म मानते थे।

राम की दृष्टि में नारी सदैव रक्षणीया है। यद्यपि उन्होंने स्मार्त ऋषियों की भाँति स्पष्ट रूप से 'पिता रक्षति कौमारे' जैसी बात नहीं कही किन्तु गंगा पार करने के बाद लक्ष्मण से सीता की सावधानीपूर्वक रक्षा करने का उन्होंने संकेत किया था।[1] सामान्यतया वे नारी के प्रति सदैव उदारतापूर्ण व्यवहार के समर्थक थे। शत्रुघ्न ने जब मन्थरा को बुरी तरह घसीटा था तब भरत ने राम के भय से ही उनको रोकते हुए कहा था कि यदि मुझे यह भय न होता कि राम मुझको मातृघाती समझकर मुझसे घृणा करने लगेंगे तो मैं दुष्टा कैकेयी को मार डालता। यदि राम को मन्थरा के घसीटे जाने का समाचार मिल गया तो निश्चय ही वे हमसे बोलना भी छोड़ देंगे।[2] नारी-वध को राम सदैव आचार-धर्म के प्रतिकूल ही मानते थे। जिन परिस्थितियों में उन्होंने ताटका का वध किया था उसका उल्लेख ऊपर किया जा चुका है। शूर्पणखा ने रावण को राम का परिचय देते हुए कहा था कि राम ने स्त्री की हत्या हो जाने के भय से ही मुझे केवल अपमानित करके छोड़ दिया है अन्यथा उन्होंने सहज ही खरदूषण सहित चौदह हजार राक्षसों का वध कर डाला है।[3] राम के मतानुसार नारी के क्रोधयुक्त वचनों को सुनकर भी पुरुष के लिए आचार-मर्यादा का परित्याग उचित नहीं। मारीच-वध के अवसर पर सीता के कठोर वचनों को लक्ष्मण सहन नहीं कर सके थे। उन पर यद्यपि सीता की रक्षा का पूरा दायित्व था किन्तु सीता के कटु वाक्यों से उत्तेजित होकर वे उनको अकेली छोड़कर राम के पास चले गये थे। लक्ष्मण का यह व्यवहार राम को अच्छा नहीं लगा था और उन्होंने कहा था कि तुम क्रोध में भरी हुई नारी के कठोर वचनों को सुनकर, सीता को छोड़कर चले आये, यह मुझे अच्छा नहीं लगा।[4] राम के यह विचार उनकी दृष्टि से एक ओर नारी को रक्षणीया सिद्ध करते हैं और दूसरे यह भी संकेत करते हैं कि नारी के किसी व्यवहार से रुष्ट होकर पुरुष को विहित आचार का परित्याग करना उचित नहीं होता। असहाय अबलाओं पर शूरता दिखाने और परस्त्री-हरण को भी राम कापुरुषों का काम मानते थे। युद्ध-स्थल में रावण को फटकारते हुए उन्होंने कहा था कि असहाय स्त्रियों पर वीरता दिखाकर और परस्त्री का अपहरण जैसे कापुरुषोचित कर्म करके तुम अपने को शूरवीर मानते हो! धर्म की मर्यादा भंग करके तुमने मृत्यु को निमन्त्रण दिया है।[5]

यद्यपि सीता को सन्देह था कि वनवास की अवधि पूरी कर अयोध्या लौटने

---

1. वा.रा. 2.52.95; **2.** वा.रा. 2.78.22-23; **3.** वा.रा. 3.34.12; **4.** वा.रा. 3.59.23
5. वा.रा. 6.103.13-14

पर राम अनेक सुन्दरी स्त्रियों से विवाह कर लेंगे किन्तु राम ने कभी किसी परस्त्री की ओर कलुषपूर्ण दृष्टि से देखा तक नहीं। सभी नारियों के प्रति मातृवत् व्यवहार को वे मानव-आचार का एक महत्त्वपूर्ण अंग मानते रहे। परस्त्री की ओर देखना भी उनके विचार से आचार-मर्यादा का उल्लंघन है। लंका-विजय के पश्चात् जब सीता को उनके सामने लाया गया और विभीषण तथा अन्य सेवकों ने उपस्थित समुदाय को वहाँ से दूर हटाने का प्रयास किया था तब राम ने स्त्रियों को देखने के सम्बन्ध में अपनी मान्यता प्रकट करते हुए कहा था कि विपत्तिकाल में, पीड़ा के अवसरों पर, युद्ध में, स्वयंवर में, यज्ञ में अथवा विवाह के समय स्त्रियों को देखने में कोई दोष नहीं होता। सीता इस समय कष्ट में है इसलिए इनको देखने में कोई दोष नहीं।[1] स्त्रियों को देखने के विषय में राम का अपना सिद्धान्त रहा है जिसे स्मार्त आचार के रूप में ही माना जा सकता है। इस आचार-मर्यादा को मानते हुए भी राम ने सभी स्त्रियों को मातृवत् ही स्वीकार किया। वनगमन के समय अन्तःपुर की नारियों ने उनके विषय में यही कहा था कि राम जन्म से ही कौसल्या के प्रति जैसा व्यवहार करते रहे हैं वैसा ही दूसरी स्त्रियों के साथ किया करते थे।[2] सीता ने भी अनसूया से राम के विषय में बतलाते हुए कहा था कि राम कौसल्या के साथ जैसा बर्ताव करते हैं वैसा ही दशरथ की अन्य रानियों के साथ भी करते हैं। यदि दशरथ ने किसी स्त्री की ओर प्रेम-दृष्टि से एक बार देख भी लिया हो तो उस स्त्री के प्रति भी राम माता के समान ही व्यवहार करने लगते हैं।[3] कन्या, बहन, पुत्र-वधू और छोटे भाई की पत्नी को समान रूप से समादरणीया मान कर इनके प्रति कामी की भाँति व्यवहार को वे एक जघन्य अपराध ही मानते थे और इसी कारण उन्होंने वाली का वध कर डाला था।[4]

मनु आदि स्मृतिकारों ने नारी को रक्षणीया मानते हुए उसके स्वाभाविक गुण-दोषों का विवेचन कर पुरुषों को इस बात के प्रति सावधान किया है कि कुल और परिवार की भलाई के लिए नारियों को सदैव सन्तुष्ट रखने के प्रयास किये जाने चाहिए। इसके लिए मनु ने अनेक उपायों के प्रति भी संकेत किया है। राम स्मृतिकारों की उसी आचार-मर्यादा को स्वीकार करते हैं। स्मृतिकारों की भाँति वे यह भी मानते हैं कि न तो स्त्रियों पर कभी विश्वास करना चाहिए और न उन्हें कोई गोपनीय बात बतलायी जानी चाहिए। चित्रकूट में भरत से अनेक प्रश्न करते हुए उन्होंने यह भी पूछा था कि क्या तुम अपनी स्त्रियों को सन्तुष्ट रखते हो और क्या वे तुम्हारे द्वारा भली-भाँति सुरक्षित हैं ? इसके साथ ही उन्होंने भरत से पूछा था कि तुम स्त्रियों पर विश्वास करके उनको गुप्त बातें तो नहीं बतला देते ?[5] राम के अनुसार, स्त्रियों पर विश्वास करना खतरे से खाली नहीं।

---

1. वा.रा. 6.114.28-29; **2.** वा.रा. 2.20.3; **3.** वा.रा. 2.118.5-6; **4.** वा.रा. 4.18.19.23; **5.** वा.रा. 2.100.49

यद्यपि राम ने सनातन धर्म की अनेक स्थलों पर व्याख्या की है और उसे श्रेयस्कर भी कहा है किन्तु यह कहना अधिक संगत होगा कि क्षात्रधर्म का ही उन्होंने अनुसरण किया था। कौसल्या, सीता, लक्ष्मण, भरत तथा अन्य चरित्र नायकों को वे सदैव स्मार्त धर्म का ही उपदेश देते रहे थे किन्तु उनके मस्तिष्क में स्वयं के विषय में लगातार यह बात बनी ही रही थी कि वह एक राजकुमार और अयोध्या के राजा हैं। राज्य से वंचित होकर वनवास की अवधि में भी उनको यह बात कभी भूली नहीं और उन्होंने राजोचित धर्म का ही निर्वाह किया। राजा के रूप में इस बात पर भी उनकी दृष्टि लगातार बनी ही रही थी कि समाज के शेष वर्गों और व्यक्तियों को धर्म और आचार-मर्यादा पर स्थिर बनाये रखने का पूरा दायित्व राजा पर होता है। खर, दूषण, वाली, रावण आदि पर उन्होंने विजय प्राप्त की थी तथा सुग्रीव और विभीषण उन्हीं की कृपा से राजा बने थे अतएव इन सबको वह अपनी प्रजा का अंग ही मानते रहे थे। भरत को अवश्य ही उनकी कृपा के बिना राज्य प्राप्त हुआ था और वे कम-से-कम चौदह वर्ष तक उनको अपने अधीन भी नहीं कर सकते थे अतएव भरत के प्रति उनका व्यवहार सर्वथा अलग रहा था। वनवास की अवधि में वह वानप्रस्थ आश्रम धर्म का निर्वाह कर सकते थे किन्तु जैसा अन्यत्र संकेत किया जा चुका है, इस अवधि में जटाजूट और वल्कल वस्त्र धारण करके भी उन्होंने शूरवीर क्षत्रियों के समान आचरण किया। यह बात निषादराज गुह के वाक्यों से प्रमाणित भी हो जाती है। भरत को राम के विषय में बतलाते हुए उसने कहा था कि मैंने राम के स्वागतार्थ अनेक प्रकार के खाद्य पदार्थ और फल उनके सामने प्रस्तुत किये थे किन्तु राम ने क्षत्रिय धर्म का स्मरण करते हुए उनको स्वीकार नहीं किया।[1]

बाल्यावस्था से ही धनुष-बाण और तलवार राम के जीवन के अभिन्न अंग रहे हैं। जब वह विश्वामित्र के साथ गये थे तब उनके हाथों में धनुष-बाण थे, कमर में तलवार लटक रही थी और हाथों में गोध के चमड़े के दस्ताने थे।[2] विशाला जनपद का राजा सुमति उनके इस वीर वेष को देखकर स्तम्भित रह गया था। वनवास की अवधि में भी उन्होंने वानप्रस्थ का जीवन बिताने के स्थान पर धनुर्धर क्षत्रिय का जीवन ही व्यतीत किया था। महर्षि अगस्त्य ने अपने दिव्य धनुष, बाण, तूणीर और तलवार भेंट कर उनको और भी अधिक शस्त्रसम्पन्न बना दिया था। इस प्रकार राम धर्मचारी के स्थान पर शस्त्रधारी के रूप में ही दिखाई देते हैं। उनके इसी आचार-व्यवहार का स्मरण कर मन्थरा ने कैकेयी से कहा था कि राम क्षत्रियों के आचार के विशेषज्ञ हैं तथा अवसर के अनुसार ही कार्य करते हैं। अतः तुम्हारे पुत्र के प्रति उनके व्यवहार की कल्पना से भी मैं काँप जाती हूँ।[3]

यद्यपि राम को मांसभोजी कहना कठिन है किन्तु उनके इस आचरण की ओर

---

1. वा.रा. 2.50.43; **2.** 87.16; **2.** वा.रा. 1.22.9; **3.** वा.रा. 2.88

से आँखें फेर लेना भी उचित नहीं। अन्य क्षत्रिय राजकुमारों की भाँति राम को भी शिकार खेलने का शौक रहा था। सरयू के तट पर शिकार खेलने में उनको बहुत आनन्द आता था। वनवास के लिए अयोध्या से दूर गोमती और स्यन्दिका नदियों को पार करते समय उनका मन इस कल्पना से दुःखी हो गया था कि अब उनको सरयू-तट पर शिकार खेलने का अवसर सुलभ नहीं रहेगा। उन्होंने सुमन्त्र से कहा था कि मैं कब लौटकर माता-पिता से मिलूँगा और कब मृगया के लिए सरयू के तट पर भ्रमण करूँगा ? सरयू के तट पर शिकार खेलना मुझे बहुत रुचिकर प्रतीत होता है। लोक में राजर्षियों द्वारा सम्मत यह एक अनुपम क्रीड़ा है। इस लोक में वन में जाकर शिकार खेलना राजर्षियों की क्रीड़ा के लिए प्रचलित हुआ था। अन्य धनुर्धर मनुष्यों के लिए भी यह क्रीड़ा अभीष्ट है।[1] भरद्वाज के आश्रम से चित्रकूट तक का मार्ग भी उन्होंने शिकार खेलते हुए ही तय किया था।[2] यहाँ उन प्रसंगों को उद्धृत करने की कोई आवश्यकता नहीं जिनके अनुसार मारीच-वध के समय सीता उनकी अनेक पशुओं के मांस के साथ लौटने की प्रतीक्षा करती रही थीं अथवा जटायु की अन्त्येष्टि के समय अनेक पशुपक्षियों को मारकर उनका मांस प्रेतान्न के रूप में बिखेर दिया गया था। मृग-मारीच का वध करने के लिए चलने से पहले भी उन्होंने लक्ष्मण से मृगया के विषय में कहा था कि राजा लोग बड़े-बड़े वनों में मृगया खेलते समय मांस के लिए और शिकार का शौक पूरा करने के लिए भी धनुष हाथ में लेकर मृगों का वध करते हैं।[3] इसका तात्पर्य यही कि शिकार खेलने को राम राजधर्म का एक अंग ही मानते थे।

मनु आदि स्मृतिकार राजा को जिस रूप में महनीय देवोपम और अलंघ्य मानते हैं राम भी प्रायः उसी का समर्थन करते हैं। समुद्र के प्रति रोष प्रकट करने के अवसर पर राम ने लक्ष्मण से अपने विचार व्यक्त करते हुए कहा ही था कि साम नीति (शान्ति) के द्वारा इस लोक में न तो कीर्ति प्राप्त की जा सकती है और न यश का प्रसार ही सम्भव होता है।[4] राम के इस वाक्य से दो बातें स्पष्ट होती हैं। प्रथमतः वे बड़े ही यशःकामी थे और दूसरे दण्डशक्ति को ही सिद्धि का एक मात्र उपाय मानते थे। राम की यशःकामना प्रायः सभी प्रसंगों से प्रकट होती है और वे अपने यश की रक्षा के लिए ही सीता जैसी साध्वी को भी दुःखों की भट्ठी में झोंकते रहे थे। धर्म की स्थापना के लिए राजा और राजदण्ड ही राम के मतानुसार एकमात्र माध्यम है। वनगमन के विषय में दशरथ की आज्ञा को उन्होंने केवल पिता की आज्ञा मानकर ही स्वीकार नहीं किया था वरन् उन्हें यह भी ध्यान रहा था कि वह एक राजाज्ञा थी। उन्होंने कौसल्या से कहा था कि पिता की आज्ञा का पालन करना मेरा

---

1. वा.रा. 2.49.15-17; **2.** वा.रा. 2.55.32; **3.** वा.रा. 3.43.31; **4.** वा.रा. 6.21.16

और तुम्हारा दोनों का कर्तव्य है क्योंकि राजा सब लोगों का स्वामी, गुरु, श्रेष्ठ, ईश्वर और प्रभु होता है।[1]

सीता को भरत की आज्ञा-पालन करते रहने की राम ने पूरी सावधानी से शिक्षा दी थी। इस सन्दर्भ में व्यक्त राम के विचारों से यह आभास ही नहीं होता कि उन्होंने सीता को इस प्रकार का उपदेश परिवार के वरिष्ठ सदस्य के प्रति आचार-मर्यादा को ध्यान में रखकर दिया था वरन् भरत का राजा का रूप ही उनके मस्तिष्क में रहा और राजा के प्रति कर्तव्यों की ओर ही उन्होंने सीता का ध्यान आकृष्ट किया था। राजा के शील-स्वभाव के विषय में बतलाते हुए सीता से उन्होंने कहा था कि राजा लोग अनुकूल आचरण के द्वारा प्रयत्नपूर्वक सेवा करने पर ही प्रसन्न होते हैं तथा विपरीत बर्ताव करने पर वे कुपित हो जाते हैं। राजा अहित करनेवाले अपने औरस पुत्र को भी त्याग देते हैं और आत्मीय न होने पर सामर्थ्यवान् व्यक्तियों को अपना बना लेते हैं। अतएव तुमको भरत के अनुकूल बर्ताव करते हुए अयोध्या में रहना चाहिए।[2] राम के जीवन से भी यह सिद्ध होता है कि उन्होंने राजा के इसी शील-स्वभाव को अपनाया था और इसी कारण सीता को परित्याग का दण्ड भोगना पड़ा तथा सुग्रीव और विभीषण जैसे व्यक्ति उनके मित्र बन गये थे। राम की यह भी मान्यता थी कि राजा को ब्राह्मणों की भाँति आसनबन्ध होकर नहीं बल्कि दण्डहस्त होकर ही अपना काम करना चाहिए। भरत उनको अयोध्या लौटने का अनुरोध करते हुए जब कुशासन बिछाकर बैठ गये थे तब राम ने कहा था कि राजतिलक ग्रहण करनेवाले क्षत्रियों के लिए ब्राह्मणों के समान इस प्रकार के आचरण का कोई विधान नहीं है।[3]

राजधर्म के विषय में पूरे विस्तार के साथ राम ने अपने विचार व्यक्त किये हैं। राजा के रूप में गो-ब्राह्मण और पूरे देश के हितों पर उनका ध्यान सदैव केन्द्रित रहा। ताटका-वध के अवसर पर उन्होंने विश्वामित्र से कहा था कि गौ, ब्राह्मण और देश का हित करने के लिए मैं आपकी आज्ञा का पालन करने के लिए सब प्रकार से तैयार हूँ।[4] पुरवासियों को दुःखी देखना भी उन्हें सह्य नहीं था। तमसा के तट पर उनको लौटा ले जाने के लिए आग्रहशील पुरवासियों को वृक्षों की जड़ों से सटकर सोते हुए देखकर उन्होंने लक्ष्मण से कहा था कि लोगों को दुःख से मुक्त करना ही राजकुमारों का कर्तव्य है।[5] दो सन्दर्भ ऐसे भी रामायण में प्राप्त होते हैं; जिनके आधार पर राम के राजधर्म का उद्देश्य अत्यन्त सीमित दिखाई देता है। सुमन्त्र को अयोध्या के लिए लौटाते समय राम ने उनसे कहा था कि उन्हें अयोध्या लौटकर ऐसे प्रयास करने चाहिए जिनसे दशरथ को किसी प्रकार का कष्ट न हो। इसी सन्दर्भ

---

1. वा.रा. 2.24.16,21; **2.** वा.रा. 2.26.34-37; **3.** वा.रा. 2.111.17; **4.** वा.रा. 1.26.5; **5.** वा.रा. 2.46.23

में राम ने कहा था कि राजा लोग इसीलिए राज्य का पालन करते हैं कि किसी भी कार्य में उनकी इच्छापूर्ति में विघ्न न डाला जाय।[1] इसी प्रकार चित्रकूट में जब लक्ष्मण भरत का वध कर डालने के लिए तैयार हो गये थे तब राम ने उनको रोकते हुए कहा था कि मैं भाइयों के संग्रह और सुख के लिए ही राज्य की इच्छा करता हूँ। यदि भरत, शत्रुघ्न और तुमको छोड़कर मुझे कोई सुख मिलता हो तो अग्निदेव मुझको जलाकर भस्म कर डालें।[2] इस अवसर पर निश्चय ही राम ने बन्धु-बान्धवों और मित्रों के हित की कामना भी की है और अधर्म से राज्य-प्राप्ति का विरोध किया किन्तु उनके विचारों में व्यापक लोकहित की कामना स्पष्ट नहीं हो सकी।

राजा के कर्तव्य के विषय में राम के विचार पूर्णतया स्पष्ट हैं। उन्होंने राजा की दण्डशक्ति का सर्वत्र समर्थन किया है और ऐसा प्रतीत होता है मानो राम के अनुसार राजा को अपराधियों और प्रतिपक्षियों के प्रति किंचित् भी दया अथवा उदारतापूर्ण व्यवहार नहीं करना चाहिए। उन्होंने कभी किसी को क्षमा नहीं किया और न क्षमादान का समर्थन ही किया। उनकी दृष्टि में जो भी व्यक्ति अपराधी रहा उसे अपने प्राणों से ही हाथ धोना पड़ा। वाली से उन्होंने कहा था कि जो व्यक्ति लोकाचार से भ्रष्ट होकर लोक विरुद्ध आचरण करता है उसे रोकने के लिए मैं दण्ड के अतिरिक्त कोई दूसरा उपाय नहीं देखता। क्षत्रिय-कुल में उत्पन्न होकर भी मैं तुम्हारे पापों को क्षमा नहीं कर सकता।[3] राजधर्म के विषय में राम मनु को ही प्रमाण मानते थे। वाली के प्रश्नों का उत्तर देते समय उन्होंने मनु के सिद्धान्तों का प्रमाण देते हुए कहा था कि यदि राजा पापी को उचित दण्ड नहीं देता है तो उसे स्वयं उसके पाप का फल भोगना पड़ता है। दण्ड देने में प्रमाद करने से राजा को दूसरों के किये हुए पापों का परिणाम भोगना पड़ता है और जब वे प्रायश्चित्त करते हैं तभी उनका दोष दूर होता है।[4] जो दण्डनीय पुरुष को दण्ड देता है वह व्यक्ति दण्ड देकर और दण्डनीय पुरुष दण्ड भोग कर ही कृतार्थ होते हैं।[5] लंका में पहुँचकर जब राम ने अंगद को रावण के पास सन्देश लेकर भेजा था तब भी उन्होंने रावण से कहलाया था कि मैं अपराधियों को दण्ड देनेवाला शासक हूँ। तुमने मेरी पत्नी का अपहरण किया है उस अपराध का दण्ड देने के लिए ही मैं लंका के द्वार पर आकर खड़ा हूँ।[6] राम के द्वारा किसी को भी क्षमादान का एक भी प्रमाण प्रस्तुत नहीं किया जा सकता। उनके इसी उग्र रूप को देखकर वालि-वध के समय वानरों ने तारा से कहा था कि राम का रूप धारण करके स्वयं यमराज आ पहुँचा है और वाली को मारकर अपने साथ लिये जा रहा है।[7] तारा ने भी इन्हीं शब्दों को दुहराते हुए कहा

---

1. वा.रा. 2.52.25; **2.** वा.रा. 2.97.6,8; **3.** वा.रा. 4.18.21-22; **4.** वा.रा. 4.18.32-34; **5.** वा.रा. 4.18.61; **6.** वा.रा. 6.41.64; **7.** वा.रा. 4.19.11

था कि राम के रूप में काल तुमको खींचकर लिये जा रहा है।[1] ये सभी प्रसंग राम के क्षमारहित होकर दण्ड देने के आचार को ही प्रमाणित करते हैं।

सुग्रीव आदि सेनानायकों के विरोध के बावजूद राम ने शरणागत को अभयदान का जबरदस्त समर्थन किया है। इस सम्बन्ध में वे महर्षि कण्व और उनके पुत्र कण्डु द्वारा दी गयी आचार-व्यवस्थाओं के अनुयायी रहे। विभीषण जब रावण से लड़-झगड़कर राम की शरण में आया था तब सुग्रीव ने उसे शरण दिये जाने का जबरदस्त विरोध किया था। उन्होंने उसे कैद कर मरवा डालने का प्रस्ताव किया था। राम ने सुग्रीव के प्रस्ताव को अस्वीकार करते हुए कण्डु की व्यवस्थाओं का प्रमाण देते हुए कहा था कि यदि शत्रु भी शरण में आये और दीन भाव से हाथ जोड़कर दया की याचना करे तो उस पर प्रहार नहीं करना चाहिए। शत्रु दुःखी हो या अभिमानी हो यदि वह शरण में आये तो सत्पुरुष को अपने प्राणों की परवाह न करके भी उसकी रक्षा करनी चाहिए। यदि वह भय, मोह अथवा किसी अन्य कारण से न्यायानुसार यथाशक्ति उसकी रक्षा नहीं करता तो उसके उस पापकर्म की लोक में बड़ी निन्दा होती है। यदि शरणागत पुरुष संरक्षण न पाकर रक्षक के देखते-देखते नष्ट हो जाय तो वह उसके सभी पुण्यों को अपने साथ ले जाता है। शरणागत का त्याग स्वर्ग और सुयश की प्राप्ति को मिटा देता और बल-वीर्य का नाश कर देता है। इस प्रकार के विचारों को व्यक्त कर राम ने सुग्रीव से कह दिया था कि मैं महर्षि कण्डु के वचनों का ही पालन करूँगा। शरणागत को अभय देना उनका व्रत रहा है और इसी का पालन करते हुए उन्होंने विभीषण को अभयदान देकर अपना लिया था।[2] यद्यपि इसके पहले राम ने यह विश्वास भी प्रकट किया था कि विभीषण उनका कुछ भी अहित नहीं कर सकता और संसार के सभी राक्षसों, पिशाचों, दानवों को मारने की उनमें सामर्थ्य भी थी तथापि महर्षि कण्डु की व्यवस्थाओं के प्रति उन्होंने जो निष्ठा प्रकट की है उससे शरणागत को अभय देने के उनके आचार के प्रति सन्देह नहीं किया जा सकता।

राम के क्रोध के विषय में पहले ही लिखा जा चुका है। सिद्धान्त रूप से वे यह मानते थे कि किसी एक व्यक्ति के अपराध के कारण पूरी जाति को दण्ड देना अनुचित है। इन्द्रजित ने अपने पराक्रम से जब युद्धभूमि को वानरों और सेनानायकों की लाशों से पाट दिया था तब लक्ष्मण ने क्रोधपूर्वक समस्त राक्षसों के संहार के लिए ब्रह्मास्त्र प्रयोग करने का विचार किया था। राम ने लक्ष्मण को रोकते हुए कहा था कि एक के कारण पृथ्वी के समस्त राक्षसों का वध करना उचित नहीं।[3] राम का यह सिद्धान्त उनके क्रिया-व्यापार में पूरी तरह चरितार्थ हुआ दिखाई नहीं देता। यह पहले ही लिखा जा चुका है कि पर्वत और समुद्र के प्रति रोष प्रकट करते हुए

---

1. वा.रा. 4.25.43; **2.** वा.रा. 6.18.26-34; **3.** वा.रा. 6.80.38

उन्होंने समस्त वनचरों और जलचरों को भी मार डालने के लिए धनुष हाथ में उठाया था। रावण के विषय में जिज्ञासा प्रकट करते समय उन्होंने साफ कहा था कि केवल रावण के अपराध के कारण ही मैं समस्त राक्षसों का विनाश कर डालूँगा।[1]

राम की सेना के द्वारा रावण के दूत बेचारे शुक और शार्दूल के पीटे जाने की घटना भी विचित्र ही है। राम के समुद्र-तट पर पहुँचने पर शुक रावण की ओर से सुग्रीव को यह सन्देश देने आया था कि चूँकि रावण ने तुम्हारा कोई अहित नहीं किया है अतएव तुमको किष्किन्धापुरी लौट जाना चाहिए। सुग्रीव और उनके सहयोगी वानरों ने बेचारे शुक को पकड़कर उसकी पूरी दुर्दशा कर डाली थी। उसके सारे पंख नोच लिये गये थे और उसका शरीर खून से लथपथ हो गया था। वह करुणा भरे स्वर में चिल्लाता ही रहा कि दूत को पीटना धर्म-मर्यादा का उल्लंघन है किन्तु उसकी किसी ने परवाह नहीं की। राम दूत के इस तरह पीटे जाने को देखते रहे थे और उन्होंने वानरों को उसे छोड़ देने का निर्देश भी दिया था, फिर भी उसको तब तक बन्दी ही बनाये रखा गया जब तक उन्होंने समुद्र पर पुल का निर्माण कर, उसे पार कर लंका में पहुँचकर सेना को युद्ध के निमित्त यथास्थान नियुक्त नहीं कर दिया। यह सब काम पूरा हो जाने के बाद ही राम ने शुक को मुक्त किया था। इसी प्रकार शार्दूल को भी वानरों द्वारा बुरी प्रकार पीट दिया गया था। दूत को पीटकर वानरों ने धर्म-मर्यादा का जो उल्लंघन किया उसके प्रति राम ने किंचित् भी रोष प्रकट नहीं किया।

क्षात्रधर्म का अनुसरण करते हुए राम ने जिस प्रकार का व्यवहार किया उसका विवेचन करने के पहले उनके सिद्धान्तों की समीक्षा ही अधिक संगत होगी। राज्य की सुरक्षा को कठिन कार्य मानते हुए राजा को सदैव सावधान रहने की आवश्यकता पर राम ने बराबर बल दिया है। निषादराज गुह और सुग्रीव को उन्होंने सेना, कोष, दुर्ग और पूरे जनपद के विषय में निरन्तर सावधानी बरतने के लिए सचेत किया था।[2] अभिषेक के पश्चात् सुग्रीव विलास-क्रीड़ाओं में इस प्रकार रम गया था कि वह सीता की खोज के विषय में अपनी प्रतिज्ञा को भी भूल बैठा था। हनुमान द्वारा समझाये जाने पर और लक्ष्मण द्वारा क्रोध प्रकट करने पर ही उसे अपने कर्तव्य का स्मरण हुआ था। उसको निरन्तर तारा और रुमा के साथ क्रीड़ारत देखकर ही राम ने उससे कहा था कि श्रेष्ठ राजा को धर्म, अर्थ और काम के लिए समय का विभाग करके उचित समय पर ही उनका सेवन करना चाहिए। जो धर्म, अर्थ का परित्याग कर केवल काम का ही सेवन करता है वह राजा वृक्ष की शाखा के अग्र भाग पर सोये हुए मनुष्य के समान होता है जो गिर पड़ने के बाद ही होश में आता है। जो राजा शत्रुओं के वध और मित्रों के संग्रह में संलग्न रहकर उचित समय पर ही

---

1. वा.रा. 4.6.25; **2.** वा.रा. 2.52.72

धर्म, अर्थ और काम का सेवन करता है, उसी को धर्म-फल का लाभ मिलता है।[1] शत्रुओं से युद्ध करते समय राम इस बात के प्रति भी पूरी सावधानी बरतते थे कि शत्रुओं की कमजोरी की उनको पूरी जानकारी रहे और स्वयं उनकी कमजोरियाँ विपक्षियों के लिए सर्वथा अज्ञात ही रहें। लक्ष्मण जब रावण से युद्ध करने के लिए चले थे तब राम ने उनको समझाते हुए कहा था कि तीनों लोकों के लिए अजेय रावण को परास्त करने के लिए यह आवश्यक है कि तुम उसके छिद्रों को भली-भाँति देखना तथा अपने छिद्रों को भी देखते हुए सावधानीपूर्वक धनुष की सहायता से अपनी रक्षा करते रहना।[2] इसी सिद्धान्त का स्मरण करते हुए राम ने विभीषण को सबसे पहला निर्देश यही दिया था कि तुम मुझे राक्षसों की शक्ति और उनकी कमजोरियों का ठीक-ठीक परिचय दो। राम की बात सुनकर ही विभीषण ने राक्षसों की शक्ति के विषय में और उन पर विजय प्राप्त करने की तरकीबों के बारे में सब-कुछ उगल दिया था।[3]

शत्रुओं के छिद्रों के अध्ययन की विधि को भी राम भली-भाँति जानते थे। सुग्रीव ने जब विभीषण को शरण दिये जाने का विरोध किया था तो राम ने सुग्रीव की सलाह मानने से इनकार किया था। इसे यद्यपि राम की शरणागत को अभय दिये जाने की नीति का प्रमाण माना जाता है, किन्तु स्वयं राम के शब्दों में इसका वास्तविक रहस्य कुछ दूसरा ही रहा था। सुग्रीव के अनुसार, विभीषण अपने संकटग्रस्त भाई को छोड़कर चला आया था और इस प्रकार वह अपने स्वभाव के अनुसार राम को भी धोखा दे सकता था। सुग्रीव के विचारों से कोई भी व्यक्ति सहमत हो सकता है किन्तु राम की राजनीतिक सूझबूझ आश्चर्यजनक और अत्यन्त विलक्षण रही है। उन्होंने सुग्रीव से कहा था कि विभीषण को अपना लेने में मुझे अत्यन्त सूक्ष्म अर्थ दिखाई देता है। अपने आशय को स्पष्ट करते हुए उन्होंने आगे कहा था कि राजा के कुल में उत्पन्न भाई-बन्धु तथा पड़ोसी देशों के राजा ही उसके शत्रु होते हैं और यही लोग राजा के संकटग्रस्त होने पर उस पर आक्रमण कर बैठते हैं। राजा लोग प्रायः अपने कुल में उत्पन्न भाई-बन्धुओं को अपना हितैषी मानते हैं जबकि वास्तविकता यह है कि यही भाई-बन्धु सन्देहास्पद हुआ करते हैं। विभीषण से स्वयं उसके कुल—रावण को ही भय हो सकता है। यह राज्य-प्राप्ति का आकांक्षी भी है इसलिए इससे हम लोगों को भयभीत होने की आवश्यकता नहीं। विभीषण को अपना लेने से राक्षसों में फूट भी पड़ जाएगी जिसके कारण ये नष्ट हो जाएँगें।[4]

राजनीति के उपर्युक्त सूक्ष्म सिद्धान्तों के अनुसार ही राम ने विभीषण को शरण दी थी। उन्होंने रावण-वध के पश्चात् उसे लंका के राज्य पर अभिषिक्त करने का आश्वासन ही नहीं दिया बल्कि लक्ष्मण द्वारा समुद्र से जल मँगाकर उसका अभिषेक

---

1. वा.रा. 4.38.20-23; **2.** वा.रा. 6.59.50; **3.** वा.रा. 6.19.7; **4.** वा.रा. 6.18.9-14

भी कर दिया था।[1] विभीषण को शरण देने के पीछे राम की नीति का यही रहस्य रहा है।

राम के राजधर्म और व्यवस्था-विषयक सिद्धान्तों का स्पष्ट परिचय उनके उन प्रश्नों से ही मिलता है जो उन्होंने चित्रकूट में भरत से किये थे। इनमें से कुछ प्रश्न धर्माचरण से सम्बन्धित हैं जिनका पालन केवल राजा के लिए ही नहीं वरन् प्रत्येक व्यक्ति के लिए अनिवार्य समझा जाता था। राम के अनुसार राजा की आचार-नीतियों का स्वरूप निम्नानुसार ही रहा है :

बाणों और अस्त्र-शस्त्रों की प्रयोग विधि का ज्ञाता एवं अर्थशास्त्र का विशेषज्ञ आचार्य राजा से सम्मान-प्राप्ति का अधिकारी होता है। शूरवीर, शास्त्रज्ञ, जितेन्द्रिय, कुलीन तथा बाहरी चेष्टाओं से मन की बात को समझ लेनेवाले सुयोग्य व्यक्ति ही मन्त्री पद पर नियुक्त किये जाने चाहिए। अच्छी मन्त्रणा ही राजाओं की विजय का कारण होती है और यह भी आवश्यक है कि शास्त्रज्ञ अमात्यों को राजा के साथ हुए विचार-विमर्श को गुप्त ही रखना चाहिए। असमय में सोते रहना और समय पर न जागना राजा के लिए अनिष्टकर होता है। रात्रि के अन्तिम प्रहर में अर्थसिद्धि के उपायों पर विचार करना राजा का कर्तव्य होता है। किसी प्रश्न पर अकेले विचार करते रहने से कोई लाभ नहीं होता किन्तु अमात्यों के साथ इस प्रकार गोपनीय ढंग से ही मन्त्रणा की जानी चाहिए कि वह राज्य की सीमा पार कर शत्रुओं के कानों तक न पहुँच जाय। अल्प साधनों से सिद्ध होनेवाले बड़े कार्यों में विलम्ब करना हितकर नहीं होता। राजाओं के कौशल की एक कसौटी यह भी है कि पास-पड़ोस के दूसरे राजाओं को भी उसके द्वारा किये जानेवाले कार्यों की जानकारी तभी हो जब वे पूरे हो चुके हों। विपक्षी अथवा दूसरे लोग अनेक तर्क-वितर्क और प्रश्नों के माध्यम से राजा के कार्यक्रमों और विचारों के विषय में जानकारी एकत्र करने का सदैव प्रयास करते हैं। इस स्थिति में राजा को सावधान रहना आवश्यक है ताकि उसकी योजनाएँ पूरी होने के पहले दूसरों तक पहुँच ही न सकें। विद्वान् पुरुष ही अर्थ-संकट के समय उचित परामर्श के द्वारा कठिनाइयों को हल कर सकता है। अतएव राजा को चाहिए कि अपने चारों ओर सहस्रों मूर्खों की भीड़ को एकत्र करने की बजाय केवल विद्वानों को ही प्रश्रय दे। मूर्ख व्यक्तियों से आवश्यकता पड़ने पर भी किसी प्रकार की सहायता नहीं मिलती। मेधावी, शूरवीर, चतुर एवं नीतिज्ञ एक मन्त्री भी राजा को, असीमित लाभ पहुँचाने में समर्थ होता है।

उत्तम, मध्यम और सामान्य श्रेणी के मनुष्यों को उनकी योग्यता के अनुरूप ही कामों पर नियुक्त किया जाना चाहिए। जो रिश्वत न लेते हों, निश्छल हों, पूर्वजों की परम्परा से काम करते आ रहे हों, बाहर-भीतर से पवित्र एवं श्रेष्ठ हों ऐसे अमात्य

---

1. वा.रा. 6.19.19,26

ही उत्तम कार्यों में नियुक्ति के पात्र होते हैं। यद्यपि राजा के लिए दण्डशक्ति का प्रयोग करना ही पड़ता है तथापि कठोर दण्ड-व्यवस्था के कारण प्रजा में विद्रोह की भावना उत्पन्न नहीं होने देना चाहिए। यदि प्रजा से कठोरतापूर्वक अधिक कर वसूल किया जाता है तो वह राजा का उसी प्रकार तिरस्कार करने लगती है जिस प्रकार पवित्र याजक पतित यजमान का अथवा स्त्रियाँ कामचारी पुरुष का। राजा को चाहिए कि उपायकुशल भृत्यों में विद्रोह की आग भड़कानेवाले ऐश्वर्यकामी शूरवीर पुरुष को मरवा डाले। यदि इसमें असावधानी बरती गयी तो वह पुरुष राजा का नाश कर डालता है।

सेना के विषय में भी राम की विशिष्ट नीति रही है। उनके अनुसार शूरवीर, धैर्यवान, बुद्धिमान, पवित्र, कुलीन, चतुर और राजा के प्रति अनुराग रखनेवाले दक्ष व्यक्ति को ही सेनापति के पद पर नियुक्त किया जाना चाहिए। आपत्तियों में भी साथ देनेवाले बलवान, युद्ध-विशारद, पराक्रमी पुरुषों को ही सेना के अन्य प्रमुख पदों पर नियुक्त किया जाना चाहिए और राजा उनका सदैव सम्मान करता रहे। सैनिकों को नियत वेतन आदि के भुगतान में विलम्ब करना घातक हो सकता है। भुगतान में विलम्ब होने पर सैनिकों में क्रोध भड़क उठता है और उससे बड़े भारी अनर्थ की सम्भावना उत्पन्न हो जाती है।

अपने देश का निवासी, विद्वान्, प्रतिभाशाली और आवश्यकता के अनुरूप बात करनेवाला व्यक्ति ही दूत अथवा राजदूत के रूप में सफल हो सकता है। राजा को तीन अप्रकट गुप्तचरों के द्वारा—शत्रुपक्ष के मन्त्री, पुरोहित, युवराज, सेनापति आदि के विषय में पूरी जानकारी एकत्र करते रहना चाहिए। इसी प्रकार अपने पक्ष के विषय में भी पूरी जानकारी गुप्तचरों के माध्यम से रखना आवश्यक है। राज्य से निष्कासित शत्रु यदि लौटकर आ जाते हैं तो उनको दुर्बल समझकर उनकी उपेक्षा करना घातक हो सकता है।

राज्य और नगरों की सुरक्षा-व्यवस्था राजा का प्रमुख दायित्व होता है। कृषि और व्यापार ही समृद्धि के मूल हैं अतएव राजा का कर्तव्य है कि वह कृषि और व्यापार में संलग्न व्यक्तियों के हितों का पूरा ध्यान रखे। राजा को अपनी स्त्रियों को पूर्णतया सन्तुष्ट रखने के सभी उपाय करने चाहिए किन्तु उन पर विश्वास करते हुए अपनी गोपनीय बातें बतला देना उचित नहीं। वनों और वन्य पशुओं की सुरक्षा भी राजा का कर्तव्य है। प्रतिदिन पूर्वाह्नकाल में नगरवासियों से मिलना भी राजा के लिए आवश्यक है। कर्मचारियों के साथ मध्यम स्थिति का अवलम्बन ही हितकर होता है अतएव राजा का उनके प्रति इस प्रकार का व्यवहार होना चाहिए कि न तो उनके मन में भय की भावना ही उत्पन्न हो और न निर्भीक होकर राजा के निकट ही आते रहें। राज्य की आय अधिक और व्यय कम होना चाहिए तथा राज्य का धन अपात्रों के हाथों में नहीं जाना चाहिए। राज्य की सम्पत्ति देवता, पितर, ब्राह्मण,

अतिथि, योद्धाओं और मित्रों पर ही व्यय होना चाहिए। ऐसी स्थिति राज्य में उत्पन्न ही नहीं होनी चाहिए कि निर्दोष व्यक्ति को दण्ड भोगना पड़े और अपराध सिद्ध होने पर भी अपराधी को मुक्त कर दिया जाय। गरीबों को समुचित न्याय मिलने की व्यवस्था आवश्यक है। निरपराध व्यक्तियों को राज्य के मन्त्री धन-लोभ के कारण यदि दण्डित करते हैं तो उनके आँसू राज्य का नाश कर डालते हैं। नास्तिकता, असत्य भाषण, क्रोध, प्रमाद, दीर्घसूत्रता, विद्वानों का संग न करना, आलस्य, इन्द्रियों के वश में रहना, राजकार्यों के विषय में अकेले ही विचार करना, मूर्खों से सलाह लेना, निश्चित कार्यों को प्रारम्भ न करना, मन्त्रणा को गुप्त न रखना, मांगलिक कार्यों का न करना तथा सभी शत्रुओं पर एक साथ चढ़ाई कर देना राजा के दोष होते हैं। इन पर विजय पाकर ही राजा सफल हो सकता है।

सीता और कौसल्या को परामर्श देते समय राम ने उनसे भरत के प्रति राजोचित व्यवहार करते रहने की बात कही ही थी। वाली ने जब कठोर वाणी में राम को फटकारा था तब भी राम ने यही कहा था कि राजा के प्रति प्रत्येक व्यक्ति को सम्मानपूर्ण व्यवहार ही करना चाहिए। न तो राजा की निन्दा ही की जानी चाहिए और न उससे अप्रिय बात कही जानी चाहिए।[1] इससे यह भी व्यंजित होता है कि राम वनवास की अवधि में भी अपने को राजा ही मानते थे। राजा के रूप में राम यह भी मानते थे कि शूरवीर योद्धा को पलायमान शत्रु पर प्रहार नहीं करना चाहिए। मेघनाद के प्रति आक्रोश प्रकट करते हुए जब लक्ष्मण ने समस्त राक्षसों का संहार कर डालने की बात कही थी तब राम ने अपनी युद्ध-नीतियों को स्पष्ट करते हुए कहा था कि न तो एक के अपराध के कारण समस्त राक्षसों का वध करना ही उचित है और न युद्ध से विमुख होकर भागते हुए को, प्राण-रक्षा के लिए छिपे हुए को, शरण में आये हुए को और विक्षिप्त को मारना ही कर्तव्य है।[2]

राजा के लिए दूत के महत्त्व को भी राम ने स्वीकार किया है। हनुमान के दूत-कर्म की उन्होंने अनेक प्रकार से प्रशंसा की है। ऋष्यमूक पर्वत पर हनुमान से बातचीत करने के पश्चात् उन्होंने लक्ष्मण से कहा था कि जिस राजा के पास हनुमान के समान दूत न हों उसके कार्य की सिद्धि सन्दिग्ध ही रहती है। जिसके पास इनके समान उत्तम गुणों से युक्त कार्यसाधक दूत होते हैं उसके सभी कार्य बातचीत से ही सिद्ध हो जाते हैं।[3]

क्षात्रधर्म के प्रति राम की आस्थाओं की उपर्युक्त समीक्षा पाठकों में यह विश्वास उत्पन्न कर सकती है कि वे एकान्ततः क्षात्रधर्म के ही समर्थक थे। यह कहना आवश्यक है कि स्मार्त ऋषियों ने जब अपनी आचार-व्यवस्थाओं को पूरी दृढ़ता के साथ स्थापित करने का प्रयत्न किया था तब उन्होंने राजधर्म को अपनी व्यवस्था

---

1. वा.रा. 4.18.42; **2.** वा.रा. 6.80.39-40; **3.** वा.रा. 4.3.34-35

का ही एक अविभाज्य अंग मान लिया था। मनु और याज्ञवल्क्य आदि ऋषियों ने राजा के कर्तव्यों का जिस प्रकार निर्देश किया है उससे स्पष्ट है कि क्षात्रधर्म भी सनातन धर्म का एक अंग बन गया था। राजा के ऊपर दुहरी जिम्मेदारी रहा करती थी। एक तो उसकी अपने वैयक्तिक जीवन में धर्म-व्यवस्थाओं का पालन करना था और दूसरे यह भी उसकी जिम्मेदारी थी कि प्रजा का प्रत्येक व्यक्ति विहित मर्यादाओं का अनुसरण करता रहे। यदि कोई व्यक्ति उन व्यवस्थाओं को भंग करता था अथवा किसी दूसरे को इसके लिए प्रेरित या मजबूर करता था तो वे दोनों ही राजा की दृष्टि में अपराधी और दण्डनीय होते थे। अपराधी को दण्ड न देना भी राजधर्म का उल्लंघन था क्योंकि ऐसी स्थिति में प्रजा के अन्य वर्गों की व्यवस्था भंग होने का भय उत्पन्न हो जाता था। राम ने इन दोनों दायित्वों को पूरी तरह वहन किया। वनवास की अवधि में भी उन्होंने स्वयं को राजधर्म के निर्वहण के दायित्व से कभी मुक्त नहीं माना। कैकेयी के द्वारा दिये गये वल्कल वस्त्रों ने उनको क्षात्रधर्म के पालन से मुक्त नहीं कर दिया था। स्मार्त-ऋषियों ने पुरुष के व्यक्तिगत जीवन के लिए जो व्यवस्थाएँ निर्धारित की थीं, राम ने उनका भी पूरी निष्ठा के साथ पालन किया था।

दो प्रसंग ऐसे भी मिलते हैं जिनके अनुसार राम ने केवल क्षात्रधर्म को बेकार बतलाते हुए धर्म को अनुसरणीय कहा। राम के निर्वासन के विषय में दशरथ-कैकेयी के निर्णय से क्रुद्ध लक्ष्मण ने जब धनुष-बाण के सहारे दशरथ को कैद कर लेने और बलपूर्वक अयोध्या के राज्य पर अधिकार कर लेने की बात कही तब उनको शान्त करते हुए राम ने कहा था कि कौसल्या को सत्य और मेरा अभिप्राय न जानने के कारण ही दुःख हो रहा है। संसार में धर्म ही सबसे श्रेष्ठ है। धर्म में ही सत्य की प्रतिष्ठा है। धर्म के आश्रित होने के कारण पिता का दिया हुआ निर्देश भी उत्तम है। धर्म का आश्रय लेकर रहनेवाले पुरुष को पिता, माता अथवा ब्राह्मण के वचनों की अवहेलना नहीं करनी चाहिए। इसलिए तुम केवल क्षात्रधर्म का आश्रय लेनेवाली इस हेय बुद्धि का परित्याग करो और धर्म का आश्रय लेकर मेरे विचारों के अनुसार ही आचरण करो।[1] महर्षि जाबालि को कठोर शब्दों में उत्तर देते हुए उन्होंने यहाँ तक कह दिया था कि नीच, क्रूर, लोभी और पापाचारी पुरुषों द्वारा सेवित क्षात्रधर्म का मैं निश्चय ही परित्याग कर दूँगा क्योंकि यह वास्तव में धर्म के रूप में दिखाई देनेवाला अधर्म ही है।[2] वस्तुतः जाबालि को दिया गया राम का उत्तर क्षात्रधर्म का तीव्र खण्डन ही है।

इन प्रसंगों से यह भी प्रतीत होता है कि रामायणकाल के पहले अथवा रामायणकाल में ही क्षात्रधर्म और स्मार्त ऋषियों के धर्म की दो अलग-अलग

---

1. वा.रा. 2.21.40-44; **2.** वा.रा. 2.109.20

समानान्तर व्यवस्थाएँ रही होंगी। एक वर्ग ऐसा रहा होगा जो पिता की आज्ञा-पालन, सत्य का निर्वाह जैसी अन्य आचार-व्यवस्थाओं को अस्वीकार कर केवल तलवार के बल से राज्य प्राप्त कर शासन करने को ही क्षत्रियों का धर्म मानता रहा होगा। दूसरे वर्ग के ऋषियों ने अन्य वर्गों के साथ राजाओं और क्षत्रियों के लिए भी विशिष्ट आचार-मर्यादा निश्चित कर दी थी जो उनके व्यक्तिगत और राजोचित सार्वजनिक जीवन के लिए निर्धारित की गयी थी। इसी को 'धर्म' कहा गया है। राम ने दूसरी व्यवस्था को ही स्वीकार किया था और इसीलिए उन्होंने धर्म को क्षात्रधर्म की अपेक्षा श्रेयस्कर कहा।

राम को क्षात्रधर्म का विशेषज्ञ तो कहा गया है किन्तु उनको केवल राजधर्मरत नहीं माना गया। उनके लिए अनेक स्थलों पर धर्मज्ञ, गुणवान[1], धर्मे कृतात्मन्[2] धर्मात्मा[3] धर्मवान्,[4] धर्मस्थितः[5], धर्मभृतांवरः[6] जैसे विशेषणों का प्रयोग किया गया है। शुक ने भी रावण को राम का परिचय देते हुए कहा था कि धर्म उनसे कभी अलग नहीं होता। वे धर्म का कभी उल्लंघन नहीं करते तथा ब्रह्मास्त्र और वेद दोनों के ज्ञाता हैं।[7] कैकेयी ने जब उनको अविलम्ब वन चले जाने का निर्देश दिया तब राम को कदाचित् यह भ्रम हुआ था कि कैकेयी के मन में यह सन्देह है कि शायद राम वनगमन से बचने का कोई उपाय खोज लेंगे। उसकी आशंका को दूर करते हुए राम ने स्वयं कहा था कि मैं धन का उपासक होकर संसार में नहीं रहना चाहता। मैंने ऋषियों की भाँति धर्म का आश्रय ले रखा है।[8] वन में दशरथ और कौसल्या के दुःखों का स्मरण होने पर भी उनका पराक्रम जाग्रत हुआ था किन्तु स्वयं अपने आवेश को शान्त करते हुए उन्होंने लक्ष्मण से कहा था कि यदि मैं कुपित हो जाऊँ तो अकेला ही अपने बाणों द्वारा अयोध्या तथा समस्त पृथ्वी पर अधिकार कर सकता हूँ किन्तु केवल पराक्रम अभीष्ट सिद्धि में कारण नहीं होता। मैं अधर्म से डरता हूँ। मुझे परलोक बिगड़ जाने का भय है, इसीलिए अयोध्या के राज्य पर आज अपना अभिषेक नहीं करा रहा।[9] भरद्वाज से भी राम ने कहा था कि हम तीनों तपोवन में रहकर फल-मूल का आहार करते हुए केवल धर्म का ही आचरण करेंगे।[10] सीता भी यही मानती थी कि राम ने धर्म के लिए ही प्राणों का मोह, शरीर का सुख तथा अर्थ-वैभव का परित्याग किया है।[11] उनके अनुसार राम की धर्मनिष्ठा इतनी सुदृढ़ थी कि वे धर्म के लिए पत्नी का भी परित्याग कर सकते थे।[12]

ऊपर प्रस्तुत विवेचन के अनुसार जिस प्रकार राम ने क्षात्रधर्म की सभी मर्यादाओं को समझाया है उसी प्रकार विविध प्रसंगों के व्याज से उन्होंने धर्म

---

1. वा.रा. 2.8.14; **2.** वा.रा. 2.12.23; **3.** वा.रा. 2.21.19; **4.** वा.रा. 2.21.41; **5.** वा.रा. 2.21.55; **6.** वा.रा. 2.24.15; **8.** वा.रा. 6.28.19; **8.** वा.रा. 2.19.20; **9.** वा.रा. 2.53. 25-26; **10.** वा.रा. 2.54.16; **11.** वा.रा. 3.49.25; **12.** वा.रा. 5.26.40

(सनातन धर्म) की परिभाषा देते हुए उसके लक्षणों एवं आचार-व्यवस्थाओं की विस्तारपूर्वक व्याख्या की है। उन्होंने ऋषियों द्वारा प्रवर्तित धर्म को ही स्वीकार किया था और स्वयं किसी नये धर्म की स्थापना नहीं की। पिता की आज्ञा के पालन को धर्म का महत्त्वपूर्ण अंग बतलाते हुए उन्होंने कौसल्या से कहा था कि मैं तुम्हारी मान्यताओं के प्रतिकूल किसी नये धर्म का प्रवर्तन नहीं कर रहा बल्कि पूर्व पुरुषों का जो अभीष्ट मार्ग रहा है उसी का अनुसरण कर रहा हूँ।[1] श्रुति और स्मृतियों द्वारा प्रतिपादित धर्म-व्यवस्थाओं के प्रति ही वे आस्थावान थे और दूसरों को उसी के अनुसरण का निर्देश किया। वाली के प्रश्नों का उत्तर देते समय उन्होंने मनु की व्यवस्थाओं का उल्लेख किया था और मनु के ही दो श्लोकों को उद्धृत भी कर दिया था।[2] इन अवतरणों से यही प्रमाणित होता है कि वह स्मार्त धर्म के कट्टर समर्थक थे।

राम के द्वारा यद्यपि अग्निष्टोम, पौण्डरीक, अश्वमेध आदि अनेक यज्ञ किये गये थे किन्तु वैदिक यज्ञ-यागादि के प्रति वे अधिक निष्ठावान नहीं थे। यज्ञ-कार्यों में अवरोध उत्पन्न करने के कारण उन्होंने राक्षसों का वध भी किया था किन्तु स्वयं किसी को यज्ञ करने के लिए प्रेरित नहीं किया। यही कारण है कि उन्होंने श्रुति धर्म के स्थान पर स्पष्ट शब्दों में 'सनातन धर्म' के अनुसरण का ही निर्देश दिया। कौसल्या से उन्होंने कहा था कि तुमको, मुझको, सीता को, लक्ष्मण को और माता सुमित्रा को पिताजी की आज्ञा में ही रहना चाहिए, यही सनातन धर्म है।[3] यहाँ यह स्पष्ट नहीं है कि दशरथ को किस रूप में मानकर उनकी आज्ञा-पालन को सनातन धर्म कहा गया है। वे कौसल्या-सुमित्रा के पति, राम-लक्ष्मण के पिता और सीता के श्वशुर होने के साथ एक वृद्ध पुरुष और अयोध्या के राजा थे। अलग-अलग प्रसंगों में राम ने साफ कहा है कि नारी को पति की, पुत्रों को पिता की और सभी व्यक्तियों को वृद्धों तथा राजा की आज्ञा का पालन करना ही चाहिए। स्मृतिकारों ने भी इसी व्यवस्था का धर्म के रूप में निर्देश किया है। कैकेयी से विदा लेते समय उन्होंने कहा था कि सनातन धर्म की मर्यादा के अनुसार तुमको ऐसा प्रयत्न करना चाहिए जिससे भरत राज्य का पालन करते हुए पिताजी की सेवा करते रहें।[4] इसी प्रकार उन्होंने सीता से भी कहा था कि सत्य और धर्म के मार्ग पर स्थित पिताजी मुझे जैसी आज्ञा दे रहे हैं, मैं वैसा ही बर्ताव करना चाहता हूँ क्योंकि यही सनातन धर्म है।[5]

लक्ष्मण ने पिता अथवा गुरुजनों की आज्ञा के औचित्य एवं अनौचित्य के विषय में विचार करने का समर्थन करते हुए कहा था कि गुरु-जनों की नीति-प्रतिकूल आज्ञा

---

1. वा.रा. 2.21.36; **2.** वा.रा. 4.18.30-32; **3.** वा.रा. 2.21.49; **4.** वा.रा. 2.19.26; **5.** वा.रा. 2.30.38

का पालन करना उचित नहीं। इसके विपरीत राम की मान्यता थी कि गुरुजनों को अपने पुत्रों और शिष्यों को उचित अथवा अनुचित कैसी भी आज्ञा देने का पूर्ण अधिकार होता है और धर्म-व्यवस्था के अनुसार उसका पालन किया ही जाना चाहिए। उन्होंने लक्ष्मण से कहा था कि दशरथ हम लोगों के गुरु, राजा और पिता होने के साथ-साथ वृद्ध भी हैं। वे क्रोध से, हर्ष से अथवा काम से प्रेरित होकर भी यदि किसी कार्य के लिए आज्ञा दें तो भी हमें धर्म समझकर उसका पालन करना ही चाहिए।[1]

पिता और गुरुजनों की आज्ञापालन के अतिरिक्त आचार की अन्य व्यवस्थाओं के प्रति भी राम ने संकेत किया है। ब्राह्मणों और भिक्षुओं को दान देने के प्रति उनके मन में असीम आस्था थी। वनगमन के पूर्व उन्होंने सीता को अपने सभी रत्नाभूषण, बहुमूल्य वस्त्राभूषण, मनोरंजन सामग्री और सभी वस्तुएँ ब्राह्मणों को दान करने तथा भिक्षुओं को भोजन कराने की आज्ञा दी थी।[2] सत्य और प्रतिज्ञा पालन को धर्म मानकर ही वे उसके प्रति आग्रहशील थे। सुग्रीव को आश्वस्त करते हुए उन्होंने कहा था कि बहुत समय से अनेक कष्टों को सहने पर भी मैंने झूठ नहीं बोला। मेरे मन में धर्म का लोभ है इसलिए मैं कभी झूठ नहीं बोल सकता।[3] सत्य की शपथ खाकर ही उन्होंने कभी झूठ न बोलने की प्रतिज्ञा की थी।[4] मित्र का उपकार करने को भी राम ने धर्म ही माना है। वाली ने राम के आचरण-व्यवहार को धर्म के प्रतिकूल मान कर उनको कठोर शब्दों में फटकार दिया था। राम की सुग्रीव के साथ मित्रता और मैत्री धर्म के नियमों का उसको ध्यान ही नहीं रहा। अतएव राम को ही मैत्री धर्म की आचार-मर्यादाओं को स्पष्ट करना पड़ा था। उन्होंने कहा था कि सुग्रीव से मेरी मित्रता हो चुकी है। धर्म पर दृष्टि रखनेवाले मनुष्य के लिए मित्र का उपकार करना ही धर्म है। तुमको जो दण्ड दिया गया है वह धर्म के अनुकूल ही है।[5] प्रस्रवणगिरि पर लक्ष्मण से भी राम ने कहा था कि जो वीर पुरुष किसी के उपकार से उपकृत होता है वह प्रत्युपकार करके उसका बदला अवश्य चुकाता है और यदि कोई व्यक्ति उपकार को भुलाकर प्रत्युपकार नहीं करता तो वह सभी सत्पुरुषों को ठेस पहुँचाता है।[6] सीता के अनुसार राम दया को भी धर्म का एक महत्त्वपूर्ण अंग मानते थे।[7]

अन्यत्र संकेत किया जा चुका है कि वर्ण और आश्रम-व्यवस्था रामायणकाल में अपनी प्रारम्भिक अवस्था में ही रही है। कदाचित् यही कारण है कि राम अथवा किसी भी पात्र के माध्यम से ब्रह्मचर्य आश्रम की आचार-मर्यादाओं की स्पष्ट और विस्तृत व्यवस्था रामायण में उपलब्ध नहीं होती। राम ने गृहस्थ आश्रम की

---

1. वा.रा. 2.21.59; **2.** वा.रा. 2.30.43-45; **3.** वा.रा. 4.14.14-15; **4.** वा.रा. 4.7.22; **5.** वा.रा. 4.18.29; **6.** वा.रा. 4.27.45; **7.** वा.रा. 5.38.39

व्यवस्थाओं पर पूरा प्रकाश डाला है। सन्ध्या तर्पण, भिक्षुओं को दान, अतिथि सत्कार, पंच महायज्ञ, ब्राह्मणों का सम्मान, माता-पिता की सेवा, नारी-धर्म आदि सबकी ओर संकेत किया गया है। इसके अतिरिक्त राम ने वानप्रस्थ आश्रम अथवा वनवासियों के आचार-धर्म को भी स्पष्ट किया है। सीता ने जब उनके साथ वन चलने का आग्रह किया था तब अरण्य धर्म अर्थात् वानप्रस्थ आश्रम की मर्यादाओं को बतलाते हुए राम ने कहा था कि वन में निवास करनेवालों को अपने मन को वश में रखकर वृक्षों से स्वतः गिरे हुए फलों के आहार पर ही सन्तोष करना चाहिए। यथाशक्ति उपवास करना, जटा रखना और वल्कल वस्त्र पहनना ही उनका कर्तव्य है। देवताओं का, पितरों का तथा अतिथियों का विधिपूर्वक पूजन करना, नियमपूर्वक प्रतिदिन तीन बार स्नान करना, अपने द्वारा लाये हुए फलों से विधिपूर्वक देवी-देवताओं की पूजा करना, क्रोध और लोभ का परित्याग कर तपस्या में रत रहना ही वनवासियों के प्रमुख कर्तव्य हैं।[1] इस स्थल पर राम ने यद्यपि वानप्रस्थ आश्रम को कष्टपूर्ण कहा है किन्तु उनसे कभी विचलित होने का परामर्श नहीं दिया। उनके अनुसार, यदि व्यक्ति वानप्रस्थ आश्रम को स्वीकार कर वनों में निवास करता है तो उपर्युक्त आचार-मर्यादाओं का पालन करना भी उसके लिए आवश्यक है। उन्होंने स्वयं भी इसी विधि का अनुसरण किया था। निषादराज गुह के द्वारा वट का दूध मँगाकर उन्होंने अपनी जटाएँ बाँध ली थीं और कहा था कि वनवास की अविध में मुझको आश्रम के अनुरूप विधिपूर्वक कर्तव्य का पालन करना चाहिए। इसके साथ ही उन्होंने लक्ष्मण सहित वानप्रस्थ आश्रम का व्रत ग्रहण कर लिया था।[2]

रामायण के अन्य प्रसंगों से यह प्रमाणित होता है कि आश्रम-व्यवस्था के साथ-साथ वर्ण-व्यवस्था और वर्ण-धर्म के प्रति भी राम की दृढ़ आस्था रही है। लंका में सीता ने अपने को आश्वस्त करने के लिए जब हनुमान से राम के विषय में प्रश्न किये थे तब हनुमान ने उत्तर देते हुए कहा था कि राम क्षत्रियोचित धर्म का पालन करते हुए स्वजनों की और पूरे जीवलोक की रक्षा करते हैं तथा शत्रुओं को सन्ताप देते हुए अपने सदाचार और धर्म की भी रक्षा करते हैं।[3] वे स्वयं तो वर्ण-धर्मों का अनुसरण करते ही हैं, चारों वर्ण के व्यक्तियों को व्यवस्था के अनुसार मर्यादा को पालन करने के लिए प्रेरित भी करते हैं।[4] राजनीति में पूर्ण दक्ष हैं और ब्राह्मणों के प्रति सावधान हैं।[5] राम की राज्य-व्यवस्था के वर्णन में इस तथ्य को और भी स्पष्ट करते हुए लिखा गया है कि उनके शासनकाल में ब्राह्मण, क्षत्रिय, वैश्य, शूद्र–चारों वर्णों के लोग लोभरहित होकर वर्ण-धर्म के अनुसार अपने कर्मों को करते हुए सन्तुष्ट थे।[6]

---

1. वा.रा. 2.28.12-16, 24; **2.** वा.रा. 2.52.66-71; **3.** वा.रा. 5.35.10; **4.** वा.रा. 5.35.11; **5.** वा.रा. 5.35.13; **6.** वा.रा. 6.128.104

बृहस्पति और चार्वाक् द्वारा स्थापित लोकायत सम्प्रदाय ने ईश्वर की सत्ता को उखाड़ फेंकने और वैदिक धर्म को निरा पाखण्ड सिद्ध करने का जो प्रयत्न किया था उसके कारण आस्तिकता और धर्म की दीवारें हिल गयी थीं। इन आचार्यों और लोकायत सम्प्रदाय के विषय में जो बिखरे हुए सन्दर्भ आज उपलब्ध होते हैं उनसे ज्ञात होता है कि इनके तर्कों से सहमत होकर ब्राह्मणों का एक बहुत बड़ा समुदाय इस सम्प्रदाय का अनुयायी बन गया था। इन्होंने वेद, शास्त्र और ईश्वरवादी धर्म-व्यवस्थाओं का जबरदस्त विरोध किया था और सभी आचार-मर्यादाओं को फिजूल की बकवास अथवा पाखण्ड कहा था। यह इतने व्यक्तिवादी रहे हैं कि स्वयं अपने सुख के लिए सामाजिक व्यवस्थाओं को भंग कर देना इनकी दृष्टि में सर्वथा उचित माना गया। राम लोकायत सम्प्रदाय के जबरदस्त विरोधी रहे हैं। चित्रकूट में भरत से उन्होंने खुले शब्दों में प्रश्न किया था कि तुम लोकायत सम्प्रदाय के अनुयायी ब्राह्मणों की संगति में तो नहीं पड़ गये ? इसके आगे लोकायतिकों की कड़े शब्दों में निन्दा करते हुए उन्होंने कहा था कि ये लोग मूर्ख होते हुए भी अपने-आपको पण्डित मानते हैं और अनर्थ करने-कराने में ही कुशल होते हैं। धर्मशास्त्रों के प्रति उनकी बुद्धि दूषित होती है और बुद्धि तथा तर्क का सहारा लेकर व्यर्थ की बकवास किया करते हैं।[1]

महर्षि जाबालि ने राम से अयोध्या लौट चलने का आग्रह करते समय लोकायत सम्प्रदाय द्वारा मान्य तर्क ही प्रस्तुत किये थे। अपने तर्कों में उन्होंने माता-पिता के सम्बन्धों को भी व्यर्थ का ढकोसला कहा था। उनके मतानुसार वीर्य और रज के संयोग से ही प्राणी का जन्म होता है। इसके लिए पिता को महत्त्व देना पागलपन है। अर्थ का परित्याग कर धर्म का अनुसरण करने का परिणाम दुःख के अतिरिक्त कुछ भी नहीं होता। न तो परलोक की कोई सत्ता ही है और न श्राद्धादिकों से मरे हुए पितरों को कुछ लाभ होता है। यज्ञ, देवताओं का पूजन, दान, तपस्या आदि के विधान केवल लोगों को मूर्ख बनाकर ठगने के लिए बनाये गये हैं। जाबालि के इस प्रकार के विचारों को सुनकर राम की आँखों में खून उतर आया था। उन्होंने जाबालि को कठोर शब्दों में उत्तर देने में संकोच नहीं किया और यहाँ तक कह दिया कि पिता दशरथ ने आप जैसे व्यक्ति को अपना याजक बना लिया, इसकी मैं निन्दा करता हूँ। जाबालि के तर्कों का उत्तर देते समय राम ने नास्तिक और अनीश्वरवादी सम्प्रदायों पर तीखे प्रहार किये हैं। उन्होंने कहा था :

"मर्यादा का उल्लंघन करनेवाला व्यक्ति पापाचार में प्रवृत्त हो जाता है। व्यक्ति का चरित्र ही उसके कुलीन अथवा अकुलीन होने को प्रमाणित करता है। धर्माचरण का पाखण्ड करते हुए धर्म विरुद्ध आचरण करने से ही लोक में संकरता का जन्म

---

1. वा.रा. 2.100.38-39

होता है। कर्तव्य-अकर्तव्य को समझनेवाले व्यक्ति शास्त्रमर्यादा के विपरीत आचरण करनेवाले पुरुष का कभी सम्मान नहीं करते और उसे दुराचारी ही मानते हैं। राजाओं द्वारा यदि स्वेच्छाचारिता का मार्ग अपना लिया जाय तो प्रजा में भी स्वभावतया वह दोष उत्पन्न हो जाता है। सत्य का पालन ही राजाओं का सनातन आचार है। झूठ बोलनेवाला व्यक्ति साँप के समान ही डरावना होता है। सत्य ही ईश्वर है और सत्य ही धर्माचरण का आधार है। दान, यज्ञ, होम, तपस्या और वेद इन सबका आधार भी सत्य ही है। मैं सत्य-धर्म को ही समस्त प्राणियों के लिए हितकर मानता हूँ। इस कर्मभूमि को पाकर शुभ कर्मों का ही अनुष्ठान करना चाहिए। सत्पुरुषों के अनुसार सत्य, धर्म, पराक्रम, प्राणियों पर दया, प्रिय बोलना, देवताओं, अतिथियों और ब्राह्मणों की पूजा करना ही स्वर्ग-प्राप्ति का मार्ग है। वेद-विरुद्ध नास्तिक बुद्धि का आश्रय लेना किसी भी दशा में श्रेयस्कर नहीं।"[1]

इसी प्रसंग में राम ने बौद्ध धर्म तथा अन्य नास्तिक सम्प्रदायों की भी निन्दा की है। इस स्थल पर बुद्ध और तथागत शब्दों का ही प्रयोग किया गया है। उन्होंने कहा था :

यथा हि चोरः स तथाहि बुद्ध-
स्तथागतं नास्तिकमत्र विद्धि।
तस्माद्धि यः शक्यतमः प्रजानां
स नास्तिके नाभिमुखो बुधः स्यात्। –वा.रा. 2.109.34

–जिस प्रकार चोर होता है उसी प्रकार बुद्ध भी हैं। तथागत और नास्तिकों को भी इसी कोटि में समझना चाहिए। अतएव यदि सम्भव हो तो नास्तिक पुरुष का कभी मुँह भी नहीं देखना चाहिए।

राम के मन में यजुर्वेदीय, तैत्तिरीय और कठ शाखा के आचार-सिद्धान्तों के प्रति गहरी आस्था विद्यमान थी। तैत्तिरीय शाखा का सम्बन्ध आचार-मर्यादा से और कठ का सम्बन्ध अध्ययन, मनन और चिन्तन से रहा है। राम इन शाखाओं के अनुयायी ब्राह्मणों का विशेष सम्मान करते थे। वनगमन के पूर्व उन्होंने लक्ष्मण को निर्देश दिया था कि तैत्तिरीय शाखा के अनुयायी वेदवेत्ता ब्राह्मणों को और कठ शाखा के अनुगामी नित्य स्वाध्यायरत ब्रह्मचारियों को बहुमूल्य रत्न, वस्त्र और सम्मान देकर सन्तुष्ट करो।[2] इस सन्दर्भ से यह भी ज्ञात होता है कि राम की दृष्टि यज्ञ आदि कर्मकाण्ड की अपेक्षा चरित्र और आचार पर ही विशेष रूप से केन्द्रित थी। चित्रकूट में भरत से बातचीत करते समय उन्होंने जो कुछ कहा, उससे यह भी स्पष्ट है कि जीवन की नश्वरता को ध्यान में रखकर शास्त्रविहित मर्यादाओं का पालन करने पर ही

---

1. वा.रा. 2.109 पूरा सर्ग; **2.** वा.रा. 2.32.15,18

उन्होंने सबसे अधिक जोर दिया है। उनके अनुसार ईश्वर का अंशभूत जीव ईश्वर के समान स्वतन्त्र नहीं। काल स्वयं ही जीव को अपनी इच्छा के अनुसार इधर-उधर खींचता रहता है। समस्त संग्रहों का अन्त क्षय में, उत्थान का पतन में, संयोग का वियोग में और जीवन का मरण में होना निश्चित है। काल की गति को बाँधकर रोकने की किसी में सामर्थ्य नहीं तथा इसी के साथ जीवन भी निरन्तर क्षीण होता जाता है। सूर्य के उदय-अस्त तथा ऋतुओं के परिवर्तन के साथ ही प्राणियों की आयु का क्षय होता है। दूसरे की मृत्यु पर कितना भी शोक प्रकट किया जाय किन्तु इससे मृत्यु को टाला नहीं जा सकता। अतएव धीर एवं बुद्धिमान् पुरुष को सभी अवस्थाओं में शोक और रोना-झींकना त्याग देना चाहिए। परलोक पर विजय पाने के अभिलाषी व्यक्ति को धार्मिक, सभी प्राणियों के प्रति दयालु और गुरुजनों का आज्ञापालक होना चाहिए।[1]

वैयक्तिक जीवन में राम का धर्माचरण निःशेषतया स्मार्त व्यवस्था के अनुसार रहा है। स्वर्ग, परलोक तथा कर्म-परिणाम में उनकी जबरदस्त आस्था थी। कुलोचित आचार और क्षात्रधर्म के पालन को ही वे स्वर्ग-प्राप्ति का साधन मानते थे।[2] परलोक बिगड़ जाने के भय से ही दशरथ की अवज्ञा कर, बलपूर्वक अयोध्या के राज्य पर अधिकार कर लेना उन्होंने पसन्द नहीं किया।[3] कर्म-परिणाम के विषय में अपनी आस्थाओं को स्पष्ट करते हुए उन्होंने खर से कहा था कि जिस प्रकार ऋतु आने पर वृक्ष में फूल लगते ही हैं, उसी प्रकार पाप-कर्म करनेवाले को समय आने पर उनका फल भोगना ही पड़ता है। विषमिश्रित अन्न खाने के परिणाम की भाँति पाप कर्मों के फलों से कोई भी प्राणी बच ही नहीं सकता।[4] स्वयं अपने दुःखों—राज्य से वंचित होने, स्वजनों से वियोग, पिता की मृत्यु, माता का विछोह, आदि को भी वे केवल अपने पूर्व कर्मों का परिणाम मानते थे। सीता-हरण से दुःखी होकर उन्होंने लक्ष्मण से कहा था कि मालूम होता है मेरे समान पापकर्म करनेवाला पुरुष इस संसार में दूसरा नहीं है। क्योंकि एक के बाद दूसरा कष्ट मुझ पर आता ही जा रहा है। निश्चय ही पूर्व जन्म में मैंने भरपूर पाप किये हैं। इन्हीं के परिणामस्वरूप मैं लगातार दुःख में पड़ता जा रहा हूँ।[5]

नियति अथवा भाग्य का राम ने सर्वत्र समर्थन किया है। लक्ष्मण के विरोध के बावजूद भाग्य के प्रति राम का विश्वास कभी भंग नहीं हुआ। कभी उन्होंने 'कालो हि दुरतिक्रमः'[6] कहकर उसका समर्थन किया और कभी साफ शब्दों में नियति की अनुल्लंघनीयता को स्वीकार किया। कबन्ध ने जब राम-लक्ष्मण को अपनी भुजाओं में कस लिया था तब राम ने कहा था कि काल सभी प्राणियों को प्रभावित करता

---

1. वा.रा. 2.105.15-16; 25-44; **2.** वा.रा. 2.1.16; **3.** वा.रा. 2.53.26; **4.** वा.रा. 3.29.8-9; **5.** वा.रा. 3.63.3-4; **6.** वा.रा. 3.68.21

है। सभी प्राणियों पर शासन करना दैव के लिए कोई बड़ी बात नहीं।[1] इसी प्रकार वाली की मृत्यु से दुःखी सुग्रीव, तारा और अंगद को समझाते हुए उन्होंने कहा था कि जगत् में नियति ही सबका कारण है। वही समस्त कर्मों का साधन है और नियति ही समस्त प्राणियों को विभिन्न कर्मों में नियुक्त करने में कारण होती है। कोई भी पुरुष न तो स्वतन्त्रतापूर्वक किसी काम को कर सकता है और न किसी दूसरे को किसी काम में लगा सकता है। यह सारा जगत् स्वभाव के अधीन रहकर ही काम करता है। कोई भी व्यक्ति काल का अतिक्रमण नहीं कर सकता। धर्म, अर्थ और काम भी कालक्रम से ही प्राप्त होते हैं।[2] इन्द्रजित ने अपने बाणों के प्रहार से राम और लक्ष्मण दोनों को बेहोश कर दिया था। कुछ समय पश्चात् जब राम की चेतना लौटी तो लक्ष्मण को बेहोश देखकर वे इतने अधिक निराश हो गये थे कि स्वयं प्राण-त्याग करने का विचार कर सुग्रीव सहित सभी वानरों को वापस लौट जाने के लिए कह दिया था।[3] इस समय उन्होंने दुःखी होकर सुग्रीव से कहा था कि मनुष्यों के लिए दैव के विधान को लाँघना सर्वथा असम्भव है।[4] दैव को इस प्रकार अनुल्लंघनीय मानते हुए भी राम ने एक स्थल पर पुरुषार्थ की प्रशंसा की है। लंका-विजय के पश्चात् जब सीता उनके सामने उपस्थित हुईं तब राम ने स्वयं अपने पराक्रम की प्रशंसा करते हुए कहा था कि आज सबने मेरा पराक्रम देख लिया है। मेरा परिश्रम भी सफल हो गया। जब तुम आश्रम में अकेली थीं तब उस राक्षस ने तुम्हारा अपहरण किया था। मुझ पर दैववश ही यह दोष लग गया था। अपने मानव-साध्य पुरुषार्थ के द्वारा मैंने उसे दूर कर दिया है। जो व्यक्ति अपने बल से अपमान का बदला नहीं लेता उसका पौरुष व्यर्थ ही है।[5] राम का यह विचार दैव के प्रति उनके विश्वासों से कुछ भिन्न अवश्य है किन्तु यह समझा जा सकता है कि दैव की सत्ता और शक्ति को स्वीकार करते हुए पुरुषार्थ करते रहने के प्रति ही उन्होंने संकेत किया है।

यह लिखा जा चुका है कि रामायणकाल में वर्ण-व्यवस्था अपनी प्रारम्भिक अवस्था में ही थी और वैश्यों तथा शूद्रों के लिए पूरी तरह आचार-मर्यादाओं का विधान नहीं किया जा सका था। कदाचित् इसी कारण रामायण में राम ने वैश्यों और शूद्रों के कर्तव्यों के प्रति कहीं कोई संकेत नहीं किया। ब्राह्मणों के प्रति अवश्य ही राम के मन में अपार श्रद्धा रही। उन्होंने ब्राह्मणों के प्रति जिस प्रकार संकेत किया है उससे यह प्रतीत ही नहीं होता कि ब्राह्मणों के लिए वेदज्ञ होने की शर्त को भी वह स्वीकार करते थे। उन्हें स्पष्ट शब्दों में ब्राह्मण प्रति पूजकः[6] कहा गया है। वनगमन के पहले लक्ष्मण को समझाते हुए उन्होंने कहा था कि धर्म का अनुसरण

---

1. वा.रा. 3.69.48-49; **2.** वा.रा. 4.25.4-8; **3.** वा.रा. 6.49.7, 17,24; **4.** वा.रा. 6.49.28; **5.** वा.रा. 6.115.4-6; **6.** वा.रा. 2.1.15

करनेवाले पुरुष को कभी पिता, माता अथवा ब्राह्मण के वचनों का पालन करने की प्रतिज्ञा करके उससे मुकरना नहीं चाहिए।[1]

अयोध्या जनपद के सभी ब्राह्मण राम को अपना हितैषी मानते थे।[2] इसी मोहवश सभी ब्राह्मण वन-प्रस्थान के समय राम के पीछे-पीछे तमसा के तट तक गये थे। यद्यपि वृद्धावस्था के कारण इन लोगों का सिर काँप रहा था तथापि वे राम के पीछे चलते हुए उनको लौट चलने के लिए बराबर मनाते रहे। यह ठीक है कि अन्य पुरवासियों ने भी राम का अनुसरण किया था किन्तु राम के मन में ब्राह्मणों के प्रति अपार श्रद्धा थी इसलिए इस प्रसंग में उनका ही विस्तार से उल्लेख किया गया है। कौसल्या से भी उन्होंने यही कहा था कि तुम्हें मेरी मंगल कामना से अग्निहोत्र के अवसरों पर देवताओं और ब्राह्मणों का पूजन करते रहना चाहिए।[3] राज्याभिषेक के समय पर भी उन्होंने ब्राह्मणों को एक लाख घोड़े, गायें, तीस करोड़ स्वर्ण मुद्राएँ तथा बहुमूल्य वस्त्राभूषण दान दिये थे।[4] वनगमन के विषय में अन्तिम निर्णय के पहले जब राम कैकेयी के महल की ओर दशरथ से भेंट करने के लिए जा रहे थे तब अवश्य उन्हें उनकी चारों वर्णों के प्रति अवस्था-क्रम के अनुसार दया भाव से युक्त कहा गया है।[5] फिर भी उपर्युक्त प्रसंग इसी तथ्य को प्रमाणित करते हैं कि ब्राह्मणों के प्रति उनके मन में विशेष सम्मान की भावना थी।

गंगा को राम वन्दनीया ही मानते थे। सबसे पहले गंगा की पवित्रता के विषय में विश्वामित्र से ही उनको ज्ञान हुआ था और महर्षि के निर्देश से ही उन्होंने उसको और सरयू को प्रणाम किया था।[6] निषादराज गुह के साथ गंगा को पार करते समय भी पहले उन्होंने मन्त्र-जप के साथ शास्त्रविधि के अनुसार आचमन किया था और उसके साथ ही सीता सहित श्रद्धापूर्वक गंगा को प्रणाम किया था।[7]

सन्ध्या-वन्दन, होमतर्पण, गायत्री जप, अग्निहोत्र आदि नित्यकर्मों का राम नियमित रूप से पालन करते थे। इसका उपदेश भी उनको विश्वामित्र के द्वारा ही दिया गया था। महर्षि के साथ आयोध्या से चल कर सबसे पहली रात उन्होंने सरयू के तट पर बितायी थी। सुबह होने पर विश्वामित्र की आज्ञा से स्नान करके देवताओं को तर्पण करने के बाद वह मन्त्र-जप के लिए बैठ गये थे। सन्ध्या-वन्दनादि नित्यकर्म को पूरा करके विश्वामित्र को अभिवादन करने के बाद ही वे आगे चले थे।[8] इसके पश्चात् भी राम महर्षि के इस उपदेश का सदैव पालन करते रहे। विश्वामित्र के सिद्धाश्रम में रहते हुए जब भी रात बीतती और सुबह होती थी तब वह स्नान आदि से पवित्र होकर प्रातःकालीन सन्ध्योपासना और मन्त्र का जप करने के लिए बैठ जाते थे। जप पूरा होने पर नियमित रूप से वे गुरुचरणों में प्रणाम

---

1. वा.रा. 2.21.42; **2.** वा.रा. 2.45.21; **3.** वा.रा. 2.24.29; **4.** वा.रा. 6.128.73-74; **5.** वा.रा. 2.17.15; **6.** वा.रा. 1.14.11; **7.** वा.रा. 2.52.78-79; **8.** वा.रा. 1.23.2-4

करते थे।[1] विश्वामित्र का यज्ञ पूरा होने के पश्चात् भी राम-लक्ष्मण दोनों ने सन्ध्या-उपासना की विधि सम्पन्न की थी।[2] मिथिला को प्रस्थान करने के पहले भी राम ने सन्ध्या-वन्दन की विधि पूरी की थी[3] और मार्ग में भी शोणभद्र और गंगा के तट पर उन्होंने देवताओं और पितरों का तर्पण करते हुए अग्निहोत्र की विधि सम्पन्न की थी।[4]

दशरथ ने जब राम को युवराज पद पर अभिषेक करने का निर्णय लिया था तब भी वसिष्ठ द्वारा दीक्षित होने पर पूर्व रात्रि में उपवास विधि के अनुसार कुश की चटाई पर ही उन्होंने रात बितायी थी और एक प्रहर रात्रि शेष रह जाने पर जागकर वह नित्य की भाँति सन्ध्या-उपासना और जप करने में लग गये थे।[5] वनवास की अवधि में भी राम ने अपने इस नियम को कभी भंग नहीं होने दिया। प्रतिदिन प्रातः और सायंकाल की सन्ध्या-उपासना, मन्त्र-जप उनके नित्य कर्म का एक अभिन्न अंग रहा है।[6] गुह ने भी भरत से उनके इस नित्य नियम के विषय में बतलाते हुए कहा था कि जब राम वहाँ ठहरे थे तब भी उन्होंने मौन रहकर स्वस्थ चित्त होकर सन्ध्योपासना की थी।[7] सुतीक्ष्ण मुनि के आश्रम में निवास करते हुए भी सायंकाल और प्रातःकाल दोनों समय की सन्ध्या-उपासना उन्होंने पूरी की थी[8] और अगस्त्य के भाई के आश्रम में बात करते-करते जब सूर्यास्त का समय हुआ तो वह तुरन्त ही सायंकालीन उपासना के लिए बैठ गये थे।[9]

अग्निहोत्र, सन्ध्या-उपासना और हवन आदि के प्रति राम की आस्था अत्यन्त ही सुदृढ़ रही है। शास्त्रविधि के अनुसार वेदी का निर्माण करके वे नित्य अग्निहोत्र करते थे। भरत जब चित्रकूट में उनसे मिलने के लिए पहुँचे तो उन्होंने भी राम के आश्रम में विधिपूर्वक बनाई गयी विशाल यज्ञवेदी देखी थी, जिस पर हवन की अग्नि प्रज्वलित हो रही थी।[10] भरत से प्रश्न करते हुए उन्होंने पूछा भी था कि तुम्हारे द्वारा अग्निहोत्र कार्य के लिए नियुक्त ब्राह्मण ठीक समय पर हवन आदि का कार्य करते हैं अथवा नहीं?[11] वन के लिए चलते समय वे कौसल्या से भी नित्य अग्निहोत्र करते रहने के लिए कह आये थे।[12] राम की यह मान्यता भी थी कि पवित्र जल से स्नान कर पितरों का तर्पण करने से अशुभ नष्ट हो जाते हैं और कल्याण-मार्ग प्रशस्त होता है। शबरी के आश्रम में उन्होंने लक्ष्मण से विश्वास के साथ कहा था कि यहाँ सातों समुद्रों के जल से भरे हुए तीर्थ में स्नान करने और तर्पण करने से हमारे सभी अशुभ नष्ट हो गये हैं।[13]

---

1. वा.रा. 1.29.31-32; **2.** वा.रा. 1.30.26; **3.** वा.रा. 1.31.2; **4.** वा.रा. 1.35.3,9-10; **5.** वा.रा. 2.6.5-6; **6.** वा.रा. 2.49.2; 2.50.48; 2.53.1; **7.** वा.रा. 2.87.19; **8.** वा.रा. 3.7.22; 3.8.2-3; **9.** वा.रा. 3.11.68-69; **10.** वा.रा. 2.99.24; **11.** वा.रा. 2.100.12; **12.** वा.रा. 2.24.28; **13.** वा.रा. 3.75.4-5

श्राद्ध और प्रेत कार्यों में भी राम की आस्था कम नहीं रही। चित्रकूट में जब उनको पिता दशरथ की मृत्यु का समाचार मिला था तब उन्होंने भरत के सौभाग्य की प्रशंसा करते हुए कहा था कि तुम और शत्रुघ्न को पिता के सभी प्रेत कार्य करने का अवसर मिला है। अतएव तुम लोग निश्चय की भाग्यवान हो।[1] इसके पश्चात् ही उत्तरीय पहनकर इंगुदी का फल हाथ में लेकर उन्होंने दशरथ को जलांजलि दी थी।[2] जटायु का विधिपूर्वक दाह-संस्कार सम्पन्न करने के बाद भी राम ने उन सभी विधि-क्रियाओं को पूरा किया था जिनकी ब्राह्मणों द्वारा प्रेतात्मा के कल्याण के लिए व्यवस्था की गयी है।[3] स्मार्त-व्यवस्था के अनुसार कुल में उत्पन्न व्यक्तियों को अपने पितरों का प्रेत कर्म करने का जो विधान निश्चित है, उसी को राम स्वीकार करते थे। वाली की मृत्यु के बाद उनके द्वारा सुग्रीव को विधिपूर्वक प्रेत कार्य सम्पन्न कराने की आज्ञा दी गयी थी[4] और उनकी देख-रेख में अंगद ने ही अपने पिता का दाह-संस्कार किया था। रावण की मृत्यु पर उन्होंने विभीषण को उसका दाह-संस्कार करने के लिए कहा था। पहले विभीषण ने रावण के दोषों का स्मरण करके उसके प्रेत कार्य करने से इनकार कर दिया था किन्तु राम ने उसे समझाते हुए कहा था कि धर्म के अनुसार रावण का अन्तिम संस्कार तुम्हारे द्वारा ही किया जाना चाहिए। ऐसा करने से तुम यश के भागी बनोगे। इस प्रकार राम ने ही विभीषण के द्वारा रावण के प्रेत कार्य सम्पन्न कराये थे।[5]

वाली से बात करते समय राम ने स्वयं को पितामहों के अर्थात् अपने कुलधर्म का अनुयायी कहा है।[6] किन्तु यह कहा जा सकता है कि दशरथ की आस्था यज्ञ आदि कर्मकाण्ड के प्रति अधिक रही थी और राम की दृष्टि आचार-मर्यादा पर ही केन्द्रित रही। इसके अतिरिक्त उनके आचार-व्यवहार में एक और भी नवीनता जुड़ गयी थी। इक्ष्वाकुवंश के वरिष्ठ पुरोहित वसिष्ठ यद्यपि यज्ञ-विधि के ज्ञाता थे किन्तु उनको जपतांवर अर्थात् जप करनेवालों में श्रेष्ठ कहा गया है। वसिष्ठ के अतिरिक्त महर्षि अगस्त्य से भी राम प्रभावित थे। सम्भवतः इन्हीं के प्रभाव के कारण भक्ति की ओर भी उनका झुकाव हो गया था। उन्होंने विष्णु अथवा नारायण को आराध्य देवता के रूप में मानकर उनकी उपासना का मार्ग स्वीकार किया था। रामायण में केवल राम को ही विष्णु—नारायण का उपासक कहा गया है। दशरथ के निर्णय से युवराज पद पर अभिषेक की तैयारी में पूर्व रात्रि को उन्होंने नारायण का ध्यान किया था और विष्णु नारायण के मन्दिर में ही कुश की चटाई बिछाकर सो गये थे।[7] दूसरे दिन प्रातःकालीन सन्ध्या-उपासना करने के बाद उन्होंने मधुसूदन को प्रणाम किया[8] और इसके पश्चात् ही अन्य कर्मों में प्रवृत्त हुए थे। नारायण का ध्यान और मधुसूदन

---

1. वा.रा. 2.103.10; **2.** वा.रा. 2.103.20-29; **3.** वा.रा. 3.68.34-36; **4.** वा.रा. 4.25.13; **5.** वा.रा. 6.111.101-102; **6.** वा.रा. 4.18.43; **7.** वा.रा. 2.6.1,3-4; **8.** वा.रा. 2.6.7

को प्रणाम करने का तात्पर्य यही हो सकता है कि वैष्णव अथवा नारायणी सम्प्रदाय का प्रारम्भ हो चुका था और राम उसके अनुयायी रहे हैं। भक्ति-परम्परा की प्रतिष्ठा को भी इससे बल मिला था।

राम-रावण का युद्ध देखने के लिए अनेक ऋषि-महर्षि युद्धस्थल में एकत्र हो गये थे। महर्षि अगस्त्य भी युद्ध देखने के लिए पहुँचे थे। जब रावण युद्धभूमि में राम के सामने आकर खड़ा हो गया तब अगस्त्य को राम की विजय के लिए चिन्ता हुई थी। इस अवसर पर उन्होंने राम को विजय-प्राप्ति के उद्देश्य से 'आदित्य हृदय स्तोत्र' के पाठ करने का उपदेश दिया था और कहा था कि इसके जप से तुम युद्ध में अपने शुत्रओं पर विजय प्राप्त कर सकोगे। अगस्त्य के उपदेश को स्वीकार करके ही राम ने आचमन करके तीन बार इस स्तोत्र का पाठ किया था।[1] इसके पश्चात् ही रावण से युद्ध करके उन्होंने उस पर विजय पायी थी।

राम की सन्ध्या-उपासना, नारायण-भक्ति और स्तोत्र-पाठ ने व्यक्ति की जीवन-प्रणाली को एक नयी दिशा में मोड़ दिया। भक्ति और उपासना के विकास में इसने इतना जबरदस्त योग दिया कि धीरे-धीरे वैदिक कर्मकाण्ड का स्थान ही भक्ति ने ले लिया। मन्त्र और जप का विधान पहले से चला आ रहा था किन्तु स्तोत्र-पाठ के द्वारा सिद्धि-प्राप्ति का मार्ग सम्भवतः सबसे पहले राम के द्वारा ही प्रशस्त हुआ है।

धर्म और आचार का पालन मन, वाणी तथा कर्म तीनों के द्वारा ही किया जाना चाहिए। इनमें एकरूपता की कमी मिथ्याचार को जन्म देती है। व्यक्ति का यह भी दायित्व है कि वह अपने को समाज की एक इकाई मानकर व्यवहार का ऐसा मार्ग अपनाये जिससे किसी व्यवस्था को आघात न पहुँचे और न किसी दूसरे को ही मर्यादा भंग करने के लिए मजबूर होना पड़े। सनातन धर्म और आचार-मर्यादाएँ वृहत्तर मानव-समाज की सामूहिक-व्यवस्थाएँ हैं। जिस प्रकार एक ईंट खिसकने से पूरी दीवार हिल जाती है, उसी प्रकार किसी एक व्यक्ति के द्वारा व्यवस्था भंग किये जाने का प्रभाव पूरे समाज पर पड़ता है। अहिंसा, अस्तेय, क्षमा, सत्य, धृति, शम, दम आदि वैयक्तिक नहीं, सर्वथा सामाजिक व्यवस्थाएँ हैं जिनको भारतीय आचार्यों ने धर्म की संज्ञा दी है। हिंसा, चोरी, परस्त्रीगमन, असत्य आदि का सम्बन्ध केवल एक व्यक्ति अथवा कर्ता से ही नहीं होता बल्कि समाज की दूसरी इकाइयाँ अनिवार्यतः उससे प्रभावित होती हैं। यदि तर्क के द्वारा किसी कार्य का औचित्य प्रतिपादित करते हुए उसे एक अथवा गिने-चुने व्यक्तियों के लिए लाभप्रद सिद्ध भी कर दिया जाय और यदि उससे पूरे समाज की व्यवस्था भंग होती हो तथा अनेक व्यक्तियों को हानि होती हो तो किसी भी दशा में उसको उचित नहीं कहा जा

1. वा.रा. 6.105.–

सकता। चोरी-डकैती से भी आखिर चोरों-डाकुओं को सम्पत्ति का लाभ होता ही है किन्तु इससे समाज की व्यवस्था भंग होती है तथा अनेक लोगों को कष्ट होता है इसीलिए यह अपराध है और कर्तव्य की सीमा के बाहर है।

महर्षि जाबालि ने अनेक तर्कों का सहारा लेकर राम के अयोध्या लौट चलने का औचित्य सिद्ध किया था। उन्होंने पिता-माता के महत्त्व को नकारते हुए, आचार-व्यवहार की सभी मर्यादाओं को व्यर्थ कहा था। यदि राम उनकी बात को स्वीकार कर लेते तो समाज की सभी व्यवस्थाएँ टुकड़ों में विभक्त होकर बिखर जातीं। इसीलिए जाबालि को उत्तर देते हुए राम ने कहा था कि आपने जो कुछ कहा है, वह तर्क के आधार पर कर्तव्य के समान प्रतिभासित होते हुए भी कर्तव्य नहीं है।[1] आपका उपदेश धर्म के वेष में अधर्म ही है। यदि मैं इसका अनुसरण करने लगूँ तो मुझे संसार दुराचारी ही मानेगा और समाज पर इसका अनुकूल प्रभाव नहीं पड़ेगा।[2] तर्क के द्वारा किसी भी कर्म को उपयुक्त आचार के रूप में सिद्ध कर उसका अनुसरण करने से ही व्यक्ति स्वेच्छाचारी बन जाता है। यह मार्ग व्यक्ति अथवा समाज किसी के लिए भी हितकर नहीं।

राम ने सत्य के पालन और आचार की पवित्रता पर सबसे अधिक जोर दिया है। उनका निरन्तर यही प्रयास रहा है कि कोई भी व्यक्ति न तो स्वयं सत्य से विचलित हो और न किसी अन्य को पथभ्रष्ट होने के लिए विवश ही करे। दशरथ के सत्य की रक्षा भी उन्होंने इसी उद्देश्य से की थी। केवल वाणी का सत्य ही राम की दृष्टि में पूर्ण सत्य नहीं है वरन् मन, वाणी और कर्म की एकरूपता ही सत्य का सही अर्थ में अनुसरण है। पाप अथवा अनाचार केवल कर्म से ही नहीं होता बल्कि मनुष्य जो कुछ पाप करता है, उसका पहले मन में निश्चय किया जाता है फिर वाणी के द्वारा उसे प्रकट करता है और अन्त में शरीर की सहायता से उसे पूरा किया जाता है।[3] व्यक्ति के बाह्य क्रिया-व्यापार उसके मनोभावों के ही स्थूल रूप हैं। इसीलिए राम ने जाबालि से कहा था कि आचार ही यह बताता है कि कौन-सा व्यक्ति कुलीन और कौन अकुलीन है, कौन पवित्र है और किसका हृदय कलुषित विचारों से भरा हुआ है।[4] जो पुरुष मर्यादा का परित्याग कर देता है, वही पाप-कर्मों में प्रवृत्त होता है। उसके विचार-आचार दोनों ही भ्रष्ट हो जाते हैं और वह सत्पुरुषों में कभी सम्मान का पात्र नहीं होता।[5]

राम के आचार-सिद्धान्तों का रामायण में बड़े विस्तार से उल्लेख किया गया है। वाल्मीकि ने अनेक स्थलों पर उनके जिन गुणों की प्रशंसा की है कथावस्तु के

---

1. वा.रा. 2.109.2; **2.** वा.रा. 2.109.6-7; **3.** वा.रा. 2.109.21; **4.** वा.रा. 2.109.4; **5.** वा.रा. 2.109.3

आधार पर उनकी बराबर पुष्टि भी होती जाती है। राम किसी के दोषों पर दृष्टि नहीं डालते थे।[1] शान्तचित्त तथा मृदुभाषी थे। यदि उनसे कोई कटु वाक्य कह भी देता था तो भी उसका उत्तर नहीं देते थे।[2] उनके मन में कृतज्ञता की इतनी जबरदस्त भावना थी कि किसी के अपकारों पर उनकी दृष्टि पड़ती ही नहीं थी।[3] शील, ज्ञान और वयोवृद्ध पुरुषों को देख-सुनकर के उनके सद्गुणों को अपनाने के प्रति वे सदैव सावधान थे।[4] वृद्ध पुरुषों का सम्मान करना उनके व्यवहार का आवश्यक अंग था।[5] दयालुता, क्रोध पर विजय, दीन-दुखियों के प्रति सहानुभूति, निषिद्ध कर्मों से बचना, देशकाल का ज्ञान, प्रमादहीनता, निरालस्य राम के सहज स्वाभाविक गुण थे।[6] यदि आम आदमी को किसी प्रकार का कष्ट होता था राम उसके प्रति सहानुभूति के कारण तड़प जाते थे और लोगों को सुखी देखकर उनको भी उसी प्रकार की प्रसन्नता होती थी जैसे पिता अपने हँसते-किलकते पुत्रों को देखकर सुखी होता है।[7] कैकेयी ने भी राम के जिस आचार की प्रशंसा की है उसके अनुसार वे किसी ब्राह्मण के धन का अपहरण नहीं करते थे, किसी निरपराध धनी अथवा दरिद्र के प्रति अनुदार नहीं हुए और न उन्होंने कभी किसी पर-स्त्री की ओर आँख उठाकर देखा ही था।[8] यदि उन पर मिथ्या दोषारोपण भी किया गया तब भी उनकी कोई प्रतिक्रिया नहीं दिखाई दी और ऐसी कोई भी बात मुँह से निकालते ही नहीं थे जो दूसरों के मन में क्रोध की भावना उत्पन्न करे।[9]

राम के जीवन के सम्यक् अध्ययन से यह बात साफ हो जाती है कि उन्होंने दार्शनिक सिद्धान्त, तत्त्व-चिन्तन और यज्ञ आदि कर्मकाण्ड को महत्त्वपूर्ण न मानकर आचार तथा मर्यादानुकूल व्यवहार पर ही जोर दिया है। उपनिषदों के ऋषियों की भाषा से वे कोसों दूर रहे और धर्म के नाम पर ब्राह्मणों, पुरोहितों के ढकोसलों को भी अस्वीकार किया। उनके द्वारा व्यक्ति और समाज को ऐसी व्यवस्था देने का ही प्रयास किया गया था जो वैयक्तिक, पारिवारिक, सामाजिक और राष्ट्रीय सभी दृष्टियों से श्रेयस्कर हो। स्वर्ग, नरक, परलोक, पाप, पुण्य जैसी शब्दावली का प्रयोग बहुत ही कम किया गया और प्रत्यक्ष जीवन की सफलता पर ही उनकी दृष्टि केन्द्रित रही। सामाजिक व्यवस्था और आचार-व्यवहार को ही उन्होंने राष्ट्रीय अभ्युत्थान तथा व्यक्ति के श्रेय और प्रेय सबका कारण माना।

दैव के प्रति उनका विश्वास उस इन्द्रियातीत शक्ति का ही व्यंजक है जो विश्व-व्यापार और मनुष्य के जीवन को नियन्त्रित करती है। इसी को कालचक्र भी कहा गया है। इसके पश्चात् भी पराक्रम और पुरुषार्थ की महत्ता को उन्होंने खण्डित नहीं किया। अज्ञात शक्ति पर विश्वास रखते हुए भी दुर्गम बीहड़ों में वे स्वयं अपना

---

1. वा.रा. 2.1.9; **2.** वा.रा. 2.1.10; **3.** वा.रा. 2.1.11; **4.** वा.रा. 2.1.12; **5.** वा.रा. 2.1.14; **6.** वा.रा. 2.2.31-32; **7.** वा.रा. 2.2.40-41; **8.** वा.रा. 2.72.48; **9.** वा.रा. 2.41.3

रास्ता पाटते चले गये और अत्यन्त उलझी परिस्थितियों में भी मार्ग खोज ही लिया। दशरथ के निर्णय के खिलाफ लक्ष्मण का विद्रोह, पुरवासियों द्वारा मनाया जाना, कौसल्या का निर्देश और भरत के द्वारा अयोध्या लौट चलने का अनुरोध ऐसे रास्ते थे, जिनको स्वीकार कर वह वनवास, सीता-हरण और युद्ध आदि की सभी परेशानियों से सहज ही बच सकते थे। ऐसा करने से भी उनकी प्रतिष्ठा को किसी प्रकार का आघात न लगता किन्तु समाज के लिए जो आचार-व्यवस्था वे देना चाहते थे वह उद्देश्य पूरा न होता। वनगमन, विपक्षियों का संहार, सीता की खोज, सुग्रीव और विभीषण से सन्धि, रावण से युद्ध, सीता-परित्याग सभी घटनाओं और इन अवसरों पर राम के क्रिया-व्यापार का उद्देश्य समाज के लिए विशिष्ट आचार-व्यवस्था का निर्देशन ही रहा है। प्रारम्भ से लेकर जीवन के अन्तिम क्षण तक वह व्यक्ति के आचार के प्रति इंगित करते ही रहे। यदि कोई व्यक्ति निश्चित मर्यादा का उल्लंघन करता हुआ विपरीत आचार को अपनाता दिखाई दिया तो उसको बलपूर्वक रास्ते पर लाने में उन्होंने कभी शिथिलता नहीं बरती। अपहरण के समय सीता ने चिल्लाते हुए यही कहा था कि आप कुमार्ग पर चलनेवाले उद्दण्ड पुरुषों को राह पर लाते हो फिर इस रावण को दण्ड क्यों नहीं देते ? वनवास की अवधि में भी वह लक्ष्मण, सीता तथा अन्य सभी सहयोगियों को, जब भी अवसर मिलता, आचार-सिद्धान्तों का उपदेश देते रहे।

दैव का विधान, दशरथ-कैकेयी का वैवाहिक अनुबन्ध, कैकेयी का राज्य-लोभ, अथवा अयोध्या के राजमहलों की राजनीति—जो भी कारण रहा हो और राम को जिस किसी भी कारण राज्य से निष्कासित होना पड़ा हो, उन्होंने सभी परिस्थितियों का पूरा लाभ उठाकर वैयक्तिक और सामाजिक आचार-व्यवस्था का ऐसा रास्ता पाट दिया था जिसे व्यक्ति, समाज और राष्ट्र को अभ्युदय और निःश्रेयस के लक्ष्य तक पहुँचने का सबसे सुगम मार्ग कहा जा सकता है। राम ने भी यही कहा था कि वह इसी उद्देश्य से समस्त पृथ्वी पर घूमते रहे।[1]

---

1. वा.रा. 4.18.9

शेष प्रश्न

पिछले अध्यायों में प्रस्तुत रामायण के पात्रों की आचार-विषयक समीक्षा से यह ज्ञात होता है कि रामायण के प्रायः सभी पात्रों के अपने अलग-अलग रास्ते रहे हैं। लक्ष्मण, भरत, हनुमान, सुग्रीव आदि सभी ने यद्यपि राम के साथ पूरा सहयोग किया किन्तु ये सभी पात्र राम के आचार-सिद्धान्तों से कभी सहमत नहीं रहे। राम धर्म तथा स्मार्त मर्यादा के कट्टर समर्थक थे, लक्ष्मण ने कहीं भी ईश्वर और आत्मा की सत्ता में विश्वास प्रकट नहीं किया, धर्म और अधर्म को वे जड़ और अपरिणामी मानते रहे। राम माता-पिता और गुरु की आज्ञा-पालन को धर्म का आवश्यक अंग मानते हैं किन्तु लक्ष्मण अनीति पर चलनेवाले सभी गुरुजनों को अपराधी और दण्डनीय मानते हैं। सीता पति के अतिरिक्त किसी अन्य के प्रति नारी का कोई कर्तव्य ही नहीं मानतीं और तारा पुरुष-सत्तात्मक समाज-व्यवस्था के प्रति इतनी अधिक आस्थावान है कि नारी का सन्तति पर भी कोई अधिकार नहीं मानती। कैकेयी पूर्णतया धर्मनिरपेक्ष कठोर प्रशासन में विश्वास करती है। हनुमान विशुद्ध रूप से विज्ञानवादी नैयायिक थे। इसी प्रकार रावणपक्ष के कुम्भकर्ण, मेघनाद, प्रहस्त, मारीच आदि ने सीता-हरण का कभी समर्थन नहीं किया और रावण की आचार-नीतियों का विरोध करते हुए भी राष्ट्र और जाति के लिए उन्होंने युद्ध किया था। वस्तुतः वाल्मीकि की विलक्षण काव्यप्रतिभा का ही यह परिणाम है कि सैद्धान्तिक विरोधों के बावजूद कथावस्तु, घटना और पात्रों का संयोजन इस खूबी के साथ किया गया कि उस चकाचौंध में सैद्धान्तिक विरोध पर आम पाठक की नजर पड़ती ही नहीं। इसके अतिरिक्त और भी कुछ ऐसे प्रश्न हैं जिन पर अभी तक विचार किया ही नहीं गया।

रामायण की ऐतिहासिकता के विषय में विद्वानों द्वारा समय-समय पर विचार किया जाता रहा है। यहाँ यह कहना असंगत नहीं होगा कि प्राचीन संस्कृत ग्रन्थों के प्रणेता ऋषियों-आचार्यों और कवियों में इतनी विलक्षण प्रतिभा रही है कि विश्व साहित्य में इसका दूसरा उदाहरण मिलना सम्भव नहीं। पक्षियों, पशुओं और पत्थरों तक का मानवीकरण इस कौशल के साथ किया गया है कि अविश्वास और सन्देह के पैर लड़खड़ा जाते हैं। मार्कण्डेय पुराण के पक्षी, महाभारत की सरमा कुतिया, बाज, कबूतर, रघुवंश की नन्दिनी गाय और शेर, पंचतन्त्र के पशु-पक्षी सभी इस प्रकार हमारे सामने आते हैं कि उनके मनुष्येतर प्राणी होने की बात विस्मृत हो जाती

है। इन रूपकों की कल्पना दो प्रकार से की गयी है। एक कल्पना के अनुसार नाग जाति के राजा साँप बन गये, ऋक्ष और वानर जाति के क्षत्रिय नरेश रीछ और बन्दर बन गये, सम्पाति और जटायु जैसे पराक्रमी पक्षी बन गये और दूसरी ओर श्रद्धा, तुष्टि, मेधा जैसी अमूर्त भावनाएँ दक्ष की कन्याएँ या धर्म की पत्नी बन गयीं या सगर की साठ हजार प्रजा उनकी पुत्र बन गयी। इस प्रकार के रूपकों और अन्य काव्यात्मक वर्णनों ने इतिहास पर भी एक आवरण डाल दिया। रामायण के आलंकारिक वर्णनों ने भी कथावस्तु को ऐसा रूप दे दिया है कि ऐतिहासिक तथ्यों को खोजना अत्यन्त दुष्कर है।

वाल्मीकि को निर्वासिता सीता को संरक्षण देने और लव-कुश का पोषण करने विषयक कथाओं के आधार पर राम का समकालीन माना जाता है। वनगमन के समय राम के द्वारा वाल्मीकि के आश्रम में ठहरने का उल्लेख भी रामायण में ही उपलब्ध है। फिर भी वाल्मीकि को राम के गुणों और चारित्रिक विशेषताओं की जानकारी नारद के द्वारा दिये जाने के बाद ही रामायण की नींव डाली गयी थी। नारद से कथा के सूत्र प्राप्त होने पर भी रामायण में वर्णित घटनाओं की विस्तृत जानकारी वाल्मीकि को नहीं हो सकी थी। प्रजापति ब्रह्मा ने उनको आश्वस्त किया था कि राम, लक्ष्मण, सीता आदि का जो वृत्तान्त अज्ञात है, वह सब तुमको ज्ञात हो जाएगा। इसके पश्चात् ही वाल्मीकि ने योग का सहारा लिया और पूर्वकाल में जो घटनाएँ हो चुकी थीं उनका ज्ञान उनको हो सका था। यह भी उल्लेखनीय है कि कुश और लव के द्वारा रामायण का गान सुनकर ऋषियों ने कहा था कि यद्यपि इस काव्य में वर्णित घटना बहुत समय पहले हो चुकी है तथापि इन दोनों बालकों ने इसका इस मधुरता से गान किया है कि पहले की घटनाएँ प्रत्यक्ष-सी दिखाई देने लगी हैं।

उपर्युक्त सन्दर्भ मुख्यतया तीन बातों के प्रति संकेत करते हैं। पहली यह कि रामायण की घटना बहुत समय पहले हो चुकी थी। दूसरी यह कि वाल्मीकि को उन घटनाओं की पूरी जानकारी नहीं थी। तीसरी बात यह कि वाल्मीकि ने रामायण की कथावस्तु जुटाने के लिए योग का सहारा लिया था। यह योग कवि की कल्पना-शक्ति के अतिरिक्त और कुछ भी नहीं हो सकता। यह भी सम्भव है कि रामायण के पात्र वाल्मीकि रचनाकार वाल्मीकि से भिन्न रहे हों। वाल्मीकि ने मूलतः पौलस्त्य-वध काव्य की रचना की थी और रामायण के समीक्षक विद्वान् इस बात को प्रायः स्वीकार करते हैं कि अनेक प्रक्षिप्त अंशों के समावेश के पश्चात् ही रामायण को वर्तमान रूप प्राप्त हो सका है। सम्भव है पौलस्त्य-वध के राम तथा अन्य पात्र वर्तमान रामायण के पात्रों से उसी प्रकार भिन्न रहे हों जिस प्रकार रामायण और रामचरित मानस के पात्रों में भिन्नता दिखाई देती है।

घटना-क्रम का वैविध्य तथा पात्रों के बदलते हुए रूप सहज ही इस प्रश्न को जन्म देते हैं कि रामायण की घटना का तथ्यात्मक ऐतिहासिक स्वरूप क्या रहा है। घटना-स्थलों के विषय में मतभेद एवं वर्तमान अयोध्या, चित्रकूट आदि स्थानों की सन्दिग्ध प्रामाणिकता उपर्युक्त प्रश्न को और भी उलझा देती है। अयोध्या, चित्रकूट, मिथिला, दण्डकारण्य, जनस्थान, किष्किन्धा, कैकय और लंका आदि स्थान रामायण के अनुसार ही एक-दूसरे से अधिक दूर और दुर्गम नहीं रहे। मिथिला से अयोध्या तक पहुँचने में केवल तीन दिन का समय लगता था। धनुर्भंग का सन्देश लेकर जनक के मन्त्री दशरथ के पास चौथे दिन पहुँच गये थे। वाहनों के थक जाने के कारण ही उनको मार्ग में तीन रात्रि विश्राम करना पड़ा था। दशरथ ने भी अयोध्या से मिथिला तक की यात्रा केवल चार दिन में ही पूरी की थी। भरद्वाज का आश्रम संगम के समीप ही लिखा गया है। उन्होंने राम को चित्रकूट का रास्ता इस प्रकार इशारे से बता दिया था मानो वह अधिक दूर नहीं रहा हो। राम सीता के साथ पैदल चलकर दूसरे ही दिन चित्रकूट पहुँच गये थे। भरत को भरद्वाज के आश्रम से चित्रकूट तक पहुँचने में मार्ग में कहीं रुकना पड़ा था, इसका कोई उल्लेख नहीं। कदाचित् संगम से चित्रकूट तक का मार्ग केवल एक दिन में तय किया जा सकता था। चित्रकूट से पंचवटी तक का मार्ग तय करने में भी अधिक समय नहीं लगा था। यद्यपि जनस्थान की राजधानी का कोई संकेत नहीं किन्तु वह स्थान पंचवटी के इतने समीप था कि शूर्पणखा सहज ही घूमते-फिरते वहाँ पहुँच जाती थी। लक्ष्मण द्वारा विरूपित किये जाने पर उसे खर के पास पहुँचने में कोई समय नहीं लगा। इसी प्रकार खर तथा अन्य राक्षसों के वध का समाचार भी शूर्पणखा ने रावण को सहज ही में जाकर सुना दिया था। जनस्थान से लंका तक पहँचने में उसको न तो हनुमान के समान समुद्र लाँघने का उपक्रम ही करना पड़ा और न राम के समान पुल बाँधने के लिए ही परेशान होना पड़ा था।

रामायण में लंका का वर्णन पुरी अथवा नगरी के रूप में ही किया गया है। इस बात का भी स्पष्ट शब्दों में उल्लेख है कि लंका नगरी के चारों ओर सुरक्षा की दृष्टि से लम्बी-चौड़ी गहरी खाई का निर्माण किया गया था। उसके लिए परिखा शब्द का ही प्रयोग किया गया है। धीरे-धीरे परिखा को समुद्र के उपमान के साथ जोड़ा गया और बाद में उसका स्थान रूपक ने ले लिया। मूल उपमेय को भी धीरे-धीरे भुला दिया गया और लंका नगरी समुद्र से घिरा हुआ द्वीप मान ली गयी। यह कल्पना सम्भवतः एक ओर लंका की अजेयता और दूसरी ओर हनुमान द्वारा समुद्र लाँघने एवं राम द्वारा समुद्र पर पुल बाँधने की अलौकिक घटनाओं को सुदृढ़ करने के लिए ही की जाती रही है। लंका नगरी गोदावरी के आस-पास दण्डकारण्य के समीप ही कहीं अवस्थित रही होगी। अन्य स्थल भी इसी जनपद के आसपास अनति दूर होने चाहिए जो रूपकों में उलझाकर दूर फेंक दिये गये।

रामायण के पात्रों में से अभी तक कुछ विचारक बड़ी कठिनाई से केवल अहल्या के सम्बन्ध में ही कुछ कहने का साहस कर सके हैं। गूँगे स्वरों में ही यह कहा जाता है कि अहल्या कोई नारी नहीं वरन् अनुर्वरा, बिना हल से जोती गयी भूमि रही है। राम ने ही उसे कृषि योग्य बनाकर उसका उद्धार किया था। अहल्या के अतिरिक्त अन्य किसी पात्र के सम्बन्ध में कुछ कहने का या तो साहस नहीं किया जा सका अथवा कुछ प्रसंग दृष्टि से ओझल बने रहे।

यह तो एक सर्वमान्य तथ्य ही है कि सीता जनक की औरस पुत्री नहीं थीं। जैन रामायणों तथा विभिन्न जनपदों के लोक साहित्य में उपलब्ध सामग्री के अनुसार सीता का अस्तित्व, उनका जन्म और जीवन इस प्रकार उलझ जाता है कि वास्तविकता तक पहुँचना असम्भवप्राय हो जाता है। उन सबका उल्लेख न करते हुए यहाँ केवल वाल्मीकि की शब्दावली के प्रति संकेत करना पर्याप्त होगा। जनक द्वारा खेत में हल चलाते समय सीता का प्रादुर्भाव हुआ था जिसे उन्होंने कन्या के रूप में स्वीकार किया। सीता के विवाह के लिए स्वयंवर-जैसे किसी आयोजन का वाल्मीकि ने कोई उल्लेख नहीं किया वरन् सीता को वीर्य-शुल्का घोषित कर दिया गया था। वसुन्धरा को वीरभोग्या ही माना जाता रहा है और इस सन्दर्भ में सीता को भी वीर्य-शुल्का कहे जाने की बात पर विचार करने की गुंजायश बनी रहती है। विश्वामित्र और राम को इस बात की कोई जानकारी नहीं थी कि जनक की विवाह योग्य सीता नाम की कोई कन्या भी है। विश्वामित्र राम को केवल जनक का धनुष दिखलाने के लिए मिथिला ले गये थे और उन्होंने जनक से कहा था कि धनुष को देखकर हम लोग वापस लौट जाएँगे। जनक ने ही उनको वीर्य-शुल्का सीता के विषय में जानकारी दी थी और बताया था कि सीता को जीतने के लिए अनेक राजा मिथिला को घेरे रहे। रामायण-काल में राजाओं द्वारा आक्रमण कर बलपूर्वक किसी कन्या को जीतकर विवाह करने की प्रथा का प्रचलन नहीं था फिर सीता के विषय में यह उल्लेख किस आधार पर किया गया ? सीता के भूमिजा, अयोनिजा जैसे नाम, उनको वीर्य-शुल्का घोषित किया जाना, उनको जीतने के लिए राजाओं के आक्रमण, अग्नि द्वारा शुद्धि और उनका भूमि-प्रवेश ऐसे सन्दर्भ हैं जो उनको भूमि से ही अधिक जोड़ते हैं। सीता-पुत्रों के नाम कुश और लव भी शस्य के ही पर्याय हैं। वेदों में प्रयुक्त सीता शब्द का अर्थ लांगल पद्धति से खेत में बनी रेखा (हल रेखा) किया जाता है और यह भी माना जाता है कि सीता को बहुत पहले कृषि की अधिष्ठात्री देवी के रूप में मान्यता दी जा चुकी थी।

वाली की पत्नी तारा को सुषेण की पुत्री कहा गया है। इसके अतिरिक्त कुछ अन्य सन्दर्भ भी इस विषय में विचारणीय हैं। दुन्दुभि ने जब किष्किन्धा के द्वार पर गर्जना की तब वाली अपने अन्तःपुर में था। वह अमर्ष से भर गया और तारों से घिरे हुए चन्द्रमा की भाँति स्त्रियों से घिरा हुआ नगर के बाहर निकला :

अन्तःपुर गतो वाली श्रुत्वा शब्दममर्षणः।
निष्पपात सहस्त्रीभिस्ताराभिरिव चन्द्रमा ॥

इसके तुरन्त पश्चात् ही यह उल्लेख है कि वाली ने तारा आदि स्त्रियों को दूर हटाकर दुन्दुभि को ललकारा था :

स प्रहस्याब्रवीन्मन्दं क्रोधात् तमसुरेश्वरम्।
विसृज्य ताः स्त्रियः सर्वास्तारा प्रभृतिकास्तदा ॥

यह सन्देह होता है कि जिस प्रकार 'आराधयामास' से राधा की उत्पत्ति हुई उसी प्रकार 'ताराभिरिव चन्द्रमा' से तारा को उत्पन्न तो नहीं कर दिया गया।

दशरथ-कैकेयी के अनुबन्धपूर्वक विवाह का उल्लेख रामायण में मिलता ही है। दशरथ द्वारा कैकेयी को दो वर दिये जाने का जो उल्लेख किया गया है उसके प्रति लक्ष्मण और प्रजा दोनों ने सन्देह व्यक्त करते हुए उसे असत्य माना है। लक्ष्मण ने राम से ही कहा था कि यदि वरदान देने की बात सच होती तो जो कार्य आज हुआ है, वह पहले ही हो चुका होता। दशरथ और कैकेयी ने वरदान की झूठी कल्पना करके आपके राज्याभिषेक में रोड़ा अटकाया है।[1] इसी प्रकार पुरवासियों की भी यही धारणा रही थी कि दशरथ ने झूठ का सहारा लेकर ही राम को निष्कासित कर दिया।[2]

यह भी आभास होता है कि अयोध्या राज्य के राम और भरत के बीच बँटवारे का भी कोई प्रश्न शायद रहा होगा। अनुबन्ध के अनुसार भरत को अयोध्या का राज्य दिया जाना था किन्तु दशरथ ने उसके विपरीत राम को अयोध्या का युवराज घोषित करने का निर्णय लिया था। अनुमान है कि इसी के साथ भरत को नन्दिग्राम का राजा बनाने की बात भी हुई होगी। यदि यह न होता तो चित्रकूट से लौटकर भरत ने नन्दिग्राम में रहकर ही राज्य संचालन का निर्णय क्यों लिया था। राम की पादुकाओं को सिंहासन पर रखकर अयोध्या से ही शासन करना अधिक सुविधाजनक होता और ऐसा करने पर भरत के आचरण पर कोई धब्बा नहीं लगता। रामायण में कुछ ऐसे शब्दों और वाक्यों का प्रयोग भी मिलता है जो राज्य के बँटवारे के प्रति संकेत करते हैं। चित्रकूट में राम ने भरत से कहा था कि चौदह वर्ष तक दण्डकारण्य में रहने के बाद ही मैं पिता के द्वारा दिये हुए 'राज्य-भाग' का उपभोग करूँगा।[3] इसी प्रकार भरत ने 'राज्य-खण्ड' शब्द का प्रयोग करते हुए कहा था कि इस विशाल राज्य-खण्ड का सँभालना आपके अतिरिक्त किसी भी दूसरे के लिए अत्यन्त कठिन है।[4] राम की दृष्टि मुख्यतया अयोध्या पर ही थी और भरत के मन में राज्य के प्रति कोई आसक्ति नहीं रही इसलिए वनवास से लौटने के पश्चात्

---

1. वा.रा. 2.23.9, 13; **2.** वा.रा. 2.48.28; **3.** वा.रा. 2.101.26; **4.** वा.रा. 2.105.5

अयोध्या और नन्दिग्राम दोनों क्षेत्र राम के अधिकार में आ गये थे।

विवाह के बाद मिथिला से लौटने पर बहुएँ डोली से उतरी ही थीं कि दशरथ ने भरत और शत्रुघ्न को मामा के घर भेज दिया था। मामा के घर रहते हुए भरत के पूरे बारह वर्ष बीत चुके थे। इतनी लम्बी अवधि में दशरथ ने एक बार भी उनको अयोध्या बुलाने का विचार नहीं किया। ऐसा प्रतीत होता है कि कुछ कारण शायद ऐसे रहे होंगे जिनकी वजह से राम और भरत को बारी-बारी से मामा के घर भेजने का निश्चय किया गया होगा। इस प्रवास की अवधि बारह या चौदह वर्ष की रही होगी। इस सन्दर्भ में सुमन्त्र का एक वाक्य विशेष रूप से उल्लेखनीय है जिसके कारण ही उपर्युक्त आशंका होती है। राम को वन में भेजकर अयोध्या लौटते समय उन्होंने राम से कहा था कि यदि मैं महारानी कौसल्या से जाकर कहूँ कि मैंने आपके बेटे को मामा के घर पहुँचा दिया है तो यह बात असत्य होगी :

अहं किं चापि वक्ष्यामि देवीं तव सुतो मया।
नीतोऽसौ मातुल-कुलं सन्तापं मा कृथा इति ॥
असत्यमपि नैवाहं ब्रूयां वचनमीदृशम्।
कथमप्रियमेवाहं ब्रूयां सत्यमिदं वच : ॥ —वा.रा. 2.52.45-46

कथावस्तु के अनुसार सुमन्त्र राम को वन में भेजने के लिए ही गये थे, मामा के घर नहीं। इस स्थिति में सुमन्त्र के इस वाक्य का आशय अस्पष्ट ही रह जाता है।

सुग्रीव और विभीषण से मैत्री सम्बन्ध स्थापित करते हुए राम ने वाली और रावण का वध भले ही किया हो किन्तु आचार की दृष्टि से सुग्रीव और विभीषण कहीं टिकते ही नहीं। यह एक संयोग ही था कि राम की सन्धि वाली की बजाय सुग्रीव के साथ हुई थी। दोनों की एक समान परिस्थितियाँ ही इस सन्धि का कारण रहीं। रामायण के अनुसार राम ने अपनी सहायता और सीता की खोज के लिए एक दीन और असहाय की भाँति सुग्रीव की शरण ली थी। ऋष्यमूक पर्वत पर हनुमान को अपना और राम का परिचय देते समय लक्ष्मण ने जो कुछ कहा था वह इस सन्दर्भ में विशेष रूप से उल्लेखनीय है। उन्होंने कहा था :

...आपके प्रश्न के उत्तर में मैंने सब-कुछ बतला दिया है। मैं और राम दोनों ही सुग्रीव की शरण में आये हैं। पहले अत्यधिक दान देकर यश अर्जित करके जो समस्त संसार के स्वामी थे वही आज सुग्रीव को अपना स्वामी बनाने के इच्छुक हैं। दशरथ सदैव शरणागतों के रक्षक रहे हैं। उन्हीं के पुत्र राम आज सुग्रीव की शरण में हैं। मेरे बड़े भाई जो स्वयं ही पहले समस्त, लोकों को शरण देने में समर्थ थे, अब सुग्रीव की शरण में आये हैं। जिनकी प्रसन्नता से सारी प्रजा खिल उठती थी वही राम आज सुग्रीव की प्रसन्नता चाहते हैं। राम शोक से अभिभूत और आर्त्त

होकर शरण में आये हैं। इसलिए सुग्रीव को इन पर कृपा करना चाहिए।[1]

राम और सुग्रीव के बीच मैत्री नहीं बल्कि एक ऐसी सन्धि हुई थी जिनके अनुसार राम ने वाली को मारकर सुग्रीव को किष्किन्धा के राज्य पर अभिषिक्त करने की शर्त स्वीकार की थी और इसके बदले में सुग्रीव ने सीता की खोज करने और रावण के विरुद्ध युद्ध में सैन्य-सहायता का वचन दिया था। वालि-वध के पश्चात् राम ने सुग्रीव से कहा भी था कि कार्तिक आने पर तुम रावण-वध के लिए प्रयत्न करना, यही हम लोगों की शर्त है। हनुमान ने भी रावण को राम-सुग्रीव के बीच हुई इस सन्धि की जानकारी दी थी।[2] विभीषण जिन परिस्थितियों में रावण से लड़-झगड़कर राम के पास चला आया था उसका उल्लेख अन्यत्र किया जा चुका है। यह कहा जा सकता है कि सुग्रीव और विभीषण को आज भले ही राम-भक्तों की कोटि में मान लिया जाय किन्तु इन दोनों के राम से सहेतुक और परिस्थितिजनित सम्बन्ध ही स्थापित हुए थे।

'पौलस्त्य-वध' काव्य में यदि प्रक्षिप्त अंशों का समावेश कर वर्तमान 'रामायण' की रचना की गयी है तो इन अंशों के खोजने का प्रयास होना भी आवश्यक है। समीक्षा के क्षेत्र की यह भी एक विडम्बना ही है कि इस विलक्षण महाकाव्य की कथावस्तु ही समीक्षकों की आँखों में ऐसी चकाचौंध उत्पन्न कर देती है कि उनकी दृष्टि इसकी काव्यगत विशेषताओं की ओर जाती ही नहीं। भाषा, छन्द, अलंकार, रस, रचना-विधान आदि की दृष्टि से रामायण का अध्ययन अभी भी शेष है। इसमें सन्देह नहीं इसके अनेक अंश काव्य की दृष्टि से इतने बेजोड़ हैं कि उनकी तुलना नहीं की जा सकती। वाल्मीकि के पहले भी काव्य-ग्रन्थों की रचना होती रही होगी किन्तु इसे आदि महाकाव्य कहे जाने का कारण भी मेरे विचार से यही है कि इसने अपनी विलक्षणता से पूर्ववर्ती सभी काव्यों को समय के सुपुर्द कर दिया।

□□□

1. वा.रा. 4.4.17-24; **2.** वा.रा. 5.51.9

णाणं पयासयं

वीर नि.सं. 2470

ई.सन 1944

भारतीय ज्ञानपीठ